Ein weiter Blick zurück

Plauener Kindheits- und Jugenderinnerungen

Die Plauener Jugend von 1895 schaut neugierig zum „Photographen"

EIN WEITER BLICK ZURÜCK

Kindheits- und Jugenderinnerungen Plauener Bürger

zusammengestellt und herausgegeben

von

Curt Röder

Teil 1

Vogtländischer Heimatverlag Neupert

Plauen

Der Verlag dankt allen Plauenerinnen und Plauenern, die mit Wort und Bild an dem Zustandekommen dieser Dokumentation beteiligt waren.
Wo es möglich war, sind sie namentlich aufgeführt. Dieser Dank gilt aber auch den Personen, die im Text- und im Bildteil nicht namentlich erwähnt werden.

Der Verlag

Hinweise des Herausgebers:
Der Herausgeber kann keine Haftung für die sachliche Richtigkeit des jeweiligen Beitrages übernehmen, diese liegt beim Autor. Die Beiträge geben die Meinung der Autoren wieder und müssen nicht mit der Meinung des Herausgebers übereinstimmen.
Bei dem verwendeten Bildmaterial muß auf Grund des Alters und des Erhaltungszustandes davon ausgegangen werden, daß mit heutigen Maßstäben keine Bewertung stattfinden kann.

Plauen, Dezember 2002
Curt Röder

Titel: König-Albert-Brücke, Aquarell von Kurt Geipel, 1924
Rückseite: Ansichten Stadtmotive Plauen 1939, Fotos: Weinhold

Vogtländischer Heimatverlag Neupert Plauen
Klostermarkt 9 · 08523 Plauen · Tel./Fax (03741/226820)
Herstellung: Verlag
Ausgabe 2002

ISBN 3-935801-04-1

Geleitwort

Kinder, wie die Zeit vergeht, Kinder, wie die Welt sich dreht, die Anfangszeilen eines alten Schlagers kommen einem unwillkürlich in den Sinn beim Betrachten der Bilder und beim Lesen der einzelnen Beiträge von Plauenerinnen und Plauenern. Sie sind Kinder ihrer Zeit, und ihre Erlebnisse und Schicksale sind von der jeweiligen politischen Entwicklung abhängig gewesen. Was die Frauen und Männer in dieser Dokumentation eint: Sie alle hatten und haben einen Bezug zur Stadt Plauen, waren einst ein Teil dieser Stadt und haben diese auf ihren Höhen und Tiefen begleitet als Kind oder als Erwachsener. Auch wenn die Erzähler heute zum Teil über ganz Deutschland verstreut wohnen, die Liebe zu ihrer Geburtsstadt Plauen, das Heimatgefühl, das Gefühl, hier sind meine Wurzeln, hier in dieser Stadt steckt ein Stück meiner Identität, das liest man aus den Zeilen der Schreiber heraus. Im Wuseln und Werkeln des Alltags verschwindet langsam anonym eine Generation, und eine andere nimmt ihre Stelle ein mit dem gleichen Schicksal, eines Tages „spurlos" zu vergehen.

Hoffnungen, Träume, Wissen um Ereignisse und Entwicklungen des Einzelnen und der Gesellschaft sinken mit ihm eines Tages in sein Grab. Es ist wie wenn man ein Buch für immer zugeklappt hat. Nichts bleibt, in spätestens 20 Jahren ist die Erinnerung an den Einzelnen Erdenbürger ausgelöscht. Wenn er Glück hatte, ist er als eine Zeile in einem Adreßbuch festgehalten. Eine Zeile für ein Menschenleben. Das ist unser aller Schicksal und nicht zu ändern.

Meist sind es Personen aus Politik oder Wirtschaft, welche einen bestimmten Bekanntheitsgrad erreicht haben und in den reifen Jahren ihres Lebens sich bemüßigt fühlen, ihre Erinnerungen, Memoiren oder, wenn es ganz dicke kommt, ihre Autobiografien niederzuschreiben. In wohlgesetzten Worten, oft das, was nicht ganz so für die Nachwelt geeignet ist, diskret verschweigend und ansonsten für sich ausgiebig den „Honigpin-sel" schwingend, gelten ihre Erinnerungen als Personalifizierung lebendiger Zeitgeschichte für Geschichtsforscher. Spätere Generationen, welche einmal wissen wollen, was denn so in dieser oder jener Zeit alles „losgewesen" ist, greifen nach den „bedeutenden Nachschlagewerken" und machen sich „schlau".

Mit bekannten Namen läßt sich eher Geld verdienen, und so sind diese Mitbürger mit ihren Manuskripten sehr willkommene Besucher bei Verlagen.

Wer interessiert sich schon für den Mann auf der Straße und sein Schicksal? Welche Lobby hat er denn?

Dabei stellt er die eigentliche „Zeit" dar, er hat sie anonym durchlebt oder durchlitten, ist daran gescheitert oder aufgestiegen. Man denke nur an die, welche sich aufs „falsche Pferd" gesetzt hatten, das heißt sich für eine Partei eingesetzt hatten, welche zu den Verlieren gehörte, schon waren sie geächtet, verloren ihre Existenz, ihr Eigentum oder sogar ihr Leben nach einem Systemwechsel. Vorher waren sie in ihrem Umfeld beliebt und als fleißig und strebsam anerkannt. Damit man mich recht versteht, hier geht es um die Masse der Mitläufer einer Organisation, nicht um den oder die „Macher".

Warum ich auf dieses Thema komme, wird so mancher fragen. Nun, nicht wenige Plauener mußten nach 1945 ihre Heimatstadt verlassen, weil sie in dem nun neuen System nicht mehr erwünscht waren, verfolgt und denunziert wurden und ihre weitere wirtschaftliche Entwicklung nach Belieben durch das neue System von heute auf morgen zerstört, das heißt enteignet werden konnte. Was dieser „Aderlaß" für die DDR und in unserem Beispiel für die Stadt Plauen in ihrer Entwicklung bedeutete, war aus meiner Sicht enorm. Dies hat noch niemand zu ermitteln versucht.

Nun, nach der Wende 1989 durften auch die Plauener wieder auf Dauer in ihre Heimatstadt, denen die DDR Jahrzehnte die Einreise verwehrte oder die mit dem SED-System nichts „am Hut" hatten. Man war wieder daheim angekommen und hatte ein Stück von sich selbst nach einem erfüllten Leben außerhalb der Stadtmauern in der Erinnerung wiedergefunden.

Von diesen Menschen, von denen, die weggegangen sind, aber auch von denen, die hier geblieben sind handelt diese Dokumentation, als es noch gleich war, welches Parteibuch die Eltern oder man selbst hatte.

Die großen und kleinen Freuden der Kindheit, eines Heranwachsenden, seine Beziehung zu seiner Stadt, all dies kommt in den folgenden Beiträgen zum Ausdruck. Nichtigkeiten des Alltags aber auch der Zugriff des 3. Reiches in die Entwicklung der Jugendlichen. Noch Kinder, werden die Generationen Ende der 20er Jahre und Anfang der 30er Jahre, 1944/45 an der „Heimatfront" als Flakhelfer in das Kriegsgeschehen einbezogen. Oft als Abenteuer durch den Einzelnen betrachtet, starben sie als „Kanonenfutter", ohne das Leben eines Erwachsenen kennengelernt zu haben. Wer davonkam, nahm bleibende Erinnerung für sein Leben mit und wurde bei der Heimkehr mit einer zerstörten Stadt und vielfach dem Tod der Eltern oder Geschwister konfrontiert. Nichts war mehr, wie es einmal war. Und doch mußte es weitergehen.

Diese Facetten der einzelnen Leben, welche in Ausschnitten hier wiedergegeben werden, sind aussagekräftiger über ihre Zeit als eine noch so ausgefeilte „Promierinnerung", denn diese Erinnerungen stellen das eigentliche Leben dar mit all seinen Schattierungen.

Der Heimatdichter Kurt Arnold Findeisen hat einmal den Satz geäußert: „Die Heimat ist das Herz der Welt." Damit hat er eigentlich schon alles gesagt, was den Inhalt dieser zwei Bände wiedergibt.

Plauen im Dezember 2002
Curt Röder, Verleger

Alt-Plauen

Schattenbilder von Kurt Arnold Findeisen, Plauen

Einleitung

Herr Hans Wachholder, der Chronist von Wilhelm Raabes menschen- und schicksalvoller Sperlingsgasse, schreibt an einem 20. November, während im gewölbten Torbogen unter ihm eine Drehorgel singt, in sein frischgefalztes Heimatbuch:

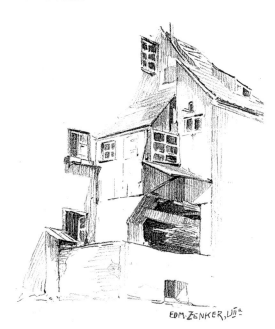

Idyllischer Hinterhof beim Malzhaus, 1897
Zeichn. E. Zenker (†)

„Ich liebe in großen Städten die älteren Stadtteile mit ihren engen, krummen, dunklen Gassen, in welche der Sonnenschein nur verstohlen hineinzublicken wagt; ich liebe sie mit ihren Giebelhäusern und wundersamen Dachtraufen. Ich liebe diesen Mittelpunkt einer vergangenen Zeit, um welchen sich ein neues Leben in liniengraden, parademäßig aufmarschierten Straßen und Plätzen angesetzt hat.

Selbst die Bewohner des älteren Stadtteils scheinen noch ein originelleres, sonderbareres Völkchen zu sein als die Leute der modernen Viertel. Hier in diesen winkligen Gassen wohnt das Volk des Leichtsinns dicht neben dem der Arbeit und des Ernstes, und der zusammengedrängtere Verkehr reibt die Menschen in tolleren, ergötzlicheren Szenen aneinander als in den vornehmeren, aber auch öderen Straßen.

Die Dämmerung, die Nacht produzieren hier wundersamere Beleuchtungen durch Lampenlicht und Mondschein, seltsamere Töne als anderswo. Das Knarren und Ächzen der verrosteten Wetterfahnen, das Klappern des Windes mit den Dachziegeln, das Weinen der Kinder, das Miauen der Katzen, das Gekeif der Weiber, wo klingt es passender, man möchte sagen: dem Ort angemessener, als hier in diesen engen Gassen, wo jeder Winkel, jede Ecke,

Die Tennera, 1897 *Zeichn. E. Zenker (†)*

jeder Vorsprung den Ton auffängt, bricht und verändert zurückwirft!"

Ja, und es hat zu allen Zeiten Menschen gegeben, die in Städten und Dörfern vor allem die alten, verstaubten Winkel liebten. Ja, und es gibt ihrer noch heute.

Da sind außer den sinnigen Junggesellen vom Schlage des Herrn Johannes Wachholder zunächst die Großväter und Großmütter:

In schmalen Sperlingsgassen und Kröppelstraßen, in altmodischen Blumengärten und Grabstätten, in Erkern, Wendeltreppen und in Giebelstuben leben noch Bruchteile ihrer Jugenden.

Da sind die Sammler und Altertumsforscher:

Um spinnenübersponnene Holzgalerien und Rumpelkammern, um geschlechtergeheiligte Glasschränke und Eichentruhen gehen ihre In-

Alte Treppenstiege, 1897 *Zeichn. E. Zenker (†)*

teressen und Habsüchte herum wie heimlich Liebende.

Da sind die Architekten und Maler und Poeten:

Türme, Fenster und Torbogen in Gottfrieds und Brunellescos Geist, im Sinne Meister Gerhardts und der heiligen Barbara, Biedermeiergartenhäuschen und Barockgebäude vertrauen ihnen ihre schönsten Geheimnisse an.

Gartenhäuschen   Zeichn. E. Zenker (†)

Hinterhäuser mit Pelargonienfenstern, ausgetretene Sandsteintreppen und Mühlgrabenbrücken zwischen buntgetünchten Mauern schenken ihnen kostbare Licht- und Schattenspiele und märchenfröhliche Farbenverschwisterungen.

Rembrandtwinkel und Spitzwegquartiere segnen sie mit Überlieferung und Ahnung, und vergessene, grasbewachsene Märkte, Armeteigassen, in denen die Kinder tollen, die Frauen schwatzen und die Greise mit grauen Köpfen nicken, sind ihnen liebenswürdiger Heimlichkeiten, tiefsinniger Reime und Rhythmen voll. –

Und wenn dabei noch der melancholisch-verklärte Apparat einer Sommernacht im Spiel ist:

Vernehmlicher rauschender Brunnen- und Wipfelton, erhellte Fenster und Lauben voll Ampellicht, Liebespaare und einsame Wandler, Mondschein und Rosenduft, Ziehharmonikamusik und Mädchensang: „Nun leb wohl, du kleine Gasse" –, dann werden nicht selten die Poeten (und in jedem deutschen Menschen steckt einer) heiß und laut und verraten ihr Nachtgesicht an Alltag und Maschinenwelt. Der Alltag und die Maschinenwelt aber lachen ihrer.

Ja, es gibt noch Menschen, die verstaubte Stadt- und Dorfwinkel mit Andacht, Inbrunst und Heimatgefühl betreten, und es ist doch gut so, daß es welche gibt.

Mögen sie dann und wann belächelt werden, die Zeitgenossen, die nur in der Vergangenheit ganz glücklich sein können: Das Leben im Gestern kann tief und reich und – ewig sein, wenn es dem Morgen dient.

Auch in Plauen gibt es noch solche altertümliche Winkel, Plätze, wo „Praesens, Imperfectum, Perfectum und Plusquamperfectum" friedlich nebeneinander wohnen, Stätten, an denen das, was früher war, einen leisen, zwingenden Zauber in unsere Tage wirft. Ihnen sollen diese Blätter gewidmet sein.

Das schöne, stille Gartentor

In einer der Gassen, die die Herrenstraße mit der Marktstraße verbinden (sagen wir einmal: in der Schleierherrengasse), steht ein schönes, stilles Gartentor.

Draußen ödet der Staub und die graue Schwüle. Draußen dröhnen Schritte und Räder übers Pflaster. Die tausend Stimmen der großen Stadt lärmen vorüber. In der Ferne rasselt die Straßenbahn.

Aber hier ist grüne, kühle Beschaulichkeit. Hier liegt ein alter Biedermeiergarten zwischen ergraute Häuser eingebettet. Wie ein Kind, das sich in seinen Trotzwinkel gekauert hat, schelmisch und ein wenig schmollend zugleich,

blickt er ins Getriebe. Ein hochaufgeschossener, zerbröckelnder Eckpfeiler stützt den windschiefen, weinüberkletterten Zaun, der auf einem Mäuerchen steht.

Die roten, blauen, grünen und gelben Glasscheibchen, von farbenfroher Hand einst dem Gartengitter eingefügt, sind blind und verstaubt. Aber über die Mauer herab hängen im Frühling die Blütentrauben vom blauen und weißen Flieder. Eschen und Akazien schütteln

Das erwähnte Gartentor an der Herrenstraße
Repros: Verlag

Blätter und Schatten ins schmale Gäßchen nieder.

Ein Kastanienbaum ragt aus Gartenmitte ins Gewinkel der Giebel, Schornsteine und Dachrinnen empor.

Und das alles verschließt das hohe, stille Gartentor.

Freilich ist es auch spinnwebenumstrickt und morsch, und die Klinke ist abgebrochen. Aber durch ein Loch kann man das friedevolle Reich belauschen, das es versperrt, und eine altmodische Blumenliebe hebt sich auf die Fußspitzen und guckt mit hinein.

Denn hier mögen sie einst geduftet und geglüht haben, Urgroßmutters Lieblinge: Gelbveigelein und Muskathyazinthen, Centifolien und Moschusrosen, Myrthen und immergrüner Rosmarin. Hier mögen sie die bunten Köpfe gewiegt haben im Takt der Schubertschen Lieder, die aus nahen Fenstern klangen. Hier mögen sie sich einer weißen Flora an die kühlen Knie geschmiegt haben, einer steinernen Gartengöttin, von der nur noch das Fußbänkchen verlassen im Raum steht.

Hier mögen auch die Menschen vergangner, beschaulicher Tage umhergewandelt sein, behäbige Plauener Stadtväter oder Spitzenhändler oder Handwerksmeister (ich weiß es nicht), und über die großen und kleinen Dinge der Zeit ihre Meinungen ausgetauscht haben:

Daß der Joseph Marie Jacquard aus Lyon, dessen verbesserten Webstuhl man nun endlich eingeführt, gar kein übler Kopf gewesen sein müsse; daß die illustre Clara Wieck in der „Erholung" ein Konzert geben wolle; daß man die Gründung des Zollvereins dem Polizeistaat und der Schreibstube eben nicht zugetraut hätte; daß es um das abgetragene Syrauer Tor doch nachgerade recht schade sei. –

Hier mag sie gewohnt haben, die heitere Gemächlichkeit der Großvaterzeit, die wir heute suchen und suchen.

Wie heilsamer Melissengeist, wie eine beschwichtigende Schubertmelodie kommt sie zuweilen noch über uns vor solchen Gärten, aber nicht für jeden fühlbar und selten.

Sei jedem doch, wo er im Staube fährt,
ein liebes Gartentor beschert!

Der verlassene Pavillon

Nicht weit von der Stelle, wo noch 1836 das Neundorfer Tor trotzte und wo heute im ausgefüllten Stadtgraben die Straßenbahn fährt, steht mit blaugrünen Fensterläden ein verwaister, baufälliger Gartenpavillon.

Unten ist er nach zwei Seiten offen. Zierliche Gartentische und Bänke mögen einst hier gestanden haben. Vielleicht hat hier auch der Gärtner seine Geräte aufbewahrt.

Eine (nachgerade nicht ungefährliche) schieferbedachte Holztreppe klimmt zu einem fünfeckigen Raum empor, der einst ein gemütlicher Teesalon gewesen sein mag. Heute ist in seinem Vorzimmerchen die Diele durchgebrochen. Der Schwamm nistet im Balkenwerk. Birnbäume und Fliederbüsche strecken sommers und winters ihre Zweige durch seine zerstückelten Scheiben herein.

Der verlassene Pavillon, sein Standort war etwas oberhalb der späteren Feuerwache

Eine farbenfrohe Bildertapete hängt in Fetzen von der Wand. Noch kann man auf ihrem graugelben Grund mit Mühe einzelnes erkennen: Giftgrünen, weitausladenden Baumschlag, dazwischen braune Berge, eine Straßenflucht, ein Parkgitter, eine Frau mit im Schoß gefalteten Händen, hauptsächlich aber Soldatenszenen aus der glorreichen Krimkriegperiode Napoleons III.: Infanteristen mit roter Hose, Tschako und Bajonett neben südländischen Schönen. Generäle mit Federhüten und Fernrohren vor ihren Stäben. Kasematten, zwischen denen Kompanien aufgestellt sind. Lagerfeuer und Zelte, um die sich Krieger und Frauen malerisch gruppieren.

Trübselige Reste verblichener Herrlichkeit im luftigen Pavillon, den jetzt nur noch Spinnen und Ratten bewohnen.

Mit Geibels Gedichten und Juniusliedern und mit der minneseligen „Amaranth" des Freiherrn von Redwitz saß man einst wohl hier vor der schimmernden Franzosentapete.

Vielleicht sang man auch Lieder des unglücklichen Zwickauers, dessen Verhängnis sich in jenen Tagen zu Endenich bei Bonn vollendete.

Und wenn ich das einsame Gartenhäuschen mit dem drolligen Helmdach verträumt in der Sonne liegen sehe, zaubert sich meine Einbildungskraft immer noch eine andere, liebenswürdige Szene vor: Eine alte Dame in weißem Spitzenhäubchen und dunklem Taftkleid (wie sie nachher Ferdinand Waldmüller gemalt hat) sitzt drin.

Leise klappern die Stricknadeln in ihren Händen.

Durch die halbangelehnten Läden fällt die Sommersonne quer über den Tisch, wo neben Meißner Tassen und Kännchen ein Geburtstagskuchen steht. Und ein wunderschönes Lächeln sonnt über das Gesicht der Greisin:

Zwischen den Päonienbeeten drunten werden Stimmen laut. Schon polterts die Treppe herauf. Schon stolperts und jubelts ins Stübchen:

Kind und Enkel, Neffe und Nichte, braunes, blondes, lockiges und struppiges, aber in einem Unbestimmbaren ähnliches Geschwister.

Und ein kleiner, rotbäckiger Gratulant schiebt sich vor die Ahne. Einen perlenbesetzten Strickbeutel langt er vor, und das obligate Geburtstagspoem zaudert von seinen roten Lippen.

Diesmal ists ein Gedicht des braven Elsterberger Poeten Friedrich Joseph Ferdinand Römhild, das den Anschnitt des duftenden Kuchens verzögert.

Aus den „Musenopfern für Verstand und Herz" haben es sinnige Tanten herausgefischt:

„Lang mögen Sie aus diesem Beutel
stricken,
den Ihnen zum Geschenk die Lieb erwählt;
noch so viel Tage mögen Sie beglücken,
als Maschen man in ein paar Strümpfen zählt,
und noch so oft mög dieser Tag uns
kommen.
als Sie im Stricken Maschen zugenommen!

Ihr Lebensstrumpf sei nun erst bis zur Wade,
die größre Hälfte sei nun noch zurück,
und künftig möge jeden Ihrer Pfade
der große Stricker mehr bestreu'n mit Glück.
er möge keine Maschen fallen lassen –
das heißt: mit Gram und Leiden
Sie umfassen.

Der Faden mög nie mehr dem Stricker
reißen.
das heißt: nie schaffe Krankheit Ihnen Pein,
und wie die tollen Leiden alle heißen,
nicht eins mög Ihnen künftig nahe sein.
der Stricker mög' den Strumpf fein eben
stricken –
wir meinen hier: Ihr Herz mit Ruh'
beglücken!

Und späte mög er einst den Strumpf
vollenden,
wenn wir es alle selbst zufrieden sind,
noch viele, viele Mal die Nadel wenden,
eh' sich das letzte Körnchen Sand verrinnt!
dies flehn wir von dem großen Stricker
heute,
an Ihrem Lebensfest, am Tag der Freude!"

Sie sind längst heimgegangen, die Menschen, die einst in dem Lusthäuschen Feste feierten.

Der Flieder und die Päonien haben seitdem oft geblüht, und ein Jahr hat das andere gedrängt und getrieben.

Der greise Pavillon wird demnächst auch in sich zusammenfallen oder niedergerissen werden. Sachen und Menschen dauern im Grunde doch nicht länger als ein paar Atemzüge der Ewigkeit.

So ist zeitgemäß, was der altmodische, biedere Elsterberger Schulmeister bei Gelegenheit eines philosophischen Weltgangs konstatiert, und ich darf es getrost an den Schluß setzen:

Ein Drängen, Treiben in der Welt,
und balde ist's geschehen.
Daß unser Körperchen zerfällt
und wir nach Hause gehen.

geschrieben 1912

Straßenidylle vor dem Lokal „Centralhalle" Ecke Marien- und Straßberger Straße um 1880

Foto: Verlag

9

Jugenderlebnise eines alten Plaueners von 1860

Ein wahres Geschichtchen aus meiner Kinderzeit möchte ich erzählen. In den 60er Jahren des 19. Jahrhunderts (1860) – ich war damals ein kleines Bürschchen von etwa vier Jahren – wohnten meine Eltern im 1. Stockwerk eines Miethauses am Oberen Graben in Plauen. Im Erdgeschoß betrieb der Hauswirt ein Kolonialwarengeschäft, und im zweiten Stockwerk lebte ein älterer Seminaroberlehrer mit seiner Familie.

Zum besseren Verständnis meiner Erzählung schicke ich eine kleine Beschreibung unserer Wohnung voraus. Am Ende des Vorsaals lag die Küche mit einem Oberlichtfenster über der Tür. Gegenüber gelangte man vom Vorsaal aus in das Schlafzimmer der Eltern und Kinder; an dieses schloß sich längs des Vorsaals die übrige Wohnung an. Köchin und Stubenmädchen schliefen in der Bodenkammer.

Eines Nachts erwachte mein Vater durch leises Anklopfen an die Tür, die vom Eßzimmer in das Schlafzimmer führte. „Wer ist da", rief mein Vater. „Ich bin's, die Auguste" (die Köchin), kam es ängstlich zurück: „Herr G., Diebe, Einbrecher!" – „Wo denn?" – „In der Küche!" – Mein Vater sprang aus dem Bett und, nachdem er sich notdürftig bekleidet hatte, schlich er, mit dem Stiefelknecht bewaffnet, in den Vorsaal. Da, was war das?! Durch's Oberlichtfenster über der Küchentür konnte man bemerken, wie sich drinnen ein Lichtschein hin und her bewegte, auch hörte man, wie Schubfächer leise auf- und zugeschoben wurden. Kein Zweifel, hier waren Diebe am Werk! Mein Vater riß die Küchentür auf und sprang mit dem Rufe: „Halt, Spitzbube!" in die Küche. Ein Lichtlein fiel verlöschend zu Boden und eine vermummte Gestalt huschte vorüber in die Schlafstube, die offengeblieben war. Ehe mein Vater hinzukommen konnte, wurde drinnen der

Schlüssel herumgedreht! Mein Vater eilte an die andere Tür, die vom Eßzimmer zur Schlafstube führte; zu spät, er konnte gerade noch hören, wie drinnen der Riegel vorgeschoben wurde. Schreckliche Lage für meinen Vater; drinnen Frau und Kinder mit dem Einbrecher allein, und er stand machtlos vor verschlossenen Türen! Wütend rüttelte der Vater an der Tür, aber sein „Aufgemacht, aufgemacht" löste drinnen nur Schreckensrufe der Mutter und jämmerliches Kindergeschrei aus.

Inzwischen war Auguste, die Köchin, nach oben und unten gerannt, um Hilfe herbeizuholen. Alsbald erschien denn auch der alte Seminaroberlehrer in Zipfelmütze, aber sonst nur

KÜCHE.
EDM. ZENKER,

recht dürftig bekleidet; er hatte sich mit einem Stubenbesen zu Angriff und Verteidigung bewaffnet. Von unten kam der Hauswirt herbei, ebenfalls im Gewand der Nacht, einen achtunggebietenden Knüppel hatte er in der einen, eine Laterne in der anderen Faust. Es wurde Kriegsrat gehalten, aber keiner der überstürzten Vorschläge war praktisch durchführbar. Da änderte mein Vater seine Taktik in seiner Angst um Weib und Kinder. In bittendem Ton redete er

dem Einbrecher zu: „Mach auf, so mach doch auf, es soll dir ganz gewiß nichts geschehen, aber mach doch auf!" Nach einem Weilchen meldete sich ein ängstliches, weinerliches Stimmchen von drinnen: „Herr G., ich bin es ja!" – „Wer ist ich?" – „Ich bin's, die Minna!" – „Herrgott, so mach doch nur auf!" Endlich, endlich öffnete sich die Tür, und Minna, das Stubenmädchen, stand gänzlich verschüchtert und verweint vor meinem Vater!

Die Sachlage klärte sich folgendermaßen auf: Minna, das Stubenmädchen, hatte über Nacht Zahnschmerzen bekommen; sie hatte sich nach unten begeben und suchte in den Schubfächern des Küchenschrankes nach Watte und anderen Dingen zu einem wärmenden Verband. Durch das Aufstehen und Fortgehen der Minna war aber auch die Köchin munter geworden. Im Glauben, es sei wohl schon Zeit, aufzustehen, kleidete sie sich an und ging gleichfalls nach unten in die Wohnung; dort entdeckte sie mit Schrecken durch das Oberlichtfenster Licht und Bewegung in der Küche und weckte meinen Vater. Minna war durch das temperamentvolle Eindringen meines Vaters zur Nachtzeit in die Küche zu Tode erschrocken; es hatte ihr die Stimme total verschlagen, denn sie glaubte nun ihrerseits, einen Mörder oder Räuber vor sich zu haben, und rettete sich in die Schlafstube.

Der Zwischenfall war somit zu allseitiger Erleichterung aufgeklärt, die Hilfstruppen schlurften wieder zu Bau, und erst nach geraumer Zeit herrschte wieder Ruhe und Friede im ganzen Hause.

Aus dem Verlagsarchiv

Der Irrgarten

Ein Ausflug in ein vogtländisches Kinderparadies von einst

O wie liegt so weit –

Man denke: ein Paradies in der Bodenkammer. Ein Paradies mit üppig grünem Park, mit blauen Flüssen und geheimnisvollen Inselchen, mit zierlichen weißen Schlößlein, Neptunsgrotten und Pagoden, mit hochmütigen Reifrockdamen und dicken Bauerndirnen, verstaubt im Dunkel eines unförmigen kastanienbraun gestrichenen Reisekorbs! – Ich habe, während draußen an der Dachluke die großen Dezemberschneeflocken vorbeistoben, den halb zerborstenen stockfleckigen Kasten unter einem Hügel blauer Schulhefte hervorgezogen und sorgsam gesäubert, so daß wenigstens der Name des Paradieses, in verblaßten schraffierten Lettern auf dem Deckel gedruckt, zu lesen war: „Irrgarten." Dann hab ich beinah ehrfürchtig, wie man eben an der Pforte eines Heiligtums klinkt, die Schachtel geöffnet.

Ja … da war das „Tableau". (Ich weiß noch von früher, daß der große Bogen mit der bunten aufgedruckten Parkherrlichkeit in der Spielbeschreibung das „Tableau" genannt war.) Das „Tableau" also breitete ich auf dem Reisekorb aus. So freundlich lachte mich die froschgrüne Fläche, von zahllosen weißen Schlängelwegen durchschnitten, an. Dicht drängten sich die gleichmäßigen kugeligen Bäumchen des Waldes, durch kräftige Schlagschatten betont, gegeneinander. Schlank ragten die rotstämmigen Tannen, die steif über die Wiesen verteilten Pappeln. Und, umrahmt von all dem Grün, saubere Schlösser und Gütlein, alle mit weißem Gemäuer, alle mit knallroten Dächern, lockende Ziele für den, der sich in diesem Garten verfing.

Dann grub ich weiter im Zauberberg längst verscholllener Kinderfreude. Die umständliche Beschreibung, rissig und zerknittert, mit Ab-

drücken spielheißer kleiner Finger bedeckt, die oft vergeblich an den Rätseln dieser irren Wege herumgetastet haben mochten, die Beschreibung schob ich beiseite. Das Säckchen mit den klirrenden gläsernen Zahlmünzen dazu und auch die vergrauten Papierwische, die eine schwerfällige Kinderhand über und über mit dem einen Wort „Irrgarten" bemalt hatte: wie mühsam muß mir's damals gewesen sein, diesen Begriff zu fassen! Aber das schmale rote Pappschächtelchen klappte ich auf. Da schlummerten sie, in Seidenpapier verpackt, die winzigen zinnernen uraltmodischen Reisenden, die man beim Spiel durch die Schlängelpfade des Irrparks zu schieben hatte, über Brückchen hinweg, an beschaulichen „Rondells" vorbei, bis sie das ersehnte Wanderziel, das weiße wasserumrauschte Schloß mit der Säulenhalle auf grüner Insel, nach mühevoller Fahrt erreicht hatten. – Wie das eigen war! In dem frostigen Bodenkämmerchen, vor dessen Fenster der Schnee heruntertrieb, faßte mich der heiße Spieleifer meiner Kinderjahre. Ich zog mir eine wurmzerfressene Kiste heran, und meine Finger schoben die putzigen kleinen Zinnleute behutsam in die krummen Bahnen hinein. Hier die Reifrockschönheit im grauen, mit blauen Schleifen gerafften Staat – „Therese" stand auf ihrem Fußschildchen eingraviert – mußte samt ihrer koketten Handtasche unbedingt den „Floraplatz" mit der sentimentalen Freundschaftssäule zu erlangen suchen, und „Schnorrpfeil", das elegante Herrlein im kurzen schokoladefarbenen Überzieher, mit aufgeregt flatterndem Halsschal und umfangreichem Koffer, konnte getrost eine Irrfahrt nach dem kühnen vieltürmigen Maurenschloß in der linken Bogenecke antreten. Die stämmige Magd, die „Dorle", die den roten Parapluie so unternehmungsfreudig

unter den weißen Bauschärmel geschoben und die für den architektonischen Zauber des runden Mausoleums, der chinesischen Pagode und der dreizackgekrönten Neptunsgrotte sicher kein Verständnis hatte, mochte sich in der idyllischen Meierei den apfelsinengelben Deckelkorb mit Eiern füllen lassen, indes „Pieseke", der Handwerksbursche mit Ränzel und Wanderstecken und zylinderähnlicher Kopfbedeckung seine derbbeschuhten Beine in den weiten umgekrempelten Hosen zum Forsthaus lenken konnte, auf dessen Wiese die Rehe so fröhlich ästen.

O ich hatte aber auch noch eine Flotte zur Verfügung. Drei buntbewimpelte zinnerne Segelboote und wahrhaftig auch ein sonderbar gestaltetes Dampfschifflein mit krausem Rauch, das eine erfreuliche Ähnlichkeit mit der ehrwürdigen „Königin Maria" aufwies, die anno 1837 als erster Dampfer die Elbe durchzog. Die ließ ich nun sachte in die himmelblauen Papierwässer hineintreiben, an geruhsamen Bänken, einer wenig anspruchsvollen Badeanstalt, dem stolzen Belvedere vorbei.

Und dann regten sich mit einemmal meine Finger nur noch mechanisch. Ich ließ den Schnorrpfeil noch weit vom Ziel in tiefsinniger Betrachtung des Fischereianwesens rasten und Madame Therese in einer gänzlich einsamen Waldgegend und sann. Sann ein halbes Jahrhundert fast zurück und malte mir den Tag – einen Weihnachtstag – aus, da der Irrgarten zum erstenmal in unsere Familie gekommen. Neu war er schon damals nicht. Wann hätten die bescheiden gewöhnten Kinder aus dem engbrüstigen Haus neben dem Stadthaus in der Plauenschen Herrengass' einmal so ohne weiteres ein funkelnagelneues Spielzeug bekommen! Also zurückgesetzt hatte ihn die Groß-

Skizze von Rudolf Zenker (†), um 1860

mutter gekauft, beim „Teuscher" an der Altmarktecke, am schneestöbernden heiligen Abend. Und nun stand er in der Dämmerfrühe des ersten Feiertags unterm Tannenbaum, in der schmalen nach dem Hofe gelegenen Ladenstube. Die Lichter des mächtigen bronzierten Kronleuchters, der nur zu Weihnachten aufgehängt wurde, flammten zu ihm hernieder. Und ein kleiner Bube im Tressenröckchen, mit eiferroten Backen, und ein noch kleineres braunäugiges Mädel strichen andachtsvoll, mit zögerndem Finger über die feine hochmütige Reifrockdame und über die weißen Wimpel der Schifflein. Kehrten wohl dann einmal zu ihren übrigen Schätzen, dem Märchenbuch, der Puppenstube, in der ein gleicher, nur winziger Kronleuchter brannte, zurück und standen doch bald wieder, unwiderstehlich angezogen, vor dem grünen papierenen Park mit seinen phantastischen Schlössern, der ihnen ein einziges großes wundervolles Rätsel schien. – Und drei-

ßig Jahre später, da beugten sich wieder kleine eifrige Gesichter über den bunten Bogen, den Weg nach dem Inselschloß zu finden, fern, fern in der großen Hauptstadt. Das waren die Enkel jener Großeltern aus der Herrengasse.

Kinderspiele, Kinderland … Fröstelnd, mit einem halben Seufzer schob ich den Bogen zusammen, packte die Figürchen in die Schachtel zurück. Nun kam mir die umständliche Spielordnung doch noch einmal in die Finger. Und ich las, indessen draußen dichter und dichter die Flocken stoben, und der Irrgarten, dieses Rätselland, hatte auf einmal keine Rätsel mehr für mich. Der Irrgarten war das Leben, war die Jugend. Der Eingang ist klar und breit und eine Strecke weit so gut zu übersehen. Und dann beginnen die verschlungenen Pfade. Keiner darf von ihnen abweichen, keiner die lockenden Wiesen, die schimmernden Flüsse durcheilen, um schneller vorwärtszukommen. Aber treffen sich Wandergenossen, da müssen sie ein Weilchen aushalten bei einander. Gar manche Ziele locken – Neptunsgrotte und Belvedere nennt sie der Irrgarten – und jedes birgt für den, der es erlangt, einen schönen Lohn. Gewonnen aber hat nur der, der das Schloß erreicht, das weiße Schloß mit der Säulenhalle auf der blau umspülten Insel. Und eines noch: umkehren auf dem einmal betretenen Weg darf man nicht. Nein – das darf man nicht.

Von Gertraud Enderlein (†), Dresden, 1913

Kinderreime

Eins, zwei, drei, vier, fünf, sechs, sieben –
in der Schule wird geschrieben,
in der Schule wird gelacht,
bis der Lehrer 'en Bocksturz macht.

Eins, zwei, drei, vier, fünf –
strick mir ein paar Strümpf –
nicht zu groß und nicht zu klein –
sonst mußt du der Haschmann sein!

Die Henn mir ihrem gack, gack, gack,
die macht ein groß Geschrei.
Der Bauer weiß wohl, was sie sagt,
und nimmt ihr weg das Ei.

Aus dem Erinnerungsschatz von
Annedore Mündler, Plauen

De gute alte Zeit

Jo freilich, in der alten Zeit,
do warn m'r glücklich, warn m'r gung,
und wos vun dort su schimmert heit,
is fruhe Gungdderinnerung.

Doch is de Welt heit eem su schie,
wie s' uns ver verzig Gahrne war;
und glabbt ihrsch net, do fregt ner die,
die heit erscht nanze, zwanzig Gahr. –

Louis Riedel (†), Meßbach
(Aus „Gehannesfünkele")

12

Die alte Walkgasse zu Plauen um die Weihnachtszeit

Häuser an Häuserchen frierend geduckt
im Schoß der vergessenen Tuchmacher-Rähme.
Der Schnee glitzert kalt. Der Mühlgraben gluckt,
als wenn ihm ein fröstelnder Schauder käme –

Aber rings in den Hütten, bepackt und krumm,
geht der brave Knecht Ruprecht um;
und am Pfahl das Laternchen wirft Wärme und Freude
über die Giebel der kleinen Leute,
als wüßt' es, daß einst aus der Armutei
das heilige Christkind kommen sei –

       Kurt Arnold Findeisen (†), Plauen

Mei alts Schaukelpfer

De Zeit vergiehet,
duom Buoden stiehet
noch heut mei alt's Schaukelpfer.
Stiehet starr und steif,
hängt Kopf und Schweif –
Do wird mir mei Harz su schwer.

Iech streich sei Fell,
do wieherts hell
und scharrt mit san Füßen vuor Freud.
Iech alter Ma,
wos giehet's euch a –
reit wieder wie seinerzeit.

Mei Pferdel, hopp,
Galopp! Galopp!
Unner Weg ist weit und lang.
Geschwind, geschwind,
dorch Reeng und Wind!
Mir wird su fruoh und su bang.

Af aamoll, schau,
sei Feld und Au
und de Wiesen üm uns su bunt.
Und düm ven Wald
su traut, do schallt
e Liedel aus Kinnermund.

Kenn jeden Baam –
iech traam, iech traam –
und falten muß iech de Händ.
Iech alter Ma,
wos giehet's euch a –
iech ho wie e Kind geflennt.

Stiehe wieder als Bu
drin der Weihnachtsstu,
aus Papier när mei Schützenhut.
Und's Schwart aus Holz,
dös is mei Stolz,
und im Harzen su frischen Mut.

Iech spring und hupf,
und düm der Schupf,
en gruobhanfenen Erdepfelsack,
wie en Mantel, der
när aus Pupur wär,
su häng iech ne über mei Gack.

Iech reit als Held
über's Stoppelfeld,
und lo' meine Drachen steing.
Bie barfeß und lach,
stiehe mitten drin Bach
und lo' mir san Goldschatz zeing.

Dös funkelt drin Sand,
iech schöpf mit der Hand,
doch dös Gold zerrinnt, zerrinnt.
Mei Holzschwart zerknickt,
mei Papierhelm zerstückt –
mer ist eem när aamoll Kind.

Zerück, zerück –
e letzter Blick,
denn de Sunn die steigt lang düm nei.
Greif aus, mei Pfer,
föllt's uns aa schwer,
wos verbei is, dös is verbei.

Verbei de Gahr,
wu Kind iech war,
ho Dank, Kamerad, ho Dank!
Dann Hals iech klopf,
du senkst dann Kopf,
und iech simpelier noch lang.

Willy Rudert (†) Falkenstein

Aufgang zur Pforte   Repro: Verlag

Die Lithographie von G. Frank zeigt einen Blick um 1830 auf die Stadt Plauen. Der Betrachter blickt etwa vom heutigen Bereich Gottschald-straße/Karlstraße auf die Stadt zu seinen Füßen hinab. Man befand sich um diese Zeit noch weit außerhalb der Stadt.

Bildmitte der „Prater" auf der Dobenaustraße (1894)

Das Klösterlein von der Dobenaustraße aus (1892)

Blick die Dobenaustraße hinauf zur noch von einer Friedhofsmauer umgebenen Lutherkirche (1894)

Links die Lutherkirche. Noch beherrschen Gärten und kleine Häuser den Bereich hinunter zum Nonnenturm. (1897)

Fotos: Verlag

Hintere Dobenaustraße (1895), links ist heute die Zufahrt zur Sternquellbrauerei. Foto: Fliegner

Jeder will mit auf das Bild, Plauener Jugend in der hinteren Dobenaustraße

Die ehemalige Spitzelsmühle an der Dobenaustraße (1900) Fotos: Verlag

10 Jahre später wird sich hier die Friedrich-August-Brücke wölben (1894)

Blick auf die Stadtsparkasse in der Marktstraße (1897)   Foto: Barche

Die rechte Seite der Marktstraße, Blickrichtung Altmarkt mit Albigs Weinstube   Foto: Verlag

Marktstraße Ecke Schustergasse (1900)   Foto: Barche

Der Altmarkt mit dem Rathaus (1897)   Foto: Verlag

Die Bandenkämpfe am Johanniskirchplatz (1896)

Wenn man meint, „früher" ging alles etwas gesitteter zu, die Mädchen und vor allem die Jungen waren ein Ausbund an Folgsamkeit und besonders lieb und brav – nun, der irrt gewaltig. Der Sohn des Diakons Martin lüftet in einer Broschüre mit dem Titel „Kriegserinnerungen eines 105ers", erschienen 1896, im ersten Kapitel einmal den Mantel, wie man und was man vor allem gern spielte. Für ältere Plauener sicher nichts Neues, werden sich diese noch an ihre eigenen „Kämpfe" zwischen den Stadtteilen Ost- gegen Südvorstadt, Reusa gegen die Ost usw. erinnern. Folgen wir nun den Schilderungen des Richard Martin in die Plauener Innenstadt um 1855, die damals noch kein „ verlassenes Shoppingcenter" war, in der noch Leben und Treiben auf den Straßen und Plätzen der Innenstadt herrschte. Heute ist hier der „ Hund begraben".

Der Herausgeber

Der freundliche Leser wird schon entschuldigen, wenn ich jetzt etwas weit aushole und ihn erst einmal zurückführe ins alte Plauen von 1850, in eine um beinahe 40 Jahre zurückliegende Zeit, in der ich freilich noch lange nicht 105er war, aber mich doch dafür „vorbildete".

Der engere Schauplatz unserer Taten war der Kirchplatz in Plauen: nicht der jetzige freie, sondern der alte mit seinen vielen Ecken und Winkeln, hinter denen sich's so vortrefflich raubrittermäßig hausen ließ.

Wir spielten anfangs „Räubersch und Schangdarmen". In der Ecke zwischen Wieprechts Garten (der nun auch schon lange verschwunden ist) und dem Archidiakonat standen damals drei trübselige, stets leere Wasserfässer und Kufen, die bei Feuersnot Verwendung finden sollten und die diesem Teil unseres Territoriums ein gewisses kommunales Gepräge verliehen. Dort war natürlich das Hauptquartier der Gendarmen, der Wächter von Sitte und Ordnung. Die Räuber dagegen trieben ihr Unwesen hinter der Kirche und hatten ihre „Höhle" an der Pfortenmauer, da, wo die Feuerleitern unter einem Schutzdach hingen, also in der Gegend, wo nach 10 Uhr abends das „graue Männel" umging, an dessen Existenz die meisten von uns noch fest glaubten.

Die eigentlichen Kirchplatzkämpen bestanden zunächst aus uns mehr oder weniger hoffnungsvollen Söhnen der Geistlichkeit, des Kirchners und des Kantors, den drei bösen Ws-Buben und den prächtigen Gs-Jungen, während auch die Pensionate von Kirchner D. und Professor G. ein zahlreiches Kontingent lieferten. Hierzu gesellte sich die Elite der Bubenschaft aus den beiden Endengäßchen, dem Topfmarkt und dem alten Teich, dem Schulberg und dem „Kuttelhof". Ein geradezu unerschöpfliches Prügeljungenmaterial spendete aber die „Beschäftigungsanstalt" im Souterrain der Superintendentur, so daß wir oft 50 bis 60 Kämpfer zählten und schon Schlachten in größerem Stil schlagen konnten.

Wir „spielten" später nicht mehr, sondern wir führten wirklich Krieg. Bezeichnend für die ethnographischen Verhältnisse unserer vogtländischen Heimat ist es, daß wir Plauischen Jungen, um einen nationalen Gegensatz zwischen Freund und Feind zu konstruieren, nachdem der zwischen Räubern und Gendarmen als zu kindisch aufgegeben war, uns in Slawen und Germanen schieden. Wer einen deutschklingenden Familiennamen hatte, war Germane, wie z. B. Blanckmeister, Gast, Ludwig, Jahn, Dunger, Müller, Reinhold, Wickel, Erbert usw. Alle andern waren Slawen. Wir führten den ganzen Hussitenkrieg, unter dem einst Plauen schon einmal gelitten hatte, im kleinen wieder auf.

Der Anführer der Slawen war Oskar W., ein moderner Ziska. Was in dem kleinen schwächlichen Körper dieses 12jährigen Bandenführers doch für eine mächtige Seele wohnte! Seine Stimme schallte markerschütternd vom Pfortentor bis zum Klostermarkt; überall war er zugleich, hier anfeuernd, dort scheltend. Mit strategischem Blick wußte er schnell die Blößen seiner Feinde zu erfassen und mit kühnem Mut Verderben in ihre Reihen zu bringen. Aber wenn er die Schlacht verlor, dann Gnade seinen Getreuen! Die Kritik war schonungslos, vernichtend. Was das Lexikon der vogtländischen Sprache an derben Ausdrücken bieten konnte, das goß er über die Feigen und Ungehorsamen aus. Mich wundert nur, daß gerade er später nicht zum Militär ausgehoben worden ist, und ich kann mir das nur dadurch erklären, daß Moltke auf sein Talent eifersüchtig gewesen ist und seine Konkurrenz gefürchtet hat.

Zum Anführer der Germanen, also zum obersten Gegner des Gefürchteten, hatte man meine Wenigkeit gewählt.

Anfangs wurde mit der bloßen Faust, später mit Waffen gekämpft. Während sich die Slawen meist spanischer Röhrchen oder Riemen bedienten, in deren Ende ein Knoten gebunden war, schlugen wir Germanen mit hölzernen Schwertern drein. Unser Waffendepot war die Bäckerei von L. am Topfmarkt, die uns Backspreißel in jeder gewünschten Quantität und Eleganz lieferte.

Der Kampf wurde, wie bei den Helden vor Troja, durch allerlei aufreizende Redensarten eingeleitet. Die beiderseitigen Heerhaufen traten zunächst etwas zurück und schickten erst ihre Führer oder ihren Stärksten allein vor. Das war für mich immer der süßeste Moment, wenn ich vor ein ganzes Rudel verderbenbrütender

Lorenzens Restauration Königstraße 5 (1905)   Foto: Meyer

Herrenstraße 12 (1898)   Foto: Fliegner

Blick über den Kirchplatz zum Schulberg (1900)   Foto: Verlag

Das alte Lyceum am Schulberg (1900)
       Foto: Fliegner

Links, wo der Zaun verläuft, befindet sich heute der Eingangsbereich des neuen Rathauses (1890)

Die untere Endestraße (1890)

Der Schauplatz der „Bandenkämpfe" an der Johanniskirche (1880)

Der gleiche Blick auf das mittlere Gebäude wie oben (1897). Im Hintergrund die Johanniskirche

Fotos: Fliegner

Feinde hintreten und hineinrufen konnte: „Wer kommt emal ran?"

Der für den Zweikampf ausersehene Gegner pflegte dann mit der klassischen Rede sich zu stellen:

„Wos wist denn du, he?"

„Und wos wist denn du?!" gab ich zurück.

Die grimmen Gegner näherten sich nun einander bis auf Schrittweite, die Waffe mit der Rechten fest umklammert haltend und damit zum Hieb ausholend.

„Du denkst wohl, iech färcht mich vun dir?"

„Und iech mich epper vun dir?"

Darauf verächtliches Achselzucken von der einen, höhnisches Lachen von der anderen Seite.

Nun beginnt ein Schubsen mit den Schultern, so daß bald der eine, bald der andere an kostbarem Terrain einbüßt. Jeder Zoll Verlust wird ihm von den dahinter stehenden Parteien zur Schande angerechnet. Man darf sich nicht lumpen lassen: daher ein erneuter Stoß. Doch der Gegner hält Stand, und es tritt eine kleine Kampfpause ein. Während derselben unheimliches Augenfunkeln, verhaltenes Geknurre.

Die Gegner messen sich vom Scheitel bis zur Sohle mit Blicken, in die sie die ganze Geringschätzung und Verachtung hineinlegen, deren sie überhaupt fähig sind:

„Du wärscht mer aner!"

„Nu, und du! Wos bist denn du?!"

„Du Häberlein!"*

Jetzt ist man fast an dem Punkte angelangt, wo die Verbalinjurien in Realinjurien umgesetzt werden müssen, wenn man nicht das Prestige bei der eigenen Partei einbüßen soll. Es bedarf nur noch eines Wortes, um den casus belli sodann als entschieden gegeben zu betrachten. Auf einmal schallt es aus den Reihen der dahinter stehenden Slawen:

„Du ausgemauster Spitzbu!"

* Der Name eines damals berüchtigten Einbrechers in Plauen.

22

Alles kann ein Vogtländer vertragen, nur das nicht! Auf mich wenigstens hat das damals immer gewirkt wie das rote Tuch auf den Stier. Jeder Muskel zuckte in mir, und wie der Sturmwind sauste ich dann an dem gegnerischen Führer vorbei mitten in den feindlichen Heerhaufen hinein, blindlings nach rechts und links wuchtige Schläge austeilend. Das war auch zugleich das Signal für die Unseren zum Losbrechen. Aber die Gegner waren auch nicht faul, und bald gewahrte man nur noch einen dichten, schwarzen Knäuel kämpfender, stampfender und brüllender Buben.

Diese Methode der Kriegsführung, die wir in der Urzeit übten, wurde jedoch später als zu primitiv aufgegeben. Es sollte ja viel feiner sein, den Feind zunächst noch gar nicht zu Gesicht zu bekommen, ihn erst aufsuchen und seine Stellung und Stärke ausforschen zu müssen. Wir verlegten daher unser Hauptquartier nach dem Topfmarkt, während die Slawen am Schlachthaus im Komturhof sich sammelten. Wir hatten dadurch unsererseits bereits die drei Möglichkeiten gewonnen, nach Belieben entweder durch das Kantorgäßchen oder die Kirchgasse hervorzubrechen oder eine verborgene Umgehung über den alten Teich, Hauptmarkt und die obere Endengasse zu wagen. Zudem konnten wir nun auch auf Sukkurs durch die Buben aus der Straßberger Straße und dem alten Teich rechnen, während wir leider mit den „Mühlbergern" auf gespanntem Fuße lebten und immer blieben. Die Gegner ihrerseits bekamen Hilfe von den Neustädtern und aus dem unteren Steinweg und hatten bei ihrem strategischen Vorgehen die Wahl zwischen dem Schulberg und der Pfortentreppe; sie marschierten mitunter sogar den oberen Steinweg hinauf und überraschten uns vom Klostermarkt her.

Übrigens wurden bei den Slawen bald auch alle möglichen Jungen mit deutschen Namen willkommen geheißen, so daß sie ein Kunter-

bunt darstellten wie Wallensteins Heer, in dem ja auch Katholiken und Evangelische nebeneinander dienten. Der Ruf des Führers allein hielt sie zusammen.

Heimlich flüsternd berieten wir Germanen im voraus unsern ganzen Feldzugsplan im Hofe der L'schen Bäckerei, nachdem wir der Sicherheit halber an die Ausgänge des Topfmarktes Wachposten gestellt hatten. Die Rollen des Führers und der Unterführer wurden verteilt, Kavallerie und Infanterie unterschieden, Patrouillen ausgesendet, deren Rapport erst abgewartet werden mußte, und Spione angeworben.

Eine von den damaligen Schlachten ist mir noch so gut in Erinnerung, daß ich sie, zugleich auch weil sie für die meisten anderen typisch ist, hier erzählen will.

Nach den ersten Meldungen von heute (die in der Regel anfangs ins ungeheuerliche übertrieben wurden) sollte sich der Feind in unübersehbaren, dichten Massen, wohl über 100 Mann stark, den Schulberg heraufwälzen. In Wirklichkeit waren es aber nur 20 bis 30, während wir gleichfalls etliche zwanzig Krieger ins Feld stellen konnten.

Mein Plan war sofort gefaßt. Der an Zahl uns vielleicht etwas überlegene Gegner mußte in einen Hinterhalt gelockt werden. Dazu eignete sich am besten der schmale Raum hinter der Kirche.

Schon hörte man die gellende Stimme Ziskas vom alten Lyzeum her:

„Ihr dumme Hund! Do hierte bleibt ihr steh und gett mer net weiter, bis iechs eich sog!"

Wie Napoleon vor jeder Schlacht zu tun pflegte, schritt unser Ziska erst einmal selbst das Vorterrain ab. Da er zunächst noch weit und breit keinen Feind gewahrte, so zog er seine Scharen bis zu dem großen Wasserbottich heran, der damals noch am untern Rande des Kirchplatzes stand. Dort faßte er vorläufig Posten, um erst abzuwarten, ob wir ihn in der

Front oder vom Endengäßchen her in der rechten Flanke angreifen würden. Dabei mußte ihm natürlich daran gelegen sein, daß wir über die Zahl seiner Soldaten im Ungewissen blieben. Man hörte ihn jetzt wieder zanken:

„Ho iechs eich net scho zehnmol gesoggt, Ihr sollt eich net eso sehe lossen. Ihr damischen Brummochsen!" Und als dennoch verschiedene noch nicht recht begriffen, daß sie sich möglichst verbergen sollten, kommandierte er mit Stentorstimme:

„Niedergeduckt!"

Aber zu spät! Wir hatten, obgleich der größte Teil seines Heeres jetzt hinter den Wänden des Wasserbottichs verschwand, die Kopfzahl derselben längst festgestellt. Wozu hatten wir denn auch unsere Spione? Die holde Weiblichkeit spielte dabei auch eine Rolle, wie sie es in der großen Politik tut. Von irgendeinem Fenster des Kirchplatzes aus – ich will niemand verraten – wurde uns durch zarte Rosenfinger zutelegraphiert, was wir wissen wollten.

Wie bei Beginn einer großen Feldschlacht der erste Kanonenschuß, der gehört wird, die Richtung angibt, nach welcher der Feind zu suchen ist, so war es bei uns mit Oskars Stimme; auf die marschierten wir los.

Ich dirigierte nun meine Infanterie im Trab durchs Kantorgässel hinter die Kirche, während ich die Kavallerie, die aus lauter ausgewählten starken und beherzten Leuten, der Blüte unsrer vogtländischen Ritterschaft, bestand, einstweilen noch am Ausgang der Kirchgasse verborgen zurückhielt: dieselbe sollte auf gegebenes Zeichen im Galopp ansprengen und dem Feind in den Rücken fallen. Zur Infanterie hatte ich heute absichtlich lauter kleine Jungen von 7 bis 9 Jahren ausgehoben, meist die jüngeren Brüder von uns Großen. Sie sollten eigentlich nur als Kanonenfutter, als Lockspeise dienen. In Anbetracht indessen der Wichtigkeit des heutigen Planes führte ich sie diesmal höchst persönlich und hielt ich noch eini-

ge Große als „Garde" in Reserve, die ich ins zweite Treffen stellte. Wir schlichen uns möglichst geräuschlos hinter der Kirche herum und erschienen plötzlich unerwartet vor der Superintendentur auf der Bildfläche. Während ich die 3 oder 4 Größeren hinter der vorspringenden Ecke der Sakristei verbarg, schritt ich mit dem Gros der Kleinen vorwärts und ließ meine etwa ein Dutzend Kinder zählende Armee zwischen der Ratskapelle und der Superintenduntür gegen den Feind Front machen. Nun kommandierte ich recht vernehmlich: „Achtung, stillgestanden!"

Meine Löffelgardisten zitterten aber wie die Kaninchen, die man einer Riesenschlange zum Fraß vorwirft.

„Dorten sei se", rief jetzt ein Slawe, der uns zuerst entdeckt hatte.

„Es sei ere odder när zwelfe!" meinte ein anderer.

„Und lauter klane Wärgel!" rief jetzt frohlockend Ziska, dem der Kamm angesichts unserer Minderzahl auf einmal gewaltig geschwollen war. Mit berserkerhaftem Triumphgeheul sprang nun die ganze Slawenrotte auf und stürzte sich uns mit Elan entgegen. Man hatte offenbar angenommen, daß man in uns die ganze Streitmacht des Feindes vor sich hatte oder doch, daß der ganze Rest auch hinter der Kirche stecken werde, und hatte alle Vorsicht außer Acht gelassen.

Auch bei meinen Kleinen war kein Halten mehr, aber – nach rückwärts. Sie rissen aus wie Schafleder. Wie einst Cäsar einen fliehenden Fahnenträger herumdrehte und ihm zurief: „Dort ist der Feind!", so versuchte ich's zunächst mit dem jüngeren Bl. aus der Endengasse, dann mit dem J's Karl, aber vergeblich! Doch das schadete ja schließlich nicht viel, war doch der erste Teil meiner Kriegslist gelungen und waren doch alle Feinde in die Falle gegangen. Es handelte sich bloß noch darum, dieselbe von hinten zuzumachen.

Jetzt gab ich durch einen schrillen Pfiff das Signal zum Vorgehen meiner Reiterei. In weniger als einer Viertelminute hatte sie den Raum von Schmidt-Brückners Hausecke über den Kirchplatz bis zum Archidiakonat zurückgelegt und verbreitete nun im Rücken unserer Feinde bleichen Schrecken. Zugleich hatte ich auch vor deren Front einen Widerstand geschaffen, indem ich die bisher verborgen gehaltene „Garde" aus ihrer Deckung hervortreten ließ und meinen Kleinen damit den erforderlichen Halt gewährte. Ich unterhielt also in der Front, wie man in der Sprache unseres großen Generalstabswerkes sagen würde, ein „hinhaltendes Gefecht".

Beim Eintreffen meiner Reiterei im Rücken der Feinde griff unter diesen, da es nach keiner Seite ein Entrinnen gab, eine gewaltige Bestürzung und die reinste Kopflosigkeit Platz. Ich hatte ihnen ein Sedan bereitet, und sie mußten sich auf Gnade oder Ungnade ergeben. Ihr Anführer schäumte vor Wut und protestierte gegen diese Überrumpelung, indem er erklärte: „Das war nischt, das war Besch …!"

Der alte Baccalaureus Günnel, der damalige Redakteur des Vogtländischen Anzeigers, pflegte mit sichtlich gespanntem Interesse von seinem Fenster im Stadtdiakonatsgebäude aus unsere Bewegungen zu verfolgen, während er behaglich seine lange Pfeife schmauchte und dann und wann, wenn er einen glücklichen Gedanken gefaßt hatte, mit Vehemenz ausspuckte. Ich möchte fast behaupten, daß er den Stoff zu seiner volkstümlichen Konjekturalpolitik in seinen drastisch geschriebenen Leitartikeln – namentlich während des 1859er Krieges – aus der Beobachtung unserer Kirchplatzkämpfe geschöpft hat.

Die Kirchplatzschlachten nahmen erst ein Ende, als ich einmal mit blutendem Kopfe nach Hause getragen werden mußte und dann nicht mehr „nunter" durfte. Das aber war so zugegangen:

Die alte Superintendentur am Kirchplatz 4, rechts die Mauer der Johanniskirche (1890)

Von der Ecke Mühlberg blickt der Betrachter zum Straßberger Torplatz (1895)

Die alte Bebauung am Topfmarkt (1895)

Die Pfortenstraße (1893)

Fotos: Verlag

Der alte Kuttelhof (1893)   *Foto: Fliegner*

Am Mühlberg hinten links die Obere Stadtmühle (1896)

Foto: Verlag

Die Königstraße 1895, im Hintergrund die Lutherkirche   *Foto: Barche*

Die Slawen hatten ihre letzte Niederlage nicht verwinden können und hatten mir persönlich Rache geschworen. Sie überfielen mich einmal spät abends, als ich ganz allein war und mich, wie einst der hörnerne Siegfried, über den schon genannten Bottich gebeugt hatte, um Wasser zu trinken. Da ich mit ungewöhnlicher Körperkraft begabt war, so war eine Überzahl von etwa einem halben Dutzend Feinden aufgeboten worden, mich mit einem bereit gehaltenen Strick zu fesseln und mir zunächst die beiden Arme auf dem Rücken zusammenzubinden. Im Triumph wurde ich hinter die Kirche gezerrt und auch gestoßen. Dort sollte ich in die „Höhle" geschleppt und an die alten Feuerleitern an der Pfortenmauer angebunden werden. Es war ein unheimlicher Transport. Die Fledermäuse flatterten auf, und das graue Männel, das bekanntlich seinen Kopf unterm Arm trug, huschte über den Weg, als wir hinter der Sakristei angekommen waren. Just hier hatte ich ja erst vor wenigen Tagen meinen großen Sieg erlebt, und nun sollte ich eine so erbärmliche, schimpfliche Rolle spielen? Nein! In mir bäumte sich mein ganzes Ehrgefühl auf, und noch einmal leistete ich verzweifelten Widerstand, indem ich wenigstens mit den Schultern nach allen Seiten hin rempelte. Da erhielt ich von G's Franz einen derben Stoß von hinten, so daß ich stolperte und nun mit der flachen Stirn aufs Pflaster aufschlug. Gleich darauf rieselte mir das Blut über das Gesicht. Noch heute zeugt eine Schmarre über meinem rechten Auge von der damaligen Untat.

Auf dem Kirchplatz war zwar Ruhe eingetreten, doch nicht in meinem kampfbegierigen Herzen. Ich lauerte sehnsüchtig auf eine Gelegenheit, der niedergehaltenen Rauflust wieder die Zügel schießen lassen zu können.

Auf dem Maccaronebergerl waren einige Jahre später neue und erbitterte Kämpfe ausgebrochen, diesmal zwischen den Realschülern und den Bürgerschülern. Wie man einst den Römer Cincinnatus vom Pfluge, so holte man jetzt mich, der ich bisher eine Zeitlang hübsch sittsam einhergeschritten war, von den Büchern weg, um das Vaterland, d. h. die Ehre der Realschule zu retten.

Dort hatte sich einer inzwischen einen gefürchteten Namen gemacht, von dem ungeheuerliche Dinge erzählt wurden und bei dessen bloßer Erwähnung die Kleinen, die Sextaner und Quintaner, schon eine Gänsehaut überlief. Das war der Fliegner. Wie ein Attila war er von außerhalb des Straßberger Tores mit seinen ungezügelten Horden hereingebrochen in unsere Kulturstätten. Sein furchtbarster Feldhauptmann war der blatternarbige Eichler, ein Wüterich, der niemals Pardon gab.

Ich durfte zwar abends nicht mehr „noch e bissel nuntergehn", aber wozu waren denn die Mittwochs- und Sonnabendnachmittage da? Baden zu gehen war mir ja erlaubt, und am Badeplatz am Weißen Stein traf man sich mit seinen Schulgenossen. Das Weitere fand sich. Wir sind damals zu Hunderten ausgezogen – Realschüler und Bürgerschüler zusammengerechnet – um gegeneinander zu ringen. Mancher alte Plauener, der mitgemacht hat, wird mir das bestätigen.

Das ganze Gebiet zwischen dem Weißen Stein und der äußeren Neundorfer Straße wurde von uns als Manöverterrain durchstreift. Aber auch die Felder zwischen der Bahnhofstraße und der Tennera wurden mitunter zu unseren Jagdgründen erwählt. Jetzt befinden sich freilich dort lauter stattliche Häuserreihen mit mir ungeläufigen Straßennamen.

Ich war natürlich nicht wenig stolz darauf, daß ich durch Volksbeschluß wieder zum Führer so großer Massen „erkürt" worden war.

Das in mich gesetzte Vertrauen habe ich mit größtem Eifer zu rechtfertigen gesucht, und wenn ich auf dem Bärenstein stand und mit Feldherrnblick erst das ganze umliegende Gelände musterte, ehe ich herabstieg und als Schlachtenlenker meine Weisungen gab, da dünkte ich mich ein König in meinem Reiche.

Doch sollte ich mich dieser Ehre nicht lange freuen. Es ist ja im Leben überhaupt so häßlich eingerichtet, daß die höchsten Wonnen immer am kürzesten dauern. Unsere „Keilereien" waren bei ihrer Allgemeinheit natürlich bald ruchbar geworden. Der frühere „Heynigs Kutscher" war inzwischen Polizeiwachtmeister geworden und entwickelte auch seinerseits einen lobenswerten Eifer. So kam es, daß ich angezeigt und eines Tages vor die „Synode" des Lehrerkollegiums der Realschule gefordert und als Rädelsführer verhört wurde. Die Strafe fiel um so empfindlicher aus, als ich bereits Sekundaner war und schon mit „Sie" angesprochen wurde.

Kuriose Welt das! Als Junge wird man für dieselben Taten bestraft, für die man im Mannesalter als „Held" gefeiert wird. Eigentlich hätte ich für bewiesene Tapferkeit und Umsicht statt der Strafe eine Belobigung verdient. So philosophierte ich – im Karzer.

Nun genug von den bösen Bubengeschichten. Indem ich mich zu ihrem Geschichtsschreiber aufgeworfen habe, glaube ich aber nicht nur in meinen alten Freunden eine liebe gemeinsame Erinnerung aufgefrischt, sondern auch bei manchem der übrigen die Aufmerksamkeit auf eine vielleicht noch nicht genügend hervorgehobene Seite unseres vogtländischen Volkscharakters gelenkt zu haben: den im allgemeinen vorhandenen kriegerischen Sinn der Vogtländer, der sich schon in ihren Jugendspielen offenbart.

Daß ich diese Art Jugendspiele zu meinen „Kriegserinnerungen eines 105ers" zu rechnen wagen durfte, wird man mir nun wohl auch einräumen, denn sie sind mir in der Tat eine Vorschule zu Übung in mancherlei militärischen Tugenden gewesen.

Richard Martin (†), Plauen

Schulberg und St. Johanniskirche (1890)
Foto: Verlag

Schulberg und Komturhof (1897)
Foto: Fliegner

Der Laden von Schaller am Schulberg (1897)
Foto: Fliegner

Alter Schlachthof (Kuttelhof 1753–1900), man stellt sich für eine Auf-
nahme in die rechte Position (1895)
Foto: Fliegner

*Auf dem Amtsberg, neugierig gucken zwei klei-
ne Mädchen herüber (1890)*   Foto: Fliegner

*Die Syrastraße 30 und 32 im November 1903 kurz vor dem Abbruch. Oben die spä-
tere Tierarztklinik von Dr. H. Jahn Ecke Wilhelmstraße und Hradschin*   Foto: Jährig

Der Neustadtplatz um 1889
Foto: Fliegner

Blick über den „Tunnel" (1901)   *Foto: Verlag*

Ein Blick vom Tunnel über das Syratal hinüber zum Lutherhaus (1900)
Foto: Jährig

„Annahme von gewöhnlichen Paketen" steht auf der Tafel am
Wagen. Das Bild entstand vermutlich an der Reichsstraße (1901)
Foto: Fliegner

Weststraße Ecke Reichsstraße (1898). Hier wird einmal die Plauener
Bank (jetzt Schmidt Bank) entstehen.   *Foto: Verlag*

29

Reges Treiben herrscht auf der Bahnhofstraße (1897), rechts beginnt die Rädelstraße
Foto: Verlag

Noch haben die Gebäude an der Bahnhofstraße teilweise kleine Vorgärten, links „Deils Hotel" (1897)
Foto: Verlag

Von der Ecke Forststraße blicken wir in die Rädelstraße bis zur Schloßstraße (1895)
Foto: Verlag

Die Forststraße (1895). Hier steht später die Gebäudefront vom Kaufhaus Tietz
Foto: Fliegner

Das Uhligsche Gebäude Forststraße 43, Abbruch 1905

Foto: Jährig

Das Hotel Fürstenhalle Ecke Forst- und Fürstenstraße (1899)

Die Bahnhofstraße 46 und 48, Ecke Jägerstraße (1895)   *Fotos: Verlag*   *Ein paar Jahre später der gleiche Standort (1908)*

Reichenbacher Straße Ecke Moorstraße (1895) *Foto: Fliegner*

Bebauung der Reichenbacher Straße nach der Moorstraße (1908)
Foto: Fliegner

Die Bewohner der Bismarckstraße 10 (1895) *Foto: Fliegner*

*Die
Hubertusdrogerie
an der Lettestraße
(1900)* *Foto: Fliegner*

Hofer Straße Ecke Böhlerstraße (1894)　　　　　　　　*Foto: Verlag*

Der Fotograf steht auf der „Sauinsel" an der Hofer Straße (1902)

Foto: Verlag

Richtfest an der Hofer Straße 54. Bevor es ein Kino wurde (1930), war es ein Vergnügungslokal.　　　　　　　*Foto: Verlag*

Das Köhlersche Haus an der Hofer Straße, Abbruch 1904

Foto: Jährig

Das „Wahrzeichen" vom Mühlberg 14 war eine Kanonenkugel im Mauerwerk (1960)   Foto: Fliegner

Mühlberg 14, 1650 war hier die erste
Plauener Buchdruckerei (1960)
                    Foto: Fliegner

An der Rähme (1910) Foto: Fliegner

Man ist nicht neugierig, nein, man will nur wissen, was da gebaut wird
(Bau der Kaltenbachleitung)   Foto: Jährig

Der Mühlberg (1895)   Foto: Fliegner

34

Die Seminarstraße (1895). Im Hintergrund die jetzige Stadtbücherei

Foto: Fliegner

Stolz steht der Eigentümer vor seinem Kolonialwarengeschäft (1895)

Foto: Verlag

Das Restaurant Wolfsschlucht (1900)

Die Neundorfer Straße (1905)

Fotos: Barche

Wohngebäude an der Ecke Körner- und Neundorfer Straße (1900)
Foto: Fliegner

Das Restaurant zur Markthalle, gegenüber steht das alte Rathaus (1895)   *Foto: Fliegner*

Neundorfer Straße 13 Ecke Feldstraße (1890)

Das gleiche Gebäude wie links, nur mit dem „Spezial Resterverkauf Geschäft" von Emil Hanoldt (1895)   *Fotos: Barche*

Alte Windmühle und
Karlsruhe später steht
hier das Gebäude
Gottschaldstraße 22
(1896) Foto: Jährig

Bäckerinnungshaus an der
Gottschaldstraße 22 (1908)   Foto: Jährig

37

Rückseite der Wiedeschen Villa an der Hammerstraße (1894) Ecke Fürstenstraße.

Hammer- und Ecke Elisabethstraße (1900). Die Villa Bildmitte wurde 1999 abgebrochen

Die Hammerstraße, links geht es zum Gerberplatz, Bildmitte die Häuser des Neustadt-platzes (1898)

Blick von der Elsterbrücke den Mühlgra-ben hinab. Das Gebäude rechts ist das alte Elisabethhospital   Fotos: Verlag

Aus der „Endengaß" ins Syratal

Alljährliche Heimwehgedanken eines alt werdenden Plaueners – Erinnerungen an die Kinderzeit um 1880

Eigentlich hat mich diesmal das Verbot, Primeln und andere Frühjahrsblumen abzureißen, das im „Vogtländer" stand, auf diese Frühjahrs-Sehnsuchtsgedanken gebracht. Denn auch dieser bitter notwendige Pflanzenschutz zeigt, daß es zu Zeiten unserer Kindheit anders war als heute, damals, in einer Zeit, wo wir uns auf den Sonntag freuten, der uns mit den Eltern „aus der Straßen quetschender Enge" hinaus ins Freie führte. Beginnt man so rückwärts zu schauen und das Bild des Einst in Einzelstrichen nachzuzeichnen, so sieht man, daß außer den Ortsbezeichnungen und den hauptsächlichen Namen, außer den Primeln und Buschwindröschen, die jeden Frühling wiederkommen, wenn sie auch mit zunehmender Bevölkerungszahl der Stadt abnehmen, recht vieles anders geworden ist.

Plauen hatte in den 80er Jahren des 19. Jahrhunderts etwa 45000 Einwohner. Es schien uns Kindern eine große Stadt zu sein, man hörte von aufblühender Industrie und Export reden, man war mit stolz, daß so viel gebaut wurde, und freute sich des wachsenden Wohlstandes, an dem die Fabriken schuld sein sollten. Was der Vater aus seiner Kindheit – das waren die 40er Jahre des 19. Jahrhunderts – erzählte, stimmte nicht mehr. Denn zu seiner Zeit war Plauen noch ein Landstädtchen; in den Höfen der Handwerksmeister in der Altstadt gab es Schweine und Hühner und Gänse, wohl auch Rinder. Der Vater selbst hütete auf dem großväterlichen Feld, das sich in der Nähe der heutigen Gastwirtschaft „Wartburg" (Forststraße) befand. Immerhin konnten auch wir Kinder noch innerhalb der Stadt „in die Milch" gehen. In der Windmühlenstraße hatten Burruckers einen Stall voll Kühe, und in einem Garten daneben trank man täglich gegen Abend seine Kuhmilch „frisch vom Faß". Auch ein ganz ander Ding zeigt den Fortschritt unserer Tage: Ich sehe noch heute im Geiste Vaters Gesicht vor Freude strahlen, als es eines Sonntags nachmittags gegen 2 Uhr hieß: So, nun laßt die Rolläden herunter, jetzt ist Schluß für heute! Das war der wichtigste erste Sonntag mit Geschäftsschluß, die Einführung des unerhört eingreifenden Gesetzes über die Sonntagsruhe im offenen Geschäft, die es bis dahin ebensowenig gab wie eine Begrenzung der Geschäftszeit am Abend.

Spaziergänge und Wanderungen gab es nach allen Seiten, im Elstertal flußaufwärts und flußabwärts in der Richtung Jocketa, zum weniger beliebten Kemmler (ich weiß nicht, ob der Berg oder der mangelnde Schatten bei uns Schuld trugen), aber am häufigsten hieß das Ziel Syratal. Mein eigener Zug ins Freie ging und geht noch heute meist in dieser Richtung. Es mag damit zusammenhängen, daß die Vettern B. in der Neundorfer Vorstadt, zu deren Trabanten man gehörte, in jenen Jagdgründen heimisch waren, es mag aber auch sein, daß hier ein Erbhang vorliegt, weil schon der Vater eine besondere Vorliebe für diese Gegend hatte.

War man über den damals noch nicht so ordentlich gepflasterten Klostermarkt weg und bei Dittmann & Trögers Wäschegeschäft vorüber am Tunnel angelangt, so begann bereits die „Natur". Dort vor dem Nonnenturm stand in einem Wasserbecken jenes niedliche Bürschlein mit dem Feigenblatt als Springbrunnen, das munter sprudelte, bis eines Tages eine Lex-Heinze-Debatte ihm das Leben sauer machte und Rathaus und Presse in Bewegung gerieten – mit dem Erfolg, daß das Knäblein dem „Verkehr" weichen mußte, obwohl der gar noch nicht so schlimm war. Heute steht er im Innern der Aktienbrauerei, die ihn wohl seinerzeit gestiftet hatte, und wird sicher keinen Anstoß mehr erregen! Gegenüber führte der Weg längs des alten Gottesackers, wie der Lutherplatz damals hieß. Dieser Friedhof der heutigen Luthergemeinde war säuberlich mit alten, halb verfallenen Mauern abgeschlossen, die sowohl am Totengraben wie an der Dobenaustraße und nach der Syra zu vorhanden waren. Der kleine, schattige Weg führte an dieser Mauer hin, an der zum Totenhof gehenden Treppe vorüber in halbdämmernden, angenehmen Schatten hinein.

Werfen wir im Vorbeigehen einen Blick auf den alten Gottesacker und die Kirche. Noch gab es eine Anzahl wohlgepflegter Gräber, die betreut wurden. Dort, wo heute große Straßen laufen, pflegte uns im Vorbeigehen der Vater die Ruhestätte seiner eigenen Großeltern zu zeigen (der 1773 geborene Glasermeister Johann Friedrich Hartenstein wurde 1852 dort beerdigt). In unmittelbarer Nähe hing ein baumähnliches Gebilde über die alte Mauer, das im Herbst die berühmten „Gottesackerpflaumen" trug, die in der elterlichen Namengebung eine Rolle spielten und bei uns nicht recht beliebt waren. Diese frei Wachsenden hätten wir natürlich gern gehabt, aber dafür gab es bevorrechtigte „Abonnenten". Zu ihnen zählten die Sch.s Buben aus der Dobenaustraße, die das Monopol des Glockenläutens kraft ihrer Beziehungen zum alten Kirchendiener Enders hatten und uns dadurch mächtig imponierten. Als dann mein eigener Klavierlehrer W. durch Louis Lohses Vermittlung Organist im Kindergottesdienst der Lutherkirche wurde und mich jeden Sonntag gegen Mittag mit in die Kirche nahm, knüpften sich die Bande zu jenen Bevorrechtigten. Sie führten dazu, daß man neben dem Registerziehen für den Organisten gelegentlich auch am Glockenstrang mithängen durfte, Bälge treten konnte und was dergleichen Kirchendienst mehr war, der den Stolz in der Brust schwellen ließ. Übrigens war es schon die Zeit, da man den Lutherkirchplatz mit dem neuen Namen zum Park und zur Anlage ausgestaltete. Vom verdienten Oberbürgermeister Kuntze stammte der Plan, nach dem am Reformationstag die einzelnen Klassen unserer Schulen je einen aus Pfennigsammlungen erstandenen Baum pflanzten, den man in feierlichem Kinderfestzug nach seinem Bestimmungsort geleitete und der Erde anvertraute. Schilder zeigten noch Jahre hinterher, welchen Baum die eigene Klasse einst gepflanzt hatte; es mag der oder jener stattlich und stark gewordene Stamm noch heute dort stehen, ohne daß man wissen kann, von wem er stammt. Draußen im Stadtparkviertel hat bekanntlich Oberbürgermeister Kuntze in stärkerem Maße seine Gedanken durchgesetzt, so daß er als der eigentliche Schöpfer unserer herrlichen Plauener Stadtparkanlagen zu gelten hat, weshalb ihn die Spötter auch unseren „Hainerich" nannten, weil ihr Blick nicht weit genug war, um die Früchte seiner guten Saat zu ahnen.

Der Weg ging schmal und schattig zunächst am alten Gottesacker längs, parallel zu einem Fahrweg, der unten an der Syra zu sehen war und zu dem unmittelbar an der Brücke eine Treppe hinunterführte. Diese ganze Gegend, von der Lohmühlenanlage und der alten Bürgerschule neben der Lindenschmiede bis zum alten Stadtbad, war unser alltägliches Eldorado mit vielen Ecken und Winkeln, Abhängen und dem Bachbett, in dem es durchaus noch Wasser und Gestein gab zum Unfugtreiben. Dort wurde geklettert und geplantscht; es war

ideales Gelände für „Räuber und Schanzer" und ähnliche herrliche Spiele. Aber das war der Alltag. Am Sonntag zog man gesittet weiter hinaus. An einem alten Holzgeländer das Weglein zum Bachbett hinab. Dann kam der Blick auf das von hinten noch weniger als von vorn malerisch aussehende alte Stadtbad, während auf der anderen Seite Bauzäune, Wiesen und Baugelände abschlossen. Aber überall war es grün und nicht unfreundlich: Erlen am Bach, Obstbäume in den Gärten sorgten für Verdeckung der weniger schönen Schmutzflecke. Die paar alten Häuser am Schießbergweg, der vom

Am Schießberg (1890). Die Brücke führt über die Syra Foto: Fliegner

„Prater" herunterkam und steil hochführte, zeigten, daß man noch in der Stadt weilte. Oben lag „Onkel Wieprechts" Garten und Villa, wie Mutter zu sagen pflegte – denn damals war man noch mit der halben Stadt verwandt. An diesem Garten ging's dann auf gleicher Höhe ein Stück weiter. Rechts hingen Büsche und Blü-

tenhecken herüber, links gab es Schwarzdorn, wilden Hopfen mit behaarten Bärenraupen, wohl auch ein wenig Jelängerjelieber. Der Wieprechtsche Holunder hatte viel zu leiden; denn seinen Duft schätzten die aus der Stadt damals schon. Langsam glitt der Weg wieder ins Syratal hinunter, dort, wo heute die Hartensteinsche Fabrik steht und den Felshang noch erkennen läßt, der uns als Kletterpartie diente, wenn wir weit genug aus der Sicht der Eltern waren. Dort oben entstand dann Onkel Teuschers Villa, von deren Gartenhäuschen aus man so gern in die Weite und Tiefe schaute und an Dionys, den Tyrannen, dachte, weil der ja auch von seines Daches Zinnen hinunterschaute auf sein beherrschtes Samos! Später mußte dann jenes Besitztum dem neuen „Viadukt", der heutigen Friedrich-August-Brücke, zum Opfer fallen, als die Stadt weiter wuchs und zur Großstadt werden wollte.

Jetzt teilte sich der Weg: Man konnte die Straße zum Streitsberg nehmen und dann jenseits der Aktienbrauerei zur Poppenmühle gelangen, wo heute die großen Häuserblocks des Brauvereins so wenig freundlich im Gelände liegen. Meist zog man den links über ein Brücklein führenden Pfad durch die Aktienbrauerei vor. Die Brauerei genoß damals schon großes Ansehen ob ihrer guten Erzeugnisse und des Umstandes, daß sie mit der Bürgerschaft selbst verwachsen war. Der zu Hause beim Großvater stehende Silberpokal, den ihm der Aufsichtsrat zur Goldenen Hochzeit im Jahre 1878 geschenkt hatte, erhöhte natürlich die Hochachtung. Der Malzduft aus der Brauerei stieg lieblich in die Nase, die mächtigen vogtländischen Ochsen, die damals noch die Brauereiwagen durch die Straßen der Stadt zogen, wurden bewundert, die Ordnung auf dem Brauereigrundstück hat stets Eindruck gemacht. Aber das Schönste an der ganzen Aktienbrauerei war für uns das, was nun kam: Jener Hang, der sich weiterhin nach der Poppenmühle zu links hochzog und mit dem die herrlichsten Kindheiterinnerungen überhaupt verbunden sind, die ich hege. Von oben, wo ein ganz schmaler Pfad aus der Neundorfer Vorstadt herunterkam und zur Mühle ging, kamen wir meist: die schon genannten Vettern B. und andere, denen dieser Abhang als ihr höchsteigenes Gebiet galt. Hier kamen die ersten Leberblümchen heraus, hier steckten die ersten Anemonen ihre Köpfchen in den Frühling, hier gab es sogar noch richtige wohlriechende Veilchen, wenn man rechtzeitig erschien. Dichtes Buschwerk, Felsblöcke und Bäume verkleideten den Berghang, dessen Mittelpunkt ein von uns „Teufelskanzel" benannter Block war. Dort saßen wir nach aufregenden Jagden und schauten ins Land oder nach dem Streitsberg hinüber, der später an Sommerabenden oder zur seligen Tanzstundenzeit eine Rolle spielen sollte und dessen Glasveranda mit den bunten Fensterchen ein Ziel der Kindersehnsucht war. Allerdings bedurfte es beim Spiel in dieser Gegend auch einer gewissen Indianervorsicht. Von unten, von der Brauerei und den Wiesen aus, durfte man uns nicht entdecken. Geschah es dennoch, so rettete nur die Flucht. Allerdings nicht der Poppenmühle zu; denn dort kam man vom Regen in die Traufe. Dort war alles wohlbehütet, eingezäunt und geschützt – also gar nichts für uns

Buben! Für die Zeit der ersten Wanderjahre des Kindes ist die Poppenmühle Kinderparadies gewesen. Dort konnte man am Wasser sitzen, konnte Milch trinken, wurde vielleicht sogar selbst einmal gerudert und schaute in die Stuben, wo immer viele Männer Karten spielten. Ich kann mir die Mühle gar nicht anders als mit skatspielenden Männern vorstellen; stets saßen welche dort, vermutlich weil es der nächstliegende Ausflugsort war und man hier möglichst rasch ans Werk kommen konnte!

Hinter der Poppenmühle teilte sich wiederum der Weg. Nach rechts hinüber, den fröhlich plätschernden Bach überquerend, stieg der eine Teil zur Tennera hinauf. Da erhob sich unmittelbar an der Syra trutzig die alte Dobenau, die Ruine auf dem hohen Fels, von der ein Gang zur Johanniskirche gehen sollte, den wir gar zu gern gewußt hätten. Aber obwohl der Fels noch nicht stacheldrahtbewehrt war und abweisend wirkte, lockte er doch nur selten zu Kletterkünsten. Wenn man nicht von unten erwischt wurde, dann konnte es immerhin von oben der Fall sein; die „Burgbewohner" waren solchen Künsten abgeneigt und wir wiederum dem „Segen", der von oben kam! Auf der anderen Seite kam man nach Überschreiten einer Wiese und vorbei an einigen Poppenmühlhäusern zur gewaltigen Syratalbrücke. Die hatte nun aber ein wirklicher Onkel gebaut, auf den man stolz sein konnte: der aus Predazzo in den Dolomiten stammende und in seiner Bauzeit in die Familie hineingeratene Onkel Antonio Facchini, auf dessen Spuren ich sippenforscherweise im Vorjahre in Predazzo wandeln konnte. Die stattliche Großartigkeit der einheitlichen Bogen dieser Brücke wird ihren starken Eindruck nie verfehlen. Die Syratalbrücke wirkt durch ihre Gesteinsart besonders geschlossen und mächtig.

Hinter der Brücke hatte man erneut die Wahl, rechts oder links zu wandern. Der bequeme Weg verfolgte linksufrig die rechte Seite des

Baches und war beliebt, wenn man zoologische Studien treiben oder ins Wasser fallen wollte. Aber der andere Weg war trotz der ersten Steigung an der Brücke noch beliebter, weil er mehr Abwechslung bot zwischen Wiese und Wald.

Beiderseitig erschloß sich das liebliche Tal mit seinen grünen Teppichen, seinen Himmelschlüssel-Wiesen und den Ausblicken in heimische Landschaft, die immer schön bleiben werden, solange man sie im Geiste erlebt. Das Syratal war schön in heißer Sommerszeit, bot reizvolle Bilder in Herbstesfarbenpracht, erstrahlte im blendenden Weiß des Winters und regte des Nachts im Vollmondschein zum Schwärmen an, weil es Heimat war. Seinerzeit duftete im Frühjahr noch der Seidelbast; an einzelnen Stellen gab es noch Segelfalter und Schwalbenschwänze, Trauerfalter und vielleicht einmal ein Ordensband. Heute blicken von allen Seiten die Häuser der Stadt ins Tal hinein, die selige Stille ist zum Teil dahin, und doch soll man sich eines solchen Fleckchens schöner Erde freuen, wenn es so unmittelbar in der Nähe der Stadt liegt.

Der Weg zur Holzmühle schien uns immer recht lang zu sein, aber das Ziel mit Speise und Trank mag diese Längenempfindung erklären. Noch war an Stelle des heutigen großen Ausfluglokals die alte enge Holzmühle unser Kinderparadies. Dort trank man die ersten Gemäße Bier, dort lockten so freundlich „e paar Werschtle", dorthin aber führten später auch Tanzstundenausflüge mit höherem Zwecke in den Tagen, die bekanntlich nicht ewig grünen.

Die Erinnerung verklärt dies alles und hüllt es in freundliche Farben. Aber dennoch: heute beginnt – gerade in Frühlingsstimmung und Heimwärtsdenken ein wenig vom großen Mollakkord späterer Menschenlebens mitzuklingen, dessen Text lautet: Es war einmal …

Dr. Otto Hartenstein, (†) Hannoversch-Münden

Der Kürschnermeister Ludwig Sammler von der Straßberger Straße 33

Erinnerungen an meinen Großvater Ludwig Sammler, geb. 8. 3. 1854, gest. 17. 10. 1929. Wohnung Plauen, Straßberger Straße 33 (jetzt Straßberger Tor), Kürschnermeister mit Geschäft.

Was würde dieser Mann wohl jetzt sagen zu diesem Baukomplex?

Mein Großvater war ein Mensch voller Aufgeschlossenheit und großer Güte!

Er hat schwere Schicksalsschläge ertragen müssen, hat zeitig die geliebte Frau verloren und stand mit 5 Kindern da, das Kleinste ein Baby. In späteren Jahren war die Zeit des 1. Weltkrieges und der Inflation. Ein Sohn im Krieg gefallen und 2 Töchter in jugendlich blühendem Alter verstorben. Doch war dieser Mann kein Mensch der Klage. Er war für alle Menschen da und hat so viel Gutes für andere getan, so daß ihm die Zufriedenheit gegeben war.

Es war das Ladengeschäft da, das er selbst bediente, daneben die Werkstatt, wo er wahrscheinlich tags und bestimmt auch oft nachts noch arbeitete, die Pelzkammer, wo die Pelze der Kunden lagerten (für uns als Kinder sehr romantisch). Das große Hinterland! Im Hinterhaus war anfangs die Tischlerei des Bruders, der aber schon zu meiner Kindheit verstorben war, nur die Witwe wohnte noch im Hause. Hinter dem Haus waren Hasenställe. Was hatte Großvater doch für wunderschöne Hasen! Es war ein Wonne für uns, die zu beschauen. Einer schöner als der andere. Auf der anderen Seite der Blumengarten! Es blühte dort immer, und es fehlte bestimmt keine Art von Blumen. Heute frage ich mich, wie hat dieser Mann das nur alles geschafft? Und dabei strahlte er noch Ruhe aus! Im Naturschutzverein war er auch mit im Vorstand tätig. Man hatte ihm später im Gedenken eine Bank am „Butterweg" oberhalb

von Kürbitz aufgestellt. Hinter dem Hinterhaus war noch Wiese mit Sitzecke und Beeten. Das grenzte an die Rosengasse. Meine Mutter war die älteste Tochter. Sie heiratete 1912 und zog nach der Rähnisstraße, wo sie die Wohnung in meines Vaters Haus bezogen und mein Vater

Ludwig Sammler im Jahre 1918 mit der Autorin Käthe Hergert links und dem Bruder Helmut. Er ist seit dem 2. Weltkrieg in Rumänien vermißt   Foto: K. Hergert

in diesem Haus eine Klempnerei hatte. Die Straßberger Straße war aber immer ein Anziehungspunkt für uns. Unvergeßlich ist mir, daß

es stets Gründonnerstag in die Straßberger Straße zum Ostereiersuchen ging. Da hatte Großvater immer Eier mit Zwiebelschalen gefärbt und fand auch noch Zeit, diese Eier mit Tintenstift zu bemalen und mit Sprüchen zu verzieren. War schlechtes Wetter, suchten wir in der Werkstatt, war es schon frühlingshaft, durften wir im Blumengarten suchen. Im Hause wohnte ja noch die Schwester des Großvaters, sie war Schneiderin, die Schwägerin des Großvaters und die eine noch lebende Schwester meiner Mutter, die Großvater zur Seite stand, bis sie später heiratete, sie alle freuten sich mit uns Kindern. Die Großtante, die Schneiderin, hatte meist so Gutsbesitzerfrauen vom Lande als Kundinnen und erzählte meiner Mutter immer, daß die mit Kutsche ankamen, am Torplatz abstiegen und in der Kutsche meist noch einen Präsentkorb für die Schneiderin brachten. Wahrscheinlich wartete dann der Kutscher noch nebenan im „Stadt Weimar" auf die „Gnädige". Die Vornehmheit steckte wahrscheinlich auch die Schneiderin etwas an. Ich entsinne mich, daß ein Besuch bei ihr schon etwas Besonderes war. Da wurden zum Frühstück schon besondere „Häppchen" zurecht gemacht und vorgesetzt, und wir gaben uns Mühe, besonders sittsam zu sein. Großvater versorgte uns schon als Kinder im Winter mit Pelzkragen auf Mänteln und möglichst noch Muff, was uns Kindern gar nicht so recht war, denn andere Kinder brauchten das ja auch nicht. Eines vergeß ich aber nicht, wir waren stolz, daß unsere große Puppe ein weißes Pelzcape vom Großvater bekam! Das war wirklich etwas Besonderes. Großvater liebte die Natur, und ich entsinne mich, daß es oft gemeinsame Wanderungen gab, Großvater, die zwei Großtanten, die Schwester meiner Mutter, meine Eltern und wir 3 Geschwister, und meist ging es ins obere

Straßberger Straße 33, vor 1910   *Foto: K. Hergert*

Vogtland, Deichselberg, Steins, Schwand u. a. Zum Weihnachtsfest kamen dann alle zu uns in die Rähnisstraße, denn da waren ja wir Kinder der Mittelpunkt mit Puppenküche, Dampfmaschine u. a. Da unsere Mutter die älteste der Geschwister war, war sie Großvater wahrscheinlich immer sehr treu verbunden. Traurig erlebte ich allerdings als Kind mit, als die eine Tante so jung starb. Sie war so hübsch, und als ich sie im Sarg sah, mußte ich an das Märchen „Schneewittchen" denken, das ging mir damals nicht aus dem Kopf. Eines war noch recht treffend, wie Großvater war. Als er vor seinem Tod krank darnieder lag, verlangte er noch nach einer Arbeit, die er zu Ende bringen wollte, weil er es versprochen hatte.

Nach Großvaters Tod wurde das Haus mit Grundstück im allgemeinen Einverständnis an den Besitzer von „Stadt Weimar" verkauft, der für einen Sohn, der Konditor war, damals das Kaffee „Goethegarten" einrichtete. Im 2. Weltkrieg wurde auch dieses Grundstück durch die Bomben nicht verschont.

Oft mache ich auch jetzt meinen Spaziergang und habe den Baukomplex Straßberger Tor von Anfang an beobachtet, und ich glaube auch, mein Großvater Ludwig Sammler, der jedem Fortschritt optimistisch gegenüberstand, wäre angenehm berührt von diesem Anblick.

Der jetzige Hotelkomplex an der Straßberger Straße steht ja nun auch auf seinem ehemaligen Grundstück direkt an der Rosengasse.

Käthe Hergert, Plauen

1904 bekamen wir in der Viktoriastraße Gaslicht …

Wie ich erst viel später, nämlich während meiner Lehrzeit erfuhr, war der Sommer des Jahres 1897 sehr naß. Ich bekam damals illustrierte Zeitschriften in die Hände, in denen Abbildungen erschienen waren, wie die Menschen sich vor allem gegen den Regen schützten, um ewigen Erkältungen vorzubeugen. Das war allerdings deshalb so schwer, weil es damals außer dem Regenschirm keine andere Schutzkleidung gab. Es ergab sich deshalb von selbst, daß meine Mutter in diesem Jahr sehr unter Rheumatismus litt, so daß sie teilweise nicht in der Lage war, ihre Arbeiten als Hausfrau zu erledigen. Sie mußte sogar ihre auch schon betagte Mutter zu Hilfe rufen.

Meine Eltern waren Anfang der 1890er Jahre aus ihrer Thüringer Heimat nach Plauen gezogen, um bessere Arbeitsbedingungen als auf dem Lande zu finden.

Mein Vater wurde 1863 in Blintendorf, einer preußischen Enklave in Thüringen, geboren. Nach seiner Schulzeit betätigte er sich zunächst als landwirtschaftlicher Arbeiter. Bald aber erhielt er einen Arbeitsplatz in der damals sehr bekannten Lederfabrik Knoch in Hirschberg an der Saale. Durch seine Tüchtigkeit fiel er dem damaligen Eigentümer der Fabrik auf, der ihn nach kurzer Zeit zu seinem Leibkutscher machte. Mit diesem Posten war aber auch im Leben meines Vaters eine große Unruhe verbunden. Infolge der großen Geschäftsverbindungen des Werkes war es bei den damaligen Verhältnissen nötig, daß sich der Chef des Hauses persönlich zu seiner weit verbreiteten Kundschaft begab, um wegen des Abschlusses neuer Verträge mit dieser zu verhandeln. Mein Vater, als Kutscher des Chefs, war deshalb mit diesem viel unterwegs. Da es damals eine Eisenbahn nach Hirschberg noch nicht gab, waren alle diese Fahrten sehr zeit-

raubend und bei den damaligen Straßenverhältnissen auch nicht ungefährlich. Besonders im Winter mit dem Schlitten wurden die Fahrten sehr unbequem, und oft sind sie bei den häufigen Schneeverwehungen, wenn kein Weg und Steg mehr zu erkennen war, mit dem Schlitten umgestürzt, oder es stürzten die Pferde. Dazu kam noch, daß der Kutscher ohne ein Dach über dem Kopf auf seinem Kutschbock saß und so allem Unwetter ausgesetzt war. Das war natürlich am schlimmsten bei stundenlangem Regen, so daß er durchnäßt bis auf die Haut in einem Gasthof oder am Ziel der Fahrt ankam.

Im Jahre 1883 wurde mein Vater zum Militär eingezogen, und zwar mußte er zum 2. Sächsischen Grenadierregiment Nr. 101 nach Dresden einrücken. Der Chef dieses Regiments war der russische Kaiser, der Zar. Deshalb bekamen die Soldaten dieses Regiments zum Frühkaffee jeder zwei Brötchen (genannt Schuster), was es bei anderen Regimentern nicht gab.

Nach seiner Entlassung aus dem Wehrdienst im Jahre 1886 war er einige Jahre auf dem Rittergut Frankendorf beschäftigt. In dieser Zeit lernte er unsere Mutter, die in Göttengrün bei Gefell wohnte, kennen. Die Trauung fand dann in Zollgrün statt. In den ersten Jahren der Ehe wurden drei Kinder, Alma, Frieda und Lina geboren.

In dieser Zeit vollzog sich in den Dörfern eine gewisse Landflucht der Bevölkerung in die Städte, da die aufkommende Industrie Arbeiter benötigte. Die Arbeit in den Fabriken war teilweise nicht so anstrengend wie in der Landwirtschaft, auch besser bezahlt und die Arbeitszeit besser geregelt. Aus diesem Grund zogen auch meine Eltern nach Plauen, wo mein Vater eine Tätigkeit bei der Sächsischen Staatseisenbahn erhielt und mit der Annahme und Ausgabe der Güter beschäftigt wurde. Die Arbeits-

zeit war aber auch nicht kürzer als auf dem Lande, denn sie betrug 12 Stunden pro Tag, nämlich von früh 6 Uhr bis abends 7 Uhr, mit einer Stunde Mittagspause, während die Nachtschicht von abends 6 Uhr bis früh 6 Uhr dauerte.

Meine Eltern erhielten eine Wohnung in der Ostvorstadt, nämlich in der Bismarckstraße, wo dann auch mein Bruder Max am 5. September 1895 und ich selbst am 18. Oktober 1897 geboren wurden. Da der tägliche Marsch von zu Hause nach dem Oberen Bahnhof und zurück so weit war, zogen meine Eltern um die Jahrhundertwende nach Haselbrunn in die Viktoriastraße 79. Das war für meinen Vater eine große Erleichterung, da der Weg nur einen Bruchteil des früheren betrug.

Im Jahre 1901 wurde als letztes Familienmitglied mein Bruder Walter, genannt der Schwarze, da er als einziger in der Familie schwarze Haare wie der Vater hatte, geboren. Da die ersten Kinder inzwischen herangewachsen waren, war natürlich der Unterhalt der Familie ziemlich gestiegen, wozu das Einkommen des Vaters allmählich zu kurz wurde. Die Älteste meiner Schwestern, Alma, suchte sich deshalb, um für den Unterhalt der Familie beisteuern zu können, eine Stelle als Kindermädchen. So kam sie zu dem Plauener Arzt Dr. Wohlfahrt, wo sie bis zu ihrer Schulentlassung dessen Kinder betreute. Meine Schwester Frieda, die seinerzeit keine Lust verspürte, das Stadtleben kennenzulernen, verdingte sich zunächst als Hilfe der Hausfrau bei einem der großen Bauern in Tanna/Thüringen. Lina, als die Jüngste der drei Schwestern, hatte nun uns drei „Spuksteufel" zu Hause zu betreuen und mußte auch der Mutter im Haushalt helfen.

Im Jahre 1903 zogen wir in die Viktoriastraße 101 um, da die bisherige Wohnung zu klein wurde. Ein Jahr darauf, 1904, kam ich in die Schule. In dieser Zeit wurde auch in unserem Straßenzug die Gasleitung gelegt, da wir bis dahin nur Petroleumbeleuchtung hatten. Nun verschwanden auch die Petroleumlaternen auf den Straßen, die durch Gaslaternen ersetzt wurden. Die Viktoriastraße endete am damaligen Krähenhügelberg (jetzt befindet sich dort ein Neubaublock an der Geibelstraße), der nur eine Größe von einem Hektar hatte. Auf diesem Berg, dessen Höhe wohl ca. 25 Meter über dem umliegenden Gelände betrug, standen halbhohe Kiefern mit langen Nadeln. Dieser Berg mit seinem Kiefernwald war das Spielgelände der Jugend. Am Rande gab es einige grüne Rasenflächen, auf denen die Frauen im Sommer ihre Heimarbeiten verrichteten.

Plauen wurde in dieser Zeit durch die Spitzen- und Stickerei-Industrie weltbekannt. Auf der Weltausstellung in Paris hatte die Plauener Spitze einen Preis erhalten. Da sich bei der Fabrikation der Textilien auch Fehler, vor allem durch das Aussetzen von Nadeln und Spindeln in den Stick- und Webmaschinen ergaben, nutzten die meisten Frauen die Möglichkeit zur Ausübung von Heimarbeit, um diese Fehler auszubessern. Daran mußten sich teilweise auch die Kinder, vor allem die Mädchen, beteiligen, wodurch manche Familie einen guten Verdienst erzielte. Da die Spitzen auf Stoff, Nansoc und Cambric, gestickt waren, mußten diese nach der Fertigstellung in der Maschine mit der Schere aus dem Stoff herausgeschnitten werden. Die Spitzen bestanden meistens aus Bogen und Ringen, die dann vom Stoff befreit werden mußten. Diese Arbeit nannte man „zäkkeln".

Wir kleineren Jungen konnten uns zunächst auf dem Berg nach Herzenslust austollen. Wir spielten den ganzen Nachmittag „Räuber und Schanzer", bauten Zelte und spielten Indianer, wir jagten uns herum, kletterten auf die Kiefern, sprangen von Baum zu Baum, spielten

Kasperle-Theater, wobei natürlich auch Eintrittsgeld erhoben wurde; es betrug allerdings nur 1 bis 3 Pfennige. Oder wir legten uns zusammen und erzählten uns große Geschichten. Die größeren Jungen hatten sich inzwischen einen Arbeitsplatz als Laufbursche, als Zeitungsausträger oder einen ähnlichen Posten versorgt, um auch ihren Eltern mit einem kleinen Arbeitsverdienst unter die Arme zu greifen.

Auf der anderen Straßenseite unserer Wohnung arbeitete der Besitzer des Hauses an einer Stickmaschine. Für diese Tätigkeit brauchte er eine Hilfe zur Beobachtung der Maschine, besonders der Nadeln, bei denen häufig der Faden abriß und dadurch Fehler und Ausfälle in der Fabrikation entstanden. Nach Befragung meiner Mutter, ob sie damit einverstanden wäre, daß mein Bruder Max bei ihm Fädeljunge mache, wurde dieser bei ihm eingestellt und arbeitete dort bis zu seiner Schulentlassung. Zu diesem Haus gehörte auch ein Hinterhaus, und in diesem stand auch eine Stickmaschine. Die war zwar genauso lang wie die, an der mein Bruder arbeitete, nämlich 4½ Meter, nur war sie dreistöckig, während die andere nur zweistöckig war. Eines Tages sagte mein Bruder, daß im Hinterhaus beim „alten Schilbach" die Stelle des Fädeljungen (Fännelbu) frei würde. Meine Mutter ging daraufhin hinüber, und ich bekam diesen Posten. Damit war natürlich die Freizeit vorbei, denn die Arbeit begann jeden Tag sofort nach Beendigung der Schule. Sobald wir von der Schule nach Hause kamen, zogen wir „alte" Kleidung an und begaben uns an unsere Arbeitsstelle. Hatten wir nur zwei oder drei Stunden Schule, so mußten wir sofort auf Arbeit gehen. Die Arbeitszeit ging dann bis 12 Uhr mittags. Dann folgte eine Stunde Mittagspause, und um 1 Uhr ging es weiter. Die Arbeitszeit am Nachmittag ging im Sommer bis 7 Uhr, im Winter bis 8 Uhr abends.

Wenn wir dann nach Hause kamen, aß die ganze Familie Abendbrot. Danach trafen wir Jungen uns auf der Straße, und es wurde erst einmal beraten, was wir unternehmen wollten. Solange es im Sommer hell war, wurde gewöhnlich Fußball gespielt. Das geschah damals nicht mit einem richtigen großen Fußball, sondern mit einem Tennisball. Da wir den ganzen Sommer hindurch barfuß liefen, wurde somit auch barfuß Fußball gespielt, und dadurch waren wir auch richtige Spezialisten geworden. Freilich gab es auch häufig ziemliche Wunden an den Füßen, so daß wir mit großen Verbänden herumliefen, die uns aber trotzdem vom Fußballspielen nicht abhielten.

Eines Tages wurden mein Bruder und ich vom Kantor der Markusgemeinde, dem Lehrer Hense, gefragt, ob wir in den Kirchenchor eintreten wollten. Da wir gerne sangen und von unseren Klassenlehrern vorgeschlagen waren, erklärten wir uns dazu bereit. Nun mußten wir freilich jeden Freitag abends 6 Uhr in die Singstunden gehen, was natürlich unseren Stick-Herren nicht besonders recht war, denn nun hatten sie in dieser Zeit keinen Aufpasser. Sie waren aber doch damit einverstanden. Nun mußten wir freilich auch jeden Sonn- und Feiertag früh um 9 Uhr in die Kirche gehen zum Mitsingen.

Durch die Zugehörigkeit zum Kirchenchor waren wir schulgeldfrei. Damals wurde nämlich das Schulgeld durch den Schulgeldeinnehmer, der jeden Montag mit seinem großen Buch in der Schule erschien, eingezogen. Das Schulgeld betrug pro Woche 10 Pfennige. Für das Singen im Kirchenchor erhielten wir pro Vierteljahr 1,00 Mark.

Dadurch hatten wir manchmal noch einen kleinen Überschuß. Der war zwar nicht hoch, aber es war doch etwas. Damals wurde mit jedem Pfennig gerechnet. Manche konnten nämlich selbst die 10 Pfennige Schulgeld nicht bezahlen.

Im letzten Jahr meiner Schulzeit wurde ich erster Sänger im Kirchenchor. Zum Weihnachtsgottesdienst 1911 wurde ich für würdig befunden, die Prophezeiung des Propheten Jesaias vorzutragen, die vom Altar aus gesungen wurde. Das war natürlich für meine Schulkameraden ein großes Vorkommnis, so daß die Klasse nicht versäumte, mich auf dem Altar bewundern zu können. Vielleicht warteten sie auch darauf, daß ich steckenbleibe. Es gehörte auch ein gewisser Mut dazu, als Schüler ein so langes Gesangsstück auf dem Altar vor der ganzen Gemeinde zu singen. Beim Anblick dieser vielen Menschen, die alle auf mich schauten und vor denen ich auch noch singen sollte, wurde mir doch etwas bange. Als ich aber dann auf dem Altar stand und anfing zu singen, da war alle Scheu vorbei, und ich sang allen zur Freude meine Prophezeiung bis zum Ende durch. Am meisten freute sich natürlich meine gute Mutter, als sie ihr „Bübel" vorne mit seiner hellen Stimme singen hörte. Ich erntete großen Dank von unserem Kantor, und zur Belohnung erhielt ich von ihm 2,00 Mark; außerdem freuten sich meine Freunde.

Nun ging meine Schulzeit allmählich vorüber, denn zu Ostern 1912 wurde ich, wie alle Schülerinnen und Schüler der Markusgemeinde, in der Johanniskirche konfirmiert. Die Markuskirche war damals noch im Bau. Nun kam aber auch die Frage, was lerne ich nach der Schule. Ich wäre gern Lehrer geworden. Daran war aber gar nicht zu denken, denn das hätte vier Jahre Seminar bedeutet, und das Geld hätte mein Vater nicht aufbringen können. Dann dachte ich an den Kaufmannsberuf. Aber selbst der war noch zu teuer, denn der Kaufmannslehrling erhielt das erste Jahr seiner Lehre nur 2,00 Mark monatlich. So entschloß ich mich, wie mein Bruder Max zwei Jahre vorher, zu einem Rechtsanwalt in die Lehre zu gehen, um später vielleicht bei der Stadt oder bei der Justiz Beamter zu werden. Ich fand auch

bald eine Stelle und, wie sich herausstellte, eine recht gute bei dem Rechtsanwalt Dr. Claus. Ich erhielt die erste Zeit zunächst pro Monat 3,00 Mark, und zu Weihnachten dieses Jahres hatte ich bereits 15,00 Mark Gehalt. Nun hatte ich zwar Anfang Dezember 1912 beim Fußballspiel den rechten Arm gebrochen und war dadurch vier Wochen arbeitsunfähig. Trotzdem schickte mir mein Chef zu Weihnachten mein Gehalt von 15,00 Mark, und als Weihnachtsgeschenk zahlte er jedem seiner Angestellten schon damals ein 13. Monatsgehalt aus, so daß ich 30,00 Mark erhielt, was mir und meiner Familie eine große Freude bereitete. So etwas gab es damals anderswo noch nicht.

Während der Lehrzeit besuchte ich noch die Fach- und Fortbildungsschule, wo wir im Justiz- und im kaufmännischen Beruf Unterricht erhielten. Dazu besuchte ich Stenographiekurse und beteiligte mich auch an den Steno-Wettschreiben, wobei ich regelmäßig Preise erhielt; diese bestanden in Urkunden und Büchern.

Ebenso wurde ich Mitglied des Jünglingsvereins der Markusgemeinde. Hier trafen wir uns gewöhnlich Sonntag abends mit Pfarrer Weidenkaff (dem Vater des heutigen Pfarrers Weidenkaff) für zwei Stunden zu gemütlichem Beisammensein in der Turnhalle der 7. Bürgerschule. In der ersten Stunde wurde immer geturnt und gespielt, und in der zweiten Stunde las uns Pfarrer Weidenkaff interessante Geschichten über Erfindungen, Entdeckungen sowie aus Büchern bekannter Forscher, wie z. B. Sven Hedin u. a. vor. Wir freuten uns immer wieder über diese Zusammenkünfte. Zu Pfingsten machte der Jünglingsverein stets einen 2-Tage-Ausflug, wobei ich mich noch an drei dieser Touren erinnern kann: das Fichtelgebirge, wo wir die Luisenburg, den Waldstein, Wunsiedel, den Ochsenkopf, den Schneeberg, die Saale-, Eger- und Naabquelle besuchten; dann an die Saaletalsperre mit Saalburg, Ebersdorf und Umgebung und an die dritte Tour nach

Weida mit Besichtigung der Osterburg und Umgebung. Diese Ausflüge waren für uns stets große Erlebnisse, und es wurde lange Zeit davon erzählt.

In dieser Zeit gründete ich mit einigen Schulkameraden den Verein „Wanderlust", denn wir wollten sonntags hinaus in die Ferne, wollten unsere Heimat kennenlernen, und deshalb nahmen wir uns große Märsche vor. Wir wanderten hinauf nach Schöneck, an die Talsperre bei Bergen, nach Hof in Bayern, wo wir mit der Bahn bis nach Weischlitz fuhren und von dort aus abends auch wieder die Eisenbahn benutzten. Eines sonntags marschierten wir über den Kemmler nach Oelsnitz. Wir wollten von dort aus nach Bad Elster fahren. Leider kamen wir zwei Minuten zu spät auf den Oelsnitzer Bahnhof, denn als wir die Karten kaufen wollten, fuhr uns der Zug vor der Nase ab. Es blieb uns nichts anderes übrig, als auf Schusters Rappen weiterzumarschieren, da der nächste Zug erst einige Stunden später fuhr. Da es noch früh am Tage war, machten wir uns auf den Weg und kamen gegen Mittag in Bad Elster an. Wir gingen erst einmal durch die Anlagen, setzten uns auf den Konzertplatz, lauschten der Musik des Bade-Orchesters und gondelten auf dem Luisasee. Dann mußten wir auch wieder an den Rückmarsch denken, denn da wir in Bad Elster ein bißchen zu viel Geld ausgegeben hatten, war es uns unmöglich, mit der Bahn zurückzufahren.

Anfangs ging es ja ganz gut. Aber nachdem wir Adorf hinter uns hatten, klagten wir doch alle über Müdigkeit. Da wurde einige Male Rast gemacht, und endlich erreichten wir Oelsnitz. Nun wurde es noch schlimmer, da es fast immer bergauf ging, und wir waren froh, als wir am Kemmler unser altes gutes Plauen vor uns sahen. Dann ging es aber schnell den Berg hinunter. Es kam die Trögertreppe, und als wir in die Hofer Straße kamen, sahen wir an verschiedenen Stellen Extrablätter angeklebt, worauf zu lesen war, daß der österreichische Thronfolger Erzherzog Ferdinand und seine Gemahlin in Sarajewo erschossen worden seien.

Dieser Sonntag war der 28. Juni 1914, der Startschuß für den 1. Weltkrieg. Dies sollte von nun an unser Leben total verändern.

Otto Albert, geb. 18.10.1897, gest. 15.10.1997

(niedergeschrieben 1981/82)

Auf dem Foto vorn rechts bin ich, es entstand 1910

Viktoriastraße 101, Ecke Geibelstraße, 1910

Unser Verein „Wanderlust" in Hof. Ich bin rechts hinten 1914

Fotos: O. Albert

47

Geboren wurde ich 1908 in der Moritzstraße

Ich wurde am 23. Januar 1908 in der Moritzstraße 78 geboren. Mein Vater, Werner Sonnenberg, war in Ebersdorf am 21. Januar 1887 geboren worden, und meine Mutter Irene geb. Werner erblickte das Licht der Welt am 25. April 1886 in Plauen. Geheiratet hatten meine

Mutter Irene und Tochter Elfriede

Eltern nach meiner Geburt im Jahre 1909. Die Mutter hatte noch zwölf Geschwister, drei wanderten später nach Amerika aus. Das Leben spielte sich in der Familie ab. Onkel Max gehörte die Syrauer Windmühle, er starb im 2. Weltkrieg. Nach 1945 gab es noch herrliche Kirschbäume dort. Ich entsinne mich noch an den 1. Weltkrieg, der Vater war eingezogen, und es gab wenig zu Essen; fast alle litten an Unterernährung. Meine erste Schule war die

Dittesschule. Danach war meine Schulzeit mit vielen Wechseln verbunden, bedingt durch den Krieg. Ich entsinne mich auch noch an den Brand und die Explosion in der Munitionsfabrik, es gab viele Tote und Verletzte. Es war bitter für die Angehörigen.

Als Vater aus dem Krieg wieder da war, legten wir einen Garten in der Siedlung Neundorf an. Meine Mutter war viele Jahre (50jähriges Jubiläum 1959) Vorsitzende des Siedlervereins. Die Gärten dienten in erster Linie der Selbstversorgung. Es wurden Obst, Gemüse und Kartoffeln angebaut; so wurde die Hungerzeit überwunden. Meine Eltern waren im Gesangverein „Harmonie", dieser war am Oberen Graben, aber auch noch im ADMV Autoclub, der war im „Georgenhof". Hier spielte sich die Freizeit vieler Familien ab – mit Kind und Kegel. Es wurden gemeinsam schöne Ausfahrten unternommen.

1922 begann ich eine Lehre als Adlerstickerin bei Joseph & Sachs. Ich mußte meine Lehre aber abbrechen. 1923 hatte sich Vater selbständig gemacht, gründete die Firma Dachdecker Werner Sonnenberg. Die Geschäftspost wurde von den Kindern in alle umliegenden Orte wie Straßberg, Zwoschwitz, Kloschwitz, Neundorf usw. ausgetragen. Die Mithilfe im elterlichen Geschäft war selbstverständlich. Der Lagerplatz wurde in der Nähe des Sternplatzes eingerichtet. In der dritten Generation betreibt heute Wilfried Sonnenberg das Geschäft. Das Wohnhaus Seminarstraße 7 erwarben die Eltern; im 2. Weltkrieg wurde es völlig zerstört. Es wurde wieder aufgebaut, 1994 verkauft, abgerissen; jetzt befindet sich dort ein Ärztehaus.

Noch einmal ein Blick zurück. Mit 16 Jahren hatte ich Tanzunterricht in der Tanzschule Beck. 1928 lernte ich Hans Ammon im Auto-

club kennen. 1930 heirateten wir und haben zunächst im elterlichen Haus Seminarstraße 7 gewohnt. 1935 wurde unser Sohn Dieter geboren, am 17. Mai. Mein Mann hatte sich dann selbständig gemacht und hat als Elektromeister das Geschäft übernommen, in dem er gelernt hatte, die Firma Sarfert in der Annenstraße 41. Dort wurde auch unsere Tochter am 5. Januar 1938 geboren. Nachdem mein Mann Hans eingezogen

Ich mit meinem Bruder

wurde, habe ich unser Geschäft allein mit Hilfe eines Gesellen weitergeführt. 1948 hatten wir unser Haus in der Stresemannstraße aufgebaut und unser Geschäft eingerichtet. 1973 feierten wir das 70jährige Geschäftsjubiläum von Elektro-Ammon. Im Jahr 1973 haben wir unser Geschäft an die PGH Elektro übergeben, unser Haus in der Stresemannstraße verkauft und so den Traum von einem kleinen Häuschen erfüllt in der Kleinfriesener Straße 55. 1985 verstarb mein Ehemann Hans. Ich wohnte in unserem Häuschen weiter bis 2002 und bin dann ins Seniorenheim Kastanienweg 1 gezogen, wo ich heute noch lebe.

Elfriede Ammon geb. Sonnenberg, Plauen

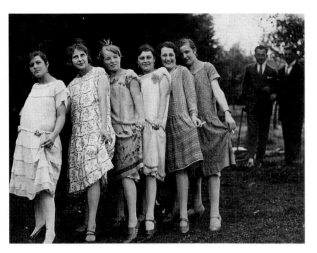

Meine Freundinnen und ich (3. v. links) beim
Sommerfest an der Windmühle in Syrau 1926

Ein Ausflug in den 20ern

Eine Ausfahrt nach Nürnberg

Beim Sticken im Hof

Die Tanzstunde

Fotos: Ammon

Mein Vater hatte auf dem Klostermarkt die Erfurter Samenhandlung

Der Klostermarkt im vogtländischen Plauen, im Zentrum der Stadt, hat im Laufe der Jahrhunderte seine Bestimmung, sein Aussehen sehr stark verändert. Seine Bedeutung zur Zeit des Klosterdaseins läßt sich heute nur noch erahnen. Aber die verschütteten unterirdischen Gänge, deren Eingänge noch heute von verschiedenen Hauskellern ausgehen, zeugen schon von Regsamkeit, Beweglichkeit und Ideen ihrer damaligen Bewohner.

Ich selber bin erst als Kind im Oktober 1919 nach Plauen gekommen, da mein Vater ein Geschäft (Erfurter Samenhandlung) auf dem Markt gekauft hatte. Geboren war ich im März 1910 in Danzig. Natürlich war für uns Kinder – meinen Bruder und mich – das damalige Leben auf dem Klostermarkt recht interessant, denn wir wohnten im 2. Stock im Haus Nr. 8 und kamen aus einer ganz anderen Gegend. Das pulsierende Leben auf dem Klostermarkt entstand, weil die ganze Woche von früh bis abends Markttag war. Angeboten wurde Gemüse aller Art, lautstark von den Verkäufern mit zum Teil originellen Anpreisungen ausgerufen: „Kohlrabi, so groß wie Kindsköpfe", usw. Weiter viel Obst, allerhand heimisches und auch ausländisches – aber nicht wie heute – meist amerikanische Äpfel, Zitrusfrüchte, weniger Ananas und Bananen. Außerdem auch Stände für Fischverkäufe aller Art. Noch heute habe ich den Klang im Ohr von den großen Zinkwannen, die z. B. beim Karpfenverkauf zur Wasserpumpe gezogen wurden, die damals direkt am Fußweg vor unserem Haus stand, und das Rauschen des dicken Wasserstrahls in die Bottiche. Wir brauchten keinen Wecker zum Aufstehen, die Tätigkeiten begannen immer früh zur gleichen Zeit. Dabei fallen mir die Fischhändler Meyer, Flach und Puffe ein. Die beiden Letzteren hatten dann viel später eige-

ne Geschäfte auf dem Altmarkt und unterhalb der Johanniskirche. Ganz friedlich ging es auch nicht zu, der Konkurrenzkampf wird wohl immer bestehen bleiben. Wir beobachteten einmal zu unserem zweifelhaften Vergnügen eine handgreifliche Auseinandersetzung zwischen zwei Gemüseständen, die durch einen Fußweg getrennt, auf der gegenüberliegenden Seite von unserem Haus aufgebaut waren. Die große, etwas mollige, blonde Verkäuferin von Gulders bekämpfte sich haareraufend mit der kleineren Schwarzhaarigen von Feustels Stand. Auf unserer Seite gab es den großen Obst- und Gemüsestand von Händler Fleischer, wo mein Vater vor allem Obst einkaufte, solange wir noch keinen Garten hatten. Viel, viel später stellte ich fest, daß die älteste Tochter von Fleischers dann einen Laden auf der heutigen Stresemannstraße eröffnet hatte.

Der Marktbetrieb sorgte damals für einen sehr regen Kundenstrom, der sich ebenfalls auch auf die Einzelgeschäfte recht gut auswirkte. An der Ecke zur Klosterstraße und Lohmühle gab es damals ein sehr bekanntes Strumpf- und Wollwaren-Geschäft von Firma Bahner. Daneben das Haus von Optiker Schellhammer mit dem kleinen Samengeschäft von Reiber. Anschließend des große Haus vom Besitzer Buchbinder mit dem Ge-

schäft für Kleinkonfektion, Posamenten usw. Interessant war in diesem Haus ein vorhandener Durchgang vom Klostermarkt zur Klosterstraße, auf deren Gleisen die „Blaue Straßenbahn" in Richtung Unterer Bahnhof fuhr. Dann bei uns das Schokoladengeschäft von Kaisers Café und unsere Verkaufsräume. Im Nebenhaus

Das Schaufenster unseres Geschäfts in den 30er Jahren

ein Handschuhgeschäft, wahrscheinlich auch Produktion. Die beiden Töchter des Hauses waren älter als wir von der spielenden Kindergruppe vom Klostermarkt und taten sehr vornehm, da ihre Familienvorfahren französischen Ursprung hatten (Fleureton). Aus der älteren Lotte wurde eine Lolott(e), und die Grete nannte sich eben Grett(e). Klingt halt besser, nur uns anderen hat es nichts ausgemacht. Das nächste Haus gehörte einer Familie Schlagk – Mützen, Kappen, Herrenhüte. Die beiden Häuser nach Richtung Unterer Steinweg gehörten der Familie Alexander Schmidt mit je einem Schirm- und einem Schuhgeschäft für seine Söhne zum späteren Erbe. Nur das Schicksal wollte es anders. Eine Bombe im 2. Weltkrieg fiel in Plauen auf das Haus mit dem Schirmgeschäft am Klostermarkt, und einer der Söhne starb im Krieg.

Die Querseite zum Markt beherbergte einen großen Zigarrenladen, eine größere Gartenfläche und einen Laden für Allerweltsbedarf (Rosenkranz). Angefangen vom Schnürsenkel über Holzpantoffel, Scheuerbürste, Schmierseife, zum Salzhering und Sauerkrautfaß. Heute steht dort das Gebäude vom Klostermarkt-Treff. Aus dieser Familie stammte die Mutter von Klaus-Curt Vocke. An der Ecke gegenüber befand sich das kleinste Kino von Plauen, das „Alhambra", vom Volksmund „Flohkiste" getauft. Darüber befand sich – dem Hausbesitzer gehörend – ein gut besuchtes Tanz-Café (Windisch), auch Treffpunkt Plauener Schützen, da der Inhaber mehrmals Schützenkönig war. An der anderen Ecke zum Klostermarkt war damals ein größeres Blumengeschäft von Lemkes, und im gleichen Haus hatte ein Schuhmacher (Fraas) seine Werkstatt. Hausbesitzer Enge hatte daneben ein umfangreiches Lederwarengeschäft. In der 1. Etage hatte sich die Firma Schneiderheintzl mit Büromöbeln etabliert. Daneben im nächsten Haus gab es für kurze Zeit noch ein kleines Blumengeschäft (Bandtke) und ein größeres Uhrengeschäft von Michaelis. Letzteres brachte einmal etliche Unruhe auf den Klostermarkt durch einen nächtlichen Schaufenstereinbruch. Weiter gab es im Nebenhaus ein Juweliergeschäft von Mahler, der durch seinen Selbstmord für kurze Zeit das Leben der Bewohner wieder in Aufruhr brachte. Der damalige Hausbesitzer eröffnete dann dort einen kleinen Schuhladen (Weber) mit zum Teil exklusiven Modellen. Sehr viel später entstand dort die Werkstatt vom Orthopäden Bieligk; dessen Geschäft dazu war dann gegenüber im Buchbinderhaus.

In das Haus Nr. 9 zog aus verschiedenen Gründen das Posseltsche Papier- und Schreibwarengeschäft von der Weberstraße ein, das bis heute nach etlichen Umbrüchen der Branche treugeblieben ist. Im Nebenhaus gab es noch zu unserer Kinderzeit ein kleineres Geschäft für einfache Bedarfswäsche und Posamenten. Nach der Bombenzeit im 2. Weltkrieg entstand dort die oft besuchte Fisch-Bar, die spätere Gockelbar. An der Ecke Rathausstraße stand und steht heute noch das große Eckhaus (Kutschera). Es beherbergte damals das Geschäft vom Besitzer zum Einkauf von jeglichem Handwerkerbedarf, vornehmlich Lederwarenbedarf und alles was dazu gehörte, ebenso auch fertige Handtaschen, Koffer usw. In der gegenüberliegenden Ecke befand sich das Lebensmittelgeschäft von Ullmann und Waase. Erwähnenswert wäre noch an der Querseite zum Markt das große Wohnhaus mit dem eleganten Wäschegeschäft von Dittmann und Tröger für Spitzen, Tisch-, Bett-, Leibwäsche zu damals teuren Preisen. Nach der jüdischen Katastrophe war meines Wissens nach das billige Schokoladengeschäft von Koser untergebracht. Heute steht dort zum Teil das Kaufhaus Wöhrl.

Elektrisches Licht zur Straßenbeleuchtung gab es in jener Zeit noch nicht. In der Mitte des Klostermarktes stand ein großer Kandelaber mit Gasstrumpflampen wie auch alle anderen Straßenlaternen. Daraus ergab sich ein heute ausgestorbener Beruf – Laternenbeleuchter für an- und auslöschen der Gasstrümpfe – oder wie man ihn damals benannt hatte. Die Beleuchter erschienen je nach Jahreszeit immer zur gleichen Zeit, bewaffnet mit einer langen Hakenstange, um an die Lampenketten mit den Schildern für An und Aus zu gelangen.

Das waren einige Rückerinnerungen aus meiner erlebten Kinderzeit in den ersten Jahren vom Klostermarkt in Plauen.

Mein Bruder im Winter 1927/28 auf dem Klostermarkt

Im Laufe der Zeit hat sich in jeder Beziehung das Gesicht des Marktes weiter verändert. Die Geschäfte wechselten, alte Branchen verschwanden, neue entstanden: Zum Beispiel Hauswirtschaftsbedarf mit Leitern, Handwagen usw., Molkerei- und Backwaren, Korndörfers Waffenhandlung, Drogerie (Daske), Elektroladen (Konsum) usw. Mieter zogen aus, neue zogen ein. Aber das pulsierende lebendige Leben auf dem Klostermarkt ging trotz vieler Fehlschläge nicht unter. Der Wochenmarktbetrieb hatte längst aufgehört, nur der Weihnachtsmarkt mit Christbaumverkauf brachte zum Teil wieder neue Käufer herbei.

In unserem Garten

Ich tolle mit unserem Schäferhund umher

Die Klasse meines Bruders

Eine ausgelassene Runde, vorn in der Mitte mein Bruder   Fotos: Baumann

Durch Ausbildung und Anstellung im Beruf war ich eine ganze Reihe von Jahren nicht mehr in Plauen und kam nur jeweils kurzfristig nach Hause. Meine Mutter führte das Geschäft nach dem Tod meines Vaters unter schwierigen Bedingungen im Nationalsozialismus weiter. Nachdem ich zum zweiten Mal total ausgebombt war, zuletzt in Chemnitz, fuhr ich mit einem der letzten Züge nach Hause. Der Anblick des Klostermarktes ließ meine Tränen rollen, der Glaube an ein weiteres Leben war damals für mich gestorben – menschenleere Ruinen, meterhoher Schutt auf den Pflastersteinen des Klostermarktes, bedrückende Stille, kein Wissen über Leben und eventuellen Aufenthalt ehemaliger Bewohner. Unser Haus war stehengeblieben, gestützt vom Giebel des halben Buchbinder-Hauses.

Inzwischen sind etliche Jahrzehnte verflogen und wenn ich heute auf dem wieder zum Leben erwachten Klostermarkt stehe, sehe ich im Geiste jene entsetzlichen Bilder vor mir. Ich freue mich und bin auch stolz, daß meine Generation dem Drängen nach Weiterleben und Neuanfang, oft unter schlechten Bedingungen, nachgegeben hat, um den Grundstein fürs heutige Aussehen zu legen. Manchmal denke ich zurück, wenn ich an der Gedenktafel am Rathaus vorübergehe. Ich glaube, viele wissen nicht, was das bedeutet, wenn man es nicht selbst erlebt hat. Ich nehme es niemandem übel, denn das eigene Dasein mit seinen Problemen steht im Vordergrund, wie bei uns früher auch.

Allmählich waren nach dem schrecklichen Krieg die Menschen, soweit es möglich war, auf den Klostermarkt zurückgekommen und bauten sich ihre Existenzen wieder neu auf. Auch im Geschäftsleben begannen, wie schon vorher kurz erwähnt, neue Branchen. Die Stadt verwandelte den Klostermarkt zum Busbahnhof und brachte damit viele Menschen hierher, was sich natürlich auch gut auf die vorhandenen Geschäfte auswirkte, obgleich wir damals unter Warenmangel zu leiden hatten. Aber das Wichtigste: Der Klostermarkt war weitgehend bekannt.

Selbst mein damals 4jähriger Großneffe aus Weimar kam gern nach Plauen – das Leben auf dem Markt und die an- und abfahrenden Busse waren so schön vom Fenster der Wohnung aus zu beobachten . Er behauptete, ganz alleine reisen zu können, denn er wußte genau, wo er hinwollte, nämlich der Klostermarkt läge genau „bei der Ur-Oma sein Turm" (der Rathausturm war gemeint). Das Omnibus-Büro zum Kartenkauf war auf unserer Seite im Haus des früheren Herrenhut-Ladens untergebracht. Die oberen Räume bezog damals eine auf der Reichsstraße ausgebombte Konfektionsfirma Schmidt, die später aber ausziehen mußte, weil man glaubte, die etlichen zur Produktion gehörenden Nähmaschinen wären zu schwer für die Fußböden.

Ein Wasserrohrbruch mit hoher Wasserfontäne in der Mitte des Klostermarktes öffnete bei den Reparaturarbeiten einen verschütteten, unterirdischen Gang, der sich ca. sechs Meter weit verfolgen ließ (vermutlich ein ehemaliger Keller). Später fand man eine Bombe auf dem Klostermarkt auf Höhe der Drogerie. Zur Entschärfung der Fliegerbombe waren wir alle für etliche Stunden bis zum Warenhaus evakuiert worden und dann froh, daß nichts Nachteiliges geschah.

Nachdem die Omnibusse am Oberen bahnhof, dem Busbahnhof, abfuhren, wurde der Klostermarkt zum Zeit-Parkplatz für PKW, was die Geschäftswelt, alteingesessene Läden und neue Branchen wie Reisebüro, Keramik, Spitzen, neue Optik usw., natürlich für notwendig und sinnvoll erachteten. Nach dem Umbau zur Verkleinerung und Verkürzung der Parkflächen entbrennen heute noch heiße Diskussionen. Inzwi-

schen ist die Zeit weiter vorangeschritten und hat dem Klostermarkt ein gänzlich neues Aussehen verpaßt. Im vorigen Jahr hatte man begonnen umzubauen, um dem Markt, im Hinblick auf die vorgesehenen großen Bauten im Zentrum der Stadt ein gemütlicheres, freundlicheres Aussehen zu verleihen. Ich finde, rein äußerlich ist es soweit gut gelungen durch einen kleinen Brunnen, Sitzmöglichkeiten, bepflanzte Keramik-Kübel, den leuchtenden Weihnachtsbaum zur Adventszeit und etliches mehr. Ob es aber gelingt, der Geschäftswelt des Klostermarktes durch einen besseren Kundenstrom ihrer Sorgen zu beheben, mag dahingestellt sein. Wahrscheinlich befindet sich die gesamte Wirtschaftslage durch die fortschreitende Technik in der Welt in einem großen Umbruch.

In das neu gebaute Haus am oberen Teil des Klostermarktes zog das Café „Trömel" in Miniaturausgabe ein. Vielleicht lockt diese Tatsache Bekannte des Firmennamens von ehedem zum öfteren Besuch des Klostermarktes, aber nicht nur zum Café, sondern auch zu dort wohnenden und arbeitenden Menschen.

Zum Schluß möchte ich jedenfalls meine Freude darüber ausdrücken, daß der Klostermarkt im Laufe der Jahrhunderte trotz vieler Fährnisse mit seinen jeweiligen beweglichen Bewohnern immer lebendig geblieben ist, und hoffe, daß es so weitergeht. Die verschütteten Wege in der Tiefe der Erde, die wahrscheinlich unter der Stadtmauer mündeten, zeigen auf, daß das Gelände des Klostermarkts in den Stürmen der Zeit bis heute ein sehr, sehr ehrwürdiges Alter erreicht hat. Sein Ur-Felsgestein könnte Bände davon erzählen, wenn die Menschen es nur hören wollten.

Ruth Baumann, Plauen 2000

Meiner lieben verstorbenen Mutter Gertrud gewidmet!

Als meine Mutter noch ein kleines Mädchen war, bangten ihre Eltern um ihr junges Leben. Am 12. April 1911 kam sie in der Trockentalstraße 24 auf die Welt. Sie hatten die Vermutung, daß meine Mutter nicht einmal das Schulalter erreichen würde. Diese Denkungsweise war begründet, denn sie war damals ein kleines schwächliches Kind. Ihr kleines Gesicht, von blonden Locken umrahmt, war von einer Blässe überzogen, so daß es sogar im Bekanntenkreis auffiel.

Wenn die Familie Schlott ihre kleine Gertrud zum Einkauf mitnahm, traf sie unterwegs auch Nachbarsleute, mit denen sie sich oft in ein Gespräch vertiefte. Natürlich wurde auch das Kind ausgiebig bewundert, weil sie wie ein kleiner Engel aussah, der hier auf Erden nur zu Besuch war und bald wieder davonfliegen würde. Ihr Wesen und ihre körperliche Schwäche unterstrichen noch diese Behauptung. Ihre Eltern trugen meine Mutter meist auf dem Arm, weil sie nicht lange laufen konnte. Langsam wurde das Kind kräftiger, und als es in die Schule kam, war sie „über den Berg", wie man im Volksmund sagt.

In der Angerschule entwickelte sich meine Mutter sehr gut. Sie war ein aufmerksames, kluges Kind und durch ihre engelhafte Ausstrahlung bei Lehrern und Schülern beliebt. Ein Lehrer namens Schneider, so hieß auch meine Mutter mit Familiennamen, hatte sie besonders in sein Herz geschlossen. Aus ihren Erzählungen mir gegenüber verlor der sonst so strenge Lehrer, der auch mit körperlicher Züchtigung nicht sparte, meiner Mutter gegenüber sein autoritäres Auftreten, und väterliche Milde beherrschte sein Wesen.

Meine Mutter wuchs zu einem hübschen jungen Mädchen heran, und ihre Eltern waren stolz auf sie. Das Elternhaus war streng, aber es herrschte Harmonie, die sich wohltuend auf die Heranwachsende auswirkte. Ihre guten Zeugnisse, die meine Mutter als Schulabgängerin erhielt, ebneten ihr auch in beruflicher Hinsicht die Wege. Sie führten zu einem Studium in der berühmten Stickereifachschule in Plauen, die leider im 2. Weltkrieg gänzlich zerstört wur-

Das Hochzeitsfoto der Eltern

de. Das junge Mädchen erlernte die traditionelle Herstellung der Plauener Spitze von Beginn bis zu ihrer Fertigung. Diese Berufswahl kam auch dem Wunsch ihrer Eltern entgegen. Die Mutter meiner Mutter trug auch durch ihre Stickereikenntnisse zum Familienetat bei.

In dieser Zeit lernte meine Mutter meinen Vater kennen, der sich sofort in das hübsche junge Mädchen mit dem engelhaften Gemüt verliebte.

Wenn ich heute die Hochzeitsbilder meiner Eltern betrachte, fällt sofort ihre liebliche Erscheinung auf. Zwei große Locken, nach rechts und links gedreht, fallen ihr unter dem weißen Schleier neugierig hervorlugend in die reine weiße Stirn. Sie hat einen weißen Nelkenstrauß im Arm. Auch der Bräutigam ist eine stattliche Erscheinung. Sein anziehendes Äußeres verbirgt die innere Zerrissenheit, die bald den Ehehimmel, der so blau begann, mit dunklen Wolken überziehen sollte. Bald entlud sich das Gewitter mit Blitz und Donner auf meine Mutter und auch auf mich. Anstatt die Luft zu reinigen, erreichte das Gewitter das Gegenteil. So war es wohl ein Wink des Schicksals, daß mein Vater nach Beendigung des Krieges seine kleine Familie verließ, um sich im Westen Deutschlands anzusiedeln. Der Jähzorn meines Vaters, der nicht nur das Leben meiner Mutter bedrohte, sondern auch meines, blieb jedoch in unliebsamer Erinnerung. Trotz alledem hege ich bis heute für meinen Vater Gefühle, die ihn glorifizieren.

Meine Mutter ist in meiner Erinnerung noch als empfindsame fleißige Frau gegenwärtig, die sehr viel menschliche Stärke aufwies. Sie hat sogar einem russischen Besatzungssoldaten wahrscheinlich das Leben gerettet. Wie ich aus ihrer Schilderung erfuhr, vermietete sie in ihrer viel zu großen Wohnung in Halle, um ihren Lebensunterhalt zu verbessern, ein Zimmer an Untermieter. Meist waren es ältere Männer, die einen seriösen Eindruck machten. Beruflich hatten sie die Karriereleiter bestiegen und suchten eine Bleibe. Eine Weile ging alles gut. Doch bald mußte meine Mutter sich gegen die Aufdringlichkeiten dieser Menschen behaupten. Als die Annäherungsversuche vergeblich waren, schlugen die Gefühle der Verehrung in Haß um. Eines Tages ergab sich offensichtlich die Gelegenheit, sich an meiner Mutter für die Blamage der unerwiderten Liebesanträge zu rächen.

Als der Mieter wieder einmal nach einem Saufgelage nach Hause kam, brachte er meiner ahnungslosen Mutter einen betrunkenen russischen Soldaten mit in die Wohnung. Anstatt zu randalieren und meine Mutter zu vergewaltigen, was dieser primitiv denkende Mensch ihr wohl von Herzen gegönnt hätte, legte sich der Russe übermüdet auf das Sofa, und bald hatten die Fittiche des Schlafes ihn überwältigt. Meine Mutter konnte natürlich in dieser Nacht kein Auge zutun, vor Angst um mich und auch um sich selbst. Als der Mieter merkte, daß sein Plan fehlgeschlagen war, dachte er sich einen neuen aus. Diesmal sollte sich dieser gegen Leib und Leben des Soldaten richten. Das darauffolgende Handeln meiner Mutter offenbarte wieder einmal ihre Seelengröße. Sie schlug den Vorschlag ihres Mieters mit Empörung aus, den schlafenden Soldaten aus dem Fenster des zweiten Stockwerks auf die Straße zu werfen. Ein unglaublicher Ekel erfaßte meine Mutter, als sie entdecken mußte, welch ein teuflisches Wesen in einem menschlichen Körper stecken konnte, der solche schlimmen Gedanken in die Tat umsetzen wollte. Dies gab ihr endgültig die Gelegenheit, die Kündigung auszusprechen.

Am Morgen nach dieser aufregenden Nacht erwartete meine Mutter mit zitterndem Herzen das Erwachen dieses Russen und seine Reaktion darauf, sich in fremder Umgebung wiederzu finden. Er benahm sich sehr anständig, schlug sogar den Kaffee aus, den meine Mutter für ihn kochen wollte, bedankte sich und ging einfach von dannen.

Bevor meine Mutter auf Veranlassung ihrer Eltern nach Plauen zog, hatte sie noch ein Erlebnis, was bei ihr einen überaus traurigen Eindruck hinterließ. Auch ich kann mich noch daran erinnern, obwohl ich noch ein kleines Mädchen war. Es meldete sich bei ihr ein junger Mann, diesmal mit anständigen Absichten, um eine Bleibe. Später stellte sich heraus, daß er im Krieg beide Beine verlor, sich in russischer Gefangenschaft befand und dort gesund gepflegt wurde. Seine Eltern, die ein Bauerngut besaßen, erwarteten ihren einzigen Sohn. Was muß das für sie ein Erlebnis gewesen sein, ihn lebend, aber ohne Beine, in die Arme schließen zu können. Herr Ritter, so hieß dieser Kriegsversehrte, war ein echter ritterlicher Freund für meine Mutter. Diese Freundschaft fand ihr jähes Ende, als meine Mutter eine Wohnung in Plauen bezog. Damals wurde meine Mutter endlich auf Veranlassung meines Vaters geschieden.

Ich sehe meine Mutter heute noch vor meinen Augen als eine sehr vorsorgliche kleine Frau, die oft bis nach Mitternacht an ihrer Nähmaschine saß. Sie führte eine Malerei mit der Nadel aus, wie man das bezeichnete. Ihre geschickten Hände konnten „Fehler", das waren oft riesige freigelassene Stellen in den Gardinen oder Tischdecken, die die Stickmaschinen bei ihrer Tätigkeit wegließen, mit dem fehlenden Muster wieder so ausfüllen, daß man nichts mehr sah. Ich kann mich noch gut an die riesigen langen Tüllgardinen erinnern und die fehlenden Muster, die meine Mutter mit Engelsgeduld und Augenmaß wieder eingesetzt hat. Ein Stickrahmen durfte dabei nicht fehlen, um die nötige Straffheit der auszubessernden Stelle zu garantieren.

Trotz dieser vielen Arbeit und des erforderlichen Zeitdruckes widmete sich meine Mutter in jeder freien Minute meiner Erziehung, so daß ich auf eine schöne Kinder- und Jugendzeit zurückblicken kann. Auch meine Großeltern waren bemüht, mir die leere Vaterstelle zu ersetzen. Übrigens hat mir meine Mutter nie den Kontakt mit meinem Vater verboten. Ich rechne ihr das noch heute hoch an, daß sie mich dem Einfluß des Vaters und seiner Familie nicht entzog, obwohl er taktisch gegen meine Mutter gerichtet war. Wenn ich von dieser Begegnung nach Hause kam, habe ich ihr oft unbewußt sehr weh getan, indem ich mich auf die Seite meines Vaters gestellt habe. Um den Auseinandersetzungen zu entgehen, antwortete sie mit Schweigen.

Eines Tages bekam sie von einem befreundeten Arbeitskollegen das Angebot, mit ihm gemeinsam nach Westdeutschland zu fliehen, um dort ein neues Leben zu beginnen. Das war eine große Versuchung für meine Mutter. Doch die Liebe zu mir machte sie stark gegen alle Versprechungen, denn diese Flucht war mit der Bedingung verbunden, mich, ihre Tochter, zurückzulassen. Sie verzichtete auf die Liebe des Mannes, um die Liebe ihres Kindes nicht zu verlieren.

Ich habe es ihr oft nicht leicht gemacht. Viel Sorge und Kummer mußte sie ertragen. Seit Kindertagen war meine Gesundheit sehr labil, und ich gab meiner Mutter immer wieder Anlaß zu großer Sorge. Ihre liebevollen Ermahnungen sollten mich vor vielen Fehlern in meinem Leben bewahren. Heute bin ich ihr sehr dankbar dafür. Ich sehe noch ihr verweintes Gesicht, als sie mich aufopferungsvoll nach einer fast tödlichen Krankheit wieder gesundgepflegt hat. Nun war sie selbst an der Reihe. Aus der einst so schönen Frau war eine grauhaarige Greisin geworden. Der Kampf des Lebens hatte sie gezeichnet. Nur ihre Augen behielten noch lange ihren liebevollen Glanz, in denen sich die innere Schönheit wiederspiegelte. Der in ihr schon lange schlummernde Krebs und eine Zuckerkrankheit verlöschten auch diese. Mutter und ich wir wohnten gemeinsam in der Antonstraße 41. Im Jahr 1992 verstarb sie.

Sie ist einer der stillen Helden des Alltags, die ihre Mutterpflicht nie vernachlässigt haben. Ihr Fleiß und die Geschicklichkeit im Beruf trug mit zur Qualitätssteigerung der Plauener Spitze bei.

Renate Schlott, Plauen

Am Nachmittag hatte das Geld schon wieder weniger Wert …

Jeder Mensch ist ein Kind seiner Zeit, der er nicht entfliehen kann. Seit Urzeiten hat sich wenig an Natur und Wesen des Menschen geändert. Seine Verhaltensweisen werden bestimmt von Zeit und Umwelt, in der er lebt. Er ist den Strömungen seiner Zeit ausgesetzt. Den Strom bestimmen Mächtige, zu denen nur wenige einen Zugang haben: Geldmächte, politische Mächte, religiöse Mächte. Sie alle bieten den Menschen eine Weltanschauung oder Ideologie an oder zwingen sie ihm auf, um ihn für ihre Machtausübung einzuspannen. Ein Leben und auch eine Zeit kann nur in der Rückschau beurteilt werden. Gelebt werden muß das Leben aber in eine ungewisse Zukunft. Der Mensch muß dabei immer wieder Entscheidungen treffen, um „sein Glück zu schmieden". Wie vergebens schmiedet er da oft. Häufig kann er nicht einmal ernten, was er sät.

Im Jahrhundert, auf das ich zurückblicke, waren die Zeiten oft genug nur ein Kampf ums Überleben. Es galt durchzuhalten. Resignieren, Nachgeben bedeutete Untergang. Vieles, was die Existenz bedrohte, mußte bewältigt werden. Was sollen nun die, denen es mit Gottes Hilfe gelang, zu überleben, noch „bewältigen"? Vielleicht die Sünden derer, die Macht über ihn hatten?

Nahezu jeder Mensch findet andere Voraussetzungen für das Leben vor und bringt andere Voraussetzungen mit. In der ersten Hälfte des 20. Jahrhunderts konnte zehn Jahre früher oder später geboren zu sein schon einen großen Unterschied im Zeitgeschehen und im Lebenslauf ergeben.

In meiner Vergangenheit erlebe ich fünf Reiche.

Mein Viertel

Der Dittrichplatz war eine Oase im Häusermeer. 300 m weiter war der Sternplatz. Beide waren verbunden durch die Blücherstraße, an der nördlich das ehemalige Lehrerseminar, dann das humanistische Gymnasium, am Ende zum Sternplatz zu schöne Jugendstilhäuser und auf der Südseite durchweg solche Wohnhäuser standen. Die Blücherstraße überquerte am Dittrichplatz die Neundorfer Straße, hieß dann Breite Straße, ging geradewegs über die Friedrich-August-Brücke, überquerte die Bahnhofstraße und hieß dann – immer geradewegs weiter – Charlottenstraße bis zum Schlachthof, eine schnurgerade, einige Kilometer lange Magistrale von West nach Ost. Zwischen Dittrichplatz und Sternplatz überquerte die Pestalozzistraße von Nord nach Süd die Blücherstraße Richtung Konradstraße – Schröderplatz und weiter südlich hinab Richtung Elstertal. Die Pestalozzistraße hatte Gefälle nach Süden, und man blickte auf die Höhen des Kemmler mit seinem festen Turm. In diesem Straßenstück – ungefähr in der Mitte – stand auf der Ostseite das Haus Pestalozzistraße 52. Dort wurde ich mitten im kalten Winter am 14. Dezember 1912 früh gegen 4 Uhr geboren.

Seitdem bin ich ein Frühaufsteher und sehne mich nach Wärme. Mein Vater, er war Lehrer, hatte am gleichen Tag Geburtstag, den wir immer zusammen feierten, wenn es möglich

war. Ich wurde Bürger eines Königreiches, ja sogar eines Kaiserreiches.

Die Zukunft schien rosig für das wohlbehütete Kleinkind. Im Sommer auf dem Land, im Winter in der Stadt vermißte es den Vater auch später kaum. Als dieser 1916 mal da war, hieß es: „Er ist im Krieg und jetzt hat er Urlaub." Von diesem Krieg erzählte er später oft.

Jetzt war der Krieg nur ein Wort. Daß der Vater dort war, schien normal und schien nichts anderes, als wenn die Mutter fort war in der Stadt zum Einkaufen. Daß das alles mit Schwierigkeiten verbunden war, spürte das Kind noch nicht.

Von den Großeltern her war ein altes Gutshaus auf dem Land gemietet. Dort wurde die schöne Jahreszeit von Mai bis Oktober verbracht.

Vorwerk Alt-Jocketa etwa 1900. Davor Stadtrat Hänsel, Plauen, dessen Frau und Eigentümer Sieber

Die Großeltern waren also schon Ende des vorigen Jahrhunderts hochmodern. Ebenso war eine Haushaltshilfe übernommen, die Lene, die für uns zwei Buben – Heini war vier Jahre älter als ich – ein Stück Familie war und für mich oft eine Zuflucht bei Kümmernissen des Kindes. Die Mutter war mein Höchstes. Sie sang mit mir und lehrte mich mein erstes Lied: „Weißt du wieviel Sternlein stehen?" Eng mit der Natur des schönen Landes verbunden, sah ich nun auch das Geheimnis des Himmels mit großem Staunen. Das alte Gutshaus war ohne elektrisches Licht und ohne Wasserleitung. Dafür erlebten wir den Reiz des engen Lichtkreises der Petroleumlampen und lernten von Kind auf, uns im Dunkeln zurechtzufinden, sogar treppauf und treppab, wenn es sein mußte. Wasser mußte an der Pumpe hinter dem Haus geholt werden. Jeden Abend wurde ein großer kupferner Wasserständer, wie ich ihn später im Dürerhaus in Nürnberg wiedersah, voll Wasser getragen. Die ganze Familie ging mit Eimern. Auch ich, als ich älter war, trug zwei kleinere Eimer an einem Holzjoch über meinen Schultern.

Gefahr, Angst und Mißtrauen gab es wohl weniger als heute. Einmal ließen mich die Mutter und die Lene allein in dem für Kinderempfinden riesigen Haus, weil sie dringend in die Stadt fahren mußten, wahrscheinlich, um die Lebensmittelmarken für den Winter anzumelden. „Bleib mir schön in deinem Bettchen liegen", sagten sie früh, „wir kommen bald wieder."

Ein nebliger Herbstmorgen und totenstill ringsum. Es knackte da und summte dort im alten Haus. Der Kleine rief nach der Mama – Stille. Da konnte nur noch die Flucht helfen. Es gab noch jemand, wo man geborgen sein konnte: Die „Alte Eckarten" in ihrem kleinen Häusel jenseits des großen alten grasbewachsenen Gutshofes. Der Kleine rannte im Hemdchen durch das kalte nebelnasse Gras, über

spitze Steine an das Küchenfenster der „Alten Eckarten", das nur wenig über der Erde lag und klopfte. Die gute alte Haut zog ihn herein, legte ihn auf das alte Wachstuchsofa neben dem eisernen Ofen, in dem ein helles wärmendes Reisigholzfeuer brannte und gab ihm eine heiße Milch. Jetzt erst fing das Bübchen an zu schluchzen und zu weinen. Dann holte ihn die erschrockene Mutter, die das Haus bis zum letzten Zimmer offen und das Bettchen leer gefunden hatte.

Die alte Eckarten gehörte zu unserem Alltag. Sie hatte ein kleines Anwesen mit einer Kuh und einem Kälbchen dazu. Das durfte ich streicheln, wenn wir die Milch bei ihr holten. Die Alte hatte das Kälbchen auch gern und war wie eine Mutter zu ihm. Ich lernte von ihr die Liebe zu den Tieren ebenso wie im Umgang mit den Katzen, die bald bei uns, bald bei ihr im Haus waren. Die Lina, so hieß die alte Frau Eckart, nannte ihr Kälbchen „Mockele". Wenn ich es streichelte, sagte ich auch zu ihm „Mockele". Seitdem nannte ich alle, die ich gern hatte und wo ich Wärme und Zärtlichkeit fand, „Mockele". Die Lina war allein und arm. Wie ich später, als ich es verstand, erfuhr, war sie von ihrem Mann geschieden. Er war der Bürgermeister und hatte ein Anwesen im Oberdorf. Zwei erwachsene Söhne gab es auch, die aber nicht mehr im Haus waren. „Man muß der Lina helfen", hörte ich immer. Ihre drastischen Aussprüche erheiterten oft: „Da muß ich ze Mittag nausgiehe, emol muß doch das A-loch aa fressen." Gemeint war der Gutsherr aus dem Nachbardorf, dem die meisten Wälder gehörten. Lina holte sich ihr Feuerholz aus den Wäldern, was die Waldbesitzer nicht gern sahen, die sie schon manchmal erwischt hatten. Die Eckarts Lina und ihre Umwelt gaben mir schon als Kind einen Einblick in die Welt von „Arm und Reich".

Spielzeug brauchten wir im alten Gutshaus nicht. Außer einer festen Holzeisenbahn, die

auf dem Plattenweg vor dem Haus oder bei Regen auf dem langen Korridor des Hauses entlanggezogen wurde, gab es nichts. Der große Hof und anschließend die Natur mit Bach und Teich boten unendlich viel Entdeckungen für Kinder. Und da war noch die Großmutter, die mit uns in den Wald ging, Pilze zu suchen. Es war eine liebe, gute Frau, die leider schon starb, als ich fünf Jahre alt war.

Im Winter, in der engen Stadtwohnung, gab es mehr Spielzeug und Bilderbücher, dafür weniger Natur. In den Bilderbüchern waren ne-

Weihnachten in der Pestalozzistraße 52

ben besinnlichen fast zeitlosen Geschichten Bilder von des Kaisers Soldaten. Die Kinder machten entsprechende Spiele mit schwarz-weiß-roten Fahnen. Viele Männer wie Eisenbahner, Briefträger u. a. hatten schöne Uniformen an. So hatten auch wir, als wir älter wurden, Trommel und Trompete. Als im November 1918 die Nachricht kam: „Der Vater kommt aus dem Krieg nach Hause", gingen wir zwei Buben ins Treppenhaus des viergeschossigen Stadthauses und trommelten und trompeteten vor Freude drauflos, daß die Bewohner aus den anderen Stockwerken erschrocken aus den Türen kamen.

Später hörten wir, daß es keinen König und Kaiser mehr gäbe und der Krieg verloren und der Kaiser dran schuld sei. Es gab ein neues Reich ohne Kaiser und König. Mehr, als daß das nichts Gutes sein konnte, verstanden wir nicht. „Wir müssen nun arbeiten und sparen", sagte der Vater, und das strengere väterliche Regiment im Haus spürten wir bald. Zunächst feierten wir erstmals ein Weihnachten mit dem Vater. Ich war sechs und mein Bruder zehn Jahre alt.

Ostern drauf kam ich in die Volksschule. Mein Bruder wechselte auf das frühere Königliche, jetzt Staatsgymnasium.

Die Volksschule, die ich besuchte, hieß „Dittesschule". Sie war nicht weit am Comeniusberg; später das Gymnasium noch näher, nur eine halbe Straßenlänge. Trotzdem kam es vor, daß ich hier und da erst kam, wenn der Hausmeister Rockstroh das Hauptportal schon geschlossen hatte. Dann mußte man durch einen kleinen Nebeneingang, wo er stand oder ein Lehrer. Man bekam eine Rüge und wurde notiert. Wenn man Glück hatte, gelang es, gerade noch vorm Lehrer ins Klassenzimmer zu schlüpfen. So streng waren damals die Sitten.

Das Schicksal bescherte mir meinen eigenen Vater zum Lehrer. Natürlich legte er Wert darauf, daß ich Vorbild sei. Im 1. Schuljahr ist das vielleicht nicht sehr schwer. In den folgenden Jahren, unter anderen Lehrern, brachte mein Hang, andere zu necken und zu foppen, manche Klagen und Rügen. Besonders die Mädchen in der gemischten Klasse hatten manchen Kummer mit mir.

Im zweiten Schuljahr war es wohl, daß plötzlich die Schule ausfiel. Wir mußten zu Hause bleiben. Meine Mutter nahm mich mit zur Post in der Wildstraße, von da gingen wir dann die Neundorfer Straße stadteinwärts. Plötzlich kam mit großem Getöse und Rumpeln hinter uns auf der Straße, auch stadteinwärts, ein Lastwagen. Darauf standen Männer in Soldatenmänteln mit Gewehren im Arm. Die Leute auf der Straße blieben stehen. Ich schmiegte mich an meine Mutter, die sagte: „Das sind die Banden vom Hölz, die fahren zum Rathaus." Wir gingen dann schnell nach Hause. Dort wußten die Nachbarn schon zu erzählen, daß die Kommunisten in Falkenstein schon Fabrikanten umgebracht und die Villen angezündet haben.

Einige Tage später kam mein Bruder nach Hause: „In unserer Schule sind Soldaten mit Kanonen und Maschinengewehren." Wir Jungen nichts wie hin. Zunächst aus der Ferne, dann immer näher nahmen wir Fühling, durften dies anfassen und da aufsitzen. Die Soldaten waren kleine Könige für uns. So groß die Furcht und Abneigung gegen die Hölz-Kommunisten, so groß das Vertrauen zur Reichswehr. „Jetzt ist wieder Ordnung im Staat", sagten die Erwachsenen. Seitdem war für uns Jungen das Soldatentum etwas, das Sicherheit gab und Ordnung aufrechterhielt.

So war auch in der Pestalozzistraße wieder Alltag eingetreten. Das Stück Pestalozzistraße war eine lebhafte Straße mit einer Reihe von kleinen Geschäften und Läden, wie es damals noch gab. Im Erdgeschoß unseres Hauses gab es rechts und links von der Haustür je ein Geschäft, rechts ein Textil- und Posamentengeschäft (Material zum Nähen und Schneidern usw., denn damals nähten und schneiderten die Hausfrauen noch viel selber); links eine Buchbinderei mit Schulartikeln. Drei Häuser weiter oben war ein Metzger, zwei weiter unten ein Lebensmittelgeschäft und ganz unten an der Ecke Konradstraße wieder ein Metzger. Gegenüber auf der anderen Straßenseite eine Gastwirtschaft „Zum weißen Rößl", die es heute noch gibt. Nach oben in der Mitte der Straßenlänge war ein sogenannter Konsumladen, wo es Lebensmittel gab. Ganz oben Ecke Pestalozzi- und Blücherstraße schließlich war eine Drogerie.

Es wäre noch lebhafter geworden, wenn auf den Straßenbahngleisen, die vom Dittrichplatz her durch die Blücherstraße kommend am Schröderplatz nach rechts einbogen und bis zur Straßberger Straße lagen, einmal Straßenbahnen gefahren wären. Das war die Verlängerung einer Linie, die vom Preißelpöhl wie heute zum Albertplatz, dort aber nach rechts Richtung Oberer Bahnhof einbog, dann wieder nach links in die Breite Straße über die Steinbogenbrücke bis zum Dittrichplatz fuhr.

Plauen hatte vor dem 1. Weltkrieg ein rasantes Wachstum hinter sich und war zu meiner Geburt 1912 eine Großstadt mit 122 000 Einwohnern. – Die Stadtplanung vor dem Krieg wollte „mein" Stadtviertel nach Westen wachsen lassen, und dazu war die Straßenbahn vorbereitet. Ebenso ist der Sternplatz am Ende der Blücherstraße eine solche Planung gewesen. Drei Straßen hätten noch von dort nach Süd-West, West und Nord-West führen sollen. Dem allen hat der Krieg ein Ende bereitet. Ich mußte mit ansehen, wie die Straßenbahngleise wieder herausgerissen wurden. Dabei hatte ich mich als Kind so darauf gefreut, daß einmal die Straßenbahn durch unsere Straße fahren würde.

Daß Plauen nicht mehr wuchs, sah man in unserem „Viertel" besonders. Die obere Pestalozzistraße war nur halbseitig bebaut, obwohl auf beiden Seiten der Gehsteig fertig war. Von der Wildstraße hinter unserem Gymnasium bis zum Westbahnhof war eine einzige freie Fläche. Dort gastierten immer die Zirkusse und ähnliches, wenn sie nach Plauen kamen. Erst auf dem „Ochsenhübel" und in der König-Georg-Straße jenseits vom Westbahnhof war wieder Wohnbebauung. Manchmal ging ich mit meinem Vater zum Onkel Anton Ott in der Südvorstadt (Oelsnitzer Straße). Auch das unterste Stück der Pestalozzistraße war nur einseitig bebaut. An der unteren Trockentalstraße waren jahrelang hohe Betonfundamente. Vater sagte: „Da wollte man vor dem Krieg neue Fabriken bauen, aber die braucht man jetzt ebenso wenig wie bei uns die Straßenbahn; denn jetzt haben nicht mal die vorhandenen Fabriken genug Arbeit, und die Stadt wächst nicht mehr."

Diese Eindrücke erzeugten auch in mir das Gefühl einer Niederlage, und ich bildete mir ein, das könnte man alles wiedergutmachen, wenn man nur wollte. Erst Jahre später wurde mir die Einfalt dieses kindlichen Denkens klar. Die bald beginnende Inflation brachte zwei Jahre später große wirtschaftliche Not und noch nie dagewesene Geldverhältnisse. Am Ende kostete ein Brot mehr als eine Billion Reichsmark.

Für die Lehrer an der Schule meines Vaters wurden die Gehälter in Tagesportionen vormittags ausgezahlt. Der Hausmeister holte das Geld für alle von der Bank. Sobald ich Schule aus hatte, mußte ich mich mit einem Rucksack und einem Zettel, auf den die Mutter aufgeschrieben hatte, was an Lebensmitteln einzukaufen war, an das Schultor stellen. Dann kam der Vater heraus und sagte: „Renn, daß du noch drankommst." Dann rannte ich los zum „Schneider", einem großen Geschäft am Oberen Graben. Dort galt es sich anzustellen und in den Rucksack packen, soweit es das gab, was Mutter aufgeschrieben hatte. Zurück zur Schule konnte ich etwas langsamer gehen. Dann half der Vater, der noch Schulstunden hatte halten müssen, nach Hause. Die Einkäufe hatten noch vor der Mittagspause der Geschäfte gemacht

werden müssen. Am Nachmittag hatte das Geld schon wieder weniger Wert, und es galten höhere Preise. Das war am Ende der Inflation. Dann gab es die neue Währung, die Rentenmark.

Es war eine schreckliche Zeit. Immer wieder wurde von Leuten erzählt, die alles verloren und sich das Leben genommen hätten. Auch einige Bankdirektoren sollen Nervenzusammenbrüche bekommen und sich umgebracht haben.

Wir Jugendlichen haben das schnell vergessen und haben in unserem Viertel kleine harmlose Gruppen gebildet und „Räuber und Schanzer" gespielt und manchen Unnütz getrieben zum Ärger der braven Bürger. Dazu war das Viertel sehr gut geeignet mit seinen vielen Baulücken und Zäunen, durch die wir schlüpfen konnten und sie verteidigen. Die vielen Straßen zwischen Straßberger Straße im Süden und Neundorfer Straße im Norden waren unser Revier. Und das ging zu allen Jahreszeiten, wenn ich an das Rodeln auf der Senefelderstraße denke.

Gut war es auch, daß wir noch unser altes Haus (Vorwerk Alt-Jocketa) auf dem Land hatten und den großen Garten, aus dem die Eltern mit viel Mühe und Arbeit herauswirtschafteten, was sie konnten: Kartoffeln, Gemüse und Obst. Die Mutter machte Säfte, Marmelade und kochte für den Winter ein. Wir Kinder mußten da auch schon tüchtig mithelfen wie Unkraut jäten und ähnliches.

Im Sommer mußten wir jeden Tag mit dem Vater früh aufstehen und mit der Bahn 8 km in die Stadt zur Schule fahren. Zurück konnte ich dann schon als Sechsjähriger allein fahren. Das war interessant, und ich liebte die Eisenbahn, an der ich alle Einzelheiten genau studierte. Ich wollte dann natürlich Eisenbahner werden und habe heute noch ein Herz für die Eisenbahn. Eines Tages erzählte man, daß ein Mann sich hätte von der Eisenbahn überfahren lassen auf

der Strecke, die ich täglich fuhr. „Das steht morgen sicher in der Zeitung", sagte die Mutter. Ich las das genau und schaute dann zum Zug hinaus, wo die Leute sagten: „Da hat er sich überfahren lassen." Aber ich konnte nichts besonderes sehen. Um nichts zu verpassen, las und blätterte ich jetzt jeden Tag in der Zeitung.

Daß schlechte Zeiten waren, hörten wir immer wieder. Im Schutz der Eltern spürt aber ein Kind wenig davon. Eines Tages sagte der Vater: „Jetzt haben wir durch die Währungsreform unser letztes Geld verloren. Da hilft nur noch sparen, daß wir wieder zu etwas kommen." Wir spürten, daß wir auf manches, was Altersgenossen, Söhne von begüterten Eltern, hatten, verzichten mußten. Noch zwei Jahre konnten wir das Landhaus, das ländliche Leben, Freiheit in Feld und Wald, genießen. Es war bei aller Einfachheit und Arbeit ein herrliches Leben, das wir allem anderen vorzogen. Als der Vater uns mal fragte: „Wollt ihr lieber aufs Schützenfest gehen oder nach Jocketa fahren", sagten wir schnell: „Nach Jocketa." Dort konnten wir auf Bäume klettern, in der Sonne liegen und im frischen Wildwasser baden.

Inzwischen gab es aber eine Wohnungszwangswirtschaft. Wir hatten das gemietete Gutshaus schon mit einer anderen Familie teilen müssen nach dem Krieg. Nun mußten wir es ganz aufgeben, weil niemand zwei Wohnungen haben durfte. Ein Bauer des Dorfes kam mit einem großen Leiterwagen, vor dem zwei starke Pferde gespannt waren. Damit wurde Mobiliar in die Stadtwohnung gefahren. Ich durfte mit auf dem Kutscherbock aufsitzen. Das war ein einmaliges Vergnügen.

Noch gab es den Garten in Jocketa, oben auf dem Berg. Dort wurden die Wochenenden verbracht. Das große Gartenhaus hatte der Vater zum Wohnen eingerichtet mit Stockbetten und Spirituskocher. Nachdem er einen zweiten Garten am Stadtrand gekauft hatte, wurde die Arbeit für uns doch zuviel, und er verkaufte das Grundstück auf dem Land und hatte damit den Grundstock für ein Haus am Stadtrand. – Trotzdem blieb das Dörfchen und seine Umgebung für uns eine Heimat, in die wir oft zurückkehrten, vor allem auch, um die „Alte Eckarten" zu besuchen und das Neueste zu erfahren.

Wir blieben nun Sommer und Winter in der Stadt und wurden richtige Stadtjungen. Ich war inzwischen auch ins Gymnasium übergewechselt, wo mein Bruder vier Jahre voraus war. Zu Hause gab es öfter Besuch. Die Männer unterhielten sich über Dinge, von denen ich nur verstand, daß alles besser sein könnte, wenn wir den Krieg nicht verloren hätten und die Regierung vieles besser machen könnte. Wenn sie über die Probleme ihrer Berufe sprachen, verstand ich noch viel weniger und bildete mir ein, daß ich solche Schwierigkeiten nie schaffen würde.

Meine Klassenkameraden waren fast alle Akademikerkinder oder Kinder von Geschäftsleuten und Fabrikanten. In meine Klasse ging auch ein begabter Arbeitersohn. Es war eine gute Kameradschaft. Zwei Mädchen – die einzigen in der ganzen Schule – traten auch in meine Klasse ein. Sie schafften es aber nicht über die unteren Klassen hinaus. Für Mädchen gab es damals die Höhere Mädchenschule in der Diesterwegstraße, auch in unserem Viertel. Alle anderen höheren Schulen waren den Jungen vorbehalten.

Politische Propaganda machte sich wenig bemerkbar, aber die allgemeine Meinung war auf der nationalen Seite. Was ich las und hörte, gab mir das Gefühl, daß es eine große Ungerechtigkeit war, daß Deutschland den Krieg verloren hatte, daß böse Kräfte im Spiel waren und daß die Republik, die wir jetzt hatten, dieser schwarz-rot-goldene Staat, nicht gut war und wir einen schwarz-weiß-roten nationalen Staat brauchten. Dem wollte ich auch Ausdruck geben. Aus irgendeinem Grund sollten mal die

Fahnen herausgehängt werden. Eine schwarz-rot-goldene Fahne gab es in unserem Haus nicht. Ich hatte auf dem Speicher, wo viele alte Sachen lagen und ich gern herumkramte, eine große schwarz-weiß-rote Fahne aus alter Zeit

Die 5 durch Hölz niedergebrannten Villen in Falkenstein i. April 1920.

Zeitgenössische Ansichtskarte von 1920

gefunden. An einer provisorischen Stange hängte ich sie zum Speicherfenster hinaus. Sie wedelte schön im Wind. Leider war sie so lang, daß ihr Ende vor dem Fenster des Arbeitszimmers meines Vaters vorbeischaukelte. Es dauerte auch nicht lange, bis ein starkes Pochen an der Speichertür nichts Gutes ankündigte. Ich holte also die Fahne ein und machte die Tür auf. Mein Vater lobte mich wieder mal nicht ob meines Mutes, sondern schalt mich einen dummen Jungen und verwarnte mich, jemals wieder so etwas zu tun. Schließlich lebten wir in einer Republik mit anderer Fahne, deren Brot

wir aßen. Unwillig sah ich ein, daß ich etwas falsch gemacht hatte. Innerlich kam der erste Zwiespalt. Einerseits hielt ich in meinem jungenhaften Heimat- und Vaterlandsgefühl die konservative nationale Linie, die die Vergangenheit nicht ganz verdammte, für richtig, andererseits konnte mein Vater, den ich wegen seiner Gerechtigkeit, seinem starken Sozialgefühl, seinem Fleiß und seiner Sparsamkeit schätzte und verehrte, mit seiner liberalen Toleranz und positiven Einstellung zu diesem Staat auch nicht unrecht haben. Parteilich war er bei den „Freien Demokraten". Aus seinen Unterhaltungen mit anderen wußte ich, daß diese nicht zu den „Roten" neigten, die oft mit Fanfaren durch die Straßen zogen, aber auch nicht zu denen, die mit Trommeln und Trompeten marschierten.

Ende der 20er Jahre wurde die Nationale Bewegung immer aktiver. In der Stadt Hof im fränkischen Vogtland im benachbarten Bayern wurden sogenannte „Deutsche Tage" veranstaltet, wo auch aus unserem sächsischen Vogtland Sonderzüge hinfuhren. Mein Bruder und ich waren nie dabei. Wir waren in der Jugendbewegung. – Ein besonders idealistischer und kritischer, aber sehr kleiner Teil der Jugend sah schließlich die Zukunft auch nicht bei den inzwischen vielen Parteien, sondern in einer völligen Erneuerung des Lebens der Menschen, in der Abkehr von den in den sogenannten „Goldenen Zwanzigern" ausschweifenden spießerhaften Lebensgewohnheiten. Naturnah leben, wandern, was damals keineswegs üblich war; die Heimat kennenlernen, sich abhärten, verdammen von Nikotin und Alkohol waren u. a. Ziele dieser Jugendbünde.

An unserem Gymnasium gab es zwei Schülervereinigungen der oberen Klassen, den „Singkranz", den wir auch „Saufkranz" nannten; denn sie ahmten die studentischen Korporationen nach. Die andere Vereinigung nannte sich „Wanderbund", der war mein älterer Bruder beigetreten. Der Singkranz ähnelte den studentischen Korporationen mit viel Bier trinken und sich ausleben. Dabei liebten sie es, auf Andersdenkende herabzublicken und sich besonders national zu gebärden.

Der Wanderbund hatte mehr heimat- und naturverbundene Ideale. Bald jedoch stieß mein Bruder zur damaligen Jugendbewegung, wo es eine Reihe von Bünden gab wie Pfadfinder – deutsche und christliche –, Wandervögel usw. Da ich diesbezüglich im Schlepptau meines Bruders lebte, kam ich zur „Deutschen Freischar", einem völlig unabhängigen Bund. Wir gründeten eine Gruppe dieses Bundes an unserer Schule. Das war ein Novum, und wir hatten viel Anfechtung zu überwinden. Aus Protest zur bestehenden Gesellschaft liefen wir in kurzen Hosen, sagten Alkohol und Nikotin

den Kampf an, sangen die alten Volkslieder anstatt Schlager und erwanderten die Heimat. Voll Neugier und Abenteuerlust huckten wir Tornister oder Rucksack auf und gingen vier Wochen auf „Große Fahrt" durch Deutschland und die angrenzenden Länder. Jeder zahlte in die gemeinsame Kasse ein, was er konnte. Das Höchste waren 50 RM für vier Wochen; ein Sohn ärmerer Eltern eben nur 20 RM. So übten wir uns in praktischer Solidarität. Wir übernachteten in Jugendherbergen, im Zelt oder bei Bauern im Stroh und halfen dann bei der Ernte. Wir machten auch regelrechten Landdienst und Fahrten in deutsche Siedlungsgebiete im Ausland. Unterstützt wurden wir dabei vom VdA (Verein für das Deutschtum im Ausland). Wir fanden so zu den echten vaterländischen Problemen des Deutschen Volkes.

Im Gymnasium waren die Heldentaten der alten Griechen(Thermopylen) und der alten Römer vielfach Textinhalt. In Deutsch und Geschichte kamen die deutschen Heldensagen. Sie waren Vorbilder neben den Geistesgrößen der verschiedenen Jahrhunderte. Daß wir ehemalige Militärtornister auf dem Rücken trugen, darauf waren wir stolz, und wir verehrten die Studenten von Langemarck, die im ersten Weltkrieg mit dem Deutschlandlied auf den Lippen gegen die englischen Linien stürmten. Selbst unsere eigene körperliche Ertüchtigung faßten wir als Dienst für Deutschland auf. Die soldatischen Tugenden blieben unbestritten ebenso wie Heimat, Vaterland und die alten

Volkslieder von Leben, Liebe und Tod, die durch die Jugendbewegung wieder zum Leben erweckt worden waren. So gestalteten wir in den satten 20er Jahren unser Leben als protestierende Minderheit, und da wir nicht im wahlfähigen Alter waren, notierten wir nur am Rand den Parteienhader, spürten aber auch, wie die Verhältnisse schnell schlechter wurden. Im Landdienst bei den Bauern arbeitend, hörten wir vom Zusammenbruch der Weltwirtschaft, der Deutschland besonders hart traf. Es wurde alles schwieriger.

„Strengt euch an", sagte mein Vater, „nur die Tüchtigen kommen noch unter." Wir machten sowieso alle Anstrengungen. Wir wußten, daß unsere Eltern nie eine Reise oder Urlaub machten, um mir Schule und meinem Bruder bereits das Studium zu ermöglichen. „Die Arbeitslo-

Jeweils von links 1. Reihe: Rieschelmann (Vater Augenarzt), ?, Unglaub (Vater Textilfachmann, Bauer (Arbeitersohn), Schulz (war Hüftlahm)
2. Reihe: Hager (Vater Rechtsanwalt), ?, ?, ich, Kirschner (Vater Arzt), Maulhart
3. Reihe: Lehmann (Vater Rechtsanwalt), ?
4. Reihe: Schulz, halbverdeckt (Vater Pfarrer Johanniskirche), Wels (der einzige Katholik), Wolf (Vater Pfarrer in Oberlosa), Schaufuß, Klassenprimus (Vater Staatsanwalt)

senzahl liegt über 6 Millionen", las ich. Arbeitslos sein war damals kläglich mit 10 RM die Woche. Kein Berufsstand schien davon ausgenommen. Auch wir Abiturienten des Jahrganges 1932 hatten keine sichtbaren Chancen. So lautete auch die einzige Aussage der Berufsberatung. „Ganz gleich, welchen Beruf sie wählen", hieß es.

Gewalttätige parteipolitische Auseinandersetzungen waren so weit verbreitet, daß sogar ich mit meiner Jugendgruppe mit anderen Unbekannten ins Handgemenge geriet auf einer Wanderung, weil man uns für einen politischen Gegner hielt.

Eine Berufswahl war um 1932 sehr schwer: Sechs bis sieben Millionen Arbeitslose quer durch alle Berufsschichten. Da schien auch das Abitur nicht viele Chancen zu eröffnen. Als Heranwachsender, wohl weil ich gern zeichnete und malte, reizte mich Architekt. Als Pendelschüler hatte ich eine Liebe zur Eisenbahn und wäre gern in deren Dienst gegangen. Doch Brillenträger hatten dort damals überhaupt keine Chance. Mein Vater immer zu diesem Thema: „Geht möglichst nicht zum Staat. Dann müßt ihr immer nach dessen Pfeife tanzen." Es gibt ja den schönen Spruch „Wes Brot ich eß, des Lied ich sing". Das ist aber nicht jedermanns Sache. Vater plädierte für Selbständigkeit. Er hätte gern einen Arzt aus mir gemacht. Wie wäre dann mein Leben verlaufen? Die Berufswahl entscheidet doch auch über das ganze Leben. Nachdem ich aber damals ungern Blut sah, hatte ich gar keine Neigung zu diesem Beruf. Ich wollte auch nicht ständig kranke Menschen um mich haben.

Die Erlebnisse in Kinder- und Jugendjahren auf dem Land, Landdienst bei Bauern als Schüler mit der Jugendbewegung (damals, um die Lücken der „Landflucht" zu schließen) und die vielen Wanderungen mit den Eltern hatten mich so mit dem Landleben und der Landwirtschaft verbunden, daß ich sagte: „Vater, ich will Land-

wirtschaft lernen und studieren." – „Da wirst du aber nie reich werden." Ich hatte auch schon manches darüber gelesen, wie viele ungelöste Probleme es da noch gab; das reizte mich. Dazu kam, daß wir meinten, daß die zunächst nötige praktische Arbeit in der Landwirtschaft meiner Gesundheit nur gut täte. Das „Büffeln" in Büchern hatte ich zunächst mal gründlich satt, und ich freute mich auf die Tätigkeit in der Praxis unter ganz anderen Menschen. Eigentlich wollte ich meine Lehre nicht in der Heimat, sondern weit weg in einer anderen Gegend Deutschlands machen. Auf unseren Fahrten (damals nannte man lange Fußwanderungen „Fahrten") mit der Jugendbewegung hatte ich besonders Süd- und Südwestdeutschland kennengelernt. Ich schrieb dorthin nach einer Lehrstelle. Es kamen Zusagen nur von Gutsbetrieben, wo ich als sogenannter Praktikant gegen ein hohes Lehrgeld hätte sein können. So etwas wollte ich absolut nicht. Ich meinte, durch Arbeit zumindest Brot und Unterkunft verdienen zu können. Ich wollte arbeiten wie die anderen auf dem Land und nicht den feinen Volontär spielen. So blieb ich denn doch in der Heimat. Im oberen Vogtland in einer Höhenlage zwischen 500 und 600 Meter fand ich auf einem Gut eine zusagende Stelle. Der Anfang war nicht leicht: Früh fünf Uhr aufstehen. Dann führte mich der „Inspektor" in einen Keller. Dort lagen Rüben, zum Teil nicht mehr sehr gut, wie ich am Geruch spürte. Damit wurde ein großer Rundkorb gefüllt. Den nahmen wir jeder am Henkel und trugen ihn über den Hof in einen Pferdestall, wo auch zwei Zugochsen standen. Diese bekamen die Rüben. „Das sind Ihre Ochsen. Die nehmen sie in Pflege. Morgen machen Sie das alleine", sagte der Chef und zu den Pferdeknechten, die beim Pferdeputzen waren: „Das ist der neue Scholar." Die Kutscher grinsten. Ich sagte „Guten Morgen" zu den Leuten. Die Ochsen waren bisher reihum von den Pferdeknechten mit versorgt

worden. Das ihnen zustehende Futter hatte wahrscheinlich jeder mehr seinen Pferden zukommen lassen. Geputzt wurden sie, die den ganzen Winter im Stall standen, auch nie. Sie waren jedenfalls in einem erbärmlichen Zustand. Damit begann mein Einstieg in diesen Beruf.

In meinem zweiten Lehrjahr als Landwirtschaftslehrling vollzog sich der Untergang des Reiches „Weimarer Republik". Es begann das „Dritte Reich", das Reich des Nationalen Sozialismus. Nach den unangenehmen Erfahrungen mit den Vertretern des neuen Systems blieb ich skeptisch, war auch etwas von meinem Bruder beeinflußt, der in der fernen Universitätsstadt besseren Einblick hatte als ich auf dem Gutshof. Dort verlangte zunächst niemand politisches Engagement von mir. Mein Lehrherr, dessen Bruder auch bei dem Bund Freischar war, war begeistert vom neuen System und dessen Leuten. Mir gefiel meine Arbeit. Es lief alles gut. Ich hatte ein sorgloses Leben und erhielt Einblick in die Arbeitswelt und Lebensqualität von Lohnarbeitern. Bei der ersten Wahl im Jahre 1933 wählte ich Zentrum. Das war die einzige Stimme im Dorf und erregte Aufsehen. Mein Bruder, der mit anderen aus der Jugendbewegung zusammenwohnte, meinte, eine starke Mitte sei nötig, um extreme Erscheinungen abzubiegen. Das war wohl auch die Meinung vieler Vertreter der Intelligenz. In unserem jugendlichen Idealismus und unserer Vorstellung von Demokratie glaubten wir wirklich daran. Aus der gleichen Haltung heraus meinten wir später auch, uns der „Bewegung" zur Verfügung stellen zu müssen, um alles zum Guten wenden zu können, obwohl alle unsere Bünde der Jugendbewegung vom neuen System aufgelöst wurden.

So überredete mich auch mein Lehrherr, wenigstens der SA beizutreten. Eines Sonntags marschierten wir in einen Saal, wo uns Karabiner ausgehändigt wurden. Daran zu üben, machte mir Spaß. Im übrigen drückte ich mich vom SA-Dienst, wo es ging, besonders, nachdem ich einen großen Massenaufmarsch mitmachen mußte. Ich haßte schon damals solche sinn- und geistlosen Massenveranstaltungen. Viel später erst wurde mir klar, daß kein Politiker und keine gesellschaftliche Kraft ohne Massendemonstrationen ihre Ziele erreichen können. Im anderen Dorf, wohin ich auf ein anderes Gut gewechselt war, fand fast nie SA-Dienst statt. Wir einigten uns, nichts zu tun. Man war dabei, aber froh, wenn sich nichts rührte. Vom 30. Juni 1934 spürten wir dort überhaupt nichts. An diesem Tag begann Hitler, seine ehemaligen Kampfgenossen, die ihn an die Macht gebracht hatten, nach und nach hinmorden zu lassen.

Mein Ziel war das Studium. Es war aber abzusehen, daß ich mindestens den Arbeitsdienst, einen stumpfsinnigen militärischen Arbeitsdrill, vorher leisten mußte. Da ich aber in meiner Lehrzeit genügend gearbeitet hatte, wäre mir das sehr zuwider gewesen. Ich hörte, daß man sich freiwillig zur Reichswehr melden könnte für ein Jahr. Bei meinen guten Erinnerungen an die Reichswehr aus der „Hölz-Zeit" meldete ich mich sofort und wurde im Herbst 1934 einberufen zur 12. MGK III IR Leipzig, Standort Leisnig/Sa.

Wir waren vier Abiturienten in der Gruppe, alles andere junge Arbeitslose. Die Ausbildung durch langgediente Reichswehrkräfte war unvorstellbar streng, aber so gut es ging gerecht. Es war noch mal ein völlig sorgenfreies Jahr, denn man brauchte sich um nichts kümmern. Dank meines körperlichen Trainings in der Jugendbewegung schaffte ich alles leicht. Es war eine zusätzliche körperliche Ertüchtigung, die auch das Selbstgefühl steigerte. Die Hoffnung, nun ohne weiteres das Studium beginnen zu können, war verfrüht. Ich war gezwungen, die Anmeldung zu verschiedenen Wehrsportkursen und die Anmeldung beim zuständigen SA-Sturm vorzulegen. Alle meine Einwände und der Hinweis auf meine freiwillige Militärzeit halfen nichts.

Um möglichst billig zu leben, wollte ich in ein kleines Studentenheim, wo früher überwiegend Studenten aus der Jugendbewegung wohnten, vor Jahren auch mein Bruder. Dort hineinzukommen, war jetzt aber auch recht schwierig. Als Anfänger mußte man zunächst in einen Schlafsaal und gehörte zu einer Mannschaft „Schlageter" (ein Widerstandskämpfer zur Zeit der französischen Ruhrbesetzung) mit Morgensport und Fahnenappell. Das 3. Reich hatte mich voll erfaßt. Das sorgenlose Leben wie in der Lehrzeit und bei der MG-Kompanie hatte so ein Ende.

In einer großen Aufbruchstimmung, in der das deutsche Volk damals war, ließen wir uns mittragen, wenn auch die dunklen Seiten uns nicht ganz verborgen blieben. Von Morden an Andersdenkenden hatte ich schon früher gelesen. Neu war es, daß ein Diktator seine eigenen Kampfgenossen umbrachte. Die Begründung, daß das zum Wohl des Vaterlandes sein mußte, beruhigte uns. Diese hohe Ebene des politischen Lebens war uns fremd. – Kleine Ereignisse ließen schon fühlen, daß wir nicht frei über uns verfügen konnten nach eigenem Ermessen.

Nach einer Lehrfahrt, die der Professor des Pflanzenbaues nach Schweden geführt hatte, wurde ich zum zuständigen SA-Sturmführer bestellt und gemaßregelt. Ich war ohne seine Erlaubnis ins Ausland gefahren. Woher er es wußte? Ich hatte den Mann vorher noch nie gesehen. Dies und weil mir der SA-Dienst zu langweilig war und es auch besser in meine Berufslaufbahn paßte, hatte ich mich auf Anraten von Kollegen, die schon dort waren, zur Reiter-SS gemeldet. Dies war der Grund zu einer ärztlichen Untersuchung. Ich wurde völlig abqualifiziert. Nicht, daß sie etwas sagten. Einer zog mir beide Augenpartien nach hinten, so daß ich vielleicht aussah wie ein Chinese. Sie verständigten sich durch Zeichen- und Mienenspiel. Wenn sie gewußt hätten, welche Wohltat sie mir erwiesen haben! Als ich es meinem Bruder erzählte, meinte er, daß es vielleicht damit zusammenhing, daß er bei den Parteistellen schlecht angeschrieben sei.

Seitdem war ich mißtrauisch und vorsichtig. Das noch mehr, als mein Vater bei einem Besuch zu Hause erzählte, daß ein lieber, fröhlicher jüngerer Kamerad, Karl Lämmermann, aus der Zeit der Jugendbewegung in meiner Heimatstadt im Auftrag des Oberbannführers der HJ Plauen, Melchior, ermordet worden sei. Dem Polizeikommissar, der die Sache verfolgen wollte, wurde von Parteiseite angedeutet, es sei besser für ihn, wenn er in dieser Angelegenheit nicht tätig würde. – Die Sache wurde totgeschwiegen. Langsam wurde mir klar, wie groß die Allmacht des Parteiapparates ist, was passieren konnte und was man einkalkulieren mußte. – Zu opponieren hielt ich für sinnlos, weil ich gar keine Ansatzpunkte dazu sah. Ich wollte auch meinen Eltern auf keinen Fall unnötigen Kummer machen und Sorgen. – Wie zu allen Zeiten vorher und nachher hatten wir jungen Menschen nur das eine Ziel, beruflich gut vorwärtszukommen, einen möglichst guten Platz in der Gesellschaft zu erringen.

Die allgemeinen äußeren und wirtschaftlichen Verhältnisse wurden viel besser als am Ende der vorhergehenden Republik. Von den Dingen, die im Hintergrund passierten, erfuhr ich genauso wie alle anderen Bürger so gut wie nichts. Erst viele Jahre später fand ich in einem Antiquariat ein Buch, das über die schrecklichen Machenschaften der damaligen Machthaber berichtete (Gisevius: Bis zum bitteren Ende). Was wir jungen Leute erlebten, werteten wir als gute Zukunftsaussichten Deutschlands; vorher ein von allen Seiten getretener Wurm, erstarkte es und wurde in vielen Punkten von anderen Staaten akzeptiert und hatte außenpolitische Erfolge. Auch die innere Sicherheit schien für die Allgemeinheit wieder gegeben. Kürzlich erst fielen mir alte Briefe in die Hand, in denen Damen aus Berlin schrieben, wie schön das sei, daß sie jetzt wieder am Abend bei Dunkelheit ohne Gefahr durch die Straßen gehen könnten. (Was vorher offenbar nicht der Fall war.)

Wie's daheim war – ein Rückblick

Wie's daheim war . . ., das haben die Eltern gemacht; aber nicht nur dies. Sie haben das entscheidend beeinflußt, was beeinflußbar ist und vor allem: Sie waren Vorbild.

Der Vater des Vaters, aus einem Kleinbauernhof nahe der Großstadt stammend, war Kleinunternehmer. Aus der Heimarbeit hatten sie in der „Gründerzeit" mit fortschreitender Mechanisierung der Arbeit eine kleine Hausindustrie entwickelt. Der Großvater hat sich zwei Stickmaschinen zur Herstellung von Spitzen angeschafft. Mit seiner Frau hatte er acht Kinder, von denen fünf das Kindesalter überlebten. Sein jüngster Sohn – neben vier älteren Töchtern – wurde Lehrer. Es war mein Vater. Mutters Vater hatte eine Druckerei und Musikalienhandlung und war Stadtrat (Stadtrat Hänsel).

Am Ende der „Gründerzeit" 1881 geboren, hatten die Eltern einen guten Start ins Leben, als sie 1907 heirateten, in einer Zeit wirtschaftlicher Blüte und des Friedens. Nach vorhandener Urkunde wurde der Vater mit einem Jahresgehalt von 1 100 RM als Lehrer an einer Volksschule in Plauen angestellt. – Die liebevolle Mutter war für mich Zärtlichkeit und Geborgenheit, während ich den Vater nur sporadisch in Uniform gesehen hatte und erst ab dem sechsten Lebensjahr seine Autorität respektieren mußte; zumal ich gleich zu ihm in die Schule kam. Er war streng, aber gerecht, so daß mancher seiner Schüler ihn bis an sein Lebensende verehrte und darüber hinaus. Strafen, die ich

„Tunichtgut" erhielt, erkannte ich, wenn's auch schwer fiel, immer an. Vater war in allem Vorbild. Er hatte eine Schrift wie gestochen bis in sein Alter. Ich, sein Sohn und Schüler, war da keineswegs ein Muster. Die Erziehung war streng autoritär und forderte die Kräfte des Kindes heraus. Im Tageslauf gab es gewisse Regeln und Ordnung. Zwischen den Mahlzeiten gab es nichts zu essen, und was es gab, mußte aufgegessen werden.

Daß die Welt doch recht widersprüchlich ist, lernte ich auch bald kennen. Mir war beigebracht worden, man muß immer dem Schwachen, dem Kranken helfen. Als wir mal aus der Stadt zurück in Jocketa aus dem Zug gestiegen waren und mit anderen die Treppe des kleinen Bahnhofes herabstiegen, empfing ein Mann seine Frau, indem er heftig auf sie einschlug, während sie erbärmlich schrie. Ich klammerte mich eng an meine Mutter und rief zum Vater: „Hilf doch der armen Frau, Vater." Er aber tat alles, um uns möglicht schnell an der Szene vorbeizulotsen. Auch andere standen herum und taten nichts. Daß aber mein strenger, gerechter Vater da nicht eingriff, konnte ich sechsjähriger Bub nicht verstehen.

„Das sind zwei Eheleute, die sich immer streiten, und er säuft. Da kann man nicht helfen", sagte der Vater. Das war für mich ein ganz neues Erlebnis. Ich wußte nur, daß alle Kinder Vater und Mutter haben und daß alle gut zueinander sind, auch Vater und Mutter. Und der Vater hatte „saufen" gesagt. „Das darf man nicht sagen von Menschen, nur Tiere saufen", hatte ich von der Mutter gelernt. Die Welt war also schwieriger, als sie schien. Sie wurde noch schwieriger und war voller Versuchungen.

Längst nicht jeder Kinderwunsch wurde erfüllt. Die Mutter machte uns Anzüge aus den alten Röcken der Großmutter. Auch später schneiderte sie uns die Kordhosen und Jacken für unsere Wanderfahrten. Die vielen Früchte aus den zwei Gärten verarbeitete sie zu Saft

und Marmelade. Das Leben war einfach, aber gediegen. Es gab noch wirkliche Höhepunkte. Apfelsinen gab es nur einmal im Jahr zu Weihnachten, Wein auch nur zu Weihnachten zum Karpfen oder zu Familienfesten. In der Weihnachtszeit wurden die Familien von Vaters Schwestern eingeladen, unsere Basen und Vettern, soweit sie noch am Platz waren. Vater und Mutter halfen oft zusammen, so bei den Weihnachtsstollen. Nie wieder habe ich so gute gegessen wie damals. Später hielt mein Vater Bienen. Sein Honig war in der ganzen Verwandtschaft begehrt.

Die Eltern schafften es, daß Vater das Stadthaus von Großvater übernahm und bald auch ein eigenes draußen im Garten vor der Stadt zu bauen begannen. Der Drang aus der Stadt hinaus aufs Land war stark in uns drin nach den schönen Sommern, die wir im alten Gutshaus verbracht hatten. Trotz des einfachen und sparsamen Lebens hatten die Eltern uns eine sonnige Kindheit und eine frohe erlebnisreiche Jugend gegeben. Wenn wir zum Beispiel an einem schönen Sonntagmorgen auf der Terrasse vor dem Gartenhaus im Garten auf dem Berg über dem alten Gutshaus ein ausgedehntes gemütliches Frühstück machten, so sind das unvergeßliche Erlebnisse geworden. Unzählige schöne Ausflüge und Wanderungen in der Heimat haben wir mit ihnen gemacht. Das Picknick im Freien wurde einem Gasthausbesuch vorgezogen.

Selbst als wir später mit der Jugendgruppe wanderten und auch als Studenten war es stets fast ein Fest, wenn wir wieder mal daheim alle beisammen waren. Heim und Familie waren ein Zufluchtsort und ein festes Fundament für uns. Mochten die Zeiten sein, wie sie wollten, das Elternhaus blieb unbeeinflußbar und unantastbar. Wie oft habe ich später, besonders in den Nachkriegsjahren, als wir durch den „Eisernen Vorhang" getrennt waren, bereut, daß ich nicht öfter am Wochenende nach Hause gefahren bin

Vater mit seiner Schulklasse vor der zerstörten Dittesschule nach 1945

mit der Studentenfahrkarte für 5 RM. Die Jugend lernt das „Daheim" erst viel zu spät schätzen. Kameraden und Unternehmungen mit ihnen erscheinen viel wichtiger. Die Welt kennenzulernen, war so erstrebenswert. Wer hätte auch gewußt, was für Zeiten kommen? Wir Buben suchten, so schnell wie möglich das Studium zu beenden, um die lieben Eltern zu entlasten. Sie taten getreulich alles, was sie konnten. Sie kauften uns beiden je ein gebrauchtes Motorrad. Mein Bruder heiratete nach Beendigung eines zweiten Studiums und zweiter Promotion 1936. Ich hatte da eben mit dem Studium begonnen, so daß Vater immer nur für einen sorgen mußte.

Der Nationalsozialismus beeinflußte unsere Familie wenig. Die Eltern lehnten ihn ab. Vater war „Freier Demokrat" im Innern. Wie wir machte er die minimalen „Pflichtübungen". 1939 holte auch uns der Krieg ein, jeden an einer anderen Stelle. Die Eltern hatten nun so wie ihre wenigen, aber guten Freunde erneut Sorgen um ihre Söhne, je länger der „Blitz-

krieg" dauerte. Bei ihrer Genügsamkeit und ihrem Fleiß waren für sie die Beschränkungen der Kriegswirtschaft kein großes Problem. Der Garten gab manches, was andere nicht hatten. Vater war Imker, und als ich mal aus Rußland auf Urlaub kam, hatte er auch Stallhasen und Enten. Als Kreisvorsitzender des Imkerverbandes hatte er auch immer wieder Kontakt zu Bauern, die ebenfalls Imker waren.

Ein großer Schmerz für die Eltern war der Tod meines Bruders in den Kämpfen um die Halbinsel Krim. Vor dem Reserve-Lazarett in Feodosia war ein Grabkreuz für ihn errichtet, das nicht lange stehenblieb.

Das Kriegsende nahm den Eltern erneut wie 1918–1923 einen großen Teil des hart ersparten Vermögens. Am 10. April 1945 zerstörte „Bomber-Harris" über 75 Prozent meiner Heimatstadt. Dem fiel auch das vierstöckige Mietshaus, das meine Eltern in der Stadt besaßen, zum Opfer. Glücklicherweise blieb das Haus am Stadtrand, wo sie lebten, weil Kasernen in der Nähe waren, verschont; denn der Bombenkrieg richtete sich nicht gegen Soldaten, sondern gegen die Bürger. Außerdem wollten die Sieger ja die Kasernen nach dem Krieg benützen. Das Unglück wollte, daß etwa zwei Monate nach Kriegsende die Amerikaner das Gebiet räumten und die russische Armee nachrückte. Die alten Eltern (65) mußten sofort aus ihrem Haus und bei Nachbarn auf dem Speicher hausen. Sie durften nur ins Haus, um angerichtete Schäden zu beseitigen. Der Bruder gefallen, ich in russischer Gefangenschaft – sie wußten wenigstens, daß ich lebe –, die Schwie-

gertöchter weit weg, die Verwandten in der Stadt selbst in größter Not. So war die Situation der Eltern am Ende eines arbeitsreichen Lebens. Sicher gab es noch viel schlimmere Situationen im Jahre 1945.

Trotz allem waren die Eltern noch recht rüstig, besonders Vater. Er packte wieder an. Auf der einen Seite erhoffte er von der neuen Zeit ein besseres, menschlicheres Dasein für alle, andererseits war schon immer seine Einstellung, daß man selbst sich rühren und was tun muß, um seine persönlichen Lebensverhältnisse zu verbessern und nicht die Dinge Gott allein überlassen darf. Er war im Alter, in Pension zu gehen. Er tat das aber nicht, sondern blieb im Schuldienst (großer Lehrermangel), sorgte dafür, daß das bombengeschädigte Haus seiner bisherigen Schule (Dittesschule) notdürftig saniert wurde. Dort wurde er schließlich Schulleiter und ging im 70. Lebensjahr in Rente, die dann besser ausfiel, als wenn er mit 65 gegangen wäre.

Die Verhältnisse entwickelten sich allerdings ganz anders, als fast alle, auch meine Eltern, sich vorgestellt hatten und die Propaganda vorgab. Als ich Ende 1949 zurückkam, glaubten die meisten, die Zustände, in denen sie lebten, seien nur vorübergehend, und in Kürze würde es wieder ein vereintes Deutschland geben. Ansätze dazu muß es gegeben haben; denn im Nachlaß meines Vater fand ich 1963 Formulare aus dem Jahre 1948, in der DDR gedruckt, wo von einem „Bundesland Sachsen" die Rede war. Aber wir blieben getrennt, die Eltern allein, ich bei meiner Frau. 1955 konnten sie mich das erste Mal besuchen. Das wiederholte sich dann nahezu jedes Jahr. Später wurden dann auch Gegenbesuche meinerseits – sogar mit Auto – möglich, nachdem mein Vater zu einem Angestellten im Rathaus – beide waren in der kleinen erlaubten Partei der „Freien Demokraten" – Verbindung hatte, der mir einen Einreisepaß verschaffte. So war ich zum 80.

Geburtstag der Mutter „drüben" und 1962 mit der ganzen Familie.

Weihnachten 1962 starb mein Vater ganz plötzlich. Da Mutter stark an Arteriosklerose litt, lastete alle Arbeit auf ihm, wie das mühevolle Anstehen beim Einkaufen usw. Er hatte sich dabei eine Lungenentzündung zugezogen, die bei der mangelhaften medizinischen Versorgung in der damaligen DDR trotz aller nachbarschaftlichen Hilfe zum schnellen Tod führte. Am 2. Weihnachtsfeiertag starb er.

Neue, große, durch die Teilung Deutschlands bedingte Schwierigkeiten türmten sich auf. Zunächst kam die alte etwas verwirrte Mutter bei der Schwiegertochter über den Winter unter. Dann versuchte ich im Frühjahr meine nahezu hilflose Mutter mit zu uns „in den Westen" zu nehmen. Als ich mit diesem Ersuchen zur Volkspolizei kam, schrie mich dort ein junges Frauenzimmer hinter der Barriere an: „Was bilden Sie sich ein! Seit dem Bau der Mauer ist noch kein Bürger der DDR in den ‚Westen' gekommen." Ich wollte die Situation näher schildern. Zornig schrie sie mich an: „Dann tun sie Ihre Mutter hier in ein Altersheim." Nach dem Zustand meiner Muter und dem, was ich über die dortigen Altersheime gehört hatte, wäre das das Grausamste für Mutter gewesen, wahrscheinlich ihr baldiger Tod. Einen alten, so kranken 82jährigen Menschen soll man möglichst nicht mehr „verpflanzen". Ich suchte nach einer Lösung, daß Mutter in ihrem Haus und Garten weiterleben könnte bis zu ihrem Tod.

Zunächst nahm ich eine entfernte, junge Verwandte aus dem Erzgebirge ins Haus auf. Sie war schichtweise berufstätig. In der Freizeit sollte sie sich um Mutter kümmern, wofür ich sie gut bezahlte. Zusätzlich gelang es mir, eine Haushaltshilfe zu engagieren, Ehefrau eines Offiziers der Volksarmee, die in der Nähe wohnte. Hierzu mußte ich auch erst die amtliche Erlaubnis einholen. Den Eltern der jungen Verwandten versprach ich, mein Elternhaus ihnen zu verkaufen. Ich dachte, nun wird alles gut gehen. Die Haushaltshilfe war unzuverlässig. Weder die junge Verwandte noch die ganze Familie – nach dem Hausverkauf – schaffte es physisch und psychisch, mit einer sklerotisch Erkrankten zusammen zu leben. Dabei lag die Ursache auch bei meiner Mutter, die die Situation nicht mehr erfassen konnte und die Verwandten, die ihr schon in gesunden Tagen nie recht sympathisch waren, als unerwünschte Eindringlinge behandelte. „Was wollt ihr denn hier? Geht ihr denn endlich mal wieder nach Hause!" war eine ihrer vielen Bemerkungen. Besser war es, wenn ich mal da sein konnte. Es wäre eine große Geduldsleistung der

Das Vaterhaus in Plauen in den 20er Jahren mit mir, dem Garten- und dem Bienenhaus

Verwandten gewesen, wenn sie nicht nach zwei Jahren resigniert und um Abhilfe gebeten hätten. Auch Geldzahlungen halfen nicht mehr. Meine Bemühungen, meine Mutter bis zu ihrem Ende in ihrem Haus zu lassen, waren also letzten Endes fehlgeschlagen. Ich betrieb nun die Auflösung des Haushalts und die Übersiedlung der Mutter nach dem „Westen". Da die DDR einen Rentner loskriegte, ging das jetzt. Nachdem wir sie einige Zeit im Haus hatten, fand ich für die Pflegebedürftige einen guten nahen Altenheimplatz, wo ich sie fast täglich nach dem Dienst besuchen und oft zu uns holen konnte. Sie fühlte sich aber immer auf Besuch, wie in den früheren Jahren, wie auf einer Reise und fragte mich bei jedem Besuch: „Wann fahren wir wieder heim?" Nirgends war es wie's daheim war.

Am Muttertag 1966 starb sie. Ihre Urne brachten wir zurück in die Heimat, ins Familiengrab. Die Grabpflege dort wurde wieder ein Problem. Die Alten starben, die Jungen genossen zwar, was die Eltern geschaffen hatten, kannten diese aber nicht mehr. Eine Grabpflege durch Gärtnereien gab es in der DDR nicht, dafür wurden keine Arbeitskräfte bereitgestellt. Rentner taten das auch nicht, weil sie ja doch nichts für das Geld kaufen konnten.

Die Eltern waren tot, das Vaterhaus verloren. 1985 holte ich die Urnen von Vater und Mutter zu uns – wozu ich die Erlaubnis der „Stasi" einholen mußte.

Jetzt haben sie wohl endgültig Ruhe gefunden.

Die Erinnerung daran, wie's daheim war, vermittelt Wehmut, aber auch Kraft.

Dr. Wolfgang Waag, Neuburg a. d. Donau

Der vorstehende Beitrag wurde auszugsweise aus dem als Buch erschienenen Lebenslauf „Saatgut" zusammengestellt. Oben genannter Titel von Dr. Wolfgang Waag erschien im Jahre 1995. Herr Dr. Waag erhielt, dies als Hinweis des Verlages, 1990 das Bundesverdienstkreuz am Band.

Der Titel „Saatgut" ist noch über den Autor oder über den Neupert Verlag erhältlich.

Eine Plauenerin erinnert sich

Meine Kindheit war eine recht schöne. Ich erinnere mich – nunmehr fast 90jährig – ihrer gern. Vor meinem geistigen Auge sehe ich eine immer gutgelaunte humorvolle Mutter, dazu einen recht liebevollen, leider oft etwas zu strengen Vater vor mir.

Ich erblickte am 12. Januar 1913 in der Gellertstraße das Licht der Welt; mein Bruder folgte 1½ Jahre später. Unseren Vater lernten wir Kinder eigentlich erst mit sieben bzw. sechs Jahren kennen. So merkwürdig das auch klingen mag, aber es war so. Vater wurde gleich zu Anfang des 1. Weltkrieges am 1. August 1914 eingezogen. Da war mein Bruder gerade sechs Wochen alt und ich 1½ Jahre. An einen Heimaturlaub kann ich mich nicht erinnern. Vater geriet in russische Kriegsgefangenschaft weit hinten in Sibirien am Ural und am Baikalsee. Zweimal zogen Mutter und wir Kinder mit einem Handwagen zum Wald, um frisches Tannengrün zur Schmückung des Hauseingangs als Willkommensgruß zu holen. Zweimal verwelkte die Pracht. Vater kam auch mit dem nächsten angekündigten Heimkehrertransport nicht. Dann endlich war er da, der „fremde Mann", der unsere Mutter schier erdrückte. Vater staunte über seine „großen" Kinder.

Ich ging ja schon seit 1919 zur Schule, in die Höhere Bürgerschule in der Karlstraße. Die Schule machte mir Spaß. Vor mir liegt mein Zensurbuch, und ich kann ein Schmunzeln nicht unterdrücken. Die ersten vier Noten gab es für Sittliches Verhalten, Fleiß, Aufmerksamkeit, Ordnungsliebe, und vom ersten bis zum letzten Schuljahr stehen blanke Einsen. Wie gut wäre es, wenn diese Fächer heute noch bewertet würden. Sie haben meines Erachtens einen wertvollen erzieherischen Effekt. Ich lernte gut, und in mir festigte sich der Wunsch, Lehrerin zu werden. Die Voraussetzungen waren aufgrund meiner Zeugnisse gegeben. So unterzog ich mich einer Aufnahmeprüfung im Königlichen Lehrerseminar mit Erfolg. Daß dieser Schulbesuch Schulgeld kosten würde, war meinen Eltern bekannt, doch wie groß war die Enttäuschung, als sich bei der Anmeldung herausstellte, daß meine Eltern doppeltes Schulgeld bezahlen sollten, weil mein Vater und damit automatisch wir Kinder damals noch die tschechische Staatsangehörigkeit besaßen, somit als Ausländer galten. Das konnten meine Eltern zu der Zeit schwerlich aufbringen, zumal man in der betreffenden Zeit, also um 1923 mit der galoppierenden Inflation zu kämpfen hatte und keine festen Vorstellungen von der kommenden Wirtschaftslage hatte. Mein Traum vom Lehrerinnenberuf war also ausgeträumt. Ich kam dann ab 5. Schuljahr in die sechsstufige höhere Abteilung der Volksschule, und zwar von 1923 bis 1927 in die Sprachklasse (auch Begabtenklasse genannt) in der Rückertschule (Rückertstraße) und von 1928 bis 1929 in die Angerschule (Am Anger). Meine Schulzeit endete mit der Mittleren Reife.

Die Lehrerin hatte ich also begraben, ein neuer Berufswunsch reifte heran. Ich wollte Designerin in der Modebranche werden. Vorbedingung war eine dreijährige Schneiderinnenlehre. Ich sah mich schon als stolze Besitzerin einer Boutique für modisch ausgefallene Damenkleidung. Auch dieser Traum zerplatzte. Trotz bester Beziehungen selbst zur Obermeisterin in der Schneiderinnung war keine Lehrstelle aufzutreiben. So kam es, daß ich als kaufmännischer Lehrling bei der Spitzenfabrik Gebrüder Scharschmidt (Altmarkt 11) ankam, zu einem stolzen Monatsgehalt von 20 Reichsmark im 1. Lehrjahr und 30 Reichsmark im 2. Lehrjahr. Das 3. Lehrjahr wurde mir aufgrund meiner Zeugnisse erlassen.

Zu meiner Lehrzeit bei der Firma Gebr. Scharschmidt wäre noch zu sagen, daß ich mir schon damals Schwerpunkte in bezug auf meine kaufmännische Ausbildung setzte. Ich schloß mich dem Kaufmännischen Stenographenverein Plauen an und erreichte auch das gesteckte Ziel: Perfektion in Kurzschrift und Maschineschreiben, also Fertigkeiten, die jeder Anforderung an eine gute Sekretärin Genüge taten. Auf den Befähigungsnachweis zum Geschäftsstenographen durch die Industrie- und Handelskammer war ich besonders stolz.

Man kann sich heute die Arbeitsweise in einem damaligen Büro kaum vorstellen. Diktiergeräte gab es noch nicht, elektrische Schreibmaschinen kamen auch erst später auf den Markt, und das Wort „Computer" war sicher ein undefinierbares Fremdwort. Ein Vorgesetzter diktierte seiner Sekretärin entweder ins Stenogramm oder auch in die Maschine. Beide Methoden setzten also bei einer Sekretärin die oben beschriebenen Fertigkeiten voraus.

Daß sich der Entschluß, mich kaufmännisch auszubilden, für mein ganzes späteres Leben so schicksalhaft auswirken sollte, konnte ich damals nicht ahnen. Ich greife vor, wenn ich hier festhalte, daß ich nach dieser Lehre als Sekretärin zur Firma M. Hans Lange & Co. (Bergstraße 37) überwechselte und 1938 den damals alleinigen Inhaber der Firma ehelichte.

Doch zurück zum Jahre 1920, zu meinem Vater, dem Spätheimkehrer.

Wirtschaftlich gesehen waren es schwierige Zeiten, die dann folgten. Es herrschte große Arbeitslosigkeit und folglich Geldmangel unter der Bevölkerung. Mein Vater, vor dem Krieg ein gefragter Schneidermeister – er stammte aus Prag, und tschechische Schneider waren für

Großvater Emil Kunath, der Ofensetzer, mit Großmutter und seinen 7 Kindern

Leißnerstraße 9 (1910)

Anläßlich der Einweihung der Friedrich-August-Brücke begrüßt der sächsische König meinen Großvater

beste Qualitätsarbeit bekannt –, lief alle seine früheren Kunden ab, doch meist kam er mit nur einigen Änderungsaufträgen nach Hause. Mutter arbeitete halbtags als Sekretärin bei einem Rechtsanwalt. Diese Tätigkeit behielt sie noch viele Jahre mit Begeisterung bei. Warum? Dr. von Petrikowsky war auch Scheidungsanwalt, und eine bessere Quelle als sein Büro konnte man doch nicht finden, um taufrische Neuigkeiten zu erfahren, was sich vornehmlich in der „besseren Gesellschaft" auf diesem Gebiet tat.

Wie es so schön heißt: „Nichts ist beständiger als der Wechsel", so gab es allmählich wieder ein „Aufwärts", und Vater konnte sogar zwei Gesellen einstellen.

Meine Großeltern mütterlicherseits habe ich in besonders lieber Erinnerung. Sie lebten mit uns im Hause, was früher so gut wie selbstverständlich war, daß man die betagten Eltern oder nahe Verwandte nicht allein ließ. Auf Großvater waren wir Kinder sehr stolz, denn er sah genauso aus, wie wir uns den lieben Gott vorgestellt hatten: gütige Augen, langer weißer Bart; ein richtiger Bilderbuch-Opa eben. Er muß schon etwas Besonderes gewesen sein, denn jedermann begegnete ihm mit einer gewissen Ehrfurcht. Er war weder Vogtländer noch Sachse, nein, er war „ein Preuße" und ein kaisertreuer dazu.

Großvater Friedrich Emil Kunath, geb. 3.5.1851 in der Nähe von Berlin, war auch beruflich in Plauen sehr angesehen. Er bezeichnete sich als Töpfermeister und Ofensetzer. In meiner Erinnerung sehe ich noch deutlich die herrlichen hohen Kachelöfen, die in seinem Ofenlager standen und Kunden, die sich bei diesen wunderschönen Modellen so schwer entscheiden konnten. Ein solch prächtiger Kachelofen war damals fast ein Statussymbol im Wohnzimmer derer, die etwas auf sich hielten, und fast alle diese Öfen waren von Großvater Kunath aufgestellt. Heute findet man in Museen besonders schöne Exemplare.

Großmutter Kunath war eine Vogtländerin, lieb und duldsam, ein Heimchen am Herd. Immerhin waren sieben Kinder großzuziehen.

Die Abende in unserer Wohnküche waren urgemütlich. Vater spielte Mundharmonika oder erzählte Kriegserlebnisse, Mutter spielte Akkordeon, und gesungen wurde viel. Als ich älter war, kam ich als drittes Orchestermitglied mit meiner Konzertzither dazu. Fernsehen gab es ja noch nicht, und Radio hatten wir auch erst sehr viel später.

Es gab Höhepunkte in unserem Kinderleben, auf die wir uns schon wochenlang freuten. Ich denke z. B. an ein alljährlich sich wiederholendes Herbsterlebnis: Die Pflaumenernte. Uns Kindern wurde ein kleiner Rucksack umgehängt, die Eltern hatten große, und auf ging es – natürlich zu Fuß – nach Möschwitz. Dort vermietete ein Bauer seine Pflaumenbäume an Interessierte, hauptsächlich natürlich Städter. Das hieß, man konnte sich einen Baum aussuchen, der Bauer taxierte den Ertrag, man bezahlte und konnte nun ernten. Vater stieg in den Baum, leerte peinlich sauber alle Äste, Mutter und wir Kinder sammelten ein, und essen durften wir, soviel wir wollten. Was war die ganze Aktion für ein Spaß! Dann schleppten wir die süße Last zu Fuß nach Hause. In den folgenden Tagen roch es im ganzen Haus herrlich nach Pflaumenmus.

Wenn ich heute, Jahrzehnte nach meinem Weggang, an meine Heimatstadt denke, dann ist es stets das Plauen meiner Kindheit und Jugend. Das zerbombte Plauen und das Plauen, das man während der DDR-Zeit aus dieser Stadt gemacht hat, habe ich ganz bewußt verdrängt. Ich denke z. B. an mein Plauen mit seinen hübschen Straßenlaternen. In jeder wichtigen Straße standen sie, diese attraktiven Gas-Kandelaber, die das Stadtbild so einmalig prägten. Elektrische Beleuchtung kannten wir noch

lange nicht. Bei Einbruch der Dämmerung lief dann der „Gasanzünder" mit seiner langen Stange von Laterne zu Laterne und entzündete sie. Wir Knirpse begegneten diesem wichtigen Mann mit kindlicher Bewunderung. Auch die Wohnungen wurden mit Gaslampen beleuchtet. Sie anzuzünden kam einer heiligen Handlung gleich, denn wehe man berührte mit dem Streichholz den „Gasstrumpf", dann saß man prompt im Dunkeln. Der Gasstrumpf war ein glühbirnenähnliches Gebilde aus feinster weißer Baumwollasche und zerfiel bei der leichtesten Berührung.

Neben den Gaslampen spielten auch Petroleumlampen eine bedeutende Rolle. Der Hausflur in meinem Elternhaus z. B. wurde mit einer an die Wand gehängten Petroleumlampe beleuchtet – allerdings ziemlich spärlich. Nicht selten wurden auch Nebenräume in den Wohnungen mit einer solchen Petroleumfunzel ausgestattet. Meist waren es einfache Hänge- oder Tischlampen mit Zylinder und ohne Schirm.

In meiner Erinnerung finde ich die bemerkenswerteste Beleuchtungsart auf dem Weihnachtsmarkt: Karbidlampen. Der Plauener Weihnachtsmarkt war für uns etwas Besonderes. Er spielte sich auf dem Altmarkt ab, vor der Kulisse unseres wunderschönen Rathauses. Es reihte sich Bude an Bude, der ganze Altmarkt wurde eingenommen, und neben den Düften von weihnachtlichem Backwerk und gebrannten Mandeln verbreiteten die Karbidlampen, die einzeln oder auch zu mehreren an jeder Bude hingen, einen eigenartigen metallenen Geruch. Diesen Geruch habe ich noch heute in der Nase, wenn ich in Gedanken mit Großmutter über den Weihnachtsmarkt gehe. Ich weiß, mir war damals immer ganz feierlich zumute. Die Karbidlampen tauchten den Markt in ein milchiges Licht, und wenn Schnee lag, war das besonders schön. Hin und wieder ertönte aus einer Bude ein Weihnachtslied auf der Mundharmonika. Das war alles so stim-

Meine Eltern Martha Kroupa geb. Kunath, Hans Kroupa Schneidermeister

Hier bin ich zwei Jahre alt

Ich mit meinem 3jährigen Bruder Hans

Das bin ich mit 6 Jahren

mungsvoll, so friedlich, so ganz ohne Hektik. Wer kann das heute noch von einem Weihnachtsmarkt behaupten?

Selbst Pfingsten wurde damals zu einem besonderen Fest. Am Pfingstsonnabend rumpelten auf dem Kopfsteinpflaster – anderen Straßenbelag gab es kaum – in den verschiedenen Stadtteilen große Leiterwagen daher, hoch mit Birkenbäumen beladen. Die Anwohner kauften ein oder zwei Birken und stellten sie in Wassereimern am Hauseingang auf oder schmückten damit die Bordsteinkanten. Ein Großteil der Stadt hatte so ein frühlingsfrisches Aussehen, und es blieb selbst bei trübestem Wetter noch immer ein stimmungsvolles Pfingstfest.

Doch das Fest aller Feste war und bleibt noch immer Weihnachten. Ganz gleich, wie in einer Familie Weihnachten begangen wird, als Kind neigt man dazu, Weihnachten im eigenen Elternhaus als das Schönste zu empfinden. Und das ist gut so. Auch ist die Erlebnisbereitschaft an das jeweilige Alter gebunden. So habe ich die deutlichsten weihnachtlichen Kindheitserinnerungen an die ersten Jahre meiner Schulzeit.

Großvater Emil Kunath, der Ofensetzer, war leider am 25.5.1920 mit 69 Jahren gestorben, jedoch Großmutter Kunath erfreute sich noch guter Gesundheit und unterstützte uns Kinder tatkräftig dabei, kleine Überraschungen für die Eltern vorzubereiten. So hörte sie beispielsweise Gedichte ab, die wir am Heiligen Abend aufsagen wollten, oder übte mit uns Weihnachtslieder, die wir als Überraschung singen wollten. So beglückten wir unsere Eltern z. B. so: Großmutter stülpte uns ein Bettuch über, in das sie ein Loch für den Kopf geschnitten hatte, das Laken hatte sie mit goldgelber Farbe über und über mit Sternen bemalt. Mein Bruder und ich betraten so ausgerüstet das Weihnachtszimmer, nachdem Glockengeläut zum Eintreten aufgefordert hatte. Wir sangen „Vom Himmel

hoch da komm ich her …". Mutter schmunzelte, Vater hatte nasse Augen, und unsere Kinderaugen musterten während unseres Vortrages den Gabentisch. Der Christbaum, den Vater so liebevoll geschmückt hatte, wurde zunächst recht stiefmütterlich bedacht; die Geschenke waren wichtiger. Erst wenn nach der Bescherung Vater im Schaukelstuhl seine Havanna rauchte und Mutter in der Küche verschwand, vom Grammophon „Stille Nacht, Heilige Nacht" erklang, bestaunten wir den Baum mit all seinen Lamettafäden und Wachskerzen. Sogar künstlichen Schnee in Form von Glitzerwatte hatte Vater angebracht. Dann gab es das traditionelle Heilig-Abend-Essen: Gänsekleineintopf.

Etwas besonders Schönes stand uns jetzt noch bevor. Dazu muß ich erklären, daß meine Mutter evangelisch, mein Vater jedoch katholisch war. Ein Kirchengänger war er nicht, aber Weihnachten ließ er es sich nicht nehmen, die Mitternachtsmesse um 12 Uhr in der katholischen Kirche zu besuchen. Wir Kinder durften ihn begleiten. Schon allein das lange Aufbleiben fanden wir großartig. Dann durften wir die neue Mütze oder die neuen Handschuhe anziehen, und warm eingepackt stapften wir mit Vater durch die stillen Straßen zur katholischen Kirche. Etwas Feierlicheres konnten wir uns nicht vorstellen. In der Kirche angekommen, klammerten wir uns noch fester an unseren Vater, weil uns der Weihrauchgeruch und die ganze Zeremonie doch ziemlich in Erregung versetzten. Mutter erwartete uns zu Hause mit einem Schlummertrunk, und glücklich fielen wir bald in den Schlaf. Die folgenden Weihnachtstage waren meist ausgefüllt mit Besuchen und Besuchern. Wir Kinder beschäftigten uns mit unseren Spielsachen, die wir bekommen hatten. Ich erinnere mich noch gut, wie traurig ich war, wenn ich daran dachte, daß mehr als 300 Tage vergehen müssen, ehe wieder Weihnachten ist.

Mein Elternhaus war die Leißnerstraße 9, nahe der Pauluskirche. Im Haus auf der gegenüberliegenden Straßenseite wohnte eine Familie mit einer geistig etwas behinderten erwachsenen Tochter, in der ganzen Straße nur „das Lenchen" genannt. Jeder mochte sie, sie war lieb und freundlich und hatte eine Leidenschaft: Musik – je lauter, um so schöner. Ihr ganzes Herz gehörte ihrem Grammophon, einer Uraltrarität mit großem Trichter. Bei günstigem Wetter stellte sie das Grammophon ans offene Fenster, den Trichter zur Straßenseite gerichtet, so daß also Nachbarn und Passanten Anteil an diesem Kunstgenuß hatten.

Nun war es damals nicht so, daß man sich beschwert oder gar Anzeige wegen Lärmbelästigung beim Ordnungsamt erstattet hätte. Nein, nein, man gönnte dem „armen Lenchen" dieses Vergnügen, und trieb sie es mit der Lautstärke doch einmal zu bunt, so schritt „unser Schutzmann" ein. Man muß wissen, daß zu dieser Zeit (etwa 1900) jedes Stadtviertel einen festen, ganztägig anwesenden Ordnungshüter hatte, den man über viele Jahre hinweg kannte. Einige beruhigende Worte, von ihm brachten das Lenchen dann zur Raison.

Plauen war Garnisonsstadt und die Pauluskirche Garnisonkirche. Man freute sich schon auf die Sonntage, an denen die eine oder andere Truppe von der Kaserne durch die Stadt kommend in die Leißnerstraße einbog, um zur Pauluskirche zu marschieren. Welch wundervolles Erlebnis: All die frischen Gesichter junger Männer, die schmucken Uniformen, der gleichmäßige Tritt glänzender Stiefel und als Krönung die begleitende Militärkapelle mit dem schönen Schellenbaum. Jung und Alt waren immer wieder begeistert.

Nun machte Lenchens Musikleidenschaft auch nicht vor Sonntagvormittagen Halt. Just zum richtigen Augenblick legte Lenchens Lieblings-Schellackplatte los:

„Waldeslu-u-u-st, Waldeslu-u-u-st,
oh, wie einsam schlägt die Brust ..."
Die Militärkapelle hielt dagegen – was die Lautstärke anging –, versteht sich. Als der Marschtritt der Soldaten wegen Lenchens Wehmutsmelodie nunmehr etwas irritiert wirkte, stand – wie aus der Erde geschossen – unser Schutzmann vor Lenchens Fenster und gebot dem Grammophon für die Zeit des Gottesdienstes Einhalt.

Wie wohl fast jede Stadt, so hatte auch Plauen seine Originale. Der Beerenmann war einer von ihnen. Zur Zeit der Waldbeerreife fuhr er mit seinem Wagen die Straßen ab. Überhören konnte man ihn nicht. Mit Stentorstimme machte er die Hausfrauen auf sich aufmerksam: Heedelbeer, Blaubeer, Blaubeer, Heedelbeer! Und er machte seine Geschäfte, denn die Ware war frisch und preiswert.

Dann gab es noch den Lumpenmann; auch er war gern gesehen. Er kaufte Textilabfälle, Altkleider usw. sowie Altpapier. So mancher Groschen bereicherte die Haushaltkasse einer Hausfrau. 5 Pfennige zahlte er für 1 Pfund Lumpen. Man rechnete damals nicht mit Kilo, sondern nur mit Pfund = 500 Gramm.

Dann kommt mir noch der Sandjunge in Erinnerung. Er kam regelmäßig freitags ins Haus mit feinkörnigem, weißem Sand, mit dem die Hausfrauen Treppen und Hausflure scheuerten. 10 Pfennige kostete 1 Liter Sand.

Eine erwähnenswerte Figur unter all diesen Originalen war zweifellos der Würstlmann. Selbstbewußt trug er seinen Bauchladen vor sich her; heiße Würstchen bot er an. Auf seinem Rücken baumelte ein Beutel mit Semmeln. Senf gab es gratis dazu. Sein Hauptrevier war die Bahnhofstraße, und zwar dort, wo er Theater- und Kinogänger nach den Vorstellungen sicher erreichen konnte, denn sie waren meist gute Kunden. So war er bis spät abends unterwegs. Man kannte diese Originale über viele Jahre. Sie waren aus dem Stadtbild gar nicht wegzudenken.

Ach ja, die Bahnhofstraße, unsere Flaniermeile! Vom Wilkehaus bis zum Albertplatz: Linke Straßenseite wir Mädels, Schülerinnen, rechte Straßenseite die Jungen, meist Gymnasiasten. Blicke flogen von links nach rechts, scheues Lächeln von rechts nach links. Die farbigen Schülermützen fanden wir ja soo toll! Ohne Absprache ab 6 Uhr abends begann der Bummel. Vater durfte davon nichts wissen. Wenn er mich nämlich aus irgendeinem Grund ermahnte, war sein geflügeltes Wort: „Du willst ja nicht eine von der Bahnhofstraße sein." Seine diesbezüglichen Vorstellungen blieben mir immer ein Rätsel.

Mit einer meiner Kindheiterinnerungen verbinde ich die Sensation um die „Schellhorn-Villa", die damals die Plauener Gemüter beschäftigte: Am Stadtparkrand wurde eine „Villa" gebaut. Schon allein das Wort Villa regte die Phantasie an. Es war ein großer Bau mit Schwimmbecken im Inneren. Ich sage bewußt nicht Swimmingpool. In meiner Jugend wurde ein sauberes Deutsch gesprochen und nicht mit den heute üblichen englisch-amerikanischen Begriffen verunglimpft. Ein großer Garten mit Teich und Schwänen gehörte zur Villa dazu. Wer war es wohl, der sich so etwas leisten konnte?

Ich wußte es, denn Alfred Schellhorn, der Bauherr, gehörte später zu unserer angeheirateten Verwandtschaft. Mit Tante Schellhorn, die später in die Sächsische Schweiz verzog, verband mich noch viele Jahre ein nettes Verhältnis. Kurz und gut, bald wußte jeder, daß der Bau dieser Villa vom Verkauf einer wertvollen Briefmarke, einer Blauen Mauritius finanziert wurde. Alfred Schellhorn hatte sie bei der Entrümpelung seines Dachbodens gefunden. Später befand sich in dem Gebäude eine Augenklinik.

Ein paar Worte noch zum Leben in der Stadt der 20er und 30er Jahre, zu meinem Plauen, das so viel Flair und so viel Charme hatte. Ich gestehe gern, daß ich noch heute ein leises Heimweh verspüre. Daß Plauen mit seiner damaligen weltberühmten Spitzenindustrie den hohen Wohlstand besonders der Spitzenfabrikanten begründet hat, liegt auf der Hand. Dieser Wohlstand war es aber auch, der eine merkliche Spaltung unter der Bürgerschaft auslöste. Es gab auf sozialer Ebene gar bald ein „Oben" und ein „Unten". So sind mir – um ein Beispiel zu nennen – noch einige Lokale in Erinnerung, die ausschließlich von den „besseren Kreisen" besucht wurden. Da war unser Nobel-Hotel „Wettiner Hof", in Bahnhofsnähe gelegen. Dort traf man sich mit Geschäftsfreunden zu Besprechungen. Zu Abend aß man in der anschließenden „Albert-Halle". In „Albigs Weinstuben" in der Bahnhofstraße traf man sich zu einem guten Tropfen, zu Rebhuhn auf Weinkraut und um leiser Musik zu lauschen. In „Mampes Guter Stube", ebenfalls Bahnhofstraße, ließ man einen späten Abend bei Likörspezialitäten ausklingen. In der „Neuen Erholungsgesellschaft", Neundorfer Straße, die mein Onkel Erwin Thiem bewirtschaftete, feierte man Feste wie Silvester, Hochzeiten, Bälle usw. All diese Lokalitäten waren für einen Normalbürger so gut wie tabu.

Auch an der Kleidung ließ sich mühelos erkennen, welchen Kreisen jemand angehörte. Es entwickelte sich also ein Trend, den man zu Recht mit Eleganz bezeichnen muß. Plauens Image hat davon nur profitiert. Modegeschäfte folgten diesem Trend. In guter Erinnerung ist mir das Damenmodegeschäft Knespel & Raabe, Bahnhofstraße. Dort dekorierte man die chicsten Kreationen. Das Radeberger Hutlager, ebenfalls Bahnhofstraße, scheute sich nicht, Hüte zu zeigen, die üppig mit Straußenfedern, mit Blumenarrangements, mit duftigen Tüllschleiern, ja sogar mit Vögeln geschmückt waren. Die Staatliche Kunstschule, im Volksmund Stickerschule genannt, die damals Direktricen ausbildete, schloß sich diesem Trend an. Ihre Modeschauen wurden mehr und mehr zum Ereignis. Ich selbst durfte damals ein Kostüm aus schwarzer Plauener Spitze erstehen, das heute ein kleines Vermögen kosten würde, und ich darf ruhig sagen, daß ich – damals ja noch recht jung – damit selbst in Plauen auffiel.

So wurde denn das vormittägliche Sonntagskonzert im Stadtpark ein Treffpunkt all derer, die sehen und gesehen werden wollten. An Bewunderern, auch unter den männlichen Konzertbesuchern, fehlte es nicht. So habe ich manches Techtelmechtel, besonders mit Architektur-Studenten der Staatlichen Bauschule (Schildstraße) und meinen Freundinnen erlebt. Was war das doch für eine wunderschöne Zeit! Ich bin heute dankbar, daß ich sie damals so erleben durfte und daß ich mich trotz der fast neun Jahrzehnte, die mir geschenkt wurden, noch so klar daran erinnern kann.

Ach ja, da ist noch eine Erinnerung an unseren Plauener Musentempel und „Lohengrin". Theater, Theater, ja, das war unsere Welt! Süße 16 Jahre jung, begeisterungsfähig, schwärmerisch. Geld hatten wir keins, aber 50 Pfennig für einen Stehplatz auf dem Schülerolymp trieben wir bei Bedarf immer auf. Wir, das heißt meine beste Freundin Annemarie und ich, kannten sie alle: Schauspieler, Opernsänger, Heldenväter, Naive, Soubretten, Souffleuse, Regisseur, Choreograph usw., und sie wiederum kannten uns – bildeten wir Gänse uns natürlich ein! Waren wir doch Stammgäste am Bühnenausgang.

Das Plauener Stadttheater war keineswegs ein Provinztheater, ganz im Gegenteil. Sein guter Ruf ging weit über die Vogtlandgrenzen hinaus, und manch späterer Star oder Orchesterleiter fand auf Plauens Theaterbühne seinen Absprung. Was den guten Ruf des Plauener Theaters ebenfalls begründete, waren nicht al-

lein die jederzeit guten Kräfte, sondern auch die hervorragende, höchst geschmackvolle und üppige Bühnenausstattung, die jede Aufführung zum Erlebnis werden ließ. Das Theater verfügte seinerzeit über einen reichen Fundus an Kostümen und vor allem auch an Mobiliar, das zum Teil Stiftung der Plauener Bevölkerung war. So konnte ich z. B. bei einer Haushaltauflösung einer adligen Plauener Familie Zeuge sein. Ein wertvoller antiker sogenannter „Salon" mit 12 Stühlen und Sesseln, mit rotem Samt bezogen und roten Kordeln verziert, ging in den Theaterfundus über. Wie schon erwähnt, verließ hin und wieder ein Ensemblemitglied die Plauener Bühne, um sich weiter „nach oben" zu spielen oder zu singen. Ein Tenor verließ Plauen, ein Ersatz war bald gefunden. „Lohengrin" stand auf dem Spielplan. Der Neue sollte als „Ritter des heiligen Grals" sein Debüt geben. Wir Mädels waren regelrecht aufgeregt und konnten den Theaterabend kaum erwarten. Und – wir wurden nicht enttäuscht. Da stand er – Lohengrin, eine Adonisfigur, hellblau-silbern gewandt, mit langen blonden Locken und stahlblauen Augen. Wagner hätte seine helle Freude an ihm gehabt. Da stand er also im Nachen vom Schwan gezogen und sang mit göttlicher Stimme: „Nun sei bedankt, mein lieber Schwan." Uns Mädels kamen Tränen der Rührung, der Begeisterung. Noch vor Ende des 3. Aktes stand unser Entschluß fest: Ein Autogramm muß her, und das holen wir uns bei ihm persönlich. Die Privatadresse des Herrn Sch. war bald herausgefunden. Was nun kam, war mehr als Enttäuschung. Für uns brach eine Welt zusammen. Lohengrins Wohnung war eine Dachgeschoßwohnung in einem vierstöckigen, etwas heruntergekommenen Geschäftshaus. Uns stockte der Atem. Doch mutig betätigten wir den Klingelknopf, schlurfende Schritte waren zu hören, die Tür öffnete sich einen Spalt, eine verschlafene Stimme fragte nach unserem Begehr. Noch im-

mer mutig sagten wir artig unser gelerntes Sprüchlein auf und zückten die mitgebrachten Autogrammkarten. Die Tür wurde weiter geöffnet, und da stand er, unser Lohengrin, in braunkarierten alten Filzlatschen, Hosen mit ausgebeulten Knien und einer ziemlich abgetragenen Strickweste. Doch das Allerschlimmste: Wo war die blonde Lockenpracht geblieben? Statt ihrer kurzes, schütteres Haar. Er lächelte etwas amüsiert, was uns in dem Moment direkt beleidigte, unterschrieb an die Tür gelehnt unsere Fotokarten, die ihn als Lohengrin darstellten, und wir waren entlassen. Völlig benommen stiegen wir die Treppe bis zum nächsten Absatz hinab, setzten uns auf die Stufen, und ein Sturzbach von Tränen brach hervor. Tränen der Wut, der Enttäuschung, aber auch Tränen der Ernüchterung, denn dieses Erlebnis dürfte dazu beigetragen haben, daß unsere kindliche Schwärmerei fortan etwas gemäßigter war und wir uns gefühlsmäßig mehr auf dem Boden der Tatsachen bewegten.

Weiter entsinne ich mich noch an etwas für mich Grusliges, die Hinrichtung des Tischlers Kurt G. aus der Tischerstraße 22 auf dem Amtsberg. Jawohl, Sie, liebe Leser, lesen ganz richtig! Es gab zu Anfang des 20. Jahrhunderts noch ein Überbleibsel aus dem Mittelalter: Hinrichtungen und das sogar in unserem braven Plauen. Folgendes hatte sich zugetragen:

Eines späten Abends wurde in der Plauener Ostvorstadt in einem Tante-Emma-Laden eingebrochen, die Ladeninhaberin erstochen, das Lebensmittelgeschäft anschließend ausgeraubt. Zum Tathergang: Der 22jährige Möbeltischler Kurt G. hatte am 10. Dezember 1932 mit einem Nachschlüssel die Haustür der Fiedlerstraße 13 geöffnet und dann an der Vorsaaltür geklingelt. Er bat darum, ihm einige Flaschen Bier zu verkaufen. Die Frau des Lebensmittelhändlers H. war allein zu Hause. Als sie seinen Wunsch erfüllen wollte, ist er ihr nachge-

Schulentlassung nach der „Mittleren Reife" am 24. März 1929. Gefeiert wurde im Alaunbergwerk (Wettinstraße), Klassenleiter war Herr Petzold

Hier bin ich 19 Jahre alt

mit Formularen:
1500
loc1/1

1303/F

M. HANS LANGE & CO., PLAUEN i. V.

FÜR ALLE WÄSCHE DAS RECHTE HAUS

PLAUEN i. V.
Kaiserstraße 11

Firmenbriefkopf

Auch das gab es 1914

Betriebsausflug unserer Firma am 7. 5. 1938. Es ging zum Jägerhaus bei Leubnitz.

*44 seitiger Katalog unserer Firma aus
dem Jahre 1938*

gangen und hat sie mit mehreren Messerstichen getötet. Dann durchsuchte er die Wohnung nach Geld, Zigaretten usw.

Der Täter wurde schnell gefaßt und im Gefängnis am „Hradschin" inhaftiert. Das Urteil der Staatsanwaltschaft: Tod durch die Guillotine. Plauen hatte seine Sensation! Tag, Ort und Stunde des Strafvollzugs wurde bekanntgegeben. Die Plauener Bevölkerung hatte schließlich ein Recht darauf, und verpassen wollte auch niemand etwas. So bewegte sich denn am besagten Freitag, dem 30. Juni 1933 schon ab 4 Uhr morgens – die Hinrichtung war für 5 Uhr auf dem Hofgelände des Schlosses angesagt – der Zug der Schaulustigen zum „Hradschin". Auf dem Gerichtshof an der Guillotine versammelten sich auch Zeugen des Gerichts, des Stadtrates, der Bürgerschaft und der Presse. Der Delinquent wurde in Begleitung eines Pfarrers zu dem Pult am Fallbeil geführt. Der Staatsanwalt verlas das Urteil und endete mit den Worten: „Herr Scharfrichter, walten Sie ihres Amtes!"

Ich war damals ein etwa 19 Jahre alter „Backfisch" – soweit ich mich erinnere – und konnte die Bedeutung dieses Geschehens sicher nicht entsprechend einschätzen. Ich kann mich aber gut erinnern, daß ich dieses Vorkommnis einfach als „schaurig-schön" empfunden habe. Ich vermute, daß diese Hinrichtung wohl die letzte in Plauen gewesen sein könnte.

Machen wir nun in Gedanken wieder einen Zeitsprung. Es ist der 1. September 1920.

Ich denke heute jedoch auch darüber nach, daß nicht alles damals Erlebte in rosigem Licht zu sehen ist. Es gab Geschehnisse, die uns Kindern Angst machten, wohl auch, weil wir sie nicht verstanden. So erinnere ich mich an einen Sonntag. Es marschierten draußen in Viererreihen auf der Fahrbahn Männer und Frauen. Sie schrien so laut, daß man sie weithin hören konnte: „Rot Front! Rot Front! Rot

Front!" und schwenkten rote Fahnen. Zornig sahen die finster blickenden Menschen aus, und dann sangen sie etwas von „Internationale" und „Menschenrecht". Mutter nahm uns besorgt vom Fenster weg, und als ich fragte, was das denn gewesen sei, sagte sie: „Ach, das waren nur Kommunisten." Darunter konnte ich mir nun absolut nichts vorstellen, erst als sich die Sache mit Hölz in Plauen abspielte, ahnte ich, daß ein Kommunist nicht jedermanns Freund war.

Die Sache mit Max Hölz war die: Den Namen Hölz hörte man immer öfter und stets im Zusammenhang mit irgendwelchen Untaten. In Falkenstein munkelte man sogar von einem Mord. In Plauen war ich Augenzeuge vom Wirken des Max Hölz. Mit etlichen Kumpanen schleppte er eines Tages alles Brennbare aus dem Geschäftsgebäude unserer Tageszeitung „Neuer Vogtländischer Anzeiger", an der Bahnhofstraße, auf die Straßenbahnschienen und entzündete ein riesiges Feuer. Im Gebäude selbst demolierten sie Druckmaschinen und anderes Inventar. Meine vielseitig interessierte Mutter hatte mich zu diesem Spektakel mitgenommen, sehr zum Verdruß meines Vaters. Erst Jahre später, ich nehme an in der Schule, belehrte man uns, daß Max Hölz ein Erzkommunist war und 1920 den kommunistischen Aufstand im Vogtland und 1921 im mitteldeutschen Industriegebiet leitete. Er wurde 1921 zu lebenslänglichem Zuchthaus verurteilt, nach einigen Jahren amnestiert und setzte sich in die damalige UdSSR ab, wo er 1933 unter misteriösen Umständen starb.

Gehen Sie nun, verehrte Leser, mit mir ein paar Schritte durch die deutsche Kriegs- und Nachkriegszeit. Ich muß gestehen, daß mir die Hinwendung zu diesem Teil deutscher Zeitgeschichte immer wieder eine gewisse Schwellenangst verursacht, weil einfach zu viel passierte, was meine heile Welt ins Wanken brach-

te. Daß nur noch mit dem neuen deutschen Gruß „Heil Hitler" gegrüßt werden durfte, sickerte bald ins Unterbewußtsein und verkam zur Gedankenlosigkeit.

Unsanft aufgerüttelt wurden meine Eltern und ich durch eine Postkarte ca. 1940, gerichtet an meine Mutter Martha Kroupa, eingeworfen in einen Bahnhofsbriefkasten auf der Bahnstrecke Plauen–Bautzen. Sie kam von meinem Onkel Bruno, einem Bruder meiner Mutter, der in Kauschwitz in einem Heim für mittelschwer Behinderte lebte. Ein völlig ungefährlicher Mann, etwa 50jährig, mit Bärenkräften, die er nutzbringend im Heim z. B. beim Holzhacken einsetzte. Er schrieb (auch das konnte er noch): „Martha, sie schaffen uns fort. Ich habe Angst." Vier Tage später erhielt meine Mutter aus Bautzen die Nachricht vom Ableben ihres Bruders durch „Blutvergiftung". Alle Insassen des Heimes waren forttransportiert worden. Hitlers Losung „Vernichtung unwerten Lebens" hatte sich also schon erfüllt. Einen Unterschied zwischen „bedingt wert" und „unwert" gab es nicht.

Der nächste Schock: Es kam die Nachricht vom Stab, daß mein Bruder Hans Kroupa, der 1940 nach nur einjähriger Ehe eingezogen worden war, seit 11.8.1944 in Lettland vermißt wurde. Sein letzter Brief, der an meine Familie Rudolf Lange gerichtet war, ist mit 3.8.1944 datiert. Mein Bruder stand bei seinem Einzug zum Militär vor der Meisterprüfung als Installateur. Sein Lehrmeister Kurt Olzscher besaß in der Jößnitzer Straße einen alteingesessenen Installationsbetrieb, den er meinem Bruder nach Kriegsende als Eigentum übertragen wollte, falls sein einziger Sohn fallen sollte. Der Sohn fiel, mein Bruder ist vermißt, und der Olzscher-Betrieb wurde dem Erdboden gleichgebombt.

Auch unser Betrieb, die Firma M. Hans Lange & Co. mußte unter den neuen Verhältnissen stark leiden. Am 1.9.1939 war Kriegsbeginn, schon am 2.9.1939 wurden mit einem Schlag

17 männliche Mitarbeiter unseres Betriebes eingezogen. Die bange Frage: Wird es meinen Mann, den nunmehrigen Alleininhaber, der Bruder Hans war inzwischen ausgeschieden, auch treffen? Gottlob, es war nicht der Fall. Unser seinerzeit recht stattlicher Betrieb (Geschäftshaus Bergstraße 37, vier Etagen, mehr als 100 Mitarbeiter) war interessant genug, um zu Kriegslieferungen verpflichtet zu werden. Mein Mann Rudolf Lange wurde „UK" gestellt = unabkömmlich; wir atmeten auf. Ich wurde, da schon bisher im Betrieb tätig, zur weiteren Mitarbeit verpflichtet. Als Vergünstigung wurden mir wegen meines Babys die bereits vorhandene Hausangestellte und eine Kinderschwester gestattet. Kinderlose Haushalte bekamen keinerlei Personal zugesprochen.

Im Betrieb fand die große Umstellung statt. Wegen der inzwischen an die Bevölkerung herausgegebenen Kleiderkarten war die Aufrechterhaltung des Versandhandels von Textilien an Private nicht mehr möglich, auch gab es für diesen Geschäftszweig keine Materialien mehr. Wir waren jetzt nur noch Konfektionsbetrieb, zu Kriegslieferungen verpflichtet. Wir fabrizierten nunmehr nicht Oberhemden und Damenblusen wie vorher, sondern Marinesporthosen (wofür uns der Auftraggeber bis heute den Lohn für 45 000 Stück schuldig ist), später nähten wir Kradmäntel aus dick wattierten Stoffen, also Mäntel für Kraftradfahrer, noch später dann auch Fallschirme und während des Rußland-Krieges Arbeitskleidung für in Deutschland arbeitende Ukrainerinnen. Die Termine, die uns für unsere Lieferungen gestellt wurden, waren nervenbelastend. Nicht einen Tag durfte ein Termin überschritten werden. Es wurde mit Freiheitsstrafe gedroht; „Sabotage" war das geflügelte Wort. So arbeitete der Betrieb mitunter sonntags, selbst an hohen Feiertagen, einmal sogar an einem 2. Weihnachtstag.

Der Polenfeldzug war nach wenigen Wochen zu Ende. Am 25.7.1940 beobachteten wir das heimkehrende Militär. Daß der Krieg noch nicht zu Ende war, war uns klar. Weiter und weiter fraß sich der Krieg. Nach Frankreich traten England, Amerika und Rußland gegen Deutschland an. Jetzt wurden die Luftalarme immer häufiger. Plauen blieb noch vom Bombenhagel verschont, doch die Gefahr rückte immer näher.

Die weltberühmte „VOMAG" (Vogtl. Maschinenfabrik), sie baute hauptsächlich schwere Laster, stellte Panzer her, den Typ IV, und Plauens weitere große Fabrik, die „Zellwolle", fertigte Verbandsstoffe, während in der Spinnhütte Fallschirmseide entstand.

Fast täglich brausten jetzt Bomber und Tiefflieger über Plauen hinweg, bis eines Tages auch Plauen, vornehmlich sein Industriegebiet, das Ziel war. Zu diesem Zeitpunkt bekamen wir von der Industrie- und Handelskammer Plauen die Auflage, einen Zweigbetrieb einzurichten für den Fall, daß der Plauener Betrieb arbeitsunfähig gebombt würde. Wir fanden in Trieb bei Bergen/Vogtl. eine leerstehende, ehemalige Mühle mit geeigneten Räumlichkeiten und zwei kleinen Zimmern. Stoffmaterial, Zutaten, Nähmaschinen, Schreibmaschinen, Vervielfältigungsapparate, Packmaterial usw. wurden, soweit in Plauen entbehrlich, nach Trieb verlagert.

Am 23. Februar 1945 mittags kurz nach 12 Uhr war es dann soweit. 110 Bomber vom Typ B-17 warfen ihre Bombenlast ab, ein Flächenbombardement ab nördlichen Stadtteil über den Oberen Bahnhof, quer durch die Stadt bis an die Ost-Süd-Stadtgrenze. Von 14 Luftangriffen von September 1944 bis April 1945 war dies der bis dahin schwerste. Wohnung und Betrieb waren schwer getroffen. Unser neues Zuhause war von jetzt ab die Mühle in Trieb. Wie aber sollte es nun weitergehen? Privat waren wir mit unserer 1½ -Zimmerbehausung

in Trieb fürs erste versorgt. Jetzt mußte mit dem Betrieb in Plauen etwas geschehen. In bisheriger Weise konnte begreiflicherweise nicht mehr gearbeitet werden. Ein Teil der Belegschaft war verschwunden, wir sahen ihn nie wieder. Der Betrieb war arg bestohlen worden, also blieb uns nur abzuwarten und in der Zwischenzeit aufzuräumen, so gut es ging. Alle zerborstenen Fenster wurden mit Pappe abgedichtet usw.

8. Mai 1945, endlich ist dieser wahnsinnige Krieg zu Ende. Auf alle Fälle war es erst mal gut, die Amerikaner und nicht die Sowjets in Sachsen zu wissen. Jetzt mußte aber mit dem Betrieb etwas geschehen, denn Kriegslieferungen waren ja nun passé, und von höherer Stelle kümmerte sich niemand mehr. Was gute Freunde doch wert sein können! Über seine langjährige Beamtentätigkeit als Oberregierungsrat im Reichswirtschaftsministerium in Berlin lernte unser guter Freund Fritz Gebhardt Josef Neckermann kennen. Zu diesem Zeitpunkt gab es meines Wissens das Versandhaus Neckermann noch nicht, jedoch ein größeres Kaufhaus in Würzburg. Josef Neckermann brachte es fertig, u. a. Textillager, die einer Beschlagnahme oder Plünderung entgangen waren, zusammenzuziehen. Mit interessierten Geschäftsleuten gründete er die „Zentrallager-Gemeinschaft". Fritz Gebhardt vermittelte uns noch von Berlin aus dank seiner dienstlichen Bekanntschaft mit Josef Neckermann eine Warenlieferung aus dem Bestand dieser Zentrallager-Gemeinschaft. Wir waren nicht wenig erstaunt, als es am 2. Ostertag 1945 hieß, wir sollen am Bahnhof Bergen einen Waggon entladen. So geschah es dann. Ein Teil dieser Ware, es handelte sich hauptsächlich um Kleiderstoffe, wurde nach Plauen verbracht, der größere Teil verblieb wohlweislich in Trieb. Da wir auf Veranlassung der Industrie- und Handelskammer schon während des Krieges auslagern mußten, hatten wir somit in Trieb einen ansehnlichen Warenbestand. In

*25.7.1940 auf der Kaiserstraße.
Die Wehrmacht kehrt vom Polenfeldzug zurück.*

*Das Viertel um die Leißnerstraße nach dem 10.4.1945. Links die Leißnerstraße,
rechts die Jägerstraße, Bildmitte quer die Forststraße.*

*Rudolf Lange mit Ehefrau Anni Lange im August 1948 in Lister-
nohl*

*Die Wäschefabrik Lange OHG in Vicht, Blusennähen im Akkord im
Jahr 1958*

Fotos: Lange

Plauen konnten wir jetzt mit stark eingeschränktem Personal wieder arbeiten. Es wurden einfache Haus- und Gartenkleider genäht. Um Absatz brauchten wir uns keine Sorgen zu machen.

Doch etwas ganz anderes machte uns Sorgen. Die Situation hatte sich um 180 Grad gedreht. In den staatlichen und kommunalen Einrichtungen war eine groß angelegte Umbesetzung im Gange. Amtsbehinderungen und Amtsenthebungen waren jetzt gang und gäbe. Auf den Rathaussesseln saßen jetzt Leute aus der Unterschicht wie Straßenarbeiter, Maurer usw., kurz Kommunisten und Leute, die angeblich schon immer Gegner des Nazi-Regimes gewesen sein wollten. Ehemalige Inhaber von Betrieben, die sich nach der Machtübernahme Hitlers ins Ausland abgesetzt hatten und deren Betriebe „arisiert" worden waren, tauchten wieder auf. Die Suche nach sogenannten „Mitschuldigen" oder „Mitläufern" begann. Was jetzt vor sich ging, wurde uns vollends bewußt, als bekannte Plauener Geschäftsleute zu Aufräumarbeiten eingesetzt wurden. Noch krasser zeigte sich, was die neue Richtung war, als unser Freund Gebhardt, inzwischen in Jößnitz wohnend, zu einem Verhör ins Rathaus bestellt wurde. Einige Tage später erschienen zwei Männer (keine Herren) in unserem Büro und verlangten den Firmeninhaber, also meinen Mann Rudolf Lange zu sprechen. Im Nachhinein konnten wir nur stark vermuten, daß dieser Besuch die Folge eine Denunziation war. Die beiden Männer fragten meinen Mann nach allen Richtungen aus, inspizierten den Betrieb, das Warenlager usw. und verabschiedeten sich, ohne die geringste Andeutung zum Grund dieses Besuches zu machen. Nun hieß es nur: Ohren spitzen und abwarten!

Zunächst ging das Leben normal weiter. An Pferdefleisch hatten wir uns inzwischen gewöhnt, Waldpilze suchen, Kartoffeln nachgraben, Ähren auflesen usw. waren schon zur Routine geworden. Selbst das strähnige Maisbrot schmeckte uns.

Das Gerücht, Amerikaner werden Sachsen zugunsten sowjetischer Besatzung räumen, verdichtete sich immer mehr. Hier und da hörte man von Betriebsverlagerungen nach Bayern, durchgeführt von Amerikanern. Im Tauschhandel ergatterten wir bei den Amis etwas Benzin, was ziemlich riskant, weil streng verboten war. Bei etwaigen Straßenkontrollen konnte das Benzin sofort als amerikanisches identifiziert werden wegen seiner Rotfärbung. Am 30. Juni 1945 fuhr mein Mann mit seinem Mercedes nach Hof/Bayern zur amerikanischen Kommandantur. Unser Wagen war „bewinkelt" während der Kriegsjahre, und zwar wegen unserer Kriegslieferungen. Wir durften fahren, nur nutzte das ohne Benzin herzlich wenig. Aber immerhin, der Wagen entging einer Konfiskation. In Hof war man bereit, unseren Trieber Betrieb sowie unser privates Eigentum nach Bayern zu verbringen, weil zu der Zeit schon gemutmaßt wurde, daß Bayern amerikanische Zone bleiben würde. Man wollte nur noch abwarten, wo die endgültige Grenze zwischen amerikanischer und sowjetischer Besatzungszone verlaufen würde. Bis dahin war Sachsen entlang der Mulde-Linie geteilt. Als mein Mann zum verabredeten Termin am 1. Juli 1945 morgens in der amerikanischen Kommandantur vorsprach, zuckte man bedauernd die Schulter: „Leider zu spät." Am 1. Juli 1945 Null Uhr kam das US-amerikanisch besetzte westliche Sachsen zur sowjetischen Besatzungszone. Eine nie wiederkehrende Chance war uns entglitten, und unseren Mercedes hatte man in Hof dann auch noch gestohlen. Jetzt hieß es, Übersiedlungspläne in die amerikanische oder englische Zone zu fassen, denn unter sowjetischer Besatzung sahen wir für uns und hauptsächlich für unsere beiden Söhne keine Zukunft.

Nun griff das Schicksal in das Rad der Geschehnisse ein. Zwei Nadelstreifen-Typen (Va-

ter und Sohn) kamen in unser Büro und erklärten meinem Mann, er solle auf der Stelle seine persönlichen Sachen packen und den Betrieb verlassen. Der Betrieb gehöre jetzt ihnen. Das war es also: Eine von den vielen Enteignungen, die es in diesen Tagen nicht nur in Plauen gab. Es war zweifellos die Antwort auf die Frage, was der Besuch der beiden „Horcher" von neulich zu bedeuten hatte. Nie werde ich die Stunde vergessen, in der mein Mann seinen Schreibtisch räumte und tränenüberströmt den Betrieb – sein 1929 gegründetes Lebenswerk, auf das er wahrhaftig stolz sein konnte – verließ.

Bei allen meinen Besuchen in Plauen führte mich die Erinnerung immer wieder nach der Bergstraße 37, und immer tat es weh.

Ich durfte im Betrieb bleiben, schließlich mußte ja einer da sein, der wußte, wo es langgeht. Von nun an erschien täglich – nennen wir ihn Stiefel jr. – im Betrieb zur „Einarbeitung". Doch über Zeitunglesen kam seine Tätigkeit nicht hinaus. Vom Vorhandensein des Zweiglagers in Trieb hatte Stiefel jr. keine Kenntnis. Das war gut so. So unglaublich es einem Außenstehenden klingen mag, Tatsache ist, daß wir in den folgenden Monaten ca. zweitausend 2-Kilo-Päckchen und exakt 342 Stück 7-Kilo-Pakete (das damals erlaubte Höchstgewicht) in Trieb in Nachtarbeit packten: Stoffe, Nähzutaten, kleineres Handwerkszeug wie Scheren, Nadeln usw. Alle Sendungen wurden unter einem fingierten Absender aufgegeben und wohl überlegt in ganz verschiedenen Postämtern eingeliefert, denn allergrößte Vorsicht war geboten. So holperte unser Handwagen oder rappelte unser Fahrrad möglichst auf Nebenwegen nach Bergen, Falkenstein, Auerbach usw., und das über viele, viele Monate. Die Adressaten waren Bekannte und Verwandte, die wir in der britisch besetzten Zone hatten.

Unser Plan, irgendwann und irgendwie in den Westen zu kommen, stand fest.

Im Plauener Betrieb ging es so recht und schlecht weiter. Verarbeitet wurden die Stoffe, die wir noch hatten, denn Neuzuteilungen gab es kaum. Alle Fertigwaren mußten in verplombten Lastwagen nach Berlin geliefert werden. Der Name der Verwaltung ist mir entfallen. Wohin die Ware letztlich ging, ist nie bekanntgeworden. Das Geld jedenfalls bekamen wir prompt. Daß sich unser Bankkonto erfreulich auffüllte, sollte uns später von großem Nutzen sein.

Im Mai 1947 gelang es meinem Mann, schwarz über die Grenze zu kommen. Es sollte ein Domizil für uns alle gefunden werden und eine Gemeinde, die daran interessiert war, einen Betrieb aufzunehmen, der Arbeitsplätze bieten konnte und der Gemeinde Steuereinnahmen versprach. Die Wahl fiel auf Listernohl, einen kleinen Ort im Sauerland an der Lister-Talsperre. Zurück nach Trieb kam mein Mann nicht mehr, denn die Vorbereitungen für unsere Übersiedlung nach dem Westen nahmen seine ganze Zeit in Anspruch. Alle Pakete und Päckchen, die wir in den Westen geschickt hatten, wurden nach Listernohl dirigiert. Es mußten Verbindungen mit ehemaligen westlichen Lieferanten neu aufgenommen werden. Da wir einen guten Namen hatten, versprach man auch Lieferungen. Dazu brauchte mein Mann Geld, das er in Listernohl nicht hatte. In Plauen hatten wir es, aber wie nach dem Westen transferieren? Jedwede Geldbewegung von Ost nach West war verboten, technisch gesehen auch nicht möglich. Also beschaffte ich mir erst mal Bares, indem ich unser Konto bei unserer Bank bis auf einen Tarnungsrest erleichterte. Das konnte allerdings nur in Etappen geschehen, denn nichts durfte auffallen. Wegen der Höhe der jeweiligen Summen erhielt ich das Geld in Tausender-Scheinen. Im Westen gab es aber nur Fünfhunderter-Scheine. Bei diversen Geldinstituten tauschte ich dann in Fünfhunderter-Scheine um, kaufte einen Packen Trauerum-

schläge, also schwarzumrandete Briefumschläge, und verschickte damit jeweils einen Geldschein als „Drucksache" und nicht zugeklebt nach Listernohl. Das ging über viele Wochen, und – fast unglaubhaft – keine Drucksache ging verloren.

Am 15.7.1947 war mein letzter Arbeitstag in der Firma. Man hatte auf meine Mitarbeit verzichtet; ich ahnte warum. Es sollte keine Zeugen geben, wenn später in einer Nacht- und Nebelaktion alles Veräußerbare aus der Firma geschafft würde. Von nun an interessierte mich nicht mehr, was mit der Firma passierte. Ich widmete mich stärker dem Paket und Päckchen-Versand, vor allen Dingen auch der Frage, wie sperrige Dinge wie Nähmaschinen, Schreibmaschinen etc. nach Listernohl zu bringen sind. Es wurde durch Mithilfe eines ehemals kriegsgefangenen Russen möglich, wie es auch uns, also meinen beiden Kindern, unserer Hausgehilfin und mir durch dessen Mitwirken ermöglicht wurde, das Durchgangslager Heiligenstadt mit großem Gepäck zu passieren. Nur ein schlichter Stempel:

Durchgangslager Heiligenstadt
… verläßt die sowjetische Zone, um dauernden Wohnsitz in der britischen Zone zu nehmen. Heiligenstadt, 10. November 1947.

Es war ein wahrhaftiger Glücksumstand, der uns mit dem Russen in Verbindung brachte. Zu verdanken hatten wir dies einem ehemaligen Großbodunger Kunden. Es gab in Großbodungen/Harz, nahe der seinerzeitigen Zonengrenze eine Mühle. Dort war der vormals kriegsgefangene Russe zur Arbeit eingesetzt. Es war ein freundlicher, bescheidener und sehr arbeitsamer Mensch, der sich – es klingt fast wie in einem Dreigroschenroman – in die Müllerstochter verliebte. Wie konnte es anders sein, sie wurde schwanger. Der Russe war in der jetzt russisch besetzten Zone ein freier Mann, denn der Krieg war längst vorbei, und er blieb. Dem

Müller war er als Schwiegersohn willkommen. Dies alles erzählte mir der Großbodunger Kunde, und ich schaltete sofort. Für einen Russen war es doch jetzt ein Leichtes, mit dem Lastwagen von der Großbodunger Mühle nach der Trieber Mühle und umgekehrt zu fahren, ohne von den russischen Straßenkontrollen etwas befürchten zu müssen. Es wurden bei Nachfrage eben „Ersatzteile" für die jeweils anzufahrende Mühle transportiert. Und so brachten wir fast mühelos alles Sperrgut und natürlich auch Textilien, kurz all das, was nach dem Westen verlagert werden sollte, aus dem Ersatzlager Trieb nach Großbodungen.

Zwei Jahre verbrachten wir in Listernohl, ohne daß es uns gelang, eine Wohnung zu finden. Die Unterbringung des werdenden Betriebes im Tanzsaal einer Gastwirtschaft stellte sich auch nicht als ideal heraus. Der Hauptgrund aber war folgender: Es wurde grundsätzliches Bauverbot erlassen, weil eine beträchtlich größere Talsperre im Raum Attendorn entstehen sollte. Die bestehende Listertalsperre sollte wegfallen, der Ort Listernohl unter Wasser kommen. Das alles ergab sich erst während unserer Anwesenheit in Listernohl. Noch während dieser Zeit wurden bereits die Gräber des Listernohler Friedhofes umgebettet.

Was blieb uns übrig? Wir mußten uns nach einem neuen Domizil umsehen. Unsere Wahl fiel auf Vicht bei Stolberg. Dort fanden wir nahezu ideale Bedingungen bezüglich Wohnung und Betriebsgebäude. Am 5.11.1949 verließen wir Listernohl. Ein Umzug, der wiederum ziemliche Summen verschlang und neue Pionierarbeit erforderte, denn neue Arbeitskräfte mußten gesucht und angelernt werden. Unsere psychischen Kräfte wurden ganz schön strapaziert. Doch der Selbsterhaltungstrieb war stärker. An dieser Stelle bin ich im Jahre 1949. Nach zehn Jahren lief unser Pachtvertrag in Vicht ab. Das Gebäude wurde durch seinen

Eigentümer verkauft. Erneut kam ein Umzug auf uns zu, der Geld und Kraft kostete.

Am 29.6.1959 zogen wir nach Würselen bei Aachen. Die Zeit dort war wiederum geprägt von all den Mühseligkeiten eines Neuanfangs. Nach acht Jahren hielten wir es auf Grund von Alter und Krankheit für geboten, die Löschung der Firma aus dem Handelsregister zu beantragen. Unser seinerzeitiger Wirtschaftsprüfer, der dies in die Wege leitete, schrieb uns dazu: *„Damit findet eine an Erfolgen reiche Firma ihren äußerlichen Abschluß, ohne daß erfreulicherweise die in langen Jahren gesammelten Erfahrungen mit zu Grabe getragen werden.“*

Ein wichtiges Ereignis soll hier noch festgehalten werden – die Währungsreform.

Am 18. Juni 1948 sind alle Radios eingeschaltet, denn die Deutschen erfahren die wichtige Nachricht: Das deutsche Geldwesen ist neu geordnet und tritt am 20. Juni in Kraft. Das neue Geld heißt „Deutsche Mark“. Zum Übergang erhielt jeder Einwohner 40 DM – schöne, neue Scheine. Der 20-DM-Schein erinnert lebhaft an amerikanische Dollarnoten. Von höherer Stelle wird in süßen Worten um Vertrauen in den Wert des neuen Geldes geworben. Wie groß konnte das Vertrauen aber sein, nachdem man uns 1923 mit der Rentenmark zu Millionären, Milliardären und zum Schluß sogar zu Billionären gemacht hatte, um am Ende der Inflation vor dem Nichts zu stehen, jedenfalls in den meisten Fällen.

Mit der 1924 bis 1948 gültigen Reichsmark ging es schon ein klein wenig besser, denn lang entbehrte Konsumgüter lagen – zum Teil über Nacht – in den Schaufenstern, vielfach zu Wucherpreisen. Zum ersten Mal sahen und schmeckten meine Kinder, damals sieben und neun Jahre alt, Schokolade.

Und wieder sind wir dabei, uns an neues Geld zu gewöhnen, den Euro. Fast wehmütig sagten wir am 1.1.2002 unserer Deutschen Mark Adieu. Sie war uns von allen erlebten Währungen die vertrauteste. Nun, vielleicht wird uns mit der Zeit der Euro zum Freund. Lassen Sie uns, liebe Leser, optimistisch sein, denn nur dem Optimisten gehört die Zukunft.

Wer Erinnerung lebendig erhält, ist nie einsam.

Anni Lange, Meerbusch

Weihnachtsbuden auf dem Altmarkt Dezember 1938

Foto: Weinhold

Tante Ida wollte, daß ich Klavierspielen lernte

Ich wurde am 17.10.1915 in Crimmitschau geboren. Mein Vater war Stadtveterinär, und durch unsere verwandschaftliche Beziehung war ich oft und gern in Plauen. Später, 1925 nachdem mein Vater Curt Brückner gestorben war, zog ich mit Mutter nach Plauen. Mit meinen Erinnerungen möchte ich im Jahre 1920 beginnen.

Die Kommunisten benutzten die Nachkriegswirren und wollten den Bolschewismus in Deutschland mit dem Ziel einer Weltrevolution ausbreiten. Horden von Spartakisten zogen plündernd und brennend durchs Land, bis die Reichswehr dieser Gefahr Herr wurde. Als ich 1920 zu Besuch in der Sedanstraße 9 in Plauen war, zogen die Massen durch die Straßen und brüllten: „Achtung, Achtung, hier wohnen die Reichen", und brannten die Villen rings um den Bärenstein ab. Natürlich gab es Neureiche und Kriegsgewinnler, die man maßregeln wollte. Ich kann mich gut an die Lastwagen mit roten Fahnen auf dem Altmarkt vorm Rathaus erinnern. Max Hölz holte die Kommunisten aus dem Plauener Gefängnis zu seiner Garde, und als die Reichswehr anrückte, kam es in Plauen zum Bürgerkrieg. Auch später bemerkte ich überall die Einschüsse in den Masten der Straßenlaternen und an Häuserwänden.

Durch die Spitzenindustrie war Plauen eine wohlhabende Stadt geworden. 1911 gab es dort 140 Goldmarkmillionäre.

Während eines Ferienbesuches in Plauen besuchte ich einen Zirkus, der auf dem Sternplatz (Sedan- und Blücherstraße) stand. Ein Mann gab mir Schokolade und lockte mich damit ins Zirkuszelt unter die Sitzreihen. Während ich mir die Schokolade wohlschmecken ließ, zog der Mann mir den Schuh und Strumpf aus und befriedigte sich mit meinem Fuß. Als Kind hatte ich keinen hellen Schimmer, erzähl-te aber Tante Gretel davon, die den Sittenstrolch von der Polizei suchen ließ.

Ansonsten war der Urlaub in der Sedanstraße immer wunderschön. Ich hatte eine Menge Freunde, mit denen ich die Gegend zum Westbahnhof hin, ins Syratal und im Stadtpark unsicher machte.

Im Herbst gruben wir Kartoffeln aus, Obst aus den Schrebergärten wurde geklaut und der Tante gebracht. Die Wohnung Sedanstraße 9, von Tante Gretel, Lotte und Großvater Albrecht bewohnt, lag im 1. Stock, das WC auf der Halbtreppe. Hintenraus war ein schöner Garten mit Holunderbeerbäumen. Die Beeren habe ich pflücken müssen, und Tante bereitete eine gute Suppe daraus. Der Holunderbeerlikör schmeckte auch nicht schlecht.

Wenn Großvater Albrecht Geburtstag hatte, er wurde 90 Jahre, mein Großvater Emil 83 Jahre alt, wurde groß gefeiert. Besonders viele ältere Damen wurden eingeladen, die mit Süßwein und Likör als Geschenk kamen.

Albrecht hatte am Ende des Korridors ein Wohn-Schlafzimmer und daneben einen Abstellraum. Während des Mittagsschlafes schlichen wir dorthin, um den Martini zu klauen. Wenn Großvater Albrecht uns entdeckte, läutete er an der Kuhglocke, die an seinem Bett hing und rief: „Gretl, Räuber!" Wir sausten über die Küche zum Balkon, wo ein Seil hing, rutschten daran herunter in den Hof, und weg waren wir. Da Albrecht jeden Tag seinen ganzen Körper einrieb, roch es in Großvaters Zimmer immer nach Franzbranntwein. Als Vorstand des Heimatvereins ging er oft spazieren, um nach dem Rechten zu sehen. Wenn er dabei einen Rowdy bemerkte, pfiff er auf seiner Trillerpfeife und rief: „Polizei!"

In Plauen wohnte auch die Tante Martha Nebe, geb. Helling, welche mit ihrem Mann Fritz einen Krämerladen an der Ecke Ziegelstraße führte.

Deren Sohn Erich war ein Verfechter des kommenden Systems, rauchte eine Menge Zigaretten und wurde dadurch lungenkrank. Als er einmal mit meiner Cousine Lotte auf einer Bank im Stadtpark saß und über das Judentum sprach, fragte ihn Lotte, wie ein Jude aussähe? „Schau, siehst du den Alten dort drüben mit der großen Nase und dem Schlapphut, das ist ein Jude." – „Aber Erich, schau doch genau hin, das ist doch mein Großvater."

In der Ziegelstraße 28 wohnte auch gegenüber der Bürgerschule Onkel Willy Knorr mit Tante Ida, der älteren Schwester meiner Mutter. In den Ferien wohnte ich oft dort im Erkerzimmer. Ida hatte einen Tick, denn da sie als Kind eine Nähnadel verschluckt haben soll, sprach sie nur mit geschlossenem Mund. Nur wir konnten sie verstehen und wußten, was sie meinte. Da Knorrs überall gutes Parkett hatten, mußten wir im Hause auf Strümpfen gehen. Onkel Willy hatte einen Papagei aus Brasilien, der „Guckeruguru" sagen konnte, was soviel heißt wie „Du dummes Luder". Während des Einschlafens auf dem Sessel kam das sonst bissige Vieh aus dem Bauer und kletterte auf Onkel Willys Schultern, wo er Wache hielt. Daneben auf dem Teppich lag Hund Muggi.

Ich verdiente mir das Taschengeld durch Ausfahren der Ballen von Batist mit dem Leiterwagen, denn dafür hatte Onkel Willy in Plauen die Alleinvertretung. Die Kunden waren immer so nett und gaben mir extra einen Lohn. Abends ging ich oft zum Schlachter, um Würstchen und nebenan in der Kneipe Bier fürs Abendessen zu holen. Die Familie Helling hatte einen großen Bekanntenkreis in Plauen. Besonders gingen wir gerne zu Familie Kölbel,

Helmut und Hans Jochen Brückner. (1920)

Meine Mutter Johanna Brückner, geb. Helling mit uns: Helmut, geb. 1915, Hans, geb. 1919 und Heinz geb. 1924 (1927)

Sedanstraße 9 (1913), jetzt ist das die Alfred-Schlagk-Straße 9

Fotos: Brückner

die eine um ein Jahr ältere Tochter mit Namen Edith hatten. Mutter Ruth hatte einen Bruder in Reißig, der Tinte herstellte, und dort durften wir die Johannisbeeren pflücken. Zu Cousine Lotte kamen oft ihre Freundinnen. Einmal war ich im Bad, als die Mädchen ins Badezimmer kamen, mich nahmen und mir am Pimmel zogen, der sich durch die Behandlung vergrößerte. Von diesem Tag an trug ich auch in der Badewanne eine Hose.

Tante Ida wollte, daß ich Klavierspielen lernte. Ihr Lieblingsstück war „Frühlingsrauschen von Sinding". Während ich klimperte, bewegte der Lehrer seine Hand in der Tasche. Beide Spiele waren mir zuwider. Heute bedaure ich, kein Musikinstrument spielen zu können, da ich sehr musisch bin.

Als Knorrs ihre silberne Hochzeit feierten, kam die ganze Verwandtschaft in der Ziegelstraße zusammen. Zum Essen gab es Heilbutt usw., als Dessert Fürst-Pückler-Eis. Als Hans-Jochen seiner Tante Ida ein Stecknadelkissen zeigte, fuhr sie auf und schrie. Die ganze festliche Stimmung war dahin.

Da ich immer sehr blaß war, schickte mich der Schularzt in ein Kinderheim nach dem Solbad Dürrenberg an der Saale. Wegen Kopfläuse wurden wir kahlgeschoren, und der Kopf wurde mit verdünntem Petroleum eingerieben. In diesem Heim spielte ich Theater „Hans und Gretl". Ein Jahr später kam ich in das Sächsische Kinderheim in Wieck auf der Insel Rügen, wo man am steinigen Strand Bernstein und Donnerkeile-Fossilien fand. Da ich Heimweh bekam, näßte ich ins Bett und wurde von den Kindern geneckt.

Oft fuhren wir nach Bad Elster, und dort nahm ich an einem Trachtenumzug teil. Frühmorgens ging es auf Waldwegen über die Grenze nach Grün in der Tschechei, wo man auch sehr preiswert einkaufen konnte. Dort bekamen wir Kinder immer eine große Portion Schlagsahne. Es war immer spannend, die Waren im

Rucksack zu schmuggeln. Als ich 1924 mit Mutter wieder in Bad Elster war, bekam ich schmerzhaften Ziegenpeter, und die Leute, meistens betuchte Jüdinnen, wollten mich wegen des Kopfwickels nicht auf der Gruppenaufnahme haben. Bad Elster war ein Frauenbad, das besonders von kinderlosen Damen aufgesucht wurde. Später fuhr ich als junger Mann mit Freund Fritz Jakob nach Bad Elster, weil dort die Damen gern Männergesellschaft suchten und wir von ihnen ausgehalten wurden. Vielleicht haben wir unermüdlichen Burschen ihre Kinderlosigkeit heilen können?

Durch den Offiziersbund wurde ich nach der Rochsburg im Muldental geschickt. Dort rumorte ein Burggeist, so daß alle Kinder Angst hatten. Wenn man über die Muldenbrücke wollte, mußte man Zoll zahlen, den Einnehmer nannte man „Brückner".

1928 sowie 1929 war ich zur Erholung auf Schloß Jahnishausen bei Riesa an der Elbe, wo uns der ehemalige König von Sachsen besucht haben soll. 1930 war ich in Heringsdorf bei Herrn von Winterfeld zur Kur und 1931 in der Pension „Jung Deutschland" in Bayrisch-Gmain.

Mutter und Tante Gretel waren währenddessen zur Kur in Bad Reichenhall, und ich ging mit Hans-Jochen von Gmain zu Fuß nach Reichenhall, wo wir von Mutter immer verwöhnt wurden.

Es war nicht einfach für meine Mutter, mit 45 Jahren der körperlichen Liebe zu entsagen. Da Mutter immer eine hübsche Frau war, wurde sie sehr begehrt. Ich kannte ihre Freunde Herrn Riedel, einen Duzfreund von Paul Lincke, und Herrn Hallmich in Bad Flinsberg, die Mutter sehr verehrten. Als wir im Ostseebad Prerow auf dem Darß waren, versuchte ein Herr mit Mutter anzubändeln. Als wir seine Sandburg zerstörten, fragte er, ob die Bengels ihr gehören würden. Sie verneinte, der Herr aber hatte Verdacht wegen der Verleugnung und zog

ab. In Prerow hatten wir eine Wohnung gemietet und kochten selbst. Es gab herrlichen Fisch, besonders gut waren die geräucherten Flundern.

Meinen Spielfreunden in der Oststraße mußte ich über die Reisen berichten, die sie sich nicht leisten konnten. Im Fasching bemalten wir uns, gingen in die Läden, sagten einen Spruch auf und bekamen „Guschenrutscher" geschenkt.

Zur Bergschule mußte ich 30 Min. entlang der Kitscherstraße, dann durch die nach Urin stinkende dunkle Bahnunterführung, weiter über die Pleißebrücke. Wenn es nach dem Nachmittagsunterricht im Winter auf dem Heimweg schon dämmerig war, ging ich einen Umweg, da mir der Bahntunnel unheimlich war.

Nach einem Wolkenbruch war die Pleiße über die Ufer getreten und überschwemmte den Schützenanger. Tote Schweine, ertrunkene Rinder kamen den Fluß herunter. Ich konnte nicht zur Schule. Einmal sah ich auf dem Schulweg einen Großbrand in der Nähe der Eisenbahnbrücke. Noch heute erinnere ich mich noch der Schreie der Menschen und des Gebrülls der Tiere, die verbrannten.

Wer ein Auto besaß, der gehörte zur absoluten Oberschicht. Wir konnten uns keines leisten. Nur Onkel Willy Knorr besaß einen Ford, der offen war. Man mußte sich zur Autofahrt fest vermummen und dazu große Schutzbrillen vor den Augen tragen.

Am 12. April 1926 bestand ich die Aufnahmeprüfung des Realgymnasiums zu Crimmitschau und wurde dorthin in die Sexta b umgeschult. Der Klassenälteste hieß Hempel, ein mächtiger Angeber und Schläger. Mein Zeichenlehrer war Herr Landgraf, ein Bekannter der Eltern. Er hatte eine Mustertochter, die mir immer als gutes Beispiel vorgeführt wurde, besonders auch, weil sie brav Klavierspielen lernte. Später stach sich dieses ungeschickte Mädchen eine Schere ins Auge, so daß sie halbblind wurde. Lehrer Landgraf war ein Hypernationaler, denn jede Unterrichtsstunde begann er mit einem Vortrag und sagte: „Nehmt Rache für Versailles" – das war die Teufelssaat für den zweiten Weltkrieg. Ich hatte viele gute Freunde, z. B. Rolf Kürzel, der mit Hellings verwandt war. Sein Vater hatte eine Tuchfabrik, zu Hause ein Fernrohr, womit wir die Sterne beobachten durften. Die reichen Zöffels aus der Lindenstraße luden mich ein, mit den Jungs elektrische Eisenbahn zu spielen. Alfred Theilig war mein bester Freund, die Eltern hatten eine Zwirnerei, Färberei und Weberei in Neukirchen. Um die Villa herum zog sich ein herrlicher Park mit alten Bäumen, ein Mühlgraben, wo wir flößten. Sein alter Herr war ein feiner Mann, edel und vornehm, die Mutter dagegen war sehr aufdringlich und schwärmte sehr von Hitler.

Im August 1928 starb Großvater Emil an Herzmuskelschwäche und Wassersucht in Bad Elster, wo er mit Mutter und Heinz zur Kur war. Er vererbte Mutter 6000 und jedem Jungen 3000 Mark, die Mutter für unsere Ausbildungskosten bestimmte.

Palmarum 1929 wurde ich in der Laurentiuskirche zu Crimmitschau konfirmiert. Mutter kaufte für mich einen festlichen blauen Anzug mit langer Hose, und sie mußte mit mir immer kämpfen, damit ich diese Spießerklamotten anzog, denn ich wollte immer in kurzer Hose sein.

Ich bekam eine große Menge Geschenke. Erst wurden die besseren Leute, später die einfachen zu uns geladen. Alle Plauener Verwandten waren auf dem Gablenzer Berg versammelt, auch Großvater Helling war gekommen. Ich weiß noch, daß ich im Damensalon den guten Weißwein probieren wollte, doch Cousine Lotte riß mir die Flasche weg. Ich baute eine Art Guillotine, mit dem Küchenbeil über der Tür, damit mich keiner aus dem Salon holen konnte.

Es war Sitte, allen Leuten, die dem Konfirmanden gratuliert hatten, einen Dankesbesuch abzustatten. Mutter gab mir Listen, und an jedem Sonntagmorgen zur Besuchszeit zwischen 10 und 12 Uhr mußte ich losgehen. Mutter hatte immer viel Mühe, mich zu diesen Gängen zu bewegen.

Obwohl wir einen treuen Bekanntenkreis im Ort hatten, zogen wir im Sommer 1929 nach Plauen zu den Hellings; und da keine unserer Wohnungen frei war, zogen wir zur Miete in die Dittesstraße 61, Ecke Blücherstraße, in die Nähe von Großvaters Haus in der Sedanstraße. Das Haus gehörte Herrn Feig, der eine Bäckerei hatte.

Über uns im 2. Stock wohnte Studienrat Lober, ein fanatischer Anhänger der Nazis. Immer wenn für die Partei gesammelt wurde und wir Eintopf essen sollten, sagte Mutter, daß sie beim Essen für ihre Jungs nichts einsparen könnte.

Wir hatten im Keller die Briketts gelagert, denn die Wohnungen wurden durch Kachelöfen geheizt. Als Mutter zum Damenkränzchen ging, bat sie uns, Briketts heraufzuholen. Als sie abends zurückkehrte, bekam sie fast einen Schlag, denn wir hatten den Keller geleert und die ganzen Briketts in der Küche und auf dem Balkon aufgebaut, damit die Rennerei in den Keller aufhört.

Da die Kachelöfen schöne Rundelle hatten, benutzten wir diese beim Schießen mit dem Luftgewehr. Mutter mußte später die Kacheln erneuern lassen. Auf unserem Balkon hielten wir uns Stallhasen, und oft fiel der Mist in den Hof, manchmal auch auf die frischgewaschene Wäsche auf der Trockenleine der Frau Feig. Der Feig hat deshalb den Hans-Jochen tüchtig verdroschen.

Als Hans von der Mutter gebeten wurde, Brötchen zu kaufen, kam er erst nach längerer Zeit wieder heim. Mutter fragte: „Wo bist du denn so lang gewesen?" – „Ich war beim Bäk-

ker Junghans. Dem Feig hab ich in alle Mehlsäcke gepißt, als diese im Hausflur standen, weil er mich so geschlagen hat."

Plauen ist eine schöne Stadt. Zum Wochenende gingen wir ins Café Trömel, wo auch im Garten Tanz war. Oft besuchten wir das Theater, wo ich George im „Zerbrochenen Krug" von Kleist sah. Wollten wir zum Oberen Bahnhof, mußten wir die Blücherstraße entlang zum Dittrichplatz, wo die Straßenbahn hielt, dann über den Viadukt – 1905 die größte Steinbrücke in Europa. Man konnte sich von einem Bogenende zum anderen durch Flüstern verständigen. Dieses System benutzte man auch im Gefängnis, um Gefangene zu belauschen.

Wir machten Ausflüge zum Touristenhaus, überhaupt boten sich die romantischen Täler, wie das Triebtal und die großen Wälder zu weiten Märschen in der Natur an. Plauen wurde bekannt durch die Erfindung der Maschinenstickerei von Spitze.

Konsul Dr. Karl Helmut Brückner, Island

Erinnerung an meine Pfadfinderzeit

Wir wanderten hunderte Straßen
im deutschen und fremden Land,
seither wir niemals vergaßen,
wie mächtig die Fahrt uns verband.

Wir sangen Zupfgeigenlieder,
viel von uns selbst erdacht,
wir hörten die Sagen von früher
in der Kohte bei sternklarer Nacht.

Wir träumten am lodernden Feuer,
das jedem die Hoffnung versprach,
nie werde ich vergessen,
welch treuer Freund Du mir warst.

Konsul Dr. Karl Helmut Brückner, Island

Das Zimmer für uns Jungen war eine einmalige Schöpfung

Ich bin – ebenso wie meine beiden Brüder – in dem Eckhaus Bahnhofstraße 24, Ecke Fürstenstraße aufgewachsen. Die Stresemannstraße hieß damals Fürstenstraße, wo sich auch der Eingang zu unserem Haus befand. Mein Vater, Dr. med. Max Weinhold, führte von 1902 bis 1945 in diesem Haus seine Augenarztpraxis.

Wir wohnten im 2. Obergeschoß mit 9 Fenstern nach der Straße zu. Da war das Wartezimmer für die Praxis meines Vaters, das Sprechzimmer, das Wohnzimmer, unser „Jungszimmer", das später Musikzimmer wurde und das Schlafzimmer für uns Jungen. Das Wohnzimmer war recht groß und hatte zweiflüglige Türen mit aufgesetztem Figurenschmuck. Am mittleren Fenster befand sich ein etwas erhöhtes Podest, der „Tritt", auf dem der Nähtisch und ein Sessel für meine Mutter stand. Von hier aus hatte sie einen wunderschönen Ausblick auf das bunte Treiben von Plauens „Hauptstraße".

Plauen hatte ja sein „Wirtschaftswunder" erlebt, als die „Plauener Spitze" ein Weltschlager war. Aber das hatte ich nicht mehr erlebt, denn als ich 1916 geboren wurde, war Krieg, Not und Hunger. Als dann die Inflation kam, waren Not und Hunger geblieben, aber nach Spitzen fragte niemand mehr. Es begannen dann recht unruhige Zeiten, und politische Auseinandersetzungen wurden häufig sehr drastisch auf der Bahnhofstraße ausgetragen. So wurde ich auch von der Volksschule in der Karlstraße notfalls vorsorglich abgeholt, weil man fürchtete, ich kleiner Kerl könnte unvermutet zwischen die Fronten geraten.

Da erinnere ich mich noch an folgende Szene: Meine Eltern waren abends einer Einladung gefolgt, und wir Buben waren allein. Da begann auf der Straße vor unserem „Aussichtsfenster" wieder eine heftige Auseinandersetzung, und die Polizei raste im großen Überfallauto heran, das als Hupe ein seltsames „Zwitschern" hatte. Die Polizisten sprangen, mit Gummiknüppeln bewaffnet, aus dem offenen Auto. Wir standen natürlich mit klopfenden Herzen am Fenster, um zu sehen, was sich da entspann. In dem Augenblick klingelte das Telefon, und meine Eltern riefen besorgt an, was schon wieder los wäre. Bei der Gesellschaft, zu der sie eingeladen waren, war bereits bekannt geworden: „In der Bahnhofstraße kracht es wieder mal." Die Eltern erhielten von einem meiner Brüder folgende Auskunft: „Ooch, ganz prima, eine echte Schwarterei!"

Das Zimmer für uns Jungen war eine einmalige Schöpfung, für die wir drei Brüder auch später unseren Eltern noch sehr dankbar waren: Während alle sonstigen Räume unserer Wohnung unter der strengen Zucht unseres Vaters standen, durften wir hier buchstäblich tun und lassen, was wir wollten. Da geschah es, daß meine Eltern an einem Winternachmittag, als es draußen schon finster war, zu Besorgungen (Weihnachten war wohl bald) in die Stadt gegangen waren. Da faßten meine beiden älteren Brüder einen grandiosen Plan. Ich war dabei nur Zuschauer, denn für „grandiose Pläne" war ich noch zu klein. In der Mitte des Zimmers wurde ein ziemlich großes Blech ausgelegt und darauf ein Feuerchen entzündet. Der Clou war nun, daß sich ein herrliches „Feuerwerk" ergab, wenn man Sägespäne von oben auf die Flammen rieseln ließ. Das war großartig! Aber in der Begeisterung wurde übersehen, daß sich unten vor unserem Haus eine Menschenansammlung bildete und bald darauf die Feuerwehr eintraf. Man hatte einen Zimmerbrand vermutet. Diesmal ging es nicht um einen interessanten Blick aus einem unserer Fenster, sondern um einen in unsere Fenster.

Die Aufregung war groß, zumal unsere Eltern in diesem Augenblick heimkehrten. Nachträglich will mir heute aber scheinen, als hätte mein strenger Vater heimlich doch mit seinen übermütigen Söhnen gefühlt.

Als wir „Jungs" herangewachsen waren, wurde das Zimmer in ein „Musikzimmer" verwandelt, und der große Flügel, der bisher im Wohnzimmer gestanden hatte, erhielt nun seinen Ehrenplatz.

Mit 19 Jahren verließ ich das Elternhaus: Studium, Arbeitsdienst, Soldat.

1945 „besuchte" ich als „Heimkehrer" in zerschlissener Uniform noch einmal die elterliche Wohnung. Durch den letzten Bombenangriff auf Plauen war sie unbewohnbar geworden. Mein Vater war dabei selbst schwer verwundet worden; er verlor ein Auge und lag verletzt im Lazarett. Meine Mutter war schon kurz nach Kriegsbeginn gestorben.

Die hinteren Gebäude des Grundstücks wurden ebenfalls zerstört. Wenn ich mich recht erinnere, gab es dabei 10 Tote zu beklagen. Dort hinten stand auch die „Schürzenfabrik", deren Eingang auf der Forststraße lag. Hierzu fällt mir noch ein bißchen „Zeitgeschichte" ein: An dieser „Fabrik", die wohl eher eine Manufaktur war, kam ich als kleiner Kerl täglich vorbei, wenn ich zum damals berühmten Kindergarten der „Tante Buch" wanderte. Und da hörte ich oft einen mehrstimmigen Gesang. Die Arbeiterinnen sangen bei der Arbeit! Wo gäbe es heute noch eine so menschliche Arbeitsatmosphäre! Es war ja die Notzeit um 1920 herum, aber trotzdem wurde gesungen. Als kleiner Kerl hat mir das Singen einfach gefallen; heute denke ich fast ein wenig neidisch an die Denkweise der Arbeiterinnen von damals.

Als ich bei meiner Heimkehr sah, daß unsere Wohnung nur noch ein Tummelplatz für allerhand Leute war, die nach „Brauchbarem" suchten, drehte ich mich ohne ein Wort um und machte mich auf die Suche nach meiner Familie. Ich hatte während des Krieges, als ich auf einem Kommando eine Weile in Breslau war, meine Frau kennengelernt und geheiratet. Aber Breslau gab es nicht mehr, und so fand ich die Familie in einem Dorf bei Schleiz.

Mein Vater hat als 70jähriger nach seiner Entlassung aus der Klinik in der Pausaer Straße noch bis 1950 weiter praktiziert. Wer vor dem Krieg in seine Praxis kam, konnte feststellen, daß diese für die damaligen Verhältnisse beachtlich modern mit Geräten (meist „Zeiss") ausgestattet war, während er selbst noch – ganz altväterlich mit einem Gänsekiel schreibend – die anfallende Büroarbeit erledigte.

Da fallen mir noch zwei kleine Anekdoten ein. Während des I. Weltkrieges kam – ihrer Augen wegen – ein freundliches Bauernweiblein aus einem Dorf der Umgebung nach Plauen. Sie war wohl früher schon mal beim „alten Weinhold" gewesen, aber jetzt fand sie das Wartezimmer verschlossen. Als sie daraufhin an der Wohnungstür klingelte, erfuhr sie von der Arztfrau: „Ja, da müssen sie diesmal zur Vertretung, zu Dr. . . . gehen, mein Mann ist nämlich im Feld." Das Wort Feld löste aber bei der Patientin vom Lande Gedankenverbindungen aus, die wohl mit dem – anscheinend nicht sehr weiten – Weg zwischen ihrem Feld und ihrem Haus zusammenhingen, und so entschied sie prompt: „Och, da wird er doch net lang außen sei, iech ho Zeit un wart e wing auf den Herrn Doktor." Damit lud sie ihre Tasche ab und nahm auf der obersten Stufe vorm Wartezimmer Platz.

Die andere Begebenheit war folgende: Ein Patient brachte einmal ein recht ungewöhnliches Anliegen vor, das auch ungewöhnliche Therapie erfordert hätte: „Herr Dukter, wenn iech so schiggln tu, do sieh iech eeschal mei

Nos!" – Nach kritisch-ernstem Blick des Arztes kam denn auch sein Therapievorschlag: „Da werden wir ihre Nase wohl abschneiden müssen!" Tröstlich übrigens: Die Nase blieb am Patienten.

Nicht allein durch seine Arzttätigkeit war mein Vater damals in Plauen recht bekannt geworden, sondern auch durch sein vielseitiges Engagement in Vereinen wie zum Beispiel der „Naturwissenschaftlichen Vereinigung", der

„Vogtländischen Gesellschaft für Naturforschung", der „Geologischen Vereinigung".

Am 14. Oktober 1950 behandelte er seinen letzten Patienten – es war der 116691! Kurz darauf verließ er Plauen und zog zu einem seiner drei Söhne nach Frankfurt am Main.

Am 6. Juni 1964 starb Vater im 80sten Lebensjahr in Frankfurt.

Helmut Weinhold, Jena

Blick über den Altmarkt zur Kirchstraße, 1939   Foto: Weinhold

Dr. med. Max Weinhold (Großvater), Charlotte Weinhold geb. Dosky (Mutter) mit Irmgard und Hartmut (2 und 4 Jahre alt) im Herbst 1939 im Stadtpark

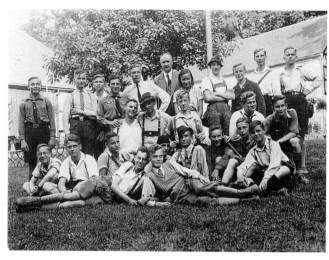

Klassenausflug 1933 vom Staatsgymnasium mit Lehrer Günter II., genannt: „Laokoon". Ich hatte bei ihm griechisch; unten rechts liegend: Helmut Weinhold

Die Bahnhofstraße 24, wo wir wohnten (1925)

Sitzecke im Wohnzimmer

Fotos: Weinhold

Silvester 1942 im Familienkreis

Blick auf die Bahnhofstraße von unserem Zimmer aus, 1939

Die drei Brüder mit ihren Frauen und Dr. med. Max Weinhold vor dem Theater 1950

Eingang zum Gymnasium in der Blücherstraße Mai 1945

Unser Haus im Jahr 1960 von hinten. Die Hintergebäude sind zerstört

Fotos: Weinhold

Meine Mutter hatte Tag und Nacht gearbeitet …

Ich bin am 5. März 1915 in Plauen geboren. Mein Vater ist ein gebürtiger Dresdner und hat bei Hoflieferant Sandner in Dresden nach achtjähriger Schulzeit Bäcker gelernt. 1908 fand im „Reißiger Gasthof" ein Jubiläum des Bäckerverbandes statt. Dort lernte beim Tanz mein Papa meine Mama kennen. Es war die große Liebe auf den ersten Blick, und so heiratete mein Vater Hermann Klix meine Mutter Martha Kummerlöw aus Plauen am 27. Dezember 1910. Vorher hatte mein Vater das Haus Reißiger Straße 138 in Plauen erworben und eröffnete dort eine Bäckerei und Konditorei am 1. Januar 1910. Da mein Vater bereits am 1. Mobilmachungstag eingezogen wurde (Krieg 1914 bis 1918) und ich erst im März 1915 geboren wurde, sah mich mein Vater zum ersten Mal, als ich bereits laufen konnte. Meine Mutter konnte ja allein die Bäckerei nicht betreiben, und so mußte der Laden geschlossen werden und meine Mutter auf der Schumannstraße arbeiten. Dort wurden Glühstrümpfe hergestellt. Es mußte ja sowohl für das Haus als auch für angeschaffte Maschinen abgezahlt werden. Bevor mein Vater in den Krieg zog, hat er einen Sack voll Semmeln gebacken und auf dem Backofen hart werden lassen, damit sie sich lange halten sollten. Ich hatte noch einen Bruder, der am 9. Januar 1912 geboren wurde, und so konnte meine Mutter uns zum Frühstück Semmeln in Tee einweichen. Wir hatten am Haus einen kleinen Garten und hinter dem Haus eine Wiese, dort wuchsen verschiedene Sorten Pflanzen, z. B. Schafgarbe, die zum Tee getrocknet wurden. Da ich bei der Geburt sehr klein und schwach war, sagte man, ich wäre nur „eine Zeile Semmeln" gewesen, wurde eine Nottaufe gemacht. Früher konnte man nicht im voraus feststellen, ob es ein Mädchen oder ein Junge wird, und so hat man noch keine Namen

für mich ausgesucht. Die Hebamme sagte: Sie habe zwei ganz neue Namen „Helene Marianne" und ich wurde dann auch so getauft. Als meine Mutter mich ausgefahren hat, sah eine Kundin in den Kinderwagen und fragte nach dem Namen. Als meine Mutter die Namen ganz stolz nannte, sagte diese: So hieß meine Tante schon. Also war meine Mutter sehr enttäuscht, aber mein Vater war dann mit den Namen einverstanden.

Nach Kriegsende kam mein Papa gesund zurück und hat seine Bäckerei wieder eröffnet. Er ließ ein großes Schild in unserem Vorgarten aufstellen, auf dem stand: „Bäckerei und Konditorei Hermann Klix. Täglich frisch: Brot und Brötchen sowie Kuchen und Torten und sämtliche Backwaren." Im Sommer wurde an das Schild ein Fähnchen gesteckt, worauf „Eis" stand. Als der Krieg zu Ende war, hatte ich bereits meinen 3. Geburtstag. Neben unserem Haus war ein Lebensmittelladen. Der Inhaber hieß „Sommer". Daneben war ein kleiner Berg, den wir „Sommers Bergchen" nannten. Als mein Vater zurückkam, hat er hat meine Mutter nach mir gefragt, und sie antwortete ihm, daß ich auf „Sommers Bergchen" sei. Wir waren mehrere Kinder und sind dort heruntergerutscht. Ich hatte ein weißes Schürzchen an, welches natürlich ganz verschmutzt war. Mein Vater erkannte mich nicht, und als dann meine Mutter mich holte, sagte er: „Was, so ein dreckiges Mädel habe ich!" Meine Mutter sang leidenschaftlich gern, und so taten wir Kinder es mit. Wenn meine Mutter Staub im Wohnzimmer wischte, sang sie: „Auf der grünen Wiese hab ich sie gefragt …" usw.

Weihnachten wurde mir mein größter Wunsch erfüllt, ich bekam einen Puppenwagen. Mein Patenonkel brachte mir vom Ausland ein großes Baby aus Zelluloid mit. Dieses und

meine Puppen fuhr ich bei schönem Wetter aus. Manchmal legte ich auch unsere Katze in den Wagen, aber sie sprang schnell wieder heraus. Bei uns gegenüber wohnte der Viehhändler Ahnert. Von ihm holte ich mir öfter ein kleines Schäfchen, band ihm um den Hals ein rotes Bändchen mit einem Glöckchen, legte es in meinen Puppenwagen und ging damit spazieren. Das blieb aber ganz brav im Wagen liegen, und ich hatte meine Freude daran.

Mein Vater spielte Zither und hatte als Kind Klavierspielen gelernt. Also sollten wir auch ein Instrument spielen. Mein Bruder bekam eine Geige und ich eine Mandoline. Mit 5 Jahren spielte ich bereits mit in einem Verein. Es spielten dort junge Menschen Laute, Gitarre, Mandoline und Zither. Wir hatten jede Woche im Hotel „Stadt Dresden" Probe. Bei Veranstaltungen haben wir dann gespielt. Als ich 6 Jahre alt war, kauften mir meine Eltern zu Weihnachten ein Klavier. Das war mein schönstes Geschenk. Mein Vater hatte es als Extraanfertigung bei der Firma „Reichelt & Birnbaum" in Plauen anfertigen lassen. Weil unser Wohnzimmer direkt neben dem Laden war und ich erst lernen mußte, hatte man 3 Pedale eingebaut. Wenn die mittlere Pedale festgestellt wird, klingt es ganz leise, und so konnte ich jederzeit üben. Weil ich gut singen konnte, hat mich Kantor Mutterer in den Kirchenchor der Pauluskirche geholt. Nach einem Jahr Probezeit sang ich jeden Sonntag in der Pauluskirche im Chor. Nach dem Gottesdienst ging ich in den Kindergottesdienst in der Pauluskirche, bis ich 12 Jahre alt war. Im Kirchenchor mußte ich öfter Solo singen, zuletzt manchmal im Glockengestühl das Echo. Bis zu meiner Verheiratung, also bis zu meinem 27. Lebensjahr, sang ich im Chor. Als Überraschung sang zu unserer Hochzeit der Chor das Lied, das ich in

Mit den Eltern im Garten

Die Pauluskirche (1916)

Foto: Lange

Mutter mit uns

den Glocken gesungen hatte, aber als großer und kleiner Chor.

Mit 12 Jahren kam mein Bruder in die Wirtschaftsoberschule in Plauen, Melanchthonstraße. Bald spielte er dort im Schulorchester Geige. Der Orchesterleiter der Schule empfahl den Schülern, öfter sich zu Hause zusammenzusetzen und Geige zu üben, damit sie besser spielten. So kam mein Bruder darauf, eine Jugendkapelle zu gründen. Es waren 5 Geigenspieler, 1. und 2. Geige, eine Cellistin, ein Saxophonist, ein Jazzer und ich als Klavierspielerin. Wenn wir probten (einmal in der Woche oder vor einem Auftritt auch öfter), dann spielten wir beim offenen Fenster, und drüben am Preißelpöhler Hang saßen viele Leute, die zuhörten. Das machte uns Spaß, und bald sprach es sich herum, und wir spielten zuerst in verschiedenen Vereinen, dann in Gasthäusern und Sälen, wo wir bestellt wurden. Wir haben viele Veranstaltungen in der „Centralhalle" in Plauen abgehalten. So z. B. „Fliederball", „Frühlingsfest", „Herbstvergnügen", „Knecht Ruprecht kommt", „Stiftungsfest" usw. Einmal hatten wir einen Ball „Land des Lächelns" genannt. Dazu haben wir im Großen Saal in der „Centralhalle" ein Häuschen aufgebaut und dort Wein ausgeschenkt. Die Damen vom „Gut-Ton-Chor "haben verkauft bzw. ausgeschenkt und hatten sich alle bunte Kimonos genäht mit großer Papierschleife im Haar. Außerdem wurden beide Säle mit kleinen Röschen geschmückt, die wir zu Hause alle selbst aus rosa und grünem Papier bastelten und auf Schnuren festmachten. Da wir aber nicht zugleich in beiden Sälen spielen konnten, bestellten wir uns die Kapelle „Tonny de Lour". Wir hatten nur 1 Mark Eintritt verlangt, was mein Vater am Eingang kassiert hat. So mußte mein Vater am Ende noch draufzahlen. Wenn wir einmal Überschuß hatten, dann spendeten wir Geld an behinderte Kinder oder Vereine. Wir waren also

stets beschäftigt. Zu einem Stiftungsfest borgten wir uns noch ein Klavier und mein Mann, damals Freund, spielte mit mir, also auf beiden Klavieren. Der Saal war immer voll und die Jugend begeistert. Im Krieg war die „Centralhalle" ein Lazarett und ist schließlich ausgebombt. Schade!

Ein paar Jahre aber spielten wir im „Gasthof Zwoschwitz" bei dem Wirt Valtin sonntags zum Tanz. Wir bekamen vom Wirt das „Kaffeetrinken" und das „Abendbrot". Jede Tour kostete 10 Pfg. Sobald alle Tanzpaare auf der Tanzfläche waren, hörten wir auf zu spielen, und ein Freund meines Bruders war sehr groß und kräftig und hielt die Tanzenden an und kassierte 10 Pfg. pro Paar. Dieses Geld gehörte uns, und wir kauften neue Noten dafür. Heute natürlich bekommen die Musiker viel Geld dafür. Wenn wir in Zwoschwitz Samstag und Sonntag spielten, haben wir bereits nachmittags mit einem Marsch wie z. B. „Deutschmeister" oder „Fliegermarsch" angefangen. Dann wurden die neuesten Schlager gespielt z. B. „Tante Paula liegt im Bett und ißt Tomaten, ihre Freundin hat ihr dringend zugeraten, jede Woche nimmt sie ab ein Pfund, und dabei fühlt sich die Tante so gesund" oder „Wer hat bloß den Käse zum Bahnhof gerollt" oder „Mein Papagei frißt keine harten Eier" usw. Da es noch kein Mikrophon gab, hatten wir einen Schalltrichter und sangen entweder einer allein oder im Chor dabei. Das ging dann bis Mitternacht. Samstag konnten wir unsere Instrumente dort lassen, aber Sonntag mußte alles mit nach Hause genommen werden, da wir in der Woche probten oder auch manchmal irgendwo spielten. Dann ging es singend nach Hause bei schönem oder schlechtem Wetter. Da wir kein Auto und wenig Geld hatten, wurde alles bis nach Zwoschwitz gelaufen. Wir stiegen in die Straßenbahn Endstation Preißelpöhl, und da ich nichts weiter als die Noten zu tragen hatte, trug ich die kleine Trommel noch mit. So wurde alles

aufgeteilt. Wir fuhren bis zum „Fuchsloch", denn damals fuhr noch keine Straßenbahn bis zur Plamag. Dort wurde über die „Holzmühle" bis nach Zwoschwitz hin und her gelaufen.

Wir wurden immer häufiger bestellt, und so eröffneten wir noch einen Damenchor „Gut Ton". Es meldeten sich viele Mädchen, die hübsch waren und gut singen konnten. Die Proben haben wir in Plauen in der „Centralhalle", Straßberger Straße, abgehalten. Herr Schwarz, der Wirt, überließ uns kostenlos den kleinen Saal dazu. Und schließlich riefen wir kleine Kinder zusammen zu einer Tanzgruppe. So hatten wir reichlich zu tun außer unseren Schulaufgaben.

Mit 14 Jahren spielte ich jeden Mittwoch im „Naturheilverein" zum Kaffeeklatsch. Dafür bekam ich 3 Mark und Kaffee und Kuchen und Abendbrot. Manche Gäste schickten aber auch Schokolade usw. auf die Bühne. Für diese 3 Mark kaufte ich mir auf der Johannstraße in einem Souterraingeschäft 1 Paar Bemberg-Strümpfe. Das war das Neueste, dünne Strümpfe mit Muster.

Da wir zu Hause auch Eis verkauft haben, bauten uns unsere Eltern eine Bude zum Aufstellen. Vorn stand „F. F. Klixsens Speiseeis". Meine Mutter schneiderte uns weiße Blusen, Schürzen und Kopfbedeckung, und so verkauften mein Bruder und ich auf Veranstaltungen Eis oder „Schmätzchen" in weiß und rosa für 1 Pfg. pro Stück oder kleine Plätzchen und verdienten uns damit etwas Geld. Außerdem trugen wir jeden Morgen Semmeln aus. Jeder bekam seine Häuser zugeteilt. Es war manchmal auch furchtsam, denn ich mußte durch den Preißelpöhler Wald gehen, wo etliche Villen und Häuser gebaut worden sind. Manchmal setzte ich mich ein wenig auf die Treppen im Haus, wenn es mir nicht gut war, aber wenn man zu spät zu den Kunden die Semmeln brachte, wurde man ausgezankt. Im allgemeinen hingen bereits an den Wohnungstüren kleine Säck-

Die Kapelle Ottkli, das Foto entstand 1926

Programm

zur Operette

Primaner-Liebe

in 1 Akt.

Ausgeführt vom Damenchor „Gut Ton"
Regie: Otto Klix
Musik: Kapelle Curt Böhm

— Personen: —

Prof. Radius, Lehrer der Math. . . . J. Naumann
Isolde Ledig . . . . M. Klix
(Vorsteherin eines Mädchenpensionates)
Melanie, Pensionärin . . . . K. Krauß
Erich, Primaner . . . . O. Klix
Wolf, Sekretär im Pensionat . . . . T. Jahn

Pensionärinnen:
Mitglieder des Damenchors „Gut Ton"

Ort der Handlung: Vor einem Mädchenpensionat.
Zeit: Gegenwart.

Die Mitwirkenden sind: *Hanna Glass, Gerda Zäh, Annemarie Schneider, Hannel Rosenberger, Kläre Krauß, Herta Simon, Bringfriede Kneisel, Gertrud Petzold*

Unser Damenchor „Gut Ton"

Bischofsmühle 1932

Ausflug mit dem Damenchor „Gut Ton" nach Jocketa 1931 (Stamm-Mitglieder)

chen, in die wir die Semmeln oder Milchbrötchen stecken mußten. Bezahlt wurde meist erst am Ende des Monats im Laden. Wenn man aber etwas später kam, hieß es, wegen dir kommen wir zu spät zur Arbeit. (Wir waren sozusagen bei manchen der Wecker.)

Hatten wir doch einmal Freizeit oder Ferien, dann spielten wir Kinder meist im Wald „Räuber und Schanzer" oder „Bis 20 habt ihr Platz genommen, dann werde ich kommen", „Eins, zwei, drei, faules Ei" oder „Blindekuh", „Meister, Meister, gib uns Arbeit" oder „Wer hat Angst vor dem bösen Wolf", verschiedene Ballspielereien, Kugeln ins Loch schieben, Quadrat-Straßenhüpfen oder „Verstecken" usw. Dabei krochen wir oft in die großen Sandkisten, die die Stadt zum Streuen bereit gestellt hatte, zerriß auch manchmal die Kleidung, und die Eltern zankten. Wenn es sehr heiß war, gingen wir Kinder oftmals barfuß. Wenn dann der Sprengwagen kam, um die Straßen zu sprengen, damit es etwas abkühlte, dann hielten wir unsere Füße an das Wasser. Aber der Fahrer zankte, wenn er es sah.

Einmal spielte mein Bruder mit seinen Freunden im Nachbargarten Puppentheater, während ich mit meiner Mutter in der Stadt war und ein neues Dirndl bekam. Als wir zurückkamen, suchte ich meinen Bruder und sah ihn bei seinen Freunden im Nachbargarten. Mich wollten sie aber nicht in den Garten lassen, und so stieg ich auf unseren Gartenzaun und zerriß dabei mein neues Dirndlkleid. Ich traute mich nicht nach Hause und ging zu einer Kundin im Nebenhaus, die dann mit mir zu meiner Mama ging, damit ich keine Schläge bekäme. Als die Nachbarin weg war, bekam ich eine Schelle, und Mama sagte: „Nicht, weil du das Kleid zerrissen hast, sondern weil du Leute belästigst, die dann denken, wir wären böse Eltern."

Im Preißelpöhl standen auch verschiedene Bäume und Sträucher. Da konnten wir „Holzäpfel" essen, Hagebutten oder Schlehen, die

zwar sehr bitter schmeckten, aber wir trotzdem aßen. Im Sommer und ganz besonders im Winter war der Wald im Preißelpöhl für uns Kinder besonders attraktiv. Es gab leichte, aber auch gefährliche Rodelbahnen dort. Als wir älter wurden, fuhren wir die langen Rodelbahnen hinunter mit dem Schlitten. Manchmal hängten wir auch zwei Schlitten zusammen. Ein Junge hatte einen kleinen „Rutscher" und fuhr auf dem Bauch hinunter. Das gab Spaß, aber ich habe auch manche Strümpfe zerrissen, obwohl ich gestrickte Strümpfe anhatte. Oft war das Knie durch.

Wir hatten viele Freunde. Wenn schlechtes Wetter war, spielten wir in der Wohnung „Mikado", „Fische angeln", „Mensch, ärgere dich nicht", „Stühle rücken" oder „Flaschenspiel" usw. Wir haben Seidenpapier mehrfach gefaltet, verschiedene Löcher eingeschnitten und daraus Deckchen fabriziert oder kleine Scherenschnitte gemacht.

Im Sommer gab es vor allem in Gartensparten ein „Sommerfest". Dort gab es Preise für „Sackhüpfen", „Eierlaufen", „Büchsenschießen", oder es wurde ein Holzvogel abgeschossen. Der Höhepunkt aber war, wenn der „Naturheilverein" zum Sommerfest einen großen Umzug machte. So war ich einmal ein „Schneeflöckchen". Also nähte meine Mutter an ein weißes Seidenkleid aus Watte kleine Flöckchen. Wahrscheinlich war ich unartig, denn meine Mutter gab mir eine Schelle, und meine Nase blutete. So mußte ich mich wieder ausziehen, damit meine Mutter das Blut auswaschen konnte. Dann bügelte sie die betreffende Stelle trocken. So war es sehr spät geworden, und wir mußten schnell zur Straßenbahn-Endstation Preißelpöhl rennen, denn dort begann der Umzug. Meine Mutter schaute sich den Umzug an, und als sie nach Hause kam, mußte sie feststellen, daß sie das Bügeleisen hatte vergessen auszuschalten. So war ein Loch durch den Tisch gebrannt und bereits eine Ver

tiefung in der Diele entstanden. Das war ein teurer Umzug. Im „Naturheilverein" war auch ein Schwimmbad, und eines Tages kam eine Kundin zu meiner Mutter in den Laden und sagte, daß ich vom 3-Meter-Turm gesprungen sei. Meine Mutter wußte gar nicht, daß ich schwimmen konnte, so war sie sehr aufgeregt. Leider hatten meine Eltern nie viel Zeit für uns wegen des Geschäfts. So mußte ich z. B. wenn ich vom Semmelaustragen nach Hause kam, meine Haare auskämmen und warten, bis meine Mutter einmal Zeit hatte, mir Zöpfe zu flechten. Das konnte ich selbst nicht. Dabei wurde es oft spät, und ich mußte zur Schule rennen. Später bekam ich dann Schnecken, die mit großen Haarnadeln festgehalten wurden.

Nun noch einmal ein kurzer Blick zurück zu meinen ersten Lebensjahren.

Mit 5 Jahren tanzte ich im Kinderballett, u. a. haben wir den „Holzschuhtanz" bei der Eisenbahn- und der Bäckergenossenschaft aufgeführt. Mit 6 Jahren kam ich in die „Mosenschule" in Plauen, Reißiger Straße. Wir waren eine gemischte Klasse, also Jungen und Mädchen zusammen. Die Mädchen hatten meist über ihrem Kleid ein Schürzchen und in den Haaren eine Zopfschleife. Zum Schulanfang bekam ich eine Zuckertüte, in der außer „Lekkereien" ein Ball war. Dann bekam ich einen Lederranzen, der ziemlich schwer war, wo an der Seite ein feuchter Lappen oder ein Schwamm an einem Bindfaden heraushing. Im Ranzen waren eine Schiefertafel, ein Lesebuch und ein Heft zum Malen, eine Blechbüchse für das Frühstück sowie ein Holzfederkästchen zum Aufschieben. Darinnen befanden sich zwei Schieferstifte sowie einige Malstifte. Später kamen dann ein Holzfederhalter dazu und ein kleines Holzkästchen mit verschiedenen Federn sowie einige Hefte und ein Vogtland-Atlas. Später gab es dann Federhalter mit Tintenpatronen, so daß nicht mehr in die Tinte getaucht werden mußte.

Zuerst lernten wir Buchstaben auf der Schiefertafel, die wieder weggewischt werden konnten, und zwar in Blockschrift. Später schrieben wir mit Federhalter ins Heft deutsche Schrift. Wir saßen auf Holzbänken. Die Tischplatte verlief schräg nach unten, und rechts oben war ein Tintenfaß mit Tinte. Bei jedem Wort mußte man die Feder in die Tinte eintauchen. Es war eine Bank mit zwei Sitzen. Wenn früh der Lehrer kam, mußten wir rechts und links aus der Bank aussteigen und im Stehen „Guten Morgen" sagen. Der Unterricht erstreckte sich über ganze Stunden, nicht wie jetzt 45 Minuten. Wenn ich die ganze Reißiger Straße hinunter zur Schule ging, war der Berg ein Stück nach dem Friedhof I ganz schön steil. Damals fuhren ganz selten Autos, aber dafür Pferdegeschirre. Da habe ich es öfter erlebt, daß ein Pferd stürzte bei Glatteis. Während der Pausen tauschten wir Stammbuchblümchen aus. Jeder wollte die meisten besitzen. In späteren Jahren bekam ich zum Geburtstag ein „Poesie-Album". Dort schrieben die Lehrer und Freundinnen oder Freunde ein Versehen ein. So z. B. schrieb Lehrer Schumann: „Hast du zur Arbeit gerade Mut, geh' schnell daran, so wird sie gut. Ist heiß das Eisen, hämm're drauf. Fällt dir was ein, so schreib es auf."

Da mein Vater auch Konditor war, hat er viele Granatsplitter gebacken. Das waren kleine Plätzchen, darauf Buttercreme gespritzt und in Schokolade getaucht. Sie kosteten 10 Pfg., aber wurden schnell durch die Butter im Sommer bei Hitze ranzig. Deshalb lud ich oft Freundinnen ein, die sie mitaßen, denn soviel konnte ich allein nicht verzehren. Wir mußten die Granatsplitter dann nicht wegwerfen, und die Kinder freuten sich. Kleine Kinder kamen oft und holten sich Kuchenränder. Eine Spezialität unseres Hauses war der gefüllte Streuselkuchen.

Mein Papa hat einen guten Streuselkuchen gebacken, der in der Mitte durchgeschnitten

wurde. Wir kochten einen Vanille-Pudding und zogen langsam Eiweißschnee darunter. Damit wurde der Kuchen gefüllt und war locker und schmeckte ausgezeichnet. Ein Stück kostete 10 Pfennige. Eine ganze Quarktorte kostete 80 Pfennige, jedes Stück Kuchen 8 oder 10 Pfg. Samstag mußte mein Papa einige große runde Kartoffelkuchen backen, da viele Leute zu Mittag nicht gekocht haben, sondern sich diesen frischen Kartoffelkuchen holten. Ein Riesenstück kostete ebenfalls 10 Pfennige. Eine Zeile Semmeln, das waren 6 Köpfe, kostete auch 10 Pfg., 1 Mohnhörnchen 5 Pfennige. Ich aß besonders gern Heidelbeerkuchen. Sobald es reife Heidelbeeren gab, kamen Männer mit einem sehr großen Tafelwagen, der von einem oder zwei Pferden gezogen wurde. Sie hatten eine Glocke in der Hand und bimmelten und schrien dabei: „Heidelbeeren, Blaubeeren, 3 Pfund eine Mark." Auf dem Wagen war eine Waage, und dann kamen Männer und Frauen oder Kinder mit einem Topf oder einer Schüssel und holten sich die Beeren, die mit einer großen Schaufel vom Wagen genommen wurden. Wir haben zum Kuchenbacken immer viel Heidelbeeren gekauft.

Da es noch keinen Kühlschrank gab und wir Lebensmittel wie Butter, Margarine usw. mit verkauften, schafften sich meine Eltern einen Eisschrank an. Dazu wurden große Eisriegel zum Kühlen gebraucht. Mein Bruder und ich mußten dann mit dem Handwagen zum Schlachthof fahren und dort solche Eisriegel holen. Damit sie nicht schmolzen, mußten wir heimwärts rennen. Diese Riegel kamen in das obere Fach über die Lebensmittel. Wenn es im Sommer heiß war, haben wir auch Eis verkauft. Dazu kauften meine Eltern eine Eismaschine aus Holz. In der Mitte war ein Behälter aus Metall, worin Eis gemacht wurde. Es wurden Milch, Zucker, Farbe, Geschmack und manchmal kleine Fruchtstückchen, z. B. Erdbeeren, angerührt und in den Behälter geschüttet. Au-

ßen herum kamen dann kleine Eiswürfel. Sie wurden mit einem speziellen Hammer von den großen Eisriegeln abgehackt und um den Behälter geschlichtet und zwischendurch etwas Viehsalz gegeben. Dann wurde der Behälter gedreht, bis das Eis fertig war. Es gab runde Eiswaffeln, und wir verkauften für 5 Pfennige oder 10 Pfg. usw. verschiedene Sorten Eis.

Da ich gut in der Schule lernte, kam ich nach 2 Jahren in die Sprachklasse in die 6. Bürgerschule nebenan, dann in die Mädchenschule. Palmsonntag 1929 wurde ich in der Pauluskirche konfirmiert. Um diese Zeit wurde der „Bubikopf" modern. So riet mir mein Bruder, mir auch die Haare schneiden zu lassen. Aber mein Vater war dagegen. Also wurde ich mit „Schlamperlocken" konfirmiert. Meines Vaters Mutter wohnte in Dresden. Jedes Jahr Weihnachten bekam sie von meinem Vater einen „Dresdner Stollen" geschickt. Da sie nicht mehr reisefähig war und zu meiner Konfirmation nicht kommen konnte, sollte ich zu den nächsten Ferien zu ihr kommen und mir mein Geschenk abholen. Einige Tage nach der Konfirmation nahm mich mein Bruder mit zu seinem Friseur „Salon Hüttner" in Plauen, Johannstraße. Ich bekam „Bubikopf" und die ersten „Dauerwellen". Zu Hause angekommen, zankte mein Vater, als er mich sah, und sagte: „So nehme ich dich nicht mit zu meiner Mutter, ein deutsches Mädchen trägt keinen Bubikopf!" Also fuhr mein Vater allein nach Dresden.

Zuletzt kam ich in die „Höhere Handelslehranstalt" in Plauen. Dort legte ich mein Abitur mit Auszeichnung ab, worauf meine Eltern stolz waren. Um diese Zeit kamen die „Bemberg-Strümpfe" auf. Da ich wie jedes junge Mädchen eitel war, trug ich auch solche. Aber der Winter wurde sehr kalt, und deshalb mußte ich in die „Höhere Handelslehranstalt" gestrickte Strümpfe anziehen. Früh zog ich „Bemberg-Strümpfe" an und gestrickte Strümpfe darüber. Ich ging die Straße hoch, dort war der

Mendelssohnplatz. Auf einer Bank zog ich die gestrickten Strümpfe aus und steckte sie in meine Schultasche. Auf dem Heimweg wurde es umgedreht gemacht, denn meine Mutter kontrollierte mich. Nun war der Winter sehr, sehr kalt, und so erfror ich meine Beine 1. Grades. Ich mußte zum Arzt und bekam eine schwarze Salbe verschrieben. Jeden Abend mußte ich mit Eichenrinde die Beine baden, es kam schwarze Salbe darauf und darüber alte Strümpfe. Aber trotzdem kam manchmal Salbe an das Bettzeug. Ich hatte Glück, daß es bei mir noch nicht so schlimm war, denn meine Freundin mußte ins Krankenhaus. Wenn ich sagte, daß es schmerzt, sagte meine Mutter: „Wer nicht hören will, muß fühlen!"

Die Schule vermittelte mir auch eine Lehrstelle, und ich kam zur Landwirtschaftskammer auf der Oberen Endestraße in Plauen. Dort mußte ich zwei Jahre lernen, konnte aber bleiben. Zu dieser Zeit waren jeden Tag auf dem Altmarkt Buden aufgestellt. Da wir gleich dort arbeiteten, kauften wir uns oft als Mittagessen eine Semmel mit warmer Pferdewurst. Mein Chef, Dr. Döring, diktierte mir z. B. die Ansprachen, die er sehr oft halten mußte, und ich hielt es zunächst in Steno fest und schrieb dann die Rede mit der Schreibmaschine. Oft mußte ich auch zu solchen Sitzungen mitfahren und dort stenografieren. Einmal fuhren wir sehr spät nach Plauen zurück, und es war dermaßen Nebel, daß man die Hand nicht vor Augen sehen konnte. So mußte ich mit der Taschenlampe vor dem Auto laufen, und mein Chef fuhr schrittweise bis Plauen. Das werde ich nie vergessen.

Als ich 15 Jahre alt war, hatten die Schüler der „Höheren Handelslehranstalt" Tanzstunde. Unsere Klasse hatte zusammen mit den Schülern der „Wirtschaftsoberschule" in unserem Haus, die mindestens ein oder zwei Jahre älter waren. Tanzlehrer Beck und seine Frau oder seine Tochter lehrten uns die neuesten Tänze.

Man mußte dafür 50 Mark bezahlen. Besonders schön waren die Bälle und die dabei stattfindenden Polonaisen. Da ich immer freundlich war und gut tanzen konnte, bat mich Herr Beck, auch an der nächsten Tanzstunde wieder teilzunehmen, aber dafür nichts zu bezahlen. Ich lernte einen Freund kennen, und da wir viel tanzen gingen, habe ich ziemlich abgenommen. Also hat mir mein Vater „Karlsbader Zwieback" gebacken, damit ich wieder zunahm. Eines Tages hatte ich meinen Freund einmal zu unserer Musikprobe eingeladen. Aber er brachte gleich noch seinen Freund mit. Dieser konnte auch Klavier spielen. Rudolf Zimmermann setzte sich zu mir, wir spielten vierhändig, und er wollte nicht mehr gehen, bis ihn mein Bruder zum Gehen zwang. Rudi und ich wurden gute Freunde. Zuerst lud mich Rudi zum Stenografenball ein. Ich trug ein langes, gelbseidenes Kleid mit einer roten Rose. Es war ein herrliches Fest. Sonntags holte er mich von der Kirche ab, und wir gingen im Sommer ½ Stunde im Stadtpark spazieren. Dort sang sonntags Vormittag ein Chor oder ein Männergesangverein oder es spielte eine Blaskapelle. Es waren immer viele junge Menschen dort spazieren. Die Mädchen trugen ihre neuen Sommerkleider und vor allen Dingen die neuesten Sommerhüte. Dann brachte mich Rudi wieder zum Mittagessen nach Hause. Rudi wurde dann später mein Mann. Da Rudi aber nur in einem Anwaltsbüro arbeitete, war mein Vater nicht mit ihm einverstanden. So ging mein Freund nach München und studierte dort. Nach Abschluß bekam er dann bei der Landwirtschaftskammer in München Arbeit, und mein Chef stand Pate für ihn.

1923 hatten wir Inflation. Jeden Tag war das Geld weniger wert. Wenn wir soviel Geld durch den Verkauf zusammenhatten, daß man dafür einen Sack Mehl bekommen konnte, setzte mich mein Vater auf die Lenkstange von seinem Fahrrad, und wir fuhren zum Rathaus. Dort

bekam man einen Schein und konnte sich dann im Güterbahnhof in Plauen das Mehl abholen. Also schafften sich meine Eltern einen Bernhardiner an, der Prinz hieß, kauften einen Tafelwagen, und so fuhr ich mit Prinz zum Güterbahnhof, um das Mehl abzuholen. Prinz zog tüchtig die Wielandstraße hoch und fand zuletzt den Weg schon allein. Einmal fuhr mein Vater mit mir die Bahnhofstraße hinunter, und an der Kreuzung vor der Hauptpost fuhr ein Postbote mit Paketen auf der falschen Seite uns in das Vorderrad. Ich fiel auf den Bordstein mit dem Gesicht und blutete tüchtig. Darüber stand sogar ein Artikel in der Zeitung. Ich hatte ein rosa Voilekleid an, daß meine Mutter lange aufgehoben hat. Es war eine schwere Zeit. Unser Nachbar hatte einen Lebensmittelladen und im Hof ein kleines Hinterhaus, wo er Wurst und Fleisch räucherte. Dann hängte er es im Hof zum Trocknen auf. Eines Tages sprang unser Prinz, der seine Hundehütte in unserem Hof hatte, über den Zaun und fraß die Wurst auf. Wenn mein Vater Prinz fütterte, fraß er manchmal eine ganze Schürze voll Semmeln oder Brot. Da der Nachbar von meinen Eltern das Geld forderte, mußte Prinz verkauft werden, und wir waren sehr traurig. Da kauften sie uns einen kleinen Pinscher, der Cherry hieß. Eines Tages aber lief er einem Radfahrer hinterher und war weg. Leute hatten ihn zum Schlachthof gebracht, wo Hunde gefüttert wurden, die keinen Herrn hatten. Also ging ich zum Schlachthof, aber mein Geld reichte nicht, was verlangt wurde. So ging ich nach Hause, um Geld zu holen. Da aber das Wochenende dazwischen war, kostete es am Montag noch mehr Geld, und das hatten meine Eltern leider nicht. Also bekam ich meinen Cherry nicht. Nun schafften meine Eltern nur noch eine Katze an, die ich jeden Abend suchen mußte.

Weil sonnabends immer viel Kundschaft kam, hatte meine Mutter keine Zeit zum Kochen. Da gingen wir, entweder mein Bruder

Gleich geht es los, der „Gute Ton" beteiligt sich an einem Festumzug

Otto Klix, Plauen, Reißiger Straße 138

Tanzturnier im Hotel „Wettiner Hof", Plauen, 1932

Amateur-Tanz-Turnier um die Meisterschaft von Treuen 1932 im Hotel „Deutsches Haus" in Treuen. A-Klasse 1. Preis, S-Klasse 3. Preis

Tanzturnier um die Wintermeisterschaft des Vogtlandes 1932/33 im Hotel „Wettiner Hof" Plauen, A-Klasse 3. Preis Fotos: Zimmermann

oder ich, um die Ecke auf die Bertrand-Roth-Straße in ein kleines Lebensmittelgeschäft. Frau Scheerbaum war eine ältere alleinstehende Frau, die wunderbar marinierte Heringe zu verkaufen hatte. Davon holten wir uns und kochten zu Hause Pellkartoffeln dazu. Aber es war ein gutes Mittagsmahl. Oder meine Mutter rührte früh Milch, Mehl, Eier, Zucker und etwas Salz ein. Gegen 11 Uhr kam diese Mischung in eine Näpfchenpfanne mit 12 Näpfchen, und mein Vater hat es dann im Backofen gebacken. So hatte meine Mutter nicht viel zu tun. Wir hatten auf unserem Küchenherd ein großes Gestell, worauf ein Gaskocher stand. Eines Tages hatte meine Mutter darauf einen Topf mit Milch und einen Topf mit Sauerkraut stehen. Da sie in den Laden mußte, beauftragte sie meinen Bruder, auf die Milch aufzupassen. Er sollte die Brennstelle abstellen, wenn die Milch hochkam. Mein Bruder war aber noch nicht groß genug und stieg auf einen Stuhl. Allerdings hielt er sich am Gaskocher fest und fiel mit diesem herunter. Das Sauerkraut und die Milch aber liefen über seinen Rücken und den rechten Arm. Nun hatte er sich dermaßen verbrüht, daß wir sofort einen Arzt aufsuchen mußten, Dr. Noßke von der Jößnitzer Straße. Er zog meinem Bruder die Kleidung aus und gleichzeitig damit die Haut ab. Es war Verbrennung zweiten Grades. Es war sehr schmerzhaft und die Narben blieben immer.

Damals gab es viele Vereine wie z. B. Stenografen-, Gesang-, Kegel-, Sport-, Turnverein, Militär-, Bezirksvereine, Schwimmvereine usw. Diese hatten öfter Bälle. Auch der Feuerwehrball war ganz großartig. Dorthin ging ich dann mit meinem Freund tanzen. Da er sehr gut tanzte und dies ein Tanzmeister aus Leipzig im Hotel „Wettiner Hof" in Plauen sah, lud er uns ein, mit zu Tanzmeisterschaften zu fahren. Dabei waren auch die Tochter vom „Wettiner Hof" sowie die Tochter vom Ballettmeister Beck. So fuhren wir dann unter Leitung

von Herrn Beck zum Preistanzen. Im Gasthof „Deutscher Hof" in Treuen waren wir Vogtlandmeister im Walzertanzen. Da war auch ein Bild im Schaukasten, und es sprach sich herum. Deshalb fuhr auch meine Tante von Pfaffengrün nach Treuen, um sich das Bild anzusehen. Das machte uns viel Spaß, und wir bekamen viele Medaillen und Preise. Allerdings kosteten auch die neuen Kleider viel Geld.

Als ich 18 Jahre alt war, starb meine Mutter. Am 2. Januar 1935 erlitt meine Mutter einen Gehirnschlag. Der Arzt sagte, wir sollten vorsichtig sein, denn meine Mutter würde alles verstehen, konnte aber nicht mehr sprechen. Am 3. Januar kam mein Freund Rudi und blieb bei uns. Am nächsten Tag kam seine Mutter und sagte, daß er nach Hause kommen soll. Aber Rudi blieb, bis meine Mutter am 5. Januar im Alter von 46 Jahren starb. Durch die Musik hatte ich viele Freunde. An diesem Tag habe ich mich entschieden, Rudi zu heiraten.

In meiner Erinnerung wurde mir bewußt, meine Mutter hatte Tag und Nacht gearbeitet. Wir hatten einen großen Hausplatz, großen Laden und große Backstube, deren Fußböden mit weiß-roten Kacheln mit Millimetereinteilung belegt waren. Man mußte in alle Richtungen scheuern, um sie sauberzubekommen. Auch waren die Winter immer sehr kalt, und meine Mutter kniete auf den kalten Steinen zum Scheuern. So erkrankte sie an Rheuma und lag steif im Bett. Sie mußte sogar gefüttert werden. Dann hatten wir in der Kundschaft einen Masseur, der im Krankenhaus tätig war. Diesen engagierte mein Vater, und er kam jeden Abend zur Massage zu meiner Mutter, die oft vor Schmerz schrie. Es dauerte sehr lange, bis meine Mutter wieder laufen lernte. Sie versprach uns, wenn ich wieder einmal in die Stadt gehen kann, kaufe ich euch, was ihr wollt. Ich bekam vom Puppen-Schulz den größten Ball und mein Bruder wollte Kaviar-Semmel. Aber leider war sie nun herzkrank geworden und

hatte Wasser. Dr. Burger gab ihr Spritzen, und dann gingen oft 10 Liter Wasser auf einmal weg. Aber das Wasser kam immer wieder und drückte das Herz ab. Ich glaubte, daß ich nicht hinter dem Sarg herlaufen kann. Mein Vater ging mit mir zum Friedhof I, und wir suchten ein passendes Grab. Mein Vater weinte dabei und sagte: „Ich habe mir eine sieben Jahre jüngere Frau genommen, und nun muß ich ihr das Grab suchen." Zur Beerdigung kamen viele Verwandte von auswärts, sie haben mir die Wäsche gewaschen und auf den Boden gehängt. Aber dann blieb alle Arbeit für mich übrig. Es mußten Knie in die Bäckerhosen eingesetzt werden, da sie schnell kaputt waren, die viele Stärkwäsche und die dicken weißen Bäckerjacken gebügelt werden. Ich hatte ja da keine Erfahrung. So kam ich dann zu keinem Vergnügen mehr. Ich mußte Autofahren lernen und in die verschiedenen Gasthäuser Brot, Brötchen, Schlagasch oder Kuchen bringen. Da stand ich manchmal am Tresen und paßte auf, wie die anderen tanzten und sich amüsierten. Lange durfte ich nicht schauen, denn die anderen Gasthäuser warteten schon. Im Sommer kam immer eine Schulfreundin, die bereits verheiratet war, mir ihrem kleinen Sohn in den Laden und kaufte sich für 4 Pfg. ein gewickeltes Hörnchen, für 5 Pfg. Eis und für 1 Pfg. Bonbons und setzte sich dann gegenüber im Preißelpöhl auf die Bank. Dort wurde dies verzehrt. So sah ich oft traurig hinüber, denn ich mußte bei Hitze und Kälte im Laden stehen.

Zu dieser Zeit arbeitete ich noch in der Landwirtschaftskammer, und ich ging um 2 Uhr mit in die Backstube und von früh bis Mittag verkaufte ich im Laden, bis mein Vater dann ab Mittag den Verkauf übernahm. Ich fuhr dann mit der Straßenbahn zur Arbeit und war bis abends 8 Uhr im Büro. Da ich immer dünner wurde, sagte mein Chef, daß es so nicht weitergehen kann. Ich soll mich entscheiden, entweder in der Arbeit bleiben oder zu Hause. Ich fragte meinen Vater, und er sagte unter Weinen, daß ich bei ihm bleiben solle. Im Büro angekommen, sah mein Chef, daß ich geweint hatte, und er sagte, er werde für mich in Dresden (von dort war man eingestellt) kündigen. Schweren Herzens habe ich dies dann getan.

Nach 2 Jahren hatte sich mein Freund von München nach Bayreuth in die Landwirtschaftskammer versetzen lassen. So konnte er wenigstens zum Wochenende bei mir sein. Es gab ja nicht, daß der Laden über Mittag geschlossen wurde. Bis abends 7 Uhr war geöffnet. Dann erst konnten die vielen Platten und alles aufgewaschen und der Fußboden zum Wochenende gescheuert werden. Da half mir dann mein Freund, den Laden zu scheuern, während ich den Hausplatz machte und mein Vater die Backstube. Es wurde immer mindestens 22 Uhr, bis wir fertig waren. Dann war aber zum Wochenende auch die Wäsche in Ordnung zu bringen. Eine Waschmaschine gab es noch nicht, und so wurde am Sonntag die Wäsche versorgt. Mein Freund stampfte die Wäsche, wenn sie gewaschen war, und dann drehten wir sie durch die Wringmaschine. Oftmals ging es sehr schwer oder es kam Öl an die Wäsche und mußte nochmals gewaschen werden. Obwohl ich sehr viel Arbeit hatte, habe ich am Abend doch noch viel Handarbeiten gemacht. Im Winter setzte ich mich mit meinem Papa auf den Backofen und stickte, während mein Papa mir das Garn abgeschnitten hat. So schön meine Jugend war, solange meine Mutter lebte, so schwer wurde es dann für mich nach ihrem Tod.

Am 15. Juni 1939 haben wir uns in Sankt Gilgen verlobt und wollten am 9. Oktober heiraten. Aber es kam der Krieg dazwischen. Also wurde dies verschoben. Mein Bräutigam hatte bereits in Bayreuth eine Beamtenwohnung bekommen. Da ich aber kaum in diese Wohnung kam, denn mein Vater sagte, so lange Krieg ist, lassen wir lieber erst noch den Laden offen, da

schrieb mir der Bürgermeister von Bayreuth, daß die Leute sich beschwerten, weil die Wohnung nicht bewohnt sei. Also sollte ich entweder nun endlich nach Bayreuth ziehen oder die Wohnung wieder aufgeben. Wir entschieden uns dann für das Letztere, aber wohin mit den Möbeln? Mein Bruder war Verkaufsleiter in Jena in einem großen Modehaus und kaufte in Plauen immer Gardinen ein. Da wir uns nun nicht mehr oft sahen, nahm er mich bei diesen Einkäufen mit. Wir waren bei der Firma Steinhofer in Plauen, und da hörte ich, wie am Telefon gesprochen wurde, daß in Jößnitz ein Haus zu verkaufen sei. Mein Bruder war dort sehr bekannt und sagte, daß wir etwas suchen, da meine Möbel weg müssen. Er gab uns die Adresse, und wir sollten eine Stunde früher in Jößnitz sein, bevor die anderen Käufer kämen. Wir besprachen alles mit meinem Vater und zogen einen Architekten und Baumeister hinzu, der das Haus mit besichtigte und uns zum Kauf geraten hat. So wurde der Kauf geplant und in der kommenden Woche beim Rechtsanwalt beurkundet. Am 27. Dezember 1941 heirateten wir, da unsere Bäckerei geschlossen wurde. Ich wurde zur Firma Seidel & Larius ins Büro verpflichtet. So wohne ich jetzt in Jößnitz, Lessingstraße 20.

Die Trauung fand am 3. Weihnachtsfeiertag 1941 Vormittag im Plauener Rathaus und am Nachmittag bei stürmischem Schneetreiben in der Pauluskirche statt. Ich trug ein langes weißes Spitzenkleid mit 80 Knöpfen. Wir hatten zwei Blumenstreukinder. Ein 4jähriges Mädchen und ein 5jähriger Jungen trugen die Kniekissen in Spitze und ein 10jähriges Mädchen trug die Schleppe. Außer meinem Bruder und einem Cousin meines Mannes hatten wir keine Herren, da alle im Krieg waren. So ging ich zum Flughafen und bestellte mir 8 Fliegersoldaten als Brautführer, da wir 10 Brautjungfern hatten. Diese hatten wir zum ersten Mal zum Polterabend eingeladen, damit sie ihre Mäd-

chen kennenlernten. Die Hochzeitsfeier fand in der „Centralhalle" in Plauen statt. Da mein Mann der einzige Sohn und sein Vater im Krieg gefallen war, konnte er die ersten beiden Jahre in der Heimat seinen Militärdienst versehen. Er war in Roth bei Nürnberg bei der Nachrichtentruppe stationiert und bekam für die Eheschließung eine Woche Urlaub. Da wir uns nun 12 Jahre kannten, stand in der Hochzeitszeitung: „Marianne, immer wankelmütig, 12 Jahre waren dazu nötig, solange darf es nicht mehr sein, bis daß die ersten Kinder schrein!" (Wirklich, nach 12 Jahren wurde unser Sohn geboren, am 5.1.1953.)

Nachdem wir zur Hochzeit tüchtig getanzt, reichlich gegessen und getrunken hatten (was allerdings zu dieser Zeit sehr schwer zu beschaffen war, aber die Wirtin, Frau Schwarz, alles bestens besorgt hatte), gingen wir alle nach Mitternacht nach Hause. Mein Vater, mein Bruder, mein Mann und ich fuhren mit der Taxe zu meinem Elternhaus. Von dort mußten mein Mann und ich nach Jößnitz laufen, da auswärts keine Taxe fahren durfte. Also stapften wir durch den ziemlich hohen Schnee. Unser Haus hatte mein Bruder bestens eingerichtet, da er Leiter in einem großen Kaufhaus in Jena war und so Beziehungen hatte. Eine große Überraschung wartete auf uns. Es war sehr spät geworden, und so gingen wir gleich zu Bett. Als wir im Bett lagen, klingelte es in einem fort. Man hatte uns eine elektrische Leitung ins Bett gelegt. Also stand mein Mann auf und suchte die Quelle. In mein Bett hatte mein Bruder eine Wärmflasche gelegt, worüber ich mich freute, denn es war sehr kalt. Durch meine Bewegungen verschob sich die Wärmflasche, sie war nicht verschlossen, also lief das Wasser heraus. Mein Bett war vollkommen naß, und so mußte ich mit in meines Mannes Bett.

Drei Tage nach unserer Hochzeit heiratete der Cousin meines Mannes, und wir waren eingeladen. Nun hatten wir aber unsere Kleidung in

Jößnitz. Wir gingen schon frühzeitig los, aber als wir in Jößnitz ankamen, stellten wir fest, dass wir den Haustürschlüssel vergessen hatten. An unserem Haus waren Fensterläden. So blieb uns nichts anderes übrig, als diese mit Gewalt zu öffnen und in der Küche ein Fenster einzuschlagen. Wir stiegen ein, zogen uns an und mußten zum Zug rennen, denn die Hochzeit fand in Netzschkau statt. Es war schwierig, einen Glaser zu finden, der uns dann wieder Glas einzog.

Als ich bei der Firma Seidel & Carius arbeitete, fiel eine große Bombe neben dem Haus in Jößnitz. Herr Carius ließ von den Arbeitern alles wieder in Ordnung bringen. Dann wurde die Firma selbst ausgebombt. So kam ich zur Firma „ESKIMO" in Plauen am Albertplatz. Als dort eine Bombe ins Haus fiel und geräumt werden mußte, haben mein Chef, Herr Jakobe, und ich in der Hans-Sachs-Straße in Plauen das Geschäft eröffnet

Mein Vater hatte dann die Bäckerei in Plauen, Ecke Feld- und Neundorfer Straße. Da es keine Feuerung gab, haben wir im Jößnitzer Wald Reisig und Äste gesammelt und mit dem Handwagen nach Plauen gebracht. Am 10. April 1945 fielen viele Bomben in Plauen. Ich war nach Plauen gefahren und wurde am Oberen Bahnhof verschüttet. Es gab ein Fallen und Geschrei. Als wir nach Stunden wieder herauskonnten, ging ich in die Breitestraße. Es lagen Tote auf den Straßen, über die ich steigen mußte, und da in der Nähe eine Klinik war, lagen Leute auf Pritschen.

Als ich zu meinem Vater kam, stand er am Backofen und hat Brot ausgebacken. Ich war heilfroh, daß er am Leben war, und er freute sich über mein Kommen.

Überall waren Wohnungen knapp, und so mußte ich eine Familie mit 3 Kindern aufnehmen. Der Mann war Staatsanwalt in Dresden, und da dort die Russen kamen und bei uns noch die Amerikaner waren, kamen sie hierher. Ein Kind war noch klein und saß in einem kleinen Stühlchen am Tisch. Die anderen Kinder schoben den Kleinen in meiner Küche hin und her und landeten an meinen neuen Möbeln. Das tat oft sehr weh, denn mein Mann hatte noch nicht darin gewohnt, und so wurden die Möbel schon beschädigt. Als sie hörten, daß auch hierher die Russen kommen, verschwanden sie bei Nacht und Nebel nach dem Westen. Dann bekam ich eine Frau mit zwei großen Jungen zugewiesen. Weil sie sich niemals sattessen konnten, gingen die Kinder nachts auf die Felder und holten sich Kartoffeln oder meist auch nur Rüben. Eines Tages ging ich in meinen Keller, da kam mir die Kellertür auf den Rücken gefallen. Sie hatten die Tür ausgehängt und mein Eingewecktes gestohlen und auch Kohlen. Ich habe es in der Gemeinde gemeldet, und ich sollte sie aus der Wohnung werfen. Das tat mir aber wieder leid, denn die beiden großen Jungen hatten Hunger. Da wir von der Bäckerei noch etwas dunkles Mehl hatten, haben mein Vater und ich uns ein paarmal sonntags Hefeklöße als Mittagstisch gekocht. Sie wurden auf ein Brett gelegt und etwas gehen lassen, damit sie lockerer werden.

Wenn man bei mir in den Keller will, muß man durch die Küche gehen. Sobald dies Frau Baumgärtel roch, wollte sie sich aus dem Keller etwas holen. Schnell wurden die Hefeklöße zugedeckt und versteckt. Wenn Frau Baumgärtel länger im Keller blieb, konnte es auch vorkommen, daß die Klöße zusammenfielen und dadurch nicht mehr locker waren. Meine Untermieter konnten sich nur Rüben raspeln und eine Kartoffel hinanreiben, so wurde es „Zodelsuppe".

Im Krieg bekam jeder Haushalt Marken z. B. für Brot, Butter, Fleisch usw., aber auch für Kohlen oder einmal einen Schuhbezugsschein. Die Fenster mußten dichtgemacht werden, damit die Flugzeuge, die die Bomben abwarfen, kein Licht gesehen haben. Auch nach dem Krieg gab es eine Zeitlang die Marken. Das erforderte für die Geschäftsleute viel Arbeit. Meine Freundin hatte in Jößnitz eine Fleischerei mit Lebensmittelladen. Sie bat mich, ihr zu helfen. So habe ich dort mit verkauft und auch in der Wurstherstellung geholfen. Abends wurden dann Marken geklebt und ausgerechnet, was man dafür erhielt.

Meinen Mann hatte man erst als vermißt gemeldet. Da mein Onkel Bürgermeister in Jößnitz war und ich Englisch konnte, bat er mich, zum Dolmetschen zu kommen. So hatte ich oft mit Offizieren der amerikanischen Armee zu tun. Sie sagten mir, daß die Russen nun auch hierher kommen und sie fortmüssen. Ich gab ihnen einen Brief, den ich an meines Mannes letzte Adresse schrieb, denn Post ging nicht mehr. Mein Mann war nicht mehr in Rußland, sondern in Italien. Er bekam als erster Soldat Post von Plauen und mußte es seinen Kameraden vorlesen, denn ich hatte geschrieben, was alles zerstört war in Plauen. Zum Glück war eine große Bombe nur neben mein Haus geworfen worden, und mein Balkon war voller Dreck. Türen und Fenster waren kaputt, die Lampen heruntergefallen und zerbrochen, Stücke davon staken im Möbel, und auch im Klavier ist ein Loch. Mein Elternhaus im Preißelpöhl war bis auf die 2. Etage ausgebombt. Nach dem Krieg hat es mein Vater wieder aufgebaut. 1948 kam mein Mann nach der Gefangenschaft eines Nachts nach Jößnitz gelaufen. Ich habe ihn kaum erkannt. Er war Tagelang gelaufen, hatte nun einen Bart und sich in eine Decke gewickelt, da es sehr kalt war. Er war zuletzt im Lazarett und hatte Magengeschwüre. So bekam er wenigstens etwas Weißbrot zugeteilt. Aber wir waren froh, wieder zusammenzusein.

Da alle Beamten entlassen waren, hatte er keine Arbeit. Also schulte er bei meinem Vater in der Bäckerei um und bekam dafür im Monat 60 Mark. Wie wir damit haushalten konnten, ist mir heute noch schleierhaft. Er legte dann als Bester die Prüfung ab, und unterdessen wurde mein Vater krank. Also mußten wir das Geschäft führen. 1950 starb mein Vater mit 67 Jahren an Magenkrebs. Weil mein Mann die Hitze am Backofen nicht gut vertragen konnte, aber unser Meister auch öfter krank war, gaben wir die Bäckerei Ende 1952 auf.

Damit endet auch dieses Kapitel meines Lebens.

Marianne Zimmermann geb. Klix, Jößnitz

Luftaufnahme 1930. Von rechts unten kommt die Bahnhofstraße ins Bild. Auf dem Foto findet sie am Albertplatz ihr Ende.

Mein Leben vom 1. Weltkrieg bis zum Jahr 2002

Geboren wurde ich unter dem Sternzeichen Waage im ersten Weltkrieg, am 1.10.1916 also in einer schlechten Zeit. Der Vater war im Krieg, und meine Mutter kämpfte sich mit mir und meinem knapp vier Jahre älteren Bruder tapfer durch diese Zeit. Zum Glück kam Vater unversehrt aus dem Krieg zurück und betrieb seine Klempnerei in der Rähnisstraße 32. 1919 wurde noch meine Schwester geboren, mit der ich bis zu ihrem Lebensende 1980 ein Herz und eine Seele war. Wir führten damals ein sehr harmonisches Familienleben und wurden erzogen mit viel Sinn für die Natur und alles Gute und Schöne. Es wurde äußerst sparsam gelebt, denn die Eltern bekamen für uns Kinder keinerlei Beihilfen und Ermäßigungen. Etliche Jahre Höhere Schule mußten für jeden sein, und wir haben es den Eltern auch durch Treue, Dankbarkeit und Fleiß bewiesen. Sie konnten es sich nicht leisten, in Urlaub zu fahren, aber zu unseren Schulferien startete immer ein Ausflug, der uns zum besonderen Erlebnis wurde. Da ist mir z. B. noch Wunsiedel mit Luisenburg in Erinnerung, und das war dann gleich das Thema für einen Aufsatz in der Schule. Wenn unsere Wanderungen ins obere Vogtland führten, ging es immer ab West-Bahnhof bis Weischlitz, um ein paar Pfennige Fahrgeld zu sparen. Das obere Vogtland – Butterweg, Deichselberg, Steins, Schwand, Ruderitz, Burgstein – waren beliebte Ziele. Es war oft eine ganze Gruppe zusammen; Verwandte und Bekannte waren mit von der Partie. Die Liebe zur Heimat erbten wir ja schon von unserem Sammlers Großvater, der Mitbegründer und Vorstand (1907–1920) im Naturschutzverein war.

Mein Sinn stand auch immer nach schönen Handarbeiten und Konfektion, und schon mit 13 Jahren schneiderte ich mir das erste Kleid.

Die Krönung war der Besuch der „Sächsischen Höheren Fachschule für Spitzen, Stickerei und Konfektions-Industrie". Diese Ausbildung prägte meinen Beruf und mein weiteres Leben. Es ging damals nicht nur um Geld, sondern wir übten unsere Tätigkeit mit Freude und Begeisterung aus.

Natürlich waren Tanzstunde und Geselligkeiten angesagt. Schon als Kinder waren wir im Turnverein, und auch später stand Sport auf

Ich links mit meinen Eltern und meiner Schwester

dem Programm. Trotz Sparsamkeit führten die Eltern ein geselliges Leben; da waren der Militärverein und der Gewerbeverein. Vater war schon vor Hitlers Zeiten in der Reichskammer. Als Mädchen nahm man mich mit zu einem Militär-Konzert im „Trömel-Garten". Da hatte man sich Uniformen vom Theater ausgeliehen, und rechts und links vom Musikpavillon stand je ein Mann in der passenden Uniform zur Musik. Vater war auch dabei. Ganz begeistert waren wir später von unserem Plauener Theater! Wir versäumten keine Premiere. Danach trafen wir uns stets bei „Trömel" mit meinem Bruder und seinen Freunden, für die ich eben ein „Kumpel" war. Getrunken wurde meist nur ein Glas Tee, aber vom Geschäftsführer Herrn Christof wurden wir schon als Stammgäste mit Händedruck begrüßt. Wir haben den Theaterabend von A–Z durchgesprochen, und am nächsten Tag hatten wir es eilig, die Kritik in der Zeitung zu lesen. Wurde da etwas erwähnt, was uns gar nicht bewußt war, so haben wir uns das Stück nochmals angesehen oder gehört; wir hatten meist nur Stehplatz. Vielleicht haben wir dadurch den Sinn für die Muse und die Musik gewonnen. Später versäumten wir kein Sinfoniekonzert.

Es war damals keine leichte Zeit. In den 30er Jahren war auch große Arbeitslosigkeit, und dann folgten die Jahre des Krieges. Es gab für uns auch Dienstverpflichtung, und ich hatte das Glück, daß ich am Ort bleiben konnte und als Metallarbeiterin in die Vomag Plauen kam. Da ich vorher noch Kurse in Maschinenschreiben und Steno besucht hatte, gab man mir gleich eine Tätigkeit im Büro. Nach Fertigstellung der Panzerhalle war ich dann dort Ingenieur-Sekretärin bis Kriegsende. Der Krieg hat damals unser Schicksal verändert. Die meisten Männer in unserem Alter waren vermißt oder gefallen, wo wir doch alle zum Kriegsende ein gemeinsames Glück erhofft hatten.

Wir schlugen uns damals mühsam durch, konnte ich doch durch meine „Näherei" vielen Menschen helfen. Einer bekannten Arztfrau, die durch die Bomben alles verloren hatte, machte ich aus den aus Trümmern geretteten Übergardinen eine dringend benötigte Kittelschürze. Für zwei Kinder bastelte ich aus Uniformjacken hübsche Trachten, Jäckchen und vieles mehr. So konnte man Mitmenschen damals glücklich machen!

Wir bezogen keinerlei finanzielle Unterstützung und mußten uns immer im Arbeitsamt melden. Im Januar 1946 sagte man mir dort: Die Firma Eugen Kentner – später Weko (Weberei und Konfektion) – sucht eine Direktrice für Konfektion, das wäre doch was für Sie. Ich sagte, daß mir eine Tätigkeit im Büro lieber wäre, da ich ja den Unterschied kennengelernt hatte. Büroarbeit bedeutet Verantwortung für die eigene Tätigkeit, als Direktrice hat man Verantwortung für die Leistungen der Mitarbeiter. Da hieß es: Büroangestellte haben wir viele, oder wagen sie es nicht?

Ich stellte mich also doch dort vor, und nach der Besprechung bekam ich gesagt: Sie sind die richtige Person, die wir suchen! Die Tätigkeit sollte ich möglichst sofort beginnen. Meinen Entschluß habe ich nicht bereut. Es war in der damaligen Zeit ein Zusammenhalt zwischen den Menschen! Die Heimarbeiterinnen hatten das Nähen nicht gelernt. Die Männer waren im Krieg gefallen oder in Gefangenschaft. Für die Kinder gab es keine Krippenplätze.

Sie haben mich schon in der Weberei zu Rate gezogen, was aus diesem Material hergestellt werden kann. So wurde alles nur Mögliche produziert! Wir stellten Sporthemden, Blusen, Schürzen, Kinderkleider und Kinderblusen und auch Damenkleider aus bestickten Stoffen her. Dadurch schufen wir noch Arbeit für Stickereibetriebe und beschäftigten noch auswärtige kleine Firmen in Lohnarbeit. Baumwollstoffe schafften wir oft mit einem kleinen Lastwagen (Holzvergaser) nach Thüringen zum Bedrucken und ließen hier am Ort noch den Besatzstoff unifarbig einfärben. Der damalige Leiter der Dako Plauen, Enno Schneider, beneidete uns um die Möglichkeiten, die wir hatten. Not macht eben auch erfinderisch! Leider wurde der Betrieb 1952 aufgelöst. Es hatte sich herausgestellt, daß Kentner immer ein Betrieb im Westen war und Plauen ein Zweigwerk. Aber er war zu Unrecht enteignet worden.

1953 übernahm ich dann bei der Firma Fritzsch & Co., Lindenstraße 4 in Plauen, die Blusenkonfektion. Wir verzierten die Blusen teils mit Adlerstickerei. Im Handel und bei der Kundschaft kamen die Blusen recht gut an, und wir waren bestens ausgelastet. Die Chefin hatte damals den Betrieb ihres verstorbenen Vaters übernommen. Durch den Krieg hatte sie auch ihren Mann verloren. 1959 heiratete sie einen Mann aus Hamburg und verließ Plauen. Der Betrieb wurde dann aufgelöst.

Nun hatte sich in diesem Geschäftsgebäude bereits die Firma Weidauer & Co., Kinderbekleidung, angesiedelt. Herr Weidauer sagte mir: Ich hoffe stark, daß sie bei mir als Direktrice einsteigen. So war in diesem Gebäude für mich und einige Mitarbeiter der ehemaligen Firma Fritzsch & Co. die weitere Tätigkeit gesichert. Es wurden auch zwei Adler-Stickmaschinen übernommen. In meiner jahrzehntelangen Tätigkeit kam mir immer wieder zugute, daß wir schon in der Stickereifachschule die Praxis von A–Z erlernt hatten. So konnte ich zu Sonderschichten mit an der Maschine sitzen und erreichte dadurch mehr als nur mit Worten und Theorie. Dieser Betrieb war dann viele Jahre auch „volkseigen", aber der Gründer des Betriebes, Herr Weidauer, war immer noch Betriebsleiter. Bis 1978 waren wir ein Betrieb, der mit Gewinn arbeitete. Ich war dort 19 Jahre lang tätig. Man glaubt nicht, wie vielseitig Kinderkonfektion sein kann und wieviel Liebe und Beobachtung der Kinder dazu gehört, um etwas „Besonderes" zu schaffen. Es lag ja auch sehr viel an meiner Tätigkeit. Es war der Ge-webe-Einkauf, die Muster-Gestaltung, Kalkulation, Produktionsüberwachung und Verkauf. Das Gute daran war, daß in einem mittelgroßen Betrieb der Überblick nicht verlorengeht.

1979 ging der Betrieb an die Dako Plauen, und da ich schon zwei Jahre Rentnerin war, beendete ich meine Tätigkeit. Später wurde mir nur gesagt: Zu Ihrer Zeit war es auch leichter, da lief alles! Lief es etwa von selbst? Auch von Einkäufern wurde festgestellt, daß das gewisse „Etwas" fehlte. Im Alter habe ich gemerkt: Solange man schafft und für andere da ist, auch privat, ist alles gut, aber später ist alles vergessen. Außerdem regiert jetzt nur noch Geld die Welt. Mein Leben war ein Leben der Pflichterfüllung. Nun führe ich schon fast 25 Jahre lang ein Privatleben.

Käthe Hergert, Plauen

Mein Bruder, er ist seit 1944 in Rumänien vermißt

Ein Plauener Jugendleben zwischen zwei Weltkriegen

Als heimatverbundener Plauener wurde ich von Herrn Röder gebeten, über meine Kindheit und Jugend in der ersten Hälfte des vergangenen Jahrhunderts zu berichten. Es gibt vieles, was der heutigen Jugend als sonderbar, ja teilweise unmöglich erscheinen würde. Ich merke das bei meinen eigenen Enkeln.

Mitten im 1. Weltkrieg wurde ich 1917 geboren. Wir wohnten in der Rähnisstraße 26, und mein Vater betrieb in der Schlachthofstraße 10 ein Fleischergeschäft. Durch den damaligen Einzug der jungen Männer zum Kriegsdienst, also zur Kaiserlichen Armee, um für den vermeintlichen Sieg zu kämpfen, gehörte ich demoskopisch gesehen dem seinerzeit schwächsten Geburtenjahrgang an. Mein Vater war wegen einer Verletzung der rechten Hand 1916 aus der Armee entlassen worden.

Mir wurde gesagt, daß wegen der Knappheit an Lebensmitteln die Jahre meiner Kindheit sehr schwer gewesen seien. Die ersten bleibenden Erinnerungen meiner Jugend beziehen sich auf das Zusammenlaufen von Menschen 1923, als neue Nachrichten über das Fortschreiten der Inflation bekannt wurden. Die Informationsquellen waren entweder Postboten oder Zeitungsausträger. Der Staat kam bisweilen mit dem Drucken von Geldscheinen nicht nach, so daß die Städte sich selbst Geldscheine drucken lassen mußten, wie z. B. auch Plauen.

Nachrichten und Neuigkeiten kamen seinerzeit, wie bereits erwähnt, nur über Zeitungen, Anschläge an Bekanntmachungstafeln oder von Mann zu Mann an die Bewohner. Das erste Radio hörte ich 1924 privat bei dem Rathausangestellten Max Paetz. Mir als Kind erschien dies wie zwei Glühbirnen, die auf einer Art Metallschiene hin und her geschoben wurden. Autos waren noch eine Seltenheit. Güter wurden bis weit über die Inflationsjahre hinaus mit Pferdegespannen befördert. Häufig wurden auch größere Hunde zur Beförderung von Transportgut in Handwagen genutzt. In unserem Haus, Hradschin 11, sind heute noch die Futterkrippen für Kutschpferde im damaligen Stall aus historischen Gründen erhalten geblieben.

Im Frühjahr 1924 kam ich in die 1. Klasse der Mosenschule an der Reißiger Straße, Ecke Rähnisstraße. Sie wird leider 2002 wegen Kindermangels vollständig geschlossen. Die Klassenzimmer entsprachen dem heutigen Bau.

Ein Pferdefuhrwerk kommt vom Güterbahnhof mit Baumwollballen Das Foto entstand Ecke Geibelstraße. (1910)   *Foto: Fliegner*

Heutzutage würde man über die damals dort neu eingerichtete Technik lächeln: Es gab nämlich in der Schule eine Gasbeleuchtung. Der Bau von Gaslampen von Klassenzimmer zu Klassenzimmer dauerte monatelang. So konnte aber auch in den dunklen Jahreszeiten frühzeitig mit dem Unterricht begonnen werden. Der Lehrer mußte auf die Bänke steigen, damit er mit einem Strang die Gaszuführung zu den Lampen öffnen konnte. Dann hat er mit einem brennenden Streichholz die Gasflamme entzündet.

Später durften größere, zuverlässige Schüler diese Tätigkeit ausführen, z. B. auch ich. Der Unterricht war ergiebig, aber hart und streng. Eine Unterhaltung von Schüler zu Schüler während des Unterrichts war kaum möglich. Wer es dennoch tat, bekam mit dem Rohrstock eins auf die Finger. Wehe, wer ein Feigling war und die Hand zurückzog! Der bekam das Doppelte ab. Man konnte auch am Ohr gezogen werden, selbst eine „Backpfeife" war nicht selten. Und – o Schande! – hie und da wurde auch mal einer vor die Tür des Klassenzimmers gestellt, um dort als Strafe eine Zeitlang zu warten, bis er wieder reingeholt wurde. Im Ganzen hatten wir aber vier Jahre lang eine schöne Zeit und angenehme, strenge konsequente Lehrer, die wir sehr achteten.

Unsere Freizeit verbrachten wir mit Kindern etwa gleichen Alters auf der Straße, meist in kurzen Lederhosen nach fränkischer Art. Oft gingen wir in die „Quell". Das war ein heute teilweise bebautes Straßenviertel zwischen Jößnitzer und August-Bebel-Straße sowie Goethe- und Chamissostraße – oberhalb des Friedhofs I. Dort waren damals noch Sumpfflächen und Wassertümpel, besetzt mit Fischen, Salamandern, Molchen und quakenden Fröschen zur Frühjahrszeit. Idealere Spielplätze für Kinder in diesem Alter sind kaum denkbar. Wir erforschten aber auch das Baugelände rechts der Jößnitzer Straße 88, wo ein Riesenbaukomplex entstand, der später einmal die zu klein gewordene Oberrealschule an der Syrastraße ersetzen sollte.

Unsere Schule auf einer Ansichtskarte (1928)

Der Bau der Oberrealschule, jetzt Lessing-Gymnasium, war für damalige Zeit ein Großbau. Er begann 1925. 1928 wurde die Schule durch den damaligen Direktor Dr. Zemmrich eingeweiht und der Schulunterricht eröffnet. Er hat für Plauens Schüler ein neues Zeitalter eingeläutet. Die Aula war ungewohnt groß mit einer gestaffelten Bühne für Orchester und Chöre. Für Elternabende und Feierlichkeiten war es eine ansprechende Festhalle. Unter der Aula befand sich eine Turnhalle mit sämtlichen damals modernen Turngeräten und in einer Größe, daß alle möglichen Spiele ausgetragen werden konnten. Es war offensichtlich, daß in Plauen für den Nachwuchs viel getan wurde, was in der damaligen Zeit des Geldmangels schon etwas bedeutete. Nach Osten angeschlossen war ein genügend großer Sportpark mit einer 100-Meter-Laufbahn, die nur den Nachteil hatte, daß man sich nach dem Lauf nicht richtig „auslaufen" konnte und lange atemlos blieb. Aber solch einen riesigen Sportplatz gab es wohl nirgends in Plauens Schulen. Die Klassenzimmer waren hinsichtlich Raumgröße und Ausstattung auf damals modernste Art und Weise eingerichtet. Ich hatte das Glück, der ersten dort neu gebildeten und aufgenommenen Schülerklasse anzugehören.

Unsere Lehrer waren noch fast ausschließlich durch die kaiserlich-königlichen Ausbildungen gegangen; das heißt streng, gerecht, aber sämtlich Autoritäten, die von uns immer geachtet wurden. Vielleicht mit Ausnahme des Sportlehrers Dr. Lohse, der „Feife" genannt wurde, weil er kein „Pf" aussprechen konnte. Wir mußten sowohl im Sommer als auch im Winter Schülermützen tragen: Dunkelblau mit weiß-gold-blauem Rand. Man kann sich denken, daß wir darauf stolz waren, wenn wir durch die Stadt gingen. Der Turnlehrer „Feife" drillte uns gleich zum Schulbeginn, wie wir damit umzugehen hatten. Drei bis fünf Schritte vor einem Lehrer oder einer prominenten Person hatten wir die Mütze zu ziehen, sie mit dem rechten Arm nach unten, etwas leicht nach hinten zu halten, eine leichte, angedeutete Verbeugung zu machen und die Mütze erst zwei Schritte nach dem Vorbeigang der Person wieder aufzusetzen.

In Plauen war Ende der 20er und Anfang der 30er Jahre die Textil-, Auto- und handwerkliche Industrie erschreckend zurückgegangen. Die dadurch entstandene Arbeitslosigkeit führte zu einer teilweise drastischen Radikalisierung der nicht mehr in Arbeit stehenden Bevölkerung. Allgemein gültige Informationen waren oft knapp und häufig einseitig überhöht, so stießen hauptsächlich zwei extreme Ansichten aufeinander. Viele Menschen wollten den in Rußland herrschenden Kommunismus einführen. Andere suchten dem vielversprechenden Nationalsozialismus zu folgen. Dies hatte natürlich seine Auswirkungen auf die Schüler, bei denen es dabei zu einer gewissen Polarisierung kam. In unserer Klasse stand aber immer die Gemeinschaft im Vordergrund.

Unser Schülerverband neigte zum Glück nicht zum Radikalismus, wie er in einigen Klassen die Schüler in gegnerische Gruppen drängte.

Wir zogen die Angehörigkeit in einer „neutralen" Gruppierung vor. Die Werber der sogenannten „Bündischen Jugend" hatten in unserer Klasse großen Erfolg. Mich „keilten", so nannte sich das, die Anhänger der „Sächsischen Jungenschaft", die ein Teil der „Deutschen Freischar" waren. Besseres konnte mir kaum geschehen. Als Einzelkind war ich glücklich in einer Gemeinschaft zu landen, in der Zusammengehörigkeitsgefühl, Zuverlässigkeit und Pflichterfüllung oberste Grundsätze waren. Die Heimabende fanden in der alten Komturei der Deutschen Ordensritter am Schulberg statt. Damals noch ein etwas im Verfall begriffenes Gebäude – nach den Bombenangriffen 1945 teilzerstört – heute abgerissen. Es herrschte da ein streng eingehaltener Ritus und eine straffe Disziplin, die man gerne befolgte. Wochenenden und Ferien waren mit „Fahrten" ausgefüllt. Die Fahrtenausrüstung war spartanisch: Zeltbahnen um den Tornister, Kochgeschirre, Feldflasche, Fahrtenmesser, Kartentasche; vieles aus alten Heeresbeständen. Die Fahrten dienten dazu, die Heimat kennenzulernen und die weitere Umgebung zu erkunden. Übernachtet wurde nur selten in Jugendherbergen, meist in Zelten mit Wache davor, auch im Winter bei Schnee. Vorher gab es am Lagerfeuer besinnliche Gespräche mit Liedern der Heimat, der Landsknechte, des Wanderers, der Reiterei. Idealer könnte ich mir auch heute rückblickend eine Jugend zwischen 12 und 17 Jahren nicht vorstellen. Wir lernten bis Fichtel- und Erzgebirge viel von unserer Heimat kennen. Und das alles bei knapper Ernährung, auch den Umgang damit haben wir gelernt. Das hat mir erst vor kurzem ein alter „Freischärler" bestätigt, der mir dankte, daß er in der sowjetischen Kriegsgefangenschaft, im Gegensatz zu seinen Mitgefangenen, die Hungerkur überstanden hat, weil er in der Freischar gelernt hat, bei knapper Verpflegung durchzuhalten. Wenn es täglich kaum etwas zu essen gibt, darf man nämlich nicht, selbst bei strengstem Hunger, die Wenigkeit hinunterwürgen, sondern den ganzen Tag über immer mal ein Krümel der Portion zu sich nehmen.

1934 wurde die „Bündische Jugend" der „Hitler-Jugend" und dem „Deutschen Jungvolk" eingegliedert. Dies wieder nicht als Einzelpersonen, sondern als Gruppen. Die älteren Mitglieder kamen als geschlossene Gruppe in die HJ und die Jüngeren mit einem Vorstand in das Jungvolk. Dieser „Vorstand", später Fähnleinführer genannt, unserer jüngeren Gruppe war ich. 1936 mußten vor dem Abitur Bescheinigungen unserer „gesellschaftlichen" Tätigkeit von den Oberschülern ausgestellt werden. Diese Bescheinigung der Oberschule, daß ich bis 1936 als Fähnleinführer nur im Jungvolk, nie in der Hitlerjugend war, hat mir 1945 vermutlich vor der sowjetischen Personenüberprüfung das Leben erhalten. Da wir eine eingespielte Gruppe von „Pimpfen" waren, hatten wir kaum strittige Berührungspunkte und taten alles in Übereinkunft. Von den Vorgängen um Lämmermann am 30.6.1934 und von den Aktionen um Verlagsleiter Günther Wolf hörten wir zwar, konnten uns aber keinerlei Urteil bilden, da von den Vorwürfen kaum etwas an die Öffentlichkeit drang. Die Tätigkeit im „Deutschen Jungvolk" ebbte mit den Jahren deutlich ab. Waren wir noch als „Bündische Jugend" zum Kennenlernen nach Ostpreußen

und Südtirol gefahren, wurde jetzt manches von der Oberrealschule übernommen, so z. B. ein Schüleraustausch mit Finnland. Mit meinem damaligen Austauschfreund, dem späteren Professor Martti Tusunen in Helsinki verband mich eine enge Freundschaft bis zu dessen Tode. In den nordischen Ländern war bis zum Ende des 2. Weltkrieges die deutsche Sprache das, was heute das Englische ist. Es gab rührende Erlebnisse mit vielen neu erworbenen Freunden bis zum Wiedersehen bis in den 80er Jahre.

Ein weiteres Ereignis ließ mich von meinen Pfadfinder-Freunden Abschied nehmen: die Tanzstunde. Bis dahin war von den Pfadfindern her jeder Kontakt mit dem weiblichen Geschlecht unerwünscht. Nun wandelte sich dies. Bei der Tanzstundenlehrerin Frau Beck hatte man nun neue Verpflichtungen: Nette Fräuleins zum Tanz abholen mit Blumen und gehobener Kleidung, Höflichkeit und „Knigge" hatten Vorzug. Wie sollte sich das mit Fahrtenkleidung und rauhem Umgangston vereinen?

Dann kamen die Prüfungen zum Abitur 1937; kein Problem. Unser schwacher Jahrgang bestand nur noch aus neun Abiturienten. Im letzten Schuljahr vor dem Abitur will die Schulbehörde gerne den Berufswunsch der Abgänger erfahren. Für mich stand der Beruf „Tierarzt" seit längerer Zeit fest. Drei Begebenheiten verstärkten dieses Ziel.

1. Waren meine Großeltern mütterlicherseits thüringische Bauern mit einem durchschnittlichen Viehbestand an Rindern, Schweinen und auch Geflügel. Dort verbrachte ich die wenigen freien Tage in den Ferien und an den Wochenenden vor allem mit der Beschäftigung mit den Tieren.

2. Mein Vater war Fleischermeister. Sämtliche benötigten Tiere werden vor und nach dem Schlachten tierärztlich untersucht. Ich begleitete den Veterinärmediziner oft bei der „Fleischbeschau". Die Tätigkeiten dieser „Re-

spektspersonen" beeindruckten einen Schüler außerordentlich.

3. Die Erfahrungen meines Vaters im 1. Weltkrieg. Er diente bei der leichten, bespannten Artillerie. Immer, wenn die Franzosen angriffen, mußten die Angehörigen der Artillerie auf ihre pferdebespannten Geschütze aufsitzen, mit den Kanonen an die Angreifer heranfahren, um diese gezielt beschießen zu können und den Angriff abzuwehren. Die Verluste bei diesen Batterien an Menschen und Tieren waren bisweilen erheblich. Ärzte und Tierärzte blieben aber in der Ausgangsstellung zurück und mußten nicht mit angreifen. Sie warteten, bis verletzte Soldaten und angeschossene Pferde zurückkamen.

Mein Vater meinte, daß ich beim nächsten Krieg nicht mit angreifen sollte, sondern lieber auf die verletzt zurückkommenden Pferde warten möge, um diese dann zu behandeln.

In Vorbereitung auf das Veterinär-Medizinstudium machte ich in den letzten drei Jahren des Oberrealschulbesuches noch das „Kleine Latinum". Dann kamen die Abschlußprüfungen, das Abitur und die Entlassung aus der inzwischen liebgewordenen Schule. Ich bin noch heute Mitglied im Schulförderverein des Lessing-Gymnasiums Plauen und engagiere mich dort gern als ältester ehemaliger Schüler. Wir gingen neun Jahre in diese höhere Schule. Mit uns wurde gleichzeitig der Jahrgang nach uns, der nur acht Jahre dort verbrachte, entlassen. Wir ahnten noch nicht, daß diese beiden Jahrgänge als Offiziersreservoir benötigt wurden. Wir neun Abiturienten wurden sofort im April 1937 zum Arbeitsdienst einberufen. Ich kam nach Scheinfeld in Oberfranken als Bachbegradiger und Auenanleger. Es begann wohl die schönste, unbelastetste Zeit meines Lebens. Ein Kamerad hatte von seinen Eltern ein Auto mitbekommen. So bildeten wir eine Gruppe, die in unbeschwerter Weise Oberfranken und das Maingebiet kennenlernte, mit Wochenendaus-

In den Dolomiten 1932

An Kriegsgräbern des 1. Weltkrieges in Südtirol

Die Mitglieder Bündnischer Jugend Plauens in der Bergwelt der Dolomiten

Das Lagerfeuer beginnt unter starkem Qualm zu brennen

Naturgesunde Kost

Fotos. H. Jahn

flügen und erstaunlich wenig Weinverbrauch. Mein „Arbeitskamerad" war der Sohn einer Arztfamilie aus Nürnberg. Er fiel 1943 als Panzeroffizier in der entscheidenden verlorenen Panzerschlacht bei Kursk. Kaum war das halbe Jahr zu Ende, wurden wir zur Wehrmacht einberufen. Ich hatte mich als Plauener bei dem Artillerie-Regiment 24 in Neundorf beworben und kam dort glücklicherweise an. So hart der Dienst auch war, manche Wochenenden konnte ich zu Hause verbringen. Ich errang das „Goldene Richtabzeichen" des Regiments und hatte seitdem einen Aufsetzer auf dem linken Ärmel (Oberarm), worauf ich sehr stolz war.

Am 1. Oktober 1938 wurde das Sudetenland besetzt.

Unser Regiment rückte von Amberg, vom Bayerischen Wald aus mit ein. Man kann sich als Außenstehender nicht in die damalige Begeisterung dieser Menschen versetzen. Die bis dahin von den Tschechen unterdrückten Deutschen standen zur Begrüßung vor Freude weinend an den Straßen. Viele knieten betend an den Straßenrändern. Es war für uns alle unfaßbar. Unser Regiment zog sich später über Schönberg am Kapellenberg in seinen alten Standort nach Plauen-Neundorf zurück. In diesem Jahr war ich als perfekter Artillerist, Reiter und Pferdepfleger gut angesehen. Ich hatte ein Pferd zu betreuen, das keinen anderen Menschen als sich heranließ, so böse war es. Deshalb war ich günstig dran, wenn der Putz- und Pflegezustand der Pferde überprüft wurde.

Die damalige Dienstzeit der einberufenen Soldaten betrug zwei Jahre. Angehende Mediziner und Veterinärmediziner brauchten nur ein Jahr bei der Truppe zu bleiben und kamen dann zu einer Vorausbildung in ihrem zukünftigen Beruf in Krankenhäuser bzw. in Lazarette. Wir Tierarztanwärter wurden sämtlich zur „Heeresveterinärakademie" nach Hannover einberufen. Dort lernten wir die Betreuung der Pferde vom Hufschmied über Impfung und Wundbehand-lung kennen. Ende März 1939 wurden wir als Unteroffiziere entlassen. Auch diese Zeit war für uns junge Menschen herrlich. Wir lernten Niedersachsen kennen, die Natur, seine Menschen und konnten an den Tanzstunden teilnehmen. Mit einer dieser Damen verlobte ich mich am 15. März 1939. Wir heirateten später während des Krieges. Sie ist bis heute meine treusorgende Gattin geblieben.

Im April 1939 fuhr ich nach München und ließ mich dort zum Studium der Veterinärmedizin einschreiben. Es war mein 1. Semester. Zusammen mit einem Freund von der Hannoverschen Veterinärakademie bezog ich eine „Studentenbude". Fritz Preuß ist in den Nachkriegsjahren Professor für Veterinär-Anatomie an der Freien Universität Berlin geworden und hat sich intensiv mit philosophischen Fragen beschäftigt. Bald wurden wir von einem Studentenkorps „gekeilt". Auch dort verlief das Leben in einem bestimmten Ritus. Der Vorsitzende bestimmte alles: Wann man sich unterhalten konnte, wann man zusammen ein Lied aus dem „Deutschen Kommersbuch" sang, wann man jemanden hochleben ließ und „auf sein Wohl" trank, wann man zur Fechtstunde zu erscheinen hatte. Alles war geregelt. Das Trinken konnte nur gemeinsam geschehen. Man sollte möglichst zwölf Gläser leeren, dann bekam man das 13. kostenlos. Das nahm natürlich Zeit in Anspruch bis nachts ein oder zwei Uhr. Das Fechten begann aber bereits früh sechs Uhr. Zum Glück durfte damals nur noch mit Gesichtsmaske gefochten werden, sie schützte Kopf und Oberkörper. Das war eine vernünftige und strenge Anordnung der NS-Studentenschaft. Bis dahin hatte ein angesehener Akademiker meist einen „Schmiß" im Gesicht aufzuweisen, als Zeichen, daß er einer „schlagenden Verbindung" angehörte.

Im Sommerurlaub war es üblich, einen studentischen Dienst zu tätigen. Unser Korps hatte sich die Iglauer Sprachinsel – Jihlava – vorge-nommen. Wir kamen in eine kleine Gemeinde südlich von Jihlava als Erntehelfer. Wieder waren wir überwältigt von der Freude und Zuneigung der Menschen dieser deutschen Sprachinsel. Sie trugen noch ihre Trachten, sangen abends ihre Lieder und verwöhnten uns in jeder Beziehung.

Zum 29. August 1939 bekamen wir plötzlich den Einberufungsbefehl zur Heeresveterinärakademie Hannover. So mußten wir das uns liebgewordene München verlassen. Der 2. Weltkrieg begann. Anfänglich war es uns nicht klar, ob wir mit zum Kriegseinsatz kommen oder womöglich in Uniform weiter studieren durften. Zum Glück für uns war es scheinbar der Gedanke der „Ostbesiedlung", der uns das Weiterstudium in Hannover und später noch in Berlin in Uniform ermöglichte. Nur bei überraschenden Kriegszügen wurden wir als Ergänzung in Pferdelazaretten eingesetzt. So vom 20. März bis 20. April 1940 in Colmar, Elsaß. Dort hatte sich ein französisches, nordafrikanisches Spahi-Regiment der Fremdenlegion ergeben. Es war erstaunlich, wie viele deutsche Staatsbürger sich diesem Regiment und damit der französischen Fremdenlegion verpflichtet hatten. Mit den Regiments-Veterinären hatten wir ein gutes kollegiales Verhältnis. Da wir an der Oberrealschule Plauen zum Glück sieben Jahre auch französische Sprachlehre hatten, war die Verständigung kein Problem. Einige stammten sogar aus dem deutschsprachigen Elsaß. Die freundschaftliche Kollegialität setzte sich noch bis in die 50er Jahre nach Kriegsende fort.

Dann ging es aber weiter mit dem Studium in Berlin. Inzwischen waren die „Semester" abgeschafft, d. h. im Jahr wurden drei Trimester bewältigt. Aber wieder wurde das Studium unterbrochen durch den Einmarsch der deutschen Truppen in Jugoslawien. So wurden wir im April 1941 einem Pferdelazarett zugeteilt und nahmen bei einem Artillerie-Regiment an der

Besetzung Kroatiens teil. Wir waren wieder von der Freundschaft der Kroaten überwältigt, die in den deutschen Truppen die Befreier von der serbischen Vorherrschaft sahen. Sie durften auf Ämtern und bei der Truppe u. a. nur die serbische Sprache benutzen. So wurde mit Hilfe der deutschen Truppen ein eigener Staat gebildet.

Am 1. Juli 1941 wurde ich zum Wachtmeister befördert und am 29. April 1942 zum Unterveterinär, nachdem ich am 28. April 1942 mein Tierarztexamen bestanden hatte. Am 20. Juni 1942 wurde meine Promotion, also die Doktorarbeit anerkannt, was am 20. August 1942 die Beförderung zum Veterinär zur Folge hatte. Nach bestandenem Examen kam ich sofort zur Truppe. Es war die Veterinär-Untersuchungsstelle 572 der 3. Panzerarmee, zunächst in Smolensk, später in Wjasma, ca. 80 km vor Moskau. Die Beweglichkeit dieser Panzerarmee war im Winter und zu Zeiten der „Schlamm-Perioden" im Gelände nur mit Pferden möglich. So entstanden im „Mittelabschnitt" Pferdeverluste durch in Deutschland kaum bekannte Seuchen, z. B. Encephalitis-Myelitis, Malleus („Rotz"). Diese zu erkennen und eventuell zu bekämpfen war unsere Aufgabe. Ich spende heute noch für die Kriegsgräberfürsorge auf dem Gebiet der ehemaligen Sowjetunion.

Am 2.5.1945 kam ich durch den Wohnort meiner Ehefrau, Hannover, in amerikanische Gefangenschaft. Halbverhungert, die Beine durch Hungerödeme verdickt mit 7 sezernierenden Wunden belastet, fand ich nach der Entlassung wieder nach Plauen. Meine Erlebnisse in diesen Monaten könnten ein Buch füllen. Durch den entstandenen Tierärztemangel kam ich am Schlachthof Plauen als Fleischbeschau-Tierarzt an – wie ich es mir als Junge erträumt hatte. Im Laufe der Jahre machte ich das Amtstierarztexamen, war von 1950 bis 1964 Kreistierarzt von Plauen.

Mir gelangen Veröffentlichungen über wissenschaftliche Erkenntnisse. Ich richtete die „Vogtländischen Tierärztetage" ein mit Vortragenden und Zuhörenden aus Sachsen, Berlin, Thüringen und Oberfranken. Diese Tagung besteht heute noch.

Später richtete ich eine Groß- und Kleintierpraxis ein, die, wie zu DDR-Zeiten üblich, staatlich war. Mir wurde die Ehre zuteil, Mitglied im zentralen „Gutachterausschuß für Arzneimittelverkehr" zu werden. Seit der Wende organisiere ich tierärztliche Seniorentreffen Südwestsachsens. Ich bin glücklich, daß auch thüringische und oberfränkische Kollegen sich freuen, dabei teilnehmen zu können.

Immer, das möge man mir glauben, habe ich meine Verbundenheit zu Plauen und zum Vogtland zum Ausdruck gebracht. Deshalb bin ich gern der Anregung von Herrn Röder nachgekommen, den Lebenslauf eines Plauener Bürgers zu beschreiben.

Ich bin übrigens stolz darauf, einen Abdruck des 1598 von Benedictus Richter veröffentlichten Holzschnittes der Stadt Plauen im Original zu besitzen.

Dr. Helmut Jahn, Plauen

Auf dem Kleinfriesener Gondelteich (1935)   *Foto: Fliegner*

Krieg und Frieden an der Butterleithe in Zobes

Merkwürdige Begebenheiten

Am 26. September 1920 erblickte ich in dem Dorf Zobes das Licht der Welt. Vor meiner Einschulung hat der Schularzt entdeckt, daß ich mehr sehe als andere Menschen. Er stellte fest: Dieses Kind lernt über die Augen mehr als über die Ohren, die sieht mehr. Das habe ich nicht vergessen. Und da kam die Tröger Hulda, die Mutter eines meiner späteren Schulkameraden, hinter die Tafel und wollte meine Augen angucken; sie sah aber nichts an mir. Danach machte ihr Mann seiner Kundschaft bekannt, daß sein Sohn Hans, der auch sehr klug war, mich einmal heiraten muß. Ein Glück, daß wir nicht dem Islam angehörten und mein Vater auch nicht für einen solchen Plan war. Es ergab sich nämlich, daß ich klein blieb und der Hans sehr groß wuchs und ich den Hans überhaupt nicht leiden konnte. Von mir hatte er einmal fünf Radiergummis geklaut. Bei einer Taschenkontrolle, die die Mutter eines anderen Kindes veranlaßte, kam das erst heraus. Damals sagte meine Mutter: Die Reichen nehmen, was sie brauchen, weil sie sich schämen zu betteln, und zum Bitten sind sie zu stolz; merke dir das. Der Hans übernahm später die Werkstatt seines Vaters und wurde unser Tischler.

Als ich fünf Jahr war, wurde mein Bruder Edgar geboren. Bis dahin betrachtete ich meinen Cousin Martin als Bruder. Mit fünf Jahren urteilt ein Kind danach, mit wem man gut spielen kann. Wer zuschlägt, wird gemieden. Aber da lag Mama im Bett, und die Hebamme gab mir zwei kleine Tafeln Schokolade (5 x 3 cm) und sagte: Ich gebe dir das, und das teilst du mit Martin, aber wenn dein Bruder größer ist, dann mußt du alles mit ihm teilen. Das hätte sie nicht sagen dürfen. Ich hatte mich so auf meinen Bruder gefreut und mit ihm teilen wollen, das wäre kein Problem geworden. Später habe ich das mal meiner Mutter gesagt und dabei geweint, und ich hatte Angst, daß mein Bruder mir alles wegnehmen würde. So, nun war er da. Es war doch tatsächlich so. Als Mutter ihn stillte, sagte sie einmal zum Vater: Du mußt dich mal mehr um das Mädel kümmern, der nimmt mich zu sehr in Anspruch. Ich stand ja dauernd daneben, und wenn er schrie, bekam er den Schnuller, der in Zucker getaucht wurde. War die Mutter weg, da riß ich ihm den Schnuller aus dem Mund. Ich nahm als Kind keinen Schnuller, und meiner Meinung nach war das ein Vorzug für ihn. Dann schrie er wieder, und Mutter bemerkte, daß ich schuld war, und da muß ich wohl meine ersten Schläge von Mutter bekommen haben. So, nun ist Krieg in der Familie! Wegen dem Miststück werde ich auch noch geschlagen! Na warte, mit dir mache ich keine Brühe – so sagt man im Vogtland, wenn man mit jemandem nichts zu tun haben will. Nicht lange danach bekam er Haferflockenbrei. Mutter rührte die flüssig gekochten Haferflocken durch ein Sieb. Der Bruder bekam das, was durchlief, und ich das Grobe. Ich fragte, warum das so ist, und sie sagte: Der ist noch nicht ganz fertig, deshalb bekommt er erst mal Brei, und später eßt ihr beide alles, wie es gekocht wird, und wenn es nicht schmeckt, tu ich dir Zucker ran. Aber du mußt das Grobe essen, weil du so schlechten Stuhlgang hast. Nun meinetwegen, dachte ich.

Dann kam die Zeit, wo ich auf den Kleinen aufpassen sollte, wenn Mutter in den Stall mußte. Ich guckte mir den Kinderwagen an. So ein hohes Gestell, das fällt doch um, höher konnten die den Wagen wohl nicht bauen. Bei meinem Bett war immer ein Kuchendeckel dran, damit ich nicht rausfallen konnte. Und der war nicht angehängt wie die Kühe, und ein Kuchendeckel war auch nicht dran – da muß er ja rausfallen, dachte ich. Eines Tages war es auch soweit. Ich spielte und schaukelte mit dem Wagen, wie das Kinder so tun, wenn es schön ist, und dann treibt man es immer schneller. Es gab einen Polterer, und die Kutsche war umgefallen und der Kleine drunter. Ich brachte die Kutsche nicht hoch und den Kleinen nicht vor. Ich sah nur die Kutsche und die Kissen. Ich war doch erst fünf Jahre. Dann rannte ich aus der Stube und schrie: Mama, Mama, die Kutsche ist umgefallen, und er liegt drunter, schnell. Die Mutter schrie: Bleib oben, ich komme. Und wie der Wind war sie die Treppe hoch: Wenn ich den Wagen hebe, nimmst du mal gleich die Kissen weg, daß er nicht erstickt. Aber irgendwie muß er Luft bekommen haben, denn das Ganze hat länger gedauert, als man ohne Luft leben kann. Ich hatte Angst und dachte: Jetzt geht der Krieg wieder los, jetzt schlägt sie mich wieder – aber es geschah nichts. Der Kleine schlief gleich im Wagen ein, und die Mutter setzte sich auf den Stuhl und wischte sich mit der Schürze das Gesicht ab. Sie waren wohl beide geschockt. Danach war der Kleine dauernd krank. Laufend hatte er eine andere Krankheit. So ein Schwächling, dachte ich – mir fehlte nichts.

Als ich sechs Jahre war, wollte ich auch so eine Babypuppe wie meine Freundin Inge. Ich begriff nicht, daß meine Eltern kein Geld hatten und ich deshalb kein Puppe mit Porzellankopf bekommen konnte. Die von Inge hatte ein Zelluloidgesicht, das man auch abwaschen konnte. Bei meiner alten Puppe durfte kein Wasser ran, da waren Kopf, Hände und Füße aus Pappmaché, und im Bauch waren Sägespäne. Na ja, mein Baby hatte ein sehr schönes Gesicht, schöner als Inges Puppe. Mutter sagte: Das darfst du aber nicht zu Inge sagen, daß deine schöner ist, sonst gibt es Ärger. Wenn ich dieses Wort schon hörte, dann gab es Schläge, und Schläge sind Krieg. Vom Krieg erzählte Vater jede freie Minute. Und wenn ich mal nicht brav war, dann guckte die „Muffelgusch" zur Tür rein und sagte im Schnurrton: Wenn du nicht sofort spurst, dann komme ich rein. Mensch – dauernd muß man Angst haben und man kann sich nicht wehren, so ein Mist. Weihnachten bekam ich die Babypuppe. Es war noch nicht Neujahr, ich spielte, und Mutter hatte den Kleinen auf den Beinen, der jetzt 13 Monate war. Ham, ham, bettelte er und streckte die Arme aus. „Na gib sie ihm doch mal!" sagte Mutter; das war ein Befehl. „Der macht sie kaputt", sagte ich und gab sie ihm. Und kaum hatte er sie in der Hand, da fiel sie runter auf die Steine in der Küche, und der Kopf war ab. Ich muß gebrüllt haben wie am Spieß und mit den Füßen an die Tür gestoßen – ich weiß jetzt noch von meinem Schmerz. Das war wohl so, wie wenn einer Mutter ihr Kind stirbt. Mutter wollte mich trösten und sagte: Deine Puppe bekommt einen neuen, schönen, unzerbrechlichen Kopf, wenn ich in die Stadt komme. Die Puppe verschwand mit ihrem zerbrochenen Kopf, und ich mußte wieder mit der alten spielen.

Dann war ich schon in der Schule; ich war sieben Jahre und mein Bruder zwei. Mutter hat unten im Hausflur mit dem Waschbrett gewaschen, und ich sollte auf den Kleinen aufpassen. Ich spielte und dachte, das Würmchen kann nicht gefährlich werden. Da pochte der doch, ich erschrak und sah, wie er mit der Kohlenschaufel an den Tisch schlug und schon auf das neue Büfett zielte. Ich sprang hin und wollte ihm die Kohlenschaufel wegnehmen. Was ich noch sah, daß er mit der Schaufel auf mich

zielte – dann wußte ich nichts mehr. Mutter bemerkte, daß es oben sehr still war und kam nachsehen, was wir treiben. Als sie die Tür aufmachte, hörte ich sie sagen: Du sollst auf den Kleinen aufpassen, was willst du da unter dem Tisch! Da torkelte ich auf Mutter zu und sagte: Ich bin nicht unter den Tisch gekrochen, der hat mit der Schaufel an die Möbel geschlagen, und ich wollte sie ihm wegnehmen. Wie lange ich da unten war, das weiß ich nicht. Erst als ich dich reden hörte, war ich wieder da. Da sag-

Mein Bruder und ich

te sie: Das hält man doch nicht für möglich, daß ein siebenjähriges Kind nicht über einen zweijährigen Herr wird! Ihr seid aber eine Bande. Er hätte mich erschlagen können; ich weiß nicht, wie oft er auf mich einschlug. Nun wundere ich mich nicht mehr, woher einige Dellen in meinem Schädelknochen kommen. Jedenfalls, bewußtlos hatte er mich geschlagen. Das ist Krieg!

Ab diesem Tag sah ich in meinem Bruder immer eine Gefahr. Er mußte immer seinen

Willen bekommen, sonst legte er sich auf die Dielen und strampelte mit den Beinen. Einmal war er wieder krank, da fragte die Mutter den Arzt, was sie da machen soll. Der sagte: Ja nicht schlagen, da bekommt er Krämpfe. Sie füllen ein Glas mit Wasser, gehen auf den Jungen zu und sagen mit strenger Stimme: „Wenn du nicht sofort aufstehst, schütte ich dir das Wasser ins Gesicht." Das ist die Warnung, die muß sein. Steht er nicht auf, dann dürfen sie nicht lange warten und ihm das Wasser kurz entschlossen mitten ins Gesicht schütten. Sie werden sehen, das hilft. Einmal hatte er seinen guten Anzug an, und weil Mutter nicht machte, was er wollte, legte er sich wieder hin und strampelte. Da ergriff die Mutter einen Topf mit Wasser, stellte sich vor ihm hin und sagte: Wenn du nicht sofort aufstehst, schütte ich dir das ganze Wasser mitten ins Gesicht. Da sagt doch dieser freche dreijährige: Das machst du nicht, ich habe doch meinen guten Anzug an. „Wenn du ihn dreckig gemacht hast, dann kann er auch naß werden", sagte Mutter. Da stand er auf, und ich sah nie mehr, daß er sich hinlegte, um Mutter zu erpressen. Ich bemerkte, daß er Mamas Liebling war, und war eifersüchtig auf ihn. Aber es kam immer mehr Angst in mir auf. Mama macht einen Fehler mit der Erziehung ihres „Stammhalters". So ein Quatsch – Kinder unterschiedlich zu lieben. Wer das tut, der hat einen Dachschaden! Jedes Kind bedarf der ganzen Liebe und Strenge der Eltern. Mit Schlägen kann man kein Kind erziehen, aber gegen sich als Feind vielleicht. Wohin schlägt man eigentlich ein Kind? Das ist Terror! Ich wurde von den Eltern geschlagen und vom Lehrer. Es kam schon vor, daß ich sie manchmal genervt habe, aber 80 % der Schläge hatte ich auf keinen Fall verdient. Ich habe mir eine andere Strafe für absichtliche Straftäter ausgedacht. Ich habe immer gesagt: Wenn du nicht so dumm wärst, würde ich dir jetzt eine runterhauen, aber du weißt ja nicht mal warum. Dies habe ich auch bei meinen Schulkameraden angewandt, es hat mehr Erfolg als 7 Schläge. Man sollte im Gegenteil erst einmal versuchen, mit den Kindern zu reden. Meist sind es doch Mißverständnisse, die zu einem Fehlverhalten führen.

Aber bei meinem Bruder stellte ich immer mehr fest – die Mutter erzieht einen Mörder, der erschlägt uns eines Tages alle. Dann war er über vier Jahre. Wir waren im Hof. Da bringt er sein Emaille-Kaffeetöpfchen und den gleichen Teller, legt beides einzeln auf den Hackstock und haut es mit der daneben stehenden Hacke kaputt. Ich traute mich nicht, ihm die Hacke wegzunehmen, weil ich an die Kohlenschaufel von damals dachte. Jetzt war ich neun und habe alles begriffen. Ich fragte ihn: Was machst du denn da; weißt du auch, was du machst? Da sagte er: Das brauche ich nicht mehr und legte die Hacke weg. Es war ja auch sehr liederlich von meinem Vater, die Hacke, für jeden zugänglich, neben dem Hackstock hinzulegen. Sie war ja immer dort. Ich ging ins Haus und sagte es Mutter – was die dachte, erfuhr ich nicht. Wenige Tage später wurde mein Bruder krank. Ich hatte Mandelentzündung, mein Bruder Röteln, am nächsten Tag Masern, am nächsten Tag Windpocken, und es wurde der Arzt geholt. Ich hatte diese Krankheiten schon. Der Arzt kam und wunderte sich.

So etwas hatte er noch nicht erlebt, daß ein Kind jeden Tag ein anderes Krankheitsbild zeigte. Am nächsten Tag wurden die Blasen größer, und er fragte, ob in der Nähe ähnliche Erkrankungen sind. Wir wußten nichts. Daß er ein schwaches Herz hat und seine Nieren nicht die besten sind, hatte mit dieser Krankheit nichts zu tun. Aber sind alle gegen Pocken geimpft. Mutter sagte: Wir sind geimpft, aber bei ihm sind keine Blasen und Grinde entstanden, er bekam damals Ausschlag, und ich dachte auch schon an Pocken. Da fuhr sie der Arzt an: Sagen sie diese Worte nicht mehr. Dann würde ich nur noch ihren Sohn behandeln dürfen, und das wäre schlimm. Das war im Februar 1930. Die Blasen am ganzen Körper meines Bruders wurden immer größer. Die Arznei war wohl schon die richtige, aber es gibt eben Krankheiten, die eine bestimmte Zeit brauchen, und der Arzt meinte, in drei Wochen muß das vorbei sein. Mein Bruder sagte: Die alten Brennesseln. Der Arzt schnitt täglich seine Blasen auf, dann war es besser. Meine Mutter sagte: Edgarle, wollen wir beten, daß du wieder gesund wirst. Da spricht doch dieses vierjährige Kind: Mama, nimmer beten, der Heiland wird schon runter kommen und mir helfen. Mutter sagte zu mir: Hast du das gehört? Und ich hatte es gehört.

Etwa ein halbes Jahr vorher war eine Hellseherin bei uns und wollte Mutter die Zukunft voraussagen. Mutter sagte zur ihr: Gehen Sie, ich will nichts wissen. Und diese Frau meinte: Ich muß es Ihnen sagen, und dann komme ich nicht mehr. In diesem Hause wird bald ein junger Mann sterben. – Dann verschwand sie. Natürlich gibt es Menschen, die sehen, wenn ein Mensch sehr krank ist und andere gucken da gar nicht hin oder besser gesagt – wir haben alle ein großes Geschick im Verdrängen. Jedenfalls haben meine Mutter und meine Großmutter damals gedacht, daß wohl der ledige Bruder gemeint sein kann. Mutters Bruder war

damals 34 Jahre und ledig geblieben, weil er etwas behindert war.

Meine Eltern haben alles versucht, den kleinen Edgar zu retten. Da war der Heilpraktiker oder Magnetiseur Herrmann Markus aus Plauen, der in regelmäßigen Abständen kam und Arzneimittel anbot. Der sagte: Ich kann ihn ja mal untersuchen. Er bewegte die Hände über den ganzen Körper meines Bruders. Ich würde heute sagen, er hat das Magnetfeld der Aura meines Bruders feststellen wollen. Dann hörte er auf, setzte sich und sagte zu meiner Mutter: Liebe Frau, der kleine Kerl macht mich so fertig, daß ich nichts machen kann. So kam es, daß dann mein Bruder am 17. Tag seiner Krankheit starb. Damals war meine Mutter total fertig und wurde von da an auch etwas krank im Kreislauf. Erst langsam ordnete sie sich wieder in ein normales Leben ein. Von da an hatte sie dann immer Angst um mich.

Erst 15 Jahre später kamen ihre beiden Schwestern mal zu uns, und sie erzählten von ihren Söhnen, die im Krieg geblieben sind. Da sagte sie zu ihnen: Damals, als mein Kind starb, bin ich fast mitgestorben, und jetzt bin ich froh, daß er damals starb. Es wäre furchtbar, wenn ich gleiches erleben müßte wie ihr. Ich fühle mit euch, wie das ist.

Aber als der Krieg war, da entdeckte ich an mir etwas, was mich beunruhigte. Wenn ein Soldat aus dem Krieg im Urlaub war und „Auf Wiedersehen" sagte, da bekam ich manchmal ein schlechtes Gewissen, wenn ich das sagte. Ich kam mir manchmal als Lügner vor – und dann wurde dieser Mensch als gefallen gemeldet. Das kam in unserer Verwandtschaft viermal vor. Noch schlimmer war das bei meinem ersten Mann. Er selbst fühlte sich immer wie vom Tode verfolgt. Immer wenn er weg war, sind die anderen gefallen. Er sagte auch, wie ich mich verhalten soll, wenn er nicht wiederkommt. Man will so etwas gar nicht hören, man verdrängt. Als er nun im März 1944 zu der

Hochzeit seines Bruders Sonderurlaub hatte und wieder fortging, da wollte ich ihn ein Stück begleiten. Es war dort ein Waldrand, links ein Fichtenwald, so zehn Meter hoch, und rechts ebenso große Kiefern. Ich wußte das, aber als wir an diese Stelle kamen, sah ich plötzlich einen hochgestellten Panzer. Ich bekam Angst und sagte: Ich kehre jetzt lieber um, es hat keinen Zweck, weiter mitzugehen. Und dort, wo er vermißt wurde, da waren starke Panzer- und Fliegerverbände im Einsatz. Auch nahe der Stelle, wo ich damals umgekehrt bin, sind am letzten Kriegstag drei Panzer am Waldrand umgekehrt.

Das sagt mir soviel: Wir müssen mehr auf unsere innere Stimme hören. In der Bibel steht, daß Gott früher mit den Menschen redete. Ich bin der Meinung, daß Gott mit den Menschen heute auch noch redet. Man glaubt nicht mehr an ihn, weil man niemanden über sich haben will. Man denkt: Mir hat keiner was zu sagen. Aber dieser unsichtbare Gott hat uns so wunderbar geschaffen, und da wird er auch, wie es gute Eltern tun, immer gute Ratschläge geben. Wir können auch mit ihm reden. Wenn wir ihm unsere Sorgen und Anliegen sagen, dann wird er mit unserer inneren Stimme antworten oder auch auf andere Weise. Wäre es nicht doch

besser, etwas mehr oder öfter auf ihn zu hören? Wo findet man aber diesen Ort, wo er doch unsichtbar ist? Wo man ein Kreuz sieht, da ist er uns ganz nahe. Und die Gebrauchsanweisung für unser aller Leben steht im kleinen Katechismus von Martin Luther. Und wenn Sie noch mehr wissen wollen, dann schreiben Sie mir mal. Alles Gute. Das sei euer Wunsch. Ich wünsche dir was, oder toi, toi, toi, das möchte ich nicht hören. Es gibt ein Sprichwort: Unwissenheit schützt nicht vor Strafe. Laßt euch nicht verführen, bleibt ehrlich und gesund!

Margarete Hoyer, geb. Trampelt, Netzschkau

Schulanfang 1927 unten von links: Gretchen Haack (2), rechts Enno Hoyer (1), beide tot
1. Reihe v. l.: Enno Haack, Hans Tröger (†), Heinz Fuchs, Heinz Richter, Schiegfried Schmalfuß, Albert Hoyer, Lothar Wohlrab (†), Rudi Fuchs (†)
2. Reihe (Mädchen) v. l.: Hilde Stöß (†), Hilda Semmler, Herta Rink, Hilde Grünert, ?? Schwabe (†)
3. Reihe v. l. Käthe Friedrich, Hildegart John, Lena Schubert (†), Margarete Trampelt, Marga Kehr, Flora Pfrötzschner (†), Johanna Rink, Rudi Schwabe (†), Rudi Brätigam
4. obere Reihe: Johanna Grünert, Irmgard Kober (†), Irena Dietrich, Elsa Schubert, Herta Wunderlich, Else Männel, Walter Schwabe (†), Heinz Kehr Lehrer Walter Wächtler, li. Artur Schaller (†), Otto Fuchs (†)
Von diesen 34 Kindern waren am 27.5.2000 bestimmt 19 tot, also keine 80 Jahre alt geworden. Fotos: M. Hoyer

Da traf mich plötzlich ein harter Schlag in den Rücken . . .

Bekanntermaßen kann sich niemand aussuchen, wann, durch wen und wo er geboren wird. Ob im heißen Afrika in einem Schilfdorf, in den Savannen Südamerikas in einem Indianer-Wigwam, ob in China gelbhäutig oder in den Eiswüsten des hohen Nordens. Weder Kultur noch Religion konnte man wählen. Wir haben zu akzeptieren, in welche Vorbedingungen wir hineingestellt werden. Wenn das auch eine Binsenweisheit ist, die meisten sind sich solcher Tatbestände nicht immer bewußt.

Ich wurde am 27. Oktober 1921 in Plauen in der Bahnhofstraße 12 in eine in jeder Hinsicht zerrissene Gesellschaft hineingeboren. Zwietracht und Haß hatten sich nach dem verlorenen 1. Weltkrieg ausgebreitet. Gräben waren zwischen den Menschen entstanden, die nicht wieder zu schließen waren. Die es versuchten, wurden von den Gegensätzen nahezu überrannt.

Als mein Leben begann bewußt zu werden, erfuhr ich durch Gespräche in meiner Umgebung von einer weiteren schweren Belastung, einer Geisel, die vor allem von Eltern kleiner Kinder mit größter Sorge verfolgt wurde: die spanische Grippe – eine schwere Form der Grippe – die um die gesamte Welt lief. Besonders hart traf sie das ausgehungerte Deutschland und Europa. Sie war mit einer Lungenentzündung gepaart, gegen die es keine Bekämpfungsmittel gab, insbesondere keine Antibiotika. Die Vorstellung, daß möglicherweise fast doppelt so viele Menschen daran starben als im vorangegangenen Krieg, zeigt, wie schwerwiegend dieses Ereignis war und wie es die Leute in Angst und Schrecken versetzte.

Dies ist kurz skizziert die gesellschaftliche Situation, in die ich hineingeboren wurde.

Mich befiel indes im Alter von zweieinhalb Jahren eine andere Krankheit: Ein schwerer rheumatischer Anfall. Durch Fieberschübe wurde eine Herzklappe in Mitleidenschaft gezogen, und die linke Herzkammer hatte sich vergrößert. Meine gesamte Kindheit und die Jugend waren davon beeinflußt, da ich als Sorgenkind bezeichnet wurde, was die Entwicklung meines Selbstvertrauens sehr beeinträchtigte. In Folge wurde ich ständig von Erkältungskrankheiten heimgesucht mit Entzündungen des Mittelohrs, was nicht ganz ungefährlich war. Mit 13 Jahren hatte ich einen weiteren schweren Rheumaanfall im Zusammenhang mit einem HJ-Geländespiel, über das ich noch berichten werde. Er fesselte mich fast ein dreiviertel Jahr ans Bett. Die therapeutischen Maßnahmen waren höchst kläglich. Ich verlag vollkommen und mußte wieder laufen lernen. Danach wurden die Mandeln gekappt, eine höchst wirkungsvolle Maßnahme. Mein Martyrium hatte damit ein Ende, nicht aber die Folgen, die sich daraus ergaben.

Mein Vater wollte, daß ich versetzt wurde, „da der Junge ja nicht daran Schuld ist". Das hätte indes noch größere Schwierigkeiten für meinen schulischen Werdegang bedeutet. Es wäre unmöglich gewesen, die fehlende Zeit aufzuholen und den Anschluß wieder zu finden. Ich mußte also wiederholen.

Politisch wurde mein Leben allein schon durch unsere Wohnlage geprägt. Wir wohnten

Neben der Dresdner Bank rechts die Bahnhofstraße 12, wo ich geboren wurde   Foto: Verlag

in Plauen am Rande eines Villenviertels, genannt Wartburgplatz, in der Pausaer Straße 129. Getrennt durch die Pausaer Straße begann auf der anderen Seite ein Arbeiterviertel. Die Extreme stießen sichtbar aufeinander. In der Rückertschule drückten Arbeiterkinder und wir „von der anderen Seite" die gleichen Schulbänke. Die Not der Arbeiterkinder zeigte sich in ihrer Kleidung und in der Qualität der Pausenbrote. Einige von uns halfen mit allem möglichen aus, und so

Beim Fotografen

verstanden wir uns gut. Es war eine Schule zur sozialen Mitmenschlichkeit, was mir allerdings erst lange Zeit danach bewußt wurde.

Jahre später wünschte ich mir ein Fahrrad. Zu meinem Erstaunen schickte mich mein Vater zu dem Fahrradhändler Dressler. Bei ihm solle ich mir ein Rad aussuchen und Herr Dressler sollte ihm die Rechnung schicken. Das hörte sich sehr gut an. Ich suchte mir ein Rad mit Ballonreifen aus, die gerade in Mode gekommen waren. Das Fahrrad kostete, ich glaube, es war im Jahr 1930, 120 RM, bei den damaligen Einkommen ein hoher Betrag. Viele konnten sich ein solches Rad nicht leisten, das wurde mir bewußt. Wir Jugendlichen führten damals Wimpel am Rad, in denen sich die politische Gesinnung und Sport, auch jene der

Eltern, oft widerspiegelte. Also bat ich meinen Vater um einen solchen Wimpel. Ich war enttäuscht, als er sagte, daß er mir einen besorgen würde; das konnte lang dauern. Bald erhielt ich indes den begehrten Wimpel, den ich mit einer Schnur zwischen Lenker und Radgabel festmachte. Begeistert fuhr ich damit herum. Auch in das naheliegende Arbeiterviertel „Alt-Haselbrunn". Ich war sehr stolz auf mein Fahrrad und den Wimpel, dessen Bedeutung ich nicht kannte, da mir das niemand erklärt hatte. Väter sind oft sehr kurz angebunden!

Auf einer abschüssigen, nur befestigten Straße, traf mich plötzlich ein harter Schlag in den Rücken. Ich stürzte über den Lenker zu Boden. Das war hart, denn es war Sommer und ich nur leicht bekleidet. Benommen rappelte ich mich aber wieder hoch, sah nach meinem neuen Rad und meinem blutenden Knie. – Neben mir lag die aufgeschnittene Decke eines Fahrradreifens, die auf mich ganz zweifellos geworfen worden war und mich so schwer getroffen hatte. Ich schaute mich um, aber es war niemand zu sehen. So nahm ich mein Rad, bog den Lenker gerade und humpelte davon. Bezeichnenderweise fuhr ich nicht nach Hause, sondern zu der Wohnung meines Freundes in der Pausaer Straße, den wir „Atze" nannten. Dessen Mutter war eine gütige Frau, die mich schon oft beraten und mir geholfen hatte. Sie kümmerte sich nach einer kurzen Frage sofort um mein Knie, wusch die Wunde aus und verband sie. In diesem Moment kam der Mann von der Arbeit nach Hause. Noch in der Tür fragte er: „Wem gehört dieses Fahrrad?" An meiner Stelle antwortete die Frau, daß es mir gehöre. Der Mann schaute mich an, sah auf mein Knie und fragte, was denn passiert sei. Ich erzählte ihm alles. Er fragte weiter, wer mir diesen Wimpel gegeben habe. Ich antwortete: „Mein Vater." Er schüttelte den Kopf, hieß mich neben ihm zu sitzen und fragte nun weiter, ob ich

denn wisse, was für eine Flagge ich da am Rad führe? Ich verneinte, und er klärte mich auf: Es ist die alte kaiserliche Reichskriegsflagge, und mit der fährst du durch das Arbeiterviertel Alt-Haselbrunn. So wurde mir klar, daß mir die Leute dort eine Lektion erteilen wollten. Ich war damals neun Jahre alt, und ob man auf ein Kind eine harte Reifendecke schleudert, ob das angemessen ist, ist sicher eine andere Frage. Aber diese Zeit war eben von starken Gegensätzen bestimmt, und das hatte ich zu spüren bekommen. Wütend war ich nicht, es sei denn auf meinen Vater, der mir dieses aufreizende Symbol aus dem Kaiserreich geschenkt hatte. Jedenfalls war ich um eine Erfahrung reicher. Noch heute fährt es mir mit Schauer über den Rücken, wenn ich die Berichte über rechtsradikale Umtriebe lese, bei denen zumeist dieses Symbol benützt wird! Besonders sind mir noch die Aufmärsche von scharf rechts und links in Erinnerung. Hier entluden sich die Aggressionen in gewalttätigen Straßenkämpfen. Wir Kinder mußten durchaus aufpassen, daß wir dabei nicht „zwischen die Fronten gerieten". Rücksicht wurde nicht auf uns genommen.

So torkelten wir Deutschen, das Volk Goethes und Schillers der erbarmungslosen Diktatur und damit dem Chaos entgegen!

Andere für mich wichtige Vorkommnisse lagen mehr im familiären Bereich. Da waren Einstellungen zum Beruf meines Vaters, einem Arzt und Chirurgen. Letzteres erwähne ich, weil es damals durchaus üblich war, daß kleinere Operationen in den Praxen durchgeführt wurden. Eines Tages ließ er mich an den Operationstisch kommen. Da lag ein Mann mit einem akuten Blinddarm. Da es um Minuten ging, nahm mein Vater die Operation sofort vor. Beim öffnenden Schnitt kam ihm bereits der Eiter entgegen. Der Blinddarm war durchgebrochen. Mein Vater öffnete die Baudecke, nahm die Därme heraus, die ich auf einem Beitisch halten mußte. Er säuberte den Bauch, um eine Infektion zu verhindern, wie er mir hastig erklärte. Es ging also um Leben und Tod. Da stelle man sich einen etwa elfjährigen Jungen vor, der sich die Prozedur nicht nur ansehen, sondern auch aktiv mitwirken mußte. Es war nicht einfach, die Därme auf dem Tisch zu halten. Ich mußte mich sehr zusammennehmen. Endlich traf ein Kollege meines Vaters ein, der ihm assistieren sollte. Die kritische Phase der Operation war aber bereits vorüber. Der Herr lobte mich sehr, und mir war speiübel. Wochenlang verfolgten mich die Szenen der Operation in Träumen und bei Tag. In mir reifte der Entschluß, keinesfalls Arzt zu werden, was mein Vater allerdings wollte.

Ein anderes Kapitel war das Verhältnis zu den Kirchen. Von Haus aus evangelisch, gab es nur selten Aussagen und wenig Kontakte. Einmal schickte unsere Mutter meine Schwester und mich mit dem „Dienstmädchen" in das evangelische Paulushaus zu einem Lichtbildervortrag über Max und Moritz. Wir wurden von zwei Diakonissen streng gemustert und nach unserer Herkunft gefragt. Dabei machten die Damen Gesichter, als wollten sie uns wieder aus dem Haus jagen. Mir war der Spaß an Wilhelm Buschs lustigen Aussagen vergangen. Nie wieder habe ich mich dorthin schicken lassen.

Ein halbes Jahr vor unserer Konfirmation – meine Schwester und ich wurden zusammen konfirmiert, da das ökonomischer sei, so mein Vater – zogen wir vom Stadtrand in die Stadtmitte, wodurch wir unser ganzes Umfeld verloren. Dadurch gehörten wir nun zu einem anderen Pfarrsprengel. Wohl oder übel mußten wir uns von Pfarrer Weidenkaff, einem gütigen Mann, verabschieden. Der nunmehrige Pfarrer sah eher wie ein pensionierter Major aus und verhielt sich uns gegenüber entsprechend. Wo wir denn herkommen würden und wie wir uns das vorstellen, fragte er. Ich hatte keine Vorstellung, und er setzte meine Schwe-

ster und mich in die vorderste Bank, wie sie in der Schule zu Strafzwecken benützt wurde. Ich war wütend, und als meine Schwester etwas aufsagen sollte, was wir nicht kannten, passierte es: Unter seinen Beschimpfungen nahm ich meine Schwester bei der Hand, und wir verließen den Raum und eilten die Treppe hinunter, begleitet von den zornigen Rufen dieses Pfarrers.

Bald wurde ich mir über die möglichen Auswirkungen meines Vorgehens im klaren. Ich mußte meinem Vater beichten. Der lachte zunächst schallend, um mich dann hart wissen zu lassen, daß ich das gefälligst wieder in Ordnung zu bringen habe. Meine Schulkameraden erzählten mir von ihrem Pfarrer, einem jungen Mann, mit dem sich reden ließ. Das tat ich dann auch, wieder mit meiner Schwester an der Hand. Er sagte, er könne nur ein gewisses Verständnis für mich aufbringen, denn wir hätten uns nicht korrekt verhalten. „Man läuft nicht einfach weg", so meinte er. Wenigstens entschuldigen müßten wir uns. Im übrigen ließ er uns aber am Konfirmationsunterricht teilnehmen. Mein Hauptziel hatte ich damit erreicht. Entschuldigt habe ich mich nicht. Danach ge-

Die Konfirmanden

riet die Sache in Vergessenheit, und wir wurden konfirmiert, wie mein Vater das unbedingt wollte.

Mein Verhältnis zur Kirche begann sich durch diese Ereignisse abzuzeichnen. Mein Weltbild entstand allerdings erst viel später.

Von wesentlich stärkerer Wirkung für uns war unser Umzug vom Stadtrand in die Stadtmitte. In Haselbrunn hatten wir viele Freunde und Bekannte, vor allem aber den nahen Stadtwald. Das „Fuchsloch", eine Waldparzelle, war unser Revier. Dort konnten wir unserem Abenteuer- und Spieltrieb ungeschmälert nachgehen. Die meisten jugendlichen Bezugspersonen waren Arbeiterkinder, wie Karl-Heinz und Atze, bei denen „Pimpfe" und „HJ" noch kein Thema waren. In der Stadtwohnung mit Praxis war das ganz anders. Hier waren die Gefährten schon ganz auf die HJ getrimmt, und wieder hatte ich ein Erlebnis mit Kirchenvertretern: Wir wurden in die Kirche bestellt und mußten auf dem Vorgelände antreten. Uns gegenüber stand die Evangelische Jugend. Es erschien ein Pfarrer im Ornat. Es war jener, dem ich mit meiner Schwester davongelaufen war. Ich machte mich gehörig klein! Er hielt eine Rede über die Gemeinsamkeiten der Jugend, ihren Bestimmungen im neuen Staat usw. Am Schluß forderte er, daß wir uns vereinigen und die evangelische Jugend nunmehr in die HJ übergeht. Zurückschauend war das in jenen Tagen nichts besonderes, aber diesen Pfarrer hatte ich schon richtig eingeschätzt!

Ich habe mir lang überlegt, ob ich nachfolgend geschildertes Erlebnis hier bringen sollte. Ich tue es nun doch, da auch dieses Erlebnis wichtig für mich war. In den Schützenlöchern 1943, auf verlorenem Posten, habe ich wieder daran denken müssen:

Mein Vater, schon 1932 von den Deutsch-Nationalen auf NS umgeschwenkt, nahm mich mit nach Coburg zu einer Parteiveranstaltung. Dort aßen wir in dem Hotel, in dem Hitler hospitierte. Ein höherer SA-Führer nahm mich an die Hand und brachte mich in Hitlers Zimmer. Hitler, ein in der Nähe höchst gewöhnlich wirkender Mann, nahm mich neben sich und tätschelte mich und imitierte dabei zum Ergötzen seiner Zuhörer deutsch-nationale Politiker mit Monokel, steifen Gesten und Reden. Ich dachte, das kann er gut nachahmen. Vielleicht hätte er Schauspieler werden sollen? Indes, ich war natürlich beeindruckt und berichtete voll stolz meinen HJ-Kameraden. Ich war bei ihnen damit eine „große Nummer" geworden! Bald wurde ich von ihnen getrennt, und das war gut für mich. Das Wort, daß der Mensch das Produkt seiner Umgebung ist, hätte hier besonders zugetroffen!

Ostern 1932 erfolgte für mich der Übertritt in eine höhere Schule. Mein Vater vertrat den Standpunkt „weg vom Mutterschoß" und „abnabeln" und strebte eine auswärtige Schule für mich an. So kam ich in das Freimaurer-Institut in Dresden, mit Internatsbetrieb. Für mich war das der Abschied von der Kindheit, der Umgebung des Elternhauses, von den Freunden. Als ich später zurückkam, war alles anders geworden. Von den Freimaurern, den sogenannten Logen, hatte ich damals keine Ahnung, habe mich auch nicht dafür interessiert. Erst durch die radikale Veränderung im Folgejahr 1933 wurde mir bewußt, daß die Freimaurerei ein Politikum ist oder dazu gemacht wurde. Von den Machthabern des Dritten Reiches verboten und verfolgt, wurden die Eigentümer gezwungen, das Institut entschädigungslos aufzugeben.

Unter der Bezeichnung „Scharnhorst-Schule" nahm die NS-Partei direkten Einfluß auf die Weiterführung. Es sollte eine der Eliteschulen des „Dritten Reiches" werden. Welche Aus-

wirkungen das auf uns Schüler hatte, kann man leicht nachvollziehen. Bei allen Umstellungen, die mein Umzug nach Dresden mit sich brachte, hatte ich mich doch gut eingewöhnt und fühlte mich wohl. Es waren die Lehrkräfte, die, bei geringen Klassenstärken, auf uns Schüler eingingen, für uns eigentlich immer präsent waren. Alle jüngeren Lehrer wohnten im großen Areal der Schule. Das Institut besaß auch ein Landheim bei Olbernhau, in dem wir, bei Aufrechterhaltung des Lehrbetriebes, öfters waren. Auch wurde der Hausaufgabenbereich ständig begleitend überwacht. Erst später wurde mir klar, daß das Institut eine besondere pädagogische Konzeption hatte, wie etwa jene der Walldorf-Schulen. Mitten im Schuljahr nahm mein Vater mich wieder von der Schule, ohne mir eine stichhaltige Begründung dafür zu geben wie damals üblich. Mein Einwand, daß ich gern bleiben wollte, fand kein Gehör. Später wurde mir klar, daß meine Eltern im Angesicht des Umbruches 1933 Nachteile für sich darin sahen, daß der Sohn ein „Freimaurer-Institut" besuchte. In der nachfolgenden Schule hatte ich Mühe, den Anschluß zu finden, wegen anderer Lehrpläne und der Art der Stoffvermittlungen.

Weihnachten in unserer Kindheit 1932

Wie in den meisten Jahren ging ich mit meiner Schwester ins Kaufhaus „Gottheil"; dort war es besonders schön. Die Inhaberin, eine ältere Dame, hatte für uns immer eine weihnachtliche Überraschung. Diesmal waren die langen Wände der großen Kaufhalle wundervoll mit Bildern aus der Weihnachtsgeschichte dekoriert. Unermüdlich nahm uns die Dame bei den Händen, führte uns entlang und erklärte uns: Von der Armut des Kindes und seinen Eltern im Stall. Das beeindruckte uns sehr. Sie erzählte von den „Drei Weisen aus dem Morgenland", die das Jesuskind besucht hatten. Das waren kluge Männer, die alles wußten, was man

damals wissen konnte, und sie kamen von weit her. Daran könnt ihr die Bedeutung der Geburt erkennen, sagte sie. Danach brachte sie uns zu den Eltern zurück, die auf uns warteten. Es waren aber nur wenige, die anschließend einkaufen gingen. Die meisten konnten das nicht, denn sie hatten kein Geld – es war Notzeit!

Von dieser würdigen Dame willst du berichten, ihr willst du danken, wenn du einmal größer bist, so sprach ich zu mir. Vergebens – das Kaufhaus wurde 1935 enteignet – denn die Eigner waren Juden! Die Familie Gottheil floh bei Nacht und Nebel über die nahe Grenze. Nie wieder haben wir von ihnen gehört.

(Fa. J. Gottheil, Inh. Max Silberstein: Damenbekleidung, Schnittwaren- und Manufakturwarenhandlung Karlstraße 1. Der Herausgeber)

Das HJ-Geländespiel

Das Fähnlein Nr. 7 des örtlichen Jungvolks rückte an einem Samstag 1934 zum Geländespiel aus. Wir hatten einen erhöhten Waldrand gegen ein anderes Fähnlein zu verteidigen. Die Lage war also klar, und wir wußten, daß es nach dem Sturm des uns gegenüberliegenden Fähnleins eine Mordsrauferei geben würde, auf die sich die meisten von uns freuten. Die Jungscharen des Fähnleins wurden am Waldesrand in genauen Abständen verteilt, eine Aufgabe, die der Fähnleinführer selbst übernommen hatte. Er war ein geltungshungriger, mieser kleiner älterer Junge, mit dem ich schon einmal aneinandergeraten war. Wenn ich mich recht entsinne, hieß er Roscher. Er verlangte von mir, daß ich mich in eine kleine Bodenvertiefung lege, die zum Teil mit Regenwasser gefüllt war. Das war reine Schikane, denn ebenso hätte ich daneben liegen können. Minutenlang stand er dabei, um zuzusehen, daß ich seinen Befehl ausführte. Es war kühl und regnerisch. Mein Unterleib war durchnäßt. Immer wieder kam er zurück, um sich davon zu überzeugen, daß ich nach wie vor im Dreck lag. Da die Vorbereitungen und die Abwicklung des Geländespieles sich hinzogen, mag ich so zwei Stunden gelegen haben. Die Rauferei, die mir hätte Erwärmung bringen können, fand wegen eines Zeitverlustes nicht statt. Wieder zu Hause stellte ich fest, daß meine Eltern ausgegangen waren. Sie hatten mir Essen warmgestellt. Hätte ich nun meine Unterwäsche gewechselt und ein heißes Bad genommen, wäre wahrscheinlich alles gut gegangen. Das tat ich indes leider nicht, da ich mich mit Freunden treffen wollte. Anderntags hatte ich Temperatur und am ganzen Körper Gliederschmerzen und mußte ins Bett. Der herbeigeholte Arzt stellte rauchend am Bett fest, daß ich einen Rheumaanfall hätte, verordnete weitere Bettruhe und Bienengiftpräparate.

So begann für mich das Martyrium eines wenigstens halbjährlichen Krankenstandes mit allen Folgen, die sich daraus ergaben. Da neben dem genannten Präparat nur Bettruhe verordnet war und das also über Wochen ohne Bewegung und Heilgymnastik, begann ich regelrecht zu verliegen. Der Schulausfall sei hier nur am Rand erwähnt, sollte sich aber sehr negativ auswirken. Nachdem die Schwellungen an Knöcheln und Gelenken abgeklungen waren, versuchte ich mich zu bewegen und zu laufen, was ich regelrecht wieder erlernen mußte. Es wurden mir danach die Rachenmandeln entfernt, was sich sehr positiv auswirkte. Erkältungskrankheiten und weitere Rheumaanfälle unterblieben. Mein Vater hatte in einem Schreiben an die örtliche Bannleitung zum Ausdruck gebracht, daß ich dienstuntauglich sei; das war von durchschlagendem Erfolg. Ich wurde nie wieder zum HJ-Dienst herangezogen, auch zu Zeiten der Staatsjugend nicht, mußte allerdings jeden Samstag in die Schule gehen. Ich bin dadurch auch nicht Parteigenosse oder Mitglied einer Gliederung geworden. Kleine Ursache, große Wirkung!

Der Fall Lämmermann

Karl Lämmermann war uns ein Vorbild. Er war Oberprimaner, und wir Jüngeren dachten, wenn wir nur erst soweit wären! Er hatte eine freundliche, aber bestimmende Art des Auftretens. Jedenfalls war er nicht so herablassend wie andere Primaner. In der Hitlerjugend war er ein „hohes Tier", wie man so sagte; Unterbannführer, und das war schon eine ganze Menge. Eines Tages kam er nicht zum Unterricht. Das kam vor, aber als er nach Tagen immer noch nicht zurück war, stellten wir Fragen und baten seine Freunde, bei ihm zu Hause nachzufragen. Sie berichteten, sie haben seine Mutter verstört und weinend vorgefunden. Sie war nicht bereit, wirkliche Auskunft zu geben. „Denkt immer an meinen Karl", hätte sie nur gebeten.

Aus der Unterhaltung meiner Mutter mit einer Freundin konnte ich so einiges entnehmen. Hitler habe mit Ernst Röhm, dem Reichsführer der SA, und seiner „Clique" aufgeräumt. In Bad Wiessee habe er ihn mit seinen „Kumpanen" überrascht. Sie hätten einen Putsch gegen Hitler und seine Regierung vorgehabt. Er hatte sie alle verhaften lassen. Röhm sowie viele andere seien noch in der gleichen Nacht hingerichtet worden, so die Freundin. Man hat diese Aktion später „die Nacht der langen Messer" genannt. Andere Gerüchte sagten aus, der junge Lämmermann sei von der SS auch „hingerichtet" worden. Man sprach hinter vorgehaltener Hand. Mehr konnte ich nicht mitbekommen. In der Schule war es unruhig geworden. Lämmermann war immerhin so beliebt, daß man sein Verschwinden nicht einfach hinnahm. Jeden Montag traten alle Schüler im Schulhof zur Flaggenhissung an. Der Oberstudiendirektor verlas den Kriegsschuld-Artikel des Friedensvertrages von Versailles und ermahnte, stets an die erlittene Schmach zu denken und daran zu arbeiten, sie eines Tages zu tilgen. Das ging Woche für Woche und Monat

für Monat so; ziemlich langweilig, fanden wir. Einmal kam der „Direks" zu spät. Irgend jemand organisierte eine Sprechchor: „Wo ist unser Lämmermann!" und „Wir wollen unseren Lämmermann wieder!" So skandierten wir auch noch mit Begeisterung, als der Direktor längst anwesend war. Fassungslos sah er dem Treiben zu. Er wies die Lehrer an, uns in die Klassenräume zu führen. Wir waren natürlich mächtig stolz, hatten wir doch erfahren, daß man durch eine geschlossene Aktion eine Menge erreichen, jedenfalls Verwirrung stiften kann.

Ich bohrte ständig bei Verwandten und Bekannten, um doch noch zu erfahren, was eigentlich passiert sei. Inzwischen sickerte mehr und mehr durch, allerdings zumeist in widersprüchlicher, entstellender Weise und alles unter dem Siegel der Verschwiegenheit.

Lämmermann sollte mit seinem Freund Popp auf dem Nachhauseweg vom HJ-Dienst verhaftet worden sein. Das sei gegen 22 Uhr gewesen. Lämmermann habe mit seinem Freund nach dem Grund der Verhaftung gefragt. Er habe verlangt, freigelassen zu werden. Gegen Mitternacht war er durch den Polizeidirektor Franz informiert worden, daß er zu seinem eigenen Schutz festgenommen worden war. Er wisse, daß etwas gegen ihn, Lämmermann, geplant sei.

Erst vor wenigen Jahren kam ich in Besitz der sehr wertvollen Recherchen des Herrn Dr. Wolfgang Heß, einem geborenen Plauener, und konnte so den wirklichen Tathergang erfahren: Lämmermann stand in einem gespannten Verhältnis zu seinem Vorgesetzten, Oberbannführer Melchior, der von dem sächsischen Reichsstatthalter Mutschmann protegiert sich Chancen ausrechnete, Gebietsführer von Sachsen zu werden. Lämmermann hatte Kenntnis von erheblichen Unregelmäßigkeiten des Melchior in der Amtsführung eines Oberbannführers und Beweise dafür. Darin sah der eine große Gefahr für seine Beförderung und zukünftige Parteikarriere; und er sann auf Rache. Die sogenannte „Röhm-Revolte" bot ihm die Möglichkeit, Lämmermann zu beseitigen!

Am 30. Juni 1934 leitete Hitler persönlich die Aktion zur Ermordung des SA-Führers Röhm und seines engsten Kreises. Sie wurden in Bad Wiessee verhaftet und ohne ein Gerichtsverfahren durch die SS erschossen, zumeist in der Strafanstalt Stadelheim. Im ganzen Reich flackerten daraufhin ähnliche Aktionen gegen Unbeliebte und Unbequeme auf, so auch gegen Karl Lämmermann. Die „Röhm-Revolte" war eine Aktion Hitlers und nicht die des Herrn Röhm. Sie kostete mehreren Hundert Bürgern das Leben!

Was geschah nun weiter mit Karl Lämmermann? Er ging zum Plauener Rathaus und lief damit förmlich in eine Falle, denn dort erklärte man ihm, daß er auf Befehl des Reichsführers der SS, Heinrich Himmler, erschossen werden würde. Ein Bericht sagt aus, Lämmermann habe diese Nachricht relativ ruhig aufgenommen. An der nachfolgenden Erschießung waren namhafte Plauener NS-Politiker beteiligt; so der Stadtverordnetenvorsteher Dr. Hans Glauning, ein Rechtsanwalt, der SS-Sturmbannführer Rudel sowie der genannte Polizeidirektor Franz. Man packte Lämmermann in ein Auto und fuhr ihn in eine Lichtung längs der Straße Neundorf–Schneckengrün bei Plauen. Dort erschoß man ihn von hinten. Sein Leichnam wurde in eine Kiste verpackt und auf den Hauptfriedhof mit Krematorium gebracht. So früh am Morgen konnte man nur den Pförtner des Krematoriums erreichen, von dem die SS-Führer Ziegler und Spengler die sofortige Verbrennung verlangten. Der Pförtner weigerte sich, da er ohne Totenschein keine Verbrennung durchführen könne. Daraufhin wurde er schwerstens mißhandelt, und die Verbrennung erfolgte dann doch. Frau Lämmermann, die Mutter, erhielt weder die Urne noch durfte sie eine Todesanzeige in der Zeitung einrücken. Die Teilnahme eines Teils der Bevölkerung an der Trauerfeier konnte man dann doch nicht verhindern, und Hitler ließ einen Kranz niederlegen!

Es ist das einer der unerhörten Vorgänge, die später eskalierten und das Verbrecher-Potenzial der Nazis bereits erkennen ließ. Ich wurde zum ersten Mal in meinem Leben mit einem Verbrechen konfrontiert, begangen an einem Mitschüler. Diese unglaubliche Tat mutet an, als sei sie einer Trivial-Kriminalgeschichte entnommen. Das geschah aber 1934, und ich war 13 Jahre alt!

Der Lotterie-Einnehmer

Herr Goldmann betrieb die Staatliche Lotterie-Einnahme in Plauen, verbunden mit einem kleinen Tabakgeschäft. Wir wohnten gegenüber und kannten uns daher gut. In den ersten Schuljahren führte uns Herr Goldmann oder seine Frau über die Straße. Der Verkehr in der Bahnhofstraße hatte damals schon stark zugenommen. Die Atmosphäre im Laden vergesse ich nicht: Der würzige Tabakgeruch, verbreitet durch Herren, die diskutierend um eine kleine Gasflamme standen. Große Reden wurden geführt. Als Nichtinformierter konnte man vermuten, der Weltkrieg sei von Deutschland

Das Grab von Lämmerman, am 1. Juli 1937

Foto: Verlag

gewonnen worden. Dann waren da die Schuldzuweisungen: Schuld waren nur die „Sozis" und sonstige Drückeberger, Vaterlandsverräter! Eigenartig, viele Väter meiner Mitschüler waren Sozialdemokraten. Vielfach liefen sie mit schweren Blessuren und Prothesen herum, waren Kriegsrentner. Und da war der Film „Im Westen nichts Neues", über den wurde auch viel abwertend gesprochen. Herr Goldmann nahm den Autor Erich Maria Remarque in Schutz und rückte die forschen Aussagen dieser Herren scheinbar ruhig und gelassen zurecht. Ihm sah man das nach, denn er war Offizier im Krieg gewesen und hatte vor Verdun den rechten Arm verloren. Er war also so etwas wie ein lebendes Denkmal. Ich bewunderte seine höchsten Auszeichnungen des Königreiches Sachsen, verbunden mit dem Offizierspatent, seine Armprothese, die er mit der Hand des anderen Armes festhielt.

Eines Tages ging ich zu ihm und bat ihn, vom Krieg und seinen Erlebnissen zu erzählen. Er schaute mich länger und verwundert an. Dann nahm er mich in die Stube hinter dem Laden und bat seine Frau, zu bedienen. Auf einem Sofa saß ich neben ihm. Er sprach von der Materialschlacht 1916, die von der Obersten Heeresleitung unter Generaloberst von Falkenhayn entwickelt und durchgeführt worden war. Er verdeutlichte, daß man unter „Material" auch und vor allem Menschen verstand. Eine erbarmungslose Abnützungsschlacht auf kleinem Raum um die französische Festung Verdun war entfesselt worden. Man ging ganz einfach davon aus, daß die Franzosen mehr „Material" verlieren würden als man selbst und daß man dadurch den Durchbruch in die Festung erzielen könne, um damit dem Krieg eine Wendung zu geben. Eine frivole, menschenverachtende Rechnung, die nicht aufgehen konnte, aber fast 700 000 Menschen auf beiden Seiten das Leben kostete. Und da sprechen die Herren da draußen von einem großen Ereignis. In Wahr-

heit war es eine hirnverbrannte Idee, die sich als undurchführbar erwies. Diese Unterhaltung mit Herrn Goldmann fand 1932 statt.

Im Jahr 1933, als Hitler die Macht bekam, blieb er sich selbst treu. Ruhig und bestimmt, so habe ich ihn in Erinnerung, trug er seine Gegenargumente vor, wobei er hin und wieder recht deutlich wurde. Ich hörte davon, daß man ihn warnte. Es waren Freunde, die es gut mit ihm meinten. Andere griffen Herrn Goldmann an. Auf die sollte er besser hören, so meinte vor allem seine Frau. Er tat das nicht, glaubte sich wohl sicher mit seinen Verdiensten und hohen Auszeichnungen. Lange Zeit ging das so, aber dann passierte folgendes:

Wir waren mit den Eltern an die Saaletalsperre gefahren. Das war immer ein Erlebnis für uns, meine Schwester und mich. Am Sonntagmorgen gingen wir früh zum See hinunter. Dort lag ein Ruderboot, das wir benutzen konnten. Ich ruderte über den morgendlich stillen See in Richtung des gegenüberliegenden Ufers. Dort standen drei große Linden, in deren Nähe wir kamen, nachdem wir den Stausee überquert hatten. Da rief meine Schwester plötzlich sehr erschrocken: „Heinz, da hängt jemand am Baum!" Ich drehte mich auf der Ruderbank um: Tatsächlich, die Umrisse eines Menschen waren deutlich zu erkennen. Meine Schwester bat mich umzukehren, ich aber wollte noch ein Stück näher rudern. Weit und breit war in dem offenen Gelände niemand zu sehen. Doch mein Herz schlug heftig vor Angst und Erregung! Die Umrisse wurden deutlicher. Da hing ein Mann im Schlafanzug, anscheinend fehlte ihm ein Arm. Dann sah ich sein Gesicht – es war Herr Goldmann! Ein grauenvoller Anblick! Als wir zurückgekommen waren und berichteten, lösten wir bei Eltern und Bekannten förmlich Panik aus. Niemand wußte, was zu tun sei, auch mein Vater als Arzt konnte sich zu nichts entschließen. Wieder wurde in den folgenden Wochen flüsternd geredet.

Erst im April 1945 erfuhr ich Genaues: Die SS hatte Herrn Goldmann nachts aus dem Bett geholt, über 30 km gefahren und an jenem Baum aufgehangen. Wieder eine Lynchjustiz, die keine polizeilichen Ermittlungen oder Anklage eines zuständigen Staatsanwaltes nach sich zog. Der Mord an Herrn Goldmann wurde einfach totgeschwiegen! Sehr viele wußten von diesen Geschehnissen und akzeptierten sie stillschweigend. Ich sollte noch anmerken: Die Goldmanns entstammten einer alteingesessenen jüdischen Familie. Die meisten rührte das nicht. „Den Juden geschieht recht", so sagten viele!

Dr. med. Simon

Im Wartezimmer meines Vaters sitzt ein Mann mit gebeugtem Rücken. Er ist allein, denn es ist Samstag Nachmittag. Ich sehe in sein aschgraues Gesicht, es ist Dr. med. Ewald Simon, ein jüdischer Kollege meines Vaters, der seine Praxis in der Breitestraße 13 hat. Mein Vater begrüßte ihn und fragt, wie es ihm geht. Schlecht, antwortet Dr. Simon. Ich bin auf dem Weg über die Grenze nach Prag und ich bitte um eine Insulin-Injektion. Aber sicher, meint mein Vater, und bittet ihn in das Ordinationszimmer. Ich gehe langsam nach, und nun begrüßt mich Dr. Simon auch. Geht es dir wieder gut, so fragt er, denn ich war lange krank gewesen, und dann spricht er von dem hohen Gut der Gesundheit.

Mein Vater zieht die Spritze auf und sagt, warum er sie sich nicht selbst geben würde. Das habe er ja auch bisher getan, sagt Dr. Simon, aber nun komme er nicht mehr an das Insulin heran, da man ihm die Approbation genommen habe. Seine Rezepte würden von keiner Apotheke angenommen. Ich sehe meinen Vater noch vor mir mit der erhobenen Injektionsspritze und dem erschrockenen Gesichtsausdruck. In diesem Moment klingelt das Telefon im Nebenraum. Er legt die Spritze beiseite, geht ans Telefon und schließt die Tür hinter sich. Es dauert etwas, und undeutlich höre ich die erregt klingende Stimme meines Vaters. Herr Dr. Simon wird sehr unruhig und schaut abwechselnd zu mir und auf die verschlossene Tür. Da erscheint mein Vater wieder mit einem unbeschreiblichen Gesichtsausdruck und verabreicht wortlos die Spritze. „Was war, Doktor?" fragt Herr Simon. „Ach, nichts Wichtiges", antwortet mein Vater. Dr. Simon bedankt sich, und mein Vater meint: „Lange hätten Sie das ohne Insulin nicht mehr durchgestanden." – „Keinesfalls bis Prag", sagt Dr. Simon und will sich schnell verabschieden. „Bleiben sie noch", sagt mein Vater; stellt ein Rezept aus, gibt mir Geld und beauftragt mich zur nahen Apotheke zu gehen. Gehe ohne Umwege, bedeutet er mir, und gehe über den Hof und erreiche so die Straße. Als ich zurückkomme, nimmt Dr. Simon das Medikament in Empfang, umarmt mich und verabschiedet sich schnell. Auch ich frage meinen Vater, was es denn mit dem Anruf auf sich gehabt habe? Ich erhalte aber keine Antwort, damals nicht. Deutlich spürte ich aber, daß etwas Entscheidendes vorgefallen war, denn ich war immerhin 17 Jahre alt, und es ist das Jahr 1938.

Im April 1943 erhielt ich nach 22 Monaten Einsatz in Südrußland, Halbinsel Krim und Kaukasus einen ersten Fronturlaub. Durch die Katastrophe von Stalingrad war ich deprimiert. Die eher allgemeine Begeisterung und der Glaube an den Sieg der deutschen Sache waren stark geschmälert. Eines Abends wollte mein Vater mit mir allein sein. Bei einem Glas Wein sprachen wir erstmals von Mann zu Mann. Eigentlich begann ich das Gespräch und berichtete von meinem Unmut. Nach dem Rückzug aus dem Kaukasus im Februar 1943 waren wir nach Dnjepropetrowsk geflogen worden und hatten dort erstmals von dem Sterben der 6. Armee in Stalingrad erfahren. Vorher hatte man uns von allen Nachrichten abge-

schirmt. Es gab zwar Truppenradios bei den Kompanien, die standen aber in den Bunkern der Kompanieführer und die hatten es nicht für nötig gehalten, uns zu unterrichten. So waren wir auf russische Flugblätter angewiesen, denen wir keinen Glauben schenkten. Eine für die damalige Zeit typische Situation! Wenn das doch alles wäre, meinte mein Vater. Ihr seht und hört da draußen sicher vieles nicht, und dann sprach er stockend weiter: Im Frieden bereits zeichnete sich so vieles ab. So hast du ja noch die Ermordung eures Mitschülers Karl Lämmermann in Erinnerung. Erinnere dich an Dr. Simon, fuhr er fort. Ich hatte das schon fast vergessen. Kannst du dich noch an den Anruf erinnern, als Dr. Simon bei uns war? Es war die Gestapo am Telefon! Sie wollten wissen, ob der „Jud Simon" bei uns ist. Als ich bejahte, meinte der Mann am Telefon, dann wissen Sie doch wohl, was Sie als Volks- und Parteigenosse zu tun haben! Ich fragte zurück, wie ich das zu verstehen habe, und der Mann antwortete im Befehlston, ziehen sie Wasser in die Spritze und injizieren sie ihm das in die Schlagader. Als Arzt können Sie dann ordnungsgemäß einen Totenschein mit Ursache Herzversagen ausstellen. Rufen sie uns wieder an! Und was wurde daraus, fragte ich atemlos? Die Gestapo hatte zurückgerufen, Stunden danach. Mein Vater hatte geantwortet, Dr. Simon sei schon während des Gespräches weggegangen. Der Mann von der Gestapo legte daraufhin wortlos den Hörer auf. Mein Vater bekam übrigens ein Parteiausschlußverfahren, nicht allein deswegen und hatte wohl großes Glück, daß er nicht aus der Reichsärztekammer flog. Damit hätte er jedenfalls die Kassenpatienten verloren. Aber dann kam der Krieg, und man brauchte Ärzte!

Mit diesen neuerlichen Eröffnungen fuhr ich wieder zu meiner Einheit nach Issum, südlich von Kursk, zurück. Rechtzeitig vor Beginn der letzten deutschen Großoffensive am 5. Juni

1943, der Panzerschlacht von Kursk, in die eine russische Gegenoffensive hineinstieß. Bald erhielt ich einen Fußdurchschuß, der mich fast das Leben gekostet hätte, denn ich hatte nach unserem begrenzten Gegenangriff Mühe, zu den eigenen Linien zurückzukommen. Es war da niemand, der mir geholfen, mich gestützt hätte.

Dies und vieles mehr habe ich überstanden. Ich bin dankbar, daß ich heute leben und schreiben darf!

Ein Sonntag im Herbst 1937

Es ist ein schöner Herbstmorgen. Die Sonne lacht vom Himmel. Meine Schwester und ich, wir freuen uns auf die Möglichkeit, daß die Eltern etwas gemeinsam mit uns unternehmen. Tatsächlich verkündet mein Vater: Wir werden ein wenig hinausfahren, um zu wandern und

Mein Vater in den 30er Jahren　　　Foto: Autor

irgendwo zu essen. Da klingelt es lang und wiederholt. Ich öffne, vor mir steht ein junger Mann mit schmerzverzerrtem Gesicht und verlangt nach meinem Vater. Ich schaue an ihm herunter und sehe Blutspuren an seinem Hosenbein! Meinem Vater erklärt er hastig und kaum verständlich, er habe sich ins Bein geschossen. Er habe große Schmerzen und müsse anderntags zur Wehrmacht einrücken. Vater schließt die Tür zu seinem Ordinationszimmer, und ich stehe draußen allein mit meinen erregten Gedanken. Aber dann ruft er mich herein. Du weißt ja, was mit dem Mann ist. Er hat das linke Bein voller Schrotkugeln. Wir müssen alle entfernen, sonst bekommt er eine Blutvergiftung. Ich stehe am Operationstisch und sehe auf den blutigen, eklig schwärzlich verfärbten Unterschenkel. Mehrmals schon hatte ich bei kleineren Verletzungen zugesehen. Das Öffnen eines Schußkanals warf mich diesmal allerdings fast um. Der Mann sprach von 26 Schrotkugeln, wenn ich mich recht erinnere. Während mein Vater schnitt und die ersten Kugeln zutage traten, erklärte er mir, der Einschuß sei schwarz, da die Gewehrmündung sehr nahe an den Schenkel gehalten worden war, und er fragte den Mann: „Als Bauernsohn haben Sie doch sicher Jagderfahrungen. Wie kann es da zu einem solchen Unfall kommen? Es ist Ihnen schon klar, was die Militärbehörde vermuten wird. Wann müssen Sie denn dort sein?" – „Morgen Mittag", antwortete der Mann. „Ich muß also morgen Vormittag fahren." Dann fragte er ängstlich: „Was soll ich denn machen?" – „Gibt es Zeugen für den Unfall?" fragte mein Vater. „Es gibt keine", lautete die Antwort. „Wenn sie Glück haben, viel Glück!, glaubt man ihnen. Tragen sie jedenfalls das Geschehen sicher und damit glaubhaft vor. Wer weiß noch von der Sache?" insistierte mein Vater. „Nur meine Eltern", antwortete der Mann. „Tun Sie alles, daß es dabei bleibt, sonst müssen sie mit ernsten Folgen rechnen. Ich muß ihnen helfen", meint mein Vater, „im übrigen geht mich das Ganze nichts an. Gehen Sie auf jeden Fall zur Militärbehörde. Da verstehen die keinen Spaß! Die Kugeln sitzen zumeist dicht unter der Haut. Die Blutungen sind gering. Sie wer-

den so nach Hause kommen, und eventuell haben sie Glück ohne Komplikationen davonzukommen", meinte mein Vater. Der Mann stöhnte. Das Skalpell war tiefer gekommen. Die örtliche Betäubung wirkte nicht mehr. Ich zählte unterdessen mit etwas flatternden Händen die Kugeln. Sechsundzwanzig müssen es sein. Hoffentlich habe ich sie bald zusammen, so sprach ich zu mir. Ich hörte ein schabendes Geräusch. Mein Vater führte das Skalpell bereits unter der Knochenhaut. Dort lagen noch einige Kugeln. Irgendwann hatte ich meine Sammlung zusammen und informierte meinen Vater mit brüchiger Stimme. Mit dem Ellbogen stieß er mich in die Seite und sagte, ich solle mich etwas zusammennehmen. „Hole ein paar von deinen Socken und – zu niemandem ein Wort, auch nicht zu Mutter, klar?" Ich bejahte durch Kopfnicken und sagte dann „Ehrensache, ja". Als ich zurückkam, saß der Mann schon aufrecht. Schmerzen standen in seinem Gesicht. Die Betäubung hatte weiter an Wirkung verloren, die Desinfektion der Wunde aber erneut Schmerzen verursacht. Ich half ihm die Socken überzuziehen. Was sollte ich denn machen, stieß der Mann unvermittelt hervor. Mein Vater kann den bäuerlichen Betrieb nicht allein bewirtschaften. Mutter kann nur im Stall arbeiten, und zudem haben wir Schulden. Haben Sie denn nicht um Zurückstellung ersucht, fragte mein Vater? Nein, war die Antwort. Na, jetzt werden Sie das auch nicht mehr machen können. Dann gab mein Vater ihm etwas Schmerzlinderndes, schrieb ein Rezept und nannte die diensthabende Apotheke. Mehr kann ich auch nicht für Sie tun. Sollten die Schmerzen stärker werden, rufen sie mich an und ansonsten – alles Gute!

Als wir wieder allein waren, räumte mein Vater auf, und spielte gedanklich alle Möglichkeiten durch und meinte dann, es wird schon gut gehen – hoffentlich! Soviel ich mitbekam, denn es wurde nicht mehr darüber gesprochen,

ging es gut; jedenfalls hörte ich nichts mehr davon. Glück gehabt, der junge Mann und – auch mein Vater! Nie zuvor und danach habe ich meinem Vater so nahe gestanden wie damals an jenem Sonntag!

Herbst 1938

Die Erinnerung fällt nicht schwer: Der Herbst des Jahres 1938 war angefüllt mit Ereignissen, die uns jungen Leuten mehr oder weniger von Bedeutung erschienen. Aber auch wenn es sich um Geschehen in unseren engeren Lebensbereichen handelte, geschahen sie doch vor dem Hintergrund der politischen Ereignisse.

Beherrschendes Thema dieser Zeit war der deutsche Einmarsch in das Sudetenland. Das war ein Teil der Tschecho-Slowakei, mehrheitlich von Deutschen bewohnt. Er erfolgte auf der Basis des „Münchener Abkommens" mit den Signatar-Mächten England und Frankreich, beginnend am 1. Oktober 1938.

Wir hatten noch einen englischen Austauschlehrer, der zu den Feierlichkeiten im Zusammenhang mit dem Einmarsch eingeladen wurde. Mit großen Reden, viel Fahnen und Uniformen wurde das begangen. Wir fragten ihn, wie ihm das gefallen habe? „Ist mir zu superlativ!", war seine Antwort. Natürlich hatte er, in den zwei Jahren seines Aufenthaltes bei uns, schon viele Veranstaltungen erlebt. Seine Antwort beschäftigte mich. Sie schien mir ein Werturteil zu sein. Ein kleines Erlebnis nur, aber ich habe es heute noch in lebhafter Erinnerung. Austauschlehrer allein waren für uns Schüler schon ein Ereignis. Man konnte viel von ihnen lernen und – später gab es sie nicht mehr.

In unserer Klasse waren auch zwei jüdische Mitschülerinnen. Beide waren ausnehmend hübsch. Der jüdische Status des einen Mädchens wurde uns erst durch die zunehmende Hetzpropaganda bewußt. Von der anderen wußten wir es gar nicht.

123

Unser Musiklehrer ließ uns nicht nur singen und Notenkunde pauken, sondern lehrte uns auch Musikgeschichte. Eines Tages lud er jene, die sich dafür interessierten, in seine Wohnung ein. Auf dem Klavier spielte er klassische Stücke und gab Hinweise über die Zeit und die Entstehung. Dann spielte er ein Stück und fragte, ob wir das kennen würden? Wir schwiegen, und er sagte, ihr könnt das wohl nicht kennen, denn das ist von Mendelssohn Bartholdy, der war ein Jude und ist verboten, wie ihr wißt. Wir schwiegen bedrückt. – In diese Stille hinein, sagte plötzlich ein Mädchen, was schaut ihr so verdutzt? Ich bin auch eine Jüdin und ihr sollt es endlich wissen! Es traf uns alle wahrlich wie ein Schlag. Lange saßen wir schweigend, dann fragten wir sie abwechselnd. Einige versicherten ihr Mitgefühl. Das waren die Mutigen. Bei einigen von uns entwickelte sich eine besondere Art von Solidarität. Öfters nahmen wir sie mit, etwa zu Tanzveranstaltungen und ins Kino. Mit uns waren sogar zwei HJ-Führer. Mit denen fühlten wir uns sicher, wenn es zu Kontrollen durch den sogenannten HJ-Streifendienst (so einen Art Jugend-Hilfspolizei) kam. Wir hatten damit eine Aufgabe und bekamen so eine ganz andere Einstellung zur Judenfrage. Es war ein Prozeß der Erziehung zur Toleranz und Humanität!

Als wir zur Wehrmacht eingezogen wurden, war das ein schwerer Abschied von dem Mädchen. Nach dem Krieg erfuhr ich, daß sie überlebt hatte! Eine der schönsten Nachrichten, die ich erhielt. Ich darf noch anmerken: Das Mädchen war Halbjüdin. Ihre Mutter hatte sich von ihrem jüdischen Mann scheiden lassen. Der allerdings verschwand im Dunkeln der Judenvernichtungen.

Meine so gewonnenen Lebenserfahrungen halfen mir in jener Zeit nicht immer, im Gegenteil, wie ein nachfolgend geschildertes Erlebnis verdeutlichen soll: Nach der Schule holte ich meine Mutter oft bei ihrer Freundin, einer Juweliersfrau ab. Die Dame verehrte Adolf Hitler besonders intensiv. In den höchsten Tönen sprach sie von ihm. Sie verwendete gern die Formel, „Unser Führer macht das schon", wobei sie die Lippen spitzte und das Gesicht zur Decke hob. Ich fand das schon lächerlich. Eines Tages erzählte sie, daß ein bekannter HJ-Führer in die Synagoge gegangen sei und sich dort während des Gottesdienstes hingesetzt habe. „Stellen Sie sich vor", sagte sie zu meiner Mutter, „was hat der junge Mann doch für Mut!" Ich fragte sie, wieso war er mutig? Da die Juden sich doch in einer wenig beneidenswerten gesellschaftlichen Lage befinden, werden sie sich hüten, gegen einen uniformierten Vertreter der Partei etwas zu unternehmen, ihn etwa des Saales zu verweisen. Wieso war er also mutig? Die Dame zeigte sich entsetzt über meine Bemerkung oder Frage, rang nach Luft und fand dann sehr abqualifizierende Bemerkungen für mich.

Am 8. November 1938 wurde in Paris der deutsche Botschaftssekretär von Rath durch einen jungen jüdischen Mann namens Herrschel Grynszpan ermordet. Er wollte die Öffentlichkeit auf das Schicksal der Juden, auch das seiner Familie aufmerksam machen.

Hitler war zur selben Zeit in München mit seinen „alten Kämpfern" zusammen, um mit ihnen den Jahrestag des „Marsches auf die Feldherrnhalle" 1923 zu begehen. Sobald er von dem Attentat erfuhr, löste er auf Vorschlag von Josef Goebbels, dem Reichspropagandaminister, eine Aktion gegen jüdische Einrichtungen im ganzen Reich aus. Über die Parteistellen, Gau- und Kreisleitungen, wurde die SA noch in der gleichen Nacht zum Einsatz befohlen. Das klappte erstaunlich gut. Die SA und auch einige SS-Verbände waren gegen Mitternacht überall im „Einsatz". Zwei jüdische Objektgruppen wurden „freigegeben": Die Synagogen waren niederzubrennen und die Geschäfte zu demolieren. Auch Wohnungen wurden nicht verschont. Nur wenige Synagogen blieben aus brandtechnischen Gründen erhalten. Man hätte anderenfalls die Nachbarhäuser auch „abgefackelt". Entsprechend sahen am anderen Morgen die Hauptgeschäftsstraßen in den Städten aus.

In Plauen erinnere ich mich besonders an das Schuhhaus „Botina", eine Zweigniederlassung des tschechischen Bata-Konzerns. Da hatte die SA schlimm gewütet. Abgesehen von den großen Schaufenstern,

Die ausgebrannte Plauener Synagoge am 9.11.1938.   *Foto: Verlag*

die überall zertrümmert wurden, ist es eine leichte Sache, Schuhregale umzuwerfen.

Die angerichteten Schäden waren enorm. Das Reichswirtschaftministerium führte Klage, daß allein die Glasschäden etwa eine Milliarde RM betrugen. Das große Flachglas mußte aus dem Ausland bezogen werden, und dafür fehlten die Devisen! Die verantwortlichen Stellen um Hitler reagierten sofort: Die Juden mußten nicht nur für alle Schäden aufkommen, sondern darüber hinaus 1 Milliarde RM als Sühneleistung an das Reich abführen. Das war wohl der Gipfel der Frivolität!

Einige Tage später fanden aus dem Nachlaß verhafteter jüdischer Familien Versteigerungen statt. Mein Vater nahm mich mit zu zwei Villen in der Hohestraße. Vor den Häusern standen ein paar Zivilisten und ein Polizist. Ich erinnere mich noch recht genau. Die Bilder, die sich mir boten, konnte ich nie vergessen. Bereits in der Diele lagen Kleidungsstücke und Hausgeräte herum. Im Wohnzimmer wurde man aber mit dem voll entfesselten Zerstörungstrieb konfrontiert. Einem Flügel, der die Mitter des Raumes ausfüllte, waren die Beine abgeschlagen und der Deckel abgerissen worden. Ein großes Ölgemälde an der Wand war durch Schnitte quer über die Leinwand zerstört worden. Porzellan war aus einem Büfett gerissen und lag zerbrochen davor auf dem Fußboden. Ein weiterer Schrank war umgeworfen. Ein Grammophon war umgekippt. Schallplatten lagen verstreut und zertreten am Boden. Im Schlafzimmer sah es ähnlich aus: Kleider und Anzüge aus den Schränken gerissen. Der Toilettenspiegel lag zerbrochen am Boden. Ungemachte Betten und verstreute Nachtgewänder ließen darauf schließen, daß man die Bewohner nachts aus den Betten geholt hatte. Ein sinnloses Chaos das Ganze! Niemand beschwerte sich, erstattete Anzeige; kein Staatsanwalt erhob Anklage.

Die Musterung

Im Frühjahr 1940 wurde ich in Neundorf vor eine Musterungs-Kommission gerufen. Ich berichte darüber, da hierbei die Entscheidung über die spätere Verwendung in der Wehrmacht entschieden wurde – dachte ich!

Zunächst kamen wir in einen größeren Raum mit Kleiderhaken, in dem wir uns nackt ausziehen mußten. Einzeln wurden wir dann zu einem Arzt im Nebenzimmer gerufen. Der stellte Körpermaße fest und hörte Herz und Lunge ab. Als er meine Füße betrachtete, erwähnte ich, daß ich Senk- und Spreizfuß habe, was er wohl selbst sehen mußte. Ich berichtete ihm auch, daß ich im Alter von 3 und 14 Jahren an schweren Gelenkrheuma-Anfällen erkrankte und große Mühe hatte, mein Leben nachfolgend zu stabilisieren. Er fragte lediglich, was man dagegen getan habe, und als ich ihm sagte, daß die Mandeln entfernt worden waren, brummte er etwas vor sich hin.

Wieder einzeln aufgerufen, mußten wir anschließend vor der Kommission erscheinen und in den berühmten Kreidekreis treten. Auf den Außenseiten von zwei Tischreihen, in Hufeisenform aufgestellt, saßen die Herren der einzelnen Waffengattungen. Sie meldeten sich bei Interesse für den jeweiligen Aspiranten oder winkten ab. Auf ein paar kurze Fragen zur Person konnte ich anbringen, daß ich bereits einen Führerschein habe; das schien mir für die Zuweisung zu einer Waffengattung wichtig zu sein. Damit hatte ich Erfolg, denn der Zuspruch lautete: „Motorisierte Artillerie."

Im Sommer 1940 wurde ich zu einer Dienststelle des Arbeitsdienstes bestellt. Dort erfolgte ein kurzer Stempeleintrag in den Wehrpaß: „Frei zur Verfügung Wehrmacht." Freude kam in mir auf, denn nun glaubte ich die Schule abschließen zu können. Weit gefehlt! Im Januar 1941 erhielt ich die Einberufung zur „Infanterie", innerhalb einer Woche und mitten im Schuljahr. Meine Vorstellungen beim Wehr-

kreisamt erbrachten nichts: Fristverlängerung abgelehnt. Der Krieg wäre bald zu Ende, dann könne ich in Ruhe mein Abitur nachmachen. Mit solch unsinnigen Äußerungen wurden viele von uns abgetan. Meine Rheumaerkrankungen wurden völlig ignoriert. Ein untrügliches Indiz für das, was noch folgen würde!

Der Autor schildert im Folgenden seine Zeit in der Wehrmacht, die Kriegsschauplätze im Osten, seine Einsätze und seine Eindrücke. Diese Schilderungen sprengen den Rahmen des zur Verfügung stehenden Platzes. Es ist durchaus möglich, seine Erlebnisse in einem der nächsten Publikationen des Verlages nachzulesen. Der Herausgeber greift die Erzählung wieder auf, als der Autor im April 1943 auf Heimaturlaub weilte, seine letzte Verwundung erhielt und zur Genesung in seine Heimatstadt Plauen zurückkehrte.

Heimaturlaub

Es war April 1943 geworden, und ich bekam nach zwei Jahren erstmals Urlaub. Durch eine Bestrafung, welche ich erhalten hatte, kam dieser Urlaub für mich überraschend. In Frankfurt an der Oder mußten wir umsteigen und hatten Aufenthalt. Wir gingen in die Bahnhofsgaststätte, und ich fand Platz an dem Tisch einer jüngeren Frau in Trauerkleidung. Sie erzählte bald, daß ihr Mann 1942 gefallen sei und sie nun allein für die Kinder sorgen müßte. Das sei nicht einfach: Arbeiten könne sie wegen der Kinder nicht, und die Unterstützung ist sehr gering. Sie meinte, ich könnte doch einen Tag später fahren und lud mich ein, zu ihr zu kommen. Sie würde einen schönen Kuchen backen und ich könnte mich so richtig ausschlafen, bevor ich nach Hause fuhr. Es war klar, die Frau, die einen hilflosen Eindruck machte, hatte es auf mein Lebensmittelpaket abgesehen. In Deutschland hat der Krieg auch schon Veränderungen hervorgerufen, so dachte ich und auch an die Kinder. Ich lehnte ab, gab ihr aber mein Paket, für das sie sich etwas schluchzend bedankte.

Es war spät am Abend, als ich in Plauen ankam. Ich ging durch die verdunkelte Bahnhofstraße zu unserer Wohnung. Leider öffnete niemand. Meine Familie wußte nichts von meinem Kommen, und einen Schlüssel hatte ich auch nicht. Ich überlegte noch, was ich tun könnte, da kam ein Mann über die Straße, der aufschloß. Ich sprach ihn an, und er erzählte, daß meine Leute bei einer bekannten Familie seien. Er solle nur Wein aus dem Keller holen und könne mich hinbringen. Ich kam in eine fröhliche Runde, die mich freudig begrüßte. Alles stürmte auf mich ein und fragte auch nach „großen Taten". Ich antwortete letztlich: „Seht her, ich lebe noch!" Dann fragte ich, ob es nicht etwas zu essen gäbe. Ich hätte Hunger, und der Wein, zu dem ich genötigt wurde, bekam mir nicht so recht. Es wurde viel getanzt. Meine Partnerin war zumeist die Tochter der gastgebenden Familie, die ich aus der Schulzeit kannte. Könnte das eine Urlaubsgefährtin werden? Mit meinen Eltern und meiner Schwester war ich kaum ins persönliche Gespräch gekommen, so groß war die Ablenkung durch diese zahlreiche Gesellschaft. Man wußte augenscheinlich noch zu feiern im fünften Kriegsjahr. Warum auch nicht? Die Gespräche bewegten sich ausschließlich in oberflächlichen Bereichen. Ja nicht in die Tiefe gehen, keine verfänglichen Fragen und Antworten! Ich bedauerte das auch in den folgenden Tagen. Stets wich man aus oder wechselte das Thema. Das wäre in der Familie schon etwas anders gewesen, aber Vater und Mutter arbeiteten, und ich suchte meine Vergnüglichkeiten. Wenig Zeit also für die Erörterung von Tatbeständen und Wahrheiten!

Ich hatte eine Jugendbekannte wiedergetroffen. Sie war ein nettes Mädchen, und ich lud sie in „Albigs Weinstuben" ein; man konnte dort noch ein Gläschen bekommen. Außerdem wurde Musik geboten, natürlich die gängigen Schlager, allseits beliebt. Wir fanden einen Tisch in einer Ecke und unterhielten uns angeregt über frühere Zeiten, die für mich um so weiter zurück lagen, als mein derzeitiges Leben von einer anderen Welt war. Ein einarmiger Major mit einer Frau setzte sich an unseren Tisch. Obwohl ich in Zivil war, was meiner Bekannten leider nicht unbedingt behagte, verliefen unsere Gespräche nun stockender, gehemmter. Ich sah das „Krimschild" (Gedenkauszeichnung für alle Krimkämpfer) an seinem leeren Ärmel und beobachtete, daß sich sein Verwundetenabzeichen in Gold gelöst hatte. Darauf machte ich ihn mit geeigneten Worten aufmerksam. Er bedankte sich kurz, sah an sich herunter und dann plötzlich mich scharf an: „Was machen Sie noch in der Heimat?" fragte er mich. „Wir schlagen uns an der Front und

Auf Heimaturlaub in Plauen   Foto: Autor

Sie, wann wollen Sie denn Soldat werden?" Von einer solch harten Ansprache überrascht, regte sich in mir Unmut, und ich antwortete: „Herr Major, ich komme sicher auch noch dran und bis dahin tue ich, was ich tun kann, um möglichst gut gerüstet hinausgehen zu können." Meine Begleiterin stieß mich unterm Tisch an. Sie war über meine Unbekümmertheit, besser vielleicht Frechheit, bestürzt und rang nach Fassung. Der Major brummte noch etwas von, da wird es dann aber auch Zeit, und damit fand die Episode ihr Ende oder auch nicht? Ich habe ihn tatsächlich im Herbst 1944 in Goslar wiedergetroffen. Leider war der Abend für uns gestört. Es kam keine Stimmung mehr auf, und so brachte ich meine Bekannte, die mir Vorwürfe machte, nach Hause.

Ich benützte die folgenden Tage hauptsächlich, um alte Plätze aufzusuchen und Bekannte von „damals" zu treffen. Meine Altersgefährten indes waren fast ausnahmslos bei der Wehrmacht. Es war nicht immer erhebend bei den Angehörigen nach ihnen zu fragen, denn einige waren gefallen. So sprach ich den Eltern oft Trost zu, und meine Stimmung trübte sich entsprechend.

Wie zumeist im Leben, die schönen Tage eilen schnell dahin, und bald saß ich im Zug zurück an die Donez-Mius-Front, von meinen Eltern und der Schwester verabschiedet. Leider kann ich mich an kein ernsthaftes Gespräch erinnern, das meine Ansichten und auch Nöte hätte wiedergeben können. Ich bedauere das heute noch.

Im September 1944 bekam ich noch einmal nach der Beförderung zum „Oberfähnrich" acht Tage Heimaturlaub. In versuchte in den acht Tagen in Plauen das Leben zu genießen. Tatsächlich traf ich zwei Freunde aus der Schulzeit. Beide waren kriegsversehrt und daher zu Hause. Wir freuten uns aber über das Wiedersehen und verlebten ein paar schöne Stunden. Auch eine Freundin traf ich wieder. Sie war gerade „Kriegerwitwe" geworden, wie man das nannte, und nicht willens, den Witwenstand allzulang auszudehnen. Plauen hatte noch keinen Bombenangriff erleben müssen und bot sich daher recht freundlich. Es gab zwar nicht mehr viel, aber ein Gläschen Wein im Weinhaus Albig auf der Bahnhofstraße war noch drin.

Der Beförderungsurlaub war schnell vorbei. Ich mußte mich in Goslar zur weiteren Versetzung nach Posen melden.

Mein letzter Einsatz

Im Januar 1945 wurden etwa 150 Oberfähnriche, darunter auch ich, zum Leutnant befördert. Danach wurden wir in aller Eile per Bahn nach Schlesien verlegt. Es sollte mein letzter Einsatz werden. Die Rote Armee hatte am 12. Januar eine Winteroffensive eröffnet und stieß Ende Januar bis an die Oder vor.

Mich traf im Februar 1945 in einem MG-Nest ein furchtbarer Schlag ins Genick. Nach einem Notverband in einem Bunker erklärte mir der Sanitäter, in meinem Nacken sitze tief ein Splitter. Der Bataillonsführer gab mir einen Melder mit, und mit diesem schleppte ich mich mit letzten Kräften zum Regimentsstab. Dort ließ ich mich ins Stroh fallen, ein Arzt gab mir eine Tetanusspritze. Ich brachte meine letzten Meldungen über unsere verzweifelte Lage dem Kommandeur vor, und dann war ich nicht mehr ansprechbar. Ich kam erst wieder zu mir, als ich in einen ungeheizten Personenzug gehoben wurde; er fuhr nach Liegnitz. Nach langem Aufenthalt in Liegnitz fuhr ein ungarischer Lazarettzug mit vielen Halts auf offener Strecke nach Dresden. Die Stadt erstrahlte damals noch in ihrem alten Glanz. Es waren die letzten Tage. Nach zwei Stunden fuhren wir weiter nach Altenberg an der sächsisch-böhmischen Grenze zum ehemaligen Sporthotel „Raupennest", nunmehr ein Lazarett. Ich fand hier Pflege, wurde geröntgt, aber nicht operiert; der Splitter saß zwischen zwei Wirbelfortsätzen. Die Tage im Lazarett „Raupennest" in Altenberg waren gezählt. Wegen „Frontnähe" wurden wir mit unbekanntem Ziel verlegt. Ich hatte mich noch um die Röntgenbefunde bemüht. Die würden nachgeschickt, sagte man mir, aber daran glaubte ich nicht. Auf LKW fuhr man uns zum Bahnhof, und dann rollten die Räder wieder. Wohin? Was würde uns nun erwarten?

Deutschland war ja schon Ende Februar immer kleiner geworden! Meine Verwundung war versorgt. Die Wunde heilte auch ohne Operation. Ich hatte aber Grund zur Sorge: Ich konnte meinen Kopf immer weniger bewegen! Eine gefährliche Versteifung war eingetreten!

In der Heimat und nicht zu Hause – Mein längster Tag

Es war eine lange Fahrt durch eine triste, nebelverhangene Landschaft mit vielen Aufenthalten und Umleitungen. Bald wurde es dunkel, Orientierung war nun kaum noch möglich. Die Bahnhöfe waren verdunkelt. Es ging jedenfalls Richtung Plauen, Hof, Nürnberg. Dann wurden wir doch unterrichtet, daß unser Transport für Plauen bestimmt war. Mir blieb die Luft weg! Alles hätte ich vermutet, nur nicht, daß ich in meiner Heimatstadt landen würde. Der Zug hielt in Jößnitz, 5 km vor Plauen. Eine Weiterfahrt war nicht möglich, da die Gleisanlagen durch einen Bombenangriff kurz vorher zerstört worden waren. Wer gehen konnte, wurde unverzüglich und mitten in der Nacht in Marsch gesetzt. Auch ich mit dem Granatsplitter im Hinterkopf mußte laufen. Als Plauener konnte ich der elend sich dahinschleppenden Gruppe dadurch helfen, daß ich den kürzesten Weg in die Stadt einschlug.

In der Klinik Dr. Meyburg, Windmühlenstraße 14, sollten wir uns melden. Ich hatte vor, das erst am anderen Morgen zu tun, denn ich wollte nach Hause. Meine Vorfreude war verfrüht: Das Haus war verschlossen. Über das Arztschild meines Vaters war ein Leukoplaststreifen geklebt mit dem Hinweis „Praxis geschlossen". Was nun?

Der freundliche Wirt der Gaststätte „Meisterbräu", Wettinstraße, konnte mir zwar auch nicht sagen, wo meine Eltern sind, aber er hatte ein Bett für mich, in das ich mit schmerzenden Gliedern und hämmerndem Kopf sank. Und welch ein Glück, wenigstens kein weiterer Fliegeralarm in dieser Nacht!

Anderntags hatte man in der Klinik keine freien Betten. Man empfahl mir, es bei Verwandten oder Bekannten zu versuchen. Das ließ sich aber gar nicht so leicht realisieren. In den folgenden Tagen wurde ich von mehreren Ärzten der Klinik, in die ich ambulant aufgenommen worden war, untersucht. Vor allem wurde ich von allen Seiten, nochmals mit enormen Strahlendosen, geröntgt. In seltener Offenheit informierten mich die Ärzte, daß der Splitter zwischen zwei Wirbelfortsätzen steckt und die Entfernung gar nicht so einfach sei, ohne daß Komplikationen eintreten könnten. Diese Prozeduren waren mir aber recht, denn Zeit gewinnen war wichtig! Lang konnte der Krieg ja nicht mehr dauern. Es galt nur noch zu überleben! Dazwischen suchte ich Verwandte und Bekannte auf, um zu erfahren, wo meine Eltern sind. Mein Vater war in Bad Elster, kein Wunder, daß ich niemanden erreichen konnte. Durch diese Besuche hatte ich aber wenigstens Rückhalt bekommen und konnte übernachten. An die Klinik Dr. Meyburg war ich damit weniger gebunden. Ich ging nur zum Essen hin und zu weiteren Untersuchungen.

Einige Tage später, es war der 19. März, traf Plauen wieder einmal ein größerer Bombenangriff. Innerhalb von 72 Stunden wurden daraus drei Angriffe. Das Leben in der Stadt änderte sich damit von Grund auf. Unterlag meine Heimatstadt bisher den allgemeinen Kriegseinschränkungen, so wurde sie damit zum „Frontgebiet" des modernen „Totalen Krieges" mit allen schlimmen Folgen, die sich daraus ergaben. Der Angriff am 19. März hatte vor allem die „Vomag-Werke" mit Panzer-Produktion zum Ziel. Während man die Werksanlagen zu diesem Zeitpunkt noch verfehlte, wurden Süd- und Ostvorstadt sowie Zentrum schwer getroffen. Das Rathaus bestand nur noch aus Mauern, und es gab viele Tote.

Auf meinem Weg vom Standortlazarett Neundorf ging ich durch eine Straße und sah, wie die Bewohner eines Hauses Möbel auf die Straße räumten. Da ich nur schwache Rauchschwaden aus dem Dach aufsteigend erkennen konnte, sprach ich die Leute in der Meinung an, daß man den Brand löschen könnte. Ich stieg mit ihnen bis ins Dachgeschoß, und tatsächlich konnten wir zwei kleine Brandbombenstellen mit Feuerpatschen und Sand löschen. Das war es, und die Leute, bis auf einen alten Mann alles Frauen, waren mir sehr dankbar. Als ich wieder nach unten kam, begrüßte mich eine junge Frau, eine Bekannte meiner Schwester. Nachdem wir mit einigen Soldaten der Garnison, die hinzugekommen waren, die Möbel wieder zurückgetragen hatten, kamen wir ins Gespräch. Sie war Schneiderin von Beruf und hatte im Stadttheater gearbeitet. Nun war sie in eine Textilfabrik verpflichtet. Wir verabredeten uns für den Abend.

Bei diesem Angriff wurde auch die Klinik Dr. Meyburg zerstört. Da sie gut unterkellert war, ist den Verwundeten nicht viel passiert. Aber ich sah sehr augenfällig, wie hart der Bombenkrieg zuschlug. Der Schock dieses Angriffes saß tief in der Bevölkerung. Wer konnte, verließ die Stadt und versuchte auf dem Land unterzukommen. So auch meine Verwandten, bei denen ich bislang gewohnt hatte. Es herrschte ein schlimmes Durcheinander in der Stadt. Mit dem Nötigsten in Koffern und Taschen rannten die Leute nach einer anderen, möglichst sicheren Unterkunft. Auch ich war in die gleiche Situation gekommen. Auf dem

Weg zur Visite im Standortlazarett erfolgte ohne Vorwarnung ein Tagesangriff. Ich ging gerade auf der heutigen Friedensbrücke. Sie überquert dort die Syra. Die Bomberverbände brummten heran. Instinktiv dachte ich, runter von der Brücke! Bei der Länge war das aber nicht einfach. Ich fand aber einen Treppenabgang. Ich wußte, daß im Tal in westlicher Richtung eine Brauerei mit großen Kellern lag, in die Produktionsstätten verlagert worden waren. Tatsächlich fand ich den Eingang mit einer großen Stahltür, die aber verschlossen war. Ich hämmerte gegen sie, denn die Bomben fielen schon in großer Nähe. Durch einen Einschlag in unmittelbarer Nähe wurde ich hochgehoben und auf einen Haufen Stahlspäne geworfen. Das war ein böser Sturz, vor allem für meinen Kopf, der mir entsetzlich weh tat. Dann öffnete sich die Tür, und ich konnte an einem Luftschutzwart vorbei in die Gewölbe kommen, auf die nun einige Bomben donnerten. Welchen Schaden die Bomben angerichtet hatten, konnten wir beim Verlassen des Bunkers erkennen, und mir wurde klar, wie knapp ich dem Tod entronnen war.

Für uns Frontsoldaten waren Bombenangriffe auf die Städte und das Versinken dieser in Schutt und Asche eine neue Erfahrung. Das ist auch der Grund, warum ich ausführlicher darüber berichte. In den nächsten Wochen verstärkten sich die Bombardierungen, so daß Plauen bis zur Besetzung durch die Amerikaner zu über 75 % zerstört wurde.

Ich versuchte weiterhin in ambulanter Behandlung zu überleben. Das hieß, um Unterkunft bemüht zu sein, und das war nicht so einfach wie hier ausgedrückt. Verpflegung erhielt ich im Lazarett. Das aber lag weit außerhalb in Neundorf. Es gelang mir zweimal für zwei, drei Tage Essen zu bekommen, was es eben so gab in den letzten Kriegswochen. Wohnen konnte ich bei meiner Bekannten, so blieb ich beweglich. Wer wußte denn, was noch kom-

men würde? Wir teilten, was sie und ich an Verpflegung besorgen konnten. Davon zu leben, war schon möglich, so wie wir damals an Einschränkungen gewöhnt waren.

Ende März, Anfang April 1945 war es nun geworden. Die Amerikaner waren schon in München, wie die Gerüchte gingen. In dieser Zeit war ich viermal ins Lazarett zur Operation bestellt worden und ebenso oft, wegen akuter Fälle, meist Bombenverletzungen, wieder weggeschickt worden. Es war bezeichnend für jene Tage, fast alle Strukturen lösten sich auf. Planen konnte man nur noch kurzfristig und mit den schlimmen Beschränkungen, die der unaufhaltsame Zusammenbruch mit sich brachte. Es wäre sonst niemals möglich gewesen, daß ich über Wochen ambulant behandelt wurde und nun, da endlich operiert werden sollte, die Termine ständig verschoben wurden. Da unsere Wohnung auch zerstört war (Dr. med. Horst Arnold, Praktischer Arzt, Bahnhofstraße 72), wohnte ich weiter bei meiner Bekannten, nächtens von einem Bombenalarm zum anderen rennend.

An einem der ersten Apriltage wurde ich, nach vier Stunden Wartezeit, auf einem fahrbaren Operationstisch in einen kleineren, wohl eher Behelfs-OP, gefahren. Müde von den ständigen Fliegeralarmen und vor Hunger, war ich ganz einfach eingeschlafen. Dann wurde ich plötzlich aus dem Nebenraum in den OP geschoben. Es ging ganz schnell und ohne Worte: Die Narkosemaske auf die Nase und zählen. Ich kam bis 21, dann war ich weg. Durch einen furchtbaren Schlag, der mich auf dem Operationstisch förmlich hochwarf, kam ich wieder zu mir. Schneidende Kälte durchfuhr meinen nackten Oberkörper. Staub, Schmutz und Dreck füllte den Raum, soweit ich das um mich herum wahrnehmen konnte! War ich nun operiert worden? – war mein erster Gedanke. Ich versuchte den Kopf zu bewegen und spürte einen neuen, stechenden Schmerz. Also war ich doch schon operiert, so folgerte ich, zumal ich auf dem Rücken lag. Bewegen konnte ich mich nicht, da ich an Händen und Füßen mit Lederriemen festgebunden war; zudem lag etwas Schweres auf mir. Ich schaute zunächst nach oben. Der Operationsleuchter schaukelte bedenklich hin und her! Ich versuchte auf meinen Körper zu sehen. Nicht ganz einfach war das, da ich meinen Kopf nicht heben konnte. Und – ich sah auf ein Schwesternhäubchen sowie dunkle Haare. Inzwischen konnte ich meine linke Hand aus der Schlinge ziehen. Ich tastete mit der Hand und – tatsächlich, es lag eine Frau quer über mir. Ich klopfte ihr auf den Rücken und sprach sie an. Endlich hob sie den Kopf. Mit verstörtem und entsetztem Gesichtsausdruck sah mich eine junge Frau an. Diesen Ausdruck in den Augen! Ich habe ihn lange nicht vergessen können. „Sind sie verletzt?" fragte ich. Langsam kam sie in Bewegung und verneinte. Ich bat sie, mich loszubinden. Mit zitternden Händen tat sie das und half mir, mich aufzusetzen. Meinen Kopf mußte ich dabei mit beiden Händen halten. Starke Schmerzen plagten mich bei jeder Bewegung. Jetzt sah ich, was geschehen war: Eine schwere Bombe war vor dem Gebäude eingeschlagen. Der Luftdruck hatte nicht nur die Fenster eingedrückt, sondern im Raum nahezu alles kurz und klein geschlagen. Schränke waren umgeworfen, der Verputz der Decke hing herunter, und Schutt lag bis zum Operationstisch. Ich fragte die Schwester, wo die Ärzte und das sonstige Personal sind? Sie hatten fluchtartig die Räume verlassen. Irgendwo nebenan mußte ja auch meine Uniform sein – ich fror entsetzlich! Auch im anschließenden Raum war die Verwüstung groß. Meine Uniform mußten wir aus dem Schutt ziehen. Wir schafften das: Sie mit zitternden Händen wühlend und ich, beim Bücken versuchend den Kopf zu halten!

„Wohin jetzt?" fragte ich die Schwester, die mich stützte und die wie ein Schutzengel auf

mich wirkte. Diese junge Frau war bei mir geblieben, sie allein! Der alte Kasernenbau war gut unterkellert. Dort hatte man Notbetten aufgeschlagen, und da hinunter gingen wir. Mühsam gingen wir die Treppen hinunter. Ich war noch sehr von der Narkose benommen. Unten angekommen, sah ich in einer Ecke zwei Ärzte stehen, von denen ich einen erkannte. Sie hatten mich operiert, wie mir die Schwester bestätigte. Ich ging auf sie zu, um mich zu bedanken. Die Herren erklärten mir die erfolgreich verlaufene Operation und entschuldigten sich bei mir. Es wäre furchtbar gewesen; alles sei kopflos durcheinander gerannt. „Meine Schwester" aber hatte eine großartige Haltung bewahrt und erkannt, daß man mich nicht einfach liegen lassen konnte. Ich umarmte sie wieder und wieder. Dann schleppte ich mich die Treppen hoch, nicht auf die Rufe einer anderen Schwester achtend, die mir ein Bett anbot. Ich wollte ins Freie gelangen. Es war mir schlecht, und ich mußte mich übergeben. Frische Luft! – das war es, was ich brauchte. So lief ich davon. Man kann darin eine Kurzschlußreaktion erkennen wollen. Im Moment fiel mir nichts Vernünftiges ein. Ich fühlte mich gedemütigt durch die Handlungsweise der Ärzte und des Personals. Erst später dachte ich mir, daß ich ihnen doch auch dankbar sein sollte. Immerhin hatten sie mich erfolgreich operiert, wie ich nach Tagen feststellen konnte.

Draußen sah ich das Ausmaß der Zerstörung. Ich ging durch die Neundorfer Straße in Richtung Stadtmitte. Zwei kleine Kinder und eine ältere Frau lagen tot zwischen den Trümmern herabgestürzter Hausfassaden. Überall Brände und Qualm, der einem die Luft nahm. Nichts also mit frischer Luft! Nachdem sich der für Großbrände typische Sogwind gelegt hatte, wurde es still, ganz still. Ich sah niemanden. Näher zur Stadtmitte endlich eine junge Frau; ich kannte sie. Sie war vor dem Krieg Verkäuferin in einem Schallplattengeschäft gewesen,

in dem wir unsere verbotenen Swing- und Jazzplatten gekauft hatten: Herzliche Begrüßung, ein paar Fragen und Verabschiedung. Sie mußte, von der Arbeit kommend, zu ihren beiden Kindern und wußte nicht einmal, ob ihre Wohnung noch vorhanden war. Ich hatte dann mühsam den Tunnel erreicht, einen Platz, an dem das berühmte Café Trömel stand. Immerhin hatte ich fast drei Kilometer in meinem Zustand hinter mich gebracht. Dann plötzlich in Höhe der Hauptpost das Brummen der nächsten angreifenden Bomberformation! Ein weiterer Tagesangriff ohne Vorwarnung! Ich lief in den Julius-Mosen-Platz hinein, vom Postgebäude und der Methodistenkirche flankiert. So schnell wie möglich versuchte ich in eines der Häuser rechts vom Platz zu gelangen (Luftschutzbunker „Irmisch"). Jedoch überall wurde ich von den Luftschutzwarten wegen Überfüllung abgewiesen. Mein Zustand mit dem Kopfverband machte auf die Leute keinerlei Eindruck mehr. Kein Platz für mich in den Kellern der Häuser! Und doch – gegenüber, vor der Methodistenkirche, stand eine junge Frau und winkte mir. Sie entschuldigte sich, der Keller in der Kirche sei eigentlich nur ein Souterrain, aber insgesamt doch sehr massiv. Es war höchste Zeit geworden. Ein paar Frauen saßen im Keller. Ich fand einen Platz zum Sitzen. Zitternd vor Entkräftung ließ ich mich auf einen Stuhl fallen. Der Lärm der Flugzeuge war auch im Kellergewölbe immer stärker vernehmbar. Neben mir betete eine Frau: „Der Feind ist mächtig, aber du Herr bist allmächtig!" Monoton betete sie immer das gleiche. Vereinzelt fielen schon Bomben, aber weiter ab. Mir gegenüber saß die junge Frau, die mich in die Kirche geholt hatte. Je näher die Bomben fielen, desto größer wurde unsere Spannung und Angst. Starr sah die Frau mich an, es war, als suchte sie einen Halt. Im übrigen war ihr Gesichtsausdruck sehr beherrscht. Dann ein harter Schlag mit Druckwelle. Die Kirchenfenster prasselten herunter. Ein ohrenbetäubender Lärm und immer wieder neue Einschläge. Entsetzliche Sekunden, die zu Minuten und Stunden zu werden schienen. Danach wurde es ruhiger. Die Bomber entfernten sich – aus! Wir konnten nach oben gelangen. Auf dem kleinen Platz sah es furchtbar aus. Hinter der Kirche tat sich ein riesiger Trichter auf. Ich bedankte mich bei den Frauen, insbesondere bei der jüngeren. Ich war entsetzlich schwach und müde, daher weiß ich nicht mehr genau, wie ich zur Wohnung meiner Bekannten kam. Hier war nichts passiert. So konnte ich mich, gut betreut, bald ins Bett fallen lassen, um die Nacht durchzuschlafen.

Das war mein längster Tag, unvergessen und unverwechselbar! Zugleich war es der Tag von zwei Frauen, die selbst Furchtbares durchstehen mußten und in den Situationen höchster Lebensgefahr mir Hilfe zukommen ließen und Haltung bewahrten!

Am anderen Tag machte ich mich auf ins Standortlazarett, in dem ich operiert worden war. Ich wollte nicht noch in den Geruch „Unerlaubter Entfernung von der Truppe" kommen, aber niemand machte mir einen Vorwurf. Meine Wunde wurde versorgt, danach mußte ich jeden zweiten Tag hinkommen, um die Tampons aus der Wunde herausziehen zu lassen. Es forderte mich niemand auf, dort zu bleiben. Das Lazarett war überbelegt. So vergingen noch etwa zehn Tage. Es wurde immer schwieriger etwas Eßbares zu bekommen. Gut, daß ich meine Tagesverpflegung vom Lazarett hatte. Wir teilten, und meine Bekannte, die Wohnungsinhaberin, hatte so ihre Verbindungen. Der Betrieb, in dem sie arbeitete, war zerstört worden, und so ging sie aufs Land zu ihrer Mutter und brachte immer etwas mit. Dabei konnte ich sie nicht begleiten, denn ich durfte ja den Standortbereich nicht verlassen!

Eines Nachts wurde ich wieder durch bereits fallende Bomben aus dem Bett geworfen. Hastig suchte ich meine Sachen zusammen und lief in den Keller des Hauses. Dort saß meine Bekannte in einer Ecke. Sie hatte mich nicht geweckt, als die Bomber anflogen. Die andere Haltung – auch einer Frau! Kaum saß ich, schlug eine Bombe hart am Haus ein. Splitter zischten durch den Keller. Einer traf mich am linken Fuß, es war aber nur eine Prellung. Die Wohnung konnten wir nicht mehr aufsuchen, da das Treppenhaus zerstört war. Von außen konnten wir aber feststellen, daß ihre Wohnung unversehrt war. Wir zogen los und verbrachten den Rest der Nacht im sogenannten Wilkehaus bei uns bekannten Leuten. Am Morgen trennten wir uns; sie wollte zu ihrer Mutter aufs Land. Es war ein kurzer Abschied, auch in dem Bewußtsein, daß sie sich nicht richtig verhalten hatte.

Ich überlegte, was zu tun sei. Zwar gehörte ich zu dem Lazarett, aber ich besaß keine Papiere darüber. Da die Gefahr, von Feldgendarmerie (Kettenhunde nannten wir sie) kontrolliert zu werden, sehr groß war, suchte ich wieder das Lazarett auf, um die Sache in Ordnung zu bringen. Die Verwaltungsschwester entschuldigte sich, daß ich als ambulanter Patient keinen Ausweis hatte, wie vorher von der Klinik Meyburg.

Wie üblich und völlig sinnlos, sollte auch Plauen noch verteidigt werden. Das bedeutete, ich mußte besonders vorsichtig sein. Da kam mir die Begegnung mit einem Kollegen meines Vaters zu Hilfe; ich schilderte ihm meine Situation. Er empfahl mir, nach Jößnitz zu gehen, dort sei ein Behelfslazarett eingerichtet worden. Das war die Lösung in dieser für mich prekären Situation. Ich wollte nicht im Standortlazarett bleiben. Meine Abneigung durch die Vorgänge im Zusammenhang mit meiner Operation war zu groß – und dann die ständigen Bombenangriffe. Ich rief im Lazarett an und

teilte mit, daß ich nach Jößnitz wollte. Die Schwester sagte zu, und damit war für mich die Angelegenheit erledigt.

Es war schönes Wetter, und ich hatte mir ein Fahrrad besorgen können, auf das ich meine wenigen Habseligkeiten in einem Koffer verladen konnte. Ich hielt mich auf der Seite unseres großen Stadions, in dem wir beim Schwimmen so viele erbauliche Stunden vor dem Krieg erlebt hatten, und blieb in den Wäldern. Nur nicht auffallen, nur nicht den „Kettenhunden" in die Hände fallen. Was hätte mir letztendlich die telefonische Erlaubnis des Lazarettes nützen können? Nichts! Den Vaterlandsverteidiger der letzten Stunde wollte ich gewiß nicht spielen, ob mit einem operierten Loch im Kopf oder ohne!

Überleben wollte ich, da ich endlich leben wollte, obwohl ich nicht wußte, wie es weitergehen würde. Aber wer wußte das damals schon?

Heinz Arnold, Bad Brückenau

Der vorstehende Text wurde aus der im Selbstverlag von Heinz Arnold erschienenen Broschur „Verlorene Jugend" Teil I gekürzt und zusammengestellt. Der Verlag dankt Herrn Arnold für sein Entgegenkommen.

Geboren wurde ich am 25. Juli 1922 in der Bärenstraße 18 …

Meine Eltern hatten in der Bärenstraße 18 eine sogenannte Notwohnung. Das waren Bodenkammern ohne Wasseranschluß. Man mußte über den Hausplatz zu „WC" gehen. Bertram Schuster und ich waren Spielkinder und besuchten uns gegenseitig. Seinen Eltern gehörte die Bäckerei in der Karlstraße. Ich durfte mit Bertram durch den Laden in die Küche. Es roch himmlisch gut. Frau Schuster fragte: „Was willst du mal später werden?" Ganz freudig sagte ich: „Ich will mal Äpfel und Birnen verkaufen!" Bertram sagte dann: „Was, du willst mal Neideiteln werden?" Ich bin ganz traurig geworden, denn ich kannte das Bild von der „Neideiteln" als Deckblatt eines Heftchens, was meine Eltern hatten. Ich hatte auch ein

In unserem Garten bei der „Waldesruh"

Fahrrad, ein kleines Fahrrad mit Vollgummibereifung und ohne Rücktritt. Nur mit väterlicher Begleitung durfte ich fahren; Vater hatte alles im Griff. Ich war etwa vier oder fünf Jahre alt. In der Schule war ich noch nicht, aber ich konnte schon fahren, allerdings noch nicht mit einer Hand. Sonntags ging man spazieren, und ich fuhr mit dem Rad und rief: „Vater, ich hab' ne' Nase!" Die Leute, die das hörten, sagten: „Radfahren kann sie, aber die Nase noch nicht selbst putzen." Wenn es mit Vollgummireifen auf Kopfsteinpflaster bergab ging, habe ich immer die Pedale verloren. Vater mußte vorauseilen und mich auffangen.

Als ich etwa 7 Jahre alt war, vergrößerte sich unsere Familie, und wir zogen in der Bismarckstraße 3 beim Fleischer Lenk ein. Da war in der Küche Wasseranschluß mit Gosse, dafür aber auf halber Treppe ein Plumpsklo. Das war wirklich „gewöhnungsbedürftig"!

Ich bin dann auch auf die Straße gegangen, um mit den Kindern Kontakt aufzunehmen. „Die will e was bessers sei"; es war mein „gepflegtes Vogtländisch", das sie störte. Zum Leidwesen meiner Eltern hatte ich mich schnell angepaßt.

Vater war ein gestrenger Mann. Seine Augen haben schon geholfen, Schlimmes (Haue) zu vermeiden. Man durfte, wenn man gerufen wurde, nicht „oooch" sagen oder einfach nicht gehorchen. Schaute Vater nur mal so zum Fenster raus, reagierte ich gleich: „Vater, hast du mich gerufen?" Später erfuhr ich, daß es ihm dann fatal war.

Wir hatten Gaslicht in der Wohnung. Im Treppenhaus wurde die Petroleumfunzel angemacht, und später gab es „Elektrisches Licht". Das Stromkabel wurde ins Haus verlegt, dann ließ der Hauswirt die Steigleitungen verlegen. Für die Wohnung mußten die Mieter selbst be-

Die Angerschule als Linolschnitt von unserem Lehrer König

zahlen. Also meine Eltern waren dabei. Das Technische war auch für mich interessant. Die Eltern hatten an dem Abend eine Einladung. Mir wurde aufgetragen, sich nicht an dem Stromzeug zu vergreifen. Es gab aber in der Nacht einen grellen Blitz. Ich hatte große Angst, und als die Eltern heimkamen, war alles dunkel. Ich rief ängstlich: „Es hat geblitzt". Es gab ein Verhör von meinem gestrengen Vater. Ich konnte nicht mehr schlafen, weil man mir nicht glaubte. Meine Muttel hat geschlichtet und beruhigte alle Gemüter. Der Elektriker fand am nächsten Tag den Schaden. Es war ein Kurzschluß in der Verteilerdose. Unabhängig von dem Strom hatten wir ein „Ding", da waren Spulen und Röhren drauf, man konnte daran herumdrehen, und das nannte man Radio. Anfangs kam der Strom dazu aus einer Batterie. Die wurde von Zeit zu Zeit aufgeladen. Wir brachten das schwere Ding zur Unteren Stadtmühle an der Elsterbrücke, dort wurde die Batterie wieder aufgeladen.

Vater war Maschinist und Heizer bei der Firma Gebrüder Höppner an der Fürstenstraße, gleich an der Elsterbrücke. Er hatte eine große

Verantwortung. Das begriff ich, als er in der Nacht gerufen wurde, weil ein Heizkessel durch Überhitzung zu explodieren drohte. Mutti und ich haben ängstlich gewartet, bis Vater wieder heimkam und alles zum Guten abgewendet war. Der schadhafte Heizkessel wurde durch einen neuen ersetzt. Dabei gab es viele neugierige Zuschauer.

Ich schaffte dem Vater oftmals das Essen in den Betrieb. Ich ging dann die „Himmelstreppe" zur Moorstraße hinab, und wenn Vater abkürzen wollte, nahm er das Fahrrad auf die Schulter und stieg ebenfalls die Himmelstreppe mit ihm hinab. Ich weiß noch genau, es waren 104 Stufen.

Im letzten Schuljahr hatten wir von der Schule aus die Möglichkeit, mit dem Flugzeug an einem Rundflug über Plauen teilzunehmen. Es kostete fünf Mark, das war eine Menge Geld. Wir gingen mit dem Lehrer gemeinsam durch die ganze Stadt in Richtung Kauschwitz zum Flugplatz. Es war ein aufgeregtes Rennen und Reden von vielen Kindern aus Plauen. Ich fand mich in der Luft gut zurecht. Man sah die Häuser der Stadt wie Spielzeug. Es war ein heißer Tag, und auf dem Heimweg war ein tolles Gewitter. Ich war bis auf die Haut pitschenaß. Aber schön war es doch mit der „Tante JU".

Ich hatte eine schöne, ausgeglichene Kindheit und empfand das Gedicht frei nach Eduard Mörike zutreffend:

Ich bin meiner Mutter einzig Kind,
und weil die andern ausgeblieben sind,
was weiß ich wieviel, die sechs oder sieben,
ist eben alles an mir hängen blieben.
Ich hab müssen die Liebe, die Treue, die Güte
für ein ganz halb Dutzend allein aufessen,
ich will's mein Lebtag nicht vergessen.
Es hätte mir aber noch wohl mögen frommen,
hätt ich nur auch Schläge für sechs bekommen.

Erika Degenkolb, geb. Dietz;
Salzgitter-Lebenstedt

Unsere Klasse mit dem Lehrer H. Pfrötzschner vor der Angerschule 1937. In der 2. Reihe die dritte von links Nr. 12 bin ich, Erika Dietz.   Fotos: Degenkolb

Die Angerschule (1935)   Foto: Verlag

Meine Kindheit in der Meßbacher Straße

Vieles von Dr. Hartensteins Kindheitserlebnissen (s.S. 39) kannte ich in meiner Kindheit in den 20er Jahren des 20. Jahrhunderts auch noch so wie er, manches war aber auch schon anders geworden. Und nicht nur das Leben auf den Straßen von Plauen, sondern auch die Straßen selbst haben sich im Laufe meines Lebens gewaltig verändert.

Ich bin 1922 in der Meßbacher Straße Nummer 44 in der Erkerwohnung auf die Welt gekommen. Mein Geburtshaus war damals das letzte Haus der Meßbacher Straße. Auf der linken Straßenseite kam schon nach dem „Felsenschlößchen" kein Haus mehr. Dort gab es nur Hänge, darauf eine große Wiese mit dem „Neideitelhäuschen" in der Mitte, in dem eine alleinstehende alte Frau hauste, die uns unheimlich erschien, da sie sich mit niemand abgab, und an die wir uns wegen ihres großen schwarzen kläffenden Hundes nicht herantrauten. Fünf Jahre verbrachte ich in der 44, und es haben sich viele Erlebnisse aus dieser Zeit in meinem Gedächtnis erhalten.

Zum Baden am Sonnabend wurde eine Zinkbadewanne in der Wohnküche aufgestellt, kochendes Wasser aus einem riesengroßen Topf vom Küchenherd hineingeschüttet und mit kaltem Wasser „verdünnt". Wasserleitungen gab es schon, aber der Wasserhahn und die Gosse befanden sich im Hausflur für alle Bewohner einer Etage gemeinsam. Der Abort war im Hausflur eine halbe Treppe tiefer, ein im Winter furchtbar kaltes Plumpsklosett, aber wenigstens schon nicht mehr über den Hof im Freien. Abends mußte ins Treppenhaus eine Petroleumlampe gehängt werden, denn elektrisches Licht gab es damals auf der Meßbacher Straße noch nicht, nur Gaslampen in den Wohnküchen – ein spezielles Wohnzimmer war damals noch nicht Mode –, und auf den Straßen standen Gaslaternen, die jeden Abend vom Laternenanzünder aufgedreht wurden und ein romantisches Licht – vor allem im Winter – über die Straßen zauberten.

Autos sah man zu dieser Zeit noch nicht viele, nur Pferdefuhrwerke tauchten ab und zu mal auf. So kam jeden Vormittag der Milchmann Albin Geigenmüller von Planschwitz gefahren, um Milch, Butter, Kuhkäse, Eier und Quark zu verkaufen. Im Winter hatte die Milch schon eine dünne Eishaut bekommen. Er läutete mit seiner großen Glocke, und die Frauen kamen mit ihren Kannen und Taschen aus den Häusern. Im Herbst fuhren die Bauern die Meßbacher Straße herab und verkauften Kartoffeln, Waldbeeren oder Pilze, indem sie ihre Ware schreiend mit „Eeeerdäpfel, Eeeeerdäpfel!" oder „Heidelbeeren, Blaubeeren! 5 Pfund eine Mark!" anpriesen. Auch der Leiterwagenmann kam gefahren, der außer Leitern noch allerlei anderes Holzgerät – vom Quirl bis zum Handwagen – anbot. Wenn unten auf der Straße sein Ruf „Lattern, Lattern" ertönte, hieß es überall: „Jetzt kommt Regen!" Wenn dann der Regen gekommen war und ein schöner Regenbogen am Himmel stand, dämmten wir Kinder das am Randstein des Fußweges herunterströmende Wasser an und wateten barfuß darin herum. Wir liefen ja vom Frühjahr bis Herbst immer barfuß. Ja, es gab damals schon Randsteine, die Straßen waren inzwischen gepflastert, die Fußsteige aber meist noch nicht. Asphalt gab es noch nicht. Die Pflastersteine waren auch für die Pferdehufeisen günstiger. Wenn man mal ein Hufeisen fand, mußte man es über die Tür nageln, dann brachte es Glück. Ab und zu kamen Arbeiter mit einem Kranwagen, um die Einsuchtsdeckel damit zu öffnen und den hineingespülten Dreck aus den Kübeln zu entleeren. Im Winter, wenn es viel geschneit hatte, kam der von zwei Pferden gezogene Schneepflug, das waren zwei zu einem V gespreizte Bretter. Ein besonderes Abenteuer war, wenn die „Odelfahrer" kamen, um mittels eines Schlauches, der durchs Haus in den Hof gelegt wurde, die Fäkalien aus der Düngergrube zu pumpen. Nach einer bestimmten Zeit rief ein Arbeiter: „Scheiße retour!", da wurde dann abgestellt und ins nächste Haus gefahren, aber den penetranten Gestank ließen sie zurück. Wenn die Jauche dann auf den Feldern versprüht wurde, roch man es zum zweiten Male, aber da roch es besser.

In der 2. Hälfte der 20er Jahre waren oben an der Meßbacher Straße die „Neuen Häuser" entstanden. Wir zogen dorthin um, gleich ins erste Haus der Sechserreihe, Nummer 58. Nun hatten wir elektrisches Licht, ein Bad mit Kohlebadeofen, zwei Kachelöfen und auch ein Innenklosett mit Wasserspülung. Welch ein gewaltiger Fortschritt! Wenn ich auf dem Abort saß, sah ich vor mir an der Innenseite der Aborttür ständig den Zettel mit der Gebrauchsanweisung. Den Text konnte ich mit der Zeit auswendig und weiß ihn heute noch: „Die zu verwendenden Papiere dürfen nicht größer sein als dieser Zettel. Nach jedmaligem Gebrauch ist die Spülung zu betätigen. Bei eintretendem Frost ist mit Salzwasser nachzuspülen."

Wir hatten nun eine spezielle Wohnküche mit eigenem Wasseranschluß, eine kleine Wohnstube zum Aufhalten, eine „gute Stube" mit rotem „Plüschchaiselongue", die aber nur zu Festlichkeiten und Weihnachten benutzt wurde, sowie ein Schlafzimmer. Damals hatte nicht jeder ein eigenes Bett. Ich mußte mit im Bett meines Vaters schlafen. Meine Mutter und meine 10 Jahre ältere Schwester hatten ein Bett für sich. Die zweite, 13 Jahre ältere Schwester hatte ihr Bett in der Bodenkammer.

Im Winter war die Meßbacher Straße unsere Rodelbahn, auf der wir mit „Anhänger" bis zur Sauinsel an der Hofer Straße unter ständigem Schreien „Bahne! Bahne!" – was „Bahn frei!" heißen sollte – hinunterfuhren. Manchmal kamen wir nicht ganz bis zur Insel, wenn nämlich Kinder mit ihren Schlitten uns entgegengerannt kamen und „Sticker! Sticker!" riefen. Das hieß, daß die Polizisten kamen, die damals ehemalige, arbeitslos gewordene Sticker waren und uns das Schlittenfahren auf der Straße verwehren wollten. Vor denen hatten wir eine Heidenangst!

Wenn es Frühling wurde, ging das Spielen auf der Straße los. Da kam jedes Kind mit seinem Beutel Tonkugeln, auch paar „Stahler" und „Glaser" waren dabei. Mit dem Schuhabsatz wurde eine Mulde in die Erde des Fußsteigs gebohrt, und dann wurde versucht, die Kugeln in das Loch zu rollen. War die Erde der Fußsteige trocken geworden, wurde gekreiselt. Wenn genug Kinder zusammengekommen waren, konnten auch Spiele gemacht werden, wie „Blinde Kuh", „Häschen hüpf", „Ringel-Ringel-Reihe". „Meister, Meister, gib uns Arbeit" war ein sehr beliebtes Spiel, aber auch „Räuber und Schanzer" (letzteres sollte „Gendarm" heißen), und natürlich „Fanger" oder „Sucher" oder das Hüpfspiel „Himmel und Hölle", auch Geschicklichkeitsspiele mit dem Ball an die Hauswand. Die Mädchen fuhren ihren Puppenwagen spazieren, und wir Buben trieben ein ausgedientes großes Kinderwagenrad mittels eines Steckens vor uns her. Später bauten wir uns aus einem Brett und vier kleinen Rädern „Karren", mit denen wir die Meßbacher Straße hinuntersausten. Wer reichere Eltern hatte, konnte sogar „Roller" fahren. Wenn „Familie" gespielt wurde, waren die Puppen die Kinder, die Mädchen die Mütter und die Buben die Väter. Da kam ich mir aber in dieser Rolle ziemlich blöd vor und verzog mich bald wieder. Ich hatte dazu eine gute Ausrede, ich sag-

te: „Ich gehe jetzt auf Arbeit!" und verschwand. Die Mädchen waren den Buben untertan, wir bestimmten alles, und die Mädchen hatten sich mit ihrem Schicksal abgefunden.

So hatten wir Kinder damals immer etwas zu tun, unsere Phantasie war angeregt, und handwerkliche Fähigkeiten entwickelten sich. Heute sitzen die Kinder ohne körperliche Ausarbeitung vor dem Fernseher oder dem Computer und wissen sonst nichts mit sich anzufangen. Durch den Fernseher hat man sich auch die Gesellschaftsspiele am Abend in der Familie oder das gemeinsame Musikmachen abgewöhnt.

Weiter aufwärts kam auf der Meßbacher Straße nach den „Neuen Häusern" Schnabels Sandgrube, wo wir oft aufpaßten, wie der Hang abgebaggert und der Kies in verschiedene Größen gesiebt wurde. Die Straße führte dort einen steilen Berg hinauf und ging oben als ungepflasterte Landstraße mit Alleebäumen weiter an der Gartenanlage „Linde" vorbei bis zu den Siedlungen der „Kinderreichen" und der „Kriegsbeschädigten", die kurz nach dem 1. Weltkrieg entstanden waren. Dann war die Meßbacher Straße zu Ende und mündete in die Hofer Landstraße, die von der Sauinsel aus im Milmestal parallel zur Meßbacher Straße verlief. An dieser Mündung war rechts die Ausflugsgaststätte „Zur Linde" mit Biergarten und Tanzsaal. Gegenüber war die Gartenanlage „An der äußeren Hofer Straße", in der wir ab dem Gründungsjahr 1924 siebzig Jahre lang einen Kleingarten hatten.

Meine Eltern stammten aus Reichenbach und Lichtentanne, hatten 1908 geheiratet und waren anschließend – wie viele damals – nach Plauen gezogen, als der Ort durch das Aufblühen der Industrie immer größer wurde und viele Existenzchancen bot. Mein Vater begann seine Karriere in der Vogtländischen Maschinenfabrik AG (Vomag) als Dreher, wurde Vorarbeiter, Meister, Vorkalkulator und letztlich Ab-

teilungsleiter im Druckmaschinenbau. Meine Mutter mußte in erster Linie Hausfrau sein, denn es gab ja kein Betriebs- und Schulessen, keine Kinderkrippe oder Kindergärten. So verdiente sie sich wenigstens als Heimarbeiterin an der Nähmaschine noch ein paar Mark zum Wirtschaftsgeld hinzu, denn sie wollte, daß unsere Familie mit zu den „feinen Leuten" gerechnet wurde.

Schräg gegenüber unserer Häuserzeile waren Ende der 20er Jahre noch zwei Häuser entstanden, die einzigen auf der linken Straßenseite nach dem Felsenschlößchen. Sie wurden nach dem Wirtshaus im ersten Gebäude „Goldene Höhe" genannt. Das zweite Haus hatte einen Bäckerladen. Wir brachten aber trotzdem unsere Kuchen und Stollen zum Backen zu unserem bisherigen Bäcker Hense gegenüber vom „Felsenschlößchen". Im Haus daneben arbeitete oben in der Bodenkammer unser Schuhmacher Hoyer, dem ich oft bei der Arbeit zuguckte. Außerdem war im gleichen Haus die Wäschemangel von Pröses untergebracht, die mir als Kind immer etwas Unheimliches war.

Die Meßbacher Straße führt über einen langgestreckten Berg, an der einen Seite das Milmestal, an der andern Seite das Elstertal, an dessen Ufer und jenseitigem Hang sich die Stadt hinzog. Von unseren Wohnungsfenstern aus konnte man geradeaus die ganze Meßbacher Straße hinuntersehen, im Hintergrund die Klemmstraße und ein wenig die Ostvorstadt. Nach rechts sah man die Südvorstadt mit dem Galgenberg und nach links – über Wiesen und Felder hinweg – konnte man von weitem im Dunst die Stadt mehr ahnen als sehen und das Rauschen, Klopfen und Dröhnen des Fabrik- und Straßenlärms hören sowie das Quietschen der Straßenbahnen.

In die Stadt selbst kam ich erst mit zunehmendem Kindesalter. Ich war inzwischen in die Schule gekommen, das war die Höcknerschule – ehemals die 2. Katholische Schule – in der

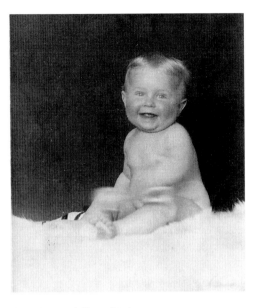

Das Bärenfell und ich

Mit meinem Teddy (1927)

Meine Schwester kommt vom Bäcker (1928)

Bei der Gartenarbeit

Weihnachten im Familienkreis (1929)

Südvorstadt. Ich mußte dahin die ganze Meßbacher Straße hinunterlaufen bis zur Insel und dann vom Anfang der Oelsnitzer Straße nach der Südapotheke den Schulberg wieder hinauf. Lieber ging ich aber später über den „Krummen Weg" unterhalb des „Felsenschlößchens" und kürzte gleich über den Milmesbach zum Schulberg ab.

Je älter ich wurde, um so mehr wurde ich zum Einkaufen eingespannt. Da wir auf der Meßbacher und der Thiergartner Straße nur einen Fleischer, zwei Kolonialwarenläden und zwei Bäcker hatten, dehnten sich zwangsläufig die Einkäufe auch bis weit in die Stadt hinein aus. Die Stadt war wegen ihrer Größe nicht mehr zu überschauen. Jeder hatte seine gewohnten „Wechsel", in die anderen Stadtteile kam man kaum. Da passierte es, daß man manche Bekannte oft wer weiß wie lang nicht zu sehen bekam. Unser Lebensmittelhändler, der Enders Albin, hatte mittwochs immer Schlachtfest; dort mußte ich umsonst einen Krug Wurstbrühe holen. An der Insel war anfangs der Güterstraße ein weiterer Bäcker, der Ramig, dann kam das Haus vom Doktor Kaiser, unserem Hausarzt, danach die „Schokoladentante", dann der Blumenladen Wilhelm. Dort fing die Böhlerstraße an, wo gegenüber das Zigarrengeschäft Schindler war. Am Ende der langen Böhlerstraße – durch die Eisenbahnbrücke und über die Gösselbrücke an Uebels Bleicherei vorbei – ging es den Mühlberg hinauf. Dort mußte ich auf dem Oberen Graben beim Schneider per Rucksack Großeinkäufe machen; denn es gab Rabattmarken, mit denen zu Weihnachten fast umsonst eingekauft werden konnte. Oder ich ging die Hofer Straße entlang – beim Gemüsehändler Blumer vorbei – zur Turnstraße, bog dort ab und überquerte beim Anger über den Schwarzen Steg die Elster und stieg die Treppen zur Pforte an der Johanniskirche hinauf. Dann überquerte ich den Klostermarkt, um am Café Trömel vorbei ins Warenhaus Tietz (heute Horten) zu kommen. Dort holte ich mir monatlich umsonst die Kinderzeitschrift „Schnickschnack" und beim Konfektionsgeschäft „Eduard Seidel" im Trömelhaus das Heft „Schmetterling". Andere Straßen Plauens beging ich damals alleine kaum, höchstens aus Abenteuerlust ab und zu durch die „Untere Mühle" an der Elsterbrücke. Dort war es so gruselig, finster und glitschig, und unter den Füßen drehte sich das Mühlrad. Kam man dann auf der anderen Seite aus der Mühle wieder heraus, war man auf dem Neustadtplatz. Hier stiegen wir Kinder an der tiefergelegenen Straße „An der Syra" ins Bachbett, um den unterirdischen Teil der Syra Richtung Tunnel zu durchwandern und zu erforschen, in den durch einige Schächte Licht hineinfiel und die Ratten vorbeihuschten.

Die Innenstadt war damals schon völlig zugebaut und kam uns eigentlich schon alt und ehrwürdig vor. Nur am Rande der Vorstädte entstanden noch Neubauten, aber dorthin kam ich kaum.

In den schlechten Jahreszeiten habe ich viel gelesen und meine Bücher umsonst in der Stadtbücherei ausgeborgt, die damals im Theater-Intendanz-Gebäude untergebracht war. So habe ich – ohne daß ich es wußte – die gesamte deutsche Literaturgeschichte kennengelernt. Oder ich habe bei schlechtem Wetter zu Hause mit meinem „Märklinbaukasten" gebaut, zuerst nach Bauzeichnung, später eigne Konstruktionen. Sechs Weihnachten lang hatte ich immer einen Zusatzkasten bekommen, so daß ich zuletzt Türme bauen konnte, die größer waren als ich selbst, oder Achterbahnen und Sprungschanzen für selbstgebastelte Skispringer. Dadurch haben sich zeitig bei mir technische Kenntnisse und Fähigkeiten herausgebildet. Auch die Phantasie und die Ausdrucksfähigkeit wurde sehr gefördert durch das Spielen mit meinem Kaspertheater. Als Zuschauer holte ich mir die anderen bekannten Kinder.

Inzwischen waren auch Autos zu sehen, die fuhren aber so langsam damals, daß wir Kinder vor den Autos herrennen konnten, um die Automarken zu erkennen und zu notieren. Da gab es Horch, Ford, Chevrolet, Hannomag, Dixi, Wanderer und andere.

Die heutigen Linien der Straßenbahn existierten damals auch schon fast alle. Aber zum Mitfahren hatten wir kein Geld. Außerdem waren wir zu Fuß durch die Pforte schon längst am Tunnel, ehe die Straßenbahn auf dem Umweg über die lange Hofer Straße, die Elsterbrücke und den Neustadtplatz am Tunnel ankam.

Taschengeld hatte ich so gut wie keines, nur für festliegende Ausgaben, wie zum Beispiel für Schulmilch, Schreibhefte. Aber auch einmal im Jahr 50 Pfg. fürs „Vogelschießen" auf dem Schützenplatz an der Festhalle, wo wir uns stundenlang aufhielten und das Geld genau einteilten. Wenn es im Sommer heiß war, bekam ich 15 Pfg., um ins „Natnat" (Naturheilverein Preißelpöhl) baden gehen zu können. Aber dazu wurde ich jedesmal erpreßt, indem ich dafür tagelang vorher immer schön brav und artig sein mußte. Damals hat man ja schon für einen Pfennig oder Zweier was zu kaufen bekommen. Mehr bekamen auch die Bettler nicht, die ab und zu in den Häusern erschienen, oder die Musikanten, die in den Höfen spielten und abschließend das eingewickelte Geld aus den Fenstern zugeworfen bekamen. Manchmal klingelten auch Hausierer an den Türen, das waren hauptsächlich Juden, die ihre Ware feilboten.

Besondere Erlebnisse waren damals der „Nigrin", der auf Stelzen Reklame für Schuhcreme lief, oder wenn ein Flieger am blauen Sommerhimmel „PERSIL" schrieb oder als der Zeppelin über Plauen flog und bei Kauschwitz auf dem Flugplatz landete. Mein Vater hat damals mit mir zwei Stunden ausgeharrt, bis endlich von fern das Brummen zu hören war. Mein

Sommerfestumzug vom Gartenbauverein „An der Äußeren Hofer Straße" bei der Goldenen Höhe am 20. Juli 1930

Die Höcknerschule Heynigstraße 3 im Winter

Foto: Verlag

Gartenvereinsfest Weihnachten im Felsenschlößchen (1927)

Als Konfirmand (Ostern 1937)

Vater hatte überhaupt viel für meine Bildung getan: Mir abends auf dem Nachhauseweg vom Garten den Sternenhimmel erklärt, mich das Schachspielen gelehrt und hat mit mir Pilze gesammelt, vom Garten war es ja nicht weit ins „Schwarze Holz". So erweckte er in mir bleibendes Interesse für die Natur. Ich durchwatete die Teiche auf der Suche nach Fischen, Fröschen, Kaulquappen, Salamandern, fing Libellen und Glühwürmchen, jagte Schmetterlingen hinterher oder lag auch manchmal still im Gras, beobachtete das Verändern der Kumuluswolken und entdeckte Käfer und andere Insekten an den Blüten der Gräser um meinen Kopf herum. Im Birkenwald unterhalb unseres Gartens hatte ich ein selbstgebautes „Nest" auf meinem Stammbaum, einer Buche. Und dann schwang ich mich – wie ich es über Tarzan gelesen hatte – von Baumwipfel zu Baumwipfel.

Damals war gerade das Kino aufgekommen, und für sonntags bekam ich manchmal Geld zur Kindervorstellung im Tivoli an der Pfaffenfeldstraße. Da konnten meine Eltern inzwischen in Ruhe ihren Sonntagnachmittagsschlaf machen. Gezeigt wurden die Stummfilme mit Pat und Patachon, Dick und Doof, Charlie Chaplin oder Indianer- und Trapperfilme. Das dadurch kennengelernte Indianerleben machten wir dann draußen nach und bauten uns einen Federbusch. Ich war für die Indianer der Meßbacher Straße der Häuptling „Große Schlange", und alle mußten auf mich hören. Wir gingen auf Spurensuche, banden Gefangene an den Marterpfahl am Lagerfeuer und „rauchten" die Friedenspfeife. Richtig geraucht hat damals von den Kindern keines, höchstens Binsen vom Gutheinrichsteich vor Thiergarten. Wir waren auch noch so naiv, daß wir nicht wußten, woher die Kinder kommen. Und als ich es später erfuhr, habe ich es anfangs nicht geglaubt, das schien mir technisch unmöglich.

Mein Vater war einer der ersten, der ein Radio besaß. Das war ulkig, das Mienenspiel der Leute unter den Kopfhörern zu sehen, denn selber hörte man ja nichts. Später kamen dann die wie Grammophontrichter aussehenden Lautsprecher auf, so daß alle was vom Radio hatten.

Zur Wende von den zwanziger zu den dreißiger Jahren waren für uns die Umzüge der Kommunisten oder Nazis interessant. Den politischen Hintergrund kannten oder verstanden wir aber nicht. Wir liefen lediglich ihnen hinterher und riefen je nachdem „Heil" oder „Rot Front". Manchmal hingen aus den Fenstern Fahnen heraus, schwarz-weiß-rote, schwarz-rot-goldene oder auch nur rote. Wir hatten eine grün-weiße, das war die Sachsenfahne.

Als ich 1933 die Prüfung zur Sprachklasse – auch Höhere Abteilung genannt – bestanden hatte, kam ich in die Herbartschule in der oberen Südvorstadt. Die kannte ich schon, weil wir von der Höcknerschule manchmal zu Filmvorstellungen in die Turnhalle der Herbartschule geführt worden waren. Das war immer ein spannendes Ereignis, und wir sahen Kästners „Emil und die Detektive" und die Verfilmung der Nibelungensage „Siegfrieds Tod" und „Krimhilds Rache". Nur gut, daß das Stummfilme waren, denn vom Ton wäre wegen der Begeisterungsausbrüche der paar hundert Kinder nichts zu hören gewesen. In der Sprachklasse lernten wir zusätzlich Englisch und Stenografie. Da es sich in der Klasse um auserlesene Schüler handelte und dadurch auch bessere Disziplin war, konnte auf höherem Niveau unterrichtet werden. Durch die größere Aufmerksamkeit blieb auch mehr Wissen haften, und das Lernen machte mehr Spaß. Zu dieser Zeit war der Nationalsozialismus entstanden. Unser Klassenlehrer Sammler kam damals in SA-Uniform mit Dolch in den Unterricht, was bei seinem dicken Bauch irgendwie komisch anmutete.

Baulich hat sich in den Jahren des sogenannten 3. Reiches in Plauen nichts Wesentliches verändert. Geplante politische Prunkbauten kamen in Plauen nicht zur Ausführung. Zunächst wurde die Arbeitslosigkeit durch den Reichsautobahnbau und die Einführung des Reichsarbeitsdienstes für die jungen Leute beseitigt.

Dadurch blühte die Industrie, die – wie sich später herausstellte – überwiegend Rüstungsproduktion war, auf. Dem Volk wieder etwas besser, und es war bereit, die faschistischen Ideologien „Volk ohne Raum", die „Dolchstoßlegende", die „Rassentheorie" mit Judenverfolgung anzunehmen, was letzlich zum Krieg führte. Dazu trugen auch solche Parolen wie „Ein Reich, ein Volk, ein Führer" oder „Führer befiehl, wir folgen" oder „Räder müssen rollen für den Sieg" bei.

Für uns Buben ging das organisierte Jungvolkleben los. Das war spannend, denn wir waren ja jetzt alle „reinrassige Arier" und hatten Uniform mit Koppel und Schulterriemen, Fahrtenmesser und Käppi sowie Bundschuhe. Wir machten Fahrten, Zeltlager und Heimabende in der Schloßstraße (heute Kolping-Ausbildungshaus). Daß das alles vormilitärische Ausbildung war, merkten wir nicht. Für uns war das Erziehung zu Mut, Tapferkeit, Ehre, Kameradschaft: „Einer für alle, alle für einen!" Eines Tages kamen Soldaten des 134. Regiments aus der Kaserne ins Heim und brachten alle Instrumente für eine Blaskapelle mit. Ich wurde auch mit ausgewählt, da ich ja schon die Noten kannte, denn ich hatte zu Hause bereits Klavierunterricht. Und so bekam ich eine B-Klarinette. Von da an war das Musikmachen unser Dienst, und wir wurden nicht in die HJ (Hitlerjugend) überführt.

Nach zwei Jahren wurde unsere Klasse in die Angerschule versetzt. Dort erhielten wir den Klassenlehrer Keßler, der wie ein Vater zu uns war, maßgebend unsere charakterliche Bildung

Blick vom Fickertsberg über die Randsiedlung zur Meßbacher Straße (1931)

Die Meßbacher Straße 44

Im Jungvolk 1933

Feilen am Schraubstock. Beginn meiner Lehrzeit in der VOMAG (1937)

Fotos: Petzold

und dadurch unseren weiteren Lebensweg positiv beeinflußte.

In der Schulzeit hatten wir von sexueller Liebe noch nichts gespürt, höchstens bißchen Schwärmereien. Erst nachdem ich 1937 als Maschinenbaulehrling in die Vomag gekommen war, anschließend noch eine Praktikantenausbildung neben meinem Ingenieur-Fernstudium durchmachte, dabei noch Elektriker, Technischer Zeichner und Vorkalkulator lernte, merkte ich die beginnende Pubertät. In dieser Zeit hatte ich einen Mitlernenden als Busenfreund aus der ehemaligen Schulklasse. Wir gingen zusammen auf Brautschau in die großen Tanzsäle Plauens, die „Freundschaft" und die „Centralhalle" auf der Straßberger Straße, in die „Fürstenhalle" Ecke Forst- und Fürstenstraße sowie in die Plauener Weinlokale, wie „Helgoland", „Rüdesheimer", „Elstertal" oder „Eule". Wir hatten aber kein Glück bei den Mädchen, weil wir zu jung, zu klein und unattraktiv und zu schüchtern waren und zu wenig Geld hatten. 1897 gab es in Plauen erst 170 Hotels, Gasthäuser und Cafés, 1913 waren es schon 470 Schankwirtschaften, an fast jeder Straßenecke eine. Der Bierverbrauch betrug am Tag einen halben Liter pro Person.

Inzwischen war der 2. Weltkrieg ausgebrochen. Mein Freund und ich wurden zunächst zur Rekrutenausbildung nach München einberufen. Dort wurden wir zwei Freunde getrennt. Es kamen nun die einzigen reichlich drei Jahre meines Lebens, die ich nicht in Plauen verbrachte. Während des Kriegseinsatzes in Frankreich, Rußland, Ungarn und in der Tschechoslowakei war ich wegen einer Meniskusverletzung Batterieschreiber geworden.

Ich hatte Glück, den Krieg und die russische Gefangenschaft lebend zu überstehen. Als ich im September 1945 aus Auschwitz wieder heimkam, war mein Wohnhaus auf der Meßbacher Straße als einziges der Häuserzeile den Bomben zum Opfer gefallen. Die Vomag war

auch zerbombt, und ich hatte nun keinen Arbeitsplatz mehr. Es ergab sich aber, daß ich 1946 an der Gewerblichen Berufsschule auf der Seminarstraße als Berufsschullehrer anfangen konnte und dort 41 Jahre lang unterrichtete.

Plauen war damals zu über 70 Prozent zerstört. Das mir vor dem Krieg bekannte Plauen gab es nicht mehr. Ganze Wohnviertel waren weg; die Häuserzeilen sahen aus wie lückenhafte Gebisse (von 8400 Häusern galten nur rund 2000 als unbeschädigt). Straßen (von 157 Straßen waren 67 unpassierbar), Brücken (von 23 Brücken waren 12 zerstört oder schwer beschädigt), Straßenbahn- und Eisenbahnlinien, markante Gebäude, auch unsere ehemaligen Vergnügungslokale waren verschwunden.

Als ich heimkam, waren gerade die Amerikaner wieder abgezogen und die Russen waren Besatzungsmacht. Es war damals schwer, Wohnung zu bekommen. Zu kaufen gab es nur auf Marken und Bezugsscheine. Ich heiratete meine „Wehrmachtsbraut", denn zu zweit ging alles besser. Zwei Buben großziehen war auch nicht so einfach. Die ersten drei Ehejahre wohnten wir mit einer anderen Frau zusammen in einer Wohnung in der Händelstraße. Es war gut, daß wir an der „Linde" noch den Garten als zusätzliche Nahrungsquelle hatten. Wir mußten aber alles Geerntete per Kinder- und Handwagen bis zum Preißelpöhl schleppen. 1951 bekamen wir eine eigene, aber zu kleine Wohnung in der oberen Lessingstraße (heute Martin-Luther-Straße) und 1954 endlich die ersehnte Wohnung im Block an der Reißiger Straße, wo ich – nachdem wir nach drei Jahren von der Parterrewohnung drei Häuser weiter in den 4. Stock umgezogen waren – bis zum Jahr 2000 wohnte.

Zur gleichen Zeit bekamen wir endlich unser erstes Auto, einen Trabant 500. Auf den Straßen war damals noch wenig Verkehr. Überall in der Stadt wurden die Bombenlücken mit Garagen zugebaut. Ich baute mit elf anderen

glücklichen Auto-Erstbesitzern auf einem ehemaligen Schrottplatz die erste Garagenreihe. Bis jetzt sind dort 40 Garagen entstanden. Einen Schwarzweiß-Fernseher hatten wir auch bald durch meinen Schwager, der eine Rundfunk-Reparaturwerkstatt hatte, erhalten; paar Jahre drauf einen Farbfernseher. Aber der Staat achtete darauf, daß keine Westantennen auf den Dächern waren. So wurden diese halt unterm Dach oder in den Wohnungen angebracht. Über 40 Jahre blickten wir damals neidisch über die Mauer nach Westen, dessen Kapitalismus uns besser erschien als der bei uns existierende „reale Sozialismus", denn „drüben gab es ja alles".

Da ich nicht in der Sozialistischen Einheitspartei (SED) war, hatte ich es als Lehrer schwer und konnte mich nur wegen bestimmter maßgebender pädagogischer Leistungen halten; man traute sich deshalb nicht an mich heran. So erlebte ich 40 Jahre lang den sozialistischen Aufbau, aber gleichzeitig den Verfall der Stadt. Da alles staatlich war, gab es keine Privatinitiativen beim Wiederaufbau. Es wurden zwar die Lücken in den Häuserzeilen zum größten Teil geschlossen, aber nichts paßte so recht zusammen. Beim Albertplatz entstanden Neubauten im Stalinschen Zuckerbäckerstil einschließlich des später wieder weggerissenen „Stalin-Pavillons". Weiter die Bahnhofstraße aufwärts entstanden links und rechts Neubauten mit jeweils anderer Bauweise. Rechts unterhalb der Eisenbahnlinie wurde ein Viertel mit völlig veränderter Straßenführung als vor der Zerbombung gebaut. Später entstanden riesige Wohngebiete in Großblockbauweise wie überall in der DDR. Etwa ein Drittel der alten Bausubstanz verfiel zusehends trotz der angeordneten „freiwilligen" Arbeitseinsätze der Bevölkerung. Als dann die DDR-Regierung am Ende war und sich nicht mehr gegen die aufbäumende Bevölkerung wehren konnte (oder wollte) und es zur sogenannten Wiederverenigung kam, war ich inzwischen Rentner geworden. Unter den heutigen Bedingungen möchte ich aber nicht mehr Lehrer sein und erst recht kein Kind oder Jugendlicher. Wir haben leider zu dem, wonach wir damals schielten, viel Negatives dazubekommen. Die Straßen sind unsicher geworden, nicht nur wegen des rapide zunehmenden Verkehrs, sondern auch wegen der immer schlimmer werdenden Kriminalität vor allem Jugendlicher. Alles dreht sich nur ums Geld, alles wird vermarktet, auch die Menschen selbst sind Ware (Sportler, Künstler, Politiker). Die Reichen werden immer reicher, die Armen immer ärmer. Der Staat entfernt sich immer mehr von seinem früheren Aushängeschild „Sozialstaat". Es herrschen charakterliche Verkommenheit oder Frust, und man muß laufend aufpassen, nicht über den Tisch gezogen zu werden.

Der Begriff „Demokratie" hat eine völlig andere Deutung bekommen. Der uns vorher unbekannte Konkurrenzkampf (der sozialistische Wettbewerb in der DDR hat ja nie richtig geklappt) wird nun nicht nur zwischen Betrieben, sondern auch zwischen den Menschen persönlich in Form von Mobbing, Korruption, Erpressung, Entführung und anderen Verbrechen bis hin zum Mord durchgeführt. Und die Arbeitslosigkeit ist wieder da! Dadurch sinkt die Kaufkraft, und die Produktion wird zur Überproduktion. Und obwohl schon viel zu viel Supermärkte (Plauen-Park, Elster-Park, Globus und andere) mit riesigen Angeboten entstanden sind, kommen immer weitere hinzu, wenn sie jetzt auch anders aussehen und andere Namen haben, wie „Kolonnaden" oder „Stadt-Galerie". Aber durch dieses Überangebot kommen sich die Bürger immer ärmer vor – nicht nur die

Arbeitslosen – es setzt der Neid auf die Bemittelteren ein. Die Folge ist eine zunehmende Zerstörungswut. Dazu gehört auch das Beschmieren von eben vorgerichteten Gebäuden durch Jugendliche, „Graffiti" genannt. Dadurch wird Plauen aber nicht schöner!

Nach der Wende wurden zwar durch das wiedererstandene Privateigentum viele Häuser Plauens saniert, aber auch etliche Banken und viele Autohäuser hinzugebaut, sowie mehrere Gewerbegebiete, Eigenheim- und Eigentumswohnungs-Standorte, private Seniorenheime, Sonnenstudios, Kosmetik- und Tattoo-Salons, Discos und Spielhallen, also alles, was Geld bringt (oder bringen soll). – Aber an Kulturel-

lem und Ästhetischem, was die Stadt verschönert, ist so gut wie nichts von seiten des Staates und der Kommunen hinzugekommen. Selbst für die Erhaltung stadtgeschichtlicher und kultureller, denkmalgeschützter Gebäude und Einrichtungen ist kaum Geld vorhanden. Das Stadttheater verfällt nach 100jährigem Bestehen in Bedeutungslosigkeit. Das Parktheater kann nur durch Privatinitiative weiter bestehen und entartet zum Rock- und Techno-Tempel. Der Bärenstein-Turm konnte ebenfalls nur privat finanziert werden. Das Freibad Haselbrunn wurde nach vielen Mühen und dem Engagement der Bevölkerung im III. Quartal wesentlich kleiner wieder eröffnet. Den beim

Die Gewerbliche Berufsschule an der Seminarstraße (1945)

Foto: Schuster

141

Umbau des Klostermarktes 1999 durch Zufall entdeckten mittelalterlichen Brunnen deckt man wieder zu, „um ihn der Nachwelt zu erhalten", was auf deutsch heißt, daß sich kein Finanzier findet. Und was wird mit der Erhaltung des Wahrzeichens von Plauen, dem Kemmlerturm? – Das alles sind die Eindrücke, die entstehen, wenn man nach der Wende durch die Straßen Plauens geht.

Vieles hat sich also seit der von Dr. Hartenstein geschilderten Zeit in Plauen geändert. Damals hießen die heutige Obere und Untere Endestraße noch „Endengaß", und es gab eine Gastwirtschaft „Wartburg" in der Forststraße, die ich schon nicht mehr kannte. Auch daß jemand in der Stadt noch Kühe hatte und Milch verkaufte, gab es in meiner Kinheit nicht mehr. Die damaligen Wanderziele ins Elster- und ins Syratal sowie zum Kemmler sind noch während meines ganzen Lebens dieselben geblieben. Klostermarkt, Tunnel, Nonnenturm sind auch mir zeitlebens Begriffe gewesen. Aber den Namen „Gottesacker" für den Lutherplatz gab es zu meiner Zeit nicht mehr. Auch eine Mauer um diesen Platz kannte ich nicht, ebenso die Namen „Totengraben" und „Totenhof". Der erwähnte Oberbürgermeister Kuntze war nur bis 1893 im Dienst und ist 1911 – also noch vor meiner Geburt – gestorben. Aber sein Name ist mehrfach in Plauen erhalten geblieben. Die Lohmühlenanlage und die Bürgerschule an der damaligen „Syraer Straße" (später Syrastraße) sowie das Stadtbad (damals „König-Albert-Bad") hat es also schon gegeben. Und nun weiß ich auch, daß die Hufschmiede auf der in meiner Kindheit noch existierenden Straße „An der Syra" damals „Lindenschmiede" hieß. Schmunzelnd mußte ich feststellen, daß Dr. Hartenstein in seiner Kindheit im Bachbett der Syra schon denselben Unfug getrieben hat wie wir Buben ein halbes Jahrhundert später. Und das Spiel „Räuber und Schanzer" hat sich also auch über Jahrzehnte erhalten. Jetzt ist es weg.

Damals gab es also schon den Schießberg und das Lokal „Prater". Aber der „Viadukt", der damals gerade im Entstehen war, hieß zu meiner Zeit „Friedrich-August-Brücke", dann „Adolf-Hitler-Brücke", bis 1991 „Ebertbrücke" und jetzt „Friedensbrücke". Die „Aktienbrauerei" (daher „Aktienweg") heißt in meinen alten Tagen „Sternquellbrauerei". Ich hatte aber den ersten Namen auch noch gekannt. Auch die Brauereiwagen, statt von Ochsen inzwischen von stattlichen geschmückten Brauereipferden gezogen, vollgeladen mit Bierfässern, gefahren von einem Kutscher mit Lederschürze und Peitsche, sind mir in Erinnerung geblieben. Die Poppenmühle als Ausflugslokal mit Teich und Ruderbooten gab es in meiner Kindheit auch noch. Und den wie ein Schloß darüber ragenden Streitsberg gibt es heute noch, und man hat noch ein zweites „Schloß" dazugebaut. Der Dobenaufelsen – der jetzt ziemlich unauffällig und zugewachsen ist – ist mir nur ohne Ruine bekannt. Daß dort ein unterirdischer Gang enden soll, darüber rätselt man heute noch. Die Version in meiner Zeit lautete, daß dieser Gang im Mittelalter vom Schloß aus dorthin geführt haben soll, damit bei Belagerungen die Versorgung der Bewohner gewährleistet sein sollte und der Gang im Notfall als Fluchtweg benutzt werden könnte. Ob das stimmt? Daß die Syratalbrücke vom italienischen Onkel des Dr. Hartenstein erbaut worden ist, ist mir erst durch diesen Bericht bekannt geworden; ich habe das bisher noch nirgends gelesen. Die geschilderte Wegeführung im Syratal habe ich ganz anders kennengelernt. Die „Holzmühle" am Ende des Tales als Ausflugsziel habe ich noch gut in Erinnerung. Nach dem 2. Weltkrieg war sie noch bewirtschaftet und ist erst in DDR-Zeiten abgerissen worden. Ich erinnere mich noch, wie meiner Familie in den 50er Jahren auf einem Spaziergang kurz vor der Holzmühle ein paar russische Soldaten der Besatzungsmacht

entgegengerannt kamen. Sie hatten keinen Ausgang und waren, nachdem sie von einer russischen Streife in der „Holzmühle" entdeckt wurden, ausgerissen. Die Streife schoß ohne Rücksicht auf uns hinter den an uns vorbei flüchtenden Soldaten her, traf aber niemanden. Schade, daß diese Ausflugsgaststätte nicht erhalten geblieben ist! Aber andererseits: Wer läuft denn heute noch so eine längere Strecke? Heute, wo alles Auto fährt, wäre man ja schon in fünf Minuten dort; das lohnt sich ja gar nicht! Also fährt man lieber zu weiter entfernten Zielen.

Die letzten Worte von Dr. Hartenstein waren: „Die Erinnerung verklärt dies alles und hüllt es in freundliche Farben. Aber dennoch: heute beginnt – gerade in Frühlingsstimmung und Heimwärtsdenken ein wenig vom großen Mollakkord späteren Menschenlebens nachzuklingen, dessen Text lautet: Es war einmal …" Das trifft auch genau auf mein Leben und die Entwicklung Plauens in meiner Zeit zu: „Es war einmal eine schöne gute alte Zeit!"

Alfred Petzold, Plauen

's ist Herbst, meine Seele!

Fallende Blätter sinken zum Staub,
Goldener Schimmer fließt über das Laub. –
Laß über sturmzerrissene Blüten
Herbstgold fließen – schweigenden Frieden.

Louise Christel (†) Greiz

Kindheits- und Jugenderinnerungen einer Ur-Plauenerin an die Zeit vor dem 2. Weltkrieg

Natürlich deuten die Annalen von einst auf ein ganz anderes Gesicht in privaten wie in gesellschaftlichen Bereichen. Abgewägt mit dem jetzigen rastlosen Internet-Zeitalter hat das menschliche Bewußtsein heute bei weitem nicht mehr alle Gewohnheiten, Sitten und Gebräuche der Vorfahren gespeichert, die die Arbeitslust, die Lernlust und die Freizeitgestaltung von dazumal beeinflußten, die als wiederkehrende Vorgänge von den „Alten" gepflegt auf die junge Generation übertragen wurde.

Pulsierendes Leben und Treiben bestimmten aber auch in der sogenannten „guten alten Zeit" die Geschicke im Lande, wobei jedoch die Technik trotz Fortschritts noch nicht den nunmehrigen Stand erzielt hatte, es hie und da z. B. im Haushalt durch das Fehlen modernster Elektrogeräte an Bequemlichkeiten mangelte. Und darüber hinaus beeinflußte der Zeitgeschmack der jeweiligen Epoche die Beschaulichkeit im Alltag.

Lang, lang ist's her. Das Tor zur unbeschwerten Kindheit ist ja bereits vor Jahrzehnten geschlossen worden. Was aber ist im Gedächtnis aus kindlicher Sicht, zwischenmenschliche Beziehungen berührend, haftengeblieben? Vielleicht spiegeln sich in diesen Erinnerungen, mich lebenslang begleitend, Verhaltensweisen der Leute von heute wider, wer weiß?

Am 17. März 1925 wurde ich in der Haselbrunner Straße geboren. Vater war selbstständiger Kaufmann, Mutter war Hausfrau, wie das damals so war. Ein paar Jahre später zogen wir dann in die Heinrichstraße.

Schulzeit

Mit sechs Jahren zu Ostern in die Mosenschule als „Achterbabele" – Baby – aufgenommen (Volksschulstufen damals von 8. bis 1.

Klasse), begann halt der Ernst des Lebens; vorerst mit einer Zuckertüte versüßt.

Die Lernlust anzukurbeln – zu heben, spielte unser Lehrer zu Unterrichtsbeginn ein Liedlein auf seiner Geige. Später schmetterten wir selber zu diesem Zeitpunkt Kinder-, Volks-, Wanderlieder, auch Choräle, denn Religion war ein Bestandteil des Lehrplans. Älter geworden, meldete eine Klassensprecherin aus unserer

Meine Mutter und ich

Mitte zu Stundenbeginn dem jeweiligen Fachlehrer die Arbeitsbereitschaft der Schülerinnen.

Unsere „reine" Mädchenklasse im Schulraum in gerader Körperhaltung auf eichenen Klappsitzen, mit gefalteten Händen an eichenen Pulten plaziert, lernte anfangs nur das Stillsitzen

im Sinne der Selbstdisziplin, für die kleinen Rackerle eine höchst schwierige Aufgabe.

Die Zahl „8" zunächst in Übergröße möglichst schwungvoll mit Bleistift auf ein Zeichenblatt gemalt, lockerte das Handgelenk, zweckvoll ausgedacht (auch 1. Hausaufgabe), was uns kleine Wißbegierige ziemlich langweilte. Aber bald schon kritzelten wir emsig mit spitzen Schieferstiften auf Schiefertäfelchen Buchstaben- und Zahlenreihen, selbstverständlich mit Lese- und Schreibübungen verknüpft. Feuchte Schwämmchen und trockene Läppchen, an der Schiefertafel befestigt, löschten das „Machwerk" immer wieder. Endlich in Schönschrift unsere Kenntnisse und Fertigkeiten ins Heft zu übertragen (vom Bleistift zur Feder mit Tinte – Tintenfäßchen in Schulbänken eingelassen), pinselten wir erst die Druckbuchstaben, dann übten wir die lateinische, schließlich die deutsche Schrift. Immer redlich bemüht, ergatterten wir oft eine „1", was uns ansporte, vor allem, wenn zu Hause mit klingender Münze belohnt wurde. Nach guten Zensuren strebten eigentlich alle, wobei Lieblingsfächer eine „tragende Rolle" spielten, von gutem Einvernehmen zwischen Lehrern und Schülern getragen.

Entweder in der Pause oder im Unterricht durch den Lehrer angewiesen, wurden die benötigten Arbeitsmaterialien auf die Schulbänke – Schreibflächen – gelegt, ablenkendes Spielen zu vermeiden, versteht sich. Die Hand zu heben als Zeichen, die Frage des Lehrers zu beantworten – nicht hineinzureden – geschweige gar zu schwatzen, sorgte unbedingt für beispielhafte Ordnung und Zucht im Klassenverband, was im Nachhinein keinesfalls als bevormundend empfunden wurde. In der großen Pause spazierten bei schönem Wetter alle Schüler in Zweierreihen (Geschlechter getrennt) in weitem Kreis auf dem Schulhof, bei schlechter Witterung auf dem Schulkorridor. Gesprochen wurde nur leise und dabei das Frühstück verzehrt. Daß Lehrjahre keine Herrenjahre sind, spürten wir schon in der Schule. Später lockerten sich diese Anordnungen.

Im Turnunterricht und im Turnverein bereiteten wir das jährliche „Schauturnen" vor. Stolz präsentierten wir in der Turnhalle Eltern und Verwandten körperliche Gewandtheit und geistiges Reaktionsvermögen, was wir vorher durch Gymnastik und Übungen an Sportgeräten erworben hatten.

Hausaufgaben sofort und gründlich nach dem Mittagessen daheim zu erledigen, war „Ehrensache", winkten doch oft anschließend Tummelstunden mit Nachbarskindern auf der Straße, die damals fast frei war vom Autoverkehr.

Eintagestouren zu schulischen Wandertagen unterbrachen den Alltag auf angenehme Weise. Mehrtägige Aufenthalte in Jugendherbergen (Schöneck, Mühltroff) beglückten uns ungemein. Einige Fachstunden waren zwar unvermeidlich, aber Hausaufgaben entfielen, Zeit genug, in Gottes freier Natur herumzustreifen.

Der Sonnabend, in faschistischer Zeit als Staatsjugendtag eingeführt, war unterrichtsfrei und wurde bei schönem Wetter zu sportlichen Veranstaltungen oder Wanderungen, angeleitet von Scharführerinnen, genutzt. Schlechtes Wetter verbannte Kinder und Jugendliche in die Schulstuben, wo sie stundenlang unter Lehreraufsicht still sitzen, also eiserne Disziplin üben mußten, was wenig kurzweilig war.

Nach vier Volksschuljahren an der Mosenschule kam ich in eine Sprachklasse der damaligen Lessingschule und nach einem Wohnungswechsel in die Diesterwegschule.

Unsere jährlichen Großveranstaltungen zur Weihnachtszeit auf Schulebene waren äußerst beliebt. Lehrende, Lernende – der Schulchor – arbeiteten jedesmal eifrig an den stets umfangreichen und anspruchsvollen Programmen. Den

zuschauenden Eltern und Großeltern zur Freude, wurde dies dann in der festlich geschmückten Turnhalle der Lessingschule, in der Diesterwegschule oder im Saal des Georgenhofes auf der König-Georg-Straße, heute Liebknechtstraße, dargeboten. (Lessingschule und Saal des Georgenhofes wurden durch den Bombenterror des 2. Weltkrieges zerstört.) In einem lebenden Bild der Schüleraufführung zum Lied „Stille Nacht" durfte ich einen Engel, in ein spitzenbesetztes Nachthemd meiner Mutter gehüllt, „mimen". Auch das Märchen „Frau Holle" gehörte u. a. zum Programm. Nunmehr herangewachsen, zeigten viele Mitschülerinnen auf Musikinstrumenten ihr Können im Georgenhof. Dort fanden häufig schwungvolle Militärkonzerte statt, aufgespielt von der Kapelle der Plauener Garnison, gern und rege von den Plauenern besucht.

Freizeitvergnügen draußen und drinnen

Was unsere kindliche Freizeitbeschäftigung anbetrifft, halfen mir einige „Zeitgenossen" auf die Sprünge.

Steckte im kindlichen Spiel jemand den dicken Wilhelm heraus, wurde er „zungenfertig" oder durch „Maulschellen" ausgebootet. Zu ernsthaften Schlägereien kam es nie, von Vandalismus hatten wir keine Ahnung.

Vergnügt „jonglierten" wir bei schönem Wetter auf der Straße mit kleinen Bällen, schleuderten sie beim „Balltreiben" in das „feindliche Lager". Es gewann der, der die

weiteste Strecke erkämpfte. Beim „Völkerball" sicherte die Mehrzahl der „abgeschossenen" Gegner (Gefangene) den Sieg. Mehr oder weniger geschickt, balancierten wir auf größeren dieser kugeligen Wurfgeräte, stachelten bei Gruppenwettbewerben einander durch laute Zurufe zur Eile an (zwei Gruppen – Ball durch gespreizte Beine oder über hoch erhobene Hände), jubelten lauthals beim „Endsieg". Große Holzreifen mit der Hand zu treiben, Kreisel mit einer Peitsche zu drehen, Murmeln im „Glücksspiel" in mit Absätzen ausgehobene Erdlöcher zu kollern, erhitzte die Gemüter. Aber das Diabolo mittels an zwei Stäben befestigter Schnur in die Höhe zu werfen und zu fangen, verlangte größte Geschicklichkeit. Das Jo-jo war ein hölzernes Doppelrädchen mit Hut. Darin war eine lange Schnur aufgefädelt, diese geschickt geschwungen, lief das Rädchen daran häufig auf und ab. Übers schwingende Sprungseil zu hüpfen, über Hupfkästle in verschiedenen Macharten zu springen (mit Kreide auf die Straße gemalte große Gitter; bei Auf- oder Über-

Auf dem Foto bin ich die 2. v. links (1931)

144

Bei der Neumühle in Pirk (1932)

Am Ketzelbad bei Ruderitz (1935)

Erinnerung an die Klasse B 3 in der Lessingschule (1936). Wir hatten den Oberlehrer Herrn Rudert

Bei einer Wanderung im Kemnitzbachtal (1935)
Fotos: A. Mündler

Karussell (1935)

Die Milchtrinkhalle im Stadtpark (1938)

Der Blick durchs Astloch im „Nattel"

Schützenfest Luftschaukel (1935)

Spielende Kinder im „Nattel" (1938)

Persilwerbung

Fotos: Verlag

treten der Linien erfolgte Ausschluß), einander zu suchen und zu fangen, sich als Räuber und Schanzer zu jagen, in Kreis-, Reim-, Ratespielen einander zu necken, dabei ging uns die Lust nie aus, z. B. Goldene Brücke bauen, Blinde Kuh, Dritten abschlagen, Meister – gib Arbeit, und, und, und. Gesittet ging es beim Ausfahren des Puppenwagens zu, worin neben der Lieblingspuppe auch dem Teddy ein Plätzchen eingeräumt worden war. Dem Ruf, nach Hause zu kommen, wurde nur ungern gefolgt. Engel waren wir natürlich keine. Generationsbedingte Meinungsverschiedenheiten kamen schon vor, die eigentlich immer zur beiderseitigen Zufriedenheit ausgeräumt wurden.

Unternehmer, Gewerbetreibende buhlten auch dazumal einfallsreich um die Gunst der Städter. Mit großem Hallo umschwärmten wir den „Nigrin-Mann", der öfter auf Stelzen auftauchte, als Schornsteinfeger vermummt für kohlpechrabenschwarze „Nigrin-Schuhcreme" warb. Auf Schubkarren priesen Sandemah, Millichma, Blaubeer- und Pilzsammler, Würschtle/Brezel-Mah mit seinem Bauchladen ihre Waren lauthals an. Sogar Scheren- und Messerschleifer waren unterwegs. Die einen verstanden Spaß, die anderen reagierten griesgrämig auf unsere naiven Späße. Und die Bäkkerjungen eilten frühmorgens von Haus zu Haus, die Kunden mit knusprigen Brötchen zu versorgen, die, in weiße Leinenbeutel gefüllt, an die Drücker der Vorsaaltüren gehängt wurden.

Jeden Mittwoch und Sonnabend drängten Hausfrauen auf die Lebensmittelmärkte, abgehalten auf Kloster- und Altmarkt, um preiswerte und frische Waren „einzuheimsen", die appetitlich auf langen Verkaufstafeln der lückenlos aneinandergereihten Stände ausgebreitet waren. Reichlich angebotene Probehäppchen zu naschen, das war für uns Kinder klar wir Kloßbrühe und forderte schließlich die Kauflust der Mütter heraus.

Das Waschmittel „Persil" war ehemals beinahe konkurrenzlos, von höchster Güte und von den fleißigen Wäscherinnen vorbehaltlos angenommen worden. Durch die Persil-Werke auf Plakaten der Litfaß-Säulen, im Kino durch einen spannenden Werbefilm kundig veranschaulicht, verdeutlichte u. a. eine auf einem Werbebogen abgelichtete junge Frau im weißen, wallenden Kleid die Reinigungskraft von Persil.

Zu jeder Jahreszeit stiefelten wir im Familien-Clan durch unsere schöne Heimat, die immer wieder Überraschungen bereit hielt. Fröhlich suchten und rollten wir zu Ostern gekochte, gar rohe Eier im Freien oder schlugen sie aneinander; nicht schwer zu sagen, wer siegte. Holzhäschen auf Wohnzimmermöbeln, Forsythienzweige mit bunten Eiern verbreiteten häusliche Festtagsstimmung. Zu Pfingsten eine „Maie" (junge Birke) in die Wohnung zu holen, begrüßten wir alle sehr aus Freude auf die bevorstehenden warmen Monate. Ganz besonders zu dieser Zeit durchforschten wir gern auf ausgedehnten Touren, oft eine Strecke mit dem Zug, unser sächsisches, thüringisches, bayerisches und böhmisches Vogtland. Unterwegs lagerten wir auf mitgebrachten Wolldecken in Wald und Flur. Aus dem Rucksack gab es zu den Zwischenmahlzeiten etwas Gutes zu schnabulieren, das unterbrach manche weite Wegstrecke wohltuend. Üblich war, die Abfälle einzupacken und den Platz sauber zu verlassen, wie überhaupt die Umwelt damals nicht verschandelt wurde.

Meine übergroße Liebe zu diesem Erdenwinkelchen verdanke ich meinen Eltern, die mich auf Tier- und Pflanzenwelt, Landschaftsschönheiten und -eigenarten, auf die von der Menschheit geschaffenen geistigen und materiellen Werte aufmerksam gemacht haben. Am 3. Feiertag zu Pfingsten zog's mich magnetisch – Vati und Mutti mußten mit – aufs Plauener Vogelschießen (Rummel) an der Alten Reichenbacher Straße. Eingeleitet wurde es jedesmal von einem festlichen Schützenumzug durch die Stadt.

Mit seinen kleinen und großen Karussells, teils in atemberaubender Geschwindigkeit rotierend, Schau- und natürlich „Freßbuden", bayerischen Blaskapellen in der Festhalle (damals nur mit langen hölzernen Tischen und Bänken ausgestattet), umfaßte es ein bei weitem umfangreicheres Areal als heute. Einem bunten Bilderbogen gleich, strahlte es eine immense Anziehungskraft aus.

Den Sommer über luden an den Sonntagen vormittags Konzertveranstaltungen unseres Theaterorchesters, vorgetragen im Stadtparkpavillon, die Plauener zum Kunstgenuß und Flanieren ein. (Leider fiel diese kleine, feine Kulturstätte dem Bombenkrieg zum Opfer.) Als Schülerinnen der oberen Klassen bevorzugten wir sommers über auch Radtouren – bergauf, bergab – in die nähere, unter Erwachsenenaufsicht in die weitere Umgebung unserer schönen Heimat. Sonnige Sommertage luden auch im Familien- und Freundinnenkreis zum Schwimmen ins „Nattel", ins Stadion und ins Neundorfer Bad ein. Wir konnten es gar nicht erwarten, stürzten uns ins glitzernde Naß und nach im Sportunterricht erworbener Sprungtechnik auch vom Sprungbrett aus; sogenannte „Bauchklatscher" verdrossen uns dabei nicht. Im Brust- und im Rückenschwimmen maßen wir unsere Geschwindigkeit und Ausdauer, lagerten auf den sauberen Liegewiesen, die teils mit Holzpritschen bestückt waren. Es war selbstverständlich, daß jeder Badegast im gesamten Umfeld auf Reinlichkeit bedacht war. Im Albertbad erwarben wir im Rahmen des Turnunterrichts Frei- und Fahrtenschwimmerzeugnisse; bei ersterem wurde ¼ Stunde, bei letzterem ¾ Stunden pausenloses Schwimmen gefordert. Urkunden bestätigten unsere Teilnahme, worauf wir uns schon etwas „einbildeten".

Im Herbst Drachen steigen zu lassen, das gehörte eben auch zum Drum und Dran froher Freizeitstunden.

In der Winterzeit versetzte das stets geheimnisvolle Weihnachtsfest die kindlichen Gemüter in höchste Erwartung. Vorher aber, entweder am 30.11. (Andreastag) oder am 6.12. (Nikolaustag), polterte Knecht Ruprecht über den Hausflur, klopfte energisch an die Vorsaaltür, stapfte schließlich in die gute Stube. Wir blickten scheu auf seine Rute, sagten klopfenden Herzens ein Sprüchlein auf und beantworteten schüchtern seine Fragen nach Schulnoten und Betragen. Im „positiven Fall" stülpte er seinen großen Sack um, woraus Äpfel, Nüsse, Süßigkeiten purzelten. Zwar froh über diesen Segen, schaute ich immer erleichtert auf seinen Abgang, denn unerschütterlich glaubten zumindest die kleineren Kinder an seine wahre Existenz.

In den Folgewochen mit heißen Ohren Wunschzettel zu schreiben, kleine Handarbeiten für Familienangehörige zu fertigen, Dekken und Kissenplatten besticken, Kleiderbügel umhäkeln, Sterne basteln usw.), neugierig durch Schlüssellöcher verschlossener Türen zu illern, um Geheimnisse zu enträtseln, das steigerte die Vorfreude. Gemütliche Stunden verbrachten wir auch an Adventssonntagen zu Hause mit Freundinnen, wenn wir in der warmen Stube saßen, unsere weihnachtlichen Holzfiguren wieder zum Leben erweckten und aufstellten. Wir sangen Weihnachtslieder, knabberten selbstgebackene Plätzchen und Pfefferkuchen und blinzelten gespannt in die brennenden Kerzen am Adventskranz.

In dieser Jahreszeit schrieben wir zur Kurzweil unter Vatis Regie kleine Aufsätze, Diktate mit Auswertung, versteht sich. Kleine Preise winkten auch, wenn wir schriftlich in vorgegebener Dauer nach dem ABC Namen, Berufe, Städte, Länder, Flüsse erraten sollten. Dabei traten schon manche Wissenslücken auf,

wir waren aber dennoch mit viel Eifer bei der Sache. Unterwegs beim Puppenschulz am Altmarkt (jetzt Kunsthandlung Geyer) haben wir uns die Nasen an den Riesenschaufenstern plattgedrückt. „Süße, wohlbekannte Düfte" verrieten da schon die Nähe des Weihnachtsmarktes, der in Plauen bereits 1723 urkundlich erwähnt wird. Ausgebreitet auf Klostermarkt, Altmarkt, Herrenstraße, Marktstraße, Oberer Steinweg boten hinter zahlreichen Verkaufsständen dick eingemummelte Händler Spielsachen, Christbaumschmuck, Lebensmittel, Naschereien, Haushaltwaren und sogar Jux-Artikel in vielfältiger Auswahl an. Verzaubert staunten wir Kinder immer wieder über diese schillernde Welt.

14 Tage vor Weihnachten wurde der zu Hause vorbereitete Teig für den Christstollen dem Bäcker anvertraut und jedesmal darum gebangt, daß er gelingt. Wenn einem auch das Wasser im Mund zusammenlief, das Gebäck wurde trotzdem erst am 1. Feiertag angeschnitten. Es durfte kein Stollen zerbrechen, weil das Unheil bedeutete. Ein runder Riesenblechkuchen aus Stollenteig, mit Kakaostreusel obenauf, zügelte bis zum Festtag die Eßlust.

Um einen nach Waldluft duftenden, deckenhohen Tannenbaum sowie auch um seinen Schmuck kümmerte sich mein Vater. Akribisch wurden die oberen Zweige zur Krone gebunden, eine „silberne" Spitze aufgesetzt, zahllose lange, geglättete Silberfäden (Bleimaterial) an den Ästen aufgehängt, weiße Wachskerzen aufgesteckt. So entstand unter seinen Händen ein „Wunderbaum".

Der Heiligabend mit Kirchenbesuch, Neunerlei auf dem Abendbrottisch, Orakelspielen, z. B. Apfel-, Nuß-, Wasser-, Schuhorakel, Bleigießen (auch zu Silvester), verstrich wie im Fluge, wobei an folgenden Nachtschlaf meinerseits kaum zu denken war. Die Eltern, noch mit Vorbereitungen für die Bescherung beschäftigt, rasteten auch wenig in dieser Nacht.

Endlich am 1. Feiertag früh um 7.00 Uhr wurde im Beisein der Großeltern beschert. Es war noch finster, um so heller leuchteten im dunklen Zimmer die Kerzen am Baum. Was lag auf dem Gabentisch? Praktische Sachen (Kleidung), Sportartikel (Schlittschuhe, Ski-Anzug), Bücher für mich Leseratte, Puppenwagen und -wiege neu ausgestattet („Hab nicht mal den Bär gefunden"), Leckereien – alles wie auf dem Wunschzettel. Puppenwiege, -küche, Kaufmannsladen entstanden unter den geschickten Händen meines Vaters. (Leider sind alle Spielsachen durch die Kriegswirrnisse verlorengegangen.)

Endlich wurde Kaffee getrunken, der Stollen probiert, seine Güte von den Hausfrauen beurteilt. Schließlich gingen meine Großeltern nach Hause. Das Mittagessen, nach gutem, altem Brauch Gänsebraten, Griegeniffte (grüne Klöße), Rotkraut, Nachtisch, schmeckte immer lecker, lecker – der tüchtigen „mütterlichen" Köchin dafür Lob und Dank gezollt. Am Nachmittag drängte ich zu den Großeltern, wo mich nämlich eine zweite Bescherung erwartete, die auch immer wieder vor allem in Form von Büchern meine Wünsche erfüllte. Auch Omas Stollen mundete. Beim funkelnden Lichterglanz des Weihnachtsbaumes (der mit Silberfäden, Schneebällen aus weißer Watte, weißen Kerzen ausstaffiert war), frohem Geplauder, gemeinsamer weihnachtlicher Hausmusik (Klavier, Akkordeon, Geige, Gesang) verflogen auch diese anheimelnden Stunden im Nu. Auf der Tagesordnung standen an den Folgetagen Spaziergänge und Wanderungen in die winterliche Natur. In Dämmerstunden dieser Jahreszeit verfolgten wir gern im Radio die vielseitigen Hörspiele, die spannungsgeladen nie und nimmer negative, d. h. die Umwelt schädigende Reaktionen auslösten.

Begeistert vergnügten wir Kinder uns draußen in der weißen Pracht beim Rodeln auf dem Wolfsberg nahe der Tennera oder waghalsig den steilen Abhang hinab hinter der Syratalbrücke, beim Schlittschuhlaufen auf der Kunsteisbahn davor oder auf dem stets vom Schnee beräumten Stadtparkteich. „Flotte" Musik aus Lautsprechern setzte dem Spaß die Krone auf. Bei Schneeballschlachten und Schneemännerbauen spürten wir kaum die oftmals klirrende Kälte.

Ganz aus dem Häuschen gerieten wir beim Besuch der Weihnachtsmärchen im Stadttheater Plauen („Peterchens Mondfahrt", „Schneeweißchen und Rosenrot", „Hänsel und Gretel", „Der kleine Häwelmann", „Der Nußknacker", „Dunnerlittchen, hilf!", „Schwarzer Peter"). Nur festliche Kleidung war zu diesem Anlaß gang und gäbe, wie zu Sonn- und Feiertagen; die wöchentliche, mehr praktische „Kledasche" wurde abgelegt. Gegenseitig beäugten wir uns natürlich insgeheim, und zu Hause wurden manche Wünsche laut, klaro! Oft strömten wir zu Kindernachmittagsvorstellungen ins Kino (Luli, Capitol, Wintergarten, Tivoli, Sachsenhof, Hamberle = Alhambra), bezahlten 20 Pfennige vom Taschengeld für den Eintritt und verfolgten „atemlos" die Geschehnisse auf der Leinwand.

Und zum Fasching füllten wir kleinen Narren scharenweise in Erwachsenenbegleitung die geräumigen Säle der Holzmühle (Syratal – abgerissen), des Felsenschlößchens (Meßbacher Straße – zerbombt), des Praters (Dobenaustraße – abgerissen), denn ein kunterbunter Nachmittag stand in Aussicht. Bei Ringeltänzchen, Polonaisen zu „Live-Musik" hopsten wir lustig in fantasievollen Kostümen übers Parkett, wegen eines Preises rivalisierend. Gemessenen Schrittes stellte man sich in weitem Kreis der Jury vor, danach wurden „drei Sieger" ausgerufen. Einmal wurde mir sogar ein kleiner Puppenwagen geschenkt.

Harmonische Familiengeburtstage, sehnlichst von mir erwartet, vereinten auch alle wieder zu geselliger Runde, indem wir oft diskutierten, herzlich lachten, Karten spielten, musizierten, selber erheiternde „Schnaderhüpfle" bastelten. Dem appetitlich hausbackenen Kuchen auf festlich gedeckter Kaffeetafel widmete ich mein besonderes Augenmerk. Zum Abendessen schmeckten mir u. a. die mit pikanter Sardellenbutter bestrichenen Brötchen am besten. Liebevoll ausgewählte Geschenke gehörten eben einfach dazu, gelt? Nicht zu vergessen die Kindergeburtstage: Lieblingsmitschülerinnen waren zu Gast, mit dem Geburtstagskind bei fröhlichen Spielen vereint, nur von der Mutti „bedient".

Konsequenz in meiner Familie, sozusagen bürgerlich geprägt, sorgte für meine behütete Kindheit, so daß ich beinahe unbemerkt ins Erwachsenendasein überwechselte.

Die Jahre verflogen. Konfirmiert wurde ich in der Sankt-Johannis-Kirche zu Plauen, besuchte die hiesige Wirtschaftsoberschule (ehemals Realgymnasium, danach Friedensschule), erlernte das kaufmännische Handwerk für den väterlichen Betrieb, absolvierte das „sogenannte" Pflichtjahr auf dem Rittergut Unterlosa. Als billigste Arbeitskraft (19,00 Mark monatlich) wurde ich dort zu Hausfrauenarbeit, „Kochkünsten" herangezogen, was mir genaugenommen nützte. Schließlich als Stabshelferin zur Wehrmacht eingerückt, verstrichen die Jugendjahre, die eigentlich zu den schönsten im Leben gezählt werden sollten. Unter Angst und Bangen erlebten wir die zahllosen Fliegeralarme und die 14 Luftangriffe der Anglo-Amerikaner auf Plauen. Endlich Frieden, aber die zu 75 % zerstörte Stadt bot zunächst kaum eine berufliche Perspektive. Mein Vater war gefallen und seine Lebensgrundlage durch Bomben vernichtet.

Nun wurde die Werbetrommel für den Lehrerstand gerührt. Vom Schulamt nach Eignungstests angenommen, eignete ich mir in Lehrgängen, im Fernstudium Grundlagen für dieses Metier und Kenntnisse für die Fächer Deutsche Sprache/Literatur, Russisch und Englisch für die Oberstufe an.

Wenn ich nunmehr am Lebensabend sinniere, so hat mich dieser Beruf schon vor eine allumfassende Aufgabe gestellt, die ich gern und mit gutem Gewissen gelöst und so „ohne besondere Vorkommnisse" das Rentenalter erreicht habe.

Für die Vollständigkeit meiner Darlegungen lege ich nicht meine Hände ins Feuer, wie ich mich darüber hinaus auch noch der alten Rechtschreibung bedient habe.

Annedore Mündler, geb. Schmidt, Plauen

Kinderreime

Kinderreime – zum Abzählen, zur szenischen Darstellung
(aus eigenem Erinnerungsschatz, Kinderliteratur)

Hoppe, hoppe, Reiter!
Wenn er fällt, dann schreit er.
Fällt er in den Graben, fressen ihn die Raben.
Fällt er in den Sumpf, macht der Reiter
plumps!

Geht ein Mann die Treppe rauf,
klinglingling, klopfklopfklopf –
ist niemand zu Hause?
(Finger klettern am Arm empor, zupfen am Ohr, klopfen an die Stirn)

Ringel, ringel, Reihe, sind der Kinder dreie,
sitzen unterm Hollerbusch, machen alle
husch, husch, husch!

Aus dem Erinnerungsschatz von
Annedore Mündler, Plauen

149

In meiner Kindheit wurde auch das Radio populär

Meine Geburt 1925 fiel in die Zeit der Wirtschaftskrise in Deutschland. Mein Vater, ein gelernter Bäcker, versuchte sich selbständig zu machen. Im Keller seines Vaterhauses Schulze-Delitzsch-Straße 28 richtete er sich eine Backstube ein und stellte Süßwaren und vor allem Oblatenlebkuchen her, die er an Wiederverkäufer und Cafés verkaufte. Mit dieser Arbeit konnte er sich gerade so über Wasser halten. Als Selbständiger war er nicht in der AOK, sondern in einer Privatkrankenkasse versichert. Diese Privatkasse zahlte den Arzt nur bei unverschuldeter Krankheit. Eine Schwangerschaft war keine unverschuldete Krankheit und deshalb wurde der Arzt, der bei einer Zwillingsgeburt dabei sein mußte, nicht bezahlt. So bereitete schon meine Geburt meinen Eltern wirtschaftliche Schwierigkeiten. Diese kleine Bäckerei mußte mein Vater wegen Unwirtschaftlichkeit wieder aufgeben. Aber in Zeiten der allgemeinen Arbeitslosigkeit war es schwierig, eine Arbeit als Bäcker zu finden. So arbeitete er im Laufe seines Lebens in den verschiedensten anderen Berufen. So z. B. als Kraftfahrer, Meßgehilfe und Autogenschweißer. So weit die wirtschaftlichen Verhältnisse zur Zeit meiner Geburt.

Ich wuchs in der unteren Ostvorstadt, in der Schulze-Delitzsch-Straße 28 auf. Diese Gegend besteht vorwiegend aus kleinen Reihenhäusern, die öfters von mehreren Familien einer Sippe (Großeltern mit Kindern und Enkeln) bewohnt werden. Es sind kleine, einfache Wohnungen. Die besseren bestehen aus Küche, Stube und kleiner Kammer; des öfteren aber nur aus Wohnküche und kleiner Kammer. Die Kinder schliefen in der Bodenkammer.

Der Anschluß für fließend Wasser und der Ausguß befanden sich im Treppenhaus, ebenso das Plumpsklo. In der Küche stand ein Sche-mel mit dem Wassereimer. Das warme Wasser entnahm man mit dem „Neselmaß" der Wasserpfanne (Ofentopf), die in den Kohleherd eingelassen war. Am Sonnabend wurde eine große Zinkbadewanne in die Küche gestellt. Das Badewasser wurde in großen Töpfen auf dem Herd erhitzt und in die Wanne gegossen. Die Kinder badeten zuerst. Nach dem Badespaß mußte die Wanne wieder leergeschöpft und das Wasser mit Eimern in den Ausguß im Treppenhaus gebracht werden.

Im Sommer wurde das Essen auf dem 1- oder 2-flammigen Gaskocher gekocht, der mit einem Gummischlauch an den Gashahn angeschlossen war. In den meisten Wohnungen gab es Anfang der 30er Jahre elektrisches Licht. Es gab aber auch noch Häuser mit Gasbeleuchtung, zum großen Teil waren die Gas- und Elektrozähler „Münzer", d. h. man kaufte Münzen im Lebensmittelgeschäft, die dann in die Zähler eingeworfen wurden. Pech war, wenn die Münze am Abend abgelaufen und keine mehr im Haus war. In einigen Häusern wurden bei Dunkelheit zum Beleuchten des Treppenhauses Hauslampen (Petroleumlampen) vor die Tür gehängt. Am Abend ging der Laternenanzünder durch die Straßen und brachte Licht in die Dunkelheit.

Jeden Morgen kam der Milchmann Paul Dietsch aus Droßdorf. Mit einem Pferdewagen brachte er die Milch vom Dorf in die Stadt. Er läutete eine größere Glocke, und aus den Häusern kamen die Kunden mit einem Topf, um die Milch, Butter und Eier zu kaufen.

Im Keller gab es ein Waschhaus mit einem großen, kohlebeheizten Kessel. In diesem wurde die weiße Wäsche (nachdem sie über Nacht eingeweicht war) gekocht und anschließend mit der Hand auf dem Waschbrett gerubbelt. Wer es sich finanziell leisten konnte, besaß eine „Schwenke", das war ein Holzbottich mit gerippter Innenwand und einem großen Holzquirl.

Dieser Quirl wurde mittels eines Schwenkers (Holzarm) hin und her bewegt. Die Methode war zeitsparend, aber sehr anstrengend. Wenn möglich, mußte der Mann oder der große Junge die Wäsche schwenken. Nach dem Klarkochen und Spülen wurde die Wäsche mittels Wringmaschine ausgewrungen, dabei wurden die einzelnen Stücke zwischen zwei Hartgummiwalzen ausgepreßt. Auch hierbei mußten die größeren Kinder helfen, da es für eine Person zu beschwerlich war, mit der einen Hand die Walzen zu drehen und mit der anderen die großen Stücke durchlaufen zu lassen. Im Sommer wurde die Wäsche nach dem ersten Kochen noch gebleicht. Wer am Haus keinen eigenen Rasen hatte, fuhr mit dem Handwagen Wäsche und Gießkanne zum Bleichplatz. Dieser war rechts neben der alten Oelsnitzer Straße (jetzt oberes Mammengebiet) und konnte gegen Gebühr benutzt werden.

Auch da waren wir Kinder dabei, um die Wäsche mittels Gießkanne zu sprengen. Den Auftrag übernahmen wir gerne, zumal auch andere Mütter mit Kindern auf dem Wäscheplatz waren.

In den Arbeiterfamilien mußten die meisten Frauen mitverdienen, damit es zum Leben reichte. Es gab nur einen kleinen Kindergarten in der Fiedlerstraße gegenüber der Kemmlerschule, die sogenannte Spielschule, in der Kinder von arbeitenden Müttern versorgt wurden. Die meisten Frauen machten Heimarbeit (z. B. Zäckeln oder Steppen von Blusen oder Kleinkonfektion). Heimarbeit auch deshalb, weil die Hausfrauen täglich Mittagessen kochen mußten. Die Kinder kamen zu Mittag von der Schule und gingen an manchen Tagen noch mal zum Nachmittagsunterricht. Auch der Vater und die

Als Puppenmutti (1930)

Kinderfasching (1933)

Meine Einschulung in die Kemmlerschule, im Hintergrund der Zaun des Schulhofes an der Stöckigter Straße (1932)

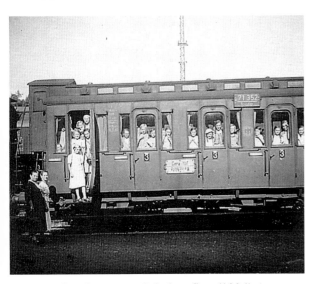

Gruppenfoto bei einem Schulausflug (1936)

Blumenkinder anläßlich eines Gartenfestes (1933)

jugendlichen Familienmitglieder hatten je nach Arbeitsstelle 1,5 bis 2 Stunden Mittagspause und kamen heim. Manche Männer nahmen das Mittagessen auch in „Henkelmännern" mit und wärmten es in der Fabrik auf. Nicht wenige Frauen und große Kinder mußten auch „Essen tragen". Sie brachten ihren Angehörigen das Mittagessen an den Arbeitsplatz. Das Werkküchenessen hat sich erst nach dem Krieg durchgesetzt.

Von Kinderarbeit ist mir für meine Kinderzeit nichts bekannt. Wir hatten Aufgaben in der Familie, ehe wir ans Spielen denken konnten. Ich habe z. B. für meine Mutter und meine Tante Heimarbeit geliefert und in den Schulferien auch mal Essen getragen. Meine Freundin mußte Hasenfutter (Brennesseln und Löwenzahn) holen, ehe wir Freizeit hatten. Größere Mädchen haben auch Kinder von Nachbarn ausgefahren und dafür einen Obolus erhalten.

Große Jungen hatten eine Laufstelle, sie erledigten Botengänge für Geschäfte.

Aber im großen und ganzen hatten wir eine schöne Kindheit. Wir spielten überwiegend im Freien. In den Wohnungen war ja auch wenig Platz. So hatte jede Jahreszeit ihre bestimmten Spiele. Es gab die „Kreiselzeit", die „Hupfkästelzeit", die „Kugelzeit". Das waren Spiele im Frühjahr, bei denen man sich viel bewegte. Auch Spiele wie „Meister, gib uns Arbeit", „Bäumchen, wechsle dich" oder „Fangerle" (Haschen) oder „Sucherle" (Verstecken) fielen darunter. Die Mädchen jagten auch einem Holzreifen hinterher, den sie mit einem Stöckchen vorwärts trieben, und die Jungen hatten eine Rädel, ein ausgedientes Kinderwagenrad und einen Holzstock mit einem Nagel. Im Sommer spielten wir „Mutter und Kind", wir fuhren unsere Puppenwagen aus oder spielten Kaufladen. Dazu bauten wir uns unsere Wohnung in der „Schulwiese". Diese war eine mit Gras bewachsene große Kuhle unterhalb der Kemmlerschule, die durch Abbau von Sand

entstanden war. Das war ein idealer Spielplatz mit viel Sonne im Sommer für Ballspiele usw. Im Winter gab es verschiedene Rodelmöglichkeiten, von der „Todesbahn" bis zur leichten Rutschpartie. Im Herbst ließen vor allem die Jungen auf dem noch nicht abgebauten Sandfelsen die Drachen steigen. Dabei kam es einmal zu einem tödlichen Unfall, als ein Junge rückwärtslaufend abstürzte,

In meine Kindheit fiel auch eine schlimme Massenerkrankung an Diphtherie, die sich in der Stadt, aber vor allem in der oberen Ostvorstadt im sogenannten Block, auch „Zwiebelsburg" genannt, ausgebreitet hatte. Es wurde erzählt, daß eine Mutter ihr erkranktes Kind, welches ins Krankenhaus eingeliefert werden sollte, zum Abschiednehmen in alle Nachbarwohnungen getragen haben soll. Es ist aber auch möglich, daß die starke Verbreitung der Krankheit in diesem Häuserblock dadurch zustande kam, weil dort viele kinderreiche Familien wohnten. Auch meine Freundin war unter den Erkrankten, und zur Nachbehandlung fuhren wir sie des öfteren mit dem Handwagen ins Krankenhaus.

Meine Eltern besaßen in der Gartenanlage Ostvorstadt einen Pachtgarten (Schrebergarten).

Dort verbrachte ich im Sommer viel meiner Freizeit. Sonntags und in den Ferien war die Familie oft von früh bis abends dort. Mittagessen wurde auf einem Spirituskocher bereitet.

Der Verein hatte auch einen Spielplatz. Dort trafen sich einmal in der Woche die Kinder, um unter Anleitung eines Jugendleiters Kreis- und Ballspiele zu machen. Aber auch an Geländespiele und an eine Wanderung über mehrere Tage kann ich mich erinnern. Wir wanderten mit einem Rucksack ausgestattet über Schöneck zum Aschberg und über Falkenstein zurück. Übernachtet wurde in den Jugendherbergen.

Der Höhepunkt im Gartenjahr war das Sommerfest. Am frühen Nachmittag war der Festumzug. Mit Musik zogen wir durch die Ostvorstadt und zur Anlage zurück. Wir Mädchen hatten die „guten Kleider" an und ein Kränzel im Haar. Einmal trugen wir auch mit Blumen umbundene Reifen. In der Anlage erwartete uns dann eine Bude mit Süßigkeiten, das Glücksrad, Topfschlagen und Vogelschießen usw. Wir Kinder hatten schon darauf gespart, um uns etwas leisten zu können. Den Tag beschloß ein Lampionumzug durch die Gartenanlage.

Von den Festen im Laufe des Jahres war uns Kindern vor allem die Fastnacht wichtig. Wir zogen verkleidet durch die Straßen und gingen in Gruppen „betteln" in die Häuser, aber vor allem in die Geschäfte. Es wurden Bettelverse hergesagt, z. B.: „Ich bie aa klaaner Dicker und kaa net aufn Drücker. Ach gebt mor doch en Pfeng, dann geh ich meiner Gäng." Wir bekamen Kleingeld oder Süßigkeiten; es kam auch vor, daß wir verjagt wurden.

Eine weitere Attraktion in unserem Kinderleben war der Nigrin. Das war ein Mann auf Stelzen in Essenkehrerkleidung, der für die Firma Erdal Reklame lief. Wer von den Kindern eine neu gekaufte Schachtel Erdal-Schuhcreme vorzeigen konnte, bekam einen kleinen Blechfrosch (das Markenzeichen der Firma). Nur wenige Mütter gaben ihren Kindern Geld für Schuhcreme. Auch war es für uns Kinder eine willkommene Abwechslung, wenn der Scherenschleifer seinen Schleifstein auf der Straße aufstellte. Mit einem Fußpedal brachte er die Scheibe zum Rotieren und bearbeitete die Scheren und Messer, die ihm die Hausfrauen brachten. Er war immer von neugierigen Kindern umringt. Auch der Lumpenmann zog noch mit seinem Ruf „Lumpen, Knochen" durch die Straßen und kaufte diese Abfälle für Pfennige auf.

In meiner Kinderzeit wurde auch das Radio populär. Technisch begabte Männer, die sich

Die „Hubertusdrogerie" in der Lettestraße (1909)

Foto: Fliegner

Schulentlassung März 1940. Das Haus „Bürgerheim" Ecke Beyer- und Stöckigter Straße wurde 1945 mit zerstört.

Foto: Miethe

Ein beschaulicher Schwatz an der Stöckigter Straße auf Höhe der „Sonne"

Foto: Fliegner

Meine Konfirmation war im März 1940. Der Wald hinter mir ist 1945/1946, als Brennholz knapp war, abgeholzt worden.

Foto: Miethe

Ein Blick von der Landmannstraße über die noch unberührte Natur (1926)

Die „Esswarenhandlung „Geyer" Ecke Fiedler- und Stöckigter Straße (1912)

Der gleiche Blick wie oben, der Stegerblock ist im Entstehen.

Fotos: Fliegner

Die Kemmlerschule feierte 2002 das Hundertjährige (1910)

Spielende Kinder im angestauten Knieloh-
bach am sogenannten „Brückel"
Foto: Fliegner

einen teuren Radioapparat nicht leisten konnten, bauten sich selbst welche. Mein Vater hatte erst einen Detektor mit Kopfhörer, dann einen großen Kasten mit Röhren und Spulen. Durch das Umstecken der Spulen wurden die Sender gesucht, die an den verschiedenen Pausenzeichen zu erkennen waren. Dazu bediente sich mein Vater des Kopfhörers. War der entsprechende Sender gefunden, konnte auf den Lautsprecher umgestellt werden, der außerhalb des Gerätes an der Wand hing. Ich kann mich noch an den Sender Königs Wusterhausen erinnern und an den Ruf „ich hab den Wu". Die Energie bekam der Apparat von einem Anodenakku, der zum Nachladen immer weggebracht werden mußte. Später gab es dann eine Netzanode. Mitte der 30er Jahre subventionierte die Regierung den Volksempfänger. Da wurde das Radio für breite Kreise erschwinglich, auch wenn Arbeiterfamilien dafür sparen mußten oder das Gerät auf Abzahlung kauften.

Im Jahre 1932 wurde ich in die Kemmlerschule eingeschult. Die größeren Kinder neckten uns mit dem Spruch „Achterbabel, halt dein Schnabel mit der ersten Schiefertafel". Wir schrieben aber nicht mehr auf Schiefertafeln, sondern mit Bleistift in Hefte. Erst erlernten wir die Blockschrift, dann die lateinischen Buchstaben, später die deutsche Schrift und zuletzt noch Sütterlin. Wir saßen auf Holzbänken mit Klappsitzen. In einer Vertiefung stand ein Tintenfaß mit Deckel. Aus Schabernack tunkte auch mal ein Junge den Zopf des vor ihm sitzenden Mädchens ins Tintenfaß.

Etwa 1935 wurden durch die Klassen der Kemmlerschule an der Alten Oelsnitzer Straße Pappelbäume bis zur Höhe der „Alten Eiche" angepflanzt. Die war als Erinnerung an den Durchzug Napoleons gedacht, der die Oelsnitzer Straße auch langgezogen war und an seinen Heerestraßen schnellwüchsige Pappeln anpflanzen ließ, um den Straßenverlauf in der Landschaft leichter erkennen zu können. Damals hieß die Eiche noch „Napoleoneiche".

1939 begann der 2. Weltkrieg. Im Verlauf der Kampfhandlungen wurden die Volksdeutschen aus Wolhynien vertrieben und kamen „heim ins Reich". So wurde im Winter 1940 auch die Kemmlerschule mit Flüchtlingen belegt, und der Unterricht fiel aus. Um uns noch einiges von dem Stoff der 8. Klasse zu vermitteln, ergriff unser Lehrer Herr Hager die Privatinitiative. Die Eltern einer Schülerin unserer Klasse waren die Besitzer (Jacob) der Gaststätte „Bürgerheim". Sie stellten uns zweimal in der Woche das Gesellschaftszimmer zur Verfügung. Wir Kinder brachten jedesmal ein Brikett mit. So hatten wir wenigstens in den Hauptfächern Unterricht und bekamen Hausaufgaben.

Ostern 1940 war dann die Schulentlassung und an Judika die Konfirmation in der Johanniskirche. Der Kirchensaal der Christusgemeinde war in der Kemmlerschule und konnte nicht genutzt werden. Zur Konfirmation trugen die Jungen das erste Mal lange Hosen und wir Mädchen Schuhe mit Absätzen. Es war gar nicht so einfach, mit Absatzschuhen den Berg in der Stöckigter Straße abwärts zu gehen, zumal noch tauender Schnee lag. Wir freuten uns auf das große Ereignis, wenn wir auch nur bescheidene Geschenke erwarten konnten. Es war üblich, daß auch Nachbarn Aufmerksamkeiten brachten. Sehr verbreitet war eine blühende Hortensie oder ein „Baumstamm", das war eine längliche Torte mit Buttercreme und der Aufschrift „Zur Konfirmation". Ich hatte mich schon lange auf so einen Kuchen gefreut, und nun war Krieg und nicht daran zu denken. Meine Tante wußte dies, und so ging sie mit ihrer Schwägerin mehrmals zum Café „Carola", um jeweils zwei Stück Torte zu kaufen, die dort ohne Marken abgegeben wurden. Sie setzten daraus eine Torte zusammen, die zwar aus verschiedenen Stücken bestand, aber was tat es.

Am 1. April begann meine kaufmännische Lehre, und damit war meine Kindheit vorbei.

Thea Miethe, geb. Schneider, Plauen

Ein ideales Rodelgebiet waren auch nach 1945
die Hänge am Knielohbach Foto: Fliegner

Frühlingszeit am Schröderplatz

Frischluftzeit. Sehnsüchtig warteten wir Kinder auf abgetaute, trockene Straßen und Fußwege, auf mildere Temperaturen, wenn wir ohne Mütze in leichteren Schuhen hinunter durften. Mit den einfachen Rollern aus Holz erreichten wir nur die Geschwindigkeit, die das Schwungbein gab, das andere stand ja auf dem Trittbrett. Die Klingeln schellten und belebten die Ruhe um den Platz mit fröhlichem Lärm. Man traf sich beim Reifentreiben, die meist in vier Farben bemalten dünnen Holzringe in Größe eines Hulareifens. Es gehörte ein kleiner Stock dazu, und der brachte den Reifen zum Rollen. Der Treiber sauste hinterher, denn im richtigen Moment brauchte der Reifen wieder einen Schubs, sonst fiel er um, und das wäre eine Blamage gewesen. Ob wir jemals dabei Rücksicht auf die Erwachsenen nahmen? Ich will es bezweifeln, aber Zusammenstöße gab es nie.

Unsere Gehwege um das Häuserquartier hatten quadratische Steinplatten. Diese eigneten sich hervorragend zur Markierung mit sogenannten „Schreibsteinen", dann wurde Himmel und Hölle aufgemalt, und das Hüpfen ging los, erst leicht, dann immer schwerer.

Am Platz gruben Kinderhände „Kuhlen" (Vertiefungen) und rückten mit ihren Säckchen mit Murmeln an, viele tonbraune, aber auch größere gläserne mit Farbspiralen, um ihre Geschicklichkeit zu messen und je nach Glück mit Beute oder Verlust das Spiel zu beenden. Die Spielenden, zwischen drei und fünf Kindern, erfanden ihre Regeln und dazu Abwandlungen selbst.

Später gab es das „Messerspiel" mit Taschenmessern, den Jungen vorbehalten und an die Geschicklichkeit im Werfen gebunden. Es mußten bestimmte Felder getroffen werden, je nachdem gab es dann Gebietszuwachs für den

Sieger. Obwohl nicht ungefährlich, gab es nie Zank oder Blessuren.

Waren wir eine größere Meute Mädels, dann spielten wir das beliebte Singspiel: „Wir wolln die goldne Brücke baun, wer hat sie den zerbrochen."

Daß Kinderspiele nicht nur unterhalten und Körper und Seele erfrischen, ist bekannt, aber auch Regeln einhalten, gewinnen und verlieren lernt das Kind, in der Gruppe für die Gruppe einstehen, Disziplin und Beherrschung eignen sie sich unbewußt an.

Ich mit meinem Puppenwagen am Schröderplatz (1930)

Der Ball, eines der ersten, universellsten Spielzeuge eines jeden Kindes, kam in all den Monaten ohne Schnee zum Einsatz. Meist hatten die Mädchen ein Ballnetz, in dem diese rol-

lenden, runden, bunten Gegenstände von unterschiedlicher Größe und Farbe zusammengehalten wurden. Kindskopfgroß bis Tennisballklein waren sie, aus Gummi, und ihre Unverbrauchtheit zeigte sich in der Höhe der Sprünge, wenn sie auf den Boden geprellt wurden. Sehr beliebt war die sogenannte Ballprobe. Man brauchte dazu eine Hauswand, an die der Ball geworfen wurde. Einfaches Fangen steigerte sich in den Anforderungen: Dazwischen klatschen, einmal rumdrehen, vom Boden weg, hinter dem Rücken werfen, unter dem Arm durch und anderes mehr. Die Zahl der Würfe war auf zehn begrenzt, und alle standen geduldig an, bis sie dran waren. Arme Parterre-Leute! Einmal war ein älteres Mädchen dabei, die in der Schule Englisch lernte. Sie zählte nicht eins, zwei, drei, sondern one, two, three usw., so erhielt ich meine erste Lektion in Fremdsprachen.

War das Wetter ausgesprochen schön, dann verlockte es die Puppenmütter, mit ihren Wagen spazieren zu fahren. Das geschah meist zu zweit und zog sich bis in die Schulzeit hinein. Als wir häkeln lernten, waren das nicht nur Topflappen, die da entstanden; wir konnten uns etwas selbst aussuchen, und ich häkelte eine grün-weiße Decke mit Muster für den Puppenwagen.

Ich bin als Kind vom Schröderplatz aufgewachsen.

Als ich, 3½ Jahre alt, mit meinen Eltern von der hinteren Seestraße 60 in das neuerbaute Haus Ecke Moritz- und Konradstraße 31 zog, waren es frostige Februartage 1929; es war der kälteste Winter des Jahrhunderts. Im Hause gab es neun Wohnungen (2 Zimmer mit Küche) mit Bad und WC und drei 2-Raum-Wohnungen ohne Bad und WC auf halber Treppe. Täglich stapften wir die ca. 55 Stufen bis zur 3. Etage

Mutter und ich sitzen auf einer Bank am Schröderplatz

Mein erster Ritt auf einem Pferd mit 4 Jahren in Swinemünde (1929)

Unser Haus mit notdürftig behobenen Bombenschäden nach dem September 1945

So sieht das Haus, an das ich so viele Erinnerungen habe, im Jahre 1998 aus

Fotos: Büchner

hoch, aber wir waren es gewohnt. Dafür hatten wir von der Küche, die nach Südost lag, eine herrliche Aussicht über die Straßen und Häuser hinab ins Tal und die jenseitigen Hügel Richtung Kemmler und Meßbacher Straße. Das Treppenhaus war geräumig, aber nicht hell, dafür gab es auf halber Treppe die schönen Tiere in den bunten Bleiglasscheiben zu betrachten: Da waren der schlaue Fuchs, das junge Reh, der langohrige Hase und das graubraune Rebhuhn. Es blieben liebe Bekannte all die Jahre hindurch, in denen ich hier daheim war, bis zu meinem Auszug im Herbst 1967.

Damals waren die Familien meist im besten Alter und in guter Stellung: Der Abteilungsleiter in den I-Werken, der Auslandsmonteur, der Geschäftsführer, der kleine Unternehmer, die Beamten von Bahn und Gericht und der Ingenieur. Im Parterre wohnten zwei ältere Fräuleins, mit ihren beiden Katzen und dem Mops

waren sie eine verschworene Gemeinschaft. Sie führten den Schokoladen-Laden, in dem es so lecker roch und wo auch ich einmal eine dekorierte Schokoladentafel für den Muttertag erwarb, ich glaube, für den Preis von 1 Reichsmark.

Es war ein kinderfreundliches, aber kein kinderreiches Haus. Drei Buben und ich als Jüngste, zwei schon eher als Fräulein anzusprechende Töchter stellten den Nachwuchs dar. Eine kurze Zeit waren ganz unten drei Kinder einer Familie, die aber keinen Kontakt mit uns hatten.

Das Leben zu Hause war für mich eine Zeit ruhigen Wachsenkönnens, und das Liebste waren mir meine Puppen; dazu kam noch der Teddybär. Was anderen Kindern meines Alters das gemeinsame Spiel auf der Straße bedeutete, waren mir meine „Kinder". Als ihre Mutti empfand ich gewisse Verpflichtungen. Am lieb-

sten spielte ich allein mit ihnen, malte mit aller Lebendigkeit meiner Phantasie aus, welche Gedanken sie im Augenblick beschäftigen mochten, und ich gab dann gute Ratschläge. Eine meiner Hauptbeschäftigungen war, Krankenhaus oder Klinik zu spielen. Damals stellte ich an mein späteres Leben nur den Wunsch, einmal Krankenschwester zu werden.

Das Gebäude wurde am 19. März 1945 stark bombengeschädigt: Das Dach war zum Teil weggerissen, die Außenmauern der 3. Etage eingedrückt, die Räume verwüstet. 1945/46 wurde es wieder bewohnbar gemacht, aber es brauchte 50 Jahre, um auch äußerlich ansehenswert zu werden. Nach der Sanierung wurden aus drei Wohneinheiten zwei pro Etage mit je drei Zimmern: Küchen nach der Straße, Schlafzimmer zum Hof.

Ingeborg Büchner, Plauen

Klostermarkt, Jungen an der Pumpe (1935)   *Foto: Verlag*

158

Erinnerungen an „meine" Fürstenstraße

An einem Septembermorgen Anfang der neunziger Jahre gehe ich von der Hammerstraße die Stresemannstraße stadtwärts Richtung Bahnhofstraße. Für mich ist es noch die alte Fürstenstraße und mir kommen dabei Worte, wie wir sie aus der Literatur kennen, in den Sinn. „Vom Winde verweht" und „Vergangen wie ein Rauch". Vergangen ist das Eckhaus an der Fürstenstraße, zur Hammerstraße, das sich an dieser Stelle befand. Vor kurzem sah ich ein altes Bild dieses erst 1988 abgerissenen Hauses. Wie die benachbarte frühere Gornersche Tischlerei und Glaserei war das Eckhaus im Krieg stark beschädigt worden. Geblieben ist die Erinnerung an den, der in diesem Haus am steilen Hang zur Fürstenstraße 1854 als zweiter Sohn des Baumeisters Traugott Vogel geboren wurde. Es ist unser vogtländischer Malerpoet Hermann Vogel. Sein von ihm sehr geliebtes Burgsteingebiet, wo er in Krebes an der Dorfkirche seine letzte Ruhe fand, kommt einem in den Sinn. Die humorvollen Zeichnungen, die

Das Geburtshaus von Hermann Vogel, Hammerstraße 19 (1910)

Grimms Märchenbücher illustrierten, haben uns schon in der Jugendzeit mit ihm vertraut gemacht. Schon an dem Vogelschen Elternhaus wurde das künstlerische Schaffen seines Vaters deutlich. Die Fassaden des zweigeschossigen Eckhauses waren zur Fürsten- wie zur Hammerstraße von je vier hohen Rundbogenfenstern gekennzeichnet. Der Eingangsbereich im Mittelteil, der zwei weitere dieser eigentümlichen Rundbogenfenster enthüllt, war in einer Art Risalit ausgeführt. Das alte Vogelsche Anwesen an der Ecke zur Hammerstraße kenne ich aus meiner Jugendzeit nur als die Nr. 68 der Fürstenstraße, wo der Schuhmachermeister Zeitler wohnte, seine Werkstatt hatte und in großen Schaufenstern zur Fürsten- wie auch zur Hammerstraße seine Schuhwaren ausstellte.

Von der Hammerstraße die Fürstenstraße aufsteigend komme ich meinem Ziel näher. Aber wo liegt mein Ziel? Es ist die Erinnerung vergangener Zeiten, die ich suche und nun hier an Ort und Stelle aufspüre. Der Örtlichkeit nach bin ich auf dem richtigen Wege, die Topographie stimmt, ich muß nur umdenken.

Es ist die alte Fürstenstraße, die ich nach über einem halben Jahrhundert begehe. Vorsicht, der Fußsteig das Trottoir, besser vogtländisch ausgedrückt das Trittewar, ist zwar noch in derselben Breite vorhanden, aber es gilt für unsereins, dessen Füße noch mehr oder weniger hastig über die Fürstenstraße hüpften, aufzupassen. Die Pflastersteine sind zwar noch zum größten Teil die alten, aber es gibt große Unebenheiten, besser gesagt Rillen

und Aufbrüche von erstaunlichem Umfang. Die Einzelstücke liegen aber noch vielfach fest im Verbund. Leider, ich wäre sonst in Versuchung geraten, eins mitgehen zu lassen. Auch das Heimweh kann seltsame Züge annehmen. Auf meiner heutigen Strecke habe ich nun aber den steilsten Teil geschafft.

Hat da eben ein Pferd hinter mir gewiehert? Es hat wohl von der Hammerstraße den steilen Aufstieg nicht geschafft (die Verkehrsschilder warnen erst jetzt nach 70 Jahren vor der 15%igen Steigung an genau dieser Stelle). Aber nicht doch, wir haben jetzt September. Das waren doch damals die Wintertage voller Schnee und Frost in den 20er Jahren des 20. Jahrhunderts. Da lag manches ausgeglittene Roß vor dem Wagen, versuchte in seiner Verzweiflung immer aufs neue, auf den vereisten Boden der seinerzeit noch nicht gepflasterten Fahrbahn wieder auf die Beine zu kommen. Die Peitsche knallte, der Kutscher fluchte, aber die eisenbeschlagenen, vierrädrigen Wagen drehten sich ohne zu greifen auf der Stelle am Steilhang der Fürstenstraße. Wir Kinder standen mit offenem Mund voller Entsetzen nebenan auf dem sicheren Gehsteig und konnten nicht helfen. Auf einem Gehsteig, der bei winterlichem Wetter nach dem Schneefall häufig gestreut werden mußte. Das war vor allem vor dem steilsten Stück in Höhe der Fürstenstraße Nr. 62, einem mehrgeschossigen Haus mit vorgebauten Erkern, erforderlich, wo glücklicherweise der pensionierte Oberlehrer Oswald Birckner als Hausbesitzer an Wintertagen nach dem Rechten sah; zumal er an solchen Tagen nicht in seinem Obstgarten in Jößnitz am Kaltenbach weilte. Auch noch nach den schweren Luftangriffen kurz vor Kriegsende konnte der rüstige Oberlehrer sich dieses Hauses erfreuen, hatte es doch als ein solides Bauwerk des bekannten

Plauener Baumeisters Keßler den Bombeneinschlägen im unmittelbar angrenzenden Wiedeschen Garten standgehalten. Wer die freie, hohe Hauswand zur Mosenstraße hin seit jeher kennt, weiß, daß an dieser Stelle sich auch vor dem Krieg kein weiteres Haus befand.

Ich kann das mit Sicherheit behaupten, denn 1924 in der Fürstenstraße 62 geboren, war das alles meine „nähere" Heimat.

Ich stehe jetzt an einem Septembermorgen in der zur Stresemannstraße gewordenen Fürstenstraße oberhalb der Mosenstraße, aber noch vor der Einmündung der Schloßstraße und betrachte nachdenklich die Steigungsverhältnisse. Hier an dieser Stelle sausten wir vor über sechs Jahrzehnten mit unseren Rollern bergab und versuchten die Einbiegung weit ausholend links in die Lindenstraße oder ziemlich streng rechts in die Mosenstraße zu schaffen. Manchmal war dies mit einem Sturz auf die Knie verbunden. Da floß hellrotes Blut und tropfte auf den heimatlichen Boden. Wenn es nicht so große und tiefe Abschürfungen gab, ging es gleich weiter mit den Rollern auf der Steilstrecke, denn irgendwelche Automobile, um diesen altmodischen Ausdruck hierbei zu verwenden, haben uns damals die freie und unbeschwerte Fahrt nicht genommen. Sie gab es in der Fürstenstraße noch nicht. Auf dem Gehsteig kam gemessenen Schrittes der alte Kommerzienrat Wiede die steile Strecke herunter zu seinem noblen Anwesen, einer Gründerzeitvilla an der Ecke Mosenstraße. Er konnte dort seinen Gehstock mit dem silbernen Griff gut gebrauchen.

In dem von meinen Eltern gepachteten Wiedeschen Garten an der Mosenstraße Ecke Fürstenstraße bekamen an solchen Herbsttagen die hohen Obstbäume bunte Blätter. Die alte Schattenmorelle steht noch, und dort im Garten passierte es vor über 70 Jahren, daß ich in einem Bollerwagen stehend herumtollte, plötzlich umstürzte und Mutter mich wenig später zum „Onkel Doktor" in die Praxis des Dr. med.

Blaßl an der König-Albert-Brücke bringen mußte. Großer Schreck, die Selbstdiagnose erwies sich als richtig, der Oberarm war gebrochen!

Jetzt aber stehe ich auf festen Beinen auf der Stresemannstraße und laufe schon längst nicht mehr auf der steilen Fürstenstraße und auch im ehemaligen Wiedeschen Garten umher. In dem an der Ecke Schloßstraße dereinst gelegenen kleinen Kolonialwarenladen, dessen Hausfront mir nun in den Blick kommt, gab es im Herbst stets frische saure Gurken aus einem großen

Fürstenstraße 62 und 64, im Hintergrund die Mosenstraße 8 (1899)   *Foto: Birkner*

Faß neben der Ladentheke. Von den Ladeninhabern, der Familie Gropp, finde ich keine Hinweise mehr. Ich sehe noch genauer hin, alle Fenster und sogar die Ladentür sind zugemauert.

Weiter geht es auf der Stresemannstraße, weiter ins 21. Jahrhundert! Die Plauener Spitzen der Firma Tegeler wecken alte Erinnerungen. Die Firmenschilder sind nicht zu übersehen. Gustav Tegeler, dieser Name liegt mir noch aus der Jugendzeit im Ohr. Ich stehe aber bereits an der steilen Treppe an der Ecke Wilhelmstraße (jetzt Julius-Fucik-Straße) vor dem ehemaligen Bäckerladen des Bäckermeisters Lorenz und möchte am liebsten eine Zeil frische Semmeln bei der pausbäckigen Frau Meister Lorenz abholen. Aber ich brauche die Treppe nicht mehr hochzusteigen, statt frischer Semmeln gibt es dort jetzt Fußmassagen.

Inzwischen bin ich an der Kreuzung Bergstraße angekommen. Bin ein wenig nachdenklich, aber doch beruhigt, an der anderen Straßenseite vor dem ehemaligen „Bergkeller", einer Schankwirtschaft der Aktienbrauerei, keine Gruppen laut gestikulierender Plauener vorzufinden, die ihren Unmut über das politische Geschehen lautstark Ausdruck geben. Glücklicherweise verstand ich damals nicht, was sich da zusammenballte. Hatte auch unweit der Straßenkreuzung in der Bergstraße beim Fleischer einzukaufen, was mir Muttern aufgetragen hatte. Wie hieß er doch, frage ich mich für den ersten Augenblick. Aber als ich später die große Fleischerei des Ulrich Roßner an der Stresemannstraße, Ecke Forststraße finde, ist mir der Name wieder gegenwärtig. Es war damals wie heute, nur an veränderter Straßenstelle, der Roßner. Heute nun sehe ich mir den ehemaligen Fleischerladen in der Bergstraße von einst erst einmal richtig von außen an. Damals fielen mir innen die weiß gekachelten Wände, an denen an Haken lange, rote Würste hingen, besonders auf. Bei unserem Fleischer von damals, einem großen, kräftigen Fleischermeister mit tiefer Stimme und weißer Schürze, muß irgendwann eine nicht ganz unerhebliche Änderung, ein Wechsel der Branche, eingetreten sein. Denn nun weist das Ladenschild auf einen Roß-

Panoramablick von der Hofseite der Fürstenstraße 62 über einen Teil der Hammervorstadt und den Gerberplatz (1939).

Beim Rodeln im Garten hinter dem Haus (1931)

Ich stehe im Garten an der Ecke Mosen- und Fürstenstraße (1931)

Fotos: Hanner

Blick auf die Wiedesche Villa (1930)

schlachter hin. Doch auch dieser andere Kundenkreis ist längst von dannen gezogen, denn der Laden ist offenbar schon seit längerem nicht mehr in Betrieb. Und wieder denke ich daran, wie soeben an der vorigen Straßenkreuzung beim ehemaligen Bäcker, wie schön das damals war, in seit langem gut bekannten, eingeführten Geschäften und Läden einzukaufen. Hier bei unserem vertrauten Fleischer hin und wieder den von Muttern bestellten Sonntagsbraten über den Ladentisch gereicht zu bekommen.

Das ehemalige Feinkostgeschäft des Herrn Wolf etwas weiter in der an dieser Stelle nicht mehr ansteigenden Fürstenstraße Nr. 27 kann mich nicht mehr in Versuchung bringen. Ich sehe die Schaufenster noch voller bunter Früchte vor Augen, die ich seinerzeit erstaunten Blickes mehr und mehr in meine jugendliche Vorstellungswelt aufnahm. Muttern sehe ich da noch Geldscheine wechseln, wenn sie sich zuweilen von Herrn Wolfs wortreich angepriesenen Angeboten zu dem überreden ließ, was man damals Orientfrüchte und Delikatessen nannte. Nun hat in diesen Räumen die Kleidermode das Sagen, der Duft fremder Früchte aus dem Orient hat sich verzogen.

In Höhe Stresemannstraße Nr. 26 kommt mir der Geruch guten Bieres in die Nase. Das alte, breite, steinumfaßte Einfahrtstor verrät mir, daß hier in einem alten Gasthof, dem „Deutschen Hof", wohl schon vor Generationen der Zapfhahn frisches Bier spendete. Schon zu morgendlicher Stunde denke ich an dieser Stelle der alten Fürstenstraße an das Plauener Bier und bin dabei an die Ecke Blumenstraße (jetzt Eugen-Fritsch-Straße) gekommen. Auf der gegenüberliegenden Straßenseite sehe ich das zweigeschossige Haus Fürstenstraße Nr. 17 vor mir. Zweimal muß ich hinsehen, so freue ich mich über Altvertrautes. Denn ich erkenne noch auf der grauen Hauswand über der ehemaligen Ladenfront den verbliebenen Hinweis

auf den alten Firmennamen „Elektro-Schott". Dort in der Fürstenstraße Nr. 17, wo wir jetzt in der Stresemannstraße Nr. 17 den Uhrmachermeister Jähring finden, wirkte und wohnte der alte Meister Max Schott mit seiner Familie, ehe später der Meister Pickert das Geschäft pachtete. Max Schott war geschätzt durch seine gediegene Handwerksarbeit und in der Zunft geachtet. Wenn ich für den elterlichen Haushalt bei Schotts etwas zu bestellen oder abzuholen hatte, begrüßte mich die Frau des Meisters, die stets freundliche Minna Schott, eine geborene Herold. Sie entstammte der alten Plauener Drechslermeisterfamilie Herold. Gleichsam über dem verblichenen alten Firmennamen Schott an der verwitterten Hauswand sehe ich gedanklich vor meinen Augen ein rotes Hufeisen mit darauf gestellten Elektro-Wärme-Geräten in bläulichen Farbtönen. Mit dieser einprägsamen Symbolik auf Werbeprospekten und Anzeigen hatte der von Max Schotts beiden Söhnen fernab der vogtländischen Heimat in Hannover geschaffene Betrieb „Schott – Elektro-Wärme" seit den 30er Jahren des 20. Jahrhunderts seinen Weg gemacht. Dieser Weg war nicht einfach und nicht frei von Tragik. Aus dem handwerklich ausgerichteten Meisterbetrieb des Vaters Max Schott war durch vielfältige elektrotechnische und wirtschaftliche Initiativen der Söhne William und Werner Schott ein eigenständiger, mittelständischer Betrieb Ende der 20er Jahre in Hannover-Langenhagen geschaffen worden. Nach seinem Studium an der Technischen Hochschule Hannover gelang es dem ältesten Sohn William, wissenschaftliche Erkenntnisse auf dem Gebiet der Elektrotechnik, die er sich im Rahmen seiner Dissertation 1928 über Klein-Gleichrichter erarbeitet hatte, wirtschaftlich auszuwerten. Für den technisch interessierten Leser sei hierzu vermerkt, daß es seinerzeit darauf ankam, sogenannten Pendelgleichrichtern durch Einführung bestimmter spannungsabhän-

giger und richtempfindlicher Kontaktwiderstände eine zukunftsreiche Entwicklung zu eröffnen. Wirtschaftlicher Erfolg war den beiden jungen Plauenern, den Schottschen, wie sie genannt wurden, die fern der Heimatstadt Plauen so mutig in der preußischen Provinz Hannover, dem heutigen Niedersachsen, als junge Unternehmer Tritt gefaßt hatten, zunächst nicht versagt geblieben. Der Älteste hatte auch geheiratet. Doch schon bald zeigten sich in Deutschland, der damaligen Weimarer Republik, in den Jahren 1929–1931 tiefgreifende gesamtwirtschaftliche Fehlentwicklungen mit steigender Arbeitslosigkeit und finanzielle

Mißstände. Junge Betriebe wurden von dieser ungünstigen Entwicklung besonders betroffen. Und so kämpfte auch der elektrotechnische Betrieb der Gebrüder Schott in Hannover-Langenhagen um seinen Fortbestand. Gesundheit-

Ladenraum der Firma Elektro-Ammon Stresemannstraße 19
(1903–1973)   Foto: Ammon

Mit klingendem Spiel, die Fürstenstraße als Aufmarschstraße, links hinten der
„Bergkeller" Ecke Bergstraße (1936)   Repro: Verlag

Werner Schott bei einem Jagdspringen (1931)

Werner Schott (1930)

Was blieb, war die Werbung bis
1993   Fotos: Hanner

163

liche Probleme des Ältesten kamen hinzu, und ich erinnere mich noch an ernste Gesichter, als von dem fern der vogtländischen Heimat Verstorbenen die Rede war. Für Werner, den Jüngeren, ging es nach dem Tod des Bruders darum, den geschaffenen Betrieb zu erhalten. Nach harten Jahren war es geschafft. Wenn es der Firma „Schott – Elektro-Wärme" mit dem einprägsamen Werbesignum des roten Hufeisens mit den darauf in bläulichem Farbton abgebildeten Elektrogeräten (u. a. Heizstrahler, Kochplatten, Brotröster, Haartrockner, Tauchsieder) nach den Jahren voller Krisen gelang, im Wirtschaftsleben Deutschlands und des benachbarten Auslands einen festen Absatzmarkt zu finden und auszubauen, so war dies dem in jungen Jahren als gelerntem Diplomlandwirt in die Elektrobranche eingestiegenen Werner Schott zu verdanken.

Das große Hufeisen als Symbolik und Werbeträger der Firma Werner Schott – Elektro-Wärme verrät uns etwas von dem Hobby dieses 1974 in Hannover verstorbenen Unternehmers Werner Schott, der sich stets seiner Heimatstadt Plauen und seinem Elternhaus in der Fürstenstraße verbunden fühlte. Über Jahrzehnte war der gebürtige Plauener im Hannoverschen ein bekannter Spring- und Turnierreiter. In keinem Jahr ließ er die ländlichen Reitjagden, bei denen es „über Stock und Stein" ging, aus. Bei den Veranstaltungen der berühmten Hannoverschen Kavallerieschule, die noch aus königlicher Zeit stammte und in der Weimarer Republik weitergeführt worden war, war er stets ein gern gesehener Gast. So nimmt es kein Wunder, daß eine langjährige reiterliche Verbundenheit mit dem ehemaligen Olympia-Sieger der Military 1936 in Berlin, dem im Krieg gefallenen Oberstleutnant Ludwig Stubbendorff, bestand. In dem bekannten Ufa-Film „Reitet für Deutschland" übernahm Willy Birgel die Rolle des Olympiasiegers Stubbendorff.

Stehe ich nun doch vielleicht schon zu lange in Gedanken vor Werner Schotts Elternhaus, der Fürstenstraße Nr. 17, so muß ich mich in der oberen Fürstenstraße wieder den Dingen des alltäglichen Lebens zuwenden.

Als ich die mir aus der Schulzeit her gut bekannte Neupertsche Buchhandlung, die am Postplatz, Ecke Forststraße lag, hier in der Stresemannstraße, in der früheren Fürstenstraße neben dem alten Schottschen Anwesen wiederfinde, steigert sich mein Heimatgefühl, und ich decke mich mit den neuesten vogtländischen Wanderkarten aus der Hand des Buchhändlers Gottfried Lenk ein, der mir noch vom Leben der vorangegangenen Buchhändlerfamilien Neupert, Thuleweit und Lenk zu berichten weiß.

Zwar habe ich nun vogtländische Landkarten und auch den neuesten Stadtplan von Plauen unter dem Arm, aber beim weiteren Suchen nach Altvertrautem aus der Jugendzeit komme ich nicht weiter. Den Friseurladen in der Fürstenstraße Nr. 14, wo mir einst der Meister Chruschwitz die Haare schnitt, finde ich nicht mehr. Der gesprächige Friseurmeister Chruschwitz aber bleibt mir vor Augen. Er steht noch immer für einen kurzen Augenblick hinter mir und hält den Spiegel. Nun spiegelt sich mein Leben darin. Ich höre meine Mutter: „Er hat deine Haare heute zu kurz geschnitten." Das nächste Mal hieß es: „Deine Haare sind zu lang geblieben." Sei's drum, mal war es Mutter zu kurz, mal zu lang. Ich meine, der Chruschwitz hat stets für Ausgleich gesorgt.

Gut vorgesorgt hatte einst auch Photo-Hable, den ich in der oberen Fürstenstraße Nr. 13 vermisse. Er hatte auf Bestellung meiner Eltern ein Foto von mir in „Feldgrau" gefertigt, das nach meinem letzten Heimaturlaub im Herbst 1943 seinen Platz in der elterlichen Wohnzimmerecke fand. Ich sehe noch Herrn Hable hinter seinem großen Schirm im Studio verschwinden. Jetzt nach beinahe 60 Jahren steht er wieder vor meinen Augen und sagt mir noch immer, was ich an meiner Montur noch zurechtrücken soll.

Aber nun löse ich mich von solchen Erinnerungen und stehe wieder ganz fest auf der Stresemannstraße an diesem Septembermorgen. Damals wußte ich nicht, wann ich wieder zur Fürstenstraße heimkehren werde. Heute weiß ich genau, daß nicht erneut 60 Jahre vergehen werden, auf der Stresemannstraße alten Erinnerungen nachzugehen.

Hartmut Hanner, Einbeck

Kinderreime

Regen, Regen, Tröpfchen, es regnet auf mein
Köpfchen,
es regnet aus dem Wolkenfaß,
alle Kinder werden naß.

Ri, ra, rutsch, wir fahren mit der Kutsch,
wir fahren mit der Schneckenpost, wo es
keinen Pfennig kost',
ri, ra, rutsch, wir fahren mit der Kutsch.

Eine kleine Piepmaus ging durchs Rathaus,
wollte sich was kaufen, hatte sich verlaufen –
i–a–u wie heißt du?

Plauen ist 'ne schöne Stadt,
die viel schöne Häuser hat.

Aus dem Erinnerungsschatz von
Annedore Mündler, Plauen

Erinnerungen eines alten Vogtländers

1. Frühe Kindheit in der Weimarer Republik (1926–1933)

Wenn man von Vergangenem berichten möchte, erscheint es ratsam, sich die Dauer historischer Zeitabschnitte vor Augen zu führen, da die Zeit ja ein relativer Begriff ist. Sind doch zehn Jahre für einen jungen Menschen eine nahezu unendliche Spanne, für einen alten können sie sich zu einer Episode verkürzen.

Seit der Reichsgründung 1871 existierte Deutschland als einheitliches Gebilde bis heute ganze 130 Jahre, wovon eigentlich 45 Jahre abgezogen werden müßten, denn es gab von 1945 bis 1990 als Folge des II. Weltkrieges zwei deutsche Staaten auf dem stark dezimierten Reichsgebiet. Die Deutschen hatten demnach bis 2001 gerade 85 Jahre Zeit für die Entwicklung einer nationalen Identität. Da dürfte es nicht wundern, daß noch manches unvollkommen und verbesserungsbedürftig ist.

Die Deutschen waren 47 Jahre lang ein Kaiserreich (1871–1918), 15 Jahre eine Republik (1918–1933), 12 Jahre eine nationalsozialistische Diktatur (1933–1945), 45 Jahre lang in zwei antagonistische Staatsgebilde geteilt (1945–1990) und sind erst seit 10 Jahren wieder vereinigt. Wenn man sagt, daß ein Menschenleben 70 Jahre währt und wenn es hoch kommt 80 erreicht, kann man unschwer errechnen, wieviel ein Deutscher seinem Lebensalter entsprechend von den unterschiedlichen Staatsformen „live" kennenlernen konnte. Wie weit dies aber von Nutzen für seine persönliche Entwicklung, seine Weltsicht und Urteilsfähigkeit war, ist eine ganz andere Frage und zu einem großen Teil auch abhängig von der „Konstruktion" des betreffenden Individuums. In jedem Fall ist aber selbsterlebte Geschichte von anderer Qualität als erzählte oder erle-

sene. Über die Auswirkungen der Schwerkraft in einer Raumstation kann ich durch Berichte oder Filme informiert werden. Wirklich empfinden und beurteilen kann ich sie nur, wenn ich selbst um die Erde kreise. Mir wird sicher dieses Erlebnis nicht mehr widerfahren und noch weniger erwarte ich, daß meine Söhne, Schwiegertöchter und mein Enkel einen Krieg erleben müssen. Die Bombennächte, Flüchtlingselend, Hunger, die Leiden der Soldaten an der Front oder in der Gefangenschaft, ein Leben unter Diktatoren und die Mißachtung der Menschwürde lassen sich zwar in Worten und Bildern rekonstruieren, doch nicht körperlich fühlbar machen. Sie können aber den Leser, Zuhörer oder Betrachter zu Selbsterkenntnis und zum Verstehen eines Zeitabschnitts führen, vorausgesetzt, er besitzt die notwendigen inneren Eigenschaften und man hat ihn in Elternhaus und Schule das Denken gelehrt.

Wer fast sein ganzes Leben mit Kindern und jungen Menschen verbracht hat, weiß, daß die Lebenserinnerungen der Alten für die Jungen nur Geschichten oder Märchen sind. Trotzdem steckt in Gesprochenem oder Geschriebenem auch ein pädagogischer Wert. Leider stellt sich aber oft heraus, daß gewisse Menschenfreunde öffentlich Wasser predigen und heimlich Wein trinken. Deshalb bleibt zu allen Zeiten das eigene Beispiel und Vorbild die wirksamste Methode der Erziehung von Menschen. Deshalb möchte ich zum Abschluß dieser Vorbemerkungen meinen Eltern und auch einigen Lehrern herzlich danken.

Es war an einem Mittwochabend in der Reinsdorfer Straße 32, der Südvorstadt von Plauen im Vogtland. Man schrieb den 10. Juni 1926, als mich meine Mutter mit Hilfe der Hebamme Frida Geyer aus der Oelsnitzer Straße 67 als erstes Kind zur Welt brachte. Sicher war an dem frohen Ereignis auch mein Vater beteiligt, wenn auch nur als Gehilfe, denn damals war es üblich, einen neuen Erdenbürger zu Hause willkommen zu heißen. Natürlich existierten damals auch Geburtskliniken, doch die Frauen, für die es damals weder ärztliche Voruntersuchungen, Ultraschalldiagnostik, Aufklärungen über Risikoschwangerschaften, Schwangerschaftsgymnastik usw. gab, zogen sicher das Geburtserlebnis in vertrauter Umgebung dem sterilen, unpersönlichen Klinikbetrieb vor.

Wie groß und schwer ich war, ist mir nicht überliefert. Ein „Brocken" war ich aber nicht. Meine Mutter verglich mich später, als ich in das Fragealter kam, mit einer Zeile Semmeln. Das war natürlich untertrieben, denn meiner Erinnerung nach hatten die vier aneinander gebackenen Brötchen eine Gesamtlänge von etwa 25 Zentimetern. Daß ich aber sehr klein und zart gebaut war, beweist die überlieferte Aussage unseres Nachbarn von der Reinsdorfer Straße 34, dem Schuhmachermeister Röder, der mich einige Tage nach der Geburt sah und die stolze junge Mutter und Tochter der Hausbesitzerin mit der gelassenen Bemerkung „erfreut" haben soll: „Der verreckt widder!" Dem lieben Nachbarn zum Trotz entwickelte sich der kleine „Bubi" dank seiner fürsorglichen Eltern normal, lernte problemlos laufen und sprechen, hatte feste Bezugspersonen (wie man heute sagen würde), die nicht berufstätige Mutter, den als Buchhalter in der „VO-MAG" beschäftigten Vater, die gestrenge Haus-

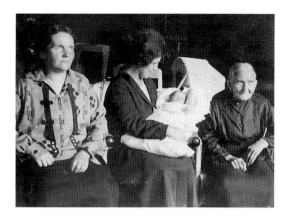

*Großmutter geb. 1875, Mutter geb. 1895, Sohn
Rudolf geb. 1926, Urgroßmutter geb. 1847*

*Die Reinsdorfer Straße 32 (1914). Hier
wurde ich geboren.*

Mit meiner Gießkanne im Garten (1928)

Im Garten mit den Eltern (1928)

Ein Spaziergang im Stadtwald (1928)

wirtin als Großmutter und zwei im Hause wohnende Tanten nebst einem Onkel, der, wenn gerade arbeitslos, dem kleinen Rudolf für einen „Fünfziger" Lohn Märchen vorlas. Das willkommene Nebeneinkommen verwandelte der Onkel Hans meist wenig später in der „Hex" (Pohlands Restaurant in der Südstraße) in Bier.

Wenn nicht gerade im Kinderwagen sitzend oder schlafend, an der Hand der Mutter beim Einkaufen, auf dem Schlitten des Vaters bei Wochenendspaziergängen durchs Schwarze Holz oder in der Obhut beider Eltern beim Besuch der Freibäder Haselbrunn, Preißelpöhl, Neundorf (Teich mit Rutschbahn) oder Waldfrieden konnte ich mich frei im Hof und im Garten hinter unserem Haus bewegen. Letzterer bestand aus dem „Grasgarten", den man vom Hof aus über eine fünfstufige Treppe und eine Gartentür erreichen konnte, der aber vom Enkel der Hauswirtin möglichst nicht betreten werden durfte, weil der den anderen Hausbewohnern für einen Zweck zur Verfügung stand, der heute Grüne und Umweltschützer in Begeisterung versetzen würde. Dort bleichten nämlich die Frauen ihre Weißwäsche auf dem sauberen, grünen Gras. Aus dem Waschhaus im Keller (später wird noch von diesem wichtigen Raum die Rede sein) trugen sie die nassen Laken und Bettbezüge ins Freie, breiteten sie auf dem Rasen aus und begossen sie von Zeit zu Zeit aus einer „Sprengstütz" (Gießkanne) mit Leitungswasser, das aus dem Waschhaus geholt werden mußte. War der natürliche Bleichvorgang beendet, wurden Leinen zwischen den Wäschepfählen im Grasgarten gespannt und die verschiedensten Wäschestücke mit Holzklammern (noch ohne Stahlfedern) daran befestigt. Vermittels Wäschestützen (Holzstangen mit einer Spitze an dem einen und einer Kerbe am anderen Ende) wurden die durchhängenden Leinen gehoben, damit die Laken keine Bodenberührung hatten. Für Interessierte und mit der Biologie weniger Vertraute sei noch erklärt, daß Pflanzen bei ihrer „Atmung" (Assimilation) Kohlendioxid aus der Luft aufnehmen und Sauerstoff freisetzen, der eine bleichende Wirkung hat. Weißer ging's damals von Natur aus nicht. Dafür schmeißen heute die Wäscherinnen „der Umwelt zuliebe" jede Menge Chemikalien in die Waschmaschine.

Unser Grasgarten hatte eine Fläche von etwa zehn mal zehn Metern und erschien in meinen Kinderaugen damals riesengroß. Er war gegen die Hofmauer, die Grundstücke unserer Nachbarn, den schon erwähnten Schuhmachermeister Röder und den noch vorzustellenden Stickmaschinenbesitzer Bachmann, gegen den zweiten Teil, den „Blumengarten", durch einen Holzzaun gesichert. Der Blumen- bzw. Gemüsegarten stand nur der Familie der Hausbesitzerin zur Verfügung und war auch nicht größer als 100 Quadratmeter. Gärtnerisch wurde er von meinem Vater betreut. Der bereits erwähnte ledige Onkel Hans und der Onkel Kurt, der Verlobte und spätere Ehemann der mit im Hause wohnenden Tante Gretel, rührten zum Ärger meines Vaters zur Erhaltung der Bodenfruchtbarkeit keinen Finger. An schönen Sommerabenden aber ließen sich die beiden im Schutze der Mauer eines Hinterhauses, auf von meinem Vater gezimmerten Bänken, unter einem alten Kirschbaum, hinter einem Spalier von Bohnen und Wicken, am Gartentisch Zigarren, Kognak oder ein Kulmbacher Bier schmecken.

Dort durfte ich auch tagsüber spielen, und meine Mutter konnte mich vom Küchenfenster auch beobachten. Ihr Arbeitstag war ausgefüllt, sie hatte keine Langeweile und trauerte auch nicht ihrem Beruf als Stenotypistin nach. Sie hatte in der 1922 gegründeten Ehe ihren wichtigen Aufgabenkreis und mein Vater als Lohnbuchhalter in der Vogtländischen Maschinenfabrik den seinen. In der Freizeit und an den Wochenenden halfen sie sich gegenseitig, genossen wandernd ihre Heimat oder feierten mit Freunden. Der kleine Bubi „metschte" mangels Sandkasten mit der schwarzen Komposterde des Blumengartens, buk Sandkuchen mit Eimerchen oder Blechformen, rollte schwarze Würstchen und verlangte lauthals nach Wasser, wenn die Mutti ihn zum Essen rief. Dann brachte sie ihm, auch manchmal die Oma Minna, eine Schüssel Wasser samt Handtuch zum Spielplatz, und erst nachdem er seine dreckigen Finger gewaschen hatte – er war von Natur aus ein sauberer Pinkel –, betrat er die elterliche Wohnung. Erste Erinnerungen an diese frühe Kindheit bestehen in den schwarzen „Spreißeln" (Holzsplitter), die ich mir an dem schon zwanzig Jahre alten Gartenzaun in die Finger zog und an einen Sturz auf eine verrostete Gießkanne, deren Rand dem Dreijährigen die linke Wange zerschnitt. Im Laufschritt trug der Vater den blutenden Sohn zu einem Chirurgen an der Südinsel (Sauinsel hieß sie damals unter den Bewohnern), der die Wunde nähte. Erst nach meinem 20. Lebensjahr war die Narbe verschwunden.

Klarer kann ich mich der Besuche im Konzertgarten des Café Trömel erinnern, wenn sich meine Mutter dort mittwochs mit ihren „Kränzelschwestern" traf. Da stand der kleine Bubi mitgeigend vor der Kapelle in der Sommersonne (er fiedelte mit dem rechten Zeigefinger über den linken, und manchmal nahm ihn auch ein Musiker auf den Schoß) oder er hockte sich in den sauberen, gelben Kies unter dem Tisch der Kränzeldamen, zog seine Sandalen aus und popelte sich den Straßendreck aus den Zehen. Wie gesagt, ich war ein sauberer Pinkel, scheute mich aber auch nicht, mal richtig in den Dreck zu fassen. Die Freundinnen meiner Mutter hatten sich so viel zu erzählen, daß sie den kleinen Rudolf meist sich selbst überließen, und ihn interessierte damals der Klatsch noch nicht. Als ich älter und auch neugieriger wur-

Kindergartenkinder in der Herbartschule um 1930

Foto: Wagner

de, hörte ich manchmal in weiblicher Umgebung den Satz „Achtung, der Ofentopf ist offen!" Wer weiß heute noch, was ein Ofentopf ist. Mir war dieser eingebaute Wasserbehälter in den älteren Kohleöfen bekannt, doch daß der Satz ein verschlüsselter Hinweis war, daß einer mithörte, für den die Worte der Erwachsenen nicht gedacht waren, merkte ich erst später.

Dann kam auch für den Bubi die Zeit, daß er ohne elterliche Begleitung seine nächste Umgebung erkunden durfte. Er erhielt kleine Aufträge und konnte für seine Mutti einkaufen gehen. Das Geld war in Papier eingewickelt, auf dem die Dinge standen, welche im Haushalt benötigt wurden. Mit dem Satz „Ist aufgeschrieben" besorgte ich Gasmünzen, die in den Gaszähler eingeworfen werden mußten, der im „Vorsaal" (Flur) unserer Wohnung hing. Leuchtgas aus dem Gaswerk an der Hammerstraße wurde damals zur Beleuchtung der Wohnungen, Treppenhäuser, Straßen und zum Kochen benötigt. Als ich geboren wurde, hatten wir schon elektrischen Strom zur Beleuchtung der Wohnungen. Im Treppenhaus oder auf den Straßen gab es noch das Gaslicht, wo man von Zeit zu Zeit einen neuen „Glühstrumpf" einsetzen mußte, denn die Gasflamme allein brachte keinen Beleuchtungseffekt. Ich holte in der Südstraße Semmeln beim Bäcker Warg oder beim Fleischer Groh Wurst. Manchmal auch hintenrum (das war nach Ladenschluß durch den Hauseingang) 3/8 Gehacktes, denn 1930 gab es im Umkreis von 100 Metern alle für einen Haushalt wichtigen Verkaufseinrichtungen. Bei dem geringen Straßenverkehr bildete ein parkendes Auto eine Sensation, Pferdefuhrwerke waren eine Selbstverständlichkeit (ich lernte die „Roßäpfel" mit Handbesen und Schaufel im Auftrag meines Vaters als Naturdünger für den Hausgarten aufzusammeln), gab es für die Mütter keine Bedenken, wenn sich ihre Sprößlinge viel früher als heute auf der Straße tummelten. So waren wir bereits am Vormittag, nachmittags kamen die Schulkinder dazu, als gemischte Gruppen spielend ständig an der frischen Luft und in Bewegung, ob bei Sonne, Regen oder Schnee ohne Aufsicht oder Bevormundung von Erwachsenen, obwohl unsere Mütter nicht berufstätig waren. Barfuß laufen nach dem ersten Frühlingsgewitter war bei uns eine ungeschriebene Regel. In diesen Zeiten großer Arbeitslosigkeit galt es sogar als unmoralisch, wenn beide Eltern einen Beruf ausübten. Normal war es, wenn der Vater arbeiten oder „stempeln" ging, d. h. wenn er sich als Arbeitsloser seine Unterstützung holen und auf dem Arbeitsamt seine Karte abstempeln lassen mußte. Die Mütter kümmerten sich um den Haushalt und sorgten für die Kinder, so daß diese feste Bezugspersonen hatten, wie man heute sagen würde. Geschiedene Ehen, alleinerziehende Mütter oder Väter waren selten, und wenn schon ein Elternteil früh verstarb, übernahmen die Großeltern oder die ältesten Geschwister dessen Aufgaben.

1906 war für die 7000 Bewohner der Südvorstadt und deren 1200 Kinder die 12. Bürgerschule gegründet worden. Sie gehörte damals zu den schönsten und modernsten Schulgebäuden Sachsens. 1920 erhielt sie den Namen eines verdienstvollen Schulmannes des 18./19. Jahrhunderts: Johann Friedrich Herbart. Die Schule besaß zu meiner Jugend einen Kindergarten und einen Schulhort für die Ganztagsversorgung von Kindern werktätiger Eltern.

Eine wichtige Tätigkeit ihres Arbeitstages war für die Hausfrauen die Bereitung des Mittagessens und das sogenannte Essentragen. Betriebskantinen, die ein warmes Mittagessen anboten, waren in diesen Jahren selten und wurden bei den damaligen Löhnen von Arbeitern oder Angestellten kaum genutzt. So brachte meine Mutter tagtäglich außer samstags, da wurde bis mittags gearbeitet, ihrem Mann ein warmes Mittagessen in die „VOMAG". Für den Weg von unserer Wohnung bis zum Haupttor

des Betriebes am Elsterwehr hinter dem Unteren Bahnhof brauchte man zu Fuß 25 Minuten. So war sie fünfmal in der Woche eine Stunde nur zum Essentragen auf den Beinen. Erst allein, dann mit mir im Kinderwagen, später mit dem Sportwagen und schließlich mit dem Bubi an einer freien Hand, bis ich, noch vor meinem sechsten Geburtstag, den mit mehreren Zeitungslagen gut verpackten und in einem Einkaufsnetz verstauten Topf pünktlich am Werktor meinem Vater übergeben durfte. Es gab zwar schon Thermosflaschen für Flüssigkeiten, aber keine Thermosbehälter für das Essen, deshalb durfte man nicht bummeln, wenn es der Familienvorstand noch warm erhalten sollte. Bei trockenem Boden benutzte ich auch manchmal meinen nicht luftbereiften Roller zur Transportbeschleunigung, und ich erinnere mich noch gut eines heftigen Sturzes kurz vor der Sauinsel an der Südapotheke. Ich war den abschüssigen Fußweg von der unteren Hegelstraße zur Südinsel, wir nannten ihn das „Bergel", wohl zu schnell hinabgefahren und durch den am Lenker hängenden Topf mit dem Essen ins Schleudern geraten. Aufgeschlagene Knie und Ellbogen, am Grind festgeklebtes Heftpflaster, das entweder aufgeweicht oder mit kurzem Ruck abgerissen wurde, wenn man es wechseln mußte, gehören mit zu den unvergeßlichen Kindheitserinnerungen.

Wir trugen damals keine langen Hosen, die bekam man als Junge erst zur Konfirmation, sondern kurze und an den oft nackten Beinen Kniestrümpfe bzw. Söckchen. Zur Winterbekleidung gehörten lange Strümpfe und ein Mantel. Wurde es sehr kalt, dann setzte man eine Mütze auf und zog lange Unterhosen unter die Baumwoll- oder Wollstrümpfe, die mit Strumpfhaltern an einem „Leibchen" befestigt waren, das man über dem Unterhemd trug. Für Kleinkinder gab es zwar Strumpfhosen, aber Anoraks mit Kapuzen, wattierte Hosen, Pelzmützen, Fausthandschuhe oder Gummistiefel

waren unbekannt. Im günstigsten Fall besaß damals ein Kind drei Paar Schuhe. Filzschuhe für die Wohnung, Halbschuhe für Frühjahr und Herbst, im Sommer ging man barfuß, und hatte die „Hohen" für den Winter. Diese hatten viele Ösen für die Schnürsenkel und in der Regel auch Sohlen aus dickem Leder, die mit Holznägeln auf dem Schuh befestigt waren. Um eine schnelle Abnützung des Leders zu vermeiden, schraubte man auf die Sohlenspitze eine abgerundete, flache Metallplatte und auf den hinteren Teil des Absatzes ein hufeisenähnliches Metallstück. Gummiabsätze gab es schon, aufklebbare Gummisohlen kamen erst Mitte der dreißiger Jahre in den Handel. Waren einem Heranwachsenden die Schuhe zu klein geworden und der schmale Geldbeutel ließ den teuren Neukauf nicht zu, wurden sie vom Schuster „angeschuht", indem er Oberleder und Sohlen verlängerte. Mein Vater legte großen Wert auf gutes Schuhwerk und bevorzugte für seine Familie Erzeugnisse der Firma SALAMANDER. Auch versuchte er sich erfolgreich als Schuhmacher und reparierte manchen Schaden. Einmal versah er auch fachgerecht meine Winterschuhe mittels Dreifuß, Schusterhammer und -messer, Schusterort und Holznägeln mit neuen Ledersohlen. Trotz aller Pflege nimmt aber Leder immer Wasser auf, so daß eine weitere Kindheitserinnerung in nassen und kalten Füßen besteht, die man besonders im Winter nach Hause brachte. Zog man die nassen Schuhe und Strümpfe aus, zeigte sich erst einmal das Muster der Strümpfe in der aufgeweichten Haut. Wurde man dann in einen Eimer warmen Wassers gestellt, begann das „Schurigeln" in den Füßen, das ich noch heute spüre, wenn die Durchblutung der Beine in Gang gebracht wurde. Mit dem Winter in Zusammenhang und dem langen Aufenthalt im Freien standen auch die „aufgesprungenen" Hände. Einmal konnte man mit Handschuhen keine ordentlichen Schneebälle machen, zum

Im Stadion zeigt mir Anita Keilhack ihre Schwimmkünste (1928)

Weihnachten (1928)

Ende April 1929 im Garten hinter dem Haus mit unserem Kirschbaum

Kinder von der Südstraße (September 1931)

Diese Aufnahme hatte ein Straßenfotograf 1932 aufgenommen. Ich ganz rechts nach einem Durchfall. Fotos: Voigt

anderen wurden die Baumwollfingerlinge schnell naß und in die Taschen gesteckt. So machten Nässe und Kälte im Wechsel die Hände rissig, und wenn Salben und Ölungen nicht mehr halfen, griff man auf Anweisung der Eltern und unter ihrer Kontrolle in den Hosenschlitz und pullerte sich auf die Unterarme, was tatsächlich half. Hatte man sich einen Husten geholt, wurde ein schwarzer Rettich etwas ausgehöhlt, mit Kandiszucker gefüllt und der sich bildende Saft löffelweise geschluckt. Bei Bauchschmerzen gab es „Hoffmannstropfen" aus der Apotheke auf Würfelzucker, bei Fieber Brust- und Wadenwickel oder „Akkenit", wissenschaftlich „Aconitum" genannt, einem alkoholischen Auszug des Eisenhutes. Litt man an Durchfall, holte die Mutter getrocknete Heidelbeeren aus dem Gewürzschrank, oder es gab ungesüßten Haferkakao. Den Geschmack dieses Getränkes habe ich noch heute auf der Zunge, denn ich mußte es häufig nehmen. „Er braucht nur eine Pflaume zu sehen, schon macht er in die Hosen", war die Meinung meiner Mutter. Wenn andere bei Kaffeetafeln oder Geburtstagsfeiern schlemmen durften, war ich meistens auf Diät gesetzt und mußte auf Torten, Schlagsahne und andere Leckereien verzichten. Eine letzte Mißempfindung in meinen Kindheitserinnerungen ist der Geruch von Erbrochenem, wenn ich nachts in meinem Gitterbettchen erwachte. Auch hatte ich als Kleinkind trotz aller elterlichen Fürsorge vor der Dunkelheit Angst, so daß meine Eltern immer darauf achten mußten, die Schlafzimmertür einen Spalt breit offen zu halten, damit ich das Licht im Wohnzimmer sehen und auch das Grammophon hören konnte, das in den zwanziger Jahren zur Grundausstattung einer bürgerlichen Wohnung gehörte. Wenn der kleine Bubi nicht mehr „andere Seite" aus dem Schlafzimmer rief, wußten die Eltern, daß ihr Kind eingeschlafen war, denn der Sohn kannte alle Schellackplatten genau. Eine Platte liebte ich

besonders und nannte sie „Lumlum". Es war ein Operausschnitt von Eugen Alberts „Tiefland".

Damals waren Begriffe wie Selbstverwirklichung, Frustration oder Reizüberflutung unbekannt. Es gab außer der Tageszeitung, den Illustrierten und dem Kino keine Dauerberieselung durch Rundfunk oder Fernsehen, auch nicht die Unzahl von Druckerzeugnissen für jede Altersstufe mit allen möglichen Ratschlägen zu Gesundheit, Ernährung, Lebensweise, Sex und Umweltproblemen. Man kannte keine Kinderzimmer. Meine Spielkameraden konnten von der Straße aus durch das Wohnzimmerfenster das Oberteil unseres dunkelblauen Kachelofens sehen und glaubten fest, das sei unser Geldschrank. Beratungsstellen, Selbsthilfegruppen, Mütterhäuser, Psychologen, Psychiater, Drogen (außer Alkohol und Tabak) waren unbekannt, und der Treibhauseffekt war noch nicht erfunden. Sicher ist, daß die Menschen damals ein besseres Nerven- und Immunsystem hatten. Gewiß gab es für sie eine Unzahl Sorgen, doch die Kinder wurden kaum damit belastet.

Bei ernsten Krankheiten holte man den Hausarzt, in unserem Fall den Dr. Schwarzbach von der Bickelstraße. Ich erinnere mich noch gut an den zuverlässigen Allgemeinpraktiker, der groß und massig auf dem Bettrand saß, und an sein winziges Fieberthermometer.

Aus heutiger Sicht gehörte ich zu den vegetativ labilen Kindern, und spätere funktionelle Störungen im Magen-Darmbereich, der Heuschnupfen und Hautprobleme im Erwachsenenalter konnten ihre Ursache im ererbten Nervensystem haben. Die überstandenen Kinderkrankheiten von den Masern über Mumps, Windpocken, Röteln, Scharlach, Gelbsucht sowie andere akute Infekte waren oft auch Folgen mangelnder Hygiene, falscher Ernährung oder verdorbener Lebensmittel. Elektrische Haushaltkühlschränke waren damals unerschwinglich.

Außer den Fleischern oder Lebensmittelhändlern besaß kaum jemand einen Eisschrank, und sicher war nicht alles frisch, was auf den Tisch kam. Der Halt eines „Eisautos" vor einem Lebensmittelgeschäft war für uns Kinder immer ein besonderes Ereignis. Aus ihm brachten kräftige Männer, einen eingestülpten Jutesack wie eine Kapuze über dem Kopf, auf ihren Rücken zwei oder drei meterlange Kunsteisriegel in den Laden. Vor der Weiterfahrt fegten sie mit einem Reisigbesen Bruchstücke von der Ladefläche, und wir hatten mitten im Sommer einen Gruß aus dem Winter und etwas zum Lutschen.

In fast jeder Wohnung existierte, irgendwo in eine Mauer eingelassen, ein „Gewölbe", wo man leichtverderbliche Dinge aufbewahrte, weil es der kühlste Ort war. An heißen Sommertagen brachte meine Mutter Brat- und Speisefette in den Keller. Da es weder Haushaltfolie aus Aluminium oder Plast gab, wickelte man Nahrungsmittel auch manchmal in die breiten Blätter des Meerrettichs statt in Zeitungspapier. Für die Aufbewahrung von Butter oder Margarine gab es speziell konstruierte Tondosen, die feucht gehalten oder falls doppelwandig mit Wasser gefüllt wurden. Der Kühleffekt wurde durch die Verdunstungskälte erreicht. Die Marktfrauen wickelten ihre Butterblöcke in feuchte Tücher. Vieles war damals aus ökonomischer und ökologischer Sicht sinnvoller als heute. Die tägliche Milch, Butter und Eier brachte uns der Bauer Wolf aus Oberlosa mit Pferd und Wagen vor die Haustür. Er hatte sein Auskommen und die Hausfrauen garantiert frische Ware. Wenn die neuen Einlegegurken „reif" waren, wurden sie vom Gemüsehändler in Fässern durch die Straßen gefahren und mit einer gewaltigen Handglocke angekündigt. „Kauft Gurken, Gurken, Gurken, vier Pfund eine Mark!" und die Frauen eilten mit Eimern auf die Straße. Sauerkraut wurde meist selbst hergestellt und in einem großen Tongefäß im

Keller aufbewahrt. Ich sehe noch den großen, furchterregenden Krauthobel vor mir, der wegen des verstellbaren, scharfen Messers einen besonders gesicherten Platz im Küchenschrank hatte.

Sensationell wurde es für uns Kinder, wenn der „Nigrin" kam. Das war ein als Schornsteinfeger verkleideter Stelzenläufer, der für Reinigungsmittel und Schuhcreme Reklame lief. Er warf Minidosen von Lodix-Schuhcreme, knakkende Blechfrösche von Erdal und andere Werbeartikel für Sidol unter die Kinder und setzte sich zum Ausruhen auf die Fensterbänke der Parterrewohnungen, die mindestens zwei Meter über dem Bürgersteig lagen. Ganz toll wurde es, wenn ein Reklameflieger „Persil" oder „Odol" in den blauen Sommerhimmel über Plauen schrieb oder kleine Schokoladentäfelchen abwarf.

Eigentlich wollte ich mich auf dieser Seite nur über die damaligen beschränkten Möglichkeiten zur Frischhaltung von Lebensmitteln auslassen, die sicher Ursache für manche Magenverstimmung waren. Da bekam meine Tante Gretel keine Probleme, denn sie war dafür bekannt, daß sie nichts wegwarf, was zu „riechen" begann. Auch vor dem Verzehr „angeschwollener" Fischdosen schreckte sie nicht zurück. Sie hat einen guten Magen, hieß es, und andere hätten für diesen Leichtsinn schwer gebüßt. Wenn wir Kinder irgendwann Durst hatten, hängten wir uns mit dem Mund an den nächsten Wasserhahn, und nur der elterliche Hinweis, kein Wasser nach dem Genuß von frischem Steinobst oder Gurkensalat zu trinken, verhinderte noch häufigere Durchfälle. Sicher war auch meine Mutter für manche meiner Magen-Darm-Probleme verantwortlich. Neben dem Bohnenkaffee schwärmte sie für „warme Wurst", ohne die kein Einkaufsgang in die Innenstadt abgeschlossen wurde. Ob das nun beim Fleischer Heinig am Neustadtplatz oder dem Fleischer Müller an der mittleren Bahn-

hofstraße war, eine Portion „Warme" mit Semmel und Senf mußte genossen werden, und der kleine Rudolf bekam seinen Teil ab. Meist hatte er schon vorher einen Apfel oder eine Banane in den kleinen Magen versenkt und durstig vom langen Fußmarsch etwas trinken müssen, natürlich Wasser, was manchmal schon in der Straßenbahn, meist aber zu Hause oder nachts im Bett zu den bereits erwähnten Problemen führte. Auch war mancher Brechreiz Folge der damaligen Erziehungsgrundsätze, daß alles, was auf den Tisch kam, gegessen werden mußte. Meine Eltern liebten zum Sonntagsschnitzel neben den Salzkartoffeln Mischgemüse mit Morcheln aus der Dose. Wenn aber zur Abwechslung gekochte und in Butter geschmorte Karotten auf dem Speiseplan standen, konnte ich sicher sein, daß mir beim ersten Bissen die süßlichen Möhren „hochkamen". Ich aß sonst alles gern und ohne Widerwillen, wie aber dieser bedingte Reflex zustande kam, kann ich heute nur vermuten. Jedenfalls machten sich meine Eltern darüber keine Gedanken und ließen vom allgemeinen Prinzip nicht ab. Aber sie desensibilisierten mich, ohne von den psychologischen Vorgängen zu wissen, in dem sie mir beim nächsten Möhrensonntag nur ein kleines Stückchen Möhre vorsetzten und diese Dosis schrittweise vergrößerten, so daß ich die Möglichkeit bekam, meinen Widerwillen mit nur einem Schluck zu überwinden. Ähnliches wurde im Kleinkindalter mit mir und meinem jüngeren Bruder praktiziert, als wir die Scotts-Lebertran-Emulsion für den Knochenaufbau trinken lernten. In der Mangelzeit des II. Weltkrieges fiel uns der tägliche Schluck Lebertran leichter, und wir lernten auch unangenehme, aber notwendige Dinge zu schlucken. Im erweiterten Sinn gehörten dazu auch Sachen, die keinen Spaß machten, aber getan werden mußten.

Nun soll noch einiges zum Sozialverhalten der Menschen und dem politischen Umfeld in

den letzten Jahren der Weimarer Republik gesagt werden. Wenn man bedenkt, daß zu meiner Geburt dieser neue Staat erst acht Jahre alt war und der vier Jahre während I. Weltkrieg samt der folgenden Rezession und Inflation von meinen Eltern unmittelbar erlebt wurden, muß man die unterschiedlichen Wege verstehen, welche die Deutschen gehen mußten, um Demokratie zu erlernen und zu praktizieren.

Mein Vater war mit 18 Jahren als Freiwilliger in den I. Weltkrieg gezogen. Wenn ich heute in seinem Militärpaß die Bestätigungen seiner Teilnahme an den Stellungskämpfen und Abwehrschlachten vor Verdun, von Angriffen in der Champagne, an der Marne, bei Reims und Soissons lese, dann begreife ich nach meinen Erlebnissen im II. Weltkrieg, daß er uns kaum etwas von dem unendlichen Schrecken gegenseitigen Mordens berichtete. Er fand seine Heimat auch nicht in den Frontkämpferbünden und Militärvereinen, noch in Parteien wie den Nationalsozialisten unter dem Gefreiten des I. Weltkrieges, der beschlossen hatte, Politiker zu werden, auch nicht in der christlichen Kirche. Er hatte als Jüngster unter acht Geschwistern mit drei Jahren seine Mutter und mit elf seinen Vater verloren, seine Erfahrungen als Lehrling im Kaiserreich und als Soldat mit den Kommißköpfen gemacht, und die gab er an mich weiter. Ich kann ihm verzeihen, daß er die Welt später oft nach seinen Vorstellungen und auch mit Vorurteilen betrachtete, auf theoretisches Wissen verzichtete, keine Bücher las und mir aus diesem Grunde kaum Richtungen weisen konnte. Er versuchte nicht, mich zu beeinflussen, sondern ließ mich meine Erfahrungen selbst sammeln. Er förderte aber mein Selbstbewußtsein, verlangte Selbstdisziplin, Zuverlässigkeit und lebte sie auch vor. Als er anläßlich meiner Geburt von seinem künftigen Schwager, dem im Hause wohnenden Onkel Kurt und langjährigen Verlobten meiner magenstarken Tante Gretel das Eiserne Kreuz 1.

Klasse erhielt und es stolz aufbewahrte, bis wir ausgebombt wurden, bewies er, was er von solchen Ehrenzeichen hielt: Auszeichnung ja, aber nicht fürs Töten! Der Onkel Kurt, selbst Schwerkriegsbeschädigter wie mein Vater, hatte, als er nur noch in der Heeresverwaltung beschäftigt werden konnte, genügend von dem Blechzeug im Schreibtisch.

In unserem Haus ging es der Zeit entsprechend recht demokratisch zu. Unterm Dachboden lebten Olga und Matthäus, eine an Osteoporose leidende ältere Dame mit einem Kunst- und Stubenmaler in freier Lebensgemeinschaft. Ein Sohn der unter ihnen wohnenden Familie war Kommunist. Während des Tausendjährigen Reiches wurde er eines Tages von einem Polizeifahrzeug abgeholt und nie wieder gesehen. Auf der gleichen Etage lebten ein Kürschner mit Frau und Tochter. Im Hauptgeschoß darunter residierte die Oma als Hauswirtin mit zwei unverheirateten Töchtern, Gretel und Hilde, sowie dem ledigen Sohn Hans. Eine ihrer vier Töchter, die drittälteste, war 1924 nach Amerika zu einem Bruder ihrer Mutter, dem Onkel Abel Kux ausgewandert. Dort heiratete die Tante Else den Griechen Thomas Karalias. Wand an Wand mit der Großmutter Minna wohnten wir mit Vorsaal, Küche, Wohnzimmer und Schlafzimmer sowie dem damals üblichen Abtritt im Treppenhaus (Trockenklosett ohne Licht eine Treppe tiefer). Im Erdgeschoß, dem Hochparterre, lagen zwei Wohnungen für den Onkel Kurt mit Tante Gretel und einer Witwe mit einer älteren Tochter. Im Kellergeschoß befanden sich das Waschhaus und die Kohlenkeller für die einzelnen Mieter. Während der Onkel Kurt mit den Liberalen sympathisierte, interessierte sich mein Vater weder für Vereine noch Parteien. Draußen auf der Straße wußte man wenig von den politischen Ambitionen der Väter, schon gar nicht wir Kinder. Eine Familie in der unteren Reinsdorfer Straße bildete eine Ausnahme. Man nannte sie die „Haken-

kreizler", und ich erinnere mich noch gut der Jahre zwischen 1930 und 1932, wo die braunen Uniformierten meist marschierenderweise im Stadtbild auffielen. Auch das Jahr des Schulstreiks 1932 habe ich im Gedächtnis. In der VOMAG waren 1500 bis 2000 Arbeiter entlassen worden, was die allgemeine Notlage verschlimmerte, zumal die Arbeitslosigkeit weiter um sich griff. Die Spartakusgruppe, die KPD und die Eltern der Schüler forderten in der allgemeinen Not Schulspeisung und Lehrmittelfreiheit und riefen zum Streik auf. In guter Erinnerung ist mir, daß mein Vater schon am frühen Vormittag von seiner Arbeitsstelle wieder nach Hause kam und meiner Mutter mitteilte, daß er arbeitslos sei. Draußen zogen Menschen mit blauen Hemden, roten Krawatten und schwarzen Hosen mit Transparenten hinter einer Schalmeienkapelle durch die Straßen der Südvorstadt und forderten den Schulstreik. Zur gleichen Zeit sperrten Braunhemden die Wege zur Ostvorstadt, weil sich auch die Eltern der Kemmlerschule dem Streik angeschlossen hatten. Die Kette der braunen SA-Mitglieder am Galgenberg und an den Kleingärten dort sehe ich noch vor mir.

Tiefer eingeprägt aber haben sich bei mir die Umzüge der verschiedenen Schrebergärtenvereine, ihre Gartenfeste mit Tombola und auch die Auftritte der Heilsarmee. Von Zeit zu Zeit ließen auch Straßensänger in den Hinterhöfen ihre Stimmen erschallen, und die Hausfrauen belohnten von den Fenstern aus mit in Papier gewickelten Münzen die Troubadoure. Auch saß manchmal suppelöffelnd ein Wanderbursch auf der Treppe vor unserer Wohnungstür, der um Speise und Trank gebeten hatte. Kleine Artistengruppen mit ihren Kindern zeigten Kunststücke auf der Straße. Handlungsreisende und Kleiderjuden klingelten an den Wohnungstüren und boten im Hausflur ihre Waren an. Ich weiß noch, wie ich die letzteren nachahmte, denn sie schaukelten beim Anpreisen

ihrer Waren mit dem Oberkörper und hielten die Handflächen bei ausgebreiteten Armen nach oben. In jenen Jahren waren auch Zigeuner auf ihren Wanderzügen. Als wir Kinder einer solchen Gruppe begegneten und ihr die Oelsnitzer Straße stadtauswärts bis zum Aufbau ihres Lagers in der Nähe des Reinsdorfer Rittergutes folgten und dabei das Heimgehen vergaßen, versohlte mir mein Vater zum ersten Male kräftig das Hinterteil. Die zweiten und letzten Hiebe mit der flachen Hand auf den Allerwertesten erhielt ich von ihm, weil ich mich als Fünfjähriger mit meinen Kameraden spät nachmittags bis in die Nähe des Stadtbades an der Hofer Straße begeben hatte. Einer aus der Kindergruppe hatte das Gerücht verbreitet, daß es dort bei einem Bäcker umsonst Luftballons geben würde. Meine Eltern waren natürlich in Sorge, weil der Stammhalter nicht wie gewohnt pünktlich zum Abendessen zu Hause war. Wären Prügel bei uns zu Hause die Norm gewesen, hätte ich mir bestimmt nicht diese beiden Ereignisse gemerkt. Da ich die Strafe als begründet und nicht als ehrenrührig ansah, hatte sie auch Erfolg.

Zum Abschluß nun zum Wichtigsten für ein Kind im Vorschulalter, dem Spiel. Im Gegensatz zu unseren Söhnen und erst recht zu unserem Enkel Maximilian war es in meiner Kindheit bei Jungen nicht üblich, Spielsachen mit ins Bett zu nehmen. Leider, müßte ich sagen, denn mit einem Teddy oder einem Hund im Arm wäre ich im dunklen Schlafzimmer vielleicht nicht so einsam gewesen und hätte auch nicht so oft von Hexen geträumt, vor denen ich fliehen wollte, aber einfach nicht von der Stelle kam. Wir besaßen zwar einen Zeisig, der lange Jahre mit uns lebte und meistens frei in der Wohnung umherflog und oft auf meinem Kopf oder der Schulter landete. Der durfte nicht einmal in seinem Käfig mit ins Schlafzimmer. Sachen für das Spiel daheim hatte ich genügend. Da wir aber die meiste Zeit des Tages mit anderen Kindern im Freien spielten, kam das Spielzeug an Zahl, Verwendungszweck und Wert bei weitem nicht an das heran, was heutzutage Vorschulkinder ihr eigen nennen. Fuhr ich in der Wohnung mit meinem Dreirad um Tisch und Stühle, so war es auf der Straße schon aus Gleichheitsgründen das „Rädl". Ein mehr oder weniger großes Speichenrad mit Hartgummireifen eines Kinderwagens von der Müllkippe an der Hegelstraße oder vom Gerümpel auf dem Oberboden. In dessen Nabe, die sonst auf der Achse steckte, wurde ein Holzpflock getrieben und in dessen Mitte ein starker Nagel, der etwas herausragte. Während die Mädchen als adäquates Spielgerät den bunten Holzreifen hatten, der mit einem kurzen Holzstäbchen angetrieben und gelenkt wurde, benutzten die Jungen einen längeren, geraden Ast vom Haselnußstrauch, dessen dickeres Ende von der Hand umfaßt und das dünne unter den Nagel gebracht wurde, während die andere Hand das Rädl fast senkrecht hielt. Bewegte man sich vorwärts, so rollte auch das Rad, wurde aber vom Nagel und dem Stock um Umkippen gehindert. Wir rannten mit dem Rädl um die Wette, um das Häuserviereck, vollführten Kunststücke, hoben das rotierende Rad waagerecht in die Luft, wechselten untereinander im Laufen die Räder, ließen sie torkeln und hüpfen, vollführten schnelle Wendungen, kurz, das kostenlose Spielzeug war ein einmaliges Gerät zur Koordination von Fuß, Hand und Auge unter den Bedingungen einer verkehrsarmen Zone. Besonders Spaß machte dieser Sport im Sommer bei Gewitter und Hagel. Da standen die Sportfreunde pudelnaß und natürlich barfuß in den Haustüren und stoppten durch Abzählen, wie lange die Gegner für den Weg Reinsdorfer, Süd-, Hegel-, Kantstraße wieder zur Reinsdorfer brauchten. Wenn dann im Schnittgerinne zwischen Randstein und Straßenpflaster wahre Bäche abwärtsflossen, wurden darin die bespritzten Beine und das

Rädl gewaschen. Die älteren Knaben waren über solche Kindereien erhaben. Sie bauten sich, weil handwerklich geschickter, aus zwei Kinderwagenachsen samt Rädern und einem Brett eine „Karre". Die drehbare Vorderachse wurde mit den Füßen gelenkt. Gleich dahinter stak in einem ausgesägten Loch ein vierkantiger Bremsknüppel, der mit seinem unteren Ende auf dem Boden schleifte, wenn man ihn zum Körper zog. Bei der verbesserten Version führten zwei Seile oder Drähte unter dem Brett zu einem zweiten Vierkantholz, das beim Anziehen des Bremshebels gegen die Hinterräder gedrückt wurde. Im Winter wurden die Bremshebel, Vorder- und Hinterräder durch Schlittschuhe ersetzt, und man hatte einen lenkbaren Schlittschuhbob, der in Bauchlage gesteuert wurde. Alles ohne einen Pfennig Geld, aber äußerst wirkungsvoll und umweltfreundlich.

War die Saison für Rädl und Karre vorüber, ließen wir Papiertauben aus Schulheftseiten im Frühlings- oder Herbstwind fliegen. Bei guter Thermik starteten wir auch Fallschirme aus Seidenpapier mit einem Korken als Gegengewicht. Zum Drachensteigen ging es zu den Drei Bergen jenseits der Meßbacher Straße, auf die Viehweiden am Reusaer Waldhaus oder zum Fickerts Berg bei Reinsdorf. Das Anfängermodell war der „Spänelsdreck", ein etwa kopfgroßes, herzförmiges Blatt Packpapier, in das zur Versteifung zwei feine Holzspäne über Kreuz aus Scheitholz gestochen wurden, als Schwanz ein schmales Band aus Zeitungspapier und die unbedingt erforderliche Waage und Schnur kam aus Mutters Nähkasten.

Je nach Wetterlage waren wieder einmal die Seifenblasen oder aus Papier gebastelte Windrädchen gefragt. Auch Pfeile und Bogen hatten ihre Jahreszeit. Am weitesten schoß man mit Bogen aus alten Regenschirmstäben von der „Asche", einer Müllkippe an der Hegelstraße. Je nach Körperkraft bündelte man die elastischen Stahlstäbchen und umwickelte sie

sorgfältig mit umsponnenem Kupferdraht von Spulen der ersten Radioempfänger, die ebenfalls auf dem Müll gelandet waren.

Für Vorschulkinder und auch für die älteren war zu jener Zeit der Schlitten das wichtigste Wintersportgerät. Es gab ihn mit und ohne Hörner in verschiedensten Größen aus Holz. Einsitzer waren oft aus Eisen mit einem Sitz aus Massivholz. Für Kleinkinder war eine abnehmbare Lehne vorgesehen, und der Schlitten ersetzte den Kinderwagen. Der primitivste und billigste Schneegleiter war der „Epa-Rutscher" für 2 Mark aus dem Billigwarenhaus EPA an der oberen Bahnhofstraße. Er vertrug nur das Gewicht eines Vierjährigen und hielt deshalb nicht lange. Gefahren wurde auf dem leicht abschüssigen Teil der unteren Reinsdorfer Straße (Autos gab es kaum) und auf dem „Bergel", einem Hohlweg zwischen der unteren Hegelstraße und der Südapotheke an der Sauinsel. Die Strecke ähnelte fast einer Bobbahn und war besonders gut mit Schlittschuhen zu befahren, wenn sie vereist war. Die steilsten, aber auch kürzesten Abfahrten gab es an der „Talbahn" zwischen Sauinsel und Unterem Bahnhof. Nach dem Krieg wurde diese Senke zur Bahnstrecke Gera–Weischlitz mit Trümmerschutt verfüllt. Erwähnt werden muß auf jeden Fall die öffentliche Rodelbahn im Reusaer Wald zwischen der Gaststätte Waldhaus und dem Knielohgrund. Dort vergnügten sich Ostvorstädter und Reusaer, Jugendliche, Erwachsene und vor allem Arbeitslose an Spätnachmittagen oder Wochenenden mit den gewagtesten Schlittenkonstruktionen. An gleicher Stelle ließ man im Herbst große Drachen steigen, an die abends ein Lampion gehängt wurde. Es gab zwar noch kein Fernsehen, doch wir aus der Südvorstadt konnten diese Illumination von fern sehen.

Zurück zum Wintervergnügen. Die Schlitten wurden hervorgeholt, wenn die erste Flockenschicht die Straße bedeckt hatte. In Ermangelung eines Wetterberichts, wer hatte damals schon ein Radio, genügte uns für die Voraussage der Schneeverhältnisse eine einfache Regel: „Wenn's naufwärts schneit, bleibt er liegen." Zur Erklärung: Da die Reinsdorfer Straße nahezu in Nord-Südrichtung verläuft, blies der Nordwind die Flocken die Straße aufwärts = „nauf" für hinauf. Da war bei Schneefall im Gegensatz zu einer Südwindlage die Gewähr gegeben, daß die erwartete weiße Pracht liegenblieb. Skier oder Schlittschuhe bekam man, wenn überhaupt, erst im Schulalter. Um trotzdem auf dem Schnee rutschen zu können, behalf man sich mit alten Faßdauben von der Asche oder einer Böttcherei, auf die man in der Mitte einen Lederriemen als Schlaufe und Halt für den Schuh nagelte. Fässer für Heringe, Gurken oder Sauerkraut waren damals aus Holz, und die Dauben waren nicht so stark wie bei Bier- oder Weinfässern. Gewachst wurde mit einem Kerzenstummel oder Bohnerwachs. Die Stöcke stammten von Haselnußbüschen der Umgebung, wo sich auch die Erwachsenen versorgten. Leichte Bambusstöcke waren unerschwinglicher Luxus.

Das Hauptvergnügen für uns Kinder bei Frost und geringen Schneehöhen bestand im „Häzeln". Vorher mußte aber erst eine „Häzel" angelegt werden, die bei eifrigem Gebrauch immer länger wurde. Der Begriff soll sprachwissenschaftlich betrachtet von dem Wort „hölzeln" stammen, denn man rutschte einst mit Holzschuhen über das Eis. Auch heutzutage sammelt sich im sogenannten Schnittgerinne Schnee oder gefrorenes Wasser an, was in meiner Kindheit auf geneigten Straßen zur Anlage einer Eisrutschbahn verlockte. Es gab kaum Verkehr, es parkten am Straßenrand keine Autos, und wir trugen Schuhe mit Ledersohlen, die mit Holznägeln befestigt waren. Mit unseren heutigen Profilgummisohlen wäre dieser Spaß nicht möglich gewesen. Manche holten auch die Holzpantinen ihrer Mutter aus dem

Waschhaus, nahmen tüchtig Anlauf und rutschten fünf, zehn und mehr Meter bis zum Ende der Häzel. Jeder neue Schneefall oder auch ausgegossenes Wasser verbesserten die Gleitfähigkeit, wenn nicht ein böser Hauswirt die Bahn vor seinem Grundstück mit Asche streute. Selbst bei Tauwetter hielt sich der eisige Belag einige Tage, und man konnte noch schlittern, wenn die Straßenmitte schon schneefrei war. Nur färbte sich das Eis jetzt schwarz durch Ruß und Straßenstaub, und wer mit seinem Hosenboden auf der tauenden Eisbahn landete, hatte Probleme, der Mutter die Schmutzspuren zu erklären.

Spielplätze waren für uns Kinder die Straßen, die Grünanlage neben der Höcknerschule an der unteren Hegelstraße, das bereits erwähnte „Bergel" und die „Einfahrt", eine Sackstraße, die das untere Ende der Reinsdorfer Straße bildete. Sie war die Zufahrt zur Werkstatt vom Dampfwalzen-Koppisch und diente dieser Firma auch als Schrottplatz. Diese ungepflasterte Fläche war unser bevorzugter Ballspielplatz und wegen der dort abgestellten schrottreifen Einzelteile von Dampfwalzen (Räder, Dampfkessel) auch für Versteckspiele geeignet. Flog ein Fußball einmal in das benachbarte Feld oder in die Schrebergärten, waren die Zäune für uns kein Hindernis. Obwohl unsere Mütter nicht berufstätig und manche Väter arbeitslos waren, wurde keiner von uns von seinen Eltern behütet und überwacht. Sobald man keine Windeln mehr trug und laufen konnte, mußte man sich mit den anderen Heranwachsenden in seinem Viertel vertragen und auseinandersetzen. Nach meiner Erinnerung waren wir bei fast jedem Wetter auf den Beinen und im Freien. Wegen meiner empfindlichen Gesundheit durfte ich nicht schon nach dem ersten Frühlingsgewitter barfuß wie die anderen auf die Straße, sondern mußte Sandalen tragen, wenn noch keine hochsommerlichen Temperaturen herrschten. Deshalb nannten mich meine Altersgenossen

„Sandalenlatscher", was manchmal gegenseitige Prügeleien provozierte.

Das Ende meiner Vorschulzeit hat sich mit zwei Erlebnissen in meinem Gedächtnis erhalten. Im Sommer 1932 verreiste ich das erste

„Bahne frei"   Foto: Verlag

und einzige Mal mit meinen Eltern. Wir verbrachten zwei völlig verregnete Wochen in Bischofsgrün im Fichtelgebirge bei einer Familie Braun in einer sogenannten Sommerfrische. Ende Januar 1933, auf der Reinsdorfer Straße lag damals kaum etwas Schnee, traf ich den Manfred S., einen Sohn des schon erwähnten „Hakenkreuzlers". Voller Stolz rief mir der drei Jahre ältere zu: „Der Hitler hat die Macht ergriffen!" Dieses Erlebnis ist keinesfalls Erfindung eines Dichters als passender Schluß für ein Kapitel, sondern es hat tatsächlich so stattgefunden. Zum Glück war mir Sechseinhalbjährigem nicht klar, welche Folgen das Ereignis haben würde und daß es das „Aus" für die erste Demokratie auf deutschem Boden bedeutete.

Rudolf Voigt, Plauen

Erinnerungen an meine Schul- und Jugendzeit

Meine Eltern wohnten vor meiner Schulzeit im Stadtteil Haselbrunn, am nördlichen Stadtrand von Plauen. Daran habe ich fast keine Erinnerungen mehr. Als ich etwa fünf Jahre alt war, zogen wir in die Schildstraße 9, unterhalb der Pauluskirche. Ostern 1934 kam ich in die Schule. Der Schulweg bis in die Mosenschule war nicht weit. Unser Haus war in der „Gründerzeit", also etwa um 1900 erbaut worden. Wir wohnten in der Mansarde (Dachgeschoß). Dies war einschließlich dem Hochparterre das 4. Geschoß, und wir mußten immer viele Stufen steigen. Dafür hatten wir von verschiedenen Fenstern aus eine weite Aussicht. Wir konnten beim Schützenfest das Feuerwerk sehen. Auch der Rauch der Eisenbahn von Chrieschwitz bis nach Bergen bei Falkenstein war gut zu verfolgen. Nur das Schleppen der Kohlen vom Keller war nicht so angenehm.

Alle Häuser der Umgebung hatten recht große Wohnungen und in den unteren Etagen meist Geschäftsräume verschiedener Art. Somit wohnten meine Schulfreunde auch nicht gleich in den Nachbarhäusern. An meinen Lehrer in den beiden ersten Jahren kann ich mich gut erinnern, nur nicht an den Namen. Er war wohl schon älter und sehr freundlich, so daß ich gerne zur Schule ging und auch gute Noten bekam.

Viel Freizeit verbrachten wir in einem Garten hinter dem „Fuchsloch". Nicht weit davon gab es einen kleinen Wald und einen Berg, von dem aus wir den Flugplatz sehen konnten. Das war ein guter Spielplatz. Natürlich lief ich gelegentlich mit anderen Kindern bis an den Gartenzaun des Flugplatzes, um den Betrieb anzusehen. Zuerst waren da nur ein kleines Gebäude und eine kleine Halle, aber später wurden weitere Gebäude gebaut, und wir konnten nicht mehr so weit herangehen.

Im 3. und 4. Schuljahr bekamen wir einen neuen Lehrer: Herrn Fischer. Es gab bei uns keine Fachlehrer, so daß der volle Unterricht von ihm gehalten wurde. Mir war der Lehrer sehr unsympathisch, und ich konnte mich nicht auf ihn einstellen. Ich war bei jedem Fehler sofort seine Zielscheibe, zur Freude der ganzen Klasse. Und ein schlechter Turner war ich außerdem. Es blieb nicht aus, daß sich meine Leistungen verschlechterten. Ich haßte diesen Lehrer – aber es half mir nichts. Nach dem 4. Schuljahr gingen viele Klassenkameraden in höhere Schulen. Das Schulgeld (ohne Bücher) betrug etwa einen Monatslohn eines Facharbeiters pro Jahr. Es war für meine Eltern zu teuer.

Ich ging also weiter zur Volksschule. Jetzt bekamen wir neue Lehrer und Fachlehrer, und ich hatte wieder mehr Freude an der Schule. Mit Kriegsbeginn kam der Lehrer Fischer zum Militär und ich brauchte ihn nicht mehr zu fürchten.

Im Sommer 1939 bekam ich mein erstes Fahrrad. Mein Vater lehrte mich Fahren und auch wie man einen Reifenschaden repariert. Leider kam mein Vater ab Kriegsbeginn zum Militär und blieb zunächst für ein Jahr weit von uns entfernt.

Nun fiel auch oft der Unterricht aus. Manchmal fehlten Lehrer oder wurden Schulen für Flüchtlinge bereitgestellt. Wenn nach Mitternacht Fliegeralarm war, begann der Unterricht morgens ein bis zwei Stunden später. In einem Winter gab es keine Heizung. Da haben wir an zwei Tagen der Woche Hausaufgaben abgeholt. In dieser Zeit lag viel Schnee. So sind wir einige Tage mit den Lehrern zum Skiunterricht gegangen. Der Turnunterricht war auch stark eingeschränkt, da die Turnhalle lange Zeit als Lager benutzt wurde.

Während der Sommerferien durfte ich einige Male für zwei bis drei Wochen bei unseren Bauern in Tobertitz oder in Thossen wohnen. Ich durfte Handreichungen bei der Feldarbeit machen und auch ganz oben auf dem Heuwagen mitfahren. Der große Wachhund war an der Scheune an einer langen Kette befestigt. Ich brachte ihm gelegentlich seinen Futternapf, da war er ganz friedlich. Nur einmal war er von der Kette los, rannte auf mich zu und warf mich um. Den Schreck vergesse ich bis heute nicht. Er kommt immer wieder, wenn mich ein kleiner Hund anbellt.

Ab Ostern 1940 mußte ich zusammen mit einigen anderen aus meiner Klasse die Schule wechseln – wir wurden in die Angerschule versetzt, woraus sich für mich ein weiterer Schulweg ergab. An Schulfreunden aus den ersten Jahren sind mir noch Wolfgang Rambach, Siegfried Braun und Rolf Haase (der später die Buchbinderei seines Vaters in der Stresemannstraße übernahm) in Erinnerung. Dann gab es Klaus Dittmann, dessen Vater in der Textilfabrik Wolf (Rähnisstraße) beschäftigt war. Wir durften als Kinder sogar manchmal im Fabrikgarten in einem Sandkasten spielen. Weiter waren da noch Pressler, Müller, Hofmann, Schreck (Möbel) und Fritzsche (Kartonnagen). Horst Zeuner wurde Elektroingenieur; ich traf ihn kurz beim Studium in Chemnitz (1949).

Einige Mitschüler besorgten sich nun Arbeitsstellen als Laufburschen. Man mußte nach Schulschluß montags bis sonnabends jeden Tag ein bis zwei Stunden Wege besorgen und bekam dafür 3 Mark Lohn die Woche. Das war schon was! Erst viele Jahre später merkte ich noch einen Vorteil: meine Firma hatte mich rentenversichert. Das macht sich sogar heute noch bei meiner Rente (geringfügig) bemerkbar. Ich mußte Pakete mit der in der Firma gefertigten

Ich bin da, 10.4.1928

Mein Wagen mit meiner Mutter

Die Familien Albert, Kluge, Hertel und Metzner

Die Familie Weihnachten 1936

In unserem Garten am Fuchsloch (1939)

Beim Faulenzen

Damenunterwäsche zur Post bringen. Es muß-ten auch Stoffe zu Heimarbeiterinnen gebracht oder fertige Ware abgeholt werden. Manche wohnten auf Dörfern, da kamen schon Fahrkilometer zusammen. Die großen Pakete waren manchmal ganz schön schwer. Einmal im Winter ging es mit dem Rad nicht mehr. Da bin ich auf Schlittschuhen durch die Stadt gefahren, bis ich einen Absatz am Schuh verlor. Bei meinen Fahrten hatte ich auch oft Geld mitzunehmen. Es gab nur einmal Schwierigkeiten bei der Firma Wolf. Ich wurde vom Buchhalter als nicht vertrauenswürdig eingestuft. Aber als der Portier mich als Freund von Klaus Dittmann bezeichnete, konnte ich mehrere 100 Mark entgegennehmen. Das war für diese Zeit schon ein sehr hoher Betrag.

Die Familie Dittmann war zu dieser Zeit schon nach Berlin umgezogen, wo ich sie später noch einmal traf.

An Urlaubsreisen war in den Kriegsjahren natürlich nicht zu denken. Aber mit meinen Eltern oder mit Schulfreunden habe ich viele Radtouren unternommen. So fuhren wir nach Saalburg, Eger, Bayreuth oder einmal in zwei Wochen bis nach Nürnberg. Die Fahrten brachten mir bessere Kenntnisse von Land und Leuten ein, als es die Lehrer vermitteln konnten. Einmal war ich zur Erholung vier Wochen lang an der Nordsee auf der Insel Norderney. Das war natürlich ein besonderes Erlebnis.

Nun muß ich wieder zu meinen beiden letzten Schuljahren in der Angerschule zurückkommen. Immer wieder kamen nun Lehrer zum Militär, und der Schulunterricht wurde auf das Notwendigste gekürzt.

An Wandertage der letzten 3 Schuljahre kann ich mich nur noch an einen zum Burgteich erinnern. Da gibt es auch noch ein Klassenfoto. Fahrten in ein Schullandheim gab es nicht. Trotzdem wundere ich mich manchmal heute noch, was wir alles gelernt haben, im Vergleich zu anderen Leuten, die oft Oberschulen bis zum Abitur besuchten.

Meinen Lehrer Fischer habe ich noch vor Kriegsende auf der Straße getroffen. Er war kriegsbeschädigt, es fehlte ihm ein Arm. Jahre später hatte ich mit einem Verwandten von ihm beruflich zu tun, da erfuhr ich, daß er bei einem Bombenangriff umkam. Ostern 1942 wurde ich in der Pauluskirche konfirmiert. Unser Pfarrer Wiedemann kam auch noch zum Militär und kam auch nicht mehr zurück.

Ab dem 10. Lebensjahr mußte jedes Kind der „Jugendbewegung" angehören. Das war für 10- bis 14jährige das Jungvolk, der einzelne wurde Pimpf genannt. Für mich war die militärähnliche Gruppengliederung mit vielen Arten von „Führern" nicht begeisterungsfähig. Heimabende mit Landkartenkunde, Liedersingen usw. gingen ja noch, aber Exerzieren, Marschieren und Kampfsport waren nicht meine Welt. Weil ich ein schlechter Schwimmer war, hat mich einmal ein „Führer" ins Schwimmbecken im Preißelpöhl geworfen. Der Bademeister hat mich zum Glück wieder herausgezogen. Ich habe immer versucht, mich etwas im Hintergrund zu halten, ohne dabei extrem aufzufallen. Später konnte ich mich durch Zugehörigkeit zur Funkergruppe der Marine-HJ von „Geländeübungen" fernhalten.

Die HJ hatte in Plauen als „Spezialisten" je eine Abteilung Flieger-HJ, Motor-HJ und Marine-HJ, denen man sich anschließen konnte und damit dem Dienst in der allgemeinen HJ entging. Die Marine-HJ trug (soweit privat käuflich erhältlich) exakte Marineuniformen mit Mützenband „Plauen 1/134". Soweit Angehörige bei der Einberufung zum Militär ihre Uniform nicht mehr benötigten, wurden sie an andere Leute verkauft. Damit kam auch ich preiswert zu einer Uniform, die aber beim Luftangriff verlorenging.

Auf Sonderlehrgängen konnte man die Segelbootsführerscheine A bis C erwerben.

Die Marine-Funkergruppe hatte für Morseübungen und technischen Unterricht in der „Alten Kaserne" 1 oder 2 Übungsräume im Gebäude neben dem Haupttor. Der Unterricht war eigentlich ganz lustig. Meine Morsefertigkeiten blieben jedoch gering, da die Arbeitszeit auf Baustellen und die Schularbeiten für mich wichtiger waren. So konnte ich es auch nicht zum Seesport-Funkzeugnis bringen.

Nach Kriegsende traf ich einmal etwa 15 ehemalige Leute bei einem Tanzabend in der „Harmonie". Einer hat damals sogar für uns eine Extratanzrunde ausrufen lassen. Aber später traf ich keinen wieder. Namen sind mir leider auch entfallen.

Bei Bootsübungen mit dem Kutter für 12 Mann auf der Talsperre Pirk habe ich auch ein paarmal teilgenommen. Der Kutter (und ein weiterer, der noch auf dem Bahnhof Pirk lag) wurden mit Kriegsende zu Feuerholz verarbeitet. Einige Jahre später hatte die GST in Pirk mehrere Ausbildungskutter.

Nun mußte ich einen Beruf wählen. Ich hatte Interesse für Technik, also Elektro- oder Bautechnik. Etwa Mitte des 8. Schuljahres wurde ich, wie viele andere auch zu einem Test ins Arbeitsamt bestellt. Außer einem Aufsatz, Rechenaufgaben und anderes wurden Handfertigkeiten als Grundlage für Handwerksberufe geprüft. Ich habe wohl ganz gut abgeschnitten, und mir wurden Lehrberufe als Grundlage für ein Ingenieurstudium empfohlen.

Da war zunächst Elektrotechnik: Lehrzeit bei einem Plauener Großbetrieb, dann Technikum in Zwickau. Das schied für meine Eltern aus. Dann kam Bauwesen dran. Lehre wäre als Maurer und Zimmermann in Plauen möglich, dann Staatsbauschule, direkt schräg über die Straße. Vorteilhafter ging es nicht. Ich wurde als Zimmererlehrling bei der Firma Baumeister Oskar Kessler, Moorstraße (an der Himmelstreppe) eingestellt. Die Firma hatte oben in der Ostvorstadt Sandgruben. Da mußte ich auch ab und zu hin. Jedesmal die 120 Stufen der Treppe hinauf und wieder runter. Das Werkstattgebäude der Firma gibt es noch, obwohl bei einem Luftangriff der ganze große Holzlagerplatz abgebrannt ist. Die Firma hatte je Lehrjahr 4 Maurer- und einen Zimmererlehrling. Gleichzeitig mit mir dürften es also 20 bis 25 gewesen sein, aber ich habe nach dem Krieg keinen wiedergetroffen.

Für mich war der Arbeitsplatz vorwiegend auf dem Werkplatz. Da wurden Balken für die Baustellen zugerichtet oder im Winter in der Halle Baracken gebaut. Natürlich hatte der jüngste Lehrling einige Sonderaufgaben zu erledigen. Er mußte vor dem Frühstück und vor der Mittagspause alle zugehörigen Arbeiter befragen und dann in umliegenden Läden Brot, Brötchen, Wurst, Limo oder Bier einkaufen, natürlich auch Geld und Lebensmittelmarken einzeln exakt abrechnen. Gleichzeitig mußte in einem kleineren eisernen Ofen Feuer gemacht und die Kaffeeflaschen bzw. für das Mittagessen die Essenbehälter angewärmt werden. Ausreichend Feuerholz zu beschaffen war nicht schwer, aber es mußte gehackt werden. Doch wehe, wenn der Kaffee überkochte oder das Essen anbrannte.

Der Lehrling hatte auch vor Arbeitsbeginn die Werkstatt auf- und abends wieder abzuschließen, vorher natürlich Handmaschinen und Kabel sorgsam abzuwischen und in die Schränke einzuräumen. Sonnabends brauchte er nicht zu arbeiten. Da mußte er die 300 m² große Werkstatt säubern und die Sägespäne auf große Haufen schaufeln. Er mußte Maschinen und restliche Fußböden kehren, ebenso den Frühstücksraum und das Büro des Poliers putzen. 2 oder 3 mal im Jahr mußten von mehreren Lehrlingen alle Fenster mit Zeitungspapier geputzt werden.

Wann haben dann die Lehrlinge etwas gearbeitet? Es ging ja auch noch ein Tag Schule

pro Woche drauf! Offenbar war schon etwas zu lernen, denn um rechtzeitig zum Militär oder zum Arbeitsdienst zu kommen, wurde die Facharbeiterprüfung nicht nach 3½ sondern bereits nach 2½ Jahren abgelegt.

Bei 2 großen Baufirmen (Kessler und Steiniger) in Plauen, die nicht zur Innung sondern zur Bauindustrie gehörten, mußte jeder Lehrling in jedem Lehrjahr einmal für 4 bis 6 Wochen ins Internat der Lehrbaustelle nach Dresden fahren. So habe ich dort auch in 3 Lehrgängen eine mir vorher fremde Stadt kennengelernt. Da ca. 30 Lehrlinge aus ganz Sachsen anwesend waren, konnten auch andere Werkzeuge und andere Arbeitsweisen kennengelernt werden. Das war schon eine feine Sache. Sonnabends Nachmittag und Sonntag war Ausgang zum Stadtbummel. Ich fuhr sehr viel mit Straßenbahnen bis an alle Stadtränder. Zeugnisse bekamen wir auch, die an die Lehrfirmen gingen. Ich habe keine mehr.

Nun doch zu größeren Baustellen daheim. Meine größte Baustelle war die Panzerhalle der Vomag. Es waren mehrere Firmen am Bau beteiligt. Wir mußten 5 Dachteile (Shed's) ausführen. Die Kanthölzer waren auf dem Werkplatz vorgerichtet worden. Der Transport zur Baustelle erfolgte mit dem LKW, aufs Dach ging es mit der Seilwinde. Nun nahm jeder Zimmermann einen bis zu 8 Meter langen Balken auf die Schulter und trug ihn zuerst auf einem Gerüst entlang, dann auf einem ca. 60 cm breiten Laufsteg bis zur Einbaustelle. Das Gebäude war 100 m breit und 20 m hoch. Bei einem Gang gab der Steg unter mir nach und es ging nach unten! Ich warf meinen Balken zur Seite und machte die Arme breit. Mit einem Schlag blieb ich mit beiden Armen seitlich am Gerüst hängen. Der nachfolgende Mann warf ebenfalls seinen Balken fort und zog mich am Kragen meiner Jacke wieder auf den Steg. Jetzt sah ich erst, wie tief es hätte abwärts gehen können. Dabei kamen einem auf

dem schmalen Steg immer wieder Leute entgegen, die auf dem Rückweg waren. Sicher habe ich gezittert, denn ich durfte einige Tage nicht mehr aufs Dach.

Da ich schon vorher auf einer Vomag-Baustelle gearbeitet hatte, bekam ich einen Zugangsausweis zum Werksgelände für die Lehrzeit, obwohl die Panzerhalle noch nicht ins Werk einbezogen war. Ich konnte aber jederzeit durchs Werk gehen oder mit dem Rad fahren, z.B. um in der Kantine einzukaufen. Einmal sollte ich abends ein langes Elektrokabel von der Baustelle zum Werkplatz mitnehmen. Der Weg durchs Werk war kürzer und eben, aber der Wachposten ließ mich nicht durch. Ich hatte keinen Material-Begleitschein. Also zurück, über eine unfertige Baustraße, hoch zur Straßberger Straße und durch die Innenstadt zum Werkplatz. Der Feierabend war längst vorbei und ich hatte Schwierigkeiten bei der Abgabe des Kabels.

Ich durfte das Gebäude zwar betreten, wenn ich darin arbeiten mußte, aber die Straßen im Werk kannte ich recht gut. Das ganze Werk entlang ging ich aber gerne die Straße an der Elster, da hier nur einseitig Gebäude und Werkhallen standen. Nur an einer Stelle ging ich schnell vorbei: da war ein schwerer Schmiedehammer im Gebäude. Wenn der in Arbeit war, zitterte die Erde im weiten Umkreis, bei einem fürchterlichen Lärm.

Einmal kam ich an einem kleinen Platz vorbei, da lagen viele Stahlträger auf der Straße. Ein LKW rangierte hin und her, und ein Mann wollte rückwärts laufend ausweichen. Er stolperte und fiel rückwärts in die Träger. Ich mußte warten, bis er von einem Sanitäter abgeholt wurde und mußte meine Beobachtung angeben. Am sogenannten U-Bau waren wir auch tätig. Da konnten wir im Erdgeschoß an Panzern vorbeilaufen, die gerade in Arbeit waren. Wir durften nur nicht stehenbleiben und bei der Montage zusehen. Aber Untergestelle von Panzern

Nach bestandener Prüfung in Dresden 1944
        Fotos: Albert

In Matrosenuniform (1943)

Vor dem Albertdenkmal auf dem Altmarkt stand ich auch oft (1941)

Die Baugewerkeschule Ecke Schild- und Kaiserstraße (1900). Hier wollte ich eigentlich studieren.   *Foto: Verlag*

und LKW fuhren zur Probe oft im Werk und in der Stadt herum. Da durfte ich auch mal ein Stück mitfahren, obwohl es verboten war.

Einmal habe ich mit vielen anderen Lehrlingen auf dem Werkplatz der Firma Zimmermann an der Karlstraße an einem Berufswettbewerb teilgenommen. Bei Dacharbeiten an einigen älteren Fabrikgebäuden und an Eisenbahnschuppen habe ich mitgearbeitet, so auch an einem hölzernen Kühlturm im Sauerstoffwerk in Haselbrunn. Baustellen außerhalb Plauens waren der Neubau eines Milchhofes in Reichenbach (an der Bahnstrecke zur Göltzschtalbrücke) und eine große Feldscheune in Planschwitz für das Rittergut. Eine lustige Arbeit auf dem Werkplatz war die Verkleidung der LKW mit Holz zu einem Panzer für die Plauener Kaserne, da der Chef da als Major eingesetzt war. Die Soldaten sollten sich in der Panzerbekämpfung üben. Es wurde aber überall herumerzählt: jetzt werden schon Holzpanzer für die Truppe mit Holzgasantrieb gebaut.

Eines Tages (etwa im September 1944) mußten wir eine Reihe hoher Holzböcke und 2 Rammgerüste bauen. Für Sonnabend und Sonntag war Arbeitszeit angesetzt. Viel Gerüstmaterial und die Böcke wurden zur Vomag transportiert. Da sollten im Werksbereich 2 Wehre zum Wasserstau für die Feuerwehr errichtet werden. Uns wurde gesagt, daß an der Talsperre Pirk Stunden zuvor der Wasserabfluß abgesperrt würde. Aber die Elster hatte doch noch eine Menge Wasser. Nun wurden an den vorgesehenen Stellen Holzböcke ins Flußbett gestellt und mit Gerüstbohlen abgedeckt. Damit entstand eine begehbare Arbeitsfläche. Dann wurden mit den Rammen von diesem Gerüst aus Holzpfähle ins Flußbett gerammt. An jeder Ramme zogen 6 bis 8 Zimmerleute das schwere Eisengewicht in die Höhe. Auf ein Kommando fiel es herunter und schlug wie ein Hammer auf einen Holzpfahl, der damit einige Zentimeter in den Flußgrund getrieben wurde.

Viele Rammschläge waren erforderlich, bis der Pfahl sicher stand. Und viele Pfähle mußten gerammt werden. Die Gefahr von den engstehenden Leuten ins Wasser gestoßen zu werden war groß, besonders bei dem wackligen Gerüst. Waren mehrere Pfähle gerammt, wurden 1 Meter breite Brettertafeln auf der Bergseite ins Wasser gestellt und an die Pfähle angelehnt. Sofort staute sich das Wasser und zur Sicherung mußten von anderen Leuten Feldsteine ins Wasser geworfen werden. Diese Bauart ging schnell, war aber sicher nicht lange haltbar.

Ich habe spätere Luftangriffe auf Plauen nicht miterlebt und kann auch nicht sagen, ob die kleinen Wehre der Feuerwehr geholfen haben oder ob es überhaupt noch eine Feuerwehr zum Löschen gab.

Bei Fliegeralarm durfte nicht gearbeitet werden. Da auf dem Werkplatz kein Luftschutzkeller war, lagen wir im Gras zwischen hohen Bretterstapeln und zählten die anfliegenden Feindflugzeuge. Ab Sommer 1944 war ich als Melder zur Polizei abkommandiert. Wir mußten bei Alarm (Tag oder Nacht) mit dem Fahrrad ins Polizeipräsidium kommen und hatten als Kennzeichen eine grüne Armbinde mit Stempel. Die ersten Bomben auf Plauen habe ich im Hof unseres Wohnhauses erlebt. Es fielen welche in Wohnhäuser einige Straßenecken weiter bzw. in der Südvorstadt. Auch ein noch nicht fertiger Neubau der Vomag (U-Bau) bekam etwas ab. Hier sollte in den nächsten Tagen unsere Facharbeiterprüfung stattfinden. Für uns war das kein Hindernis, denn die Schäden waren gering. Der schriftliche Teil der Prüfung mußte in einer Schule in Zwickau abgeleistet werden. Ich habe meine Prüfung bestanden und durfte anschließend die Staatsschule besuchen.

Zur Berufsschule (Gewerbeschule) bleibt noch nachzutragen, daß ich im 2. und 3. Lehrjahr eine Klasse zur Vorbereitung auf die Bauschule besuchte. Gegenüber der normalen Lehrlingsklasse hatten wir die doppelte Anzahl Unterrichtsstunden (von früh 8 Uhr bis abends 8 Uhr). Wir sollten das Pensum der mittleren Reife in Mathe, Geometrie und Physik erreichen, dazu technisches Zeichnen, Fachkunde für Maurer und Zimmerer sowie Baustoffkunde in einem bestimmten Rahmen, das war natürlich nicht ohne viele Hausarbeiten möglich, auch über Feiertage oder Ferien hinweg. Fehlzeiten durch Lehrbaustellenbesuch in Dresden oder durch Krankheit und Fliegeralarm mußten schnellstens eingeholt werden.

Der Studienbeginn war für den 1. Oktober 1944 festgelegt. Aber mein bequemer Schulweg – nur schräg über die Straße – fiel ins Wasser. Das Gebäude wurde als Lazarett benutzt. So mußte ich in eine andere Stadt gehen. Da waren meine Ortskenntnisse in Dresden gerade recht. Zum Studienbeginn war das 17. Lebensjahr erforderlich, die Facharbeiterprüfung und eine Aufnahmeprüfung. Ich war 16½ Jahre alt, aber ich erhielt eine Ausnahmegenehmigung (kriegsbedingt) und durfte beginnen.

Die nächste Schwierigkeit war die Unterkunft. Ein Zimmer zu mieten war unmöglich und wurde vom Wohnungsamt abgelehnt. Dresden war überfüllt mit Flüchtlingen und wurde „Reichsluftschutzkeller" genannt, da es hier noch keine Bomben gab. Aber die Schulleitung hatte einige Kellerräume säubern und frisch anstreichen lassen. Bretter wurden angeliefert, und wir bauten uns Tische, Regale und Feldbetten mit Strohsackmatratzen selbst. Wir hatten keinen Schulweg, und für 30 Bewohner ging es lustig zu. Wir brauchten nicht einmal Miete zu zahlen, mußten aber als Luftschutz-Hausfeuerwehr bereit sein. Dazu mußten auch Kranke aus der Klinik der anderen Straßenseite in unseren Luftschutzkeller transportiert werden, sobald Fliegeralarm kam.

Dresden hatte bis Ende Oktober 1944 keinen Luftangriff erlebt, und wir standen wieder im Hof und zählten die Flugzeuge. Plötzlich war ein Pfiff in der Luft, eine Glasscheibe eines Daches zersprang und einer unserer Kameraden fiel um. Ein Bomben- oder Flaksplitter war in das Glasdach eingeschlagen, auf einem Stahlträger abgeprallt, über den Hof geflogen. Dabei wurde der Stahlhelm des Kameraden geritzt. Der Splitter flog weiter durch die Kellertür und hat eine Wasserleitung zerschlagen. In den nächsten Tagen fielen auch die ersten Bomben auf die Stadt, und Dresden war plötzlich mitten im Krieg. Wir zählten keine Flieger mehr. Die Dozenten waren alle im Rentenalter und im Dienstrang von Bauräten. Der Direktor war Prof. Dr. Rauda und in Dresden als Architekt bekannt. Die Staatsbauschulen gehörten zur Gruppe der Ingenieurschulen – heute Fachhochschulen. Streng genommen war die Bezeichnung „Student" den Universitäten und Hochschulen vorbehalten – wir bekamen die Bezeichnung „Studierende". Es gab aber auch einen „Studentenführer" mit eigenem Dienstzimmer und Telefon. Ich war eines Tages in der Mittagspause zum „Telefondienst" abkommandiert. Da ich das vergessen hatte, bekam ich einen „öffentlichen Verweis", der auch dem Direktor zuging!

Ich weiß nicht mehr, ob ich einmal ein Wochenende nach Plauen gefahren bin. Jedenfalls wollten wir, mehrere Plauener, am Tag vor Weihnachten nach Hause fahren. Aber da bekamen wir keine Fahrkarten für den Schnellzug. Nur für Flüchtlinge, Verwundete und Fronturlauber. Einer von uns hatte aber doch eine Fahrkarte und so fuhren wir in dem brechend vollen Zug alle auf eine Karte. Bei der Dunkelheit hat der Schaffner nicht erkannt, daß er diese Karte immer wieder geprüft hat. Die Züge fuhren damals in 4 Stunden Abstand und kamen aus Krakau und fuhren bis München und Stuttgart und zurück!

Den ersten Tag an der Schule werde ich nicht vergessen. Unser „Semester" waren auch ca.

30 Mann. Der Hausmeister hatte eine Liste und wies jedem seinen Platz zu. Dann kam der „Semestervorstand", ein älterer Baurat in der Uniform der Technischen Nothilfe (OT). Ich war mit Buchstaben A der erste neben der Tür und sofort begann eine Befragung: Schulbildung, Lehre usw. Auf die Frage: „erblich belastet" wußte ich nicht gleich eine Antwort. Mein Nachbar raunte mir zu, ob in meiner Familie Architekten wären, ich verneinte. Das war ein grober Fehler. Was ich dann hier wollte usw. Da hatte es mein Nachbar besser, Geburtsort Istanbul, der Vater war damals Bauleiter einer der größten deutschen Baufirmen. Auch einige andere in den Uniformen der Eisenbahn wurde als Werkstudenten akzeptiert. Auch viele Kriegsbeschädigte wurden als Umschüler anerkannt. Einige Dozenten kamen als Umsiedler aus frontnahen Städten wie Aachen, Saarbrücken, Königsberg und Breslau oder waren vor Bombenangriffen geflüchtet.

Der Studienbetrieb lief ziemlich reibungslos. Die Anforderungen waren hoch und die Beurteilung sehr streng. Die Dresdner Schule wollte immer die Beste in Deutschland sein. Ich habe da insbesondere im technischen Zeichnen viele Fertigkeiten erlernt, die mir später sehr nützlich waren. Wir haben auch in alten Häusern Werksteinarbeiten aufmessen müssen und haben auch eine Besichtigungsfahrt nach Altenberg/Geysing unternommen. Die Vorlesungen oder Übungen waren Vormittags und z.T. auch nachmittags. Die Mittagspause war kurz, aber wir konnten am Winterbau des Zirkus Sarrassani vorbei zum Elbufer laufen, da gab es an der Alten Brücke ein schönes Restaurant mit einem preiswerten Mittagessen. Der Ausblick vom runden Turmzimmer ging über die Elbe aufs Schloß und die Hofkirche. Leider gibt es jetzt weder das Restaurant noch das Zirkusgebäude.

Anfang Dezember 1944 wurde mein Jahrgang zur Musterung auf militärische Brauch-

barkeit bestellt. Das habe ich in meiner Beschreibung der „militärischen Laufbahn" dargestellt. Bis Weihnachten konnte ich mein Studium fortsetzen, dann kam die Einberufung zum Wehrdienst. Meine Mutter hat noch versucht, einen höheren Angestellten bei meiner Lehrfirma für eine Unabkömmlichkeitsbescheinigung zu gewinnen. Er lief immer in Partei- oder Militäruniformen herum, und wir waren doch ein kriegswichtiger Betrieb. Aber dafür hatte er kein Verständnis und sagte: man soll seinem Schicksal nicht in die Speichen greifen. Er ließ sich noch ein Wohnhaus mit 10 cm dicker Stahlbetondecke bauen, aber er hat die Bombe in seinem Keller nicht überlebt. Ich mußte am 28.12.1944 in Dresden „antreten".

Mein Weg – ganz nah am Krieg vorbei

Das Studium hatte, wie schon gesagt, am 1. Oktober 1944 begonnen. Schon Anfang Dezember wurde ich zur Musterung aufgerufen. Der Stabsarzt meinte: „Zu klein, zu leicht; 12 Monate zurück!" (Die Amis waren schon in Aachen, also, dachte ich, ist für mich der Krieg vorbei. Denkste!) Der Stabsarzt hatte doch noch einen Stempel: „Als Luftwaffenhelfer geeignet!" Der Pferdefuß kam am 1.Weihnachtsfeiertag: Einberufung zum aktiven Wehrdienst – Flak, Meldestelle Dresden, Kristallpalast. Was hilft alles Jammern der Mutter! Abreise im Viehwaggon, Ziel unbekannt. Studium nach drei Monaten abgebrochen.

Nach zwei Tagen Ankunft auf einem Güterbahnhof; anschließend zwei Stunden Fußmarsch in eine Flak-Kaserne am Stadtrand von Lutherstadt-Wittenberg. In den Zimmern drei Stock hohe Betten, 20 cm Abstand. Einkleiden: Uniformen vom LKW herab, z.T. mit Löchern oder fehlenden Knöpfen; alles sauber gewaschen. (War darin etwa schon einmal einer erschossen worden?) Also Flickstunde – alles selbst nähen. Meine Gasmaske hatte einen Fehler. Ich brauchte nicht in den Gasraum, bekam aber dennoch meinen Prüfstempel. Dann Vereidigung: Aufmarsch im Kasernenhof in einem riesigen Karree, schätzungsweise 10 000 Mann. Der Kleinste unter uns war 1,38 m groß! Für den gab es keinen Stahlhelm – dafür eine Ausnahmeerlaubnis vom General.

Bei der Einberufung mußte ein Ausweis abgegeben werden. Ein Jugendlicher hatte allenfalls einen HJ-Ausweis, denn einen Personalausweis, damals Kennkarte genannt, gab es erst mit 18 Jahren. Dieser Personalausweis war dem lange Jahre üblichen Führerschein sehr ähnlich, hatte aber als zusätzliche Erkennung Fingerabdrücke. Ich war noch nicht 18, besaß aber dennoch schon eine Kennkarte, ausnahmsweise, da ich zum Studium nicht in meinem Heimatort wohnte. Bei der Einberufung habe ich sie trotz Strafandrohung verheimlicht. Statt sie abzugeben, bewahrte ich sie klein gefaltet zwischen den Einlegesohlen in meinen Schuhen auf. Auch im Folgenden verblieb sie dort. Das hat mir später sehr geholfen.

Nach reichlich einer Woche Abmarsch zum Güterbahnhof, die Zivilsachen im Paket dabei. Wieder im Viehwaggon, wieder Ziel unbekannt: Drei Tage lang, nachts durch Dresden, dann das Elbtal aufwärts, im Irgendwo wieder ein Güterbahnhof als Endstation. Alle wurden verteilt. Meine Truppe zählte ca. 15 Mann. Wir wurden mit dem LKW durch zwei Dörfer bis zu einer Stellung auf einem Hügel gebracht. Es war kalt und es lag Schnee. Uns wurde eine kleine Baracke (Nissenhütte) zugewiesen und endlich auch mitgeteilt, wo wir uns befanden – in Brüx, im Sudetenland, Zweck: Schutz einer Fabrik. Es gab 50 Batterien mit 300 Rohren Flak in der Nähe – mehr als in Berlin! Die Stellung hatte den Namen „Galgenberg", 3. Batterie, 336. Flakabteilung (Regiment).

Wir durften eine Kanone Kaliber 10,5 cm besichtigen und auch eine Patrone mit Geschoß

anheben. Die 42 kg waren für viele natürlich zu schwer, sie klemmten sich beim Versuch des Hebens die Füße ein – lautes Gelächter der älteren Soldaten. Ab dem nächsten Morgen war Ausbildung angesagt: Etwas Grundausbildung und auch „Flak-Schießlehre". Wache stehen mußten wir vorerst nicht, denn wir hatten noch keine „Flinte".

Dann ging alles sehr schnell – der Krieg hatte uns erreicht. Eines Mittags kamen fünf Aufklärer, einer wurde abgeschossen. Zum ersten Mal hörten wir, welchen Lärm sechs gleichzeitig schießende Geschütze anstellen können. Es gab einen ersten Verlust. Einer der Kameraden hatte die Ohren nicht zu- und den Mund nicht aufgehalten. Die Folge: Knallschaden, Abtransport ins Lazarett. Auch ich mußte mich im Lazarett melden. Mein Spindnachbar in der Kaserne hatte Diphtherie. Das Untersuchungsergebnis habe ich nie erfahren.

Während eines großen Nachtangriffs – wir haben viel geschossen, wegen der Silberpapierstreifen aber nichts getroffen – wurde die Fabrik zerstört. Der Wegfall des Schutzobjektes bedeutete Stellungswechsel und Bahnverladung. Wir haben nicht einmal die Stadt ansehen können. Die Pakete mit den Zivilsachen haben zurückgebliebene Kameraden zur Post gebracht. Mein Paket kam zu Hause an.

Es ist bitterkalt, die Elbe ist teilweise zugefroren. Wieder fahren wir im Viehwaggon, auf Stroh liegend, im Elbtal abwärts. Ziel unbekannt. Schon kurz nach Brüx sehen wir erst einen, dann einen weiteren Körper am Bahndamm liegen. Was ...?! Alle erschraken. Bei einem Halt müssen alle Unteroffiziere zum Batteriechef. Es erfolgt Anweisung, daß alle Türen geschlossen zu halten sind, keiner darf hinausschauen. Dennoch erspähen wir wieder Körper in Zebraanzügen oder in violetten Anzügen mit gelben Querstreifen. Keiner spricht mehr ein Wort. Es sind Gefangene, alle tot.

Im Bahnhof Pirna steht ein Gefangenenzug mit ebenso gekleideten Menschen auf dem Nachbargleis. Auf dem Bremserhäuschen stehen die SS-Wachmannschaften. Wir fahren vorbei und nun voraus. Wir sehen jetzt nichts mehr.

In Dresden kurzer Lokwechsel, dann auf mir unbekannten Strecken weiter. Einer sagt: „Es geht jetzt nach Russland." Der Unteroffizier meint nur: „Wir werden erst mal preußische Provinzen kennenlernen." Dann kommt Frankfurt/Oder. Weiter geht es über die Oder. Nahe dem Ort Reppen hält der Zug auf freier Strecke. Wir sehen einen Panzer neben der Lokomotive. Dann fährt der Zug rückwärts, und wir hören Geschützfeuer. Es geht zurück in einen Güterbahnhof: Frankfurt. Auf dem linken Oderufer. Ausladen! Bald pfeift es in der Luft. Wir haben die ersten Verluste durch russischen Beschuß. Neben uns wird Infanterie ausgeladen: Alles Magenkranke, wie sie sagen.

Unsere neue Stellung ist am Stadtrand auf einem Acker, gleich hinter der Kaserne. Der Februar 1945 hat angefangen. Es ist Tauwetter. Alles Schlamm. Immer Granaten schleppen. Wir neuen Soldaten haben jetzt Gewehre bekommen, es sind italienische „Stutzen" mit anderer als der üblichen Munition. Wir müssen jetzt auch Wache stehen. Keine Flak-Schießlehre mehr, dafür immer Einschläge russischer Geschosse. Die Front kann nicht weit weg sein. Jeden Tag gibt es Verwundete. Einmal geht ein Stapel mit 30 eigenen Granaten in die Luft, neben einer Kanone. Zum Glück war niemand in der Nähe, aber die Kanone ist hin.

Unser Batteriechef ist ein netter Mensch, er soll wohl Lehrer gewesen sein. Ich fragte ihn, ob ich etwa einige Tage Urlaub für eine Semesterabschlußprüfung bekommen könnte. Er befürwortet es, der Regimentskommandeur aber lehnt ab. Wir wären doch an der Front, da wird jeder gebraucht!

Wir haben eigenartige Gefühle, wie kurz vor einem schweren Gewitter. Posten stehen! Auch nachts, z.T. auf freiem Feld und ganz allein. Keine Uhr, aber in zwei Stunden die Ablösung wecken – wie macht man das! Man muß lernen, wie die Sterne stehen! Egal wie sie heißen, die Zeit kann man ablesen – nicht auf die Minute genau, aber doch ausreichend.

Die alten Soldaten hatten nachts in ihren Unterkünften Autobatterien. Wir Jungen gehörten noch nicht zum Stamm, also hatten wir kein Licht. Bei uns war jedoch ein Eisenbahner, der glücklicherweise Karbidlampen besorgen konnte. Was man alles lernen muß!

Nach einigen Tagen waren die Geschütze 1 m tief eingegraben und auch viele Laufgänge fertig, da kam ein Befehl zum Stellungswechsel. Es sollte in den Brückenkopf Lebus, etwas weiter nördlich gehen. Für mich zum Glück hatte man festgestellt, daß wir Jüngeren noch gar keine Ausbildung hatten. Wir mußten nicht mitziehen, sondern zurück nach Fürstenwalde ins Auffanglager. Von unserer Truppe haben wir nichts mehr gehört.

Auf einem LKW ging es über schlechte Straßen, durch viele Dörfer, bis wir in ein großes Barackenlager in einem Kiefernwald kamen. Dort wurden versprengte Soldaten ohne Einheit, Leute aus Wehrmachtsämtern und Volkssturm zu neuen Infanteriekompanien zusammengestellt, egal, woher sie kamen. Das Lager bestand aus vielen Baracken. Ein Teil davon wurde von Ostarbeitern bewohnt, die in einer benachbarten Fabrik arbeiteten. Sie hieß „Pintzsch" oder so ähnlich. Den Namen werde ich nicht vergessen, er stand auf jeder Gaslampe in den alten Eisenbahnwagen. Jetzt stellten sie Vierlings-MGs für die Flak und Torpedorohre (für wen wohl) her. Wir bekamen eine besondere Baracke, in der sich ca. 150 neue Flak-Soldaten einfanden. Der Grund war schnell klar: Vier Wochen Infanterieausbildung

in Wald und Flur, bei Regen und Kälte. Einen Vorteil gab es – keine Wache schieben!

Hier bekam ich auch zum ersten Mal zwei Stunden Ausgang in die Stadt. Aber es war weit, wir kannten uns nicht aus, und die Zeit verging viel zu schnell. Das Kino war obendrein schon voll. Dafür gab es Fliegeralarm, der Ausgang war damit beendet.

Mitte März war unsere „Ausbildung" zu Ende. Wir wurden wieder einmal verteilt. Wieder waren wir ca. 15 Leute und kamen zu einer Flakbatterie bei einem Dorf in etwa 5 km Entfernung. Auch diese Nummer war leicht zu merken: 4. Batterie (10,5 cm) in der 321. Flakabteilung des 2. Flak-Korps; Chef war Hauptmann Bach, Spanienkämpfer und Träger des Deutschen Kreuzes in Gold! Er ließ sich immer in einem feinen Pferdewagen fahren. In der Batterie gab es viele Offiziere und Unteroffiziere. Bald hatte es sich auch bis zu uns herumgesprochen, daß wir in einer Art Offiziersschule gelandet waren. Na prima! Für zwei Wochen war unsere Unterkunft in einer Feldscheune neben der Stellung. Ein Teil der Wände war offen, durch die anderen pfiffen Wind und Regen. Nach einigen Krankmeldungen stellte der Hauptmann fest: „Es muß etwas geändert werden!" Wir Neuen bekamen einen Keller in einer Schnapsbrennerei als Unterkunft zugewiesen. Wie schon immer: 10 cm Stroh auf dem Betonfußboden.

Unsere Batterie hatte einen „leichten Flaktrupp" bekommen, also kamen einige Neue dahin. Wir hatten einen Unteroffizier, der wohl mal in einem Fußballclub im Ruhrgebiet gespielt hatte. Bewaffnung waren drei Stück normale Vierlings-MGs, die auf einem ca. 1 m hohen Blechturm montiert waren. Der Schütze hing in einem Rückengurt, beide Füße schräg voraus. So konnte er das ganze Gerät drehen und nach oben und unten richten. Beidseitig gab es je zwei Munitionskästen mit normalen MG-Gurten, die vorwiegend Karabiner-

munition enthielten. Ab und zu waren auch Leuchtspur- oder Brandgeschosse eingefügt. Aber der Vorrat war gering. Die Reichweite sollte ca. 2 km betragen – vielleicht auch etwas weniger. Ein Unteroffizier wollte einmal mit einem Lauf und einem Schuß einen Feldhasen für den Kochtopf besorgen, aber der Schuß ging daneben. Da irgendwann die Russen kommen sollten, waren auch wir für den Erdkampf vorbereitet. Die Geräte waren etwas in die Erde eingegraben. Auch einige Laufgräben und sogar ein Feldtelefon zum Batteriechef waren vorhanden. Wieder wurde Wache geschoben. Diesmal hatten wir ein „Wachlokal" und einen „Offizier vom Dienst". Fliegeralarm gab es oft, nicht nur, wenn Berlin dran war. Das Wetter wurde besser. Der April hatte begonnen, der Frühling war nicht mehr weit.

Plötzlich wurden Bautrupps losgeschickt. Am Stadtrand von Fürstenwalde wurde in der Gartensiedlung „Am Weinberg" eine neue Stellung angelegt. Aber warum das? Unsere jetzige Stellung beim Dorf Molkenberg war zur Luftabwehr gut, aber später sollten wir einen Teil der Festung Fürstenwalde darstellen.

Der Stellungswechsel ließ auch nicht lange auf sich warten. Doch gleich darauf wurde wieder eine neue Stellung vorbereitet, südwestlich der Stadt beim Dorf Rauen.

An einem schönen Tag war wieder ein Luftangriff auf Berlin. Wir konnten die Amis fliegen sehen. Da löste sich eine viermotorige Maschine aus dem Pulk und flog nach Osten, einschließlich ca. zehn Begleitjäger. Unsere Batterie und eine weitere durften eine „Gruppe" abschießen, d. h. je Geschütz ein Schuß. Es war auch ohne Fernglas zu sehen, wie nah die Sprengwölkchen beim Flugzeug lagen. Die Maschine kam herunter. Da die Jäger kein Schutzobjekt mehr hatten, griffen sie uns an. Sie kamen im Tiefflug über einen nahen Wald auf mich zu. Ich stand allein auf Posten und hätte mein MG benutzen sollen. Aber sie kamen so plötzlich und so tief, daß ich den besseren Teil meiner Tapferkeit am Boden im Erdloch suchte. Dies bedeutete natürlich einen fürchterlichen Anschiß. Überall hatten die Jäger ihre Spuren hinterlassen. Sie fanden auch noch ein anderes Ziel: Auf dem nahen Fliegerhorst starteten gerade ca. zehn Focke-Wulf-Jäger gen Osten. Mit einer dicken Bombe unten dran waren die aufsteigenden, natürlich unbeweglichen Maschinen leichte Ziele. Sie warfen ihre Bomben ab, um besser zu agieren, wurden dennoch größtenteils abgeschossen. Die Bomben landeten in einem Dorf.

Zu meinem 17. Geburtstag habe ich mich beim „Spieß" gemeldet. Ich bekam zwei Stunden Sonderurlaub! Eine tolle Sache. Kino – geschlossen. Ich wollte mir eine Landkarte kaufen – gab es nicht (oder durfte nicht an Soldaten verkauft werden?). Nicht einmal einen alten Schulatlas konnte ich bekommen. Also Ausgang mit wenig Nutzen.

Als ich zurückkomme, ist große Aufregung: In einer Scheune sind zehn Mann, einer von ihnen äfft den Unteroffizier nach und erklärt die Handhabung der Panzerfaust. Er drückt ab, die Sicherung versagt, und das Geschoß prallt an einen Balken, der Feuerstrahl des Abschußrohres geht ins Stroh. Eigenartigerweise fängt das Stroh kein Feuer, und im Geschoß ist kein Zünder eingelegt – ein Glück für alle.

Erkennung eines Flugzeugtyps ist bei der Flak natürlich eine lebenswichtige Aufgabe. Dies beherrschten eigentlich vornehmlich die Offiziere. Aber auch für die Mannschaft gab es ab und zu einmal Schulung. Amis flogen allgemein so hoch, daß der Typ ohne Fernglas schwer zu erkennen war, aber auch Russen kamen schon 500 bis 2000 m hoch. So wurde in einer der Schulungen ein solcher „neuer Russe" vorgestellt: „Typ P 2." Einige Tage später stehe ich nachts auf Wache. Da kommen Flugzeuge mit fremden Motorgeräuschen. Im Mondlicht sehe ich eine der Maschinen und melde über Feldtelefon: „Maschinen P 2 gesichtet!" Der Offizier ist ungläubig: „Woher wollen Sie als Neuling das wissen?! Es ist noch nicht mal Alarm!" Da fallen in der Stadt schon die Bomben, und die Sirenen gehen an. Aber wir haben immer noch keinen Alarm. Anderntags allgemeines Staunen, so etwas hätte es noch nicht gegeben. Wir hatten keinen Schaden. Und andere …?

Der Nachschub wurde immer weniger. Jeder Schuß mußte von der Division genehmigt werden, auch wenn Ziele gut erkennbar waren. Jeder war unsicher – es lag etwas in der Luft. Aber was?! Am 16. April hatte ich wieder Nachtwache. Es war gegen 3 Uhr früh, da ging im Osten die Sonne auf. Nein – das konnte doch nicht sein! Der ganze Himmel war dort auf einmal rot. Nach wenigen Minuten war ein eigenartiges Brausen in der Luft. Eine Erklärung brauchte keiner: Es war das Trommelfeuer der Russen zum Sturmangriff an der 40 km entfernten Oder. Sofort waren auch russische Flugzeuge da. Aber in Massen! Das hätte keiner geglaubt. Überall in der Luft waren dicke weiße Leuchtkugeln an Fallschirmen. Wir hätten Zeitung lesen können, so hell war es. Dann fielen Unmengen an Bomben auf die Stadt, den Bahnhof, die Fabrik, den Fliegerhorst. Nur wir hatten wieder Glück, uns haben sie vielleicht nicht gesehen. Es gab nur einige Bomben in der Nähe, und als die Sonne dann wirklich aufging, wurde es bei uns wieder ruhiger. Die Bautrupps für die Stellung Rauen wurden verstärkt, und uns war klar, daß ein neuer Stellungswechsel bevorstand.

Die nächsten beiden Tage brachten für uns keine größeren Ereignisse, wenn man von den Fliegern absah. Doch auf den Landstraßen kamen nun immer wieder Flüchtlinge. Alles Frauen, Kinder und alte Leute – dick bepackt mit Handwagen, Kinderwagen, aber auch Bauern mit Pferdewagen und Kühen waren dabei. Mancher Handwagen wurde von unwilligen Scha-fen oder Ziegen gezogen. (Wo sie wohl alle hinwollten? Egal – nur weg von der Front!)

Plötzlich war Kriegslärm im 2 bis 3 km von uns entfernten Dorf Molkenberg, in dem wir noch vor kurzem unsere Stellung hatten. 2 bis 3 km völlig ebenes Feld! Russen waren mit Panzern durchgebrochen. Wo unsere Infanterie blieb, war mir unklar. Doch dann blieben die Panzer stehen, zwischen Häusern und Bäumen. Für einen Angriff auf die Stadt war die Gruppe wohl zu schwach. Auf einmal furchtbare Hektik bei unseren Offizieren. Es kam der Befehl zum Stellungswechsel. Es war der 19.4.1945.

Die Geschütze waren schnell fahrbereit, doch wir hatten kein einziges Fahrzeug. Da brachten die Unteroffiziere eine Menge Pferde und Kühe in die Stellung. Mit Wäscheleinen und Gurten wurden immer zehn Tiere vor ein Geschütz gespannt. (Woher nur kamen in all dem Aufruhr so schnell so viele Tiere?! Da waren doch Flüchtlinge – natürlich!) Mit viel Geschrei und in ständiger Angst vor den Russen ging es durch die Stadt. Ich war beim MG-Trupp, Befehl: Zehn Mann die alte Stellung verteidigen! Ein leichter LKW holte letztes Gerät und einige Leute ab. Auf einmal waren wir nur noch zu fünft. Man glaubt es kaum, aber der LKW kam wieder zurück! Wir hatten gerade noch 35 Schuß Geschützmunition, einige Handgranaten und Panzerfäuste, als wir samt dieses Restes selbst mit aufsitzen durften. Das war eine Fahrt: Es ging durch enge Altstadtstraßen, wo beiderseits die Häuser brannten; es lag Schutt auf den Straßen, ab und zu fiel ein brennender Balken von einem der vielen Dächer; gelegentlich schlugen auch Granaten oder Bomben in die Häuser, und in der Luft waren Flugzeuge. Sie werden wenig gesehen haben vor lauter Rauch. Als wir an die Spree kamen, saßen Pioniere in den Stahlträgern der Bogenbrücke und brachten Sprengladungen an. Sie wollten uns nicht mehr passieren lassen, doch dank unserer Ladung gab der Offizier mit der Bemerkung, schnellstmöglichst zu verschwinden, den Weg frei. (Ob er wohl Angst bekam?)

In der neuen Stellung sollten wir noch bis zu einer Kanone fahren, doch 50 m davor gab es einen furchtbaren Knall. Alle dachten, wir wären in die Luft geflogen. Zum Glück war nur ein Reifen geplatzt. Der LKW-Fahrer sagte, er hätte nun keinen Ersatzreifen mehr. Da hätte er gleich bei unserer Truppe bleiben können. Doch nun war der Pferdewagen unseres Hauptmanns zu etwas gut: Der Fahrer konnte damit einen Ersatzreifen holen. Eigentlich paßte der nicht zum LKW, doch mehrere Leute halfen bei der Montage. Schließlich fuhr der LKW langsam zuckelnd ab. Wir hatten den 20. April, aber keiner teilte uns mit, daß das OKW gerade aus seinen Bunkern geflüchtet war.

Da ich nicht zu den Bautrupps gehörte, kannte ich die neue Stellung noch nicht. Es gab auch keine Zeit zum Umschauen. Ein freies ebenes Feld, soweit das Auge reichte. Die Stadt Fürstenwalde war in 2 bis 3 km Entfernung nordöstlich zu sehen. Seitlich konnte man Bäume einer Landstraße erkennen. Wohin sie führte, wußte keiner von uns. Nicht weit weg befand sich eine Gärtnerei mit Gebäude und Gewächshaus, dahinter lag ca. 1 km in südwestlicher Richtung das Dorf Rauen. Auf der südöstlichen Seite führte in 2 km Entfernung die Autobahn Berlin–Frankfurt vorbei. Dahinter waren Bäume eines Waldes auf einer Anhöhe zu sehen. Ab und zu kamen Tiefflieger oder Granaten.

Der Standplatz für die MG-Stellungen wurde festgelegt, und wir mußten wieder Stände und Laufgräben ausbuddeln. Sandboden erleichterte die schwere Arbeit. Es gab kein Dach zum Unterstellen, und der Rucksack mit Ausgehuniform, Ersatzschuhen, Mantel und Schlafdecken lag in einer Ackerfurche. Als es Nacht wurde, durften wir aufhören zu schaufeln. Es wurden Wachen eingeteilt. Ein Feld-

telefon war noch nicht wieder vorhanden. Aus je vier Dreieck-Zeltplanen wurde ein Zelt für vier Mann aufgestellt. Wir bekamen ein Bund Stroh. Das waren 5 cm „Bett" auf dem Ackerboden. Trotz Kriegslärm in der Landschaft fanden alle ein paar Stunden Schlaf. Morgens mußte einer Kaffee holen. Auf dem Rückweg war er wohl wegen eines Granateinschlages hingefallen und hatte die Hälfte verschüttet. Auch das Brot hatte auf der Erde gelegen. Es gab keinen Ersatz, es mußte mit Sand gegessen werden. Wer weiß, ob es Mittagessen geben würde. Es fing an, leicht zu regnen. Wir saßen im Zelt und harrten der Dinge, die da kommen sollten. Es kam der Befehlston des Unteroffiziers: „Alles raustreten! Was heißt hier Regen?!" Wir mußten die Zelte abbauen und die Zeltplanen über die Uniformen ziehen. Stroh, Decken, Rucksäcke usw. blieben ohne Regenschutz auf dem Feld liegen. Es wurde weitergegraben. Mit einem Mal wurde es auf dem Feld lebendig. Eine Kompanie Infanterie rückte an und begann sogleich, Schützenlöcher und Laufgräben auszuheben. Sie sagten, die Russen südlich von uns seien schon in Berlin und die nördlich hätten es auch nicht mehr weit. Damit wären wir ja mitten in einem großen Kessel! Der Wehrmachtsbericht wurde uns nur in Stichworten mitgeteilt.

Ich traf einen Soldaten, der noch bis vor kurzem in Plauen im Lazarett lag. Er sagte mir, die Staatsbauschule sei von Bomben getroffen worden. (Und unser Haus …?) Wir wußten zwar, daß die Amis schon in Thüringen und Westsachsen waren. Aber Feldpost kam schon lange keine mehr. (Wie wird es wohl zu Hause aussehen?)

Der von uns zu bewachende Bereich betraf nur die Umgebung unserer MG-Stände und der Zelte. Die Geschützbedienungen zählten viel mehr Leute, hatten auch größere Wachbereiche. Ein etwas älterer Soldat hatte Wache an der Landstraße. Da gerade ein kleiner Schnee-

sturm vorbeizog, setzte er sich in ein zerschossenes Auto. Ein Wachoffizier erwischte ihn dabei und meldete das als Wachvergehen. Der Hauptmann fuhr gleich in seinem Pferdewagen mit ihm zur Division. Das Kriegsgericht hat ihn sofort verurteilt, er kam nicht wieder.

Heimlich hatten wir uns zu viert einmal kurz darüber unterhalten, wohin man gehen könnte, wenn man „abspringen" wollte. Wir sahen keine Möglichkeit, hielten es für undurchführbar. Unser Unteroffizier muß ein Hellseher gewesen sein, denn einmal meinte er unvermittelt: „Weglaufen bringt nichts. Jeder würde ganz schnell wieder eingefangen, entweder von den Russen oder von der Feldgendarmerie!" Ich hätte ja bei einer alten Tante unterschlüpfen können, hätte ich ihre Adresse gehabt. Sie wohnte irgendwo „hinter Berlin", keiner kannte jedoch den betreffenden Dorfnamen. Eine Landkarte besaß ich nicht – ich berichtete von den vergeblichen Versuchen eines Erwerbs. Und den Hauptmann fragt man nicht.

Die Lage spitzte sich von Stunde zu Stunde zu. Jede Kanone hatte nur noch 100 Schuß Munition. Zehn Schuß pro Minute waren möglich, wir hätten also noch eine Viertelstunde Krieg führen können. Aber hätte der Russe dann aufgehört?! Mit den MGs sah es nicht besser aus. Zum Wachestehen hatten wir französische Gewehre, dazu eine Kiste Handgranaten und einige Panzerfäuste. Eine ausweglose Situation, erst recht für uns Neulinge. Unser Hauptmann mit seinen Offiziersschülern! Wo blieben die Russen?! Sie müßten doch schon längst bei uns sein!

Am Nachmittag des 22. April hatte plötzlich jemand ein Stück Schokolade. Wo gab es denn noch so was! Er war im Wald hinter der Autobahn gewesen. Dort gab es eine Truppe, die besaß genug davon, vorausgesetzt, man brachte als Tauschobjekt Schnaps. Für mich keine Schwierigkeit, ich hatte eine Feldflasche voll davon! Wochenlang hatte ich meine kleinen

Rationen aufgespart. Also nichts wie hin! Mein Vorrat blieb nicht lange unerkannt, gleich bekam ich über und über Tauschangebote: für ein kleines Glas voll Schnaps eine Dose Ölsardinen oder ein halbes Brot usw. Nun mußte ich auf meinen vollen Brotbeutel achten, zu gern hätte ihn mir jemand geklaut. Wer weiß außerdem, wie es morgen mit der Verpflegung der Soldaten aussah.

Die Tauschgeschäfte ließen mir keine Ruhe. In der Dämmerung, als wieder ein Granathagel über Stadt und Land niederging, lief ich zur Autobahn, hin zum Wald. Ich suchte, fand aber keine Truppe. Ich verlief mich und fand nicht mehr zurück. In Richtung des meisten Kriegslärms waren Panzer aufgetaucht. (Was tun, dahin kann ich nicht?!) Durch die Baumwipfel sah ich einige Sterne und dachte: Egal, was daraus wird, zuerst einmal Richtung Südwest! In dieser Richtung war kein Feuer und kein Kampflärm.

Ich lief immer im Wald verborgen, nicht zu schnell. Näherte ich mich Straßen oder Wegen, war ich sehr vorsichtig. Ich wollte keinem, nicht den Russen, nicht der Feldgendarmerie, in die Arme laufen. Ich fand ein großes Gebüsch, in dem ich mich verstecken und einige Stunden schlafen konnte. Dann ging's weiter. Ich kam an einen breiten Fluß oder See. Was nun? Nach rechts. Nach Westen war auf jeden Fall besser als nach Südost! Aber trotzdem: Hauptrichtung Südwest. Im Schilf lag sogar ein Ruderboot. (Sollte ich es benutzen?) Auf dem Wasser könnte mich jeder sehen, jeder konnte jetzt für mich gefährlich sein. Und was war am anderen Ufer? Ich blieb im Wald. Ich war froh, daß er immer weiter ging.

Gut versteckt habe ich wieder etwas geschlafen und von meinem Vorrat gegessen. Es regnete, aber nur wenig. Im weiteren Verlauf stieß ich erneut an einen See – alles wie gehabt: nach rechts, Hauptrichtung Südwest. Kleine Wasserläufe konnte ich übersteigen oder überspringen. Häufig kamen aus allen Rohren schießende Tiefflieger, doch ich war mir sicher, daß sie mich nicht sehen konnten. Ich gelangte an eine Stelle, an der sich drei Waldwege trafen. Auf einer Lichtung dahinter standen dicht nebeneinander zwei oder drei sehr kleine Bauernhäuser und einige Schuppen. Wohnten da noch Leute? Als ich gerade vorbeigehen wollte, kam ein alter Mann. Er wollte reden. Nun war guter Rat teuer. (Was erzähl ich ihm nur, woher ich komme!) Da näherte sich ein in meine Richtung fahrender kleiner Pferdewagen. Der alte Mann sprach den Kutscher an, ob er mir nicht helfen könnte. Zu dumm! Denn jetzt erst bemerkte ich mit Entsetzen, daß der Kutscher ein Unteroffizier war. Der war aber ganz freundlich, fragte mich, woher ich komme und wohin ich wollte. Eigentlich wußte ich überhaupt nicht, wo ich war! Also habe ich einiges zusammengelogen: Ich sollte mit zwei anderen auf einem LKW Kartoffeln holen. Als ein Luftangriff kam, mußten wir uns verstecken. Plötzlich sind sie ohne mich davongefahren – beide taten, als glaubten sie mir. Erneut warfen Flugzeuge Bomben, auch in diesen Wald. Ich sollte bis zu einem Dorf mitfahren, in dem sich eine Flakbatterie befand. Er wußte sicher besser als ich, wie es um die Front stand und sicherlich auch, daß der Ring um Berlin zu diesem Zeitpunkt schon geschlossen war.

Ich stieg auf die kleine Ladefläche und fuhr mit. (Wie wird das wohl enden!) Er erzählte mir, daß er Koch sei und Nachschub holen wollte, aber das Lager wäre zerstört. Nach kurzer Fahrzeit kam eine Weggabelung: Rechts ab zeigte ein Wegweiser nach Friedersdorf bei Königs Wusterhausen, da mußte er hin. Ich erkannte aber ein kleines Schild „Bindow", das nach links wies und meinte schnell, daß ich mich jetzt erinnere und nach Bindow müsse. Ich stieg ab, und wahrscheinlich waren wir beide froh, daß jeder seinen eigenen Weg gehen konnte. Als er mich nicht mehr sehen konn- te, lief ich wieder in den Wald. So etwas durfte mir nicht noch einmal passieren. Ich habe erneut ein Stück geschlafen und als die Sterne sichtbar wurden wieder meine Marschrichtung Südwest festgelegt. Es konnte auch Süd bis West sein. Am Waldrand hielt ich Ausschau. Es kam eine breite Wiese und darin ein Bahngleis. Etwa 1 km weiter war wieder Wald, Wie war ich froh, diese Strecke hinter mich gebracht zu haben! Als ich etwas weiter sehen konnte, waren auf einmal in einigen Kilometern Entfernung in allen Richtungen Explosionsblitze und Leuchtspuren von Geschossen zu sehen. Ich wußte, wo das war und was da vor sich ging.

Weiter durch den nächtlichen Wald. Wieder etwas schlafen. Am Vormittag war der Wald zu Ende. Da standen Siedlungshäuser mit Vorgärten, Straßen und Gartenzäunen. Links war eine Wasserfläche. Die Siedlung kann ja nicht riesengroß sein – oder kam dann etwa eine Stadt? Egal, ich ging eine Straße entlang. Nirgends war jemand zu sehen, ich war ganz allein. Aber nein: Da kam mir doch einer entgegen! Es war auch noch ein hoher Wehrmachtsoffizier! Ob der hier wohnte? Wir gingen aufeinander zu. Ich habe meinen vorschriftsmäßigen Gruß gemacht. Er dankte dafür und lächelte etwas. Dann waren wir aneinander vorbeigelaufen – und er hatte mich nicht nach Truppe und Weg gefragt! Die Ortschaft hieß „Bindow-Süd" oder „Blossin". Dahinter begann wieder Wald – zum Glück! Ich war durstig, aber es kam kein Bach. Später stieß ich jedoch auf eine z.T. sumpfige Lichtung. Mit einem Messer habe ich Gras ausgestochen, das braune Wasser durch ein Taschentuch gefiltert und meine Feldflasche gefüllt. Noch etwas weiter schlief ich ein bißchen. In der Nacht kam ich an eine Straße, die über einen Fluß führte – es könnte die Dahme gewesen sein, deren Namen ich erst Jahre später erfuhr. An der Brücke, vielleicht Prieros, sah ich eine abgedunkelte Lampe und

187

Wachposten. Sie hatten mich schon entdeckt, und einer schnarrte: „Parole!" Ich wußte keine, sie wurde ja täglich geändert. Mit dünner kindlicher Stimme sagte ich: „Laß mich in Ruhe!" Einer kam auf mich zu, sah mich an und rief zu dem anderen: „Es ist ein Pimpf!" Gelächter. Ich durfte weitergehen und schlug mich wieder in den Wald, immer Richtung Südwest.

Der Himmel war sternenklar. Ich kam an einem Dorf vorbei, diesmal kein See. Nur manchmal Waldwege, einige von Fahrzeugen aufgewühlt. Getreu meiner Marschrichtung mußte ich eine kreuzende Straße überqueren und gelangte im weiteren Verlauf an eine Autobahn, die vom Berliner Ring nach Dresden und Breslau führte. Ich ging dicht daneben in der Wiese, Büsche und Bäume boten mir Schutz vor Entdeckung. Dann ein Rastplatz, ich erinnere mich noch an den Namen „Sudetenstein". Heute gibt es diesen Namen bestimmt nicht mehr. Ich näherte mich zwei Bäumen, an denen eigenartige Säcke hingen und erschrak fürchterlich – es waren erhängte Soldaten. Ich konnte mir denken, was passiert war: Hier hatte sich ein Feldgericht ausgetobt. Es könnte auch mich treffen. Lärm einschlagender Bomben und Granaten, von Kettenfahrzeugen und Flugzeugen hat ganz schnell alle Gedanken weggewischt. Schnell weiter! Ich kam an eine längere gesprengte Brücke, die über ein Tal mit Wasserflächen führte. Ich kletterte über die Brückenreste. Das ging ganz gut, wenn noch Geländer da war. So konnte ich, obwohl es finster war, auch die Wasserflächen überqueren, ohne hineinzufallen. Meine Uniform blieb trocken.

Wieder weg von der Autobahn lief ich durch ein Wäldchen mit vielen Schützenlöchern. In jedem schlief ein Soldat. Wieder die Wache und die Parole, und auch diesmal klappte die Täuschung. Die Luft wurde sehr „eisenhaltig", und ich nahm einen herumliegenden Stahlhelm an mich. Ich hatte ja keinen. Dann eine Straße entlang durch ein Dorf. Am Ortsschild stand „Teupitz". Mir kam eine Kolonne deutsches Militär entgegen. Viele waren zu Fuß, aber auch verschiedenste Fahrzeuge waren dabei. Ich ging an denen vorbei, keiner sprach mich an – bis auf einen Unteroffizier: „Wo willst du denn noch hin? Da oben sind doch die Russen!" Ich entgegnete, daß da oben doch meine Flakbatterie sei. Er sagte: „Da war sie noch vor ein paar Stunden. Es war die 2-cm-Batterie von Leutnant Schmidt. Aber die sind auch nicht mehr da. Komm mit mir mit!" Ich dachte immer noch, da müßten doch mal die Amis sein. Ich ging ein Stück weit mit, bis ich ihm entkam. Ich schlug wieder meine Richtung ein, egal, was da kommen sollte. Ich lief auf der linken Straßenseite. Ab und zu standen Häuser, Gartenzäune oder Bäume und Büsche. Nach rechts war in einiger Entfernung ein See zu sehen, dazwischen lag Wiese. Die Häuser des Ortes standen nicht sehr dicht beieinander, einige brannten. Ständig kamen Geschosse geflogen. Nun hatte ich auf meiner Straßenseite keine Deckung mehr. Ich nutzte eine größere Lücke in der Kolonne und wechselte zur anderen Seite. Da war erst mal ein Versteck in einem größeren Gebüsch. Ich wollte mir vom See Wasser holen und lief über die Wiese. Aber schon nach einigen Schritten begann wieder der Granathagel. Vor mir war ein größerer Einschlag, und ich sprang in den nicht sehr tiefen Trichter. Der Boden bestand aus weichem Sand und ich konnte den Trichter zu einem Lagerplatz erweitern. Man sagte immer: „In einen Trichter schlägt keine zweite Granate ein!"

Die Häuser ringsum waren ziemlich ausgebrannt, als der Beschuß nach einiger Zeit nachließ. Ich war furchtbar müde und bin in meinem Loch eingeschlafen. Neue Granateinschläge weckten mich. Es war hell geworden und sehr neblig. Einige Einschläge kamen so nah, daß ich jedes Mal eine Schaufel voll Sand geworfen bekam. Wieder näherten sich Flieger. Sie schossen aus allen Rohren. Ich wollte raus aus meinem Loch, und doch habe ich mich nicht getraut. Ich habe furchtbar gezittert. Es dauerte den ganzen Tag. Abends war es endlich ruhiger geworden, und ich hatte das Bedürfnis nach Schlaf. Es mußten einige Stunden gewesen sein, denn als ich aufwachte, dämmerte es bereits. Dichter Nebel hing über dem Boden. Der Kriegslärm hatte sich ein Stück entfernt. Ich verzehrte die Reste meiner Verpflegung, es war nicht mehr viel. Etwas entfernt hörte ich das Klappern von Schaufeln. (Was mag das wieder sein? Truppen, die eine Stellung anlegen? In einen Grabenkrieg will ich nicht geraten!) Ich verließ das Loch Richtung Straße, den See im Rücken. Wo der See war, wußte ich, auch ohne ihn sehen zu können. Der Gartenzaun war zu Ende – oder nicht mehr da. Ich ging querab von der Straße den Hang hinauf, und das Geräusch der Schaufeln wurde immer schwächer. Einzelne Bäume hatten etwas abbekommen und waren umgeknickt. Es gab viele Granattrichter. Da lag ein Soldat auf der Wiese. Ich dachte zuerst, er schläft. Aber dann kam mir die Gewißheit: Der ist tot. (Was soll ich mit ihm machen? Vielleicht treffe ich noch jemanden, der Bescheid weiß.) Ich traf niemanden. Statt dessen lagen wieder welche im Gras, denen nicht mehr zu helfen war. Da lagen auch zwei alte Männer in Zivil und schließlich eine Frau mit Kinderwagen.

Ich ging langsam weiter, über eine Wiese. Der Nebel lichtete sich allmählich. Auf einmal vor mir helle Blitze und das Abschußgeräusch von Granatwerfern. Ich verlor jede Empfindung und ging direkt auf den Granatwerfer zu. Da waren mehrere Soldaten, die nur etwas seitlich in die Richtung schossen, aus der ich kam. Als sie mich sahen, deuteten sie mir, ich solle mich hinlegen. Aber ich lief weiter. Jetzt sah ich, daß es Russen waren. Es war der 28. April 1945.

Nach einem weiteren Abschuß hörte ich Kommandos. Einer kam mir entgegen. Sie hatten aufgehört zu schießen. Er nahm mir den Stahlhelm ab, warf ihn zur Seite und setzte mir meine Feldmütze auf, die ich im Koppel stekken hatte. Für mich spielte sich das alles ab wie im Traum. Nun kamen auch die anderen. Alle wühlten sie in meinen Taschen. Doch da war nicht viel. Einer nahm mein Soldbuch, er sprach ein wenig deutsch. Ein anderer nahm meinen Füllfederhalter. Er drehte ihn auf und hatte die Finger voller Tinte. Alle lachten. Der mit meinem Soldbuch setzte den Füller wieder zusammen, prüfte die Feder und steckte ihn ein. Geld oder eine Uhr hatte ich ja nicht. Als einziges Eigentum blieb mir mein Taschentuch und die leere Brotbüchse. Nach diesem „Empfang" wurde ich zu zwei Offizieren geführt. Für die Truppe war die Pause zu Ende. Ich sollte ihnen erzählen, wo sich noch deutsche Soldaten befänden, aber ich konnte nicht viel sagen. Es wurde ein Spähtrupp losgeschickt, zum See hinunter.

Ein Essenholer brachte irgendwoher eine Schüssel mit warmer Suppe. Alle löffelten darin. Ich hätte auch etwas abbekommen, aber ich wollte etwas zu trinken, Kaffee oder Tee. Aber mir wurde gesagt, daß es an der Front bei der Roten Armee nur Wasser gäbe. Ich mußte zusammen mit dem Suppenholer, einem Sanitäter, ca. 2 km zu einem alten Haus laufen. Hier waren wieder Offiziere, die etwas von meiner Truppe wissen wollten. Meine Angaben waren ihnen zu ungenau und Fürstenwalde, im Soldbuch als Einsatzort vermerkt, zu weit weg. Dann fanden sie im Soldbuch die Bezeichnung „Flak-V-Soldat". – „Nun, was ist das?" wurde ich gefragt. Ich erklärte: „Soldat ist zu jung, zu klein, krank – nur für Flak zu gebrauchen." Alle lachten, und das Verhör war damit beendet. Ich sah, daß neben dem Haus noch etwa zehn weitere Gefangene und zwei Männer in Zivil saßen. Wir alle mußten mit 2 Wachposten wieder über Feldwege laufen. Hier war viel russisches Militär versammelt. Es war auch zu erkennen, daß in dieser Gegend harte Kämpfe stattgefunden haben mußten. Es lag viel zerstörtes Gerät umher. Nach zwei Stunden ging es an einem langen Drahtzaun entlang. Dahinter war ein lichter Kiefernwald, und man konnte weit hinten große Gebäude sehen. (Ob das wohl eine Kaserne ist?)

Wir gingen noch ein Stück Landstraße, dann erreichten wir ein von einem Drahtzaun umgebenes Freibad. Auf der Liegewiese waren schon 100 Gefangene. Im Schwimmbecken war nur wenig Wasser, da konnten wir uns etwas waschen. Es gab auch etwas zu Essen. Ein Offizier, der gut deutsch sprach – vielleicht von der Seydlitztruppe, vielleicht Harry Glaser – erklärte uns, wo wir waren. Wir befänden uns direkt neben dem Oberkommando der Wehrmacht in Wünsdorf. Er berichtete auch von der Kriegslage: Russen und Amis hatten sich getroffen. Nur nannte er uns eine falsche Stadt, er wußte es sicher nicht besser. Am Nachmittag sollten sich Freiwillige melden, die in den Wäldern deutsche Soldaten zur Aufgabe überreden sollten. Freiwillige dürften nach ihrer Rückkehr gleich nach Hause gehen. Es war natürlich ein Himmelfahrtskommando. Einige haben sich gemeldet, ich war nicht dabei. Der Marsch ging weiter über die Stadt „Zossen" in das Dorf „Nächst-Neuendorf". Hier kamen wir in einen großen Bauernhof, in dem schon viele andere Gefangene waren. Wir sollten uns in der Scheune einen Platz suchen und schlafen.

Am nächsten Morgen habe ich, soweit mich die vielen Absperrposten gehen ließen (das war nicht viel) das Umfeld erkundet. Es war ein großer Hof mit allseitigen Gebäuden. Zur Straße hin gab es ein breites Einfahrtstor. Hier war erst einmal Schluß meines Weges. Nach hinten war ebenso groß eine Durchfahrt zu den Feldern. Etwa 20 bis 30 m weiter war eine tiefe Grube ausgehoben und als „Sitzfläche und Donnerbalken" am Rand eine lange Stange angenagelt. Ich fand in einer Scheunenecke eine alte Hose und eine Jacke und habe meine Uniform gegen sie eingetauscht. Meine Uniform versteckte ich gut. Es waren Aufrufe ergangen, daß sich alle Zivilisten am Straßentor zu melden haben. Ich hatte zum Glück noch meine Kennkarte, stets gut verwahrt in meinen Schuhen. Es fanden sich ca. 20 Männer verschiedenen Alters ein, ich war der Jüngste. Unsere Namen wurden aufgeschrieben. Ich erzählte, ich sei Student und so. Sie haben mir zwar geglaubt, aber es hat mir nichts eingebracht.

Alle Messer und ähnlichen Gegenstände mußten abgegeben werden. Nachdem ein Russe einen großen Korb voll in die „Donnergrube" geworfen hatte, wurde erneut nach Messern gesucht. Dieses Mal mußten Kartoffeln für die Suppe geschält werden. Zwischendurch – wir waren sicher 1000 Leute – hatten sich ab und zu bestimmte Gruppen am Straßentor einzufinden: Leute bis 20 Jahre alt, dann wieder Leute mit einem Alter von 40 bis 50 Jahren oder auch Handwerker und andere. Jede Gruppe wurde mehrmals gezählt. Ich glaube, daß Ergebnis war jedesmal falsch. Dann wurden Schafe und eine Kuh geschlachtet. Alles auf dem Hof. Eine Truppe mußte mehrere Waschkessel herantragen. Es wurden Steine untergelegt und Feuer angezündet. Darin wurde Eintopf gekocht. Jeder bekam davon ungefähr 1 Liter. Mein Kochgeschirr hatte einer der ersten Russen für gut befunden und behalten. Ich bekam dafür eine alte Konservendose und sollte sie gut aufheben! Die nächste Aktion war Haare schneiden. Alles ging rasend schnell. Es wurden Friseure gesucht. Die bekamen Haarschneidemaschinen, natürlich mit Handbetrieb. Schon bald liefen die ersten Leute mit kahlgeschorenen Köpfen herum. Dann kamen zwei oder drei große Militärfahrzeuge auf den Hof. In einem der drei war eine Wasserheizung eingebaut. Es wurden zwei Rohrgerüste mit Duschköpfen aufgestellt. Die Kahlköpfigen mußten sich nackt ausziehen und abwaschen. Die Bekleidung wurde in eine Luke eines anderen Fahrzeugs gegeben und kam kurz darauf an der anderen Seite wieder heraus. Entlausungsaktion! Ich schaute aus sicherer Entfernung zu – ich war schon immer etwas wasserscheu, außerdem war es kalt, und ich hätte auch gern meine Haare behalten. Jeder sah mich an und sagte: „Aber nun schnell . . .“ Unter meiner Feldmütze konnte ich meine Haare nicht mehr verbergen, ich hatte sie zusammen mit der Uniform gegen Zivilkleidung eingetauscht. Mir fiel mein Taschentuch ein. Ich verzog mich in eine dunkle Scheunenecke und zog es, an allen vier Ecken geknotet, über den Kopf. Keiner konnte mehr meine Haare sehen, ein guter Schutz gegen Läuse war es auch. Zum Glück hat mich niemand erwischt! Auch in den nächsten Tagen nicht. Heute glaube ich, es hätte furchtbar werden können.

Unter den Gefangenen gab es allerlei Uniformen – nicht nur Wehrmacht, sondern des ganzen Deutschen Reiches. Da waren Marine, Luftwaffe, Arbeitsdienst und alle Arten von Volkssturm vertreten. Auch Dienstgrade aller Art waren da gefangen worden. Die meisten waren natürlich Fußvolk, aber es gab auch hohe Offiziere, und ein Admiral – oder so etwas – war auch dabei. Am ersten Tag liefen auch noch ein paar Nachrichten- oder Stabshelferinnen herum, aber dann waren sie plötzlich weg. Später stellten wir fest, daß es auch eine Gruppe Österreicher gab, die zuerst nicht auffiel. Sie nannten sich „Austria“, das war für uns alle neu. Ihren Spitznamen hatten sie schnell weg: „Austriezer.“

So sind zwei Tage schnell vergangen. Wir blieben noch eine Nacht, dann wurde früh zeitig alles geweckt. Wir sahen, wie drei oder vier Pferdewagen beladen wurden, auch die Waschkessel waren dabei. Wir mußten alle auf der Dorfstraße antreten. Es gab viel russische

Schreierei, aber Gefangene sind eine träge Masse. An die Spitze der Kolonne kamen die Österreicher, gefolgt von den Offizieren, danach das Fußvolk und zum Schluß die paar Zivilisten, darunter ich. Dahinter natürlich Wachpersonal und die Pferdewagen. Das Lager wurde für andere Gefangene geräumt. Es wurde gesagt, Hitler sei tot und der Krieg würde bald vorbei sein. Aber nicht weit von uns in Berlin wurde immer noch gekämpft. Es war der 1. Mai 1945, und unser Zug marschierte ab.

Die Wachmannschaft zählte vielleicht nur 30 bis 40 Mann, doch wir hatten uns vorerst in unser Schicksal ergeben. Wo hätten wir auch hingekonnt mit unseren kahlen Köpfen. Die Landstraße ging zunächst westwärts. Einige meinten, wir sollen als „Beutedeutsche“ in irgendeinem Städtchen zu einer Maiparade vorgeführt werden. Andere sagten, südlich von uns gäbe es noch einen Kessel mit deutschem Militär, da würde auch noch gekämpft. Das stimmte wohl eher, denn wir sahen immer wieder Flieger. Wer kannte damals schon das Dorf Halbe.

Unsere Marschgeschwindigkeit war nicht sonderlich groß, und wir wurden auch nicht besonders angetrieben. So kam der Haufen von Dorf zu Dorf. Man konnte mal weiter vorn, mal wieder hinten mit anderen erzählen. Verpflegung hatten wir am Morgen bekommen, jeder ein Pfund Brot. Es wurde unterwegs gegessen, einen Halt gab es nicht. Abends sollte es Suppe geben. Wir kamen an eine größere Fernstraße und bogen nach Süden ab. Alle Wegweiser waren nun blau übermalt und mit russischen Namen in weißer Farbe versehen. An jedem Feldweg standen jetzt Wegweiser mit unzähligen Schildern – wahrscheinlich war jedes Dorf bis in weite Ferne verzeichnet. Zum Glück waren nur die deutschen Namen mit kyrillischen Buchstaben geschrieben, und so konnte ich nach einigen Stunden die Namen lesen. Viele gaben sich da keine Mühe, wollten wissen, wer

mir das beigebracht hätte. Die Schilder waren sicher von unterschiedlichen Leuten beschrieben worden, denn es gab keine einheitliche Schreibweise, was manchmal zu Irrtümern führte.

Ortsnamen sind mir kaum in Erinnerung geblieben, nur die wichtigsten. Jedenfalls marschierten wir am Kloster Zinna vorbei und durch Luckenwalde. Da stand auf einem Platz unter großen Bäumen eine Baracke, um die ein Stacheldrahtzaun gezogen war. Alle mußten in die Umzäunung gehen, aber nur die ersten hatten in der Baracke Platz. Sie war einmal die Kreisleitung der Partei gewesen, wie an den kaputten Schildern zu erkennen war. Innen lag alles voll mit Resten zerbrochener Möbel – eine einzige Müllhalde. Dort sollten wir schlafen. Brot gab es wieder am Morgen, aber Suppe konnte nicht gekocht werden, dazu fehlte der Platz. Für die draußen Gebliebenen reichte der Platz auf dem Straßenpflaster nicht, um sich hinzulegen. Und kalt war es außerdem. Als die Ersten tauschen und den Rest der Nacht im Freien verbringen sollten, damit auch andere einmal hineingehen konnten, kam es zu einer kleinen Revolte. Wer gibt schon einen guten Platz auf?! Um dies zu beenden, schossen die Wachen ein paar Mal in die Luft. Nach einiger Rangelei war schließlich wieder Ruhe. Ich hatte einen „bequemen“ Sitzplatz in einer Ecke erstritten. Ich wollte in der nächsten Nacht in der Spitzenmannschaft sein.

Am nächsten Morgen taten mir alle Knochen weh. Es wurde wieder Volkszählung und Brotausgabe gemacht, und weiter ging der Marsch. Bisher las ich immer Dresden auf den Schildern – diese Richtung war mir gerade recht. Plötzlich war Dresden nicht mehr aufgeführt! Neue Namen mußte ich erst entziffern. Unser Erdkundelehrer hatte es versäumt, uns richtig einzurichten, wo Cottbus in Deutschland liegt. Da taucht der Hinweis Dresden doch noch einmal auf, aber quer zu unserer Marschroute,

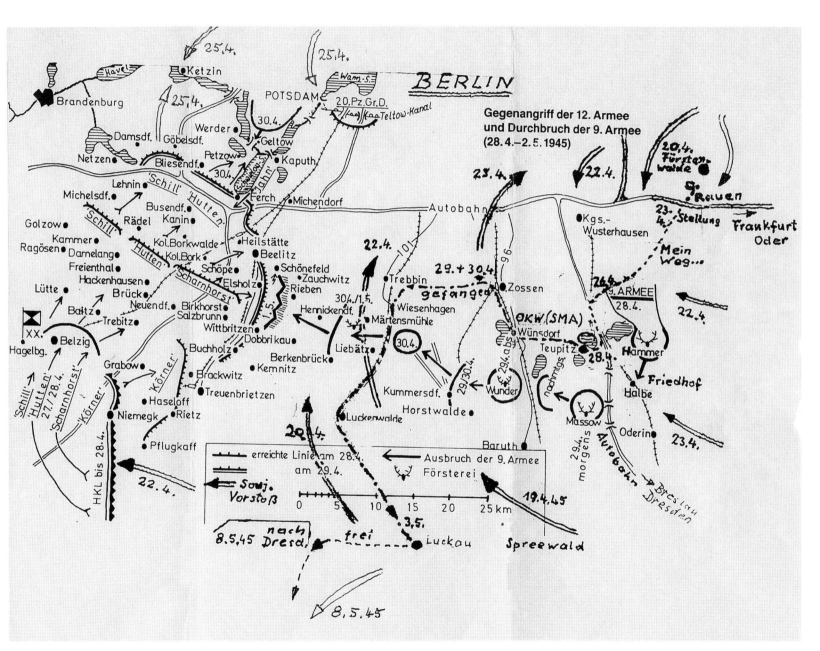

Karte: Autor

191

- so ein Mist! Wir kamen durch Jüterbog. Hier mußte einmal ein Truppenübungsplatz gewesen sein. In den engen Straßen der Stadt hatten die Wachposten zu tun, daß keiner von uns abhanden kam. Drei vorbeikommende Landser, noch in deutschen Uniformen, wurden sofort eingefangen und mußten mitmarschieren. Ich habe mich mit einem von ihnen unterhalten, er war ganz schön sauer. Sie waren ebenfalls in einem solchen Gefangentrupp gewesen. Doch wurden von ihrem Wachkommandeur plötzlich 100 Leute, darunter diese drei, freigelassen, weil sie alt oder krank waren. In unserem Transport fehlten vielleicht schon einige, und da waren die Landser den Russen zum Auffüllen gerade recht. So ein Pech! Aber zu diesem Zeitpunkt hatte jeder die Hoffnung, der Krieg wäre schon vorbei – hoffentlich sind sie aus Sibirien wieder heimgekommen.

Dann kam ein Ort mit Namen Dahme. An Eigenarten des Ortes erinnere mich nicht weiter, nur an einen großen Gutshof mit vielen Scheunen drum herum. Hier wurde endlich wieder Suppe gekocht. Die Strohflächen waren reichlich, und wir konnten gut schlafen. In der Nacht haben die Wachposten einmal geschossen. Früh mußten wir dann an drei erschossenen Soldaten vorbeigehen und sagen, ob wir sie kannten und zu welcher Truppe sie gehörten. Keiner wußte, wer sie waren. Sie waren wohl versprengt und wollten sich in der Nacht im Bauernhof etwas Eßbares holen. Wären sie bei Tag und in Zivil in ein Haus gegangen, wäre ihnen das nicht passiert.

Unsere Kolonne setzte sich wieder in Bewegung. Nun ging es fast genau nach Osten. Als ich unter den Gefangenen einen Berliner suchte, etwa 40 Jahre alt und ebenfalls wie ich „Zivilist", finde ich ihn nicht mehr. Obwohl ich ihn in der Scheune noch gesehen hatte, blieb er den ganzen Tag verschwunden. Bloß gut, er war nicht unter den Erschossenen. Wir hatten des öfteren Witze gemacht, wenn unmögliche Situationen anstanden – jetzt war er nicht mehr da. Es mußte der 3. Mai gewesen sein, denn uns wurde gesagt, Berlin hätte kapituliert – und wir sollten nach Schlesien, zur Stadt Sagan marschieren, von dort aus ginge eine Eisenbahn …! Mir schwante, daß es nichts werden würde mit dem Nachhausegehen, wenn der Krieg erst zu Ende war. (Was soll nun werden?) Die Marschstrecke war an diesem Tag nicht so lang. Wir kamen nach Luckau, am Stadtrand wieder ein großer Bauernhof – diesmal lang und schmal, viele Scheunen dicht nebeneinander. Hof und Scheunen waren etwas gekrümmt angelegt, als wären sie früher einmal an eine Stadtmauer angebaut worden. Wieder gab es Suppe. Außer meinem Taschentuch und der alten Konservenbüchse besaß ich nichts, konnte also andere Dinge auch nicht verlieren. Wir sollten schlafen – der Berliner ging mir nicht aus dem Kopf.

Am Morgen wieder Sammeln im Hof, der Abmarsch stand bevor. Die Kolonne war noch nicht exakt angetreten. (Eine Gelegenheit?!) Schnell verschwand ich in die Scheune, in der ich nachts zuvor untergebracht war. Auf dem Boden lag 1 m hoch Stroh. An der Rückwand waren zwei Luken mit Brettertüren zu sehen. In einer der Ecken führte eine Treppe ins Obergeschoß, der Aufgang jedoch vernagelt. Ich kroch unters Stroh - ganz in die Ecke unter der Treppe. Am Tor hörte ich Stimmen: „Da verstecken sich welche!" (Eine Aufforderung an die Wachen, nachzusehen?!) Kommandos zum Antreten und zum Abmarsch folgten. Dann doch plötzlich russische Stimmen. Zwei Wächter stiegen durchs Stroh – bis in die letzten Ecken der Scheune. Ich fühlte neben mir die Stiefel. Ich hielt den Atem an, mir war, als ginge die Welt jeden Moment unter … und ich blieb unentdeckt!

Nach längerer Zeit war auf dem Hof völlige Ruhe eingetreten. Ganz langsam wagte ich mich aus dem Stroh. Ich erschrak heftig, als neben mir noch eine Gestalt den Kopf hob. Diese war ebenso überrascht, hatte von mir auch keine Ahnung gehabt. Gleichzeitig hielten wir nach allen Seiten vorsichtig Ausschau, - der Hof war leer, die Kolonne abgezogen. Erleichterung! Wenn die Russen Hunde gehabt hätten, wäre es uns schlecht ergangen. Es war erst der 4. Mai und, was wir nicht wußten, Krieg noch nicht zu Ende. Ich sah mir meinen Nachbarn an. In meinen Augen war er ein alter Mann. Er trug einen langen, fast schwarzen Mantel, der vom Roten Kreuz gewesen sein könnte, mit weißer Armbinde „Volkssturm". Er war vom Volkssturm aus Berlin. Wir beratschlagten, was nun zu tun sei. Am Abend hatte ich wieder die Himmelsrichtung gepeilt – Südwest. Mein Weg mußte also aus der hinteren Luke nach rechts gehen. Hinter den Scheunen waren früher einmal Schweinsausläufe abgeteilt. Dahinter befanden sich ein Feldweg und eine weite Wiesenlandschaft mit vielen Büschen, für meinen Abgang wie geschaffen. Der Berliner wollte natürlich nach Norden. Aber so gekleidet konnte er keinesfalls heimwärts – als erstes mußte die Armbinde ab! Aus dem Stroh brachte er einiges hervor: Gasmaske, Gasplane, einen fast leeren Tornister, Brotbeutel, Feldflasche usw. – ich war sprachlos. All das hatte er die ganzen Tage mitgeschleppt! In seinem Soldbuch, das er auch noch besaß, wäre alles eingetragen, und er müsse die Sachen nach dem Krieg wieder abgeben. Ich glaube, er war Buchhalter oder Beamter. Fast alles kam wieder ins Stroh. Aus kleinen Stoffresten machten wir eine Ansteckantnadel: Grün, Weiß, Rot. Er muß halt sehen, für wen er sich ausgeben kann. Dann verabschiedeten wir uns, als hätten wir uns schon ewig gekannt.

Ich lief etwas geduckt an den Zäunen entlang, bis der Weg in die freie Wiese ging. Mir kam keiner nach, auch weit und breit war kein Mensch zu sehen. Voraus gab es einen Jagdhochstand. Der Weg wurde zu Wiese, nur zwei

Fahrspuren blieben. Nach einer Weile begann das Gras sehr feucht zu werden, und statt Gebüsch stand nun hohes Schilfgras. Dennoch sah es so aus, als führte der Weg ein ganzes Stück weiter. Auf dem Hochstand stellte ich fest, daß ich in eine weite Moorlandschaft geraten war. Zurück zum Dorf – besser nicht. Ich konnte einen Pfad ausmachen, der querab zu einem nicht weit entfernten Damm führte. Auf diesem befand sich vielleicht eine Straße. Zu sehen war aber niemand. Der Pfad war von einigen Wasserstellen durchbrochen, und ich mußte des öfteren von Grasbüschel zu Grasbüschel springen. Einmal befand ich mich bis zu den Knien im Wasser. Ein Holzstock zeigte mir, daß das Wasser ziemlich tief sein konnte. Ich war froh, als ich den Damm erreicht hatte. Ein Eisenbahngleis führte auf dem Damm entlang. Ich dachte, heute kommt bestimmt kein Zug, und ging auf den Bahngleisen weiter, nun etwas westlich. Nach einiger Zeit war das Moor zu Ende, und ich kam an eine Landstraße.

Diesmal nahm ich die südliche Richtung. Bald fanden sich auch wieder Wegweiser mit der Aufschrift Dresden. Also war ich auf dem richtigen Weg, auch ohne eine Landkarte zu brauchen. Ich erschrak entsetzlich, als von hinten auf einmal im Galopp mehrere Pferdefuhrwagen mit Russen heranschnellten. Es waren Panjewagen! Ich ging ganz an den Rand. Sie hatten nichts mit mir im Sinn, es handelte sich um eine Nachschubkolonne. Ein alter bärtiger Russe winkte mir freundlich zu, und ich kletterte in voller Fahrt auf seinen Kutschbock. Er ließ die Peitsche knallen. Ein Stück durfte ich sogar die Zügel halten, während er losen Tabak aus seiner Tasche holte und sich eine „Machorka-Zigarette" drehte. Das kannte ich schon von den „Ostarbeitern" auf den Baustellen. Nach drei oder vier Dörfern hielt die Kolonne an, und der Russe gab mir zu verstehen, ich solle verschwinden. Sie machten hier Nachtquartier. Ein alter Mann, der an einem verfallenen Haus stand, hatte mich vom Wagen springen sehen und hielt mich zunächst für einen Russen. Als ich aber freundlich „Guten Abend" sagte, fragte er mich nach der Ladung der Russen. Auf meine Antwort, ich wisse nicht, was die geladen haben, kam: ob ich wohl ganz dumm wäre – das wären Geschosse der Stalinorgeln. Wir lachten beide.

Er erzählte mir, daß in einigen Kilometern Entfernung in Richtung Dresden noch Krieg wäre und daß es für mich wohl besser sei, einige Zeit bei einem Bauern zu arbeiten und mir so meine Verpflegung zu verdienen. In einem kleinen Bauernhaus saß die Familie gerade um den Tisch. Da waren zwei Frauen, die Großmutter und drei kleine Kinder. Es gab Milchsuppe, und alle aßen aus einer großen Schüssel. Es würde für lange Zeit die letzte Milch sein, denn die Russen hatten die letzte Kuh im Dorf abgeholt. Auch Schafe und Ziegen gäbe es keine mehr und fast kein Federvieh. Womit sie ihr Feld bestellen sollten, wußten sie nicht. Nur noch Kartoffeln waren als Essen da. Ich könnte bleiben, aber alles sei sehr ungewiß. Ich müßte in der Scheune schlafen oder im leeren Stall. Die Scheune war mir lieber. Spät abends ging ein furchtbarer Lärm los. Eine Russen- oder Mongolenkolonne machte Quartier. Ich verkroch mich in die hinterste Ecke der Scheune. Am Morgen wieder Lärm, die im ganzen Dorf verteilte Kolonne zog wieder ab. Von der Familie waren nur die Oma und die Kinder zu sehen. Die Frauen hatten sich in einem Kellerloch versteckt, weil die Russen jedesmal Jagd nach ihnen machten. Ein alter Mann auf der Straße sagte, er hätte in seinem im Keller versteckten Radio den englischen Rundfunk gehört. Da hieß es, die Russen seien in Dresden einmarschiert. Zwar stimmte dies nicht, denn es war erst der 5. Mai. Doch mir gab es den Mut, weiterzulaufen. Die Frauen, mittlerweile wieder vollzählig, haben meinen Entschluß bedauert. Aber sie befürworteten ihn auch, denn ich hätte noch eine lange Wegstrecke vor mir, bis ich zu Hause wäre. Dabei hatten sie keine Vorstellung, wie weit das ist.

Reisegepäck war keins zu packen. Also weiter Richtung Dresden. Nach ein paar Kilometern traf ich einen Wanderer wie mich. Er saß an der Landstraße und baute sich aus Fahrradteilen ein brauchbares Rad zusammen. Er sagte mir, daß etwas weiter noch zwei kaputte Räder lägen. Ich holte sie heran. Ein Fahrrad zu reparieren, war keine Schwierigkeit. Nicht lange, und wir konnten losfahren. Prima! Mal sehen, wie lang die Freude anhält. Jedes Fahrrad, daß den Russen unter die Augen kam, wurde einkassiert. So bereichert, hatten sie an einem Dorfrand für eine ganze Kompanie einen Fahrradschulplatz eingerichtet. In der Mitte stand einer mit einer Pfeife, alle anderen fuhren im Kreis um ihn herum. Dann der Pfiff: „Anhalten!" Wie wir sahen, konnten sie nicht bremsen. In der Mongolei sprang man seitlich vom Pferd, vielleicht klappte das auch beim Rad, wenn man es anschließend fallen ließ! Der Erfolg war gleich darauf zu sehen: Alle fielen übereinander. Nur zu gern hätten wir losgelacht! Doch besser war natürlich, es bleiben zu lassen. Zwei Russen wurden auf uns aufmerksam: „Wo Dokument?!" Meine Kennkarte erwies sich abermals als gut. Mein Begleiter hatte da etwas mehr Schwierigkeiten, doch es ging auch. Nun waren unsere Räder dran! „Maschine guuut!" hieß es, und weg waren sie. Glücklicherweise brauchten wir unseren Verlust nicht lang zu bedauern. Ein Stückchen entfernt fanden sich wieder von Panzern überfahrene Räder. An jedem waren brauchbare Teile, und los ging die Arbeit. Dieses Mal aber haben wir das beiliegende Werkzeug in die Hosentaschen gesteckt, sonst wäre es uns beim nächsten „Dokument!" erneut verlustig gegangen. Am nächsten Wachposten dasselbe Spiel! Es half auch meinem Kameraden nichts, ein Tretpedal wegzumachen – der

Wachmann war ein Panzerfahrer und konnte den Fehler beheben.

Es hieß also wieder, Räder zu finden und sie flottzumachen. Irgendwann trafen wir auf andere Wanderer. Bei einer Unterhaltung stellte ich fest: Den einen kennst du doch, nur woher? Auf einmal kam mir die Erinnerung: Er war einer der Zivilisten aus der Gefangenschaft. Ich sagte gleich zu ihm: „Du mußt der Bäcker sein! Ja natürlich, aber das gibt es doch nicht. Wie klein ist die Welt." Am Tag meines Verschwindens im Stroh in Luckau war er mit der Kolonne weitergezogen. Er berichtete, daß sie an diesem Tag nicht lange unterwegs gewesen waren, nur wieder bis in einem Hof. Da haben einige Offiziere eine Visite veranstaltet und alle im Schnelldurchgang geprüft. Er selbst hat ein steifes Bein und durfte neben einigen anderen, die als krank erkannt wurden, aus der Kolonne ausscheiden. Nach nochmaliger kurzer Prüfung bekam jeder einen Zettel mit einem dreieckigen roten Stempel „Entlassen!" und konnten gehen. Er wollte nach Schlesien. (Ob er jemals hinkam?)

Unsere Richtung war Dresden, und so blieb das Treffen ein großer Zufall. Wir hatten eine schlechte Wegstrecke vor uns. Aber es ging leichter zu fahren, als zu laufen. Auch wenn Reparaturarbeiten die Fahrt bremsten. Wir kamen durch Finsterwalde nach Elsterwerda. Wir hörten Geschützfeuer in der Ferne, und auch Flieger waren wieder da. Also waren die Russen doch noch nicht in Dresden und der Krieg noch nicht zu Ende! An einer Brücke in Elsterwerda stand eine russische Verkehrspolizistin, die uns nicht passieren lassen wollte. Auf einmal jedoch kamen Panzer, und wir konnten die Sperre umgehen. Immer wieder sahen wir Trupps von Leuten jeglicher Art: Wanderer wie wir, heimziehende ausländische Arbeiter, ehemalige Gefangene usw. Kamen uns Deutsche entgegen, fragten wir nach dem Namen des nächsten Dorfes und der Lage dort. Das hat

ganz gut geklappt. Einmal war da ein einsamer Wanderer weit vor uns. Er schob einen klapprigen, mit zwei Koffern beladenen Kinderwagen vor sich her. Er lockte ein herrenloses Pferd an, um es statt seiner die Koffer transportieren zu lassen – einen Riemen durch beide Griffe, und beidseits hing nun ein Koffer am Tier. Den Kinderwagen schob er in den Straßengraben. Einen Sattel hatte das Pferd nicht, nur ein Halfter. Wir haben ihn überholt. Er wollte nach Italien! Leider kamen Panzer die Straße entlang. Das Pferd war nicht mehr zu halten und rannte über das Feld – der Italiener hinterher. Er sammelte seine Sachen ein und holte den Kinderwagen zurück. Weit gekommen war er nicht.

Kurz vor Großenhain stand an der Landstraße ein großer Bauernhof mit Landgasthof. Wir fragten einen davor stehenden Mann, der nicht so recht Bauer oder Wirt sein konnte, wie voraus die Situation sei. Es sah nicht gut aus: Die Front war wieder ganz in der Nähe. Das mußte nicht sein, also hier bleiben! In der Scheune war noch Platz zum Schlafen. Davon blieb jedoch nur noch wenig, als kurze Zeit später eine Russentruppe kam. Einer von ihnen gab mir auf einmal 10 Brote! Die waren naß geworden, also weg damit! Wir Wanderer und auch die Bauersfrau mit ihren Kindern haben es gerne genommen. Im Obergeschoß des Hauses befand sich ein großer ländlicher Tanzsaal. Die kleinen Fenster waren mit Stacheldraht vernagelt. Der Saal war sicher einmal Lager für Gefangene oder Fremdarbeiter, denn der Raum war voll von zerschlagenen Betten, Spinden, Tischen und Bänken. Ein Wunder, daß keiner das ganze Haus abgebrannt hat. Bei Einbruch der Dunkelheit kam noch eine Truppe auf den Hof. Beinah hätten sich vorhandene und ankommende Truppe beschossen – jeder wollte das Haus als Quartier. Da es sich bei der zweiten Truppe jedoch um eine volle Lazarettmannschaft handelte, wurde das Haus schließlich

von der ersten geräumt. Wir Wanderer mußten arbeiten: Saalsäuberung. Danach wurden auf dem Holzfußboden hochkant Bretter aufgenagelt und 15 cm hoch Stroh aufgeschüttet. Die Arbeit war noch nicht ganz getan, da brachte man schon die ersten Verletzten. Einige lagen auf abenteuerlichen Tragen, andere schleifte man an Armen und Beinen vom LKW über die Treppe aufs Stroh. In zwei Nebenräumen wurde auf Küchentischen operiert.

Am nächsten Morgen wieder Arbeitsdienst. Wir mußten an der Straße neben dem Haus Gruben für Gräber ausschachten. Danach waren wir vorerst entlassen. Als ein Leutnant zwei Schafe brachte, die geschlachtet werden sollten, galt es jedoch wieder mit anpacken. Als Gegenleistung bekamen wir einen Teil des Fleisches und einen großen Topf Fett. Die Bauersfrau mußte alles kochen, und der Leutnant saß zum Essen mit am Tisch. Vom zerlassenen Fett habe ich mir eine Blechbüchse voll geben lassen und konnte tagelang davon essen.

Die Nacht war eigenartigerweise recht ruhig. Gegen Morgen hörten wir wieder Geschützfeuer. Es war der 8. Mai 1945. Das Lazarett wurde fluchtartig geräumt, wir mußten LKW beladen helfen. Dann fuhr die Kolonne ab. Die Straße war voller Panzer, Transportfahrzeuge und Pferdewagen. Alles fuhr in Richtung Dresden. Wir wollten auch nicht länger bleiben und fuhren los, als es etwas ruhiger geworden war. Ich hatte mir wieder ein Fahrrad gerichtet, unterschiedliche Reifenbreiten vorn und hinten. Vorsichtshalber hatte ich keine Luft aufgepumpt – Maschine nix gut! Ersatzreifen hatte ich dabei. Durch Großenhain waren wir noch beisammen, aber dann mußte ich etwas reparieren und habe meine drei Kameraden verloren. Wir hätten uns auch so bald trennen müssen, denn jeder wollte in eine andere Richtung.

In den Straßen von Großenhain sah ich zweimal russische LKW, die vor Häusern standen und Möbel abholten. Etwas entfernt wurde das von verängstigten Leuten beobachtet. Die Landstraße nach Dresden war leicht zu finden. Es gab noch die alten deutschen Wegweiser. Nur, wie lange noch. Ich kam am Schloß Moritzburg vorbei, von Bildern kannte ich es, war aber noch nie da gewesen. (Wie werde ich Dresden wiedersehen? Werde ich Bekannte antreffen?)

Die Lehrbaustelle am Stadtrand, die ich dreimal zu je vierwöchigen Lehrgängen besucht hatte, lag nicht weit ab von meiner Straße. Aber da wäre sicher keiner zu finden gewesen. Also weiter zur Innenstadt. An vielen Fenstern hingen weiße oder auch rote Fahnen. Auf den Straßen waren keine Leute. Ein Mann, der zu einer Haustür heraussah, verschwand sofort, als er mich kommen sah. Ich wollte schon weitergehen, da wagte er sich heraus und fragte, ob ich vor den Russen, die eben vorbeikamen, gar keine Angst hätte. Ich erzählte ihm kurz, woher ich kam. Er staunte nicht schlecht. Die Russen wären diesen Morgen nach kurzen Kämpfen einmarschiert und hätten in allen Häusern nach Soldaten gesucht; daher die Angst. Jetzt ist es fast Mittag des 8. Mai. Gestern war noch Waffen-SS hier, die Brücken gesprengt hat. Diese Nachricht stimmte. Es gab noch weitere Informationen: In der Altstadt auf dem anderen Elbufer seien die Amis; die Altstadt wäre abgesperrt, und keiner dürfe hinein.

Am Gasthaus „Wilder Mann" standen viele beschädigte Straßenbahnwagen. Im weiteren Verlauf waren zunächst nur wenige Häuser in Mitleidenschaft gezogen. Nun kannte ich die Straße von früher. Ich wollte unbedingt zur Staatsbauschule in der Neustadt, nahe dem Winterhaus des Zirkus Sarrasani. Vielleicht wohnte ja der Hausmeister noch in seiner Kellerwohnung. Je weiter ich ins Innere der Neustadt kam, um so mehr beschädigte und ausgebrannte Häuser gab es. Die Straßen lagen voller Bauschutt, und es wurde schwerer, voranzukommen. An Mauerresten mußte ich die

Straßenecken ausmachen. Einer legte mir nahe, nicht in die Nähe der Marienbrücke zu gehen, denn dort müßten alle Männer den Russen helfen und Balken für eine Notbrücke schleppen. (Dazu war ich nicht hierher gekommen.) Auf einmal stand ich an der Straßenecke vor dem Schulgebäude. Mauern waren noch da, aber alles war völlig ausgebrannt, auch die Kellerräume. (Meine Zeichnungen wird es wohl auch nicht mehr geben.) Das Nachbargebäude war nur wenig beschädigt und relativ gut erhalten. Dort wimmelte es von Russen. Sie richteten im alten Oberlandesgericht ihre Kommandozentrale ein und warfen alles für sie unbrauchbare Möbel aus den Fenstern. Kabel für Feldtelefone wurden in alle Richtungen verlegt. (Doch jetzt schnell weg von hier!)

Ich schob mein Fahrrad zum Elbufer. Da waren keine Russen und auch sonst nur wenig Leute. Von hier aus konnte man die kaputten Elbbrücken sehen. Aber wie kommt man hinüber? Keiner wußte Bescheid. Am Ufer lag ein Militärschlauchboot, es paßten bestimmt 20 Personen hinein – man brauchte aber auch an die 8 bis 10 Ruderer. Leute waren genug da, aber alle hatten Angst, die Russen könnten schießen. Allein ging das nicht, das Boot war zu groß, und die Elbe führte Hochwasser. Nein, doch nicht, das Wasser wurde nur durch die gesprengten Brücken aufgestaut. Ich ging zunächst elbaufwärts. Jemand sagte, daß die Loschwitzer Brücke, das Blaue Wunder, noch stand, nur war sie durch russische Wachmannschaften gesichert. Der Weg sei zwar weit, aber es gäbe keine andere Möglichkeit. Er blickte schief auf mein schlechtes Rad und sagte: „Am Wasserwerk sind Russen, die alle Fahrräder wegnehmen. Mein Rad war aber besser als deines." Das gab mir die Hoffnung auf „nix gut Maschine".

Auf einer Bank saßen zwei Frauen mit Kindern. Sie jammerten, die Russen hätten Kabel um die noch stehenden Häuser gelegt und würden

den alles sprengen. Ein Irrtum, denn es waren sicher nur die Feldtelefonleitungen. Die Kinder waren hungrig. Da spielte ich den Wohltäter, denn jeder bekam von mir ein Stück vom nassen Russenbrot mit Schaffett darauf. Es meckerte auch keiner, weil das Salz fehlte.

Ich fuhr weiter. Am Wasserwerk traf ich keinen Russen, konnte mein Fahrrad also behalten. Der Weg zum Blauen Wunder war recht weit. Endlich angekommen, waren außer ein paar Wachposten weit und breit keine Leute zu sehen. Da auf einmal: „Dokument!" Ich hatte mir angewöhnt, daß Paßbild nach unten zu legen und die Kennkarte mit der Schrift verkehrt herum hinzuzeigen. Dieser kleine Spaß für mich klappte auch hier wieder „Dokument gut!" – und ich durfte weitergehen. Aber immer schön in der Mitte der Straßenbahnschienen, denn auf beiden Gehwegen lagen dicke Fliegerbomben zur Sprengung. Es war ein eigenartiges Gefühl. Mitten auf der Brücke lag ein großer Haufen Geld. Ich konnte gut etwas davon gebrauchen und spielte mit dem Gedanken, hinzulangen. Als ich eine Maschinenpistole auf mich zukommen sah, ließ ich mein Vorhaben sofort fallen.

Ich ging am Elbufer zurück zur Innenstadt. Quer durch Gartenanlagen waren vom Flußufer aus bis in weite Ferne tiefe Panzergräben ausgeschachtet. Es war schwierig, die Böschungen im Sandboden hinab- und wieder hinaufzukommen, vor allem, schleppte man wie ich zusätzlich ein Fahrrad.

Ich gelangte wieder an Häuser, die Uferstraße, einst eine feine Wohngegend. Ein Schulfreund von mir wohnte hier. Aber jetzt war alles ausgebrannt, keine Menschenseele. Mein Weg führte am Ufer weiter bis zum Schloß, zur Hofkirche und zum Zwinger. Auf einmal wieder Russen. Dabei sollten doch hier die Amis sein, wie man mir also fälschlicherweise bei meiner Ankunft in Dresden berichtet hatte. Ich ging durch die Trümmerlandschaft der Altstadt weiter in Richtung Bahnhof Dresden-Mitte. Plötzlich viele fröhliche Menschen auf der Straße! Sie schleppten Kisten, Kartons und Eimer, deren Inhalt ich nicht erkennen konnte. Dennoch: Mit hin! Eine Menschenmenge drängte durch die schmale Tür eines fast unbeschädigten, inmitten von Ruinen stehenden Hinterhauses über eine enge Treppe nach oben. Es gab Kekse, usw. zu plündern! Erd- und 1. Obergeschoß waren schon leer. Ich wollte mein Fahrrad für die Zeit meiner Abwesenheit in die Obhut eines Mannes neben dem Eingang geben. Er mußte schon auf einen Handwagen aufpassen und schien meines Vertrauens würdig. Er hat mich auch nicht enttäuscht und tat mir den Gefallen. Im Dachgeschoß lag auf dem Betonfußboden ein ca. 1 m hoher Haufen großer Schokoladenkugeln. Alle traten darauf herum und füllten ihre Taschen oder sonst was. Mir stand ein kleiner Kartoffelsack und ein alter Brotbeutel zur Verfügung – beides nicht gerade sauber, aber ausreichend, um vielleicht 10 bis 15 kg der Kugeln zu ergattern. Mein Rad war noch da. Der Sack kam auf den Gepäckträger, der Brotbeutel an die Seite des Rades. An ihm fehlten die Knöpfe, so daß er oben ein wenig offenstand. Ich fuhr wahllos durch die Straßen, bis ich Schilder zur Autobahn sah. Hier gab es nur diese eine Autobahn, so daß ich den Weg auch ohne Landkarte finden würde. Ich rumpelte mit meinem Rad die Straße entlang. In der Vorstadt waren schon nicht mehr so viele Häuser zerstört. Auf einmal merkte ich, daß Leute hinter mir herliefen und ab und zu etwas vom Boden aufhoben. Natürlich – aus meinem Brotbeutel sprangen die Schokokugeln.

Endlich kam ich an die Autobahn. Die Zufahrt lag am Elbufer, und ich war einen großen Bogen gefahren - nur gut, sonst hätte ich auch keine Schokolade. Die Elbbrücke war gestern gesprengt worden und lag im Wasser. Einen Blick zurückwerfend, sah ich erst jetzt, daß der

Turm der Frauenkirche kaputt war. Dabei war ich doch so nah an ihr vorbeigekommen. Am letzten Haus stand eine Frau, die mir gegen Schokoladenkugeln eine Tasse Tee gab. Es wurde schon Abend, und ich wollte noch weiter.

Auf der Autobahn gab es keinerlei Verkehr. Ich kam gut voran – bis ich an eine gesprengte Brücke gelangte. Ich mußte den Damm runter und drüben wieder hinauf. Ganz schön anstrengend! An der dritten Brücke saß ein Wanderer, um auszuruhen. Woher, wohin – Erstaunen über meine Tour. Er hatte in Dresden im Lazarett gelegen und wollte nun nach Halle oder so. Unser Weg war also vorerst der gleiche. Als es langsam finster wurde, suchten wir nach einer Unterkunft. Ein bißchen abseits fand sich eine Feldscheune mit Stroh – ganz prima. So an die 30 Feldarbeiter, die am Morgen weiter nach Polen wollten, hatten sich dort einquartiert. Sie besaßen nagelneue Fahrräder. Wir suchten uns eine Ecke und nahmen die Räder mit ins Stroh, zur Vorsicht noch einen Bindfaden an den Fuß. Uns hat keiner was geklaut.

Am nächsten Morgen ging die Fahrt weiter. Wieder bildeten gesprengte Brücken fast unüberwindliche Hindernisse. Die höchste und für uns schwierigste war die Brücke bei Wilsdruff. Ich wußte von einem Professor von der Brücke Siebenlehn, da war er einmal Bauleiter; sie mußte noch höher sein. Doch zum Glück war die noch befahrbar. Bei einer Rast sagte mein Kamerad, daß er zwar einen Entlassungsschein und einen Ausweis hätte, aber der Schein wäre nicht unterschrieben. Ich tat ihm den Gefallen mit meiner Unterschrift, denn in dieser Zeit konnte keiner die Richtigkeit prüfen. Selten kam uns jemand entgegen. Die Amis mußten noch weit entfernt sein. Der Krieg war zu Ende, und hier gab es keine Besatzung. Nur in einigen Kasernen waren noch deutsche Truppen. Da machte man lieber einen großen Bogen drum herum, denn es gab

noch Offiziere, vielleicht sogar Feldgendarmerie oder SS-Verbände. Gegen Nachmittag kamen wir nahe Mittweida vorbei. Wir trafen einen, der sehr gut Bescheid wußte – er kam aus der Ami-Zone. Er erzählte, daß die Amis an der Zwickauer Mulde eine gut gesicherte Grenze aufgebaut hätten. Er kannte ein Schlupfloch, das wir nehmen sollten. Wir befolgten seinen Rat, doch es kam anders.

Auf kleinen Landstraßen ging es durch Orte, die wie ausgestorben aussahen. Meine völlig zerfahrenen Reifen hatte ich inzwischen gegen bessere getauscht, wieder Luft aufgepumpt, und die Fahrerei war leichter. Wir fuhren einen schmalen Waldweg entlang. In 1 bis 2 km sollte die Stadt Lunzenau kommen und dort eine Fabrik mit einer kleinen unbewachten Brücke. Es wäre zu schön gewesen! Aber uns kam ein Jeep entgegen, besetzt mit mehreren weißen und farbigen Soldaten. Sie sperrten die Straße und ließen uns nicht durch. Vielleicht morgen, vielleicht erst in ein paar Wochen könnten wir weiter. Aber in einer Stunde sei Sperrzeit, und kein Deutscher dürfe da mehr auf der Straße sein! Das war uns neu. Was tun? Zurück ins nächste Dorf, es hieß Wiederau. Zwei Jahre später lernte ich einen Studienfreund kennen, der von hier stammte. In einer Gärtnerei durften wir im Schuppen übernachten. Am nächsten Tag fuhr ich allein weiter in Richtung Chemnitz. Ich wollte mir einen Weg durch das Erzgebirge suchen. Mein Kamerad setzte seine Reise nach Norden fort.

In Chemnitz traf ich wieder auf eine Ami-Streife. Sie wollten nicht einmal meinen Ausweis sehen. Gegen Abend war ich endlich wieder außerhalb der Stadt. In einer Dorfkneipe hatten sich einige Leute zu einer Art Versammlung eingefunden. Da mir keiner von ihnen ein Quartier für die Nacht anbieten konnte, ließ mich der Wirt auf nebeneinander gestellten Holzstühlen schlafen. Am nächsten Morgen bekam ich eine Topf warmen Kaffee – gegen

Schokoladenkugeln. Der Wirt hatte keine Landkarte, konnte mir aber aufschreiben, wie ich weiter fahren sollte. Ich würde dann selbst sehen müssen, was möglich wäre. Durch welche Orte ich kam, weiß ich nicht mehr, jedenfalls war ich gegen Mittag in Aue/Sa. Eine Bahnschranke in der Stadt war geschlossen, weil eine Lok probeweise hin- und herfuhr. Einen Bahnbetrieb gab es nicht. Wieder fragte ich Leute nach dem Weg. Da sagte mir einer, daß er nach Thüringen wolle und sich auch auskenne. Wir schlossen uns zusammen, mit von der Partie seine Frau und noch zwei andere – alle besaßen Fahrräder. Wir fuhren das Muldental entlang. An einer gesprengten Brücke mußten wir unsere Räder durch knietiefes Wasser tragen.

Auf der Landstraße waren auf einmal kilometerlang Fahrzeuge aller Art aufgefahren, Unmengen deutscher Soldaten standen herum. Alle warteten auf weitere Befehle. Wir gingen an der Seite entlang, unsicher, wohin und wie weit wir noch kommen würden. Uns war nur klar, daß ein Stück voraus die Amis wieder eine Sperre aufgebaut haben mußten. Am Ende der deutschen Militärkolonne angelangt, kamen wir nach einigen 100 m an eine Straßenkreuzung, an der eine Menge Amerikaner herumstand. Sie hatten viele Fahrzeuge dabei. Der Ort hieß Morgenröthe-Rautenkranz – einzelne kleine, weit verstreute Häuser. Wir durften nicht weiter. Keiner wurde durchgelassen, weder Zivilisten noch Militär. Das galt auch für die andere Richtung. Neben der Straße lief ein Bach, an beiden Seiten gab es Wiese und waldbedeckte Berghänge. Der „Chef" unserer kleinen Truppe verhandelte mit einem Offizier, doch in einigen Minuten war Sperrzeit und wir sollten von der Straße verschwinden. Hier gab es aber keine Möglichkeit, unterzukommen. Eine neue Verhandlung brachte eine kleine Besserung. Nachdem jeder einzeln versprechen mußte, am nächsten Morgen zurückzukehren,

ließ man uns in ein Haus hinter dem Wachposten gehen – dort wohnte angeblich Verwandtschaft von uns.

Die Hausbewohner halfen bereitwillig, vor allem, weil ich in „Kugelwährung" bezahlen konnte. So bekam ich auch einen besonders guten Schlafplatz - eine Badewanne. Mit Ende der Sperrzeit um 7.00 Uhr standen wir am Morgen bereit, durch das Brettertor hinauszugehen. Wir liefen jedoch nicht zurück zum Wachposten, sondern über die Wiese in den Wald. Der Posten schien uns nicht gesehen zu haben. Über einen kleinen Waldweg, der an einem Bach entlangging, kamen wir wieder an eine Straße. Da hatte uns schon der nächste Posten entdeckt. Unser Kommen war sicher über Funk gemeldet worden. Es gab eine eindringliche Verwarnung, und wir wurden zurückgeschickt. Als Rückweg mußten wir die Straße benutzen. Mit den Rädern durften wir nicht fahren. Aber wir hatten Glück, es ging kein Begleiter mit! Nach der ersten Kurve kletterten wir hinter einem Gebüsch den Hang hinauf und hatten damit den zweiten Posten umgangen. Als wir etwas weiter im Wald eine Streife hörten, konnten wir uns alle verstecken. Dabei haben wir uns verloren.

Ich suchte mir wieder eine Marschrichtung. Rechtzeitig genug entdeckte ich an einer Kreuzung zweier Waldstraßen weitere Wachposten und konnte sie meiden. Vom Waldrand einer Anhöhe aus konnte ich im Tal eine Stadt sehen: Falkenstein – hier wohnte eine Tante von mir! (Könnte ich an einem ersten Ziel angekommen sein?!) Ich kannte den Weg. Wachposten gab es keine mehr, und ich kam kurz nach Mittag an. Am Tisch saßen meine Eltern und meine Schwester – und für mich war noch ein Teller dünne Kartoffelsuppe übrig. Es war der 12. Mai 1945.

Nachwort zur Militärzeit

Die Wegstrecke von Fürstenwalde nach Teupitz konnte ich erst jetzt nach 50 Jahren anhand von Meßtischblättern ziemlich genau nachvollziehen. Erkundigungen über meine Batteriekameraden beim Roten Kreuz und dem Bundeswehrarchiv führten zu keinem Ergebnis. Nur soviel: Die Batterie wurde am Tag meiner „Abreise" nach Verbrauch der Munition und Sprengung der Kanonen zur Infanterie umfunktioniert. Sie ist offenbar mit Resten anderer Einheiten südlich von Fürstenwalde bei Storkow-Selchow untergegangen. Ein Rückzug nach Berlin oder Norddeutschland war nicht mehr möglich.

Nachkriegszeit

Ich war also 21 Tage auf meiner „Wanderung" von Fürstenwalde bis nach Falkenstein. Das waren 174 km Luftlinie, aber 510 km Wegstrecke. Darin waren 125 km als Gefangener enthalten. Somit war ich etwa 25 km am Tag „gegangen", eigentlich eine ganze Menge!

So traf ich am 12. Mai 1945 überraschend meine Familie wieder. Sie hatten vom Januar bis März öfters Hausrat zu einer Tante nach Falkenstein gebracht. Am 9. April konnten sie mit einen kleinen Lastwagen auch einiges Möbel wegbringen. Vieles war aber noch in der Wohnung verblieben, das am 10. April mit dem gesamten Haus zerstört wurde. Ein Teil der Möbel stand tagelang bei Regen auf einer Wiese. Mein Handwerkszeug, Schulbücher und ein kleines Reißbrett konnte meine Mutter retten. Als Wohnung hatten wir lange Zeit nur zwei kleine Dachkammern.

Mit einem LKW konnten wir erst Ende Mai einmal nach Plauen fahren. Aber auch da war der Schreck groß, denn die Reste unseres Hauses und mehrere Nachbarhäuser in der Schild- und der Kaiserstraße waren nach dem Einmarsch der Amerikaner abgebrannt. Es gab keine Möglichkeit, weitere Sachen zu bergen. Im

Keller mußte noch ein Feuer brennen, denn der Bauschutt war noch sehr heiß. Bei der Enttrümmerung, Jahre später, wurden noch zwölf Leichen im Keller gefunden, die namentlich bekannt waren. Im Erdgeschoß des Hauses war in den letzten Jahren ein Parteibüro untergebracht. Nach Kriegsende habe ich manchmal einen Parteimann herumschleichen sehen, der einige Straßen weiter in einem unbeschädigten Haus wohnte. Ich werde bis heute das Gefühl nicht los, er könnte alles angebrannt haben, um Parteiakten zu vernichten. Solche Dinge soll es gegeben haben.

Da ich weder einen Entlassungsschein von der Wehrmacht noch von den Russen hatte, hat mich mein Vater beim Einwohnermeldeamt angemeldet als „Student, der aus Dresden heimgefunden hatte". Ich mußte ja wenigstens eine Lebensmittelkarte haben. Einige Wochen später bin ich als Bauarbeiter noch einmal von den Russen bei einer Straßenrazzia für drei Tage in einem Haus „Am Schloßberg" eingesperrt worden. Als „Flakhelfer" wurde ich nicht als Kriegsverbrecher eingestuft.

Mitte Juni 1945 bin ich dann für drei Tage mit dem Fahrrad nach Nürnberg gefahren, um Bekannte zu besuchen. Zu dieser Zeit durfte man sich in der amerikanisch besetzten Zone von Westsachsen ziemlich frei bewegen. Nur in Bayern durfte man nicht weiter als bis zum nächsten Dorf gehen, da gab es eine Straßensperre. Man traf auf den Landstraßen viele Radfahrer, die Sensen, Rechen oder andere Geräte bei sich hatten. Sie fragten immer nach dem Namen der nächsten Orte. Dabei traf ich auch drei Leute in jugoslawischen Uniformen, die wissen wollten, wo der Iwan wäre. Da hörte ich zum ersten Mal, daß er auch nach Westsachsen und Thüringen käme. Wieder in Falkenstein, waren wir alle hell entsetzt, als am 1. Juli 1945 lange Kolonnen von Panzern mit roten Sternen und Panjewagen einmarschierten. Die Leute sagten: „Jetzt kommen Amis mit roten statt weißen Sternen." Ich hatte aber diese Sterne schon als Gefangener gesehen. Die Amerikaner waren abgezogen, und nur wenige Leute hatten davon Wind bekommen. Der Schreck kam langsam, aber um so heftiger.

Wir bekamen bald eine Dreizimmerwohnung – aber zusammen mit einer Familie aus Schlesien. Also auch nicht viel besser als vorher. Langsam lief das Geschäftsleben wieder an, und es fuhr auch morgens und abends ein Zug Falkenstein–Plauen und zurück. Zuerst hielt er nahe am Milchhof, wegen Gleisschäden. Dann mußte man eben am Bahndamm aussteigen. Es gab ja auch einmal den Plan, einen Bahnhof „Plauen-Mitte" einzurichten. Nun konnten mein Vater und ich wieder in Plauen arbeiten. Aber die Bahnfahrt war keine Freude.

Ich konnte wieder bei der Baufirma Kessler arbeiten. Es gab Bombenschäden zu flicken, manchmal mit Bauholz aus zerstörten Häusern und nur notdürftig. Ich wurde sehr schnell als Vorarbeiter mit einer Truppe Hilfsarbeitern und mit Lehrlingen eingesetzt, da nicht genug ältere Facharbeiter vorhanden waren. Viele Arbeiten waren gefährlich, da es an Werkzeugen und Gerüsten fehlte. Alte Nägel wurden gesammelt und wieder geradegeklopft. Dafür gab es auf dem Werkplatz sogar einen Spezialisten. Einen LKW gab es bei der Firma vorerst auch noch nicht, es mußte erst wieder ein Holzgaser aufgebaut werden. So mußten wir schwere Balken von der Moorstraße den Berg hinauf zum Krankenhaus mit Handwagen fahren. Meine Arbeitsstellen waren in dieser Zeit hauptsächlich Omnibus- und LKW-Werkstätten in der Moorstraße und das Krankenhaus.

Eine Wohnung für meine Eltern in Plauen war eigentlich völlig aussichtslos. Aber im Wohnungsamt waren mehrere stark beschädigte Wohnungen zur Selbstreparatur freigegeben. So entschlossen sich meine Eltern für eine Wohnung in der Schillerstraße. Aber wie sah die aus? Vor dem Haus war ein 2 Meter tiefer Bombentrichter. Man mußte erst hineinklettern, um ins Haus zu kommen. Zum Glück waren noch Decken, Treppen und ein Dach vorhanden. Einige Leute wohnten noch im Haus. In unserer Wohnung hingen Lichtleitungen von den Wänden, und da lag ein Haufen Feuerholz. Nein, es waren Reste von Türen und Fenstern. In einem Wanderlied hieß es: „...und der Wind strich durch die Hallen . . ." Auf einer Matratze war mein Lager, und hier war abends nach Feierabend bis morgens meine Wohn- und Arbeitsstätte. Erste Arbeit war: Bauschutt und Straßenpflaster durchs Fenster in den Bombentrichter zu befördern. Zweitens waren Lichtleitungen soweit zu flicken, daß ich wenigstens an zwei Glühbirnen Licht hatte (solange Strom da war). Dann mußte ich mir einige Fensterrahmen zusammennageln. Glasscheiben? Nur einige postkartengroße Splitter habe ich in Pappscheiben eingeklebt. Schon die Pappe zu besorgen, war mühevoll genug. Es war ja schon Herbst, es regnete und wurde kalt.

Mein Vater kam täglich mit etwas Brot und Suppe, brachte auch manchmal etwas „Baumaterial" mit. Aber schon einige Nägel oder Schrauben oder eine Tüte Gips waren sehr wichtig. Zum Heizen konnte ich abends oft eine Tasche voll Feuerholz mitbringen. Wenn tagsüber etwas „Brauchbares" anfiel, mußte ich es gut verstecken. Oft genug war dann alles geklaut. Manchmal kamen meine Mutter und meine Schwester, um zu helfen. Einmal brachten sie von einer Ruine einen Handwagen voll Ziegelsteine, mit denen ich ein Mauerloch verschließen wollte. Leider hatte ich wohl Art und Größe der Steine nicht richtig angegeben. Die Ladung kam in den Bombentrichter, und ich mußte mir neue Steine suchen. Immer Ärger mit dem Personal.

Nach etwa 2 bis 3 Wochen war die Wohnung brauchbar. Fenster waren nur teilweise zu öffnen und die Türen sehr wacklig. Aber wir konnten wieder in der Stadt wohnen und brauchten nicht mehr mit der Bahn zu fahren. Ein großes Problem war der Möbeltransport. Unsere Baumaschinisten hatten einen Vomag-LKW wieder gangbar gemacht. Ich konnte auch noch drei Zimmerleute zur Hilfe überreden und fünf Sack kleingehacktes Holz für den Holzgasantrieb beisteuern. Alle waren am Sonntag früh zur Stelle, und bis abends war die neue Wohnung eingerichtet Das Möbel hatte auf der Ladefläche weitere Kratzer bekommen, weil am Krankenhaus noch Drähte der Straßenbahn herabhingen. Aber auch das konnte uns nicht aufhalten.

Wie vielerlei beschrieben, waren auch im 2. Weltkrieg die Lebensmittel in Deutschland sehr knapp. Eine gewisse großzügige Rationierung gab es für Butter bereits 1938. Ich mußte z. B. etwa einen Monat lang täglich in einem Milchladen für meine Mutter eine kleine Flasche Sahne abholen. Oft waren da Käuferinnen, die dann auch Sahne wollten. Aber die Verkäuferin erklärte immer: das gibt es nur auf ärztliches Rezept. Bis Kriegsende wurden dann die Zuteilungen besonders für Fleischwaren und Fette immer geringer, aber es war noch auszuhalten. eine richtige Hungersnot gab es nach Kriegsende mit dem Tiefstpunkt 1947/48, da gab es auch kaum noch Obst und Gemüse zu kaufen. Viele Lebensmittel bzw. lebensnotwendige Dinge wurden gegen alle entbehrlichen Sachen eingetauscht. Wir fuhren mit dem Rad oder der Bahn auf Dörfer und gingen von Haus zu Haus, um eine Damenbluse gegen ein paar Kartoffeln zu tauschen. Da waren ganze Völkerscharen unterwegs.

Natürlich wurde auch gestohlen. Einmal war ich in der Gegend um Reuth unterwegs. Da sah ich weit entfernt 2 Leute mit Fahrrädern auf einem Feldweg. Plötzlich legte einer eine Decke aus und der andere stellte sein Rad mit Lenker und Sattel darauf. Dann wurde das Hinterrad kräftig gedreht und die Ähren einer Garbe in die Speichen gehalten. Die Körner flogen auf die Decke, und nach dem Einsammeln der Körner ging die Fahrt weiter. Wenn im Sommer an einem Tag der „Tauscherfolg" zu gering war, habe ich auch ein paarmal im Stroh übernachtet, um am nächsten Tag nicht wieder anfahren zu müssen.

Jedes kleine Stück Land wurde zu Gartenbeeten ausgenutzt, so auch Anlagen in der Stadt. Wir hatten einige Quadratmeter Garten zwischen den Hausruinen vom Schutt befreit und mit viel Alteisen abgesichert. Aber Salat, Kohl und Tomaten wurden auch da geklaut. Bei jeder Art von Broterwerb mußte die ganze Familie helfen. „Keine Lust" gab es nicht.

Ein weiterer Notstand war die Bekleidung. Viele Leute, die aus ihren verbrannten Wohnungen nichts retten konnten, oder auch Flüchtlinge, hatten kaum einen Anzug oder einen Mantel. Hilfe waren dann oft Uniformstücke der Wehrmacht. Sie durften aber keine Militärknöpfe und Abzeichen haben und mußten dunkelbraun gefärbt sein. Oft haben Frauen aus ebenso gefärbten Wolldecken Anzüge und Mäntel für die Familie geschneidert. Ich hatte eine Schirmmütze etwa in Rotkreuzart. Aber ohne Abzeichen und Litzen. Ich ging damit zur Baustelle. Da stand an einem Haus ein Russe auf Posten. Er wollte von mir wissen, ob dies eine „Deutschmütze" sei. Ich dachte: wenn ich ein Deutscher bin, dann ist das auch eine „Deutschmütze". Sofort hatte ich eine Ohrfeige, das ich die Engel singen hörte. Aber eine andere Mütze hatte ich nicht. Vor mancher Ami- oder Russen-Kommandantur durfte man nicht auf dem Bürgersteig gehen, sondern nur auf der Fahrbahn. Hing da eine Fahne, so mußte man sie und den Wachposten grüßen. Wir hatten eben den Krieg verloren.

Im Herbst 1945 wurde die Staatsbauschule Plauen wieder eröffnet. Natürlich mußte ich mein Studium von vorn beginnen. Als Lehrsäle wurden Zimmer des Hauses Ecke Friedens- und Weststraße benutzt. Direktor war Baurat Bräutigam, er war damals Chef des Bauamtes im Landratsamt. Wir hatten einen Dozenten, der einige Jahre vorher Bauleiter an der Autobahnbrücke Siebenlehn war; ich glaube, er hieß Dipl.-Ing. Seitz. Unser Lehrsaal war in der Friedensstraße im 3. Obergeschoß. Das Nachbarhaus war zerstört, und bei uns fehlte die Außenwand. Da waren als Sicherheit nur einige Dachlatten hingenagelt worden. Aber wir waren alles Bauleute und hatten keine Angst vor der Höhe. Nach knapp drei Monaten kamen russische Offiziere, die den Betrieb einstellten.

Mir blieb also wieder die Baustelle. Zuerst wurde ich Ausbilder für Umschüler. Vorher waren viele Leute in den Ämtern oder z. B. Lehrer Mitglieder der NSDAP. Alle wurden entlassen und weitgehend durch Berufsfremde ersetzt. Die Entlassenen bekamen andere Arbeitsstellen, so z. B. am Bau. So hatte ich reihenweise Leute (bis nahe ans Rentenalter) zu Zimmerleuten umzuschulen. Es war ein Wunder, daß es dabei nur wenige Unfälle gab.

Für einige Wochen wurde ich als Zimmerer beim Wiederaufbau der Elstertalbrücke eingesetzt. Meine Vorgesetzten waren damals Polier Rätzer und Bauleiter Theuerkauf, die ich später wieder traf. Beim ersten großen Bauunfall war ich gerade auf einem Gerüst in ca. 30 m Höhe und beim zweiten bin ich wenige Minuten vorher mit dem Zug unter der Baustelle durchgefahren.

Um beruflich weiterzukommen, habe ich eine Stellung als Bauzeichner beim Stadtplanungsamt bekommen können. Mein Chef war damals Architekt Eisenwinter, Stadtbaurat war Baumeister Sommer und Oberbürgermeister Herr Dietel, ehemaliger Einzelhändler in Haselbrunn. Alle diese Leute habe ich nach Jahren in z. T. ganz anderer gegenseitiger Zuordnung wiedergetroffen. Großartige Zeichnungen habe ich in dieser Zeit sicher nicht gemacht. Aber ich habe Einblicke in die Bauamtsstruktur, in stapelweise alte Bauakten (etwa ab 1830) und

Was nach dem 10. April von der Bauschule übrigblieb.

Vater vor seiner zerstörten Arbeitsstätte (1946)

Das ausgebrannte Landgericht (1947)

Blick von der Johannstraße die Kaiserstraße hinab (1945)

Ich stehe vor unserer „Wohnstätte", um arbeiten zu gehen (1946)

Obere Reihe: die 1. Frau von rechts ist unsere Mutter als Trümmerfrau (1947)
Fotos: Albert

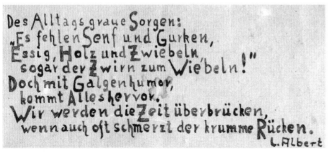

Des Alltags graue Sorgen:
„Es fehlen Senf und Gurken,
Essig, Holz und Zwiebeln
sogar der Zwirn zum Wiebeln!"
Doch mit Galgenhumor,
kommt Alles hervor.
Wir werden die Zeit überbrücken,
wenn auch oft schmerzt der krumme Rücken.
L. Albert

Galgenhumor (1946–1947)

in die Baugenehmigungsverfahren gewinnen können. Besonders interessant für mich waren Zeichnungen aus den Jahren von vor 1871, als es noch keine „Meter" gab und Messungen in Zoll und Ellen erfolgten. Gelegentlich mußte ich Grundrisse von teilzerstörten Häusern der Altstadt ins moderne Maßsystem übertragen.

Auch die Planungsvorstellungen der 30er Jahre waren für mich hochinteressant. Sie sollten gelegentlich einmal der breiten Öffentlichkeit zugänglich gemacht werden. Ich erinnere mich da an eine Ringstraße rund um Plauen, an eine Bahn im Pietzschebachtal (Verbindung oberer zu unterer Bahn), Planungen am Oberen Bahnhof und die Fernverbindung Weischlitz–Feilitzsch. Plauen hat nur Bahnsteiggleise in engen Kurven.

Frau Margarete Stieler durfte auch wieder ihren ersten Tanzkurs abhalten, an dem ich teilnahm. Ich habe noch ein Foto der ganzen Runde. Ich kann mich nur noch an wenige Leute erinnern. Beim Studium in Chemnitz traf ich Siegfried Steiger wieder, der später die Deutsche Luftrettung und die „Björn-Steiger-Stiftung" (Notrufsäulen) ins Leben rief. Meine Partnerin war Helga Kunis.

Nun kam der kalte Winter 1946/47. Um den verschiedensten Licht- und Heizungsproblemen zu begegnen, wurden allerhand Kunstkniffe erfunden. Da hatten wir in dem alten Haus noch Gasleitungen an der Decke. Ich konnte eine Gaslampe besorgen, und wir hatten bei Stromsperre wieder Licht. Einige Leute nahmen ein Fahrrad zu Hilfe, und jeder in der Familie mußte abwechselnd 15 Minuten treten. Dann gab es wieder lange Zeit kein Gas. Da konnte ich unter die Brenner des Gasherdes Keramikplatten einbauen, mußte mir aber Heizspiralen selbst drehen. Steckdosen habe ich aus Holz selbst gebaut, und eine Zeitlang hatten wir eine Karbidlampe. Alle diese Dinge waren natürlich nicht ungefährlich, und nicht jeder konnte solche „Hilfsmittel" beschaffen.

Brennholz vom Wald zu holen, war lebensnotwendig. Man durfte Baumstümpfe ausgraben – aber wenn gerade keine da waren, sollte man den darauf stehenden Baum im Wald liegen lassen? Die Heizung im Rathaus war natürlich auch durch Bombenschäden außer Betrieb. Da hatten wir in einem großen Dienstzimmer einen großen Bauofen mit dem Rohr zum Fenster hinaus. Verfeuert wurde alles Brennbare, manchmal auch Parkettholz aus den zerstörten Räumen, an dem auch noch Asphaltkleber hing.

Meine Tätigkeit wurde jäh unterbrochen durch eine Dienstverpflichtung zur Wismut nach Aue, wieder als Zimmerer. Ich wurde einer Arbeitsgruppe von 25 Leuten zugeteilt. Wir mußten Gartenzäune quer über Straßen hinweg bauen. Kleine Fördertürme wurden aus Baumstämmen gebaut, einer stand mitten auf einer Dorfstraße. Betonfundamente für eine Preßluftanlage wurden mitten in den Kurgarten von Oberschlema gebaut. Im Februar 1947, als es sehr kalt war, hatten wir ein Feuer aus Abfallholz angezündet zum Wärmen. Dem Russen war unsere Arbeitsleistung zu wenig. Also gab es am Schichtende für 25 Mann nur 22 Essenmarken! Wer geht da leer aus? Zwischenzeitlich hatte ich eine Zusage zum Studium an den neu eröffneten Technischen Lehranstalten Chemnitz erhalten. Aber Urlaub zur Aufnahmeprüfung wurde verweigert, es blieb mir nur unentschuldigtes Fehlen im Schacht. Rückkehr und Freistellung von der Wismut waren ein gefährliches Abenteuer. Ein russischer Oberst, dessen Sohn Student in Rußland war, hat mir als Objektleiter geholfen.

Mein dritter Studienbeginn

Inzwischen war es März 1947 geworden. Meine Bewerbung um einen Studienplatz in Chemnitz war erfolgreich, aber er war noch von einer Ausleseprüfung abhängig. Es waren sehr viele Anmeldungen eingegangen. Als Voraus-

wahl vor der Prüfung waren fachliche Tätigkeiten, ein Mindestalter von 19 Jahren und Wohnort in Sachsen maßgebend. Im Fachbereich Bauwesen wurden drei Kurse à 35 Leute als Anfängersemester eingerichtet. Zwei oder drei ehemalige Offiziere wurden bald wieder ausgewiesen, aber nahezu alle haben die sechs Fachsemester und die Ingenieurprüfung Februar 1950 zusammen überstanden.

Wirtschaftlich hatten wir es sicher nicht leicht. In diese Zeit fiel die Währungsreform die Demontage der Fabriken und des zweiten Bahngleises sowie die Schaffung der DDR. Fachbücher gab es fast keine zu kaufen, und Zeichenpapier war sehr knapp. Einmal konnte ich unbedrucktes Zeitungspapier kaufen und mit Wurst und Eiern bezahlen, was auch nur sehr schwer zu beschaffen war. Zeichentusche wurde in Eigenproduktion aus Ofenschwärze hergestellt. Der Schwarzmarkt blühte, aber dazu hatten wir keine Zeit. Es kosteten 500 g Brot ca. 60 Mark bei einem Facharbeiterlohn von 1 Mark je Stunde.

Es war unverkennbar: eine Währungsreform mußte kommen. Bereits Wochen vor dem „Tag X" waren Gerüchte und Mutmaßungen in der Bevölkerung, der Presse und dem Rundfunk im Umlauf. Alte Leute wurden über die Ereignisse von 1923 ausgefragt und auch unsere Dozentin für Betriebswirtschaft entschloß sich, uns das kommende Ereignis zu erklären. Sie hatte Zugang zu Zahlenmaterial wie Geldumlauf, Bank- und Firmenbilanzen, Werte von Betrieben, Häusern usw. Sie stellte eine große Liste zusammen und sagte: die Abwertung wird im Durchschnitt etwa 1:10 erfolgen. Damit lag sie sehr genau. Jeder versuchte nun alles Bargeld auszugeben. Das war bei Warenknappheit sehr schwer. Ich hatte mich gefreut, daß ich fast kein Bargeld mehr besaß, da kam die Meldung, daß jeder ein „Kopfgeld" von 100 Mark im Verhältnis 1:1 umtauschen darf. Ich rannte los, um auf dem Schwarzmarkt zwei Flaschen Wodka

Ausbau der Behelfsbrücke Januar 1949

(?) zu kaufen. Ich hatte Glück und konnte sie auch anderswo gleich wieder gut verkaufen. Mein Kopfgeld war gerettet. Dafür hatte ich beim Sparbuch Pech: meins war von einer Bank und wurde voll gesperrt (Uraltkonto). Andere Sparbücher von Sparkassen wurden nur zum Teil gesperrt und konnten zu einem Teil wieder abgehoben werden.

Vorstand (Dekan) des Fachbereiches Bauwesen war bis September 1949 Prof. Dr.-Ing. Hermann Heuß, ein Bruder des späteren Bundespräsidenten. An fachlichen Exkursionen haben sich mir nur eine Fahrt nach Wechselburg (wo ich in der Kirche den Blasebalg der Orgel getreten habe) und eine Fahrt nach Augustusburg zu Aufmaßarbeiten an einem alten Wohnhaus in der Erinnerung bewahrt.

Nach meinem Studium war ich 1½ Jahre bei der neuen Baufirma „Bau-Union Plauen" tätig. Hier war mein Arbeitsgebiet vorwiegend Bauleitung, z. B. beim Wiederaufbau eines Gebäudeteils an der Textilfabrik Rähnisstraße und an Bauarbeiten in Reichenbacher Großbetrieben. Besonders beeindruckend war für mich die Bauleitung für den letzten Bauabschnitt am Wiederaufbau der Elstertalbrücke. Vorbereitend mußte ich eine Kalkulation erarbeiten, die erhebliche Tücken aufwies. Studienkenntnis-

se waren da keine Hilfe. Materialtransporte waren auf Straßen nur bis zu den Bahnhöfen Jocketa und Barthmühle möglich. Dann mußte es auf handgeschobenen Rottenwagen auf dem Gleis weitergehen, solange kein Zug kam. Als Polier auf der Baustelle stand mir wieder Kollege Rätzer zur Verfügung, und als Bauleiter der Reichsbahn war wieder Herr Theuerkauf zuständig. Für das Verladen der Stahlteile der Notbrücke, die am Bahndamm lagen, mußte ich immer Lok, Dampfkran und Waggons in Dresden bestellen. Da wir in der Firma nahezu keine LKW hatten, mußte ich mehrmals dicke Stahlseile mit dem Fahrrad zur Baustelle transportieren. Einmal wollte ich anschließend mit dem Rad über die Brücke zum Bahnhof Jocketa fahren. Der VP-Wachmann kannte mich, wollte es mir aber verbieten (mit vorgehaltener Flinte!). Mehrere besonders ausgesuchte Maurer arbeiteten auf einem Hängegerüst außen an der Brücke. Das Gerüst war an Stahlseilen befestigt. Zugang war nur über das Geländer, eine Holzleiter hinunter, möglich. Ich mußte die Arbeit begutachten, und auch die Maurer bestanden auf meiner Anwesenheit auf dem Gerüst. Ich habe die Kletterei überstanden, wie es mir auch später nicht erspart blieb. Mit meinen kalkulierten Baukosten sind wir gut ausgekommen.

Durch die statisch-konstruktive Bearbeitung beim Umbau eines Wasserkraftwerkes an der Elster bot sich mir ein Wechsel meiner Arbeitsstelle. Mein Studiengebiet war Architektur und Bauleitung, nun wollte ich mich in den Industriebau, Stahlbetonbau und Wasserbau einarbeiten. Mein erster Chef in dem neuen Büro war „Wasserschmidt". Hier planten wir größere Trinkwasser-Aufbereitungen. Später wurden wir mit dem größeren Büro Industrieprojektierungen zusammengeschlossen. Da war ich wieder bei Architekt Eisenwinter. In dieser

Zeit wurden viele Bauvorhaben geplant. Ausgeführt wurden keine Plauener, sondern nur auswärtige Projekte.

Einige Monate war ich zur Bauleitung „Stalin-Allee" nach Berlin versetzt. Später bewarb ich mich auf Umwegen um eine Stellung im Westen. Statt einer Anstellung bekam ich von Eisenwinter einen Anpfiff. Meine Post war abgefangen worden. Die Arbeit im Stahlbeton- und Stahlbau brachte mich weit über das im Studium erlernte hinaus. Leider meldete der „Buschfunk" die Abkoppelung des Industriebaues von Plauen. So entschloß ich mich zu einer Bewerbung in einem Büro an der Ostsee. Hier standen mir neue Aufgaben bevor, aber auch die Trennung von Eltern und langjährigen Arbeitskollegen. Es war mir klar, daß ich damit auf manche Hilfe verzichten mußte. Aber ich habe diesen Schritt nicht bereut.

Wolfgang Albert, Meckesheim

Die Lücke ist geschlossen   Fotos: Museum Mylau

Mit dem Skizzenblock unterwegs

Als Sohn einer kinderreichen Familie im Jahre 1927 in Arnoldsgrün geboren, war eine seiner Entwicklungsetappen die Oberschule in Oelsnitz. Schon frühzeitig mit einem zeichnerischen Talent versehen, gelang es ihm, Schüler der damals international geschätzten Staatlichen Kunstschule in Plauen zu werden. Ficker vermittelt noch einmal ein Bild der Schule und des Lehrkörpers. Der Verlag wählte diesen Zeitabschnitt aus den Erinnerungen Friedbert Fickers „Einer schwimmt gegen den Strom" für die vorliegende Dokumentation aus.

Bereits im vorschulpflichtigen Alter gehörte das Zeichnen bei mir nahezu zur Befriedigung elementarer Bedürfnisse. Da konnte ich der Phantasie freien Lauf lassen, konnte ungehindert träumen und fabulieren. Mehr noch, alles, was mir begehrenswert erschien, aber zu Hause nicht zu haben war, vermochte ich mir mit Bleistift und Papier herbeizuzaubern. Mangels besseren Zeichenmaterials waren es meist nur die Ränder von Zeitungen, die sich auf diese Art mit ganzen Bildergeschichten füllten. Gleich Filmstreifen im Kino rollten so die verschiedensten Ereignisse ab, die mich jeweils gerade beeindruckten und beschäftigten. Während des Krieges, als die deutschen Verluste nicht mehr zu übersehen waren und der Ausgang des verbrecherischen Abenteuers immer deutlicher wurde, meinte meine Großmutter einmal hintergründig lächelnd, wenn alle die von mir gezeichneten Figuren zum Leben erweckt werden könnten, dann hätte Deutschland genügend Menschen zur Verfügung, um am Ende den Krieg doch noch zu gewinnen.

Dieser natürlichen Begeisterung am bildnerischen Gestalten stand als Hindernis bereits der Unterricht im Zeichnen in der Volksschule entgegen. Abgesehen von der herkunftsmäßig bedingten Aversion, die der Lehrer gegen mich hegte und immer wieder zu erkennen gab, war es auch die am Wecken schöpferischer Kräfte vorbeigehende Methode, die selbst den Zeichenunterricht in eine langweilige Dressurübung verwandelte. Nicht der thematische Inhalt in seiner Variationsfähigkeit durch die einzelnen Schüler war gefragt, sondern das Herunterhaspeln äußerer Formen. Von Kinderpsychologie oder gar von der Psychologie des Zeichnens, wie sie bei Gustav Britsch, Hartlaub und anderen nachgelesen werden konnte, war nicht die geringste Spur zu erkennen. Als wir einmal die Aufgabe gestellt bekamen, einen Pferdeschlitten zu zeichnen, entwarf ich auf der Schiefertafel eine komplette Landschaft mit tief verschneitem Wald und dem Schlittengespann dazwischen. Der Schlitten allein schien mir ohne die Wiedergabe seiner Funktion in dem dazugehörigen Umfeld ein toter Gegenstand ohne ernstliche Bedeutung und auch ohne künstlerischen Reiz zu sein. Die Beurteilung meiner Arbeit lautete dagegen, ich hätte das Thema verfehlt.

Nicht anders verhielt es sich mit dem Zeichenunterricht in der Oberschule, wo ebenfalls weniger die Idee, als die formale Ausführung im Mittelpunkt der Bewertung stand. Diesem in Wahrheit auf Äußerlichkeiten bezogenen Unterrichtsbetrieb entsprach es, daß der Zeichenlehrer Feodor Groß damit geradezu einen Kult der Nichtigkeiten verband, wenn er während der Unterrichtsstunde Kontrollen des nach seiner Meinung unabdingbaren Handwerkszeugs durchführte. „Als da sind, Bleistift, Radiergummi, Zeichenblock, Aquarellkasten, Wassernapf, Pinsel, Löschblatt", tönte es dann durch den Zeichensaal, wenn er dazu unter der insgeheimen Belustigung der Klasse durch die Bankreihen stürzte, um mit detektivischer Akribie nach Sündern zu fahnden und um Verstöße gegen die geheiligte Ordnung mit Zornesausbrüchen und gegebenenfalls sogar mit Arrest zu ahnden. Mit der gleichen starren Prinzipienreiterei versuchte er uns die Grundrißformen der griechischen Tempel einzuhämmern – ohne daß wir jemals eines dieser Bauwerke auf einem Bild zu Gesicht bekamen.

Da mir das Zeichnen leichtfiel und ich trotz der Drillmethode im Gegensatz zu manchen

Arnoldsgrün, Kirche und alte Schule, Holzschnitt   *Repro: Verlag*

Kameradinnen und Kameraden in der Klasse keine Mühe damit hatte, nahm es nicht Wunder, daß mit zunehmendem Alter meine abwertende Einschätzung auch eine eigene Verhaltensweise zur Folge hatte. Dazu gehörte beispielsweise, daß ich weniger talentierten Mitschülern die Zeichnungen auf ihren Blöcken entwarf, um zum Schluß, der mehrmaligen

Wiederholung des Themas überdrüssig geworden, das eigene Blatt halbfertig abzuliefern. Genau das hatte zur Folge, daß ich im Zeichenunterricht die Note Zwei erhielt, während er die für die anderen insgeheim von mir angefertigten Arbeiten wiederholt mit der Note Eins bewertete. Es war ein Grund mehr, Feodor Groß, seinen Unterricht und die Benotung geringschätzig zu betrachten. Es belustigte mich im Stillen sogar, daß er mir mit den Zeichnungen meiner Freunde nichtsahnend am Ende meine Leistung doch noch bestätigte.

Was mir unter solchen Umständen blieb von der Freude am Zeichnen und an der bildenden Kunst, das war nach wie vor die schöpferische Betätigung in der Freizeit. Zu Darstellungen aus Erinnerung und Phantasie gesellten sich nun auch erste zaghafte Versuche nach der Natur hinzu wie das Porträt des Arnoldsgrüner Austragsbauern Richard Ficker, das mir als Illustration zu dessen Erzählungen aus der Vergangenheit unseres Dorfes für eine geplante Ortschronik dienen sollte und durch die spätere Flucht nach Westdeutschland zu den von mir bis heute betrauerten Verlusten zählt. Bei der Bewältigung derart selbstgestellter Aufgaben war ich keinem lähmenden Zwang unterworfen, sondern konnte nach meinem Gutdünken gestalten. Doch war damit auch die negative Seite des Fehlens einer einfühlsamen lenkenden Hand verbunden, die für eine zielgerichtete Aus- und Weiterbildung nötig ist. Als mir zum Beispiel eine als Holzschnitt gestaltete Ansichtskarte der Werdauer Kirche von dem damaligen Schulleiter und Heimatkünstler Clemens Mecke in die Hände fiel, beschloß ich, daß auch Arnoldsgrün so etwas haben müsse, und versuchte meine Absicht in einem Linolschnitt umzusetzen. Doch war außer mir niemand davon überzeugt, und die mangelnde Übung und die fehlende Korrektur ließen es zunächst beim Wollen statt beim Vollbringen bewenden.

Ein grundlegender Wandel trat für mich ein, als im Frühjahr 1944 der junge, leider viel zu früh gefallene Albert Gütter in einem Schaufenster der Buchhandlung Reichel am Heppeplatz in Oelsnitz Aquarelle und Pastelle von einer Studienfahrt in den Harz ausstellte. Ich war wie gebannt und konnte mich nicht sattsehen an den Bildern von der munter über Felsblöcke zu Tal rauschenden Bode oder von dem sonnendurchtränkten Laubwerk der Büsche und Bäume. Mir schien es geradezu wie eine Offenbarung und wie ein Omen zugleich, daß es im Raum Oelsnitz einen Kunstmaler gab, und es stand für mich fest, den mußte ich besuchen. Als sich dann auf meine Frage in der Buchhandlung herausstellte, daß der Künstler in Görnitz wohne, war es klar, noch am gleichen Tag mein Vorhaben auszuführen und mittags auf der Heimfahrt mit dem Omnibus an der Tanzermühle auszusteigen und den für mich neu entdeckten Maler Albert Gütter zu suchen.

Ein junger, ebenso höflicher wie bescheiden auftretender Mann öffnete mir, gab seiner Freude über mein Interesse an seinem Schaffen lebhaft Ausdruck und führte mir seine Arbeiten vor. An der Staatlichen Kunstschule in Plauen hatte er seine Ausbildung erhalten, dort war er der Lieblingsschüler des vogtländischen Altmeisters Walter Löbering. Doch bei allem Lob über seinen verehrten Lehrer versicherte er mir, daß diese Ausbildung noch lange nicht genüge für die künstlerische Tätigkeit und daß ein weiteres Studium an der Kunstakademie wünschenswert wäre. Rückblickend läßt sich die künstlerische Herkunft Gütters nicht verleugnen. Seine Landschaften, Stilleben und Porträts waren aber dennoch eigenständige Leistungen, die den etwa zwanzigjährigen Maler als einen Frühvollendeten auswiesen. Löbering hat auch später wiederholt betont, daß Gütter sein begabtester Schüler gewesen sei. Die Augen und die Hände bezeichnete er bei seinen Erläuterungen zu den mir vorgeführten Arbeiten als

die wichtigsten Details, die erst Wesen und Charakter der Dargestellten ausmachten. Die Bildnisse der Eltern, seiner Schwester oder eines Rittergutsbesitzers bewiesen ebenso wie Selbstporträts das Gesagte zur Genüge. Diese über die vordergründige photographische Ähnlichkeit hinausreichende Fähigkeit zum Erfassen und Herausarbeiten der eigentlichen Wesenszüge erklärt es auch, daß der eigentlich noch am Anfang der künstlerischen Laufbahn stehende Gefreite von seiner Einheit an der Front in Rußland für ein Vierteljahr abkommandiert worden war, um in Bautzen die sächsischen Ritterkreuzträger zu malen. Darunter befand sich der Generaloberst Reinhardt, der nach anfänglichem Unwillen, weil er nicht um sein Einverständnis gefragt worden war, die ihn überzeugende Leistung mit einem Trinkgeld von 50 Reichsmark honorierte.

Von Bautzen aus waren Gütter noch einige Tage Urlaub gewährt worden, ehe er wieder nach Rußland zurückkehren sollte – um die Heimat nicht wieder zu sehen. Diese kurzen Tage wollte er wie in einer Vorahnung noch nützen mit Studien vor der Natur, die nach seiner Ansicht die unabdingbare Grundlage allen bildnerischen Schaffens darstellten. Seine Einladung an mich, ihn zu begleiten und mit zu zeichnen, nahm ich gerne an und bekam so erstmals sorgfältige Anleitung, den gewählten Vorwurf genau zu beobachten und das Gesehene bildnerisch umzusetzen. Großen Eindruck machte mir seine Bemerkung, das obere Görnitzbachtal bei Arnoldsgrün und Korna sei so reich an landschaftlichen Schönheiten, daß ich ein ganzes Leben benötigen würde, um sie im Bilde festzuhalten. Bereits nach den ersten gemeinsamen Skizzierversuchen riet er mir zum Besuch der Plauener Kunstschule.

Gleich in den nächsten Tagen nutzte mein neuer Freund einen Abschiedsbesuch bei seinem Lehrer Walter Löbering, um mich diesem wärmstens zu empfehlen. Es sollte daraus eine freundschaftliche Verbindung werden, die über den Tod des Malers hinaus mit dessen Töchtern weiter besteht. Dabei war sein erster Empfang eher reserviert, und er erklärte mir lediglich, daß er selbst an der Schule eigentlich nur noch geduldet sei und auf meine Aufnahme keinerlei Einfluß habe. Dafür nahm mich der zuständige Leiter der Unterklasse, Karl Schweitzer, nach Vorlage meiner Arbeiten ohne Aufnahmeprüfung auf. Damit war die wichtigste Hürde genommen, den Weggang von der Oberschule dem verhaßten Oberstudiendirektor Kasten bekanntzugeben und zugleich im Finanzamt um die Fortzahlung meines Stipendiums nachzusuchen. Zu Hause wurde der im Alleingang gefaßte Entschluß weniger günstig aufgenommen. Aber es gibt wohl grundsätzliche Entscheidungen im Leben, die man auch als junger Mensch am besten selbst trifft.

Ein bunter Haufe von sich und ihrer Mission überzeugter Schülerinnen und Schüler fand sich zusammen, deren Vorstellungen von der Kunst sich bald als ebenso unterschiedlich herausstellen sollten. Es war die letzte Klasse, die in die vor der nationalsozialistischen Machtübernahme international geschätzte Kunstschule aufgenommen wurde, ehe diese Anfang des Jahres 1945 im anglo-amerikanischen Bombenhagel zusammen mit großen Teilen der Stadt Plauen versank und außer den Trümmern des stattlichen Gebäudes unterhalb des Oberen Bahnhofs nur den legendären Ruf aus der Zeit mit Karl Hanusch, Otto Lange, Will Heckrott, Johannes Avenarius und Walter Löbering übrig ließ. In der Erinnerung sind nur neben dem an der Düsseldorfer Akademie lehrenden Gotthard Graubner und der mit dem Leipziger Künstler Wolfgang Mattheuer verheirateten und selbst bekannten Graphikerin Ursula Neustädt die beiden aus Weischlitz stammenden Rolf Albrecht und Willi Röhling geblieben.

Doch Karl Schweitzer, der Leiter der Unterklasse, hatte seine eigene Methode, um das differenzierte Völkchen auf einen Nenner zu bringen. Pflanzen wurden bei ihm nach der Natur gezeichnet, deren Konturen mit dem Bleistift mit etwa zwei Millimeter dickem Strich verstärkt werden mußten. Er sah darin den ersten notwendigen Schritt zur Stilisierung, wie sie für das Entwerfen von textilen Mustern als Voraussetzung galt. Aber es war in Wahrheit wiederum ein Rückgriff in die verstaubte Mottenkiste einer längst überholten Reformpädagogik aus der Zeit um die Jahrhundertwende. Im Gegensatz zu der von Karl Hanusch und seinen Kollegen geforderten Entfaltung schöpferischer Fertigkeiten und Fähigkeiten, die auch in der Textilindustrie optimal genützt werden konnten, ging es hier um die Ausbildung von Fertigkeiten zum schnellen Umsetzen für den Textilentwurf. Karl Schweitzer war selbst Musterzeichner, ehe er nach 1933 von seinem Schwager, dem selbst aus der Plauener Textilbranche kommenden damaligen Gauleiter und Reichsstatthalter Martin Mutschmann, an die Plauener Kunstschule als Lehrer gebracht wurde. Er gehörte zu den Kräften, von denen die als Kulturbolschewisten diffamierten Professoren Hanusch, Heckrott, Lange und Avenarius ersetzt werden sollten. So simpel und einfach, wie er unterrichtete, war offensichtlich auch seine Vorstellung von der Kunst, die primär der unmittelbaren Nutzanwendung zu dienen hatte und als Sonntagsbetätigung im freien Schaffen durchaus noch eine Nebeneinnahme abwerfen durfte. So entstanden neben der Korrektur in der Klasse am Fließband hergestellte Landschafts- und Blumenbildchen in Aquarell, welche die Schaufenster der Plauener Kunsthandlungen füllten. Walter Löbering bemerkte dazu gelegentlich in der ihm eigenen trocken-sarkastischen Art, Schweitzer male den lateinischen Namen der Blumen und Pflanzen. Dennoch muß um der Wahrheit willen festgehalten werden, daß dieser bemüht war, sich in seiner Malerei zu verbessern. Als Vorbild diente ihm offensichtlich der viel zu früh gefallene Kurt Geipel, der bis zur Einberufung zur Wehrmacht als Lehrer an der Kunstschule tätig war und damals als einer der führenden deutschen Aquarellmaler galt.

Meine Weischlitzer Klassenkameraden Albrecht und Röhling waren ebenso wie ich ein Jahr älter als die übrigen Mitschüler. Wir fanden uns auch rasch als Freunde zusammen und nahmen bald eine eigene Stellung in der Klasse ein. Rolf Albrecht konnte dabei auf die empfangenen Anregungen durch den Plauener Maler Professor Rudolf Zenker, Willi Röhling durch Albin Enders und Karl Möbus-Rein und ich durch Albert Gütter hinweisen. Damit fühlten wir uns den als hemmend empfundenen Anweisungen Karl Schweitzers entwachsen. Für uns drei stand von Anfang an fest, daß die Plauener Kunstschule nur eine vorbereitende Rolle zum weiteren Studium an einer Kunstakademie spielen sollte. Auf jeden Fall nahmen wir es mit dem Weg zur freien Kunst sehr ernst und konnten gegen den anfänglichen Widerstand des Studiendirektors Blässig sogar die Befreiung vom Unterricht in Buchführung und Webkunde durchsetzen. Ich schlug dazu zu seiner großen Überraschung ein mir angebotenes Stipendium einer Plauener Textilfirma mit der Feststellung aus, daß ich freier Künstler und nicht Textilentwerfer werden wolle. Die gewonnene Zeit verbrachten wir im Porträtzeichnen und in der Kunstgeschichte bei Walter Löbering sowie bei Paul Schmidt-Roller, der damals überlebensgroße SA-Männer gestaltete. Nach dem Zweiten Weltkrieg war er in Steinpleis bei Zwickau als Funktionär des Verbandes Bildender Künstler tätig und hielt sich für berufen, in der SED-Zeitung „Freie Presse" das neue marxistische Bild von Albrecht Dürer in einem ganzseitigen Aufsatz vorzustellen. Meine intensiven Nachforschungen konnten ihn in einem Brief an die Redaktion rasch überführen, daß er lediglich das

Die staatliche Kunstschule (1935)   Foto: Verlag

Kapitel über den Nürnberger Meister aus der 1896 in Leipzig erschienenen Kunstgeschichte von Anton Springer abgeschrieben und durch einige politische Phrasen ergänzt hatte.

Anders dagegen Walter Löbering, der uns zunächst einmal eine kräftige Lektion erteilte, als wir in seinem Atelier mit dem Ansinnen auftauchten, er möge uns im Modellieren unterrichten. Die kräftige Zurechtweisung, zunächst einmal das anatomisch fundierte Zeichnen eines Kopfes zu erlernen, verfehlte ihre Wirkung nicht und hatte zumindest bei mir nach der Empfehlung durch Albert Gütter zur Folge, daß ich mich als Unterkläßler des Vorzugs würdig zu erweisen suchte, an dem für die Oberklasse vorgesehenen Unterricht teilnehmen zu dürfen. Mit wenigen Worten, aber mit scharfem Blick und sicherer Hand bei der Korrektur leitete er zum Beobachten an, das sich über das Porträtieren hinaus als Grundlage aller künstlerischen Betätigung erwies. In seiner unbestechlichen Art duldete er keinerlei Halbheiten und konnte mit treffenden Anmerkungen Klarheit schaffen. Als er meinen Freund Willi Röhling einmal darauf hinwies, daß die Stellung der Augen in dem von ihm gezeichneten Kopf nicht stimme und dieser ihm entgegnete, er habe es aber so gesehen, gab ihm Löbering zur Antwort: „Dann gehen Sie mal zum Augenarzt und lassen sich eine Brille verschreiben." Das Sehen brachte er uns nicht minder in seiner Kunstgeschichte bei. Eine gerade Persönlichkeit von untadeligem demokratischen Charakter, stand er den Kunstauffassungen der Nazis ablehnend gegenüber und machte unerschrocken mit den im Dritten Reich verfemten „entarteten" Künstlern gleichermaßen bekannt wie mit Rembrandt oder Rubens. Vor seinen mit der jahrzehntelangen praktischen künstlerischen Erfahrung erfüllten Erläuterungen erwachten selbst die Schwarzweiß-Diapositive zu Farbe und Leben und gestalteten sich zum bleibenden Erlebnis.

Rasch verging das erste Semester unter derart gravierenden Eindrücken und dem Bemühen, mich damit auseinanderzusetzen und damit fertig zu werden. Es war in der Tat eine neue Welt, die sich nach dem früheren Zeichenunterricht geöffnet hatte und in der ich selbst die trockene Methode Karl Schweitzers als notwendiges Übel hinnehmen konnte. Der Same zu der später aufgehenden Saat wurde in den Stunden bei Walter Löbering gelegt. Um wie vieles fühlte ich mich bereichert, wenn ich nun bei meinen Streifzügen in die Natur mit dem Skizzenblock oder mit dem Aquarellkasten loszog, eingedenk der Worte Albert Gütters, wieviel Zeit und Mühe nötig sei, um die Schönheiten der Umgebung Arnoldsgrüns im Bilde festzuhalten. Es war aber nicht nur die Landschaft als Makrokosmos, die ich mit anderen Augen sah als früher. Nicht minder bot sich die kleine Welt darin als darstellungswürdig an – sei es als ein paar Wiesenblumen am Wegrand mit Gräsern dazwischen oder in einer anderen unscheinbaren Aufmachung. Zwei Aquarelle, die in der Bibliothek der Kunstschule hingen, hatten mir die Blickrichtung gewiesen, und ich habe mich dort oft orientiert. Es war ein flüssig gemalter Blumenkranz von Siegfried Hauffe und ein Rasenstück von dessen Klassenkamerad Albert Gütter. Im ersten Moment hätte man an den gleichen Vorwurf Dürers denken können, aber es fehlte die „kläubelnde" Art des Nürnberger Meisters und erwies sich in der frischen malerischen Behandlung nicht nur als eine moderne Übersetzung, sondern als selbständige Lösung des Themas. Es traf mich deshalb unvermittelt, als plötzlich der Einberufungsbefehl zum Reichsarbeitsdienst ins Haus flatterte und mich damit in die harte Welt des von einem verlorenen Krieg gezeichneten Alltags zurückriß. Plötzlich überfiel mich das Gefühl, aus einer sinnvollen Betätigung herausgerisssen zu werden, eine notwendige Ausbildung unterbrechen und stattdessen etwas Überflüssiges tun zu müssen. Im Gegensatz zum Weggang von der Oelsnitzer Oberschule war es ein Abschied, der schweren Herzens erfolgte.

Prof. Dr. h. c. Dr. h. c. Friedbert Ficker, Zwickau

Als ich 1928 geboren wurde, waren meine Eltern noch in der Lehre

Meine Eltern wohnten in der Kirchstraße 10 in Plauen. Mit dem Haus gegenüber bildete das Gebäude das Kantoratsgäßchen. Es war ein sehr altes Gebäude, in dem wir wohnten. In dem Haus gab es riesige Eisentüren mit Schlössern. Es waren große Räume, die Böden waren mit Mosaik ausgelegt. Aber es haben arme Familien mit vielen Kindern in dem Haus gewohnt. In den großen Zimmern standen manchmal 6 oder 7 Betten. Die Küche war keine Küche zum Essen, nur ein schmaler Gang. Der Hausausgang ging ins Kantoratsgäßchen, dann ging es ein paar Treppen hinab, und man war an der Kirche; noch ein paar Schritte weiter, und man ging die Pforte hinab. Wir hatten zwei kleine Zimmer in dem Haus, es war sehr armselig.

Als ich 1928 auf die Welt kam, waren meine Eltern gerade 18 Jahre und noch in der Lehre. Sie hatten kein Geld, eine Wohnung einzurichten, auch meine Großeltern nicht. Meine Mutter war Stepperin und hatte bei Joseph & Sachs gearbeitet, bei der Pauluskirche. Vater hatte Elektroinstallateur gelernt, und seine Firma war unten am Schulberg in einem kleinen Laden. Dort wurden auch die Aufträge entgegengenommen. Als wir in das Haus sind, war ich schon zwei Jahre alt. Bis dahin hatte ich bei der Großmutter gelebt in der Königsstraße neben der Hammerklause. Der Großvater hieß Peter Goth. Meine Eltern mußten ja erst einmal ihre Lehre beenden. Vater stammt aus derselben Gegend wie Karel Gott. Dessen Namen ist eigentlich auch Goth. Meine Mutter hatte noch zwei Schwestern und einen Bruder. Wenn ich so überlege, muß ich eigentlich sagen, daß ich mit meinem Papa kein gutes Verhältnis hatte. Irgendwie betrachtete er mich wahrscheinlich als Störfaktor, während die Mutter herzensgut war. Ich war ein Kind, das viel Lie-

be brauchte. Mein Vater hat mich nie mit meinem Vornamen Inge genannt. Ich hatte bei ihm nur zwei Namen: Kegel und Zaraffel. Anfang der 30er Jahre hatte er keine Arbeit. Er saß dann draußen im Zimmer auf meinem Stahlbett und spielte Akkordeon: „Wer keine Nudeln hat, der kriegt auch kein Fleisch …" Zum Essen gab es Mehlsuppe, abends mal eine Brotschnitte mit Butter und Tomate. Meine Eltern aßen aber Margarine. Da ich bei den Großeltern nur Margarineessen gewöhnt war, wollte ich keine Butter. Auch deshalb gab es bei uns oft Krach. Vielleicht war ich auch etwas mäklich. Ich saß mit einer Hitsch auf einem Stuhl, und wenn ich dann mit meinen großen blauen Augen zugeguckt habe – bums, hatte ich eine weg, so daß ich mit meiner Hitsch vom Stuhl kippte. Wenn es Weihnachten mal Gänsebraten gab, dachten meine Eltern, sie haben etwas besonders gutes. Mir wurde es aber bei der fetten gelben Soße schon beim Ansehen übel. Ich äußerte meinen Unwillen, und bums, hatte ich schon wieder eine. Er hatte kein Gefühl für sein Kind. Sein Auftreten hat wieder die Mutter verärgert, dann hat sie geschimpft. Eines Tages hat er bei solch einer Gelegenheit die Klöße genommen und an die Decke geschmissen.

Ich war in dem Haus ein Einzelkind. Vorne die Müllers hatten sechs oder sieben Kinder und Schuberts sieben Kinder. Der Herr Schubert war lungenkrank und hat trotzdem gearbeitet. Und Valentin war auch ein Original in Plauen. Er war immer mit dem Handwagen unterwegs und hat Altstoffe gesammelt. Und Kecks wohnten auch in unserem Haus. Er war nach dem Krieg im Polizeipräsidium angestellt.

Die Großeltern von Vati und Mutti haben mir natürlich auch zu Weihnachten etwas gebracht. Wir sind aber jeden Weihnachtsabend nach Chrieschwitz, dort haben die Großeltern vom

Vati gewohnt. Die ganze Strecke mußte ich laufen. Es ging dann die Hammerstraße lang, und ich war damals ein kleines Dingel und superdürr. Dort bin ich immer beschenkt worden. Die Großmutter hat gezäckelt. Die Kinder mußten dabei mithelfen. Und das Geld hat sie gespart für Geschenke für Weihnachten. Dann gab es praktische Sachen, z. B. einen Schlafanzug, aber auch Schokolade. Nach der Bescherung sind wir dann mit unserem Zeug wieder heimgelaufen. Es war oftmals sehr windig und es lag hoher Schnee. Ich war immer froh, wenn ich wieder zu Hause war. Früh war dann bei uns Bescherung. Manchmal bekam ich 6 oder 7 Tafeln Schokolade, auch von einer Tante mit, Anziehsachen, Strümpfe, auch selbstgestrickte, so kratzige Dinger. O Gott, da gab es Tränen! Hunger haben wir eigentlich keinen mehr gelitten. Mein Vati hatte in der Flockenbast Arbeit gefunden. Auf den Hinweis eines Bekannten, daß in Bremen Elektromonteure in einer Flugzeugwerft gesucht werden, nahm er dort einen Arbeitsplatz an und schickte dann immer sein Geld nach Plauen. Später hat meine Mutter im Wettiner Hof in der Heißmangel gearbeitet. Da meine Mutter sehr fett gekocht hat, damit ich etwas auf die Rippen bekäme, was mir aber nicht paßte, ging ich lieber zu den Großeltern und aß dort Margarineschnitten. Für mich war es eine sorglose Zeit. Die Toilette war im Treppenhaus, da ging es einen langen Gang hinter mit Holzdielen. Geradeaus ging es zu unserer Wohnung, daneben war die Toilette; sie war für alle Bewohner unseres Hauses. Trotz der vielen Benutzer wurde sie sehr saubergehalten, da achtete schon Herr Müller wachsam über seine Zöglinge. Vorn im Haus war auch die Gosse. Dort vorn mußten wir alle unser Wasser holen und es auch ausschütten.

Die Pfortenstraße (1938)

Blick ins Kantoratsgäßchen (1930)

*Kirchgasse 2. Das Tonwarengeschäft Roth.
Vor der Haustür links Frau Roth.*

Die Familie Nickerls (1930)   Fotos: Verlag

Was die Eltern damals sagten, war für uns Gesetz. Wenn der Vater sagte, mach das, dann ist das gemacht worden. Wir standen sonntags auf der Eisentreppe, wo es in den Hof ging, und haben alle unsere Schuhe geputzt – unsere und die der Eltern; da gab es kein Pardon. Häusliche Pflichten hat mir meine Mutter eigentlich sonst keine auferlegt.

Ich ging in die Angerschule und war in der Schule der Kasper. Ich habe von meinem Haus erzählt und es ganz gruslig geschildert: „Unten steht nachts immer einer herum, und im Haus haben mindestens 40 Räuber übernachtet." Meine Mitschüler haben es geglaubt, und ich habe es hinterher fast selber geglaubt. Wir hatten den Lehrer Schwabe. Den ersten Tag in der Schule hat ein größeres Mädchen auf uns in der Klasse aufgepaßt. Den zweiten Tag bin ich vor und habe gesagt: „Herr Lehrer, ich möchte morgen hier auf die Kinder aufpassen." Er sagte: „Du bist doch gerade erst in die Schule gekommen." Ich sagte darauf: „Wenn ich das nicht darf, dann komme ich morgen nicht mehr." Er schaute mich ganz entsetzt an.

Auf dem Schulweg mußte ich über den Schwarzen Steg laufen. Da war eine kleine Bude mit Lakritze und Bonbons an der Hofwiesenstraße. Wie gerne hätte auch ich mir mal etwas gekauft, aber ich hatte ja nie Geld. Einmal hörte ich in einem Gespräch, daß in der Elster Steine liegen, da könnte man denken, es sei Gold, so blitzen sie. Am nächsten Tag ging ich nicht über die Brücke, sondern durch die Elster und suchte Gold. Um 8.00 Uhr war Unterricht, ich kam aber erst zur ersten Pause an. Ich hatte noch Schuhe und Socken in der Hand. Der Lehrer sah mich und sagte: „Na, Plietz, wo kommst du jetzt her." Ich sagte: „Von zu Hause, ich habe verschlafen." Er fragte weiter: „Und was ist mit den Schuhen?" Und dann bekam ich von ihm zu hören: „Weißt du, schätzt du mich so dumm ein? Wir haben hier so große Fenster, und da konnte ich die ganze Zeit

sehen, wie du durch die Elster gewatet bist." Da fing ich an zu weinen. Er sagte: „Zieh Schuhe und Strümpfe an und setz dich hin." Ich mußte eine Stunde nachbrummen.

Direkte Freundschaften zu anderen Schülern habe ich anfangs nicht gehabt. Das Lernen fiel mir leicht, und ich verfolgte den Unterricht sehr aufmerksam. Einmal lobte mich der Lehrer beim Direktor für meine schöne Schrift. Einmal probten wir das Theaterstück Frau Holle. Dazu nahm ich das Stuhlkissen und schüttelte es aus. Wir übten in den Pausen, und jedesmal, wenn der Lehrer kam, legte ich das Kissen wieder hin. Der Lehrer äußerte dann mißtrauisch: „Es ist komisch, jedesmal wenn ich reinkomme, paßt mein Stuhlkissen nicht mehr. Mal sitze ich vorne zu hoch und mal hinten." Einen Schülern petzte: „Die Plietz spielt Frau Holle." Daraufhin wurde ich in den Flur gesteckt. Die größeren Schüler haben mich bemitleidet, bis ich selber mit weinte.

An meine Schulzeit kann ich mich noch an verschiedene Klassenwanderungen erinnern. Fahrten haben wir keine durchgeführt, da ein Teil der Eltern das Geld dafür nicht aufbringen konnte.

Mein Spielplatz auch mit größeren Mädchen war die Rähme. Vorn wohnten Nickerl, sie hatten zwölf Kinder. Die Familie hat Strickarbeiten gemacht, Wehrmachtssocken usw. Und wenn ich Kartoffelschalen für ihre Hasen gebracht habe, erhielt ich Gummimännlein. Die Martina, eine Tochter der Nickerls, war auch in unserer Klasse. Sie ist häufig lobend erwähnt worden, weil der Vater so viel für das Wachstum der Bevölkerung getan hatte. Es gab einmal in der Schule einen Aufruf an Mütter, für Kinder, deren Mütter berufstätig sind, eine Mittagsmahlzeit zur Verfügung stellen. Da ich so dürr war und so wenig aß, meinte meine Mutter, daß es mich inspirieren könnte, wenn ich eine Schulkameradin zum Essen mitbringe. Es hatte aber keinen Erfolg. Ich habe ihr zuge-

schaut, habe aber trotzdem nicht mehr gegessen.

Meine Mutter hatte eine Freundin mit einer Tochter in meinem Alter. Die beiden Frauen sind abends gemeinsam ins Kino gegangen oder zu einer Veranstaltung. Einmal hieß es: „Wenn wir heute Abend fortgehen, darf die Anita bei dir bleiben." Wir haben Turnübungen gemacht, Ballett gespielt, und auf einmal knackte der Holzfußboden auf unserem langen Gang. Es war unheimlich. Ich habe noch zu ihr gesagt: „Horch mal, da ist einer draußen!" Die Tür war abgesperrt. Vielleicht wollte auch nur einer der Hausbewohner lauschen, weil wir so gelacht hatten. Jedenfalls mußte Anita auf einmal „groß". Da hätte sie aber auf den Flur gemußt. Sie hatte unseren Eimer erspäht, in den wir unser Abwaschwasser reinschütten; den wollte sie benutzen. Ich sagte ihr, daß es nicht geht, weil wir den dann in den Ausguß gießen müssen. Sie sagte immer dringender, daß sie mal müsse. Dann kam ich auf den Einfall, sie solle sich doch über die Tageszeitung setzen und dort ihr Geschäft verrichten. Sie tat es dann auch. Wir wickelten die ganze Sache ein. Es roch aber trotzdem. Das Schlafzimmer hat nur Dachfenster, und ich sagte: „Wir schmeißen es hinunter auf den Topfmarkt." Den konnten wir aber nicht einsehen. Und wie es das Unglück wollte, dem Blockwart von unserem Viertel, der seinen abendlichen Kontrollgang machte, fiel es direkt vor die Füße. Er hat die Zeitung entfaltet. Am anderen Tag, als ich von der Schule nach Hause kam, stand meine Mutter am Aufwaschtisch und neben ihr ein Polizist mit einem großen Notizblock. Ich wußte gleich gar nicht, was los war. Erst auf die Frage meiner Mutter: „Habt ihr etwas zum Fenster rausgeschmissen?" überlief es mich brühheiß. Ich habe mich dann geschämt, als ich dem Mann den Vorgang schildern mußte. Nachdem der Polizist auch bei der Anita gefragt hatte, glaubte man uns, daß es kein „Anschlag" war.

Wer kennt ihn noch, den Kiosk am Schwarzen Steg? (1938)

Spielendes Mädchen am Alten Teich (1934)

Kinderreigen in der Pfortenstraße (1938)

*Topfmarkt
auf dem „Topfmarkt"
September 1934*

Mitglied beim BdM war ich nicht. In der Schloßstraße war ein Stützpunkt.

Einmal war ich mit dem Mädchen aus dem Ledergeschäft Wimmer in der Straßberger Straße dabei. Die Tochter von Müllers und ich, wir fühlten uns gar nicht wohl. Es wurde so laut gesungen, schikaniert wurden wir auch, weil wir die Lieder nicht gleich singen konnten. Und als wir wieder eine Einladung erhielten, sind wir nicht mehr in die Schloßstraße gegangen, sondern versteckten uns im Kirchengestühl der Johanniskirche. Heute lacht man darüber, denn in der Kirche hätte uns bestimmt keiner gesucht, um uns in die Schloßstraße zu bringen. Von jedem, der in die Kirche kam, vermuteten wir, daß er vom BdM geschickt wurde. Es kam dann eine Bestellung ins Plauener Polizeipräsidium, nämlich diejenigen, die fast nie da waren; wir waren so ungefähr sechs Mädchen. In einem großen Raum saßen 5 oder 6 Polizisten, und jeder mußte zu einem Polizisten hingehen und Rede und Antwort stehen, warum er nicht zum BdM-Treffen geht. „Wir gehen in die Kirche", sagte ich, und Hilde setzte hinzu: „Meine Mutter ist herzkrank." Nach einigen weiteren tiefschürfenden Fragen durften wir wieder gehen, ich vermute, man hat uns geglaubt. Durch die Arbeit im Wettiner Hof konnte Mutter mittags kein Essen kochen. Als ich dann in die Krausenschule ging, bin ich immer zu meinen Großeltern. In der Schule mußten wir jede Woche Altstoffe, Knochen, Stanniol usw. abgeben. Die Sachen wurden abgewogen, und jeder bekam einen Abschnitt, der beim Appell vorgezeigt werden mußte. Wenn man keinen hatte, mußte man montags früh zum Appell anhören, daß man für Deutschland nichts übrig hat und nicht will, daß der Krieg gewonnen wird. Das wollte ich nun auch nicht und fand eine Lösung. Die Tüten, die andere abgegeben haben, habe ich in einem günstigen Augenblick stibitzt und mich damit neu angestellt. Irgendwie wußte ich mir zu helfen.

Zum Einkaufen war der Bäcker Albert Hack in der Kirchstraße 38 uns gegenüber, er war sehr bekannt, hatte ein Schaufenster und noch ein Schiebefenster im Hausflur. Und die Milch-Martha, ein Milchgeschäft, bei ihr gab es Käse und Butter und Quark. Vorne war noch der Seifert, das war ein Textilladen. Gegenüber der Martha war ein Kosmetik- und Seifenladen. Das war das Eck, wo es zum Schulberg ging. Dann kam der Fleischer Klemet und danach ein Zigarrengeschäft. Weiter unten war dann die Kirche. Am Eingang zur Kirchgasse war der Laden des Töpfermeisters Roth. Er hatte immer Töpfe vor seinem Geschäft stehen. An diesem Geschäft bin ich immer besonders vorsichtig vorbeigegangen, da ich wußte, wenn ich etwas kaputt mache, müssen es die Eltern bezahlen. Ironischerweise muß ich noch bemerken, daß die erste Bombe in unserem Viertel gerade in das Haus des Töpfermeisters Roth einschlug. Als das passierte, saßen wir in unserem tiefen Gewölbekeller, es waren zwei große Keller. Meine Mutti hatte sich vor lauter Angst über mich geworfen, und ich dachte, ich bin verschüttet. Als sie aufstand, konnte man vor lauter Staub im Raum nichts mehr erkennen. Man hat bei diesen Augenblicken gebetet. Wir hatten im Keller einen richtigen Säufer drin, der jeden schikaniert und seine Frau geschlagen hat. Der betete: „Lieber Gott, hilf mir, ich bin doch ein guter Mensch." Es war etwas makaber. Als wir herauskamen, sahen wir, daß es den Neustadtplatz ziemlich schwer erwischt hatte. Wir sind dann hinunter und gingen in eines der Häuser hinten rein und fanden Tafeln mit Pudding und Zucker. Wir haben das mitgenommen und hatten wieder zusätzlich etwas zu essen.

Es kam dann die Zeit heran, wo man nicht mehr durchschlafen konnte bzw. überhaupt kein Bett mehr gesehen hat, weil laufend Fliegeralarm war. Eines Tages, es war um 11.00 Uhr, hörten wir im Radio, daß wieder ein Angriff bevorstand. Wir sind die ganze Straßberger Straße bis nach Straßberg gelaufen. Von dort aus wollten wir nach Kloschwitz. Nach Straßberg kommt eine Brücke, über die die Eisenbahn führt, danach ein Hang, und wir wollten die Böschung hinauf in den Wald. Wir waren mit den Fahrrädern, die mußten wir im Seitengraben liegen lassen. Auf einmal kamen von der Vomag dort beschäftigte Fremdarbeiter gesaust, die auch überall Schutz suchten. Wir waren noch auf dem freien Gelände, da fielen auch schon Bomben. In den Wald kamen wir nicht mehr. Plötzlich bekamen wir, meine Mutter und ich, einen Stoß, daß wir hinfielen, und zwei Männer legten sich schützend über uns. Ich habe das menschliche Verhalten der zwei Fremdarbeiter mein Leben lang nicht vergessen. Nach dem Angriff sind wir dann nach Hause. Am Glockenberg lag links ein großer Blindgänger. Es hieß, die Leute sollten alle wieder zurückgehen, es darf niemand vorbei. Uns war das aber egal, wir wollten heim. Wir dachten, er wird schon nicht explodieren. Wir sind dann oben beim Malzhaus rein und haben geschaut – unser Haus war weg. Der Großvater von der Königstraße hatte noch mal geguckt. Erst kamen Sprengbomben und später Brandbomben. Er wollte noch etwas retten, aber es war schon zu spät. Meine Mutter hat geweint um die Bettwäsche und um alles, was sie so mühsam erspart hatte. Ich habe zu ihr gesagt: „Mutter, die Hauptsache ist, wir leben." Auf dem Altmarkt lagen Tote umher, und in der Marktstraße lagen im Textilgeschäft Schneider im Keller, den der Eigentümer besonders gut ausgebaut hatte, bis zur Unkenntlichkeit verbrannte Menschen. Das hat eigentlich zu diesem Zeitpunkt niemand interessiert. Jeder hatte mit sich zu tun.

Als ich wieder zu Hause war, habe ich von meinen Erlebnissen gar nichts erzählt. Man war abgestumpft und hat manches gleich wieder vergessen. Es scheint eine menschliche Eigenart zu sein, die einem dadurch hilft, schlimme Situationen zu überstehen.

Nachdem wir ausgebombt waren, zogen wir zu den Großeltern in der Königstraße. Vor dem Kriegsende in den letzten Wochen verbrachte man die meiste Zeit durch die Angriffe in den Kellern. Es gab nichts zu kaufen, selbst das Waschen kam zu kurz. Ich hatte eine Jacke und eine Hose von meinem Großvater zum Anziehen. Als ich eines Nachts nach einem Angriff in dem Felsenkeller der Brauerei aufwachte, hatte ich unter gefangenen Russen gelegen. Ich hatte mir dort die Krätze geholt und bekam sie auch so schnell nicht wieder los. Als eines Tages gegen 11.00 Uhr die Sirenen heulten, mußten wir, meine Großeltern waren schon um die 60 Jahre alt, die Dobenaustraße entlangrennen, um in den Luftschutzkeller zu kommen. Meine Mutter und ich konnten ja schneller rennen, die Großeltern fielen zurück. Ich hatte meine Großeltern sehr gern, und trotzdem rannte ich um mein Leben für mich. Wir erreichten den Luftschutzbunker und drängelten uns durch die kleine Tür. Von allen Seiten strömten die Menschen zu dem Eingang. Vor mir verlor eine junge Frau ihr Baby aus dem Arm. Man konnte sich nicht bücken. Wer hinfiel wurde zertreten. Es war grausam; ich wurde von hinten geschoben, und ich merkte, daß ich auch auf das Kind getreten bin. Wir mußten uns auf die Werkzeugmaschinen, die im Raum standen, setzen. Bei dem Angriff hatte ich das Gefühl, daß die Bomben unter den Füßen detonierten. So wirkte sich die Nähe der Einschläge aus. Die Menschen haben im Bunker geweint und geschrien, die Nerven lagen bloß.

Zu bemerken ist noch, daß das Haus meiner Großeltern in der Königsstraße 16 auch schon beschädigt war. Das Haus an der Marktstraße ist zerstört worden und das meiner Großeltern dadurch in Mitleidenschaft gezogen. Das Dach war zerstört, und man mußte aufpassen, daß man nachts nicht naß wurde. Da unser defek-tes Dach nicht so schnell repariert werden konnte, stellten wir alle möglichen Gefäße auf. Später hat uns dann ein Bekannter mit von defekten Dächern entfernter Dachpappe die notwendigen Stellen abgedichtet. Ich habe auf der Ofenbank geschlafen, die war etwa 75 cm breit. Wenn es geregnet hatte, mußte ich den Regenschirm aufspannen, das ging dann immer mal tropf, tropf, tropf … Das war ja auch kein Schlafen. Wir hatten einen Raum mit meiner Mutter in dem kaputten Haus, in dem wir uns aufhielten. Die Großeltern sind in die Südvorstadt gezogen, zur Tochter in die Kantstraße.

Am 10. April 1945 lag ich mit meinem Onkel in der Bodenkammer. Ich wachte auf vom Brummen der Flugzeuge. Durch das kleine Bodenfenster kam grünes Licht von den „Tannenbäumen", die die Stadt als Ziel markierten. Ich sprang auf, lief ins Wohnzimmer; hier stand die Familie regungslos, und jeder ahnte, was wahrscheinlich gleich passieren wird. Neben unserer Wohnung befand sich die Gaststätte Hammerklause. Ich rief: „Los, wir müssen hinüber, da ist ein stabiler Keller", und lief los. Da fiel eine Luftmine in die Feuerwache auf der Neundorfer Straße. Es war ein Urknall, um mich herum schwirrte und zischte es. Am anderen Tag sah ich die zackigen Eisensplitter der Bombe, die mich verschont hatten. Da rannte ich in die Hammerklause. Im Haus war totale Stille und Dunkelheit. Ich ging zur Kellertreppe und kullerte die Stufen hinunter, weil ich nichts sah. Ein kleines Licht gab mir dann die Sicht frei. Es saßen starr ein paar Menschen da, die mich anstarrten wie einen Außerirdischen. Es gab kein Wort, alles war wie ausgelöscht. In einer Ecke sah ich meine Mutter und die Großeltern sitzen. Ich freute mich, daß sie bei mir waren. Als die Entwarnung kam, stellte ich fest, daß ich allein da saß. Es war eine Einbildung von mir gewesen. Es gab erst ein Wiedersehen mit meiner Familie zu Hause. Gut war es, daß ich nicht in den kleinen Felsenkel-ler gegenüber vom Theater gelaufen bin. Dort kamen viele Menschen ums Leben. Nach dem Angriff lagen auf den Straßen viele Toten und in den Bäumen hingen zerfetzte Körperteile. Es war der letzte Angriff auf Plauen.

Noch ein paar Worte zu meiner Lehrzeit bei Joseph & Sachs, deren Firma in der Nähe der Pauluskirche war. Sie stellte Steppjacken für die Wehrmacht her. Wir waren drei Lehrlinge. Dann mußte der Betrieb noch zusätzlich Kriegsproduktion machen; Keramiksicherungen wurden hergestellt, jeder mußte so 300 bis 400 Stück machen, aber wir haben dabei auch gemogelt. Zusätzlich wurden drei zur Brandbekämpfung eingestellt. Jeder bekam einen Anzug und einen Helm. Immer wenn Angriff war, sind wir in den Felsenkeller am Tunnel getürmt. Dann bekamen wir eine Anpfiff: „Entweder ihr wollt unsere Leute schützen oder es machen andere." Bei einem nächsten Angriff sind wir dann nicht mehr zurück zur Arbeit. Wir sind zur Traudel in die Pfaffenfeldstraße und haben gespielt. Wir wünschten uns, daß in der Nacht Bomben fallen. Früh sind wir zur Arbeitsstätte, und es war wirklich nebenan eine Bombe eingeschlagen. In unserem Betrieb standen alle Türen offen, es war niemand da, und wir sind durch bis ins Zimmer vom Chef. Dieser war ein überzeugter Parteigenosse. Er hatte schon einer blonden Arbeiterin ein Kind gemacht, die brauchte dann nicht mehr zu arbeiten. Es gab in der Fabrik einen Raum, in dem jeder einmal nachts mit der Brandwache dran war. Wenn die Arbeiterin da blieb, war der Chef auch da geblieben. Neben mir erzählte eine Mitarbeiterin: Da war eine Frau, deren Haus in der Nacht zerbombt wurde, die noch einen Bleistift gefunden hatte, und dieser sei ihr soviel Wert gewesen, daß sie ihrem geliebten Führer noch einmal schreiben könne. Ich sagte daraufhin: „Was, der Teufel!" Wissen Sie, was da los war? Der Chef wollte mich bei der Gestapo melden. Die Arbeiterinnen hatten sich aber für mich verwendet und den Chef umgestimmt. Sie sagten, ich wäre ja noch ein Kind!

Aber noch einmal zurück. Als wir in dem Haus allein unterwegs waren, sagten wir uns, wenn wir doch mal in die Wohnung vom Chef gucken könnten, bei Herrn Frackmann. Wir haben nichts genommen, weil wir wußten, daß es dann Ärger gibt. Und wie ich mich so umschaue, sah ich hinter der Tür einen kleinen Wandtresor, an dem der Schlüssel steckte. Ich öffnete ihn; wir sahen darin Brilliantketten, Armbänder, Uhren; das war ein Wert, der da in dem kleinen Tresor lag. Wir schlossen ihn wieder und machten, daß wir aus der Wohnung kamen.

Am 16. April zogen amerikanische Truppen in Plauen ein. Der Vormittag war voller Ungewißheit. Wie groß war die Sehnsucht nach einem Bett, um zu schlafen und etwas in den Magen zu bekommen. Über der Stadt kreiste ein Flugzeug am Himmel. Ich stellte mich zu ein paar Männern, die sich unterhielten. Aus dem Gespräch erfuhr ich, daß die Amerikaner in Plauen sind. Ich freute mich und erzählte es gleich meiner Mutter. Sie sagte: „Es muß sich jemand mit einer weißen Fahne auf die Straße stellen. Wir wollen kein Blutvergießen mehr." Trotzdem gab es doch immer noch Menschen, die an den Endsieg glaubten. Sofort war ich bereit, mit einem weißen Laken loszuziehen. Ich stellte mich zwischen die Straßenbahngleise, konnte von der Neundorfer Straße zur Königstraße schauen, wo am Tor meine Mutter stand. Es war still auf der Straße, kein Mensch war zu sehen. Am Tunnel sah ich dann Soldaten, die langsam, ihre Waffe in Anschlag, die Straße hochgingen. Sie inspizierten auch die Büsche am Lutherplatz. Ich hatte keine Angst, mir war eigentlich alles egal. Plötzlich tauchte ein Jeep auf und machte vor mir halt. Es saßen amerikanische Soldaten darin, die mich fragten: „Wo sind deutsche Soldaten?" Ich antwortete ihnen: „Ich weiß es nicht." Während des Gespräches fotografierten und filmten sie mich. In dem Jeep stand so ein großer schwarzer Kasten mit einer Kurbel, eine Filmkamera. Die Bilder möchte ich heute einmal sehen. Ich, in einer alten Hose von meinem Großvater, eine viel zu große Jacke und einen Schal um den Kopf gebunden als Turban! Als nächstes Fahrzeug kam noch ein Jeep mit schwarzen Soldaten, die mir Schokolade anboten. Von den Fenstern und Türen der umliegenden Häuser wurde der Einzug beobachtet. Jetzt kamen auch Frauen und Kinder zu den Soldaten, um etwas von den Süßigkeiten abzubekommen. Zwischen den Angriffen, aber auch als die Amerikaner da waren, wurde geplündert, obwohl die Todesstrafe darauf stand. Zu meiner Schande muß ich heute gestehen – ich habe auch mitgemacht. Nach einem der Angriffe ging ich in ein Haus am Oberen Steinweg, in dem ein Schokoladengeschäft war. Ich hatte mir eingebildet, dort noch Schokolade zu finden; natürlich fand ich nichts, aber alle Türen standen offen. Ich bin eine Wendeltreppe hinaufgestiegen, oben war das Schlafzimmer, ich habe den Schrank aufgemacht. Und da ich nichts groß anzuziehen hatte, habe ich mir ein gelbes Strickkleid herausgenommen, ein Paar Schuhe, die mir gepaßt haben, und zwei Paar Strümpfe. Dann bin ich aus dem Haus heraus und gegenüber in ein Herrengeschäft. Ich weiß eigentlich nicht, was ich dort hätte brauchen können. Ich stieg die Treppe hinauf, sah einen Konfirmandenanzug. Der Laden muß Ecke Klostermarkt gewesen sein. Der Anzug hat mir gefallen, also habe ich ihn mitgenommen. Beim Huthöfer nahm ich mir auch noch zwei Kindermützen mit. Dann ging ich weiter in ein Lederwarengeschäft. Dort habe ich mir einen Hut, ein paar weiße Glacéhandschuhe und einen Necessairekoffer eingesteckt. Da waren Fingernagelfeilen drin, das hat mir gefallen. Dann war da war noch ein Weinkeller, und ich dachte, dort müßte es Wein geben. Ich bin die Treppen hinunter und stellte fest, daß es stark nach Bier und Schnaps roch. Ich hörte Stimmen und dachte, es sind „Gleichgesinnte". Und als ich hochschaute, blickte ich in das Gesicht eines jungen Russen. Es waren russische Fremdarbeiter, die sich da bedienten. Das geschah in dem Keller am alten Rathausgiebel. Ich verdrückte mich zwischen die großen Fässer, gewann den Ausgang und verschwand. An diesem Tag bin ich nach Hause und nicht mehr fortgegangen. Nach etwa 6 bis 7 Wochen bin ich mit meinem neuen Kleid durch die Stadt gegangen. Da kommt eine Frau auf mich zu, sieht das Kleid und sagt: „Kommen Sie mal mit!" Ich war ein kleiner Floh und bin ausgerissen, sie hat aber doch erfahren, wo ich wohne. Das Kleid wollte sie nicht, aber dafür hat sie einen der Schlafanzüge und den Kosmetikkoffer mitgenommen. Sie muß in der Rathausstraße gewohnt haben.

Gleich in den ersten Tagen, nachdem die Amerikaner eingezogen waren, setzte eine Völkerwanderung zu den Wehrmachtsdepots (zu DDR-Zeiten VEB Getreidewirtschaft) an der Pausaerstraße ein. Auch ich wollte dort etwas ergattern. Die Traudel, ein Mitlehrling von mir, erklärte: „Wenn du an das Haus kommst, sind unten Fenster, da mußt du einsteigen. Dort unten sind Tafeln aus hartgepreßten Haferflocken usw." Nachdem sie geschildert hatte, was sie alles schon weggeschleppt hatte, bin ich auch los. Eine Bekannte ging mit, und als wir ankamen, stellten wir fest, daß die Gebäude von Amerikanern bewacht wurden. Abseits stand ein kleines Haus, aus dem wir Musik hörten und das Quietschen von Frauen. Wir schlichen auf das Haus zu, plötzlich ertönte ein „Halt", und vor uns stand ein Amerikaner mit dem Gewehr im Anschlag. Er sah aus, als ob er nicht lange fackeln würde. Wir mußten vor ihm laufen, aus dem Wald heraus, er schritt etwa 20 m hinter uns. Wir drehten uns öfter mal um und hatten Angst, daß er auf uns schießen würde. Auf der Höhe des Hauses war er plötzlich weg,

213

Die Großeltern, siehe hierzu auch den Text am Ende des Beitrages

Am Portal der Lutherkirche, meine Mutter mit dem kleinen Heinz auf dem Arm, rechts bin ich

Trümmerfrauen (1947)

Meine aus gefärbtem Militärstoff selbst bestickte und geschneiderte Jacke (etwa 1947) Fotos: Dimmler

und wir sind ganz schnell abgehauen. Dort haben wir uns nie mehr sehen lassen.

Ein weiteres Lebensmittellager war noch in der Schloßstraße. Hier ergatterte ich einige Büchsen Schweinefleisch, Mehl und Zucker. Das alles versteckte ich bei uns hinten im Schuppen. Ich freute mich, daß ich einen kleinen Vorrat hatte, aber die Mutter meiner Freundin verpetzte mich, und ich bekam die Polizei ins Haus. Sie sagten, daß sie heute Nacht zwei Frauen erwischt haben, die bei uns aus dem Schuppen Lebensmittel geklaut haben. Und da war die Mutter meiner Freundin dabei, der ich davon erzählt hatte.

Als ich mal mit meiner Freundin auf der Böhlerstraße war, kamen uns zwei amerikanische Soldaten entgegen. Sie sagten ein paar schlechte Worte, die wir damals noch nicht verstanden haben, und dazu immer wieder „Schokolad, Schokolad". Wir haben uns gefragt: „Was wollen denn die?" Wir standen vor einem alten Haus, die Türen standen weit auf, es war nicht mehr bewohnt. Einer der Soldaten, ein Riesenkerl, packte mich, trug mich ins Haus und stellte mich auf halber Treppe auf das Klo. Ich hatte meinen Kinderhut auf. Die Traudel war etwas burschikoser als ich, die kam uns hinterher und rief: „Ein Kind, ein Kind, sie ist noch ein Kind." Ich fragte die Traudel: „Was ist mit dir los?" Die Soldaten hatten sich in der Zwischenzeit entfernt, und die Traudel sagte zu mir: „Was glaubst du denn, was er von dir wollte?" Ich sagte mir, gut, daß du heute den geklauten Kinderhut aufhattest.

Erst nach dem Krieg kam ich dazu, auszugehen und zu tanzen. Eine beliebte Gaststätte war der Gasthof Reusa. Ich hatte meist meinen Konfirmandenanzug an, und dann habe ich mir noch eine Rembrandtmütze gebastelt aus zwei Deckeln und einer roten Bommel als Quaste. Getanzt haben die Mädchen miteinander. Es waren auch viele Russen da, aber um die haben wir uns überhaupt nicht gekümmert. Um

22.00 Uhr war Ausgangssperre, und wir sind oft vom Gasthof Reusa bis zur Königstraße im Dauerlauf gerannt. Die Lotti ist dann weiter zum Mühlberg. Als mal der Tanz zu Ende war, fragten mich ein paar Russen, ob wir mit in die Stadt fahren wollen. Lotti wollte eigentlich gern mitfahren, aber ich sagte, wir fahren nicht mit, die sind betrunken. Sie sind mit ihrem Auto dann unten an die Mauer vom Krankenhaus gerast und gestorben. Uns hätte es sicher auch mit erwischt. Oft sind wir mit hungrigem Magen zum Tanzen gegangen. Und eines Tages hat einer von der Kapelle immer zu mir geschaut. Zum Schluß fragte er, ob er mich in die Stadt begleiten dürfte. Ich sagte ja, er hat mir auch gefallen. Wir sind die Königstraße hoch und haben uns dann hinter dem Museum in eine Haustür gestellt. Und dann hat er mir ein Kussel gegeben. Ich hatte von meiner Mutter ein Kleid an. Er drückte sich so an mich, und ich dachte, mein Gott, was ist denn hier los. Am nächsten Tag habe ich das der Mutter erzählt und gefragt, was er denn hatte. Da war ich so 17 oder 18 Jahre, wie dumm und naiv man damals in dem Alter war. Meine Mutter hat mir dann erzählt, daß sie einmal im Stadtpark von einem geküßt wurde und weinend nach Hause lief. Sie dachte dann, daß sie davon schwanger ist. Meine Mutter hat mich nie aufgeklärt.

Einige Zeit später erhielten wir in der Moritzstraße 35 einen neue Wohnung. In dem Haus war ein Dektektivbüro Frano. Wir hatten ein Zimmer bei einer Familie Schimmelpfennig zugewiesen bekommen. Über das Arbeitsamt bekam ich eine Arbeit bei den Russen zum Kartoffelschälen. Ablehnen konnte ich nicht. Meine Großeltern zogen in den späteren Carl-von-Ossietzky-Weg. Dorthin mußte ich jeden Tag nach 21.30 Uhr mit dem Eßgeschirr, meist gab es Gräupchen mit Öl. Die ganze Familie hatte schon auf mich gewartet; jeder bekam einen Schlag davon auf den Teller. Das muß im Jahr

1946 gewesen sein. Wenn ich mir vorstelle, daß mir da nichts passiert ist, ist es ein Wunder.

In Neundorf war auch ein Kino. An einem regnerischen Tag wollte ich mit meiner Mutter dorthin, um einen Marika-Rökk-Film anzusehen. Auf dem Heimweg versuchten uns drei sowjetische Soldaten mit Armbinden immer wieder von der Straße abzudrängen. Sie hatten uns den Schirm weggenommen. Uns wurde es Angst, wir rannten ohne Schirm los und die Soldaten hinterher. Wir liefen in die sowjetische Kommandantur an der Neundorfer Straße und erklärten dort, daß uns Soldaten den Schirm weggenommen hatten und versuchten uns in Kellereingänge zu drücken. Wir konnten noch sehen, wie die drei Soldaten in einem Haus an der Friedensstraße verschwanden. Von der Kommandantur gingen Soldaten zu dem besagten Haus, holten die drei heraus und verprügelten sie dermaßen, daß selbst wir mit ihnen Mitleid bekamen. Wir dachten dabei: Wenn uns die drei mal allein erwischen, dann . . . Das hinderte uns aber nicht daran, mit den Russen Geschäfte machen zu wollen. Meine Freundin, die ebenfalls in der Firma Joseph & Sachs gearbeitet hatte, erklärte sich bereit, mit zu den Kasernen zu gehen. Jede von uns hatte eine Flasche Schnaps mit, die wir gegen Lebensmittel tauschen wollten. Als wir draußen waren, kam uns ein betrunkener Russe entgegen. Irgendwie waren wir so dumm und hatten ihm eine Flasche angeboten. Im Nachhinein frage ich mich, wie wir einem Besoffenen noch eine Flasche Schnaps anbieten konnten. Er sagte: „Mitkommen."

Wir gingen mit, es ging Richtung Zellwolle den Abhang hinunter. Wir weinten, so hatten wir uns das nicht vorgestellt. Meine Freundin war etwas wohlproportionierter als ich, er hatte sie schon zu sich herangezogen. Zu unserem Glück kam uns ein weiterer Soldat, vielleicht ein Offizier, auf dem Weg entgegen. Er erkannte die Situation, gab uns einen Wink, daß

Das bin ich mit 19 Jahren

*Freizeit, ich bin zur Verkaufsstellenleiter-
schulung in Limbach bei Oschatz (1957)*

Conferencier zur Maifeier in der HO

Meine Kolleginnen in der Glühlampe

Nach einer Maidemonstration

Als Verkäuferin

wir zur Seite treten sollten, und gab dem Betrunkenen einen Schlenkrich, daß dieser den Abhang hinunterrollte. Zu uns sagte er: „Rennen!" So schnell wie damals bin ich noch nie wieder gelaufen. Der Schnaps war weg, und wir waren wieder etwas gescheiter.

Mein Wunschtraum war immer, Verkäuferin zu werden. Als das Warenhaus wieder aufgebaut wurde, bewarb ich mich beim Konsum. Ich konnte dort in der Schreibwarenabteilung anfangen, weil ein Lehrling keine Lust mehr hatte weiterzulernen. Kurze Zeit später durfte ich wieder aufhören, weil der Lehrling doch weiterlernen mußte. Als ich wieder einmal in der „Harmonie" tanzen war, traf ich einen Bekannten – es war ein Schwuler. Er schwärmte davon, daß er Waren von Plauen nach Hof schmuggelte und damit schön Geld machte. Es ging auf Weihnachten zu, die Sache klang verlockend, und ich fragte ihn, ob er mich einmal mitnehmen würde. Wir sind dann nachts über die Grenze, sind im Café „Luitpold" in Hof untergekommen. Dort lernte ich einen jungen Mann kennen, den Alex, der mir sympathisch war. Für mich war die Welt in und um Hof etwas besonderes. Den Leuten ging es sichtbar besser als uns. Ich bin dann wieder nach Plauen, bekam dann von ihm Post, ob ich nicht wieder mal nach Hof kommen möchte. Ich sagte meiner Mutter, ich ziehe nach Hof. Gefallen hat er mir dann nicht mehr so sehr, aber er war ein patenter Mensch. Er war Halbjude, saß in Theresienstadt ein und erzählte mir oft, was er durchgemacht hat. Er tat mir leid. Er lebte noch mit seiner Mutter zusammen. Ich bin dann fünf Jahre in Hof geblieben. Mit der Zeit sah ich ein, daß es nichts wird. Seine Mutter hatte mir einmal ins Gesicht gesagt: „Wenn ich mal eine Schwiegertochter bekomme, unter 50 000 Mark kommt sie mir nicht ins Haus. Und was haben Sie, Sie haben gerade das Hemd auf dem Leib." Ich bin dann zurück in die DDR, nach Plauen ins Rathaus. Und nachdem ich alles geschil-

dert hatte, bekam ich Hilfe zur Wiedereingliederung. Ich wurde gefragt, was ich machen würde. Ich sagte: „Verkäuferin." Dann haben sie mit dem Kaderleiter der HO, dem Herbert Gläser, einem überzeugten Kommunisten, gesprochen. Und der sagte, daß er noch etwas frei hätte in der Verkaufsstelle „Alles fürs Kind". Ich sagte: „Das würde ich gerne machen." Das Geschäft war Ecke Jößnitzer und Bahnhofstraße. Später war dort das Reformhaus, und jetzt sind Lederwaren „Heidel" drin. Dann machte ich einen Lehrgang als Verkaufsstellenleiterin in Oschatz, das war etwa 1957. Später habe ich dann den kleinen Strumpfladen, Neundorfer Straße gegenüber der „Wolfsschlucht" übernommen. Verdient haben wir damals, meine Mutter in der Glühlampe 295,00 Mark und ich 195,00 Mark. Als Verkaufsstellenleiterin hatte ich 325,00 Mark, da kam dann die Verkaufsprämie mit dazu. In dem kleinen Laden war ich nun eine längere Zeit. Wir wohnten dann in der Forststraße 52, Ecke Annenstraße. 1961 habe ich geheiratet. Nach meiner HO-Zeit habe ich beim Elektro-Erhardt auf dem Altmarkt gearbeitet. Und danach kam unser Kind zur Welt.

Noch mal ein paar Worte zu meinen Großeltern. Meine Großmutter verlor mit fünf Jahren ihre Eltern in Plauen. Der Urgroßvater hatte Delirium, die Urgroßmutter Schwindsucht. Sie stammte aus Falkenau; es hieß, ihre Mutter sei adlig gewesen. Ihr Bruder, der in Elsterberg in der Spinnerei gearbeitet hat, zog dann die Schwester groß. Es waren drei Kinder, und jeder hatte 10 000 Mark erhalten. Nachdem sie in der Lehre war, erhielt sie von ihrem Bruder noch 5000 Mark. Eine Stelle in Elsterberg, im Büro der Spinnerei hat sie ausgeschlagen. Sie wollte etwas erleben und selbständig sein. Sie ist dann wieder nach Plauen und hat bei Kutschera gearbeitet. Das Geschäft für Lederwaren war damals am Altmarkt. Sie hat dort in der Badewanne schlafen müssen; sie war ja nur Dienstmädchen. Das hat sie auf Dauer nicht

verkraftet und ist dort auch lungenkrank geworden. Da hat sie ihre 5000 Mark genommen, um sich gesundzupflegen; und eine Zeit nicht gearbeitet. Zu dieser Zeit trat der Großvater in ihr Leben; er kam von Lisoar. Seine Eltern hatten ein kleines Bauernzeug und konnten sich davon kaum selbst ernähren. Er kam nach Plauen und hat saisonweise als Maurer und Hilfsarbeiter gearbeitet, um sich etwas dazuzuverdienen. Durch die Arbeit auf dem elterlichen Bauernhof, er wurde ja immer gebraucht, hatte er nie Schreiben und Lesen gelernt. Das war für ihn sehr schwer. Er hat es auch in seinem späteren Leben nie gelernt. Meine Großmutter hatte von ihm ein Kind erwartet. Zu dieser Zeit war er schon wieder zu Hause. Seine Schwester, die auch in Plauen wohnte, schrieb ihm, daß er Vater wird. Er kam wieder zurück nach Plauen und heiratete Großmutter. Sie sind ihr ganzes Leben zusammengeblieben. 1914 wurde er mit eingezogen. Als der Krieg zu Ende war, bekam die Großmutter noch drei Kinder. Die Familie war sehr arm. Trotz seines Fleißes war sein Analphabetentum immer ein Handycup. Links auf dem Foto ist die Freundin meiner Mutter zu sehen, rechts die Schwester und in der Mitte Großmutter und Großvater.

Wie der Leser sieht, hatte ich durchaus ein turbulentes Leben, und damit schließt sich auch der Kreis meiner Erinnerungen für dieses Buch.

Ingeburg Dimler, geborene Plietz

Um die Jahrhundertwende, als Plauen eine aufstrebende Großstadt war, zog es auch aus allen Teilen des Landes Menschen her, die hier ihr Auskommen suchten und eine Existenz gründen wollten. Vielfach waren es auch untere soziale Schichten, die eine neue Heimat suchten. Einen Einblick in diesen Personenkreis soll dieser kleine Rückblick auf die Großeltern von Frau Dimler werfen. Die Kinder und Nachkommen dieser Menschen sind schon längst in Plauen integriert. Aber so fing für viele das Leben in der Stadt an, bescheiden und mit viel Entbehrungen verbunden, bevor sie es schafften, sich zu integrieren.

Erinnerungen an meinen Großvater Adolf Wurst, genannt Adel, von mir als Dreijährigem Adele genannt, und meine Großmutter (mit zwei Vorbemerkungen und einen Brief)

Zuerst eine Angabe zur Aussprache. Adele wird nicht wie der Frauenname Adele ausgesprochen mit der Betonung der 2. Silbe, sondern der erste Buchstabe wird betont, wie das Wort Adel, das eine hehre Bevölkerungsgruppe bezeichnet, die zwei e der zweiten und dritten Silbe klingen eher wie ä als e, der Name klingt ungefähr wie Adälä.

Zweitens wird sich der Leser wundern, daß ein Autor namens Gurst über einen Großvater Adolf Wurst schreibt. Nun, ich mußte meinen Namen ändern, um überhaupt heiraten zu können. Keine meiner Freundinnen hätte Wurst heißen wollen.

Drittens nun der Brief, und zwar an den Verleger Röder.

Sehr geehrter Herr Röder!
Ich habe Ihnen gegenüber bereits vor einiger Zeit meine Anerkennung, ja Sympathie für Ihre dem Vogtland und unserem Plauen gewidmete verlegerische Arbeit zum Ausdruck gebracht, und ich kenne eigentlich nichts Vergleichbares in der Verlagslandschaft, zumindest nichts in den neuen Bundesländern. Ich folge deshalb auch sehr gerne Ihrer Einladung zur Mitarbeit an Ihrem neuen Verlagsprojekt über Plauen – aber Sie werden es einem älteren Manne nicht verübeln, wenn er, gewissermaßen aus ökonomischen Gründen, etwas beisteuert, was er bereits in der Schublade liegen hat, nämlich einen Erinnerungstext, den er dereinst seinen Töchtern, Enkelinnen, seiner Schwester und seinen Nichten zugedacht hatte. Freilich, wenn ich vor einem Vierteljahrhundert geahnt hätte, daß ich diesen Bericht

eines Tages verfassen werde, ja daß er sogar gedruckt werden würde, hätte ich mich noch bei Vater und Tante genauer erkundigt, denn einiges kommt mir doch seltsam vor. Aber es hat eben nicht sollen sein, und Dokument meiner Erinnerungen bleibt er trotzdem.
Ich wohne seit 55 Jahren in der Fremde, davon 50 in Leipzig, so wie mein Jugendfreund Dr. Lothar Gruchmann heute in München lebt, beide wohnen wir also in faszinierenden Städten, aber jedes Mal wenn wir uns in Plauen treffen, überwältigt uns die Erinnerung, und wenn wir durch Plauens Straßen streunen, fallen wir, wenn vielleicht auch nicht mehr ganz aussprachegenau, in unseren vogtländischen Dialekt zurück, von dem ich mich allerdings nie zu weit entfernt habe. Ich bin auf Leipzig ebenso stolz wie auf Plauen, weil beide Städte – im Gegensatz zu mir selbst – so entscheidend dazu beigetragen haben, daß Deutschland wieder eins ist, und da mein Jugendfreund ebenfalls ihrer Aufforderung zur Mitarbeit folgt, finden auch wir uns nun sogar im gleichen Buch vereint.
Das schöne Gedicht Theodor Storms über seine ansonsten ganz anders geprägte Geburtsstadt Husum gibt mit drei Zeilen meine eigenen Empfindungen zu Plauen wieder:
Doch hängt mein ganzes Herz an dir ...
Der Jugend Zauber für und für
Ruht lächelnd doch auf dir, auf dir ...

Es heißt zwar in dem Lied „Plau'n bleibt Plau'n". Aber das ist natürlich nicht ganz so. In meiner Jugend machte Plauen einen wirklich großstädtischen Eindruck. Besonders durch die Garnisonen kamen zu den über Hunderttausend Einwohnern Tausende andere hinzu, und das Gedränge auf der Bahnhofstraße,

besonders in den Abendstunden, war beachtlich. Die Verdunklung im Krieg änderte daran nicht allzu viel, die hellgrünen Leuchtmarken, die die aneinander vorbeidrängenden Zivilisten und Soldaten am Mantel, an Jacke oder Kleid trugen, machten scheinbar die Straßen noch voller. Die anhängerlosen Bahnen der Elektrischen, die bimmelnd bergauf oder bergab fuhren, ergänzten noch das städtische Bild. Andererseits ist es mein Plauen geblieben, trotz Bombenzerstörung und Neubauten, und jede Meldung in der Zeitung, jeden Bericht über Plauen und sogar jedes Fußballergebnis des VFC nehme ich begierig zur Kenntnis – dabei habe ich die Mannschaft noch nie spielen sehen, von einigen Kurzszenen im Fernsehen abgesehen, weiß nicht, wie ihr Dreß aussieht, freue mich aber über jeden Sieg, wenn er etwa gegen Zwickau, ja sogar wenn er über eine Leipziger Mannschaft errungen wurde, was ja gottlob nicht selten geschieht. Dabei bin ich väterlicherseits nur zur Hälfte Vogtländer bzw. Plauener. Mein Urgroßvater Johann Conrad Wurst kam 1863 als Dreißigjähriger aus Württemberg nach Plauen (heute gehen freilich eher die Sachsen nach Württemberg), und ich lege Ihnen, sehr geehrter Herr Röder, die beeindruckende Einbürgerungsurkunde bei. Wie die Urkunde zeigt, wurde Württemberg damals nur mit einem t geschrieben!

Lieber Herr Röder, ich wünsche Ihnen Gesundheit und Ihrem Verlag, auch ihrem neuesten Projekt, schöne Erfolge, letzterem vor allem deshalb, weil es mir, der den Namen seiner Vorfahren schnöde verraten – siehe Gurst statt Wurst – und seiner Heimatstadt bereits in früher Jugend den Rücken zugekehrt hat, Ge-

218

Urkunde zur Einbürgerung vom 27.3.1863

Bürger-Angelöbnis.

Ich N. N. verspreche, der Obrigkeit gehorsam zu sein, die bürgerlichen Obliegenheiten zu erfüllen und das Beste der Stadt und ihrer ganzen Gemeinde, mit Beobachtung der allgemeinen Städteordnung und der örtlichen Statuten, möglichst zu befördern.

Unterthanen-Eid.

Ich N. N. gelobe und schwöre, daß ich Sr. Majestät, dem König von Sachsen, sowie den Gesetzen des Landes jederzeit treu und gehorsam sein, auch die Landesverfassung treu beobachten will. So wahr mir Gott helfe und sein heiliges Wort, Jesus Christus, mein Erlöser, Amen.

Bürgergelöbnis

Mein Großvater Wolf, gestorben 1931

Fotos: Gurst

legenheit gibt, bei den Verratenen bzw. Verlassenen wieder etwas gutzumachen.

Ihr Günter Gurst

Nun mein Erinnerungsbericht!

In meinen Erinnerungen lebt mein Großvater als kleiner älterer Mann mit einer mittleren Wanne fort, der offenbar immer eine alte, zerknautschte Schirmmütze trug. Er war zu mir immer freundlich, gab mir wohl täglich eine Münze – einen Fünfer? einen Groschen? – für den ich mir immer einen „Liebesbrief" kaufen konnte oder sollte, das war eine kleine Tafel Schokolade. Der Laden befand sich auf der anderen Seite der Bahnhofstraße in Plauen, und zwar dort, wo die Reichsstraße in diese einmündet, also an ihrem wohl verkehrsreichsten Stück. Und die mußte ich, und zwar als Dreijähriger!!, überqueren, was ging, obwohl es schon Autos gab, außerdem fuhr hier die Straßenbahn, und dann gab es auch noch Pferdefuhrwerke. Ich sehe mich noch vorm Korbsessel kniend die Tafel vernaschend.

Die Großeltern hatten einen Hund, Nettel genannt, von mir aus gesehen ziemlich groß, grauhaarig und struppig, offenbar eine wüste Promenadenmischung. Einmal hat er mich in meine Hausschuhe gebissen, ich weiß aber nicht mehr, welche Reaktionen das bei mir oder im Erwachsenenumfeld ausgelöst hatte. Bekannter wurde das Vieh – und das hat mit meinem Adele zu tun – weil es einmal von der Polizei geholt wurde, denn mein Großvater hatte die Hundesteuer nicht bezahlt. Ich lege die Ablichtung einer Karikatur bei, wohl in Freundeskreisen meines Großvaters entstanden und nur im engsten Familienkreis bekannt, die den Hund erst in polizeilicher Gewalt und dann mit meinem Großvater zeigt, der ihn wieder ausgelöst hatte. Alles spielt sich vorm Gasthaus „Zur Neuen Post" ab, unserem Nachbarhaus, in dem mein Großvater oft saß und in dem er,

wenn mich die Erinnerungen nicht täuschen, wobei ich nicht die eigenen, sondern die an Gespräche meine, auch gestorben ist. Über einem Glas Bier zu sterben ist freilich nicht so schrecklich, es ist sogar ein gnädiger Tod. Die Karikatur ist mit dem 1.5.1927 signiert. Wer der Künstler war, weiß keiner mehr.

Alle Bewohner meines Geburtshauses Reichsstraße 8, ein kleines Gebäude, das offenbar weit vor der Gründerzeit entstanden war, bildeten eigentlich eine Großfamilie. Auch die nicht zur Familie gehörenden Hausbewohner gehörten dazu, alles schien sich öffentlich abzuspielen, und daß damals mein Großvater eine Geliebte hatte, war auch allgemein bekannt, und ich fragte ihn, wenn er ausgehen wollte, hatte das von den Großen aufgeschnappt: „Gehste wieder zu deiner Paula?" Das Geld für die Schokolade hat er mir deshalb nicht entzogen. Was nun Paula anbelangt, genauer, was Paula und meine Großmutter anbelangt, ist folgende Story zu berichten: Eines Tages kam es zu einem zufälligen Zusammentreffen von Paula und Oma, die damals noch nicht blind war, im Straßengetümmel der Bahnhofstraße, und Oma verdrosch die Rivalin mit ihrem Regenschirm. Paula zog vors Gericht, und während der Verhandlung versuchte der wohl nachsichtige Richter, Oma zu einem etwas mäßigenderem Auftreten zu bewegen. Aber Oma blieb fest, und nach der Verurteilung zu einer Geldstrafe erklärte sie, daß sie die Strafe gerne bezahle, aber wenn sie die Übeltäterin, die ihren Kindern den Vater abspenstig machen will, wieder treffe, werde sie sie wieder verdreschen.

Wann war das? Wahrscheinlich Anfang der zwanziger Jahre. Ob es die Gerichtsakten noch gibt?

Die Wohnbedingungen in diesem Haus, das eigentlich mit den zwei Nachbarhäusern ein Relikt aus grauer Vorzeit im Zentrum Plauens darstellte, waren, was ich freilich damals noch nicht einschätzen konnte, äußerst primitiv. Es

gehört zwar nicht speziell zu den Erinnerungen an die Großeltern, ist aber durchaus erinnerungswürdig.

Im Erdgeschoß linkerhand befand sich die Schlosserwerkstatt des Großvaters, in der auch mein Vater gelernt hatte. Sie war auch ein Spielplatz für mich, meinen Großvater sah ich in ihr, Lehrlinge und Gesellen, ein Schmiedefeuer, eine durch ein riesiges Stirnrad per Hand zu betreibende gewaltige Bohrmaschine (Strom wurde bei uns erst so um 1935 verlegt), einen großen Amboß und viele Zangen und andere Werkzeuge, die an der Wand hingen oder in dort angebrachten Holzleisten steckten. Das Hämmern oder das bis ins Quietschen gehende Feilengeräusch drangen durchs ganze Haus. Mein Großvater hatte um die Jahrhundertwende wohl ein gutes Einkommen, denn er war an der Verlegung von Gasrohren beteiligt, eine Sache, die Anfang des 20. Jahrhunderts stattfand. Er nannte seine Werkstatt sogar Gasschlosserei. Auch mein Vater war noch in seiner Lehrzeit an der Verlegung von Gasrohren beteiligt, diese kam aber wohl um diese Zeit zum Abschluß. Ich würde hier übrigens einfach von Vergasung reden, wenn das Wort nicht so furchtbar belastet wäre. Noch im 21. Jahrhundert finden wir die Blutspur der Nazis sogar in unserer Sprache. Ich sehe noch das gelblich-grüne Licht der Gaslampen, die zudem noch einen leisen summenden Ton verursachten.

Auf der anderen Seite des Erdgeschosses hatte ein Polsterer seine Wohnung, die zugleich seine Werkstatt war. Es wurde eng in der Wohnküche, wenn da an einem großen Sofa gearbeitet wurde. Im Sommer werkte er auf dem Hof. Wie den Schlossern sah ich natürlich auch dem Polsterer gern bei der Arbeit zu. Allerdings machte ich auch genügend Unsinn. Einmal riß ich in der Wohn- und Arbeitsküche den Gaskocher von seinem Gestell runter. Ich machte einen Klimmzug an der Vorderstange

Der Schauplatz des vorstehenden Beitra-
ges, links die Gaststätte zur neuen Post,
Bildmitte das Elternhaus (1920)

Der Autor in seinem Wagen, vermutlich 1929

Die Suche mit dem Hund

des Gerätes – das war so konstruiert –, und ein Topf mit heißem oder sogar kochendem Wasser stürzte über mich, den Körper übergießend, und der Polsterer rannte, mich verbrühtes Kind in eine Decke gewickelt, zum nächsten Arzt in der Bahnhofstraße. Einige Narben habe ich noch heute.

Wir wohnten über dem Polsterer in einer Zweiraumwohnung, aus Wohnküche und Schlafkammer bestehend, gegenüber in der anderen Zweiraumwohnung die Tante mit ihren eigenen und angeheirateten Kindern und ihrem ersten und dann zweiten Ehemann, beides übrigens ziemlich witzige Figuren, schon deshalb, weil sie kaum die Hälfte des Lebensgewichtes meiner recht fülligen Tante auf die Waage brachten. Die Wohn- und besonders die sanitären Bedingungen im alten Haus waren, wie schon angedeutet, unbeschreiblich. Wie in Ehm Welks Armenhaus in Kummerow war in unserer Wohnküche der Herd zugleich Heizofen, allerdings kam wie beim Polsterer noch der Gaskocher hinzu. Es wäre wohl im Sommer fast unerträglich gewesen, wenn noch der Herd zur Essenzubereitung hätte benutzt werden müssen – aber das war ja einige Jahre vorher tatsächlich noch der Fall.

Der einzige Wasserhahn für die erste und die Dachetage befand sich im düsteren Vorraum. Ich bediente mich direkt an ihm, wenn ich Durst hatte, d. h. ich ließ mir das Wasser aus dem aufgedrehten Hahn einfach in den Mund fließen. Es gab natürlich auch kein Bad. Von Toiletten zu sprechen, wäre geradezu eine Übertreibung, es war nicht mal ein Plumpsklo, es war einfach eine primitive Sitzgelegenheit über einem Bretterschacht und einer Kloake, und wenn die Kloakengrube voll war, kam der Entsorgungswagen und pumpte mittels dicker Schläuche die Grube leer, wir sagten: er odele sie leer. Gestank durchdrang das Haus bis in die letzten Winkel, denn der Schlauch führte durch den Hausflur. Die Grube war mit lan-

gen, schon ziemlich angefaulten Bohlen abgedeckt – und das war wieder zugleich der Sommerarbeitsplatz des Polsterers.

Im Dachgeschoß wohnte Lina mit ihrem Mann, und wenn dieser betrunken nach Hause kam, verdrosch er Lina, und manchmal zertrümmerte er auch das Mobiliar. Der Mann nannte sich Kommunist, und eines Tages wurde es Lina zu bunt, und sie meldete ihn bei der Gestapo. Er kam nach Buchenwald, wurde bei Kriegsbeginn aber wieder entlassen. Ich erfuhr so erstmals einiges von den Konzentrationslagern. Linas Ehe aber ging weiter, als wäre nichts geschehen – mir schien es jedenfalls so.

Auf der anderen Seite des Dachgeschosses, in einem kleinen Zimmer, dessen stolzer Besitzer eine Zeitlang ich war, wohnte die blinde Oma, meistens lag sie im Bett, und wenn Mutti, was ziemlich oft geschah, im Kino war, und Vater mit Kollegen auf Fässern sitzend in einer Biergroßhandlung in der unteren Forststraße nach Feierabend die verschiedenen Biersorten prüfte, krochen meine Schwester und ich zur blinden Oma ins Bett, und sie erzählte uns irgendwelche Erlebnisse. Am aufregendsten waren ihre Hamstergeschichten aus dem Ersten Weltkrieg, wohl deshalb, weil uns selbst der Kriegshunger schon plagte (ich rücke also schon mal einige Jahre weiter), aber es waren wohl auch Märchen, und oft sagte sie folgendes nicht gerade tiefsinniges lyrisches Werk auf:

Hier ist der Schlüssel zum Tor, wo der Weg reingeht,
Wo die drei Jungfern saßen,
Die erste hieß Binka, die zweite Fifabinka und die dritte Schnippschnappschnurafifabinka.
Da nahm die Fifabinka einen Stein und warf ihn der Schnippschnappschnurafifabinka an ihr linkes Bein.
Auweh, auweh, mein Bein!

Auch Kabarett-Verse gab sie zum Besten, jedenfalls muß es in Plauen gegen Ende des 19. Jahrhunderts so etwas wie ein Kabarett gegeben haben. Sie sang folgendes Couplet, und die Melodie habe ich noch heute im Ohr:

Dor Schwarze Stech, der sollt wern spiechel glatt,
Nu gett nehr itze hie, guckt eichs Geholber aa.

Die Stadtväter wurden also auch schon damals aufs Korn genommen – heute hätten Kabarettisten freilich auch genügend Grund zur Kritik an der städtischen Baupolitik, schon wenn ich das heute leerstehende Kaufhaus sehe!

In der Kriegszeit verfolgte sie aufmerksam die Radionachrichten, da aber ihre geographischen Kenntnisse gering waren, mußte ich ihr immer erklären, wo die einzelnen Länder lagen. Es konnte durchaus geschehen, daß sie mich fragte, ob Frankreich an Japan grenze. Ihre Blindheit nutzten wir Kinder natürlich schamlos aus, und ich klaute bei ihr öfters Zucker. Sie merkte es und füllte eines Tages die Zuckerschüssel mit Salz. Speiend, die Hand vorm Mund haltend, verließ ich nach einem neuerlichen Diebstahl aus der manipulierten Dose schnellstens ihr Zimmer. Als Schulanfänger benutzte ich die Wege, die ich meine blinde Oma führen mußte, dazu, alle möglichen Texte laut zu lesen, die ich unterwegs an Läden, Aushängen usw. sah. Ziemlich schwer fiel mir das Wort Aborthecke, ich ahnte dunkel, daß da etwas nicht stimmen konnte, bis mir Oma, die auch sonst meinen Leseübungen lauschte, mir sagte: Das heißt bestimmt Apotheke.

Es war für die Zeit vorm Ersten Weltkrieg gar nicht unüblich, daß in Höfen auch städtischer Behausungen Nutztiere gehalten wurden, in meiner Kindheit war das jedoch nicht mehr der Fall – es ist allerdings die Ausnahme zu vermelden, daß in den Kriegs- und Nachkriegsjahren des Zweiten Weltkriegs in Kellern oder auf Balkons, also an sicherer Stelle, Karnickel gehalten wurden, als Weihnachtsbraten etwa. Meine Großeltern hielten jedenfalls vorm Ersten Weltkrieg noch Hühner. Der Sohn einer armen Hausbewohnerin klaute nun hin und wieder Eier. Mein Großvater schrieb eines Tages auf einige Eier: „Hans ist der Eierdieb." Tags drauf kam tatsächlich die Mutter, die offenbar nicht nur arm, sondern auch doof war, und rief zeternd, daß Hans kein Eierdieb sei.

Innerhalb der Familie war es üblich, und das ist auch heute keinesfalls überall unüblich geworden – manche werden sich angesprochen fühlen – daß Haustiere mit ins Bett genommen wurden. Eines Abends beschwerte sich meine Tante, damals noch Kind, daß alle ein Tier mit im Bett hätten, nur sie hätte keins. Da sprang mein Großvater aus dem Bett (alle schliefen damals in der gleichen Kammer, und in meiner Kindheit war das auch noch in unserer engeren Familie der Fall), hob die Glasschranktür aus den Angeln, und legte sie ihr mit den Worten ins Bett: „Hier Hannel, damitte aa ä Dier miet im Bett host."

1931 starb mein Großvater, ich weiß nicht, ob ich in meinem Gedächtnis Bilder von dem Aufgebahrten habe oder sie aus meiner Einbildung produziere, wie sein Sarg die schmale Steintreppe hinabgetragen wurde, weiß und sehe ich aber noch ganz genau. Auch bei seiner Bestattung war ich zugegen. Was ich mir aber bis heute nicht mehr erklären kann, ist die Tatsache, daß das Grab ganz kurz später noch mal geöffnet wurde. Auch da war ich wohl mit dabei. Ich fragte, warum Adele denn wieder ausgegraben würde. Ich erhielt zur Antwort: Adel hat noch den Hausschlüssel in der Hosentasche. Ich nahm das natürlich für bare Münze, mit dem Ergebnis, daß ich als Kind, auf dem Nähmaschinenkasten sitzend, der zugleich Sarg als auch Leichenwagen war, Adele immer wieder begrub und ausgrub, zwischen den Dielenbrettern liegenden Dreck benutzend.

Ich begleitete mein kindliches Tun mit Worten wie „So jetzt wird Adele wieder ausgegraben, hat den Hausschlüssel noch in der Hosentasche" – „So, jetzt wird Adele wieder eingegraben" usw. Ich höre noch das Gekichere der Erwachsenen und sehe meine blinde Großmutter, die ebenfalls kicherte, in der Stubenküche stehen. Der Tod war in meiner Familie eine Angelegenheit, die nicht nur mit Trauer begleitet wurde.

Meine blinde Großmutter führte ich später oft genug zum Friedhof zu Großvaters Grab. Die Stelle, wo mein Großvater begraben lag, würde ich auch heute noch ungefähr angeben können, aber das Grab selbst, wo 30 Jahre vorher seine Schwester Clara Hedwig beigesetzt worden war, dürfte allerdings schon vor über 50 Jahren eingeebnet bzw. neu belegt worden sein. Wo sich freilich das Grab der Großmutter befindet, haben wir nie erfahren. Sie wurde als hilflose blinde Frau von amerikanischen Soldaten aus dem in den Felsen geschlagenen Luftschutzkeller zwischen unterer Bahnhof- und Reichsstraße, dem alten Alaunbergwerk, erst Tage nach dem letzten Fliegeralarm ins Krankenhaus gebracht, wo sie auch noch im Mai 1945 verstarb. Tante Hannel, die mit ihr zusammen wohnte, hatte vor den ständigen Bombenangriffen auf Plauen die Flucht ergriffen und ihre blinde Mutter ihrem Schicksal überlassen. Oma kam sicher in ein Massengrab.

Überschaue ich meine frühesten Kindheitserinnerungen, so sind sie meistens mit meinem Großvater verbunden, die der späteren Kinderjahre häufig mit meiner Großmutter. Sie waren also bemerkenswerte Gestalten.

Wenn die jetzigen Familiengenerationen durch diese Zeilen noch etwas von meinem Adele und meiner Oma behalten, leben diese gewissermaßen noch weitere 60 bis 80 Jahre fort, wenn auch nur umrißartig, schemenhaft. Mein Kurzbericht hätte damit einen guten Zweck erfüllt.

Günter Gurst, Leipzig

Zeichnung: P. Söllner

223

Der Eismann kam mit seinem Karren von der „Waldquelle" herunter

Am 29. Dezember 1928 bin ich im Haus „Restaurant Alberthof" im Preißelpöhl geboren. Es war einer der strengsten Winter, von dem man sagte, daß Vögel entkräftet tot vom Himmel fielen. Wir zogen noch im Januar in die Röntgenstraße 5, gegenüber war die „Kuhweide". Ich war sehr enttäuscht, daß die nach der Wende Bauland geworden ist. Die Häuser der Röntgenstraße waren schon „Komforthäuser", weil sie Spül-WC hatten. Herr Rockmann von der Nr. 23 war der Verwalter. Vor seinem großen Schäferhund hatte ich viel Angst. Dann waren da auch die Familie Zigarren-Schmidt, die hatten die Kioske vorm damaligen „Tietz" und an der Haltestelle Krankenhaus. Die Schmidts waren liebe Menschen. An der Parallelstraße zur Röntgenstraße nach Reusa war noch der Mangel-Schneider. Der Sohn war ein Schulkamerad von mir. Daneben war der „Tante-Emma-Laden" von Höfers. Da roch es nach Hering, Obst, Süßigkeiten und auch Petroleum. Oben am Reusaer Berg war die Grabkapelle des Reusaer Rittergutes. Da hat's gespukt; ein Ritter soll früher mal seine Frau in flagranti ertappt und sie erstochen haben. Es ging auch die Sage, daß ein Flaschnermeister Leutholt, der als Junge zum Tanzen im Reusaer Tanzsaal war, als er gerade um 24.00 Uhr an der Kapelle war, bis 1.00 Uhr nicht weiterfahren konnte. Der Geist der erstochenen Gutsherrin ging da um. Das haben ihm alle geglaubt, weil er ein „gerader Mensch" war. Bei den Leutholts lebte auch die Familie meiner Mutter. Meine Oma war aus Kulmbach, Opa aus Bug / Hof. Er hieß Gottfried Grüner, war Schneiderobermeister, Stadtverordneter und Gründer der Innung in Plauen. Er durfte sogar als Gast bei Seiner Majestät Friedrich August mit an der Auerhahnjagd bei Bad Elster teilnehmen. Das war damals was.

Wir hatten früher einfaches Spielzeug: Einen Reifen, Kreisel, Kinderwagenrad mit Holzpflock zum Treiben, im Winter Faßbretter als Skier. Ich hatte noch den großen Schlitten von Opa; der hatte ja sieben Kinder. Da sind wir vom Waldhaus runtergesaust. Unten standen „Sticker", die uns verwarnt haben, aber wir sind immer wieder los. Da war im Reusaer Gut ein Knecht, den Namen habe ich vergessen. Er war der Schwager von einem gewissen Radelheck in der Friedrichstraße. Der Knecht arbeitete mit zwei Mulis aus dem 1. Weltkrieg; die trugen ein Emailleschild „Kriegskamerad". Der Knecht wurde dann von Groß- oder Kleinzöbern LPG-Vorsitzender. Im Gut gab es Fallobst im Herbst für 20 Pfennige schon eine ganze Menge.

Als eines der ersten Kinder kam ich in die Waldschule Reusa, ein hochmoderner Bau im Wald. Lehrer war Herr Prager, auch Röntgensträßler. Die Schule hatte viel Glas. Einmal rannte unser Kamerad Reisig mit dem Arm durch die Eingangstür; da floß viel Blut. Lehrer Pietschmann, oberschenkelamputiert aus dem 1. Weltkrieg, ging mit uns in den Wald. Da war schon damals Fliegeralarm-Probe. Herr Pietschmann erzählte, wie sie an der Somme in Frankreich einem „Zuaven" (algerische Infanterie) mit dem Bajonett in die nackten Sohlen stachen, bis er vom Baum fiel. So wurden wir schon auf die Zukunft vorbereitet. Ein Mitschüler hieß Alfred Jahn. Vor zwei Jahren, also nach 72 Jahren, sahen wir uns zur Silberhochzeit seines Bruders im Schloßhotel Jößnitz wieder.

1934 brachte der sogenannte „Röhm-Putsch" große Aufregung. Aufgebrachte Hitlerjungen warfen ihre Fahrtenmesser in den Rasen, ganz empört über „diese Schande". Es war von Schande die Rede und von Treue für alle Deutschen als Selbstverständlichkeit zum Führer. Meine Mutter erklärte mir meine Fragen. Sie war nie in der „Frauenschaft" oder in der NSDAP.

Sie sagte nur mir und meiner Oma, was draußen los war. Auch der Mord an Lämmermann war ein großes, trauriges Ereignis. Ich weiß noch, weil wir oft an dem Grab waren, wie viele Leute dorthin pilgerten. Es waren sehr viele Angebinde darauf. Heute ist ja darüber genau nachzulesen. Früher war die Sache ja indirekt tabu geworden; ganz zu verheimlichen ging aber nicht.

Einmal war ich mit meiner Mutter, mein Vater ist noch vor meiner Geburt gestorben, in der Villa von Milchhofdirektor Heß vor der Streichhölzerbrücke. Das war schon großartig, wie die Leute lebten. In der Virchowstraße war unser Dr. Ludwig Dettmer, ein lieber Mensch. Aber das gäb's heute nimmer: Im Ordinationsraum lag der Schäferhund auf dem Sofa. Herr Dr. Dettmer rauchte auch während der Behandlung. Im Wartezimmer war eine Karikatur mit einem schmuddligen Menschen: „Ehe ich zum Arzte geh, wasch ich mich von Kopf bis Zeh" und „Raucher, mach es dir zur Pflicht, im Wartezimmer qualme nicht."

Aus dieser Zeit, so um 1933 bis 1938, erinnere ich mich noch an den Eismann. Der kam mit seinem Karren von der „Waldquelle" herunter. Wenn wir damals 5 Pfennige hatten, war das schon viel. Also für 5 Pfennige Eis; der Meister strich's auf die Tüte. Wir standen davor, bis er sagte: „Jetzt ist's genug für 5 Pfennige! Was wollt ihr denn noch?"

Ein mittelgroßer Laden gegenüber dem Krankenhaus, Besitzer Völkner, hatte an der Tür ein Emailleschild mit einer schwarz-weiß-roten Fahne, eins mit Hakenkreuz: „Der Deutsche grüßt mit Mund und Hand Heil Hitler."

Silvester 1930 in der Röntgenstraße. Bildmitte mit dem Stoffhund, das ist meine Mutter.

Villen an der Liebigstraße (1932)

Mit meiner Mutter auf der Röntgenstraße (1929)

Der Plauener Milchhof, Reichenbacher Straße 34/36 mit Gartenbewirtschaftung (1935), Direktor war Herr Heß

Höppner's Fabrik an der Fürstenbrücke (1935)

An der Erfrischungsbude vor der Fabrik Höppner an der Elster gab's walzenförmige Hakenkreuzbonbons. Vor 1933 gab es Zigaretten „Kleine Russen"; man ging mit der Zeit.

Anno 1934 kam noch der „Trumpf-Schokoladen-Flieger". Der warf damals noch kleine Täfelchen Schokolade ab, dazu machte er noch tollen Kunstflug. Er schrieb dann als Reklame „Trumpf" in den Himmel. Das war eine Gaudi, schon allein die Bilder! Aber dann noch die Schokolade, das war schon was. In der Röntgenstraße sind ein paar Täfelchen in die Dachrinne gefallen. Da sind die Leute aufs Dach und haben sie geholt. Mir hat man auch zwei gegeben, ein paar habe ich auch aufgelesen. Wenn man bedenkt: Zehn Jahre später sind dann die Bomben vom Himmel gefallen!

Um 1935 war in der Röntgenstraße 3 eine Familie Hohberger, die hatten mehrere Kinder. Einer hieß Erwin, ein lieber, guter Junge, er war damals so um die 14 bis 15 Jahre alt. Mit uns Kleinen hat er auch manchmal auf der Straße Fußball gespielt. Ich erinnere mich, weil es ein typisches Arbeiterjungen-Schicksal war. Er mußte eben, wie das damals war, nach der Schule gleich Geld nach Hause bringen. Es war teilweise üblich, Lehrgeld an den Betrieb zu zahlen. Daher konnten viele Jungen und Mädchen nichts „lernen" und wurden Hilfsarbeiter; so auch Erwin in der Vomag. Als er sich eines Tages mit uns unterhielt, da zeigte er uns eine Feldflasche, darin hatte er Kakaoschalentee, das war von der Kakaofrucht die Schale. Ihm schmeckte das, wie er sagte. Ich mußte dann Jahre später daran denken, als nämlich der Erwin auch gefallen war. Ich sehe ihn noch heute mit seiner Feldflasche vor uns stehen.

1935 war auch ein gutes Jahr, denn es gab damals auch Gutes zu erleben; um der Wahrheit die Ehre zu geben, muß das gesagt werden. In der Liebigstraße war die Ortsgruppenleitung unseres Stadtbezirks, wozu die Röntgenstraße gehörte. Es gab damals das WHW (Winterhilfswerk), da wurde gesammelt, es wurden Abzeichen verkauft, pro Stück 20 Pfennige. Man darf sagen, das wohl weltbekannteste war das „Reiterlein". Von dem Geld wurden dann Bedürftige versorgt. Noch genau erinnere ich mich: Für uns drei, Oma, Mutter und mich gab es 32 Pfund Lebensmittel, aber alles sehr gute Ware. Das war eine Riesenfreude! Gleichzeitig bekam ich als Bekleidung alles neue Ware: Eine Manchesterhose, Schnürstiefel, Unterwäsche, Wollmütze und Wollhandschuhe. Und zu Weihnachten kamen BDM-Mädchen zu meiner Oma und brachten ein Riesenpaket mit feinsten Lebensmiteln und Schleckerei. Meine Oma hat vor Freude geweint. Ja, das gab's also auch damals.

1936, so im Frühjahr war mal eine alte, rüstige Frau zu Besuch bei meiner Oma, und ich höre sie noch heute, wie sie sagte: „Weißt du, Anna, neulich war ich im Kino, im Luli. Schade, daß du nimmer aus dem Haus kannst. Also da hab ich den Hitler gesehen, es war so schön und so ergreifend, daß ich das noch erleben darf, wie der Hitler so gesprochen hat, und er hat uns alle angeguckt. Anna, ich sage dir, der ist ein Heiliger, er ist der neue Messias." Diese alte Frau war ein Mensch wie du und ich, keine Organisierte, Politische, nicht in der Frauenschaft. Aber so waren viele, das ist auch Erinnerung, die nicht unterschlagen werden darf.

1935 war eine sehr bewegte Zeit. Es war das Jahr der Wiedereinführung des Wehrdienstes und des Aufbaus der Wehrmacht. Da bekamen wir wieder ein Regiment in die König-Georg-Kaserne mit der Nummer 31; zur König- und Kaiserzeit war es die Nummer 134. Nun paradierte also die Wehrmacht in Plauen die Bahnhofstraße hinab: In der Mitte auf blütenweißem Roß der Kesselpauker, zackige Marsch-

musik. Meine Mutter und ich standen vor dem einstöckigen Haus gegenüber der Reichspost. Damals war dort die spanische Familie Cañellas, die hatten an der oberen Bahnhofstraße noch einen Laden, Obst und Südfrüchte. Und am Albertplatz, zwischen Wettin- und Johannstraße, waren die Italiener de Biacio. Es waren zwei Brüder und ihre Frauen; sie waren auffallend attraktiv. Sie machten wunderbares Eis.

Es gab ja bei uns auch in der Stadt bis zur Zerstörung noch Petroleumlampen, z. B. im Haus der „Wacht am Rhein", Ecke Johann- und Forststraße. Da hatte auch die „Schokoladen-Lene" ein Revier. Sie betrat diese und andere Etablissements mit den Worten: „Kaaft mir a Tafl Schokolade ab oder ich häng mich auf." Der „Blumenaugust" – er hatte sich so hergerichtet wie das ehemalige Plauener Original – hat auch noch im Kriege seine Blumen verkauft. Er war ein gutmütiger Kerl und sehr beliebt. Genauso wie der letzte Weichensteller Max Haller, der immer lächelnd vorm „Trömel" stand.

Gegenüber „Trömel" war die ehemalige Kaiserliche Post. Im Oktober 1939 war's noch sehr warm, als das Plauener Regiment 31 von der Bahnhofstraße zur Neundorfer Kaserne marschierte. Vor der Post stand ein junger Soldat als Absperrer. Plötzlich fiel ihm der Karabiner runter; der Mann war kreidebleich. Zum Glück war nichts passiert.

Ja, bis zu dem überflüssigen Krieg war's noch schön in Plauen. Wenn wir auch nicht so leben konnten wie dann Jahrzehnte später, aber es gab viel Gutes. Unter anderem konnten Alte und besonders Minderbemittelte beim „Tietz" im riesigen Café und Speisesaal warm sitzen im Winter, so lange sie wollten bei Schlagsahne oder Erdnüssen für jeweils 10 Pfennige. Der Platz bei „Tietz" ist mir immer in Erinnerung. Das alte Pissoir nahe „Schmidts Kiosk" verströmte einen unvergeßlichen Geruch.

1937 waren plötzlich viele Fahndungsplakate zu sehen: Aus dem KZ Buchenwald waren zwei Häftlinge ausgebrochen, nachdem sie einen Bewacher von der SS mit Spaten erschlagen hatten. Es war eine hohe Belohnung ausgesetzt. Einer der Geflohenen hieß Barkatzky, das weiß ich noch. Als ich mit meiner Mutter in der Pausaer Straße vor so einer Tafel stand, sagte eine Frau zu einem Mann (vielleicht waren es Eheleute): „Was könnten wir alles mit so viel Geld kaufen, wär das schön", und ein Junge zu seiner Mutter: „Da täten wir jetzt eine Riesenportion Eis essen." Ja, so sind oft „menschliche Reaktionen". Meine Mutter sagte gar nichts, nur zu Hause einmal zu meiner Tante: „Wie kann ein Mensch da nur zuerst an Geld denken, statt an das Leben. Wer weiß, was noch alles kommt. Ich könnte das nicht, ich würde mir das Geld nicht wünschen. Es ist alles so furchtbar, die Tat und was dann noch kommt." Man hat beide kurz danach gefangen.

1938 zogen wir um, weil die Miete zu teuer wurde, in die Rähnisstraße 118. Da verloren wir beim letzten Angriff all unser Hab und Gut. In der unteren Rähnisstraße, vor der Reißiger Straße, stand oft Polizeimeister Petermann mit „Tschako"; eine Respektsperson. Wenn jemand die Streichhölzerbrücke mit dem Rad herunterfuhr, verlangte er 1 Mark; das war viel Geld. Im Hause neben Petermann war das Büro von „Kohlen-Kind", eine renommierte Plauener Firma. Unsere obere Rähnisstraße war trostlos und häßlich. Größtenteils lebten hier arme Familien. Man bedenke: Schlafzimmer ca. knapp 7 qm, Wohnküche ca. 12 qm, oft für Familien mit 5 Kindern. Auf dem Hausplatz waren die meisten Kinder bei Kälte und Hitze. Selbst Wanzen waren damals keine Schande.

In der Hammerstraße, gleich um die Ecke der Rähnisstraße war das Friseurgeschäft vom Meister Trampel; er war bekannt als Trampels Max. Er wohnte auf dem Land, ich weiß nicht wo. Aber er kam immer mit einer Beiwagenmaschine, da war seine Frau drinnen, die auch im Geschäft mitgeholfen hat. Trampels Max sehe ich immer noch vor mir: Ein kräftiger Mann, er war etwas rotblond und lockig. Seine Frau, eine hübsche Frau, war brünett und freundlich wie er. Als ich das erstemal bei ihm war, fing ich an zu brüllen. Der Haarschnitt kostete damals 40 Pfennige. Ich hatte solche Angst vorm ersten Haarschnitt wie über 30 Jahre später unsere Tochter, so was merkt man sich. Aber dann ging ich gerne zu ihm, es war so heimelig bei Trampels. Dieser Mann war auch sehr musikalisch, er hat viele Jahre zu Festen und zum Tanz aufgespielt, auch mit Ludwig Jahn, der ein Meister des Bandonions war.

Lange ist das her und doch wieder so nah. Meine Cousine Christine Röder ist die Frau von Ludwig Jahns Sohn, dem Joachim. So hat sich der Kreis auch hier wieder geschlossen.

In der Rähnisstraße, wo wir ab 1938 wohnten, war unterhalb der „Stadt Hamburg" die Familie Klopfer mit mehreren Kindern, einer war auch so um 15 bis 16 Jahre alt. Ein netter, guter Junge, der schon bald verliebt war. Er brachte eine Art Liebeslied aus zwei Zeilen heraus, vielleicht hat er es auch wo abgehört: „Komm rüber, komm runter, dein Schätzle ist da."

Nun auch er spielte mit uns Fußball auf der damals noch ruhigen Straße. Er hatte nach der Schule auch keine Gelegenheit zum Lernen. So meldete er sich sehr bald zum Militär für die Unteroffiziers-Laufbahn. Er war gesund, jung, er war klug und sportlich, so kam er gut an und wurde auch Unteroffizier. Aber so um 1943 verlor er eine Hand im Krieg, er blieb in Uniform, ich weiß nicht wie lang und was dann aus ihm wurde. Auch ein typisches Arbeiterjungen-Schicksal, das dem Krieg sinnlos geopfert wurde, der junge Mann verlor seine

Gesundheit. So was bleibt haften als „Andenken" an eine furchtbar bewegte Zeit.

Ich kam in die Lessingschule zu Oberlehrer Chruschwitz aus den Stahlhäusern. Er trug immer Gamaschen; ein Gentleman. Er war der Sohn eines Bäckermeisters aus Elsterberg, ein feiner Mann. Ein Lehrer hieß Räuber, er rollte das „Rrrr" so schön: „Da war ich am Sonntag auf dem Albertplatz (er sagte nicht Platz der SA). Da kam ein Mann aus der Wirtschaft und errrbrrrach sich, und als das Grrrüne und Gelbe und Brrraune herrraus warrr, kam eine Katze und frrraß alles auf." Bald wurden wir Mittelschüler und bekamen meist neue Lehrer. Das geistig größte Genie war Oberlehrer Rudert, der gegen Kriegsende so elend endete an Blutvergiftung. Er hatte auch einen Tick. Er jagte alle Fremdwörter, selbst Zeppelin und Litfaß waren ihm suspekt. Er war nur äußerlich Nazi, aber sonst Monarchist. Er weckte in mir das heute noch große Interesse am Osmanischen Reich. Da war noch u. a. in Musik Herr Kraus, ein Schwabe, ein feiner gefühlvoller Mensch. Er wurde nach 1945 zum Hilfsarbeiter in der „Flockenbast" degradiert. Lehrer Zainert war dagegen sehr brutal: Wegen einer Kleinigkeit hat er einmal einen Klassenkameraden fast krankenhausreif geschlagen. Ein brutaler Einpeitscher war Rektor Albert L., der u. a. einmal sagte: „Klare Linie in der Ostpolitik. Die Polacken z. B. werden für uns schuften, kriegen das Nötigste zum Fressen. Wenn sie verrecken, ist nicht schlimm, es gibt von dem Gesindel genug." Dieser Rektor L. hat mal in meinem Hausaufgabenheft was Schreckliches entdeckt. Meine Mutter hat von einer Russin in der Vomag ein Kopekenstück mitgebracht und mir gegeben. Ich habe damals verschiedene Münzen gehabt. Und gerade diese habe ich unter ein Blatt gelegt und bin mit dem Rücken vom Bleistift darüber gefahren. Den Abdruck hat Laue entdeckt, und er schlug mir das Buch

Fischhändler auf dem Klostermarkt.
Am 10. März 1934 sammelte SA-Brigadeführer
Heß für das Winterhilfswerk

Klostermarkt September 1935. Das Artillerieregiment Nr. 24 zieht von Dresden
in Plauen ein.

Weihnachtliche Schaufensterdekoration bei Puppenschulz (1934)

Wie Foto vorher mit
Spielsachen für
Mädchen
(Weihnachten 1934)
Fotos: Verlag

um den Kopf. Er nannte mich eine Art Bolschewikenverehrer u. ä., völlig absurd. Er wollte wissen, woher das Ding sei, ich sagte: „Gefunden." Merkwürdigerweise fragte er nichts mehr und gab es mir zurück.

1938 erinnere ich mich noch oft lächelnd der Zeit, das heißt, an ein besonderes sehr heiteres Familienerlebnis. Die Propaganda hatte fein dosiert Gerüchte verstreut, z. B. von Eger aus könnten die Tschechen mit Kampfgeschützen bis Plauen schießen und sie könnten zumindest auf Zeit bei uns einbrechen. Also schickte mich meine Mutter zum Einkaufen in die Bäckerei-Filiale in die Johannstraße. Ich holte also Kekse, Zwieback, Blockschokolade, auch verschiedenes Gebäck und Knäckebrot. Meine Mutter tat alles in einen Kinderwagen und dazu das Nötigste an Bekleidung. Alles fertig zum Abmarsch, aber es kam nicht soweit. Nachdem die Sudetenfrage gelöst war, durfte der „Mundvorrat zur Flucht" gegessen werden. Das war eine herrliche Zeit, der Frieden war erhalten und die guten Sachen, damals waren das Kostbarkeiten, durften gegessen werden.

Noch eine Episode etwa so zwischen 1935 und 1938: Am Altmarkt von der Schulstraße rauf an Backdie II vorbei war der Stand von „Pferde-Meinl". Da gab's schon für 5 Pfennige ein Stück Knoblauchwurst. Die Meinln legte die Wurst hin, zielte frei Schnauze und schnitt ein Stück ab, ohne zu wiegen. Es gab natürlich auch für 10 Pfennige usw., aber nichts wurde gewogen, und alle waren zufrieden. Senf oder „Sämpf" war umsonst. Das war damals für uns genügsame Menschen schon was besonderes. So, wie etwas weiter weg beim Klostermarkt in der „Kosa" für 13 Pfennige 14 Kokosflocken. Der teure „Most"-Laden war für uns nicht da. Und beim Puppenschulz oder Roßbach ein Blechauto mit Garage gab's schon für 25 Pfennige. Aber da lag der Facharbeiter-

lohn in der Vomag bei ca. 80 bis 83 Pfennige; das nur nebenbei.

Zu meiner Konfirmation bekam ich u. a. vom Direktor der Mehlgenossenschaft in der Wettinstraße, Herrn Dillner und dessen Frau, ein Zigarettenetui aus Rosenholz und gefüllt geschenkt. Das war schon ein Ding, aber ich hab mich gefreut. Ein Neffe von Herrn Dillner hat hier bei uns ein Bekleidungsgeschäft. So klein ist die Welt.

Die Kriegszeit spürten wir nur indirekt. Wir mußten sammeln: Altmetall, Knochen, Lumpen, Papier, Geld, Abzeichen verkaufen, Alten und Schwachen Kohlen holen, Holz spalten. Im Winter, besonders 1941 und 1942 holten wir Hausaufgaben für eine Woche in der Schule. Für jeden Tag, also sieben Stück in der Woche, bekamen wird Cebion-Vitamin-Drops. Nachts geisterten in den Straßen die phosphoreszierenden Abzeichen herum; alles war Gewohnheit. Die Strafen für Schwarzhörer, Radio London usw., waren drakonisch hoch und nicht begreifbar. Allerdings begreiflich waren abschreckende Maßnahmen bei Plünderungen und körperlichen Angriffen, was jetzt zu lasch ist.

1939 war in Leipzig der „Butter-Albig"-Prozess. Der Albig hat mit anderen Butter abgezweigt, in Unmengen. Zum Teil wurde die Butter zur Tarnung in Leichenwagen transportiert. Albig wurde geköpft, viele andere schwer bestraft.

Anders ging's einer Straßenbahnschaffnerin am Albertplatz. Es war nach der Schlacht bei Stalingrad, da reagierten die Nazis sehr streng. Die Frau sagte also: „Zurücktreten, bitte gehen sie doch zurück, an der Front geht man auch zurück." Das war dann bereits 1943.

Ich muß noch sagen: Der Menz von der Südvorstadt, ein Geisteskranker, aber harmloser, gutmütiger Trottel, der ist, soviel ich erfahren habe, gut davongekommen. Beim Kreisleiter

Mutschmann war ein Schulkamerad, Hans Hage aus Hamburg, ein Bombenkind. Er blieb bis Kriegsende in Plauen, dann verlor sich die Spur. Mutschmann war vor 1933 angeklagt wegen Offenbarungseid. Da war ein Bild in der SPD-Presse. Eugen Fritsch war ja sein schärfster Gegner. Auf dem Bild war Mutschmann zu sehen, wie er die Hosentaschen umkrempelte. Die Zeitung ist uns leider verbrannt. Mutschmann – der Herr des „Braunen Hauses" von Plauen.

Gegen Ende 1943 erlebte ich das: Auf dem Oberen Bahnhof stiegen Leute ein und aus, das ist normal. Aber merkwürdig war diese Sache damals, beim Einsteigen waren viele Leute da, die meisten waren Arbeiter und Arbeiterinnen. Größere Fahrten waren streng genehmigungspflichtig, Räder mußten rollen für den Sieg. Es war ein großes Gedränge, und ein Feldwebel war bei den Einsteigern, bei den Dränglern. Wenn früher die Wehrmacht andächtig bestaunt wurde, damals nimmer, der Herr Feldwebel wurde schroff behandelt: „Schön der Reihe nach, auch Sie, mein Herr." Da sagte der Feldwebel nun in reinem Sächsisch: „Nu, nur nich uffrächn." Und die letzten Leute äfften ihm nach: „Nur nich uffrächn, nur nich uffrächn", lästerten sie immer wieder. Ja, der Lack war ab, Großdeutschland begann auch überall zu rosten.

Am 5. Januar 1944 kam ich nach Leipzig zur Heimatflak. Das hätte ich 1939 nie gedacht. Das war auch Front, „innere Front"; nicht ganz so wie außen, aber es reichte. Es gab die blöden überflüssigen Schikanen, wenig Schlaf, Essen war reichlich und auch gut genug. Manches belächelt man heute noch. Zum Beispiel war mal ein Ausbildungskommando bei uns. Das waren parfümierte Drückeberger, verhaßt und nie für vollgenommen. Einmal saßen wir im Bunker vorm Geschütz, und mir ist was weggegangen, was man mit der Nase wahrnehmen konnte. Ein Oberwachtmeister, ein Schwabe mit feistem Gesicht und spitzer Nase, schnüffelte und schrie: „Ihr seid Schweine, raus, marsch." Und dann ging's los. Ich ließ mich am Kabelgraben fallen, gab an, vielleicht etwas gebrochen zu haben. Zwei Mann mußten mich zum Sani Oberwachtmeister Braur, ein echtes „Frankfurter Würstchen", tragen. Wir kannten uns gut; er schrieb mich drei Tage krank. Der Oberwachtmeister Schmätzle, schwäbischer geht's nimmer, blieb der einzige von mir eingestufte schwäbische Idiot. Sonst lebe ich seit 50 Jahren nur unter prima Schwaben, auch meine Frau gehört dazu. Einer oder zwei der besten deutschen Vorgesetzten waren auch Schwaben. Oberwachtmeister Kraft aus Ulm, der so tat, als spräche er kein Wort Englisch. Er war die Lässigkeit selber, ein hochintelligenter Mensch: Konditormeister mit fünf Sprachen. Sein Landsmann, Oberleutnant Seeger aus Ludwigsburg, Oberstudienrat für Physik, Mathematik, Englisch und Französisch, war vom Scheitel bis zur Sohle ein feiner Mann. An einem Samstagmittag sah ich, wie „Arbeitsrussen" aus der Müllgrube Kartoffelschalen fischten. Auch so etwas kam vor. Ich habe sofort Brot von uns Kameraden geholt und verteilt. Oberleutnant Seeger sah es mit dem Glas und rief nach mir: „Schmeißner, da nehme Se von mir und den andere Herre auch was mit. Die arme Teifel hann Hunger, gäbe Se's ihne."

Wir hörten nachts oft amerikanische und britische Soldatensender. Eines Nachts ging der Chef durch's Gelände. Einer sagte: „Der Alte ist draußen, hat was gehört." Was da kommen konnte, war klar. Beim Morgenappell sagte der Chef nur: „Es ischt ja bekannt, daß auf Abhören von Feindsendern bis zur Todesstrafe steht. In meiner Batterie weiß man das auch, aber ich sag's halt noch mal." Damit war der Fall erledigt.

Unser Lehrer, Oberlehrer Wenige, der unser Betreuungs- und Schullehrer in Leipzig-Lunersdorf bei der Flak war, das war 1944, erzählte uns einmal, da war wieder einmal an einem Sonntag Vorstellungstraining der Plauener Polizeihunde, und ein Gutsbesitzer, der im Clinch mit dem Polizeipräsidenten war, wollte diesen mal kräftig ärgern. Also machte er folgendes: Er schmierte seine Stiefel mit Hundefett ein und hielt sich an jenem Sonntag als Zuschauer auf dem Platz auf, wo die Hunde ihre Vorführung machten. Aber die Hunde waren nicht bei der Sache, ängstlich waren sie und nicht zu gebrauchen. Die Vorführung mußte abgebrochen werden. Irgendwie kam das Ganze mal heraus, und der Zwist wurde begraben. Aber einer war der Sieger, der Gutsbesitzer.

Am 16. Januar 1945 war der zweite Luftangriff auf Plauen. Nach dem Angriff, ich war vorübergehend zu Hause, nahm ich mir eine Hacke und grub mit nach Vermißten, es war Ecke Wettin- und Schillerstraße. Wir gruben, und plötzlich waren Beinchen von Kindern in den Trümmern. Es war so furchtbar, was da zu sehen gewesen ist und dabei war es erst der Anfang. Plötzlich war Herr Ortsgruppenleiter Popp da. Er blabberte irgendwas von „gemeinen Terrorbombern" und „nicht müde werden", dankte uns, grüßte und verschwand dann wieder. Einer sagte: „Der und die andern Kerle, die haben doch nur gut reden." Der Herr Popp ging dann meistens in Zivil, als er mal daraufhin angesprochen wurde, so sagte mir meine Mutter: „Ach, meine Damen (er sagte nicht Volksgenossinnen) wollen mich auch mal gerne in Zivil sehen." Aber es war doch schon Schwanengesang, das furchtbare Ende war absehbar.

1944 ging dahin. Anfang 1945 kam die Batterie mit uns Plauener Jungen nach Magdeburg. Am 6. Januar 1945 wurde ich nach Hause entlassen. Der Heldenklau war mir fern wie nie,

bis ein Idiot, ja er war einer namens Lucht aus Lübeck, hier als Bombenkind, auf Anfrage auf der RAD-Stelle denen sagte, ich sei ja auch da. Prompt mußte ich nach Kaltenkirchen zum RAD-Dienst. Das war dort der reinste Druckposten, bis ich dann im März über Lüneburg mit der Großdeutschen Wehrmacht nach Böhmen kam.

Und am 11. Mai 1945 kam ich in sowjetische Gefangenschaft. In der Gefangenschaft selbst wurden wir sehr korrekt behandelt, auch gut verpflegt. Trotzdem, essen konnten wir immer. Einmal hätte es mich wegen eines gestohlenen Brotes fast das Leben gekostet. Ich stach das Brot an durch den Stacheldrahtzaun der Lagerbäckerei, und der Russe schoß eine Garbe nach mir. Vielleicht wollte er nicht oder er schoß schlecht, es traf mich nicht. Als sich die Russen am Wenzelsplatz verfahren hatten, stockte die Kolonne. Wir standen im LKW auf, um uns zu strecken. Da kamen Tschechen mit Steinen auf uns zu. Zu mir sagte einer, indem er das Zeichen des Aufhängens machte: „Du Sturmführer kaputt." Er meinte, alle Großen waren bei der SS. Ein Russe schlug mit der Kalaschnikow auf die Meute ein, und der Spuk war vorbei.

Am 1. September war ich im Entlassungslager Hoyerswerda.

Nach meiner Heimkehr aus der Gefangenschaft erfuhr ich zu Hause folgendes: Bei uns in der Röntgenstraße 11 lebte seit 1935 eine Familie aus Berlin, Familie Bayer. Sie waren bald eine kinderreiche Familie in einfachen Verhältnissen. Der Mann war schon lange vor 1933 Parteigenosse, deswegen bekam er eine Stelle als kleiner Beamter im Rathaus. Es waren an sich nette Leute, nur totale Nazis. Als Hitler tot und der Krieg verloren war, haben sich die Bayers durch Sprung vom Haus das Leben genommen und die Kinder zurückgelassen. Eine schreckliche Begebenheit, die man mir erzählt hat.

Zu Hause war alles kaputt. Meine Mutter lebte zum Glück noch, auch von der Familie und Verwandtschaft lebten noch alle. Vier Wochen blieb ich zu Hause.

Mit meiner Mutter war ich mal bei Frau Dittel (Bürgermeister) in der Neundorfer Straße. Sie sagte unter anderem wörtlich: „Wie heißt es so schön, mit dem Titel steigen die Mittel, und wer hoch oben ist (sie meinte ihren Mann, der ja später gemaßregelt und abgesetzt wurde), wer da also ist, der schafft sich ä Hur an." Es war eine schreckliche Zeit, besonders für Frauen und Mädchen. In der Kasernennähe, noch 1948, ist bei uns eine junge Frau in die Straßenbahn gerannt, der Wagen war noch offen. Sie war brutal am hellen Tage vergewaltigt worden.

Einmal hatte ich ein unglaubliches Erlebnis. Mein Onkel fuhr mit einem sowjetischen Offizier und einem Sergeanten über Land. Er sagte, ich dürfe mitfahren. Weil ich eine Flasche Schnaps habe, solle ich die mitnehmen für Brot, Wurst und Zigaretten. Ich fuhr mit und saß hinter dem blutjungen Soldaten. In der Gegend von Schöneck hielt mein Onkel. Der Offizier stieg aus, nahm den Schnaps und gab mir die Sachen dafür. Als der Offizier weg war, sagte mir der Soldat, jetzt fahren wir noch wohin, wo er meinen Schnaps umtausche. Ich sagte: „Der ist doch schon weg." Da sagte der Soldat: „Das war doch Wasser, jetzt ist der Schnaps dran." Ich kam da nicht mit, aber der junge Soldat klärte mich auf. Er sagte, er hasse alle Offiziere und alle Juden; die leben sehr gut, nur der Soldat ist der Dumme für die. Er war mal im Krieg übergelaufen; kurz darauf „befreite" ihn die Rote Armee. Er gab an, die Faschisten haben ihn bewußtlos geschlagen und er freue sich

über seine „Befreiung". „Die haben mir geglaubt", sagte er, „das war mein Glück." Nun, die Sowjets waren bekanntlich sehr mißtrauisch; mir gegenüber war es jener Junge nicht. Ich war erstaunt über soviel Menschenkenntnis und nachdenklich über dieses Erlebnis.

Es geschahen ja im Krieg und danach so furchtbare Dinge. Da fällt mir gerade eine Plauener Familie ein; ich zermartere mir den Kopf, aber den Namen weiß ich nicht mehr. In der Zeitung waren die Todesanzeigen von etwa fünf bis sieben Menschen. Die hatten von einem großen Stück Schwein gegessen, daß ihr Verwandter im ersten Kriegsjahr von Polen nach Hause mitbrachte. Das war nicht untersucht, und die Leute sind am Starrkrampf durch Trichinen elend gestorben. Der Mann war ein Unteroffizier, zu seinem „Glück" auch, er wäre wohl sonst erschossen worden.

Der Hunger war ja riesengroß, manchmal tödlich, wie bei dem Rußlandheimkehrer, dessen Frau ein noch warmes Brot vom Bäcker heimbrachte. Sie ging noch mal fort, und er aß es förmlich auf und starb daran. Auch das ist passiert.

Wir sind ja damals zum Kartoffelnachlesen und zum Hamstern auch nach Bayern gefahren bzw. zum Teil gelaufen. Nur unsere bayerischen Nachbarn haben uns großzügig noch ziemlich viel Kartoffeln gelassen. Zum Hamstern kamen wir über Hof bis Neustadt a. d. Waldnaab. Wenn ich bedenke, unser Schwiegersohn stammt von dort. Seine Eltern sind vor Jahrzehnten hierher nach Oberschwaben gegangen. Also bei Neustadt hatten wir viel Erfolg. Wir kamen schwerbeladen heim. Bis in die Wohnung war es noch eine Angststrecke, weil am Unteren Bahnhof oft gefilzt wurde. Aber wir hatten Glück. Wir brachten meist Getreide heim, das wurde gemahlen und gekocht oder verbacken, je nachdem.

Es war die Stehlzeit, wer hat da nicht mal! Mit einem Verwandten habe ich auskundschaftet, daß auf dem Oberen Bahnhof Briketts ausgeladen wurden. Gegen 22.00 Uhr war da Pause. Der Scheinwerfer brauchte ca. eine halbe Minute, bis er an unserem Platz war. Wir mußten präzise arbeiten, um unsere vier Säcke vollzukriegen; das klappte auch. Dann sind wir schnellstens die Karolastraße rauf und die Lessingstraße runter. Bei der Albertstraße standen zwei Vopos (damals hießen sie noch nicht so). Also, wir mit Vollgas die Lessingstraße runter und in den Keller. Die Spur haben wir ganz rasch verwischt. Die Vopos merkten nichts. Glück gehabt! Im Birkenwald hinterm Preißelpöhl und im Wald der Syratalbrücke haben wir auch gesägt. Es galt für viele der Satz: Ehrlich währt am längsten; wer nichts klaut, der kommt zu nichts.

Noch eine Sache 1946: Die Volkssolidarität muß auch erwähnt werden. Die mußten kleinere Brötchen backen als das WHW im Krieg. Es war ja auch Lebensmittelrationierung, aber sie hat viel Gutes getan. Meine Mutter bekam einen umgearbeiteten Wehrmachtsmantel, eine Mütze, Rock und Pullover. Ich kriegte eine Hose, Pullover, Mütze und Handschuhe. Ferner gab's zwei Kochtöpfe, das waren umgepreßte Stahlhelme, Kochlöffel und eine Kanne. Wir waren froh darüber, denn es gab ja normal fast gar nichts im Laden. Es wurde umgearbeitet, gefärbt, alles mögliche wurde getan, um zu helfen, trotz größter Schwierigkeiten. Denn wir mußten doch noch einschließlich der „Batschky Flott" über 630 000 Besatzer versorgen, das war sehr hart. Helfen war damals schwer, aber es wurde geholfen von Menschen wie du und ich, sehr oft ungenannt und unbekannt, deswegen denen nochmals herzlichen Dank.

Ich arbeitete damals 1946 bei der „Flocken-bast". Unser Betriebsratsvorsitzender war Georg Heidenblut, ein sogenannter „Altkommunist". An Jahren war er noch gute Mitte und menschlich gesehen ein guter Kerl. Eines Tages sagte er mal zu mir und noch ein paar andern: „In der Blücherstraße, ein Haus neben der Blücher-Drogerie, da ist ein von Bomben beschädigtes Haus. Und darin ist ein Flügel, noch voll intakt. Die Besitzer wollen den aber gerne raushaben. Wer mitmacht, der kriegt ordentlich was zu essen, Zigaretten und gute Bezahlung." So was zog damals ganz gewaltig. Also nach Feierabend sind wir vier Mann hin.

Ein Spediteur war schon da und die Frau vom Besitzer des Flügels. Es war eine „Sauarbeit". So ein Flügel ist nur dem Namen nach ein Flügel. Besonders der Transport in einer Ruine ist eine Qual gewesen. Dazu sagte die Besitzerin immer wieder: „Bitte geben sie acht auf den Resonanzboden", sie war ganz aufgeregt. Wir haben das Ding schon auf den LkW gekriegt. Der Flügel kam dann außerhalb Plauens. Nun aber kam der Clou: Am Ende kam die Dame, gab jedem 4 Mark höchstens, vielleicht waren es auch nur 3 Mark, und bedankte sich noch sehr. Wir waren mehr als enttäuscht. Als uns „Schorsch" Heidenblut andern Tags fragte, was es alles Schönes gab, sagten wir es ihm. Nicht ein Bissen Brot, keine Zigarette, nur 3 oder 4 Mark, das war alles. „Schorsch", sagte ich zu ihm, „so was mache ich nie wieder!" Wenn wir ein Pfund Brot bekommen hätten, dann wären wir höchst zufrieden gewesen. Ein Pfund Brot war damals ein wertvolles Geschenk, aber so.

Dann arbeitete ich auch mal bei der Firma Stahlbau Sachs (oder Sachse), Hammerstraße. Wir fuhren einige Male zum Flugplatz, um den Hangar zu demontieren. Mit mir war Kurt Günnel, der Vater von W. Günnel, der später als Plauener eine große Postkartensammlung über Plauen hatte.

Als ich dann bei der Plauener Polizei angefangen habe, gab's auch ein sehr interessantes Erlebnis. Ein Kollege und ich, wir wurden mal nach Chemnitz geschickt mit einem Zivilfahrer, einem klapprigen Lieferwagen, dessen Tür wir mit einem Strick von innen halten mußten. In Chemnitz holten wir etwa sechs Geldsäcke ab für die Plauener Bank bei der Post.

Nun haben wir, Fahrer und zwei Polizisten jeder einen Sack auf die Schulter genommen und ins Haus getragen. Aber drei Säcke lagen im klapprigen Auto, ohne Bewachung, bis wir wiederkamen. Heute wäre das unvorstellbar, aber das ist 1948 geschehen.

1948, an einem herrlichen Oktobersonntag haben wir beide, meine Mutter und ich, Pilze geholt, und diesmal war ein „falscher" dabei, das war Pech, hernach merkten wir, daß es ein „Panther" gewesen sein muß. Nun, ich konnte nicht zum Nachtdienst, damals war ich im 1. Polizeirevier. Die Nachbarin ging zum Anrufen in die „Friedrichsruh". Also ab mit dem Rettungswagen ins Krankenhaus, da war ein Andrang, es waren noch mehr da. Wir mußten einen Schlauch schlucken und raus mit dem Zeug. Meine Mutter hat mächtig würgen müssen. Aber wir hatten ja noch Glück, es war auch eine Episode zur bleibenden Erinnerung.

Um die erste Dezemberwoche mußte ich in die Kaserne nach Frankenberg. Vorweg war die Frage: Drei Jahre verpflichten oder austreten. Die Kaserne war dann der Pferdefuß. Das erste Jahr dort war auszuhalten, bis die Bindungen an den „Großen Bruder" immer enger wurden, bis Intrigen, Bespitzelungen und der ewige Kotau vor dem großen Stalin, der Partei und dem Paradies SU immer unerträglicher wurden. Ich kam glücklicherweise noch auf eigenen Wunsch los. Ich sag's ganz offen, für mich hätte es bei dem Apparat nur zwei Wege gegeben:

Untergöltzsch–Rodewisch oder Gelbes Elend Bautzen.

Ja, nachdem ich also zum Glück die KVP verlassen durfte, arbeitete ich noch ein Jahr in Leipzig.

Nachtrag

Mein Leben in Plauen, weiter weg bis sehr weit weg.

Bis zum 5. Januar 1944 war ich recht sehr bodenständig, bis auf einige Fahrten, am weitesten bis Nürnberg, war da nicht viel. Aber am 5. Januar 1944 kam ich nach Leipzig zur Flak, erst zur Ausbildung, aber davon habe ich schon erzählt. Ich muß also weiter ausholen, warum ich überhaupt damals ins sogenannte andere Deutschland ging. Bis so um Anfang 1950 war ich sehr gerne im Dienst, gewiß, das Ganze war bereits sehr militärisch aufgezogen, aber ich glaube eher, das gehört mit dazu zu einem „Neuen Deutschland". Wir hatten auch eine gute Kameradschaft, so manches Gaudi, und mein Wunsch war ja, nach drei Jahren zur Kripo überzuwechseln. Verprochen hat man das auch, und ich glaubte es. Aber ab 1950 dachte ich immer mehr ganz anders: Das ewige Kotau-Üben vor dem großen Bruder, das ewige Lernen von den Sowjets, diese Typen, die von Rußland aus den Lageraktivs kamen und einen Bockmist daherbrachten. Da gab's den Gottvater Stalin, den, wie die Sowjets ihn u. a. nannten, „Schöpfer der Menschheit", die Sowjetmenschen, Menschen neuen Typus, geschaffen von der Partei neuen Typus, die Übermenschen. Wir mußten ja noch alles, alles von denen lernen. So „dumm" waren wir, die Russen haben u. a. das Fahrrad erfunden, ein russischer Wildhüter war es im 17. Jahrhundert, bis hin zum allerweisen Lomonossow u. a., danach die Bolschewiki mußten uns so viel erst lehren, ich fragte mich mal, ob wir überhaupt richtig mit dem Löffel essen konnten. Dazu kam das gemeine Spitzelsystem und immer

Als Luftwaffenhelfer in Cunersdorf bei Leipzig

Links bin ich mit einem Kameraden der Flakbatterie im Frühjahr 1944 am Strand von Stolpmünde

Unsere Truppe 1944 in Stolpmünde. Hinten rechts schau ich hervor.

1948 noch in Zivil

Bei der KVP in Frankenberg 1949

Im VEB Polygraph, vormals Scheltern und Giesecke, Leipzig. Die Person in der Mitte bin ich.

Fotos: Schmeißner

233

wieder das Nachäffen dessen, was der „große Bruder" tat. Zum Beispiel noch nach Dienstschluß am Abend anno 1950 mußten wir als Offiziere und Vorgesetzte voreilen und einen so blöden Befehl entgegennehmen und weitergeben. Sofort ist verboten, Lebensmittel im Spind aufzuheben, die große Erfahrung des großen Bruders brachte das usw. Das meinen Kameraden sagen, hat mich innerlich angeekelt. Einmal war eine Volkskammerwahl, da wurden drei Kabinen aufgestellt, mit sehr gutem Stoff verkleidet. Verkündet wurde eine erste demokratische Wahl. Aber unser Chef sagte uns: „Wer in die Kabine geht, den bringe ich vors Volksgericht!" Stelle man sich das mal vor, das war so widerlich. Etwas, hinter das ich nie kam, war das: Zwei unserer Leute kamen vom Urlaub erst nach Tagen zurück und gaben an, sie seien über die Grenze nach drüben, trieben sich paar Tage rum und gingen dann in ein Aufnahmebüro der französischen Fremdenlegion, ließen sich anwerben, flohen dann auch wieder und gingen nach Frankenberg zurück. Einer war Obermeister Paul, er war aus dem Großraum Chemnitz. Diese Idiotie, in der BRD waren Aufnahmebüros der Legion bestimmt verboten, man mußte da schon nach Frankreich gehen; Gießen liegt in Hessen, ehemals Zone! Was das Ganze heißen sollte, ich weiß es heute noch nicht. Nach der Aufhebung der Berliner Blockade benahm man sich in Frankenberg voll hysterisch. Aus dem Chemnitzer Raum zog man Busse zusammen, wir hatten höchste Alarmstufe, wie wenn's bald in den Krieg ziehen hieß. Es ist so viel Blödsinn geschehen: Einmal kam der Heinz Hoffmann, der in den 70ern vorgeschlagen war zum Feldmarschall, daraus wurde nichts. Der Hoffmann kam also auch zu uns, ein Mensch ohne freundliche Ausstrahlung, ein Homunkulus wie viele, aber damals schon voller Orden. Wofür hatte er die, so viel Kriege gab's ja gar nicht, wie der bis zu seinem Ende Orden trug. Aber da war vom

Lernen vom „großen Bruder" die Rede. Nun fragte mich mein Kollege Fritsche: „Sag mal, wer war das?" Ich sagte: „Das ist der Hoffmann." – „Ja", sagte Fritsche, „ein echter Freund bestimmt, ich meine ein Sowjetmensch." Ich mußte lachen und sagte: „Der ist ein Schwabe und wie ich höre, ein Badener, vielleicht Mannheimer." Denn wir hatten bei der Flak auch Mannheimer, das hörte ich raus. Also dachte ich, du Depp, mußt eben ein Sowjetmensch sein. Es gab u. a. noch eine böse Geschichte, kurz vor meinem Weggang aus der KVP. Wir hatten mal Schulversammlung. Unser Chefinspektor, ehemaliger General im Mittelabschnitt Bammler stand da und forderte einen jungen Kommissar namens Schulze auf, das zu wiederholen, was ein anderer Kommissar Schulze, ein Berliner, wohnhaft in Dresden, ihm gesagt habe. Ja, sagte dieser Angeklagte Schulz aus, ich habe gesagt, daß die Roten Korea überfallen haben, sonst wären diese nie so schnell am ersten Tag schon in die Hauptstadt Seoul eingedrungen. Es war eine große Lüge, die man uns aufgetischt hat. Der ehemalige General sagte: „Ich verhafte sie wegen Verbrechens gegen das Gesetz zum Schutz des Friedens usw." Der arme Kerl wurde verhaftet, er verschwand – wohin? Dann habe ich auch vom „Gelben Elend" gehört und manches andere.

Ein junger sowjetischer Kapitän der Russischen Armee fragte mich mal in Leipzig, was ich vom Sowjetsystem und der sowjetischen Besatzungsmacht halte und wie die Bevölkerung denke. Ich verwies aufs „Neue Deutschland", unsere demokratischen Sender usw. Er aber wollte die Wahrheit hören und bat mich so eindringlich, schließlich willigte ich ein in das Risiko und sagte: „Herr Kapitän, war das auch Befreiung, was kurz vor dem Ende des Krieges und danach an Entsetzlichem geschah, an der hilf- und wehrlosen Bevölkerung? Kann da eine freiwillige Freundschaft entstehen?" Er

sagte mir: „Ich danke ihnen für ihren Mut und ihre Ehrlichkeit, es geschieht ihnen nichts. Aber glauben sie mir, mein ganzes Leben begleiten mich die schlimmen Episoden, die ich selbst noch erlebt habe. Ich habe das geistig noch nicht bewältigt."

Das ist so, wenn ich's schreibe, als wäre es heute. Da war mal ein älterer Herr bei uns in der Friedrichstraße, der war Versicherungsvertreter und Hobby-Astrologe. Der sagte damals, das war 1947: Bis zum Jahr 2000 ist der große Rote Stern verblaßt, d. h. der Kommunismus ist am Boden ohne Krieg, aber bis dahin geschieht noch viel Böses. An den alten Herrn denke ich noch oft. Er hatte Vertrauen zu uns, zu meiner Mutter und zu mir, mit Recht hatte er das. Ja, es gab immer mehr Anstand und Ehrlichkeit. Als damals der ehemalige Genosse Bammler obengenannten jungen, ehrlichen Menschen an das Messer lieferte, sagte mir kurz danach mein Kamerad Einenkel aus Chemnitz: „Siehst du, gestern haben wir uns noch genauso unterhalten, aber wir sind keine solchen Lumpen." So war es auch.

Da war noch eine Sache. Bei uns in Sachsen herrschten Sowjetoffiziere und Beamte oft wie russische Großfürsten. Z. B. die Kommandantur Oschatz hatte einige 100 Schweine und Rinder. 300 Offiziere in Schöneberg bei Chemnitz hatten 40 Kühe und 25 Schweine. Aber auch z. B. in Wismar hatte das 283. Garde-Regiment drei beschlagnahmte Güter mit großer Rinder- und Schweinezucht. Kurzum, diese Herren Befreier lebten wie die Maden im Speck, Sowjetmenschen – Menschen neuen Typus, geschaffen von der Partei neuen Typus; das waren nur ein paar Beispiele. Stalin erfuhr davon und schickte den „Höllenhund" des Kreml, den kugelrunden Malenkow, und der hat gewaltig aufgeräumt. Rücksichtslos hat er degradiert und deportiert, die Angst ging um in der SBZ. Natürlich wurde das befreite Volk in der Zone weiterhin ausgepowert, aber es muß erwähnt werden, was für Zustände damals waren. Die bolschewistische Sturheit und die Unfähigkeit der deutschen Speichellecker haben das Volk wirtschaftlich so ruiniert, wie es sich eben 1990 präsentiert hat. Nur tun heute die Herren von damals, als wüßten sie nichts von den Zuständen mehr. Sie haben sich als „überzeugte Kommunisten" auch bereichert und unter dem Schutz des „großen Bruders" keine Hemmungen gehabt, abzusahnen und das Volk zu verdummen.

Die Bedeutung der Wende, und dabei darf Gorbatschow nie übersehen werden, hat soviel gebracht, das haben wir nie erhoffen können. Es muß noch viel getan werden, das ist klar. Aber was heute ist, das ist schon sehr viel, und es ist nur Grund, hoffnungsvoll sein zu dürfen.

Nun noch einmal in Gedanken zurück ins Jahr 1952.
Am 8. Mai 1952 habe ich noch mit Freunden eine Radtour nach der Salinenstadt Bad Dürrenberg gemacht. Am 9. Mai habe ich meine Fahrkarte nach Berlin geholt. Am 10. Mai bin ich in Berlin angekommen.

Und am 2. Juni war ich im schönen Schwabenland in Freiheit.

Aber der Satz galt mir immer: Laß dir die Fremde zur Heimat, aber die Heimat nie zur Fremde werden. Ich bin sehr glücklich, daß mein schönes Vogtland wieder offen ist und unser altes liebes Plauen immer schöner wird. So glücklich ist auch meine Frau darüber, die immer verliebt war in die noch zum Glück zahlreichen Gebäude des Jugendstils und die sich mit mir immer über einen Besuch dieses herrlichen deutschen Gebietes freut.

Am ersten Tag, als ich nach der Wende wieder in Plauen war, traf ich zufällig auf eine alte Dame am Postplatz. Sie war als Mädchen schon früher zweimal in Plauen und suchte das „Café Trömel".

Als ich 2001 wieder mal in Plauen war, bin ich auch die Äußere Reichenbacher Straße lang gelaufen und habe mich visionär noch erinnert, wie dort Militär und Polizei die PKW anhielten und die meisten beschlagnahmten. Es war noch kein Krieg, aber kurz davor. Ja, so arm sind wir gegen die Weltmächte angetreten. Das konnte auf die Dauer nicht gut gehen. Aber so war es, unnötig aber Tatsache. Diese Zeit ist vorbei, aber wie man sieht, immer noch lebendig.

Als ich vor kurzem auf dem Friedhof I das Hartensteinsche Grab sah, mit der Tafel, auf der der Gentleman-Offizier Werner Hartenstein verewigt ist, und die Geschichte über ihn und Captain Jones las, da wußte ich aufs neue: Die Hoffnung siegt immer wieder über die Hoffnungslosigkeit. Ohne Vernunft und gegenseitige Achtung ist keine Zukunft erstrebenswert. Unsere Kinder und Kindeskinder aber mögen es lesen, sehen und erleben, was es heißt, als Mensch unter Menschen in Hoffnung, Friede und ehrlicher, ungezwungener Freundschaft leben zu dürfen.

Ich freue mich immer wieder, was der Verlag Neupert alles bringt. Mir ist es so, als ob ich alles noch mal aufs neue erlebe.

Noch was fällt mir ein, auch eine Besinnung vor- und rückwärts, wie es einem eben gerade so erscheint. Heute ist es doch so, daß jemand, der nicht gerade berufsmäßig fährt, aber doch ab und zu, im Jahr sagen wir mal zwischen 5000 oder 10000 Kilometer hinter sich bringt; das ist keine Seltenheit. Früher, zu meiner Kinder-, Jugend- oder späteren Zeit war das schon anders. Autos hatten überwiegend Ärzte, Apotheker, Oberlehrer, Direktoren und andere Hochverdienende, wie auch Steinmetze. Wie war das bei uns Leuten der einfachen Schicht? Da weiß ich noch, daß wir viel gewandert sind. Als ich fünf war, bin ich schon sonntags mit

nach Pirk, zum Burgstein, nach Stöckigt oder nach Tanna, nur zum Beispiel. Einmal hieß es: Sonntag fahren wir mit der Elektrischen ab Krankenhaus bis Endstation Haselbrunn (Haselbachmannsgrün). Da kam Erwartungsfreude auf, schon die ganze Woche vorher. Sonntag früh ½8 Uhr kam die Bahn die Straße lang, der Schaffner ließ ein- und aussteigen und kassierte. Nun, besonders für mich als Kind war ein Fensterplatz ganz wichtig, das war ein Erlebnis. So eine Fahrt, mit Umsteigen am Tunnel und dann den Berg hoch, die Bahnhofstraße und immer am Fenster und heimzu wieder. Das war ein Erlebnis, lange noch zum Nachzehren. Und zehn und mehr Jahre später war die Fahrerei doch meist ein notwendiges Übel, überfüllte Waggons, oft Verspätung, aber man fuhr. Einmal hat ein besoffener Russe sich an den Fahrersitz gestellt, den Fahrer weggedrängt und ist die Bahnhofstraße runter. Zum Glück ist unten am Tunnel nichts gestanden und der Wagen ist dann gerollt, die Neundorfer Straße hoch, da war dann die Kraft vermindert. Dem Iwan selbst war's nicht mehr geheuer, und der Fahrer bekam die Kurbel wieder zu fassen. Aber was die Plauener Straßenbahnleute in der hungrigen Zeit umgebaut und geleistet haben, ist gewaltig. Das Netz wieder aufzubauen, mit allem drum und dran, das war wirklich „heldenhaft", und sie taten hundertmal mehr als nur ihre Pflicht. Es waren „Helden der Arbeit", das hat mit Politik nichts gemein, aber es stimmt. Als ich am Rosenmontag anno 1990 zum erstenmal wieder die Elektrische daherkommen sah auf den ausgefahrenen Schienen, als ich die Hofer Straße erlebte, da war ich erst sehr traurig. Ich sah, was 45 Jahre „Sozialismus" außer den Bomben angerichtet haben. Aber ich glaube an die Zukunft und ich fühlte, daß das Bild der Stadt bald anders sein würde. Als wir Jahrgänge 1928 dann mit einem grünen Wagen aus diesem Jahr eine Rundfahrt machten, da war ich so glücklich und so dankbar denen, die durch Fleiß, Intelligenz und Erfindergeist die herrlichen Museumswagen nun erhalten und hergerichtet haben. Auch der Frühstückswagen, wir würden hier sagen „das Veschperwägele", ist eine großartige Idee. Das vogtländische Improvisationstalent ist nicht totzukriegen. Ich höre darüber immer wieder Gutes. Es ist noch viel zu tun, aber meine Geburtsstadt ist auf dem rechten Weg, das sagen zu dürfen, ist einfach wunderbar.

Heute darf ich mein immer schöner werdendes Plauen als freier Mensch besuchen, wann ich will, und meine Frau geht so gern mit, weil sie das schöne Plauen und das herrliche Vogtland genauso liebgewonnen hat. Hoffentlich dürfen wir es noch eine große Weile genießen. Auf Wiedersehen unser schönes Plauen im Vogtland.

Siegfried Schmeißner, Schussenried

Zehn kleine Negerlein, die spielten auf der Scheun',
das eine ist herabgestürzt, da waren's nur noch neun.
Neun kleine Negerlein, die zogen auf die Wacht,
das eine ward nicht abgelöst, da waren's nur noch acht.
Acht kleine Negerlein, die wollten Kegel schieben,
das eine schlug die Kugel tot, da waren's nur noch sieben.
Sieben kleine Negerlein besuchten eine Hex',
eins fraß sie auf mit Haut und Haar, da waren's nur noch sechs.
Sechs kleine Negerlein, die stiegen durch die Sümpf',
eins blieb drin stecken und versank, da waren's nur noch fünf.
Fünf kleine Negerlein, die tranken ein Faß Bier,
eins ist davon nicht mehr erwacht, da waren's nur noch vier.
Vier kleine Negerlein, die aßen dicken Brei,
das eine ist daran erstickt, da waren's nur noch drei.
Drei kleine Negerlein, die hüpften in den Mai,
eins hat sich dann im Wald verirrt, da waren's nur noch zwei.
Zwei kleine Negerlein erfreuten sich des Weins,
für eines war es doch zuviel, da war es nur noch eins.
Ein kleines Negerlein, das fuhr mal in der Kutsch',
das ist gleich unten durchgerutscht, und alle waren futsch.

Achtung!
Für sensible Personen mit dem deutschen Vergangenheitssyndrom sei gesagt, daß diese Verse wahrscheinlich aus der Zeit vor dem ersten Weltkrieg stammen und keine Ausländerfeindlichkeit darstellen. Es sind weiter nichts als harmlose Knderverse.

Der Herausgeber

Plauener Christmarkt Mitte der 30er Jahre　　　*Foto: Herold*

236

Die Erinnerungen sind das Erleben, das uns keiner nehmen kann

1928

Am 8. Juni 1928 wurde ich in Falkenstein geboren. Von mir selbst gibt es nur soviel zu berichten, daß meine Mutter mich mit dem damals noch riskanten Kaiserschnitt gebar.

1929

Mein Vater war Mitglied im Fotoverein von Falkenstein. So war ich in meinem ersten Lebensjahr sein wichtigstes Fotomotiv. Zwei Fotos mit Blitzlicht geschossen unter dem Weihnachtsbaum erinnern mich an das Ausblasen der Kerzen. Dazu nahm mein Vater einen Gummischlauch, den er zum Füllen und Entleeren seines Aquariums besaß. Er steckte den Schlauch in seinen Mund und hielt das andere Schlauchende an eine der Kerzenflammen. Das wollte ich auch. Er ließ mich pusten, und oben wackelte die Kerzenflamme. Das machte unheimlich Spaß und mußte oft wiederholt werden, bis ich die erste Kerze ausgeblasen hatte.

Zu Weihnachten erhielt ich einen Hampelmann. Mein Vater hatte ihn selbst mit Hilfe seiner Laubsäge gebaut und dann mit Farben bunt angemalt. Mein Kuscheltier war ein Füchslein aus Stoff. Dann gab es da eine Spieldose zum Aufziehen. Doch das Aufziehen ging für mich noch zu schwer. Es waren Platten aus dünnem Blech, in das Kerben gedrückt waren, die an einer in Reihe stehender Metallzungen zupften und sie so zum Schwingen und Klingen brachten.

Interessant war also nicht nur die Musik, sondern auch die Mechanik. Da faßte ich einmal hinein, und schon hatte die dünne Metallplatte in einen meiner Finger geschnitten. Nun war ich um eine Erfahrung reicher, hatte die Funktion gesehen und auch die Gefahren am eigenen Leibe gespürt. In der Zukunft blieb der Deckel der Spieldose geschlossen, wenn sie spielte, und ich legte mein Ohr auf den Deckel, um zu hören. Es klang dann eben anders als bei offenem Deckel. Dann hatte ich noch ein Schaukelpferd sowie zwei Baukästen, einen mit Holzbausteinen und einen mit Steinen aus gebranntem Ton.

1930

Zu Weihnachten wurde mir ein Bauernhof mit vielen Tieren beschert. Mein Vater erzählte mir gern Märchen und hatte auch eine Zauberlaterne, einen Projektionsapparat für Glasdiapositive.

1931

Der Betrieb meines Vaters in Falkenstein hatte einen starken Auftragsrückgang. Deshalb setzte er seine Mitarbeiter auf extreme Kurzarbeit (1 Tag in der Woche) mit entsprechend großem Rückgang der Gehälter. Diese reichten nicht mehr aus, um die Familie zu ernähren.

Mein Vater suchte deshalb Nebeneinkünfte und besorgte sich Heimarbeit. Wie sich später offenbarte, war das für die Musterzeichnerei Egelkraut in Plauen. Durch den Chef dieser Zeichnerei erhielt er Verbindung und später im Jahre 1932 eine pro forma Anstellung in einer Weberei in Plauen.

1932

Ab 1. April hatte also mein Vater eine Anstellung als technischer Leiter der Weberei Hermann Uebel.

Für mich waren Vater und Mutter das Zentrum der Welt. Der Ortswechsel hat mich überhaupt nicht berührt, weder traurig, etwas verloren zu haben, noch freudig, von einer Kleinstadt in eine Großstadt zu kommen. Auch in der Straßberger Straße gab es einen Hof und eine Art Vorgarten, wo ich spielen konnte. So erlebte ich meinen 4. Geburtstag in Plauen, und im Juli ging es traditionsgemäß auf große Reise nach Lübeck zu meinen geliebten Großeltern in die Peterstraße, in meine zweite Heimat.

Die Weltwirtschaftskrise erreichte in diesem Jahr ihren Höhepunkt. Prozentual zur Einwohnerzahl hatte Plauen in ganz Deutschland damals die meisten Arbeitslosen. Im Winter 1932/33 waren von 45 000 Beschäftigten 23 400 arbeitslos (52 %).

Als Kind merkte ich von all den daraus sich ergebenden Problemen nichts. Nur eines fiel mir auf. Hier in Plauen wurden die Polizisten Sticker genannt. So warnte ich eben auch, wie alle Kinder untereinander, wenn ein Polizist auftauchte mit den Worten: „Sticker kimmt!" Denn meist tobten wir irgendwie rum und hatten beim Erscheinen einer solchen Respektsperson ein schlechtes Gewissen. Sei es nun, daß wir Fangen spielten, über die Straße rannten, Steine schmissen, an Zäunen uns kletternd zu schaffen machten, mit dem Ball gefährlich umgingen oder auch nur, weil es eine Abwechslung war, für kurze Zeit brave Kinder zu spielen. Erst später wurde mir bewußt, daß so mancher Polizist sich aus dem Heer der Arbeitslosen der Textilindustrie, darunter eben auch Sticker, rekrutierte.

1933

Der Winter in Plauen ist zwar nicht ganz so hart wie im höher gelegenen Falkenstein, aber zum Schneemannbauen und Schlittenfahren fiel genug Schnee, und es gab viele Hänge, wo man runtersausen konnte.

Im Februar kostümierte ich mich erstmals zum Fasching.

Es bildeten sich kleine Freundschaften und Gruppen, die eigene Ideen hatten für die Gestaltung des Tages. Beliebt waren das Kreiselspielen mit der Peitsche, das Reifenrollen mit

Wir waren die besten Kumpel in Falkenstein (1930)

Mit meinen 11 Monaten schaue ich
etwas mißtrauisch in die Welt

Badetag in Falkenstein (1930)

Mit meiner Freundin Gudrun
Wolfgang (1931)

Silvester in Plauen 1931/32, alle sangen das Lied vom
„Pflaumekung"

Mit Verwandten im Februar 1932 in Plauen

Fotos: Schimmel

einem Stab und das Murmelspiel, natürlich auch das Fangen und Versteckspielen. Ein Spiel war sehr typisch für die damalige Zeit auf dem Höhepunkt der Arbeitslosigkeit (5 100 200 Arbeitslose in Deutschland). Dabei wurde einer von uns mit einem Abzählvers ausgezählt.

Dieser mußte den Meister spielen. Wir anderen standen dem Meister in ca. 10 Meter Entfernung gegenüber und riefen ihm zu: „Meister, Meister, gib uns Arbeit." Er rief zurück: „Was für welche?" Und nun machten wir, stumm bleibend, typische Bewegungen eines Berufes, den wir uns vorher abseits vom Meister ausgemacht hatten. Der Meister mußte dann raten, welchen Beruf wir ausübten. Hatte er den richtigen genannt, was im allgemeinen nicht auf Anhieb glückte, rannten wir zum Standort des Meisters, und er rannte uns entgegen. Dabei mußte der Meister versuchen, einen von uns anzuschlagen. Dieser wurde dann der neue Meister.

Mein Vater besuchte jetzt jedes Jahr dienstlich die Leipziger Messe. Hier holte er sich Anregungen und Ideen für seine Arbeit, insbesondere hatte er ja Muster zu entwerfen und Kollektionen vorzulegen. Von der Messe brachte er immer Neuigkeiten mit, für Mutter und für mich, z. B. mechanisches Spielzeug, einen Aufziehvogel, der hüpfte und pickte, ein kleines Dampfboot, welches mit einer brennenden Kerze betrieben wurde usw.

In der obersten Etage der Straßberger Straße 92, der Bodenetage, gab es auch eine kleine Wohnung. In dieser wohnte ein Telegrafenarbeiter mit seiner Familie. Seine Frau machte Heimarbeit und zäckelte, das heißt, sie schnitt mit einer Zäckelschere die Reste des Basisgewebes einer fertigen Stickerei aus. Das Ehepaar hatte einen Sohn in meinem Alter. Ab und zu, wenn das Wetter draußen mies war, spielten wir Knaben in der Wohnküche zusammen telefonieren. Zwei leere und deckellose Konservenbüchsen waren mit einer Schnur derart

verbunden, daß jeweils in der Mitte der Büchsen ein Loch war, durch das die Schnur gezogen wurde, und je ein Knoten an den beiden Enden sorgte dafür, daß die Schnur die Büchse nicht mehr verlassen konnte. Wenn man die Schnur jetzt mit den Büchsen straffzog und in eine Büchse gesprochen wurde, konnte man, wenn man das Ohr an die andere Büchse legte, die Worte des Gesprächspartners hören. Das Spiel bestand in Versuchen, die Qualität zu verbessern und im Abschirmen vor der direkten Schallübertragung durch die Luft.

Der Telegrafenarbeiter brachte auch andere Gegenstände mit, die in seiner Tätigkeit als Abfälle galten, wir Jungen aber gebrauchen konnten. Dazu zählten Reststücke von Spanndraht bei Telefonfreileitungen. Mit diesem Draht konnte man sich Katapultgabeln zurechtbiegen.

Das mußten wir von älteren Jungen mit mehr Kraft machen lassen. Für uns waren die Drähte so Tauschobjekte für Kompensationsgeschäfte.

Das heißt, die großen Jungen bekamen Draht, und dafür bogen sie uns auch Katapultgabeln zurecht. Den Gummi mußten wir uns dann selber festmachen. Es gab ihn im Laden Ecke Altmarkt und Oberer Steinweg.

Zu unserer Wohnung gehörte in der Bodenetage auch eine Bodenkammer mit ganz normaler Wohnungstür und einem normalen Fenster, kurzum, sie war bewohnbar. In dieser Kammer sollte mein Greizer Opa Oskar (62 Jahre alt) eine Schlafkammer eingerichtet bekommen und bei uns wohnen, weil Tante Ella in diesem Jahr selbst heiraten wollte. Doch Opa Oskar starb am 16. April 1933 kurz vor dem geplanten Umzug nach Plauen.

Zu Weihnachten erhielt ich eine Spielzeugeisenbahn mit einer Lokomotive zum Aufziehen und eine Reichswehrkaserne mit Soldaten. Es war das Jahr der Machtübernahme durch Hitler.

An die Eisenbahn kann ich mich noch sehr gut erinnern. Eisenbahner zu sein, insbesondere Lokführer zu werden, gehörte doch zu den Wunschberufen kleiner Jungen. Anstatt mit Soldaten hätten wir lieber mit Indianern spielen sollen, aber diese wurden offenbar mit Hitler durch Soldaten ersetzt, obwohl die Erzählungen von Karl May Hochkonjunktur hatten. Die Kaserne ähnelte aber in ihrer Architektur, dem Mauerwerk und auch mit ihren Fenstern eher einer Burg, bei der das „Firmenschild" ausgewechselt war. Burgen mit Rittern oder Bleisoldaten in Uniformen früherer Zeiten waren bei uns Jungen sehr verbreitet.

1934

Ein Foto aus diesem Jahr zeigt unser Haus zum l. Mai. Jeder Mieter hatte eine Fahne aus dem Fenster gehängt, entweder eine unverfänglich schwarz-weiß-rote oder eine loyale Hakenkreuzfahne. Bei uns waren es sechs unverfängliche und drei loyale Fahnen. Aber alle hatten eine Fahne herausgehängt. Wenn man das vergaß, kam bestimmt jemand, der einen höflich, aber entschieden daran erinnerte. So kam diese Tatsache jedenfalls bei mir an.

Es war fast zu einem Ritual geworden, Vater bei schönem Wetter von der Arbeit in der König-Georg-Straße abzuholen und draußen im Grünen dann Abendbrot zu essen.

Spaziergänge in Plauen und Umgebung führten uns in die Holzmühle, ins Marionettentheater, zum Tiergehege und zu den Stallungen, zum Karpfenfüttern im Stadtpark, ins Syratal, ins Elstertal, ins Triebtal und ins Nymphental.

Gern fuhr ich mit der Eisenbahn. Da gab es immer was zu sehen und zu erleben, z. B. die Eisenbahn von Plauen nach Falkenstein. Von der Straßberger Straße gingen wir über die Hexentreppe beim Elsterbad und dann über die Elster auf einem Fußgängersteg am Wehr zum Unteren Bahnhof (ca. 1 km). Über den Bahnhof Plauen-Chrieschwitz (evtl. dort umsteigen) ging die Fahrt über Lottengrün nach Falken-

Fastnacht 1932

Mit meiner Mutter im September 1933 im Syratal

Weihnachten 1933 bekam ich meine erste Eisenbahn

Juli 1934 im Neundorfer Freibad

Opa schaut mir beim Hasenfüttern zu (1933)

Am Tiergehege in der Holzmühle füttere ich eine Ziege (1934)

stein. Ich wollte gern mit dem Wagen 3. oder sogar 4. Klasse fahren. Dieser war sehr interessant für mich. Der Waggon bestand aus einem großen Raum. Sitzbänke gab es nur an den Wänden. In der Mitte einer Wand stand ein eiserner Ofen. Der wurde im Winter mit Kohlen und Holz beheizt. Das machte der Schaffner, wenn er zu Fahrkartenkontrolle und Fahrkartenverkauf (nicht jede Haltestelle hatte Fahrkartenverkauf) vorbeikam. Ich konnte im Raum nach Belieben lustig hampeln und so Kontakt mit den Passagieren aufnehmen, die sich das schon anmerken ließen. Deshalb war es sehr kurzweilig und unterhaltsam. Wir fuhren im allgemeinen an Sonn- und Feiertagen, wenn mein Vater nicht arbeiten mußte. An Wochentagen war es noch interessanter. Dann fuhren die Marktfrauen von den Dörfern in die Stadt. Für die Marktfrauen war diese Klasse gerade richtig. Sie hatte die billigste Preisstufe, und es gab genügend Platz, um die Warenkörbe unter Aufsicht abzustellen.

Im Sommer gingen wir zum Baden meist in das Neundorfer Freibad. Ein natürliches Gewässer, der Geilingsbach, floß dort durch den Schafteich und den Neuteich. Ein Teil des größeren Neuteiches gehörte zu einer Badeanstalt. Auch ein Sprungturm war vorhanden. Man konnte eine Kabine mieten und seine Sachen unterbringen. Ein Spielplatz mit Sprunggrube, Schaukeln, Ringen und Kletterstangen regte zur sportlichen Betätigung an. Große Wiesenflächen gaben noch ausreichend Platz für Ballspiele. Mit Kletterstangen kam ich von Anfang an gut zurecht, so hatte ich an dieser Turnart besonderen Spaß. Hier im Neundorfer Bad fing ich an zu tauchen und machte meine ersten Schwimmversuche, denn es gab einen großen Nichtschwimmerteil. Mein Vater half mir dabei. Er war ja schon in Falkenstein im Schwimmverein. Einmal erzählte er mir, daß, wer gut schwimmen konnte, dies den anderen beweisen wollte, indem er mit brennender Zi-

garre ins Wasser stieg und damit durchs Becken schwamm. Natürlich mußte die Zigarre dabei trockenbleiben, sonst wäre er ob seines Hochmutes ausgelacht worden. Na ja, das hatte sich ja geändert, das Gesicht konnte ruhig im Wasser liegen, nur beim Atmen mußte man den Kopf heben. In diesem Jahr bekam ich auch dann im Hallenbad Schwimmunterricht. Dazu gab es für Anfänger entweder einen Korkgürtel um die Brust, oder man lag auf zwei Schwimmkissen, die wie kleine Stummelflügel an den Schulterblättern auf dem Wasser schwammen. Diese waren aus Stoff, der im nassen Zustand die Luft behielt, die man mit dem Mund durch den Stoff hindurch in die ventillosen Kissen blasen konnte.

1935

Um Rachitis vorzubeugen, ging Mutter mit mir zum Kinderarzt Dr. Heydolph am Albertplatz (früher: Platz der SA). Dort wurde ich konsequent von Höhensonne bestrahlt und bekam täglich einen Löffel Lebertran zu schlukken. Auch ein anderer Kinderarzt am Dittrichplatz war mir sehr sympathisch. Er verordnete nämlich bei Mandelentzündung Vanilleeis mit einem Eigelb vermischt.

Von Kindheit an waren meine Atmungsorgane recht anfällig. Schal, Hustentee und Einreibungen waren Begleiterscheinungen der kalten Jahreszeit. Spaß hatte ich an einer Hausmedizin, wobei ein schwarzer Rettich wie ein Frühstücksei „geköpft" wurde.

Der untere größere Teil erhielt eine Aushöhlung. In diese wurde brauner Kandiszucker gefüllt und mit dem abgeschlagenen Kopf des Rettichs wieder bedeckt. Nun ließ man es ziehen, bis der Zucker sich vollständig aufgelöst hatte. Dieser Saft wurde dann ausgelöffelt. Das hat gut geschmeckt! Der Rettich selbst war entsaftet und so lasch geworden.

Einmal hatte ich auch Keuchhusten. In diesem Zusammenhang ging meine Mutter mit mir in das Plauener Gaswerk. Dort waren in einer

Halle Haufen von Asche, wie sie bei der Stadtgasherstellung anfiel. Mit diesem „Sand" konnte man buddeln wie in der Sandkiste. Ich war nicht der Einzige, der auf Empfehlung eines Arztes hierher kam. Es roch eigenartig, aber nicht abstoßend. Jedenfalls bin ich gern dorthin gegangen und hustete dort kaum.

Zu Ostern kam ich in die Schule. Mein Klassenlehrer war Herr Pritsche, und die Schule war die Dittesschule auf der Dittesstraße. Mein Schulweg ging erst geradeaus auf der Straßberger Straße nach Norden, dann links den Berg hoch auf der Konradstraße und später links ab auf der Comeniusstraße, bis ich nach etwa einer Viertelstunde das Schultor erreichte. Nur einmal hatte ich eine Straße zu überqueren, aber die war selbst für damalige Verhältnisse sehr verkehrsarm.

Ich glaube, ich packte den Schulweg praktisch von Anfang an allein. Jedenfalls kann ich mich nicht erinnern, daß ich mich nach der Begleitung meiner Mutter sehnte. Das war uns Kindern sehr unangenehm. Auch gab es zur damaligen Zeit keinerlei Befürchtungen, daß uns Kindern irgendwelche Erwachsenen belästigen könnten und wir aus diesem Grunde nicht allein zur Schule geschickt werden konnten.

Ich habe ja schon vor der Schule viele Wege allein gemacht. Dazu gehörte Brotholen bei Bäcker Drechsler in der Straßberger Straße, Ecke Trockentalstraße. Das machte ich gar nicht mal so ungern, denn wenn ich auf dem Heimweg das frische knusprige Brot schon anknabberte, hatte meine Mutter keine Schelte für mich, als ich zu Hause ankam. Diese Vorliebe für den Knust, wie Mutter die beiden Enden des Brotes nannte, wurde ein Bestandteil meiner Eßgewohnheiten.

Manchmal gab mir Mutter auch 5 Pfennige extra für das Brotholen, denn dafür bekam man beim Bäcker eine Tüte voll Kuchenrinden. Die waren frisch und ebenfalls knusprig und schmeckten vorzüglich.

Auch in Lübeck ging ich allein zum Kaufmann die Peterstraße entlang fast bis zur Wakenitz. Außerdem hatte dieser Kaufmann eine Weithalsglasflasche voller Bonbons, in die er mich stets hineingreifen ließ. Gern lief ich zur Ratzeburger Allee, die auf die Peterstraße stieß. Dort fand ich oft Champignons an den Baumscheiben der Alleebäume oder unter den Hekken, die gleichzeitig Zaun für die anliegenden Grundstücke waren.

In der Schule konnte man während der großen Pause eine Viertel-Liter-Flasche Milch oder Kakao bekommen. Die Flaschen waren mit einem Pappdeckel, der eine „Sollbruchstelle" hatte, verschlossen. Man stieß mit dem Strohhalm ein Loch durch die Sollbruchstelle und konnte dann trinken. In der Klasse verteilte der Lehrer Cebion-Tabletten, das war Vitamin C.

Jeder bekam täglich eine Tablette. Ich glaube, zuerst schrieben wir mit Griffel auf eine Schiefertafel. „Achterbabel, halt dein Schnabel, schreibt noch auf der Schiefertafel" – mit diesem Vers wurden die Schulanfänger damals gehänselt. Die achtjährige Volksschule fing damals mit der Klasse 8 an. Ich war in der 8b. Es dauerte nicht lange, und wir mußten mit Stahlfeder und Tintenfaß umgehen lernen.

Damals kamen neben den Stahlfedern solche aus Glas in Mode. Der Glaskörper war keulenförmig und spiralförmig gewellt. So besaßen sie eine ausreichend große Oberfläche zum Speichern der Tinte. Schreiben, das hieß damals Schönschreiben, machte mir am meisten Schwierigkeiten. Ich fand das ja sehr ansprechend, wenn einer schön und wie gedruckt schrieb. Aber eine solche Schönheit packte ich nicht, obwohl ich oft anfing, mir Mühe zu geben. Lesen und Rechnen klappte besser bei mir, und dort brauchte ich mich nicht so anzustrengen. Dann gab es noch Religionsunterricht und Sprachlichen Ausdruck. Das erste ging an mir vorbei, obwohl ich allabendlich mein „Lieber Gott, mach mich fromm, daß ich in den Himmel komm" brav vor dem Einschlafen betete. Beim zweiten Fach redete ich, wie mir der Schnabel gewachsen war, ohne daß ich die auch praktische Bedeutung eines sprachlichen Ausdrucks erkannte und dies deshalb für weniger interessant empfand.

Auch den Rohrstock als Erziehungshilfe lernten wir noch kennen.

Mich interessierte mehr das Wandern in der Landschaft und die Botanik samt den darin befindlichen Pflanzen und Tieren, die Berge und Täler, die Teiche und Bäche, Wege, Straßen und Eisenbahnlinien.

So blieb vom Besuch des Kurortes Bad Elster im Mai 1935 haften: die vielen Eichhörnchen, die fast darauf warteten, daß sich einer bückte und die Hand aufhielt mit einer Erdnuß darin und das ganz anders schmeckende Brunnenwasser.

Im August besuchte uns Onkel Ernst mit Sohn Kurt. Mein Vater hatte im Türrahmen oben zwei Haken eingeschraubt, an die man Ringe hängen konnte. Da turnte ich gern. Zum Schaukeln steckte man einfach die Beine durch die Ringe. Auf diese Weise schaukelten wir nun abwechselnd, einmal Kurt, einmal ich.

Im Herbst ging ich gern mit anderen Jungen Kastanien sammeln. Lagen keine unten, so warfen wir mit Stecken in die Bäume. Diese Stecken lieferten die Bäume selbst. Mit Steinen hatte man nicht so viel Erfolg, weil sie einen kleineren Trefferradius ergaben. Dort, wo wir die ersten Äste am dicken Stamm erreichen konnten, kletterten wir auch in den Baum hinein und schüttelten.

Aus Kastanien und Streichhölzern konnte man Figuren bauen. Meist hatten wir aber viel mehr Kastanien, als zum Basteln nötig waren. Das war dann ein Grund, zur Holzmühle zu gehen und dort das Wild im Tiergehege zu füttern. Ergiebige Kastanienausbeuten erzielten wir am Mühlgraben ab Trockentalstraße fluß-aufwärts, an der Elster in der Nähe des Hallenbades und beim Zaderagut.

1936

Ob ich in diesem Jahr oder schon früher erstmals im Kino war, weiß ich nicht mehr. Der Tonfilm war noch keine zehn Jahre alt. Es gab in Plauen vier Kinos: das Capitol und das Luli in der Bahnhofstraße, das Alhambra Ecke Untere Endestraße und Oberer Steinweg und das Tivoli an der Hofer Straße. Mickymaus war im Jahre 1928 entstanden und damit so alt wie ich. Der Gong vorm Beginn der Vorführung klingt mir noch heute im Ohr. Vorher ein ungeheures Geplapper und dann Mucksmäuschenstille. Als Vorfilm kamen neben Werbekurzfilmen stets die Wochenschau und Propagandafilme.

Das erste Foto von 1936 im Fotoalbum zeigt mich im Faschingskostüm als Clown vor der Haustür. Das Kostüm hat meine Mutter selbst angefertigt. Geschneidert hat sie viel, besonders Hemden für mich. Hab ich dann bei der ersten Anprobe hier und da gezupft oder mich sonst unzufrieden gezeigt, so hat Mutter vor sich hin gegrollt, aber sich etwas später wieder an die Nähmaschine gesetzt und geändert, bis ihr lieber Wolfgang – so wurde ich oft genannt, und ich hörte es auch gern – sie lobte.

Dafür half ich auch oft meiner Mutter beim Nudelmachen. Dazu wurde Nudelteig geknetet, möglichst genügend Eier darin. Auf einem großen runden Brett mußte der Teig dann ausgerollt werden, bis er die Fläche des Brettes bedeckte. War er dann noch nicht dünn genug, wurde er halbiert und jede Hälfte wieder auf die Flächengröße des Brettes ausgerollt, bis er dünn genug war. Danach wurden die einzelnen Fladen angetrocknet, später übereinander gelegt und in diesem Zustand zu breiten Nudeln geschnitten.

Eine andere Hausarbeit war die Fußbodenpflege. In der Wohnung der Straßberger Straße hatten wir Dielenbretter. Diese wurden wöchentlich nach der Reinigung mit Bohnerwachs eingeschmiert. Nachdem das Wachs eingezogen war, mußte mit der Bohnerbürste gebohnert werden, bis die Dielenbretter glänzten. In größeren Abständen wurden die Fugen zwischen den Dielenbrettern gereinigt und neu verkittet. Wer dies nicht machte, lief Gefahr, daß sich darin Ungeziefer einnistete. Ich erinnere mich, wie einmal eine Frau vom Nebenhaus eine Kehrschaufel voller Wanzen in den Aschekübel schüttete.

Im Nebenhaus war einmal Streit und Krach. Alle Sachen und das Mobiliar samt Nähmaschine flogen aus dem Fenster, bis die Polizei kam und den Mann abführte.

Dann und wann kam auch ein Scheuersandverkäufer hausieren. Erfahrungsgemäß wußten alle schon, würde er nichts los, hätte er eine Tüte Sand im Hausflur verstreut. So kauften ihm immer zwei Mieter eine Tüte Scheuersand für 10 Pfennige ab. Lieber sahen wir den Scherenschleifer kommen. Für ihn hatten wir auch stets Arbeit, wenn er auf der Straße seinen Schleifstein drehte, mit den Füßen aufs Pedal wie bei einer Nähmaschine. Gelegentlich kam auch ein Straßenmusikant vorbei; das war kein lästiges Ereignis. Die meisten Bewohner wickelten ein Zehnpfennigstück in Papier ein und warfen es ihm hinunter. Er dankte kopfnickend, während er weiterspielte. Am Schluß sammelte er das Geld im Papier ein und ging friedlich zum nächsten Haus. So hörte man noch mehr Musikstücke, wenn auch etwas leiser und immer leiser werdend. Es paßte ganz gut in den Tagesablauf.

Manche Familien besaßen einen Kühlschrank, wir nicht. Der Kühlschrank nannte sich damals Eisschrank, weil er mit Eis beschickt werden mußte. Kühlschränke, die mit Hilfe von Strom Kälte erzeugten, gab es damals nur in Einzelfallen in Haushalten. Eismaschinen hatten aber die Brauereien. Diese verkauften als Nebenerzeugnis ihrer Produktion Eis in Stangen mit vielleicht 15 mal 15 cm

Querschnitt zwischen 50 bis 100 cm lang. Sie kamen regelmäßig vorbei und machten sich durch Läuten und Ausschreien bemerkbar. Ihre Ware legten sie auf dem Bordstein ab, wo es sich die Abonnenten abholen mußten.

Die gleiche Methode, ihr Produkt einfach vor das Haus zu legen oder zu schütten, hatten die Kohlelieferanten. Einmal im Jahr wurde auf Bestellung Kohle geliefert, das waren entweder Steinkohle, Braunkohlen- oder Steinkohlenbriketts. Für den Küchenherd, der die Küche heizte und zum Kochen diente, eignete sich Steinkohle besser. Diese hielt nach und konnte durch Regulierung der Lüftung auch gut schnell entfacht werden. Die Braunkohlenbriketts eigneten sich besser für den Kachelofen. Auf alle Fälle mußte die angelieferte Kohle per Hand in Eimern vom Fußweg in den Keller getragen werden. Das war wieder eine Aktivität, wo ich erwünscht war und helfen konnte.

Zur Erntezeit kamen Händler mit Blau- und Preiselbeeren auf ihren Wagen gefahren. Wir wohnten eben in einem der ersten drei Häuser, die die Händler auf der Straßberger Straße kommend in Plauen erreichten.

Eine weitere jährlich auftauchende Dienstleistung war die Anlieferung von Kartoffeln von 5 bis 10 Zentnern zum Einlagern im eigenen Keller. Dazu kamen vorher Bauern in unsere Wohngegend aus Richtung Straßberg, Kürbitz, Kloschwitz bis Tobertitz und nahmen Bestellungen entgegen. Das waren keineswegs Bauern, die auf Erdäpfel spezialisiert waren.

Sie ernteten und verlasen ihre Kartoffeln fürs Vieh, für den Eigen- und den Kundenbedarf. Es war also zuverlässige Qualitätsware im Rahmen der jeweiligen Ernte. Die Kartoffeln wurden in Zentnersäcken angeliefert und im Keller in die Kartoffelkiste geschüttet. Jedenfalls kamen alle Fahrzeuge durch die Straßberger Straße an unserem Haus vorbei und demzufolge auch wieder zu unserem Haus zurück. Das

war ein gefundenes Fressen für uns! So setzten wir uns mit Duldung des Bauern gern auf die leeren Leiterwagen und fuhren mit ihnen ein Stückchen stadtauswärts, maximal bis zum Glockenberg, um nicht zu weit bis nach Hause zu haben.

War die Kartoffelernte vorbei, so gingen wir gern zum Kartoffelstoppeln auf abgeerntete Felder. Eines war gleich am Ausgang von Plauen noch vor dem Glockenberg und gehörte dem Bauern Schneider. Man fand immer Kartoffeln, wenn auch nur noch die kleinen, die der Bauer übersehen hatte. Auch lag das trockene Kartoffelkraut noch auf den Feldern. Es kam später beim Umpflügen als organischer Dünger zurück in die Erde wie die Restkartoffeln.

Hatten wir einige Kartoffeln beisammen, so entzündeten wir einen Haufen Kartoffelkraut und warfen die Kartoffeln ins Feuer. War das Feuer niedergebrannt, lagen sie mit verkohlter Schale und etwas tiefer schwarz wie Kohle in der Asche. Mit einem spitzen Holzstock spießten wir die heißen Kartoffeln auf und entfernten mit unseren Taschenmessern die dickschalige verkohlte Schicht, die sich leicht vom unverbrannten Inneren lösen ließ. Das schmeckte uns prima, selbst „gekocht" an frischer Luft, im Rauch gewürzt und verfeinert mit etwas Salz. Ein Mordsgaudi und ganz ohne Geld!

Noch näher zu unserer Wohnung lag in 100 bis 200 Meter Entfernung ein Getreidefeld. War es nach der Ernte ein Stoppelfeld, so versuchten wir Hamster auszugraben. Es ist uns aber selten gelungen, einen zu erwischen. Als wir an seine Vorratskammer kamen, fanden wir nur noch den Haufen Getreidekörner. Bedenken, einen Hamster zu töten, hatten wir nicht, schließlich war er ein Schädling, der die Ernte minderte, insbesondere weil er damals noch recht häufig vorkam.

Dieses Feld begann direkt an der Straßberger Straße und zog sich bis zu einem Steilhang hin, der auf Elsterhöhe erst endete. Doch vor

Mutter und ich im Juni 1935 am Isidore-Schmidt-Brunnen

Papa, Fritz, Paul und ich bei der Silvesterfeier auf 1936

Na, sehe ich nicht „zünftig" aus? (1939)

Spaziergang mit Mutter im Stadtpark (1939)

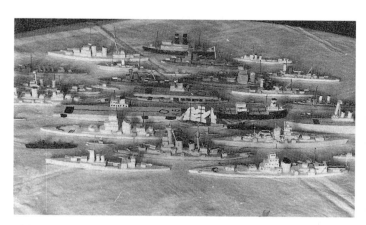

Mein Freund Günter Kolbe und ich haben eine Modellschiffflotte selbst gebaut (1941)

Beginn des Steilhanges war eine dichte Hecke hauptsächlich aus Schlehen- und Weißdornsträuchern. Diese Hecke verhinderte das Ausspülen des Erdreiches. Da hindurch führte ein Labyrinthgang zu einer Höhle. Diese bestand aus vielleicht 2 bis 3 qm Grundfläche und einem 2 bis 3 m tiefen Einschnitt in den Steilhang. Der Einschnitt war überdacht vom überhängenden Gesträuch. Von diesem Einschnitt führte ein kurzer Gang zur eigentlichen Höhle. Ich habe das Ganze nicht mit angelegt, es bestand schon. Aber eines Tages wurde ich für würdig befunden, eingeweiht zu werden, nachdem ich einen Schwur auf Geheimhaltung abgelegt hatte. Im wesentlichen befanden sich in der Höhle Werkzeuge wie Bauklammern, Hammer und Meißel, um in dem felsigen Boden die Höhle weiter auszubauen. Die Bauklammern, wie sie damals bei der Errichtung von Gerüsten aus Holzstangen an Häusern üblich waren, waren allesamt von solchen Baustellen gestohlen.

Die Zusammensetzung unserer Höhlengemeinschaft weiß ich nicht mehr. Aber solche „geheimen" Höhlengemeinschaften gab es mehrere in unserem Tätigkeitsgebiet. Diese Clans suchten zwar keinen Streit, verteidigten aber ihre Claims, wenn sie der Meinung waren, daß ihre Höhlen entdeckt werden könnten. Bei einer solchen Auseinandersetzung geriet ich einmal in Gefangenschaft eines Clans. Ich wurde mit einigen anderen in eine Höhle am Seehaus gebracht. Das war ein wild zerklüftetes Gelände, auf dem auch die Soldaten der nahegelegenen König-Georg-Kaserne übten und z. B. ihre Schützengräben und Deckungslöcher aushoben. Jedenfalls gab es auch verlassene Unterstände. In einem davon saßen nun wir Gefangenen und waren gefesselt. Doch nicht alle von uns hatten sie erwischt. So benachrichtigten die Entkommenen unsere Eltern. Jedenfalls kam auch meine Mutter und befreite mich.

Ein anderes Erlebnis, dessen genaues Jahr ich nicht mehr nennen kann, war, daß ich beim Fangerspielen gegen ein vorbeifahrendes Postauto gerannt bin. Dabei habe ich mir die Gesichtshaut abgeschürft, und das tat brennend weh. Diesen Schritt den Bruchteil einer Sekunde früher getan, und ich wäre vor den Kühler des Autos gekommen. Da hätte mein Leben zu Ende sein können. Ich glaube, die Schürfwunden belegte meine Mutter umgehend mit aufgeschnittenen Blättern ihrer Aloepflanze.

Ein kleiner Junge aus dem Nachbarhaus sagte eines Tages unerwartet: „Ulli Soldate verschluckt." Von seinen Spielsoldaten fehlte auch einer. Die Röntgenaufnahme „sah" dann auch den Zinnsoldaten. Der Arzt verordnete erfolgreich: „Geben sie dem Jungen möglichst viel Sauerkraut und Kartoffelbrei zu essen." Mit dem, was von Sauerkraut und Kartoffelbrei übrig war, erschien am anderen Tage der Zinnsoldat samt geschultertem Gewehr im Nachttopf.

Ich glaube, einmal hatte ich auch einen Bandwurm. Jedenfalls trat er zur damaligen Zeit nicht selten auf, denn schon in Falkenstein wurde mir einer gezeigt. Sie kamen durch Verzehr von rohem Fleisch und gingen durch Einnahme von Abführmitteln. Meine Eltern aßen gern Schabefleisch, und dazu gab es saure Gurken. Diese Vorliebe habe ich ebenfalls übernommen.

Bei Spaziergängen durch Plauen oder Greiz erklärte mir mein Vater die verschiedenen Stilarten an den Gebäuden. Ich hörte aufmerksam zu. Die Ende des 19. Jahrhunderts aufgeblühte Textilindustrie hatte in diesen Städten den erfolgreichen Fabrikanten viel Geld gebracht, und sie bauten sich eine Menge schmucker Villen, z. B. auch auf der anderen Seite der Straßberger Straße die Villen der Zöbischs.

Auch ich hatte einen kleinen Webstuhl, damit konnte ich aber keine Muster weben, die ich mir ausgedacht hatte wie mein Vater, der

Musterzeichner. Mehr Interesse zeigte ich, wenn er fotografierte, danach seine Filme entwickelte und Vergrößerungen machte.

Ich gehörte zu den Kindern, die im Winter gern Schlittschuh liefen. Das geschah auf der Spritzeisbahn bei der Poppenmühle, aber auch auf dem zugefrorenen Stadtparkteich oder auf der festgefahrenen Schneedecke der Straßen. Zum Schlittschuhlaufen ist grundsätzlich zu sagen, daß Schlittschuh und Schuh damals keine Einheit waren. Die Schlittschuhe mußten an die vorhandenen hohen Schuhe angeklemmt werden. Dazu hatten die Schlittschuhe vorn in Höhe des Mittelfußknochens zwei Spannbakken und hinten im Bereich der Fersenbeinknochen drei Backen. Der hintere Backen war fest und die beiden anderen ebenfalls wie die Mittelfußspannbacken variabel wie bei einer Zwinge. Die beiden Zwingen konnten mit einem Vierkantschlüssel festgeschraubt werden. Natürlich quetschten sie dabei die Brand- und die Laufsohlen der Schuhe. Diese Laufsohlen waren damals aus Leder. Das Leder gab dem Druck etwas nach und war nicht sehr verschleißfest.

So rutschten die Schlittschuhe manchmal bei starken Belastungen in Kurven oder besonders beim Einknicken der Füße ab, insbesondere, weil man zum Wasserdichtmachen der Schuhe traniges Lederfett benutzte. Dies geschah nicht ohne Belastung der einzelnen Lederlagen, die dann aufsplitterten. Der langen Rede kurzer Sinn: Man mußte zum Schuster, um neu zu besohlen.

Das Oberleder hielt wesentlich länger als die Sohlen. Schuster gab es damals recht zahlreich.

Auch hatte wohl jeder Haushalt selbst einen Dreifuß, um aufgesplittete Sohlen und lose Absätze festzunageln. Das, was ich hier vom Schlittschuhlaufen schildere, galt im selben Maße für die Beanspruchung des Schuhwerkes beim Fußballspielen.

Einige zu Beginn des Jahres gemachte Fotos von Spaziergängen in Falkenstein und Plauen erinnern mich an die damalige Winterbekleidung. Auch wir Jungen trugen lange Strümpfe; das war mit dem Tragen eines Leibchens verbunden. Ich kann mich jedenfalls nicht an Strumpfhosen erinnern. Das Leibchen war einzig und allein dazu da, Strumpfhalter zu haben, mit denen man dann die langen Strümpfe anknüpfen konnte. An sehr kalten Tagen wurden auch noch die Beine einer langen Unterhose in die langen Strümpfe gesteckt. Das war alles sehr umständlich. Ich schreibe das deshalb, weil mir fest in Erinnerung geblieben ist, wie sehr wir Jungen uns freuten und es gar nicht abwarten konnten, mit dem Weichen des Winters endlich wieder Kniestrümpfe tragen zu dürfen. Es war jedesmal zu Beginn des Frühlings ein Kampf mit den Eltern, die uns von Erkältungen fernhalten wollten.

Meine Mutter trug damals als Winterbekleidung einen Fuchspelz um den Hals und vorm Bauch einen Muff aus Pelz zum Warmhalten ihrer Hände. Der Muff hatte auch eine kleine Tasche und wurde mit einem Band um den Hals gehalten, falls man beide Hände herausnahm.

Plauen war seit zwei oder drei Jahren wieder Militärstandort geworden. Als Kinder konnten wir dabei sogar zusehen, wenn auf den abgeernteten Feldern Herbstmanöver mit Platzpatronen zwischen den Fronten Rot und Blau, jeweils mit Armbinde getragen, stattfanden, z. B. an der Hofer Straße zwischen Plauen und Meßbach. Uns Jungen interessierten sehr die anfallenden leeren Patronenhülsen. Diese füllten wir mit einigen Zündplättchen, die es im Schreibwarengeschäft gab, wo wir auch unsere Schulhefte, Bleistifte, Federn und Tinte kauften. Die gefüllten Patronenhülsen schüttelten wir geschickt, bis alle Zündplättchen übereinander lagen. Jetzt wurde ein passender Nagel vorsichtig ebenfalls in die Patrone ge-

steckt, so daß der Nagelkopf auf dem Stapel Zündplättchen zu liegen kam. Damit war gleichzeitig eine Prüfbarkeit gegeben, ob auch keines der Zündplättchen, sich hochkant gestellt hatte. Nun war alles für den Knalleffekt vorbereitet. Ließen wir jetzt die so präparierte Patrone senkrecht auf den Bordstein oder Pflasterstein fallen, schlug der Nagelkopf auf die Zündplättchen, und es knallte mit geballter Kraft. Der Nagel flog dabei mit aus der Hülse.

Seitdem wir in Plauen wohnten, gingen wir gern zur Holzmühle. Das war für Eltern und Kinder gleichermaßen interessant. Der Weg dorthin führte durch das Syratal. In erster Linie war es ein Ausflugslokal mit vielen Räumen und einem Gartenrestaurant. Rosemarie erinnert sich an Zerrspiegel in den Gängen. Im großen Saal wurde Marionettentheater für uns Kinder gespielt; mehrere Vorstellungen am Sonntag und manchmal auch mittwochs, wenn die Muttis ihre Treffen hatten, saßen die Kinder im Theater. Dann waren dort Freigehege, eines für Hirsch und Reh, ein weiteres für Wildschweine, eines mit Mufflons. Weiterhin gab es Vogelvolieren, Käfige mit Waschbären, ich glaube, auch Affen waren zu sehen. Natürlich gab es auch einen Spielplatz für Kinder. Zum Komplex gehörte ein kompletter Bauernhof. Einige der Ställe waren für Besucher freigegeben. Da ging ich stets zu Kühen und Pferden und besah mir die Schweineboxen, auch wenn's nach „guter" Landluft roch. Auf dem Bauernhof und in den Tierställen schwirrten zwischen Mensch und Tier eine Menge Schwalben umher. Hier gab es durch die Tierhaltung im Hof und in den Gehegen für die Schwalben genügend fliegende und kriechende Insekten zur Aufzucht ihrer Brut. Die aus Erd- und Mehlklumpen zusammengekitteten Nester hatten die Schwalben gleich reihenweise unter den Dachtraufen der Tierställe gebaut.

Der Heimweg führte uns meist über den Stadtpark. Am Eingang in den Stadtpark, wo

die Kauschwitzer Straße an der Eisenbahnbrücke endet, war im allgemeinen ein Erdnußverkäufer.

In einer Spitztüte bekam man seine Portion. Auf dem Weg durch den Stadtpark aß ich dann die Nüsse. Manchmal ließ sich ein Eichhörnchen sehen, das bekam ebenfalls eine Nuß angeboten und holte sie sich auch ab. Gingen wir andersherum zur Holzmühle, so wurden zuerst die Karpfen im Stadtparkteich mit Brot gefüttert. Auf dem Heimweg durchs Syratal pflückte ich saisonal bedingt Wiesenblumen oder mein geliebtes Zittergras.

In diesem Jahr beschäftigten sich meine Eltern mit der Suche nach einer neuen Wohnung.

Wahrscheinlich sollte ich ein eigenes Zimmer bekommen.

Auch hatten wir kein Bad. Das Baden geschah immer in der großen Wohnküche in einer Zinkbadewanne, entweder mit der zum Sitzen – die war bis jetzt groß genug für mich – oder in einer zum Liegen. Das Wasser mußte dann in großen Töpfen auf dem Küchenherd erhitzt in die Wanne gegossen werden.

Am Schluß wurde das Wasser aus der Wanne wieder ausgeschöpft. An Markttagen ging ich gern mit meiner Mutter einkaufen für die Küche. Salat konnten wir auch beim Gärtner in der Straßberger Straße, wo die Konradstraße einmündet, bekommen. Er hatte eine Menge mit Glas abgedeckter Frühbeete. Dort konnte man sich den Salatkopf aussuchen, den er dann abschnitt.

In Plauen war jedes Jahr ein Schützenfest. Der Festplatz war am Schützenhaus zwischen der Straßengabel von Alter und Äußerer Reichenbacher Straße. Außer den üblichen Ketten- und anderen Karussellen, Autoscooter, Motorbooten im „Swimmingpool", Geisterbahn, Riesenrad und Achterbahn kann ich mich noch gut an das Festzelt erinnern. In diesem Zelt war unsere bayerische Nachbarstadt Hof vertreten mit Kapelle und Bier. Ich glaube, wir fühlten uns stets näher zu Franken als zu Leipzig und Chemnitz, so wie die bayerischen Franken gern nach Plauen kamen. Trachtenjacke und Lederhose waren bei uns Jungen in Plauen sehr beliebt. Im Grunde genommen war das Vogtland in vier Ländern vertreten. Wir wohnten im sächsischen Vogtland, die Hofer und Nailaer Gegend lag in Bayern, Greiz, Weida, Zeulenroda in Thüringen und Asch, Franzensbad bis Eger im Böhmischen.

Ein Foto zu Weihnachten zeigt mich vor unserem Radio. Da es das erste Foto von diesem neuen Radio ist, nehme ich an, daß wir es 1937 gekauft haben. Es war in einem Radiogeschäft in der Neundorfer Straße Ecke Theaterstraße. Ich erinnere mich noch recht genau an den Kauf, weil wir uns das Gerät lange vorführen ließen. Telefunken hieß die Marke, und es war eine Kombination von Radio mit einem Schallplattenspieler. Dafür gab es eine Vorführplatte im Preis inbegriffen. Es war praktisch eine gesprochene Gebrauchsanweisung des Apparates mit einer Erklärung der deutschen Sender, insbesondere vom Sender in Königs Wusterhausen.

Ich glaube, zu diesen Weihnachten bekam ich einen Metallbaukasten der Marke Trix; besser gesagt, es war ein erstes Sortiment aus dieser Serie. Dazu gab es eine ganze Reihe von Ergänzungen, z. B. erhielt ich später auch einen dazugehörigen Elektromotor. Doch der verlangte als Stromquelle Taschenlampenbatterien, und diese waren jeweils schnell verbraucht. Na ja, das war eben eine recht schwache Leistung. Aber das Funktionsprinzip eines Motors konnte man schon ein bißchen verstehen. Eine elektrische Eisenbahn wäre mir lieber gewesen, aber das fand keine Gegenliebe bei meinen Eltern.

Da hatten es die Kinder einfacher, bei denen der eigene Vater selbst gern mit der Eisenbahn spielen wollte.

1938

In diesem Jahr wurde auf dem Comeniusberg eine Leichte Flakstellung errichtet. Und das ist die Vorgeschichte dazu: Seit Bildung der Sudetendeutschen Heimatfront 1933 und ab 1935 der Sudetendeutschen Partei unter Konrad Henlein rumorte es in der Tschechoslowakei. Im März 1938 laufen die deutsch-bürgerlichen Parteiführer zur Henleinpartei über. In Deutschland gab es Truppenbewegungen, die insbesondere auch in Plauen nicht verborgen blieben. Am 20. Mai wurde in der Tschechoslowakei eine Teilmobilmachung ausgerufen.

Zu Ostern bzw. am 20. April zu Führers Geburtstag wurde der Jahrgang 1928 in das Jungvolk, die Nachwuchsschmiede der Hitlerjugend, aufgenommen. So war ich für vier Jahre als Pimpf „dienstverpflichtet". Ich kannte keinen meines Jahrganges, der nicht Pimpf wurde.

Auch später ist mir in meinem Leben keiner bekanntgeworden, der nicht beim Jungvolk war.

Seit der Machtübernahme 1933 wurde die Hitlerjugend (HJ) zur Massenorganisation aufgebaut. Die Mitgliederzahl wuchs von 100 000 im Jahr 1933 auf 8,5 Millionen im Jahr 1938. Der Jugendverband der Mädchen war der Bund Deutscher Mädchen (BDM), von 10 bis 14 Jahren die Jungmädchen.

Wir erhielten eine Sommer- und eine Winteruniform. Die Eltern mußten sie uns kaufen. Die Sommeruniform bestand aus einem Braunhemd, dazu ein schwarzes Halstuch, das durch einen geflochtenen Lederknoten gezogen wurde und so ähnlich wie ein Schlips auf Koppelhöhe endete. Das Koppel mit Koppelschloß war breit und schwarz wie die schwarze kurze Hose. Das Koppel wurde von einen Schulterriemen zusätzlich gehalten, z. B. wenn am Koppel noch der Verpflegungsbeutel hing. Ich glaube, auch die Kniestrümpfe und Schuhe waren einheitlich. Später konnten wir auch ein Fahrtenmes-

ser am Koppel tragen. Die Winteruniform war schwarz und bestand aus einer Schihose, einer Art Joppe, weit genug um darunter Pullover zu tragen, und einer Schirmmütze.

Unser Fähnlein, so hieß die Einheit von 100 Knaben, hatte seinen Stellplatz in der Richard-Hofmann-Straße nahe dem Dittrichplatz. Ein Fähnlein bestand aus 3 Scharen à 30 Pimpfen und die Schar aus 3 Jungschaften à 10 Pimpfen. Die Pimpfe wurden von 3 Jungschaftsführern, 3 Scharführern und einem Fähnleinführer geführt. Als höchsten Führer in Plauen gab es den Jungbannführer. Zwischen Fähnlein und Jungbann gab es noch den Jungstamm. Aber wieviel ein Jungstamm Fähnlein und wieviel Jungstämme ein Jungbann hatte, habe ich nicht mehr in Erinnerung. Ich wollte auch nur andeuten, daß alles exakt durchorganisiert war. Jedenfalls umfaßte der HJ-Bann 4 mit Sitz in Plauen auf der damaligen Adolf-Hitler-Straße (zeitweise Friedensstraße oder Breite Straße) außer Plauen auch Reichenbach.

Vom Stellplatz in der Richard-Hofmann-Straße aus ging es meist in die Wälder links und rechts im Syratal. Dort fanden dann entweder Vorbereitungen oder gleich Geländespiele statt.

Zur Vorbereitung eines Geländespieles gehörte die Geländekunde. Dazu hatten wir Geländekarten im Maßstab 1 : 100 000, dem Generalmaßstab, und Kompaß. So lernte ich nach Karte und Kompaß zu marschieren, mit Daumensprung Entfernungen zu schätzen und damit mein Orientierungsvermögen stärken. Ab und zu gab es auch Geländespiele mit zwei Einheiten ROT und BLAU wie bei Manövern. Wir tarnten uns und besprachen die Lage.

Trafen dann nach Erkundungen durch Spähtrupps, Anschleichen und Robben die ersten Gegner aufeinander, ging der Nahkampf los. Ich glaube, die Bewertung erfolgte nach der Anzahl der jeweils unterlegenen oder sich ergebenden Knaben auf beiden Seiten. Das Fahrtenmesser durfte bei solchen Freistilringkämpfen nicht mitgeführt werden.

Die andere Art der Dienstdurchführung waren die Heimabende. Hier gab es ein Haus in der Schloßstraße mit den geeigneten Zimmern. Zu den Heimabenden wurden Marschlieder gelernt, Lebensläufe von damals groß angesehenen Leuten eingebleut, Packen des Marschtornisters und Legen der Zeltplane geübt, Benutzung von Verbandzeug und Maßnahmen der Ersten Hilfe und andere Dinge, die Pionier-, Pfadfinder- oder andere Jugendgruppen auf der Welt damals und heute noch kennenlernen.

Groß geschrieben wurde der Sport. War man dort aktiv tätig, wurde man vom Pimpfendienst freigestellt und konnte Fußdienst und Appelle einsparen. So war ich in den folgenden Jahren im PS (Plauener Schwimmverein, bestand seit 1912) und verbrachte große Teile meines Pimpfendienstes in diesem Verein, der im Hallenbad des König-Albert-Bades übte. Unser As war, wenn ich mich recht entsinne, die Hanni Hölzel, die bei den Olympischen Spielen einen 4. Platz belegt hatte. So kam ich 1942 auch später zur HJ, weil ein Schwimmwettkampf bevorstand, bei dem ich nominiert war. Ich wurde dann sogar Bannmeister im 50-Meter-Brustschwimmen.

In diesem Jahr sind wir dann auch umgezogen; das genaue Datum kann ich nicht mehr feststellen. Der Umzug ging von der Straßberger Straße 92 in die Comeniusstraße 4. Auf alle Fälle hatte ich dort ein eigenes Zimmer. Wir hatten ein Bad mit Wanne und mußten nicht mehr die Zinkwanne einmal in der Woche in die Küche stellen. Mein Vater und ich hatten einen kürzeren Weg zur Arbeit bzw. zur Schule. Ansonsten konnten wir trotz der Wohnlage im Hochparterre über eine Kleingartenkolonie, die Straßberger Straße, über das Elstertal hinweg bis zur Südvorstadt und Reinsdorf, den Galgenberg und den Kemmler sehen. Im Hof war größere Bewegungsfreiheit, und daran

schloß sich im Innern des Häuserkarrees Comenius-, Dittes-, Moritz- und Konradstraße eine große Wiese an, auf der die Hausfrauen ihre Wäsche trocknen und bleichen lassen konnten. In der Straßberger Straße war dieses beschränkter und lag nicht so lang in der Sonne. Das Bleichen geschah derart, daß man die frisch gewaschene Weißwäsche noch naß auf die saubere Wiese legte. War sie dann in der Sonne, die bleichte, getrocknet, hat man die Wäsche erneut mit der Gießkanne befeuchtet. Je öfter man diesen Zyklus mit Hilfe der Sonne wiederholen konnte, um so weißer wurde die Wäsche. Die Haushaltchemie und -technik des Wäschewaschens war damals noch in den Anfängen.

Zu meinem 10. Geburtstag bekam ich ein Fahrrad. Das Fahrradfahren hatte ich schon vorher mit einem großen Herrenfahrrad gelernt. Das war zwar viel zu hoch, um von der Querstange bis zu den Pedalen zu kommen, geschweige denn vom Sattel aus. Aber ich war gerade richtig gebaut, um mit dem linken Bein auf der linken Pedale zu stehen und das rechte Bein durch das Dreieck des Rahmens auf die rechte Pedale zu stellen und damit recht verkrümmt zu treten. Die Arme reichten hoch bis zur Lenkstange. Wenn ich auf dem Gepäckträger saß, reichten die Beine zum Treten nicht aus, und die Arme gelangten nicht an die Lenkstange.

Natürlich waren so nur kurze Strecken möglich, aber ich lernte dabei Balance halten und mit dem Rücktritt sanft zu bremsen. Letzteres war besonders wichtig, da die Comeniusstraße eine merkliche Steigung besaß.

Jetzt bekam ich ein Jugendrad geschenkt und konnte nun richtig loslegen. Das brachte manchen Sturz ein; Knie- und Ellenbogenschoner sowie Sturzhelme für Kinder gab es damals nicht. Auch Schlauch- und Deckenmantel waren anfälliger, so mußte man das Schlauchflicken unbedingt lernen. Beim Umfallen verbog

sich nicht selten der Pedalbügel, manchmal so weit nach innen, daß der Bügel an der Gabel des Hinterrades nicht weiter konnte. Eine Fahrradwerkstatt war aber gleich um die Ecke auf der Konradstraße. Der Sohn des Fahrradmechanikers Rudert ging mit in meine Schulklasse. Er konnte wunderbar schreiben und erhielt stets die Note 1 für seine Leistung im Schönschreiben.

Am Anfang war natürlich der Besitz eines Fahrrades wichtig für das Selbstbewußtsein. Da wurde geputzt und die Kette geölt – doch bald schieden sich die Geister. Einige putzten besonders gern und nahmen dabei ihr Fahrrad mehr und öfter auseinander als nötig. Mit Schmunzeln bemerkte ich, daß diese Gruppe weit mehr Hudelei mit ihrem Rad hatte als ich.

Für mich war die Funktion wichtiger. Mit dem Fahrrad war die Zeit des Buddelns, Kreiselspielens, Reifentreibens und Rollerfahrens vorbei.

1939

Nachdem wir Weihnachten und Silvester in der neuen Wohnung gefeiert hatten, muß mein Vater mit mir zur Jahreswende oder kurz danach ein ernstes Wort gesprochen haben. Mein viertes Schuljahr in der Volksschule ging zu Ende, und er hatte sich Gedanken um meine Zukunft gemacht. Sein Hauptziel war, mich auf die Oberschule zu schicken. Diese Offenbarung traf mich vollkommen unvorbereitet. Ich selbst hatte das, wenn man überhaupt davon sprechen konnte, nicht in meiner Lebensplanung. Ich wollte Förster oder so etwas ähnliches werden. Doch mein Vater hatte sich bei meinem Lehrer, Herrn Spindler, informiert und gefragt, ob ich für die Oberschule geeignet bin. Spindlers Antwort war: „Sie können es ja mal versuchen." Dabei hatte er wohl schon seine Beurteilung für die Osterzensuren im Kopf, die da unter anderem lauten würde und tatsächlich später auch so war: „Seine Teilnahme am Unterricht hat etwas nachgelassen." Nun ist ein solches Nachlassen entweder leistungs- oder motivationsbedingt. Ich habe diese Tendenz jedenfalls nicht gemerkt und so auch nicht bewerten können. Als mich mein Vater fragte: „Hast du denn Lust, auf die Oberschule zu gehen?" antwortete ich ohne jegliche Vorbehalte mit „Ja". Probleme, dort nicht zurechtzukommen, sah ich nicht; es kam halt nur überraschend. Danach wuchs sogar mein Interesse, und es war nun ganz selbstverständlich für mich, auf die Oberschule zu gehen. Für die Aufnahme war außer der Anmeldung eine Prüfung, bei der ich erstmals die Schule betrat, erforderlich. Die Prüfung absolvierte ich erfolgreich und sah meiner Aufnahme zu Ostern in die Staatliche Oberschule für Jungen entgegen. Die Drei als Gesamtzensur als schlechtestes und letztes Zeugnis von der Volksschule hat das nicht verhindert. Ich nahm diese Drei als Ansporn für das kommende Schuljahr auf der Oberschule. Mein Übergang zur Oberschule verlief problemlos. Ich erhielt auf Wunsch für 18 RM eine lederne Schultasche, denn Schulranzen als Oberschüler schien uns Jungen damals nicht schicklich.

Neben dieser Staatlichen Oberschule für Jungen ab es noch eine Städtische Oberschule für Jungen. Diese lag aber im entgegengesetzten Teil von Plauen. 1938 hatten die beiden Schulen der NSDAP angepaßte Namen bekommen. Unsere Schule hieß bei meiner Aufnahme Deutschritterschule. Das Gelände unserer Schule nahm fast das ganze Karree zwischen Blücher- und Wildstraße sowie zwischen Dittes- und Pestalozzistraße ein. An zwei Seiten waren Wohnhäuser, eine Seite war offenes Gelände mit Getreidefeldern und das vierte anliegende Karree war noch etwas größer als unser Schulgelände mit Gebäuden des Plauener Polizeipräsidiums besetzt. Die meisten der Klassenzimmer hatten ihre Fenster mit Blick auf das Präsidium. Dieser Flügel des Schulgebäudes beherbergte ganz oben im vierten Stock

auch den riesigen Zeichensaal, das „Reich" von Studienrat Reinhard Haußmann, dem Zeichenlehrer. Ein ebenso langer zweiter Gebäudeflügel rechtwinklig zum ersten lag an der Blücherstraße. Dieser Flügel wurde beherrscht von unserer für mich imposanten Aula. Sieben über das dritte und vierte Stockwerk ausgedehnte große Fenster fast wie Kirchenfenster bestimmten die Architektur zusammen mit dem runden Erker des Lehrerzimmers rechts davon in der zweiten Etage und mit den von zwei großen Steinfiguren flankierten Eingang unserer Schule, zu der ein paar Außentreppen hochführten. Im Innern überbrückten noch ein paar Stufen das Souterrain bis zur ersten Etage. Es war seit 1889 „Königliches Gymnasium" und wurde 1919 in Staatsgymnasium umbenannt, bis es im vorigen Jahr den Namen Deutschritterschule erhielt. Dies geschah, nachdem am 29. Januar 1938 vom Reichserziehungsminister ein Reichslehrplan erlassen wurde.

So gab es 1939 in unserer Schule außer uns neuen Schülern noch Schüler aus den ehemaligen Gymnasialklassen, also auch aus Jungen und Mädchen gemischte Klassen, die Griechisch als Fremdsprache hatten, und Schüler, die aus dem ehemaligen Reform-Realgymnasium übersiedelt wurden. Es gab sprachliche und mathematisch-naturwissenschaftliche Klassenaufteilungen. Hier die Aufzählung der Lehrfächer: Botanik, Bewegungsspiele, Chemie, Deutsch, Englisch, Französisch, Geschichte, Geologie, Griechisch, Kurzschrift, Kunstgeschichte, Latein, angewandte und reine Mathematik, Mineralogie, Musik, Pädagogik, philosophische Propädeutik, Religion, Spanisch, Turnen, Volkssport, Werkunterricht, Zoologie, und die einzige Lehrerin erteilte neben Turnen auch noch Nadelarbeit und Haushalt.

Das Lehrerkollegium umfaßte 28 Personen. Nach einer Liste vom 17. Juli 1939 bestand unsere 1. Klasse (früher Sexta) aus 35 Jungen.

Davon waren 33 zu Ostern in die Deutschritterschule gekommen und zwei, Gushurst und Pöschel, wiederholten die Sexta.

Unser Klassenlehrer war Studienrat Dr. Walther Ludwig.

Ansonsten gingen meine Eltern und ich weiterhin gern spazieren; es gab sogar ein neues Ziel.

In diesem Jahr wurde nach dreijähriger Bauzeit die Talsperre Pirk in Betrieb genommen, um vor allem den etwa zur gleichen Zeit gebauten Chemiefaserbetrieb Sächsische Zellwolle Plauen kontinuierlich mit Betriebswasser versorgen zu können. Schon länger hatte sich für Plauen eine neue Wetterbezeichnung eingebürgert: Es riecht nach Zellwolle, wenn die Wetterlage die nicht ganz von Schwefelwasserstoff und Schwefelkohlenstoff freie Abluft der Zellwolle nach Plauen hineinwehte. Zuerst erreichte sie z. B. auch die Straßberger Straße und die Comeniusstraße, wo wir wohnten.

Am 1. September begann der 2. Weltkrieg, aber mein Vater war schon eine Woche zuvor eingezogen worden und hielt sich mit seiner Truppe, der 8. Kompanie des Infanterie-Regiments 304, im Raum um Bad Nauheim in Hessen auf. Mitte Oktober wurde er mit der Truppe nach Polen verlegt. Die Reservisten sollten jetzt die weitere Besetzung Polens übernehmen. Durch den Buschfunk – die Frauen der Soldaten hatten sich bereits untereinander kennengelernt – erfuhren wir, daß der Truppentransport über Plauen führt und in Reichenbach im Vogtland wahrscheinlich sogar einen Aufenthalt hat. So fuhr ich mit meiner Mutter nach Reichenbach und sah meinen Vater nach vierteljähriger Trennung erstmals wieder. Die Begegnung fand auf einem Gleis des Güterbahnhofs statt, dorthin ließen uns die Bahnbediensteten über die Gleise stolpern. Außergewöhnliche Zeiten setzen so manche Vorschrift außer Kraft. Jeder hatte dafür Verständnis.

Für mich ging die Schule normal weiter. Im Herbst bekam ich mein erstes Zeugnis als Oberschüler: „Einwandfrei in Fleiß und Betragen, hat sich Schimmel gut auf der höheren Schule eingelebt."

1940

Mit meinem Vater hatten wir über die gut funktionierende Feldpost ausreichend Kontakt, und Zeit zum Schreiben fand er auch. Er war ein fleißiger Schreiber. Manchmal brachte auch ein Urlauber etwas mit, so wie mein Vater bei seinem Urlaub für andere auch etwas nach Plauen brachte.

Im Südatlantik operierte 1939 das deutsche Panzerschiff „Graf Spee" und versenkte ab und zu ein Handelsschiff, insgesamt 57 051 BRT. Die U-Bootwaffe war sehr erfolgreich. Ich glaube, das war der Zeitpunkt, von dem an ich mich für Schiffe interessierte. Was für die meisten Jungen die Zinnsoldaten waren, waren für mich die ebenfalls aus diesem Material gegossenen Wiking-Modelle. Gefördert wurde mein Interesse durch Günter Kolbe, den Sohn eines Kriegskameraden meines Vaters. Günter war schon vorher ein Liebhaber der Seefahrt, auch war er zwei Jahre älter als ich. Er hatte einige dieser Wiking-Modelle. Aber wie das eben bei einem Sammler so ist, nie hat er genug, und irgendein Objekt steht als nächstes ganz vorn in der Reihe. Doch die Zinnschiffe waren nicht billig. So beschlossen wir zwei Knaben, Schiffe selbst zu bauen, und zwar als Laubsägearbeit aus Holz von Zigarrenkisten, die uns aus einem mir nicht mehr bekannten Grund zur Verfügung standen. Der Maßstab war derselbe wie bei den Wiking-Modellen. Aus Holz waren die Schiffskörper und Aufbauten sowie die Geschütztürme. Die Schornsteine waren aus Bleistiften verschiedenen Durchmessers. Die Masten bei Segel- und Passagierschiffen, die Ladebäume bei Transportschiffen und die Geschützrohre bei Kriegsschiffen bildeten wir aus Steck- und Nähnadeln verschiedener Stärke.

Die Vorlagen für die Schiffe entnahmen wir hauptsächlich Weyers Flottenkalender.

Auch eine ganze Reihe von Oldtimern, z. B. aus dem l. Weltkrieg, dienten uns als Vorlage.

Bald hatten wir ganze Flotten beisammen vom Panzerschiff „Schleswig Holstein" aus dem l. Weltkrieg bis zum modernen französischen „Dunkerque", einem Schlachtschiff mit drei Geschütztürmen auf dem Vorderschiff. Es sollte an der Spitze eines Flottenverbandes fahren und den Weg freischießen. Natürlich bauten wir auch Flugzeugträger.

Nun stellten wir auch historische Seeschlachten zusammen. Einmal war in unserer Küche in der Comeniusstraße eine solche Seeschlacht im Gange. Die Geschosse, die ins Wasser gingen, waren mit Watte als Einschlagfontänen nachgebildet. Wir waren so ins Spiel vertieft, daß wir gar nicht merkten, wie meine Mutter vom Einkaufen zurückkam.

Günter hatte sich zur Marine-HJ gemeldet; er kam demnächst von den Pimpfen zur HJ. Der Stützpunkt der Plauener Marine-HJ war an der Pirker Talsperre in der seitlichen Einbuchtung bei Dobeneck. Dort hatten sie ihre Boote, konnten sich in die Riemen legen und um die Wette skullen.

Inzwischen war ich schon einige Zeit in der 2. Klasse der Oberschule. Unser neuer Klassenlehrer war Studienrat Max Gottschald. Als neues Unterrichtsfach kam hier nach den Osterferien der Flugmodellbau hinzu. Dieser Unterricht fand in einem der Souterrainräume gleich neben dem Schulgarten statt und wurde von Englischlehrer Dr. Schramm abgehalten.

Dr. Richard Schramm wohnte am Dittrichplatz 13, in demselben Eckhaus wie auch mein Schulfreund Wolfgang Schultz. Dr. Schramm gab diesen Flugmodellbau-Unterricht äußerst entspannt und mit sichtlicher Freude. Ich glaube sogar, er rauchte dabei, ob nun Pfeife, Zigarre oder Zigarette, das weiß ich nicht mehr. Jedenfalls lernten wir hier Holme und Spanten

zu sägen und feilen, sie wurden ja für den Flugzeugrumpf und die Flügel gebraucht.

Dann wurde das Gerippe mit Spannpapier bezogen und beklebt. Schließlich bekam das Papier durch Auftragen von Spannlack eine glatte Oberfläche. Das Topmodell hatte den Namen Baby. Der damalige Höhepunkt war aber ein motorgetriebenes Modellflugzeug. Dabei bestand der Motor der Luftschraube aus einem oder zwei zusammengezwirnten Vierkantgummis, die in diesem Zustand die Energie gespeichert hatten. Den Vierkantgummi gab es in verschiedenen Stärken. Er war uns Jungen unentbehrlich zum Bau eines Katapults.

Viel bessere Möglichkeiten als in der Schule hatte man in der Flieger-HJ; hier konnte man zusammen mit anderen bauen. Höhepunkt war dann sogar das eigene Segelfliegen mit flugtauglichen großen Segelflugzeugen. Man erhielt dann bei guten Leistungen das Segelflugsportabzeichen in drei Stufen mit ein, zwei oder drei Schwingen.

In diesem Jahr war mein Vater ab September wieder bei uns. Seine Firma Hermann Uebel hatte einen UK-Antrag gestellt und damit Erfolg gehabt. UK war die Kurzbezeichnung für unabkömmlich. Zuerst wurde er nach Siegen versetzt und von dort aus entlassen. Nun mußte er sich wieder umstellen und vorrangig anstehende Dinge lösen. Darunter war der Klavierkauf und meine Klavierstunde. Eine zweite Sache war mit dem Namen NAPOLA (Nationalpolitische Erziehungsanstalt) verbunden. Das waren Internatsschulen in Deutschland, wo unter anderem auch begabten Kindern aus mittellosen Familien Gelegenheit geboten wurde, eine Oberschulausbildung zu bekommen. Allerdings waren zwei Hauptforderungen zu erfüllen: So mußten neben guten fachlichen Leistungen auch gute sportliche Leistungen erbracht werden, und über allem stand eben die bedingungslose Treue zum Nationalsozialismus. Mein Vater gehörte nicht zu den Fabrikanten, Rechtsanwälten, Parteifreunden, Promovierten von Plauen. Ich erfüllte aber neben offenbar brauchbaren fachlichen auch gleichwertige sportliche Leistungen. Speziell war für mich eine solche Schule in Dresden-Klotzsche vorgesehen. Doch ich hatte ein intaktes Elternhaus und wollte mich keinesfalls davon trennen und in ein Internat gehen. Meine Eltern wollten diese Schule auch nicht und waren, so glaube ich, froh über meine Stellungnahme. Ein Kind in meinem Alter hätte damals glatt seine Eltern kaltstellen können, wenn es selbst gewollt hätte, eine solche Schule zu besuchen. Die staatlichen Stellen hätten dann den Eltern so lange zugesetzt, bis sie eingewilligt hätten. Die Brisanz habe ich aber erst viele Jahre später erkannt.

Kamerad Schultz wurde ebenfalls UK gestellt, ich weiß nicht warum. Er war beschäftigt bei der Autoverwertung Leupold in der Straßberger Straße. Heutzutage würde man sagen, es war eine Sekundärrohstoff-Erfassungsstelle. So etwas war damals recht kriegswichtig. Eine von der Schule verlangte außerschulische Tätigkeit für uns Jungen war die Altstoffsammlung.

Dazu gehörten Papier, Eisen und Buntmetalle. Es war für uns sogar eine Geldquelle, denn es gab dafür festgesetzte Preise. Zur Kriegführung waren ja Rohstoffe erforderlich. Es wurden damals auch die zahlreich vorhandenen geschmiedeten Zäune abgebaut und verschrottet. Nun war Herr Schultz mir recht zugetan, und so erhielt ich von ihm manches für mich Interessante, z. B. eine ausgebaute Autouhr, ein Kugellager, wovon für uns Jungen die Stahlkugeln sehr wichtig waren.

Auch die private Versorgung mit Lebensmitteln über die Lebensmittelkarten hinaus hatte mein Vater, soweit es ging, organisiert. Sein Chef hatte da als Stofflieferant einige Möglichkeiten. War für ihn bisher Herr Fährmann, der Prokurist, die Hauptperson für sein Wohlbe-

finden, so trat mein Vater jetzt an diese Stelle, indem er sparsamst die vorhandenen Rohstoffe verwendete und auch frühere Ladenhüter zum Güteraustausch eingesetzt werden konnten. Das brachte uns manches Ei, manches Stück Fleisch und Butter in die Küche meiner Mutter. Auch hatte ein anderer Kriegskamerad, Herr Rettich, eine Produktionsstätte für Mayonnaise mit einem Geschäft meist für Großabnehmer. Wenn ich dort mit meinen Lebensmittelkarten auftauchte und meinen Namen nannte, verschwand die Verkäuferin, und nach einer Weile empfing ich ein Sonderpaket, mit dem ich erfolgsbewußt nach Hause ging.

Ein anderer Kriegskamerad, Herr Zapf, war Knecht oder so etwas ähnliches im Rittergut Liebau.

Wenn wir auf unseren obligatorischen Ausflügen am Wochenende dorthin kamen, empfing er uns mit seiner Frau stets mit einem opulenten Nachmittagskaffee und Kuchen und entließ uns mit einem Freßpaket. Ich entnahm daraus, daß mein Vater als Furier seine Kameraden auch gut versorgt hatte.

In diese Zeit fiel ein erster Besuch in der Villa des Chefs meines Vaters. Es wurde nicht zur Gewohnheit. Für mich lagen damals Welten zwischen Arbeitnehmer und Arbeitgeber.

In seiner Rede zur Eröffnung des Winterhilfswerkes am 4. September drohte Hitler, Englands Städte auszuradieren und gab dafür Beispiele. Symbol für diese Politik ist der am 14.und 15. November erfolgte Luftangriff auf Coventry.

Das Winterhilfswerk hatte neben der Sammlung von warmer Wäsche und Kleidung für uns Pimpfe die Aufgabe, mit der Büchse Geld zu sammeln. Zum Beispiel standen wir immer zu zweit öfter am Dittrichplatz oder auf der Neundorfer Straße, wo viel Fußgängerverkehr war.

Einer hatte die Sammelbüchse und der andere eine Auswahl von Ansteckern oder Anhän-

gern, wie z. B. Leuchtplaketten. An die schönsten Anhänger erinnere ich mich heute noch gern: Es waren kleine Schnitzereien aus dem Erzgebirge wie Rehe, Christbäume, Engel, Sterne usw.

Man konnte sie auch an den Weihnachtsbaum hängen. Die Käufer trugen sie gleich, und so wiesen sie sich aus, schon gespendet zu haben, wenn die nächste Büchse klapperte.

In diesem Jahr habe ich nicht zuletzt auch mit dem Abtippen der Wehrmachtsberichte viel von den Ländern Europas kennengelernt, vom Bug bis an die Seine, von Jan Mayen bis Italien, von der Memel bis zum Golf von Biskaya, denn Frankreichs Küste war bis Spanien besetzt. Plauen lag mittlerweile ganz im Zentrum von Großdeutschland. Man konnte auf der Landkarte den Zirkel in Plauen einstechen, und wenn man dann den anderen Schenkel des Zirkels auf 500 Abstand einstellte, so war man jeweils an der Grenze zu Dänemark, Holland, Belgien, Frankreich, Schweiz, Italien, Südslawien, Ungarn, Galizien und zum Danziger Korridor. Von dort aus kamen bis Memel dann noch weitere 450 hinzu.

Unserer Klassenlehrer Herr Gottschald arbeitete außerhalb der Schule an einem Buch über die deutsche Namenkunde mit. Er unterrichtete Deutsch und Latein. Als Hobby schrieb er Märchen. In der letzten Stunde vor der Zeugnisausgabe erzählte er uns davon.

1941

Mein Zeugnis zum Beginn der Sommerferien enthält folgende Bemerkung: „Bei der Altstoffsammlung hat er sich besonders erfolgreich beteiligt." Altstoffe sammeln oder wie man heutzutage sagen würde Sekundärrohstoffe erfassen, gehörte zu den kriegswichtigen Tätigkeiten.

Mein Klassenkamerad Ekkehart Uebel hatte natürlich in erster Linie dieses Lob für Altstoffsammeln auf seinem Zeugnis verdient, denn es war sein Vater, der uns die Aktion in seiner Fabrik ermöglichte, um Schrott in so großen Mengen sammeln zu können. Wir hatten dann nur das mehrmalige Schleppen mit dem Handwagen den Mühlgraben entlang, die Trockentalstraße hoch und die Straßberger Straße in Richtung bis zum Autofriedhof, den der Kriegskamerad meines Vaters, Herr Schultz, betrieb, zu erledigen. Ich glaube, Siegfried Viertel war ebenfalls an dieser Aktion beteiligt.

Auf der Kohlehalde der Uebelschen Fabrik haben wir auch erstmals das Rauchen probiert. Es schmeckte fürchterlich! Aber wir konnten mit Recht sagen, wir haben schon mal geraucht. Siegfried Viertel war damals mit Ekkehart Uebel befreundet. Viertel kam als Wiederholer einer Klassenstufe erst später in unsere Klasse, war also ein Jahr älter als wir. Seine Eltern hatten einen Garten am Sternplatz nur 300 m von ihrer Wohnung entfernt. Diese lag in der Dittesstraße 34 Ecke Konradstraße, nur 250 m entfernt von unserer Wohnung in der Comeniusstraße 4. Mein Schulweg führte die Dittesstraße hoch zur Blücherstraße und betrug knapp 500 m. Siegfried wohnte demnach auf halbem Weg zur Schule; so ergab es sich, daß er auf mich wartete oder ich ihn öfter abholte. Meist frühstückte er noch, das weiß ich deshalb noch recht genau, weil er stets genug Marmelade hatte. Ich kann mich an einen ganzen Marmeladeneimer (10 Liter) erinnern, aus welchem Siegfried seinen Marmeladentopf auffrischte.

Der dritte im Bunde war Lothar Flach. Er wohnte ebenfalls auf der Dittesstraße, und zwar auf halbem Wege zwischen mir und Siegfried. Jedenfalls hatten unsere Eltern gut dafür gesorgt, daß ihre Söhne einen kurzen Schulweg hatten gegenüber unseren auswärtigen Klassenkameraden aus Mehltheuer Martin Scheuerlein und Rudolf Wurzinger, aus Weischlitz Wilhelm Schneider und Karl Will, aus Mechelgrün Gerhart Büttner. Harald Roth aus Mißlareuth und Fritz Rösch aus Tanna hatten sogar Quartiere in Plauen nötig.

Jedenfalls nahm mich Siegfried öfter mit in seinen Garten. Und dort konnte ich auf einem kleinen Beet aussäen; der Hit waren schwarze Rettiche und Kürbis. Siegfried hatte andere Interessen: Er besaß eine Luftpistole und machte damit Schießübungen. Munition waren kleine Stahlstifte mit einem Pinsel (vergleichbar mit Dart) hintendran zur Flugstabilisierung oder Diabolokörper aus Blei. Mit letzteren versehen, saßen wir manchmal auf dem Dach des Gartenhauses und suchten Ziele in den Nachbargärten, z. B. Tulpen, um diese am Stiel zu treffen wie man auf dem Vogelschießen in den Buden auf die Keramikhülsen der Kunstblumen schießt.

Einmal bekam Siegfried Ärger, als sich jemand bei seinen Eltern beschwerte. Seitdem wußten wir, daß man so etwas nicht unentdeckt machen kann. Überhaupt hatte Siegfried mehr Interessen und Freiheiten seitens seiner Eltern für derbe „Späße" und Handgreiflichkeiten als alle anderen Jungen in unserer Klasse. So erschreckte er mich einmal und würgte mich zum Spaß an der Gurgel. Noch tagelang spürte ich meinen Adamsapfel und hatte einen widerlichen Geschmack beim Schlucken. Ein anderes Mal überraschte er mich mit einer Schreckschußpistole für Damen. Sie war höchstens daumengroß und paßte in eine Puderdose; ihre Patronen waren millimetergroß. So konnte der Dorn zum Schlag auf das Zündhütchen nicht auf den Boden der Hülse treffen, dazu war dieser zu winzig. Dafür ragte seitlich ein nach oben gerichteter Stift als Dorn aus der Hülse. Das alles zeigte er mir, und ich studierte es, nachdem er den Schuß auf mich abgefeuert hatte. Es krachte und ich verspürte ein Stechen in einem meiner Augenlider. Wie sich herausstellte, war dieser Stift abgesprungen und klebte jetzt in der Haut meines Lides. Siegfried hatte auch eine größere Schreckschußpistole mit größeren Patronen. Woher er diese Waffen hatte, habe ich nie erfahren. Er sagte nur, daß

die Läufe ja nicht durchbohrt seien, und so könne man sie ohne Waffenschein kaufen.

Siegfried zeigte auch schon Interesse für das andere Geschlecht. Dabei prahlte er – so erschien es mir damals – mit Kenntnissen ihrer Anatomie durch detaillierte Beschreibungen des Busens und des Verhaltens der Brustwarzen auf Reize, wobei er sich teilweise auf Schwestern von Schülern aus unserer Deutschritterschule berief.

Das Gros meiner „Spielkameraden" befand sich damals jedoch nicht bei meinen Klassenkameraden, sondern im Wohngebiet und im PS, dem Plauener Schwimmverein, gegründet 1912. Im Wohngebiet spielte ich Kopfball, Fußball, machte Stein- und Grasbatzenschlachten auf Stüberts Wiese, fuhr Fahrrad meist in Richtung Straßberg und weiter bis Tobertitz, ging Baden im Zellwollbad, stromerte am Seehaus, hatte Verstecke und Höhlen, fuhr Roller, spielte Fanger und Versteck, schoß mit Blasrohr Knallerbsen und Mehlfäße, mit dem Katapult Steine und Krampen, ging mit Kartoffelstoppeln und Hamster ausgraben, machte Feuer mit trockenem Kartoffelkraut usw. Im Winter ging es Schlittenfahren auf dem Schwalbenweg, Schlittern auf selbst präparierten Häzeln vor dem Haus und Schlittschuhlaufen auf festgefahrener, verharschter Schneedecke, welches manchmal von der Comeniusstraße, dann auf der Konradstraße und weiter die Trockentalstraße hinab bis zum Mühlgraben ging. Im Verein schwammen, sprangen und tauchten wir im „Albertbad", welches zwei Schwimmhallen hatte: 50 m in der großen Halle und 25 m in der Frauenhalle. Einmal machte ich einen Kopfsprung ins ungenügend tiefe Wasser und kam auf dem Fliesenboden mit dem Kopf auf. Doch das überstand ich wie etwas später auch bei einem HJ-Sportfest in Haselbrunn. Beim Massenschauturnen gehörte ich zu den Pimpfen, die mit Hechtsprung über einen Tisch in eine Sandgrube „fliegen" sollten. In der Sandgrube standen jeweils vier andere Jungen, die uns aufzufangen hatten. Während der Proben hat alles geklappt. Doch bei der Vorführung erwischten mich die vier Jungs nicht, und ich sauste, nur durch meine ausgestreckten Arme gebremst, mit dem Kopf in den Sand. Natürlich klauten wir durch oder über den Zaun von Gärten Obst und Beeren. Auch spielte ich wie die meisten Jungen gern Fußball oder Kopfball. Mein Wunsch, einen Fußball zu bekommen, fand kein Gehör bei meinem Vater. Einmal schaute ich mir beim Optiker auf der Neundorfer Straße im Schaufenster lange ein Mikroskop an; es kostete 90 Mark. Mein Vater beobachtete das. Zu Weihnachten stand das Mikroskop auf dem Gabentisch, und dabei lag ein von der Franckschen Verlagsbuchhandlung herausgegebenes Buch „Mikroskopie für Jedermann".

Als ich wieder einmal Altmaterial im Rahmen der Schulsammlung bei Otto Schultz ablieferte, bekam ich neben dem dafür festgelegten Geld auch ein dickes Buch zu Gesicht. Es war als Altpapier abgeliefert worden. „Kannst du so etwas gebrauchen? Du interessierst dich doch fürs Knipsen und Bildermachen", sagte Otto. „Das kann ich gut gebrauchen", erwiderte ich, nachdem ich hineingeschaut hatte. Es war ein dickes Drogistenbuch; hierin war alles beschrieben, was der Drogist wissen sollte.

Nun hatte ich genug zu lesen und Pläne zu schmieden. Hier erfuhr ich, und es machte mich immer neugieriger: Was ist und wie funktionieren Backpulver, Bohnermassen, Fleckenreinigung, Färben, Karbid, Klebstoffe, Leuchtfarben (sie waren damals gang und gäbe bei der angeordneten Verdunklung), Löten, Nahrungsmittelkonservierung, Reinigungsmittel, Schädlingsbekämpfung, Tinten, Zahnputzmittel, Zündhölzer und überhaupt alles, was es so im Hause an Chemie gibt. Das war der Beginn der empirischen Periode, in ein weiteres für mich neues Land vorzustoßen.

1942

Einmal waren wir am Hang von der Straßberger Straße auf Höhe der Zellwolle hinunter zur Elster Walderdbeeren und Himbeeren sammeln. Dafür hatte ich ein großes Einweckglas. Auf einmal sah ich eine Schlange, und beim zweiten Blick identifizierte ich sie als Kreuzotter. Als sie in einer mauselochähnlichen Öffnung verschwand, hielt ich sie an der zweiten Hälfte ihrer Körperlänge fest. Meinem Kumpel – ich weiß nicht mehr, wer es war – rief ich zu: „Leere mein Glas und gib es mir!" Als ich das Glas hatte, stülpte ich es über das Loch, nahm eine in Reichweite liegende schiefrige Steinplatte und zog die Schlange langsam aus dem Loch heraus. Als schließlich ihr Kopf erschien, ließ ich los, die Otter fühlte sich frei und hatte nur das Glas als Fluchtraum. Als sie gänzlich drin war, schob ich den Schiefer zwischen Erdreich und Glasöffnung; nun hatte ich sie. Der weitere Transport, bis ich sie unserem Biolehrer Dr. Langer übergeben konnte, verlief ohne besondere Vorkommnisse. Er meinte: „Junge, das ist keine Kreuzotter, sondern eine im Vogtland seltene Würfelnatter. Warum du sie am Hang gefangen hast, ist mir unklar. Normalerweise lebt sie am und im Wasser, aber an diesem Hang ist ja unten auch noch ein alter Elsterarm voll Wasser vorhanden. Jedenfalls paßt sie gut in unsere Ausstellung über die Fauna des Vogtlandes im Plauener Rathaus." Später sagte er mir: „Nun schläft sie in einem Glas voller Methylalkohol und Formalin; sie ist im Kreismuseum zu sehen." Auch dieses Erlebnis brachte als Nebenwirkung eine Eins in Bio.

Seit der 3. Klasse finde ich keine Zensuren in Religionslehre mehr auf meinen Zeugnissen. Dazu hatte ich zumindest 1942 Konfirmandenunterricht gemäß Katechismus. Der Lehrer war Pfarrer Niepel von der Lutherkirche in Plauen. Wer alles aus meiner Klasse daran teilnahm, weiß ich nicht mehr. Auf alle Fälle

kann sich auch Eberhard Adler noch daran erinnern.

Unsere Konfirmation sollte nächstes Jahr stattfinden. Der Unterricht und Pfarrer Niepel brachten uns nicht in Konfliktsituationen zu staatlichen Machtstrukturen. Und Pfarrer Niepel hätte es bestimmt nicht gerügt, wenn unser Gebet die siegreiche Heimkehr der deutschen Soldaten einbezog. Jedenfalls empfand ich das so. Mein Konflikt entstand aber, als ab November 1942 die Wende des Krieges kam und im kommenden Winter mit der Schlacht um Stalingrad den Höhepunkt erreichte. Hier begann auch für mich eine Wende. Immer wieder in all den Jahren denke ich an diese Zeit.

In unserer Klasse erschien ein neuer Schüler. Er wohnte in Reichenbach und war, so wurde uns gesagt, ein Adoptivsohn der Familie Richter. Richter war der Verlag in Deutschland, der brillante Farbdrucke von den Flugzeugen der Deutschen Wehrmacht herausgab. Jedenfalls brauchte der neue Schüler Hilfe während des Unterrichts und auch bei Klassenarbeiten.

Irgendwie muß er in meine Nähe gesetzt worden sein. Richter suchte Kontakt. Bald hatte er herausgefunden, daß mich Chemie interessierte, und versprach mir fürs Spickenlassen Chemikalien aus dem Labor des Richter-Verlages. So kam folgendes Unternehmen zustande: Richter, der Zugang zu den Arbeitsräumen des Verlages hatte, ließ eines Tages ein zum Einstieg geeignetes Fenster unverriegelt. Am späten Nachmittag fuhr ich dann nach Reichenbach, wo er mich schon am Bahnhof erwartete. Alles funktionierte wie am Schnürchen. Nur im Labor war nichts, was ich brauchen konnte, nur Druckfarben. So zeigte er mir zum Ausgleich die Staffeleien mit den Entwürfen der demnächst vorgesehenen Drucke; das war auch interessant.

Wann Richter wieder verschwand, weiß ich nicht. Aber ich glaube, er hat das Schuljahrende nicht mit einer Versetzung in die nächste Klasse geschafft.

In der Oberschule begann für mich das vierte Jahr. Als neues Fach kam die Physik hinzu. Der Flugmodellbau war mit der 3. Klasse abgeschlossen. Zum Klavierunterricht ging ich jedoch weiter.

Mit meinem Klassenkameraden Erich Koch setzte ich die Spaziergänge fort, auf denen wir uns Lateinvokabeln abfragten. Erich kletterte gern, und so führte unser Weg von seiner Wohnung in der Blücherstraße fast am Sternplatz in Richtung Seehaus. Zuerst kamen wir an Siegfried Viertels Garten vorbei.

Am Ende der Gartenkolonie lag ein Sportplatz, zu dem wir gingen oder im Laufschritt liefen, wenn der Schulhof mit der dortigen Sprunggrube zu klein war; das waren z. B. 100-Meter-Lauf oder auch Ballweitwurf. Inzwischen waren wir nämlich so kräftig geworden, daß der Schlagball einmal in eine Scheibe eines der Schulfenster flog. Da konnte natürlich keiner bestraft werden, und wir konnten schadenfroh grinsen. Im Ballweitwurf konnte ich immer gute Noten erzielen, desgleichen im Ballspielen und Turnen, insbesondere an Kletterstange, Kletterseil und an den Ringen gehörte ich zu den Besten. Für die Leichtathletik wie 100-Meter-Lauf, Hoch- und Weitsprung waren meine Beine zu kurz. Hier waren andere, allen voran unser As Hans Schlepper, weit besser als ich. Hans nahm sogar mit Erfolg an Wettbewerben im Landesmaßstab von Sachsen teil.

Jedenfalls war am Ende dieses Sportplatzes, auf dem auch die Schulsportfeste stattfanden, ein verlassener Steinbruch. Den steuerten Erich und ich oft an und fingen dort an zu klettern. Hier war Erich eine Klasse besser und mutiger als ich. Er kam schneller voran und gelangte auch zu schwierigen Punkten, die ich nicht anstrebte. Ich hatte jedenfalls mächtig Dampf vor Knochenbrüchen, die Erich mindestens einmal

mit einem gebrochenem Arm hatte. Diese Angst war wesentlich kleiner, wenn es um Klettereien in Bäumen ging, z. B. um Kastanienbäume zu schütteln. Hier waren Erich und ich gleichwertig. Einmal saß er in einem Baum im Gebiet des Seehauses zur Straßberger Straße. Da kam ein aufgeregter Passant vorbei und fragte sehr bestimmt: „Was suchst du dort oben?" Von oben kam Erichs Antwort: „Mein Taschentuch ist hier hochgeflogen." Das brachte natürlich den Passanten zur Weißglut, und er schrie: „Komm sofort herunter!" Erich sagte: „Kommen Sie doch rauf und suchen Sie mit mir mein Taschentuch." Ich stand unten und amüsierte mich. „Ist das dein Freund?" erhielt ich als Frage. „Ja", sagte ich und stieg mit den Worten: „Ich hole ihn herunter" auch noch auf den Baum.

Nun waren wir beide in Sicherheit und warteten ab, bis sich der Passant beruhigt hatte und mit für uns unverständlichen Worten murmelnd sich trollte.

Erich war der einzige meiner Klassenkameraden der sich für Chemie interessierte. Er hatte auch ein paar Flaschen mit Chemikalien. Doch seine Eltern ließen es nicht zu, in der Wohnung zu experimentieren; so kam er manchmal zu mir. Doch damit entstand kein ernsthafter Partner.

Erich war und blieb durch das Verhalten seiner Eltern ein Zuschauer. Das war der Punkt, wo ich erkannte, welches Verständnis meine Eltern für meine Neigungen aufbrachten. Insbesondere bewundere ich im Nachhinein meine Mutter, wenn ich auch für sie Bohnerwachs und Seife in diesen Kriegszeiten herstellte. So mußte ich, um meinen Bunsenbrenner in Betrieb nehmen zu können, Mutters Gasherd modifizieren, wozu ich einen Brenner herausnahm und am Rohr der Gaszufuhr den Schlauch für meinen Bunsenbrenner steckte. Mutter ließ sich sofort davon überzeugen, daß sie mit den anderen Gasflammen ohne weiteres kochen konn-

te und es in ihrer Küche mit mir noch einen zweiten Koch gab, der „Chemie" kochte.

Einen großen Teil meiner Freizeit verbrachte ich noch mit Mikroskopieren und mit der Herstellung von Präparaten.

Mit dem Zeugnis zu Weihnachten 1942 werde ich Stellvertretender Klassenführer, d. h. ich habe den zweitbesten Zensurendurchschnitt in der Klasse (in Zahlen: 2,36). Unser Klassenführer ab der ersten Klasse war Gottfried Dölling, der Sohn des Zahnarztes. Wie lange er dies war, weiß ich nicht mehr. Jedenfalls waren später auch Wolfgang Schultz und Ekkehard Thomas Klassenführer. Als Stellvertretende Klassenführer sind mir haftengeblieben Gerhart Büttner und Eberhard Adler. Der Klassenführer und in Vertretung sein Stellvertreter hatte die Aufgabe, zu Beginn der Stunde beim Eintritt des Lehrers mit „Achtung" die Schüler strammstehen zu lassen, dem Lehrer die Anwesenheit zu melden und das Klassenbuch vorzulegen.

Auf meinem Zeugnis stand erstmals ein Lob. Das erhielt jeder, der einen Zensurendurchschnitt unter 2,5 erzielte. Das Lob wurde in der Aula vor versammelter Schülerschaft der Deutschritterschule überreicht. Die Vier in Musik war seit der 2. Klasse verschwunden, und nun stand schon zum fünften Mal eine Drei auf dem Zeugnis. Auch in Physik erhielt ich eine Drei. Anscheinend hat mich der behandelte Stoff nicht vom Hocker gerissen.

1943

Am 4. Januar wurde die 6. Armee der deutschen Wehrmacht in Stalingrad von sowjetischen Truppen in einem Kessel eingeschlossen. Am 22. Januar stand im Vogtländischen Anzeiger und Tageblatt: Bisher schwerste Kämpfe in den Schatten gestellt. Vom Heldenkampf um Stalingrad.

Am 27. Januar erscheint die Verordnung vom „Generalbevollmächtigten für den Arbeitseinsatz" Fritz Sauckel: Alle Männer vom 16. bis

Die Chemie hat mich in ihren Bann geschlagen

Mein Labortisch und meine Vorratsflaschen – zu sehen ist auch noch das Verdunklungsrollo (1942)

Im Konfirmandenanzug (1943)

Als Luftwaffenhelfer 1944 (Bildmitte hinten).
In Necken bei Dessau von links: Fritz Rösel, Wilhelm Schneider, Hans Schlepper, Karl Will, Wolfgang Eichelberg, Wolfgang Paulus,
Fotos: Schimmel

255

zum 65. Lebensjahr und alle Frauen vom 17. bis zum 45. werden von den Arbeitsämtern für Aufgaben der Reichsverteidigung erfaßt.

Etwas später mußte meine Mutter (damals 43 Jahre alt) Hemden nähen gehen. Mein Vater (damals 45 Jahre alt) wurde ebenfalls, wahrscheinlich Ende des Jahres, aus der Weberei abgezogen und dienstverpflichtet. In einem Rüstungsbetrieb in Weischlitz bekam er das „Reichseigene Lager" für Waffen zugewiesen. Als Transportarbeiter erhielt er Franzosen und Tschechen.

Meine Konfirmation fand am 4. April in der Lutherkirche statt. Als Geleitwort steht auf meinem Konfirmandenschein: Wer seine Hand an den Pflug legt und sieht zurück, der ist nicht geschickt zum Reiche Gottes.

Es war schon lange überfällig, daß ich von den Pimpfen in die HJ komme. Aber da gab es noch einen Schwimmwettbewerb, für den ich nominiert war. Der fand im Albertbad statt und endete für mich mit einem Sieg im Brustschwimmen über 50 m (zweimal 25 m), und ich war Jungbannmeister (Plauen und Reichenbach). Erinnerungen an einen Termin habe ich nicht, aber als erstes kam ich in eine Truppe zur Ausbildung von Führern im Jungvolk. Das kann aber schon vor meinem Sieg im Brustschwimmen gewesen sein. Jedenfalls war die erste Ausbildungsmaßnahme ein Lager zu Beginn der Schulferien. Dieses Lager schlugen wir in Erlbach im oberen Vogtland an einem Teich auf. Hier lernte ich erstmals mit einem Kleinkalibergewehr umzugehen. Unser Lagerleiter gab eine Stange an; dabei unterlief ihm ein Fehler, und unplanmäßig ging ein Schuß los. Das kostete ihn seinen Posten.

Beim Luftangriff auf Hamburg mit dem Decknamen „Open the Window" wurden von der Royal Air Force erstmals Düppel = Stanniolstreifen zur Störung der deutschen Radarabwehr freigegeben. 51 000 unbewaffnete Menschen fanden dabei den Tod. Alex Gillert,

der zweite Bruder meiner Mutter, hatte mit seiner Familie alle Angriffe auf Hamburg mitgemacht. Zwei oder drei Tage später erschien von seinen vier Kindern Luzie bei uns in Plauen. Sie hatte sich zu uns auf dem Weg nach Hamburg durchgeschlagen. Als erstes machte ihr meine Mutter ein Bad, das lohnte sich mächtig. Sie war über die Aktion Kinderland nach Bayern verschickt worden und machte bei uns Zwischenstation. Mehr weiß ich nicht mehr. Es war die letzte der wenigen Begegnungen, die ich je mit ihr hatte.

Mein Klassenkamerad Wolfgang Schultz hatte ein Faltboot geschenkt bekommen. Das mußten wir ausprobieren. Als Ziel nahmen wir uns die Saaletalsperre vor. Schwer bepackt mit Zelt und Faltboot zogen wir vom Dittrichplatz zum Oberen Bahnhof und fuhren nach Saalfeld. Das Zeltbauen hatten wir ja tüchtig bei den Pimpfen praktiziert. Auf einer Halbinsel südlich von Saalfeld schlugen wir unser Lager auf, errichteten das Zelt und montierten das Faltboot zusammen, mit dem wir sogleich eine Probefahrt unternahmen. Mit Abendessen und Lagerfeuer ging der erste Tag zu Ende. In der Nacht gab es ein kleines Intermezzo. Durch ein Stimmengewirr wachten wir auf, und noch ehe wir nachsehen konnten, purzelte das Zelt über uns zusammen. Wir krochen aus den Zeltplanen und hörten etwas entfernt ein Gelächter. Was war geschehen? Andere Zeltler hatten gleichzeitig alle unsere Heringe gezogen. Die aus Aalen zusammengesteckten Zeltstöcke hatten so keinen Halt mehr und fielen um. Nun, da alles zwar zusammengefallen, aber noch vor Ort war, steckten wir bei Taschenlampenlicht die Heringe wieder an ihren Platz, und die Zeltstöcke richteten sich wieder auf. Noch eine Weile lauschten wir im Zelt in die Nacht hinaus, doch nichts passierte, und wir schliefen wieder ein.

Am anderen Tag packten wir das abgebaute Zelt mit ins Boot und paddelten den ganzen

Tag die Talsperre auf und ab bis einschließlich zur Sperrmauer. Rechtzeitig zur Zugabfahrt erreichten wir Saalfeld und fuhren nach Plauen zurück. Genau einen Pfennig hatten wir noch in unserer Geldbörse, als wir am Dittrichplatz aus der Straßenbahn stiegen. Leider verhinderte das weitere Kriegsgeschehen ähnliche Exkursionen.

Nach den großen Ferien befand ich mich in der 5. Klasse. Als neues Fach kam Chemie auf den Lehrplan. Schon in Biologie war ich in den hinteren Räumen, wo die Sammlungen und Geräte standen, eine Art Hilfsassistent, z. B. um Aquarien und Terrarien zu warten. Nun meldete ich mich gleich für die Chemie und deren Sammlung. Auf dem Zeugnis zu Weihnachten erschien auf Anhieb meine erste Eins.

Inzwischen kam ich in die Nachrichten-HJ, wo schon Lothar Flach war, lernte das Morsen und die dazugehörige Technik kennen. Ich glaube, da gab es zum Üben Räumlichkeiten in der Nähe unserer Schule in der Pestalozzistraße.

• • •" – ist das Zeichen für v.

Noch deutlich klingen mir die Trommelschläge im Takte dieses Morsezeichens im Londoner Rundfunk im Ohr (v für victory). Er sendete es damals als Erkennungszeichen vor Nachrichtensendungen und wollte damit zeigen, daß England siegen wird. Doch die Morserei war eine kurze Episode, von der weiter nichts hängengeblieben ist.

1944

Im Januar wurden die meisten Schüler des Jahrgangs 1928 unserer Klasse, darunter ich, als Luftwaffenhelfer eingezogen. Warum z. B. Dölling und Scheuerlein nicht dabei waren, weiß ich nicht. Wir fuhren über Dessau nach Roßlau. Von dort ging es mit Fahrzeugen weiter nördlich über Rodleben nach Neeken, einem recht kleinen Dorf. Irgendwie kribbelte es in unseren Bäuchen. In Plauen gab es zwar von 1940 bis jetzt schon über 50 Luftalarme, aber

Bomben waren noch nie gefallen. Doch hier in der Nähe der Junkers-Werke Dessau, die sicher für den Bau von Junkers Kriegsflugzeugen zulieferten, sah das schon anders aus. Aber Genaueres wußten wir nicht. 1942 habe ich in Lübeck das erste Mal in meinem Leben zerbombte Häuser gesehen, darunter auch die Wirkung von Zehn-Zentner-Bomben. Mit mir waren nach Neeken folgende Klassenkameraden gefahren, an die ich mich erinnern kann:

Eberhard Adler	15 Jahre 4 Monate alt
Gerhart Büttner	15 Jahre 7 Monate alt
Wolfgang Eickelberg	15 Jahre 1 Monat alt
Erich Koch	15 Jahre 6 Monate alt
Horst Martin	15 Jahre 1 Monat alt
Harald Roth	15 Jahre 5 Monate alt
Hans Schlepper	15 Jahre 1 Monat alt
Wilhelm Schneider	15 Jahre 2 Monate alt
Karl Will	15 Jahre 7 Monate alt

Fritz Rösch aus Tanna ?

Mein Vater war 18 Jahre und einen Monat alt, als er mitten im 1. Weltkrieg am 16. November 1916 ohne die Lehre beenden zu können zur Artillerie eingezogen wurde.

Für mich und die eben aufgezählten Klassenkameraden war mit dem heutigen Tage die Kinderzeit vorbei. Wir waren ab jetzt Soldaten, Kindersoldaten im 2. Weltkrieg. Als erstes nach der Einweisung in unsere Quartiere erhielten wir Uniformen. Uniformen waren wir schon von den Pimpfen und der Hitlerjugend her gewohnt; neu aber waren die Knobelbecher und die Fußlappen.

Horst, Gerhart, Fritz Rösch und ich waren die kleinsten Soldaten, deshalb bekamen wir wohl auch zuerst ein Quartier im hiesigen Rittergut. Die anderen hatten von Anfang an Unterkunft in Wohnwagen direkt bei den Kanonen im Gefechtsstand. Wir hatten es äußerlich gesehen besser als die anderen, doch bei Alarm – und dieser war hier recht oft und in der Nacht – mußten wir fast einen Kilometer im Dunkeln rennen, bis wir an der Kanone waren.

Entsprechend später kamen wir auch ins Bett, wenn es Entwarnung gab. Außerdem wohnte der Spieß, ein Hauptwachtmeister Hacker, auch im Rittergut. Einmal kam der Spieß in der Nacht besoffen nach Hause. Er polterte und holte uns aus dem Schlaf, ließ uns pumpen (Liegestütze auf und nieder) und lallte zwischendurch immer wieder vor sich hin: „Das hat der Führer nicht gewollt."

Die Flakbatterie war bereits einsatzfähig vorhanden. Wir sollten anstelle des Jahrganges 1926 die Luftwaffenhelfer ersetzen, die demnächst altersmäßig zum Reichsarbeitsdienst oder auch direkt zur Wehrmacht einberufen werden sollten. Von denen, die weiter bei uns blieben, kann ich nennen:

Joachim, Albert Baldeweg, Ulrich Breitfeld, Edelmann, Wolfgang Gneuß, Franz Graupner, Klaus Helfer, Helmut Sandig, Fritz Schellknecht, Rudolf Schubert, Gerhard Schmidt, Gerhard Seifert, Harry Spranger, Wolfgang Thumser, Manfred Zöbisch, Diethard Weber.

So begann unsere Ausbildung parallel dazu, und beim Alarm waren wir schon auf die einzelnen Geschütze aufgeteilt.

Unser erstes Schutzobjekt waren die Hydrierwerke Rodleben.

Was uns bei Luftwaffenhelfern gar nicht gefiel, war der Fußdienst. Diese Übung auf dem Dienstplan wurde von den „Spieß"gesellen, sprich UvD nach unserer Meinung oft benutzt, um ihren Frust an uns loszuwerden und uns selbst zu strizen. „Sprung auf, marsch, marsch und Deckung", falls Schlamm und Pfützen vorhanden waren, möglichst dort. Es gab ja Putz-und Flickstunden, in denen wir auch was zu tun haben müs-

sen. Als wir einmal spürten, daß es eine besonders große Schikane geben würde, gelang es der Besatzung unseres Wohnwagens (leider weiß ich nicht mehr, wer es alles war) unbemerkt beim Antritt zum Fußdienst nicht zu erscheinen. Erst auf dem „Übungsgelände" bemerkte der UvD unsere Abwesenheit. Er ließ es sich nicht anmerken, aber die anderen spüren. Als die Kameraden verschmutzt in unseren drei Wohnwagen zurückkamen, traten sie auffällig unwissend auf, und wir spürten, hier wird ein Ding ausgebrütet. Offiziell konnte der UvD nicht sagen, daß er unsere Abwesenheit übersehen hat, da hätte er sich ganz schön blamiert.

Eine übliche Art der gegenseitigen „Erziehung" unter den Luftwaffenhelfern war eine Art Züchtigung. Diese verlief folgendermaßen: Ein Teil, stets der größere Teil, plante einen nächtlichen Überfall auf die Besatzung einer Stube oder in unserem Falle eines Wohnwagens.

Dann wurden die Ärsche der Überfallenen freigelegt, mit Schuhcreme eingeschmiert und dann gewichst, d. h. verdroschen, vornehmlich mit Koppelriemen. Der war ja ohnehin glän-

Beim Unterricht　　　　　　　　　　　　*Foto: Schimmel*

zend schwarz zu halten. Das war zwar streng verboten, aber der UvD sah erfahrungsgemäß darüber hinweg, wenn es seine Erziehungsmethoden unterstützte. Wir selbst hatten so etwas noch nicht am eigenen Leibe erfahren, aber schon viel davon gehört. Dieser „Gau" (größter anzunehmender Unfall) könnte uns bald mit hoher Wahrscheinlichkeit zustoßen. Ergo mußten wir uns was einfallen lassen, um nicht wie der Hase vor der Schlange erstarrt auf sein Schicksal zu warten.

Eingedenk unserer Schulbildung und dem Wissen um Odysseus' Schläue mußte eine List gefunden werden. Jedenfalls waren meine Sinne hellwach auf der Suche nach einer wirksamen Verteidigung. Und so sah dann mein Plan aus:

Nach dem Zapfenstreich um 22.00 Uhr, wo der UvD die Anwesenheit im Quartier letztmalig kontrollierte und uns nach Sandmännchens Art „Gute Nacht" wünscht, werden wir an der metallenen Türklinke unseres Wohnwagens mit einem Draht die Netzspannung von der 220-Volt-Beleuchtung unseres Wohnwagens anlegen. Dazu schraubte ich eine der Sicherungen heraus, um an die Spannung zu kommen; eine Steckdose hatten wir nicht. Der Draht zur Türklinke fand sich schnell und problemlos. Alles verlief planmäßig: Zapfenstreich, der Durchgang des UvD und sein Entfernen von den etwas abseits gelegenen drei Wohnwagen.

Diese hatten nur kleine Fenster, und man mußte gespannt hinhören, was draußen sonst noch passierte. Mit Flüsterstimmen näherten sich die Angreifer. Wir hörten, wie einer die Türklinke anfaßte und schrie. Ich stand bereit und entfernte sofort den stromführenden Draht von der Klinke. Dann war Ruhe. Offenbar informierte er die anderen, daß der Weg durch die Tür versperrt ist. Wir hörten das Palaver von draußen, ohne die Worte oder gar Zusammenhänge zu verstehen. Nun eine Zwischen-

Oberleutnant Rauscher   Foto: Schimmel

information zur Einrichtung des Wohnwagens: Außer den zwei dreistöckigen Betten stand noch ein kleiner Kanonenofen in der Mitte einer Seitenwand.

Dieser Ofen war angesichts der Jahreszeit, draußen lag Schnee, in Betrieb. Neben dem Ofen stand eine große Kanne voll Muckefuck gegen unseren Durst zur Nacht. Draußen wurde es wieder lebendig. Offenbar stieg einer aufs Dach. Was wollte er da? Zu spät bemerkten wir, daß er den Schornstein unseres Ofens mit Schnee verstopfte. Schnell nahm ich den stromführenden Draht von der Türklinke und setzte das Blechrohr des Ofens unter Spannung.

Der Verstopfer war überrascht und fiel herunter. Wir schütteten den Inhalt unserer Kaffeekanne als Löschwasser in den Ofen, legten die Spannung wieder an die Türklinke und unsere Münder an die Lüftungsschlitz des Wohnwagens zum Luftholen, denn Rauch und Lösch-

wasserdampf vernebelten und vergällten unsere Raumluft. Jetzt war Ruhe auf dem Kampfplatz. Wir hingen an den Lüftungsschlitzen, und die Angreifer gaben auf. Dann konnten wir durch die Tür unseren Wohnwagen lüften, ihn wieder mit Spannung sichern und den Rest der Nacht schlafen. Auch diese Episode hatte kein Nachspiel. Beide Seiten hatten die Vorkommnisse schnell vergessen. Wir brauchten keinen zweiten Versuch oder gar eine „Blutrache" zu fürchten. Wahrscheinlich fand sich keine Mehrheit zum Mitmachen. So blieb es bei dieser einen Attacke.

Manchmal hatten wir Stadtausgang nach Dessau und alle vier, fünf Wochen für vier Tage Heimaturlaub nach Plauen. Dann zogen wir unsere Ausgehuniform an; sie sah aus wie die Uniform der HJ. Ein aufgenähtes Schild wies uns als Luftwaffenhelfer aus. Am linken Ärmel trugen wir die HJ-Binde; die war nur angeheftet und wurde von uns entfernt, sobald wir außerhalb der Kontrolle unserer Batterie waren. Wahrscheinlich wollten wir als Soldaten gelten und nicht als in der „Heimat" sich rumdrückende HJler, aber genau weiß ich das auch nicht mehr.

Im April wurden wir nach Thurau bei Köthen verlegt. Wir lagen in Baracken in der Stube Nummer 6. Ich war wie stets der Kleinste. Eines Tages ging wieder einmal das Gerücht eines Überfalls der Stube 6 mit schwarzer Schuhcreme usw. Diesmal hatten wir aber gar nichts ausgefressen, jedenfalls waren wir uns keiner Schandtat bewußt. Vielleicht wollten sich einige einen Spaß machen und glaubten ein dafür geeignetes schwaches Team in uns gefunden zu haben. In Auswertung des mißlungenen Überfalls auf unseren Wohnwagen in Neeken hatte ich seitdem Vorsorge getroffen. Schon vor der Luftwaffenhelferzeit interessierte mich, wie man Tränengas herstellt. Mit der Präparation Bromaceton, $CH-CO-CH_2Br$ (bei der Polizei in Bomben und Tränengaspistolen) hatte

Stellungswechsel

Unsere Flakbatterie in Thurau bei Köthen

Ausbildung an der 8,8 cm Flak

Die Begeisterung hält sich in Grenzen

Der Durchmesser des Scheinwerfers beträgt 2 Meter

Am E-Meßgerät   *Fotos: Schimmel*

259

Ausbildung am Funkmeßgerät

Der Tag war manchmal ganz schön lang

Unser Horchgerät

Ein feindliches Flugzeug, unten rechts sind die Sprengwolken der Granaten schwach zu erkennen

Am B 2

Zuschaufeln der Bombentrichter nach einem Angriff auf unsere Stellung

Fotos: Schimmel

260

ich ein anerkanntes, leicht flüchtiges, flüssiges Tränengas zu meiner Verfügung. Eine Flasche davon hatte ich jetzt auch in Thurau. Dazu gehörte eine Gummiballonpipette zur Verteilung durch Fortspritzen der Flüssigkeit, die praktisch sofort verdampfte. Unsere Stube klärte auf und war hellwachsam, als der vermeintliche Zeitpunkt des Überfalls stattfinden sollte. Nachdem sich die Angreifer vor unserer Tür versammelt hatten, spritzte ich eine Portion durchs Schlüsselloch nach draußen.

Der Erfolg war vollkommen. Wir riefen noch durch die Tür: „Das war nur der Anfang."

Unser Zimmer blieb gasfrei, und wir hatten eine ruhige Nacht. Doch tags darauf erfuhren wir, daß der Angriff einem von uns (Schmidt) galt, weil er heimlich Möbelpolitur schnüffelte.

Davon wußten wir nichts.

Im Juli verlegte man uns nach Schortau ins Geiseltal.

Ich weiß nicht, wie viele Angriffe wir in Schortau auf Leuna miterlebt haben. Jedenfalls rauchten nach jedem Angriff immer wieder Schornsteine, und weitere Angriffe folgten. Ich kann mich nicht erinnern, daß einer der von uns aus zu sehenden Schornsteine nach einem Angriff nicht mehr stand. Eines Tages, die Bomber waren schon über uns weggeflogen und unsere Geschütze hatten Feuerpause, da kam ein Fallschirm über unserer Batterie nieder.

Einer der 12 Besatzungsmitglieder einer getroffenen Fliegenden Festung hatte sich retten können, denn wir sahen ihn, wie er sich im Fallschirm hängend bewegte. Das war in keiner unserer Ausbildungsstunden vorgesehen. Ich kann mich nicht erinnern, von welcher Seite wir einen Befehl erhalten haben; vielleicht hatte der UvD einen Befehl. Ich habe nur die allgemeine Diskussion vernommen und die Frage: Was tun? Er konnte ja bewaffnet sein, wir müssen ihn gefangennehmen. Wo ist ein Gewehr? Eine Kanone konnten wir doch nicht mitnehmen. Doch die Batterie hatte wenigstens ein Gewehr, das holte der UvD. Aber der Gefangene spricht doch englisch und höchstwahrscheinlich nicht deutsch. Wer kann englisch und kommt mit? Keine Massenmeldung. Mich interessierte aber so etwas und deshalb meldete ich mich. Irgendeine Scheu, daß ich mich mit meinen mangelhaften Schulenglischkenntnissen blamieren könnte, kam nicht auf. Ich hatte das gewollt, und nun mußte ich dafür stehen.

Wir zwei liefen los in Richtung der ungefähr voraussehbaren Landung des Fallschirms; noch hing er in der Luft. In etwas Abstand folgten uns weitere Soldaten und Luftwaffenhelfer. Wir waren vielleicht noch 50 m entfernt, als er landete. Der Fallschirm fiel in sich zusammen, und der Mann aus der Bombermannschaft setzte sich. Als wir zu ihm kamen, ich wollte gerade „Hands up" brüllen, hatte er Sekundenbruchteile vorher schon in seine Brusttaschen gegriffen und hielt uns eine kleine Packung entgegen mit den Worten: „Cigarettes, chocolate and chewing gum for you." Vielleicht hatten sie dies eingebleut bekommen, wenn ihnen solches passiert. Er bibberte sicher noch mehr als wir. Als Befreier konnten wir ihn nicht unter Annahme seiner Geschenke in die Arme schließen und ihm Gegengeschenke anbieten. Jedenfalls hatte er keinen Colt gezogen, sondern die Situation entspannt. Nun sagte ich endlich: „Hands up, go on ahead and we are behind you!" Er tat es und schritt voran in Richtung unserer Batterie.

Dort standen unser Chef und weitere Dienstgrade schon bereit und übernahmen das Weitere. Wie es seinen anderen elf Kameraden erging, haben wir nie erfahren.

So wie ich mich erinnere, bekam Helmut Sandig einmal Ärger während seiner Luftwaffenhelferzeit. Er knobelte nämlich gern, wozu auch das Ausdenken von Geheimschriften zählte. So korrespondierte er mit seinen Eltern in einer solchen selbst erdachten Geheimschrift. Im Brief fiel das nicht auf. Als er jedoch einmal eine Postkarte an einen Freund schickte, wurde irgendwo auf dem Postweg jemand stutzig. Helmut wurde danach vom Bannführer Hauff in Plauen verhört und hatte Mühe, sein harmloses Hobby glaubhaft zu machen.

Ein paar andere hatten Ärger mit einem UvD, vielleicht war es auch ihr Spieß selber.

Jedenfalls vernahmen wir es mit Schmunzeln, daß sie ihrem Kontrahenten ein Wanzen- und Läusenest, welches sie sich im Dorf Schortau besorgt hatten, in seine Matratze geschmuggelt hatten. Ein anderes Mal ging ein Pulverthermometer kaputt, und dann wurde in der Nachbarbatterie nachts ein Austausch vorgenommen. So war halt immer was los bei der Truppe.

Mit dem Befehl Hitlers vom 25. September 1944 waren die Luftwaffenhelfer nicht mehr die einzigen Kindersoldaten. Der Volkssturm, die Armee der Großväter und Enkel, wie der Volksmund sarkastisch sagte, wurde aufgestellt. In ihn konnten alle waffenfähigen Männer von 16 bis 60 Jahren gerufen werden. In unserem Dienstplan tauchten dann auch Positionen auf wie Handgranatenwerfen und die Bedienung der Panzerfaust. Am Geschütz wurde die Bekämpfung von Tieffliegern und Einsatz der Flak für Bodenziele geübt.

Ich glaube, es war der vorletzte oder letzte Heimaturlaub zu den Eltern. Wie gewohnt lief ich mit meinem Gepäck von der Stellung bis zu der Überlandstraßenbahn-Haltestelle in Braunsbedra.

Bevor wir Leuna erreichten, kam Fliegeralarm. Die Straßenbahn fuhr nicht weiter, und wir suchten Unterschlupf im nächsten Luftschutzkeller. Den genauen Ort weiß ich nicht mehr, aber es war in der Nähe eines der Eingänge zum Leunawerk. Es war ein großer Raum und offenbar nicht nur für Bewohner des Hauses. Wir hörten das Gebrumm der Flugzeuge und Bombeneinschläge. Auf einmal gab es einen sehr lauten Knall, so wie bei einem Gewitter, wo nach dem Blitz gleich der Knall kommt. Das Licht ging aus, und es rieselte fühlbar Staub von oben. Wir waren verschüttet; es gab heftiges Geschrei unter den Schutzsuchenden. Auch diesmal beobachtete ich bei mir, daß ich sehr ruhig wurde und zu denen gehörte, die in dieser Situation versuchten, Rettung zu finden. Das erstrebte Ziel war: Wo finden wir einen Ausgang aus diesem Schuttberg, unter dem wir anscheinend waren?

Bald gab es ein paar Kerzenlichter und Dynamotaschenlampen, die eine Orientierung erleichterten. So fand sich ein Ausgang, der nur mit wenigen Trümmern, die wir mit eigener Kraft wegräumen konnten, versperrt war. Wir gelangten ohne quälendes Warten auf Rettung ins Freie. Nun ging ich weiter in Richtung Bahnhof immer in der Mitte der Straße durch brennende Trümmer und Häuser. Ab und zu gingen auch Zeitzünder hoch.

Heute staune ich, mit welcher Gelassenheit ich damals das Unabänderliche meisterte. Aber das war nicht nur ich, alle gingen zur Tagesordnung über. So war es auch bei den Eisenbahnern. Am Bahnhof angekommen, brauchte ich, gemessen an damaligen Verhältnissen, nicht ungewohnt lange auf einen Zug zu warten, konnte einsteigen, als sei kaum etwas gewesen, und fuhr über Weißenfels und Gera heim nach Plauen.

1945

Im Januar wurde ich zu einem halbjährigen Radarlehrgang nach dem auch über 50 Jahre später noch militärischen Gelände rund um den Stegskopf im Westerwald geschickt. Etwa 500 Kameraden bestanden die Aufnahmeprüfung und blieben, darunter ich und auch Lothar Flach aus meiner Klasse, der direkt von der Nachrichten-HJ in Plauen geschickt worden war. Unser Dienstplan hatte pro Woche folgende Hauptaktivitäten: 18 Stunden Oberschulunterricht in allen Schulfächern, 18 Stunden Werkstattunterricht mit Metallbearbeitung, Löten usw.,18 Stunden Labor mit Meßgeräten, Schaltungen aufbauen usw., 18 Stunden zur Erledigung von Schularbeiten unter Lehreraufsicht. Zapfenstreich war 22.00 Uhr.

Die Alliierten Truppen rückten immer näher heran. Wir hörten das nicht nur über unsere Radios, sondern merkten es auch durch das Auftauchen von Tieffliegern. In Zukunft mußten wir uns bei Fliegeralarm in den umliegenden Wald verziehen und dort einzeln Deckung suchen. Einmal hörte ich einen Tiefflieger zufällig direkt in meine Richtung kommen. Sehen konnte ich ihn, aber er mich nicht. Ich war gerade auf der anderen Seite des Baumstammes wieder zur Deckung gekommen, als die MG-Salve über mir durch die Äste zischte und Holzstücke herabfielen. Der Baum, hinter dem ich lag, wurde ein paar Meter höher durch eines der Geschosse getroffen.

Einer meiner Klassenkameraden, Dr. Lothar Gruchmann, publizierte später als Zeitgeschichtler in seinem Buch „Der Zweite Weltkrieg":

„Als die von Generalleutnant Hodges auf Remagen angesetzte amerikanische Panzerdivision am 7. März auf dem letzten Höhenzug vor dem Rhein angelangt war, sah sie die Ludendorff-Eisenbahnbrücke unzerstört im Tal liegen ... das Sprengkommando ... konnte nur noch zwei schwache Ladungen zünden, die den Mittelpfeiler ungenügend beschädigten ... Die über die Brücke stürmenden Amerikaner überwältigten die schwache Gruppe der Verteidiger und sicherten am anderen Ufer einen schmalen Brückenkopf."

Remagen liegt reichlich 50 km Luftlinie entfernt vom Stegskopf. Tagsüber hörten wir den Geschützdonner, und nachts kam noch der Widerschein der Mündungsfeuer am Himmel dazu.

Doch auf dem Stegskopf gab es keine Panik. Nach ein paar Tagen hatten wir uns alle im großen Saal zu versammeln. Der „Bannführer" sprach als Chef des Lehrgangs zu uns und begann mit den Worten: „Die Lage ist ernst, aber nicht hoffnungslos. Morgen bekommt ihr alle Marschbefehle, euch in jeweils kleinen Gruppen von hier aus in die ‚Alpenfestung' durchzuschlagen. Dort wird unser Lehrgang fortgesetzt."

Spätestens jetzt wußte ich, was ich im stillen schon länger hoffte und ahnte, daß ich hier auf dem Stegskopf nicht in eine Truppe von Durchhaltekriegern und Endsiegfanatikern geraten war. Der Bannführer und seine Gefolgschaft hatte vielleicht nur auf eine günstige Gelegenheit gewartet, sich abzusetzen und uns selbst diese Chance zu geben. So ließen es jedenfalls die Marschbefehle erkennen, denn ich erhielt z. B. einen solchen für mich und fünf weitere Lehrgangsteilnehmer. Da war also kein Vorgesetzter dabei, der auf uns aufpassen sollte.

Plötzlich war ich Kommandeur von fünf Kameraden geworden und mußte Entscheidungen treffen, um sinngemäß den Marschbefehl unter Auslegung der Worte des Bannführers zu erfüllen. Ich zog das Fazit: Jeder muß die Situation selbst erkennen und einen eigenen Weg finden, seine Haut zu retten und dafür eine individuelle Lösung suchen. Doch vorerst waren wir sechs an das Papier des Marschbefehls gekettet. Selbstverständlich war unsere erste Handlung Marschverpflegung in den Tornister packen. Außer der offiziell verabreichten Verpflegung plünderten wir noch die Reste der Küchenvorräte, soviel wir meinten tragen zu können. Dazu zählte z. B. das Auspacken der Gasmaske und das Vollfüllen des Gasmaskenbehälters mit Verpflegung. Mein Behälter war mit Marmelade gefüllt. Die ebenso wichtige zweite Handlung war das Einpacken von Radioröhren, die für die Reparatur von handelsüblichen

Empfängern wichtig sind; das sind vor allem Pentoden und Trioden in den damals in den Haushalten vorhandenen Empfängern. Als dritte wichtige Handlung sah ich von meiner Warte aus das Beschaffen einer Karte von Deutschland. Das war am schwierigsten. Schließlich sah ich bei einem anderen Lehrgangsteilnehmer eine Karte im DIN-A5-Format von Deutschland. Ich bot ihm meinen Kristalldetektor zum Tausch an, und das klappte. Bei Einbruch der Dunkelheit ging es dann los. Am Tag wäre es bei den jetzt fast stets vorhandenen Tieffliegern gefährlicher gewesen.

Prof. Wolfgang Schimmel, Berlin

Aus Platzgründen schließt an dieser Stelle die Erinnerung des Plaueners Prof. Wolfgang Schimmel. Die Flucht und das Wiedersehen mit Plauenern bleibt eventuell einem späteren Band vorbehalten. Gleichzeitig möchte sich der Herausgeber dafür bedanken, daß er aus dem umfangreichen Manuskript sowie dem Bildmaterial den vorliegenden Beitrag gestalten konnte.

Der Herausgeber

Dann war man Soldat ... Ausbildung im Schießstand Schneckengrün (Juli 1940)
Foto: Verlag

Erst spielte man Soldat (1940) ...
Foto: Verlag

Das Ende vom „Kriegspielen" ... Neustadtplatz Oktober 1945
Foto: Schmidt

Inhaltsverzeichnis

Die Reihenfolge der Beiträge sind nach den Geburtsjahren der Autoren zusammengestellt.

Siehe hierzu auch den im Dezember 2002 erscheinenden Band II „Ein weiter Blick zurück" Kindheits- und Jugenderinnerungen Plauener Bürger, herausgegeben von Curt Röder, ISBN-Nr. 3-935801-05-X